2014年4月22日，州长杨天然（前排左二）调研和平制造产业园建设

2014年1月20日，州委常委、副州长马尚云（中）调研椒园工业园区

2014年5月29日，副州长陈晓燕（右二）在县长习覃（左一）、园区管委会主任覃国锋陪同下调研园区企业

2014年12月12日，州开发区党工委书记、管委会主任杜寿昌（前排中）一行到椒园生态产业园考察

椒园生态产业园

宣恩年鉴

XUANEN YEARBOOK

2015

（总第八卷）

宣恩县人民政府　主办

方志出版社
Publishing House of Local Records

图书在版编目(CIP)数据

宣恩年鉴:2015 / 宣恩县史志办公室
—北京:方志出版社,2016.7
ISBN 978-7-5144-2020-3

Ⅰ.①宣… Ⅱ.①宣… Ⅲ.①宣恩县—2015—年鉴
Ⅳ.①Z526.34

中国版本图书馆 CIP 数据核字〔2016〕第 144544 号

宣恩年鉴(2015)

编　　者:宣恩县史志办公室
责任编辑:冯　松

出 版 人:冀祥德
出 版 者:方 志 出 版 社
　　　　地址　北京市朝阳区潘家园东里 9 号(国家方志馆 4 层)
　　　　邮编　100021
　　　　网址　http://www.fzph.org
发　　行:方志出版社发行中心
　　　　(010)67110500
经　　销:各地新华书店
印　　刷:武汉兴德林工贸有限公司

开　　本:889mm×1194mm　1/16
印　　张:53
字　　数:755 千
版　　次:2016 年 7 月第 1 版　2016 年 7 月第 1 次印刷
印　　数:0001～500 册

ISBN 978-7-5144-2020-3　　定价:280.00 元

《宣恩年鉴》编纂委员会

主　任　习　覃

副主任　朱鹏程　向建强

成　员　胡晓洪　陈　涛　周　斌　屈代金　杨和平
钟仁义　黄世平　刘应县　谢庆慧　赵庆莲
万才能　杨岱书　李　川　黄启华　陆祥忠
龚家邦　戴　青　袁永灿　唐　猛　张艳丽
谢迭胜　明关祝　朱朝春　彭　超　尤　浩
吴　兵

《宣恩年鉴》编辑人员

主　　编　向建强

执行副主编　杨和平

编　　辑　江安鸣　吴祖贵　袁　轴　满新建

校　　订　李四新

编 辑 说 明

一、《宣恩年鉴》是宣恩县人民政府主办，具体由宣恩县史志办公室组织编纂的系统记述全县自然、经济、政治、文化、社会等方面情况的年度资料性文献。《宣恩年鉴》于2008年创刊，每年出版一卷，本卷《宣恩年鉴》为第八卷。

二、《宣恩年鉴(2015)》以邓小平理论和“三个代表”重要思想为指导，贯彻落实科学发展观，落实习近平总书记系列重要讲话精神，围绕县委、县政府的中心工作，突出时代特征和地方特色，全面、客观、系统地记述2014年度全县各乡镇、各部门的基本情况和各项事业发展现状，反映全县社会主义现代化建设的基本面貌和发展进程，为构建和谐社会、促进宣恩县域经济发展服务，为社会各界了解和研究宣恩提供基本资料和历史借鉴。

三、本卷年鉴采用类目编辑法，按类目、分目、条目三级结构组成，条目为收录资料信息的基本单元。2015年卷年鉴共设9个类目。(1)特载；(2)县情概览；(3)经济；(4)政治；(5)文化；(6)社会；(7)乡镇概况；(8)机构人物；(9)附录。类目下的分目按工作分类编排。分目下的条目标题加【 】表示。

四、本卷年鉴所刊特载内容为报告原文，凡涉及全县经济与社会发展的数据均以县统计局《宣恩县2014年国民经济和社会发展统计公报》为准。凡县统计局未予统计和提供的，则以各撰稿单位提供的数据为准。附录中统计资料由县统计局提供。

五、本卷年鉴行政区划、单位名称以2014年底正称为准。为表述简称民族乡，省称民族冠词，直接称某某乡。地名以《宣恩县地名志》为准；村(社区)名等以宣恩县人民政府2011年5月14日公布的各乡镇驻地大道、街(路)巷、广场、桥梁、花园和村(居)民委员会等标准名称为准。

六、本卷年鉴使用法定计量单位。考虑到实际工作需要，兼为方便读者实际使用，在不表示具体数值的个别地方，计量单位仍保留市制，如百亩示范基地。

七、单位领导班子成员以行政职务为主。任职时间均以组织任命文件或法定时间为准。

八、人物主要收录2014年度见义勇为先进个人等县级以上模范人物、百岁老人。

九、本卷年鉴中补白内容为宣恩县省级非物质文化遗产名录，由县非物质文化遗产保护中心提供。

目　　录

特　　载

县情概览

大事记

经　　济

科学技术

农业农村经济

工业经济

服务业

资源环境保护与生态建设

住房和城乡建设

综合管理监督与服务

政　　治

宣恩县人民代表大会

宣恩县人民政府

政协宣恩县委员会

中国共产党宣恩县纪律检查委员会

群团组织

法　　治

驻　　军

文　　化

社　　会

劳动与就业

社会保障与公益事业

乡镇概况

机构人物

附　　录

统计资料

文件选编

彩 页 索 引

荆楚最美乡村最佳景观奖

湖北省宜居村庄——伍家台

伍家台

伍家台“皇恩宠锡”石碑 （2013年6月25日摄）

伍家台景区观景亭 （2013年6月25日摄）

绿色示范乡村

椒园镇黄坪村

高罗乡板寮村

数字宣恩 2014

1735年改土归流始建宣恩县，地处北纬29° 33′ 至30° 12′ ，东经109° 11′ 至109° 55′ ，国土总面积2737.17平方公里。

全县辖5乡4镇，5个社区居委会，279个行政村，2698个村（居）民小组，363713人。

地区生产总值500584万元，三次产业结构为28.0：28.8：43.2。

农林牧渔业总产值247118万元。

工业总产值373200万元。

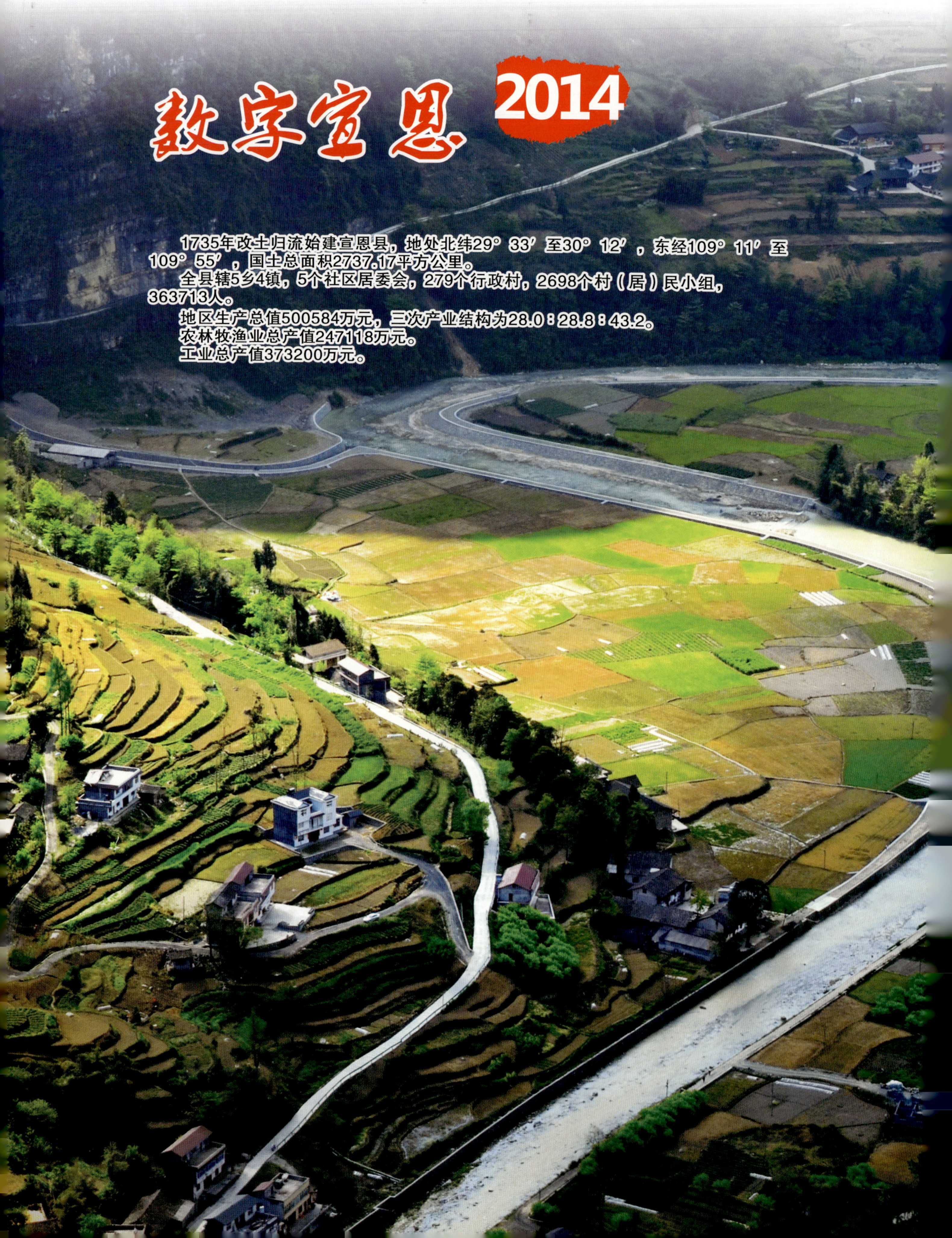

规模以上工业完成工业总产值247785万元。
全社会固定资产投资375078万元。
外贸出口总额2779.3万美元。
招商引资到位资金17.13亿元。
财政总收入36896万元。
地方公共财政预算收入25856万元。
年末金融机构存款余额597154万元，贷款余额246902万元。
城镇常住居民人均可支配收入18870元。
农村常住居民人均可支配收入7048元。

长潭河侗族乡细沙村河道整治工程

摄影：杨昌胜

宣恩义工

2014年12月25日，宣恩县义工协会义工到万寨乡长沙河村邹春花家走访慰问

2014年12月27日，宣恩县义工协会组织会员在华鑫广场集体宣誓

2014年12月27日，宣恩县义工协会组织义工到县城华鑫广场开展花卉义卖活动

2014年12月25日，宣恩县义工协会会长余万都（左一）与邹春花家人签订建房资助协议

先进模范人物

革命烈士、宜恩县
见义勇为先进个人
刘习军 沙道沟镇两河村2组村民

全国三八红旗手
湖北省三八红旗手
朱琳 沙道沟镇邮政支局副局长

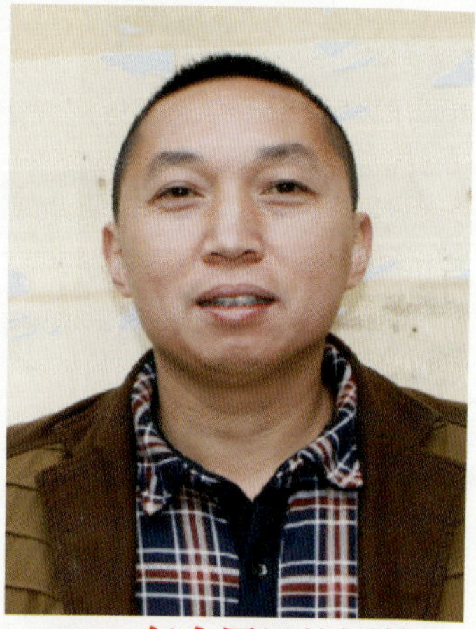

2014年全国民族团结
进步先进个人
张兴红
长潭河乡两溪河村党支部书记

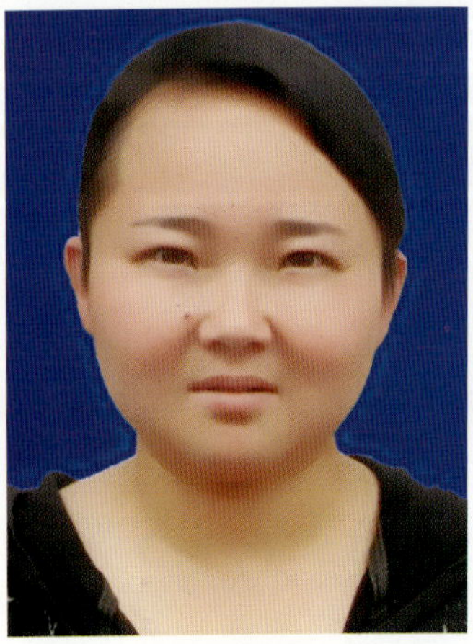

全国模范教师
姜海燕
椿木营乡民族中小学副校长

全国孝亲敬老之星
花树祥
晓关乡桐子营福利院返聘职工

湖北省优秀环卫工人
肖安平
县城市管理局环境卫生所工人

恩施州五四青年奖章
谢海珍
湖北七姊妹山国家级自然保护区
管理局科研宣教科副科长

恩施州首届名师

宣恩一中

罗家兴

宣恩一中

李绍璜

县实验小学

杨美珍

县民族中学

刘若红

宝塔小学

夏彩梅

椒园中学

冯 琼

沙道小学

万 民

李家河小学

胡莲英

高罗中学

陈开毅

县教研室

杨白玉

宣恩县
见义勇为先进个人

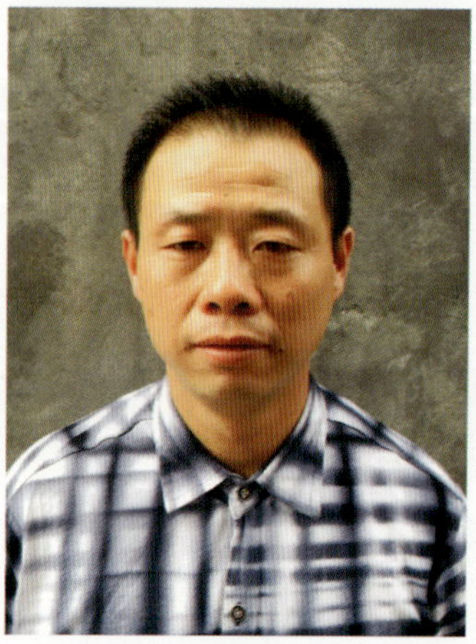

奚泽为

沙道沟镇鱼泉村一组村民

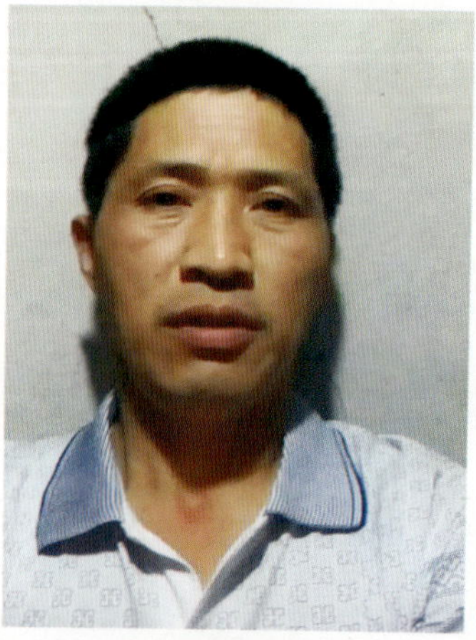

郭代兵

万寨乡大河坝村
一组村民

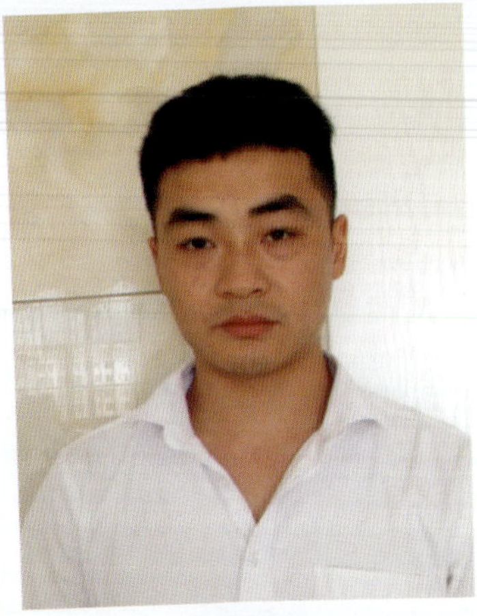

向红泽

万寨乡长堰沟村五组村民

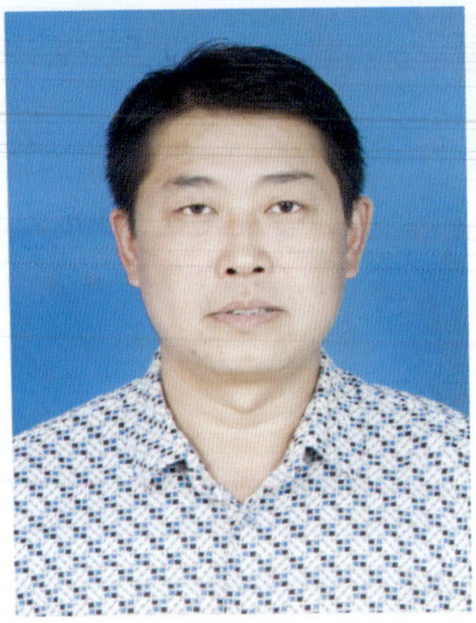

叶 瑞

宣恩县保安公司经理

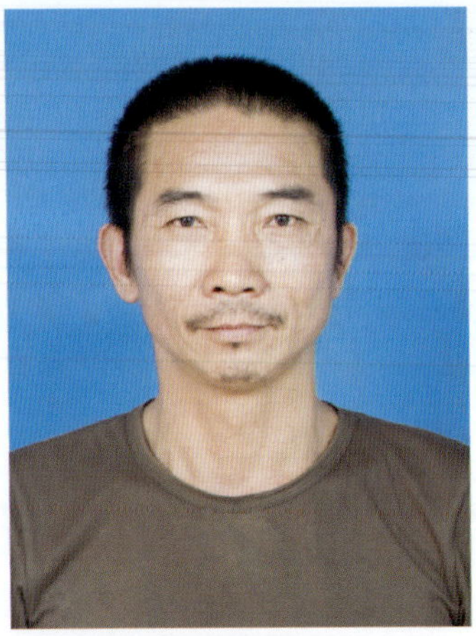

杨成勇

上湖塘社区居民

李寿文

个体工商户

陈刚军

出租车司机

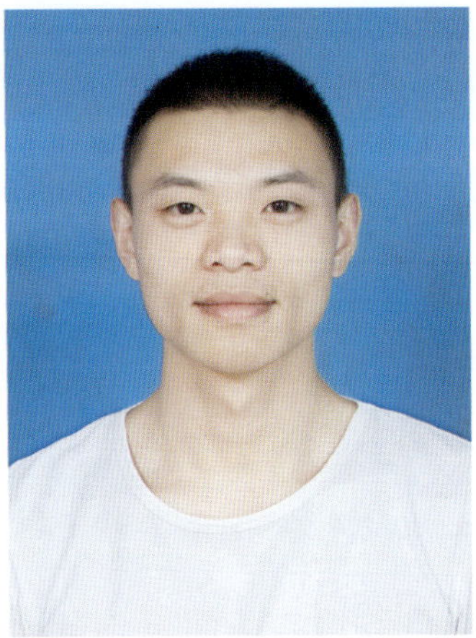

朱 垚

个体户职员

新闻人物

2014年“全国最美孝心少年”

熊丰财
长潭河侗族乡中心小学学生

第三届“湖北美德少年”

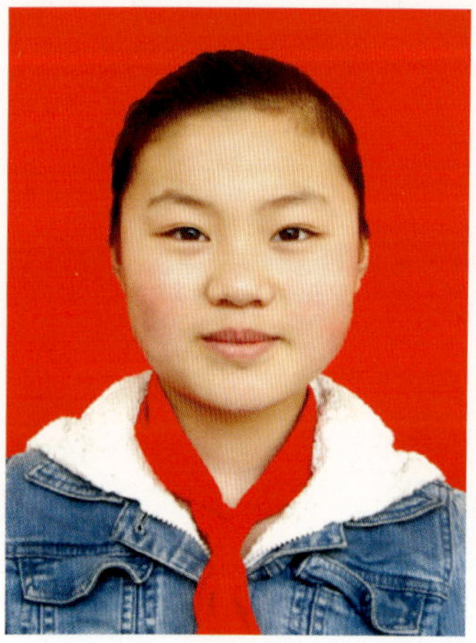

覃雨平
椒园中学七年级学生

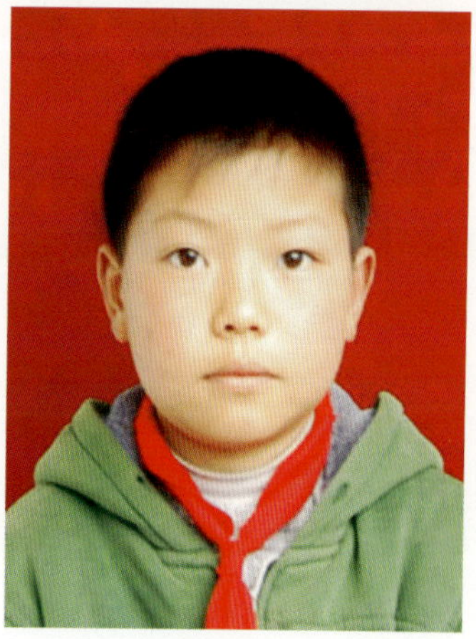

何秀巡
万寨乡中心小学六（2）班学生

林章羽
宣恩县第一中学高一（5）班学生

留守童星

梁琼英
沙道中心小学五年级（2）班学生

张祖鹏
宝塔小学503班学生

蔡心怡
椒园镇三河沟小学五年级学生

黄 婷
椿木营乡民族中学
初一年级702班学生

李凌凌
长潭河乡会口小学学生

刘雨欣
李家河乡青龙嘴小学401班学生

刘 倩
高罗乡马家寨小学五年级学生

孟 琴
晓关小学六年级学生

杨棋雯
长潭河乡洗马坪小学五年级学生

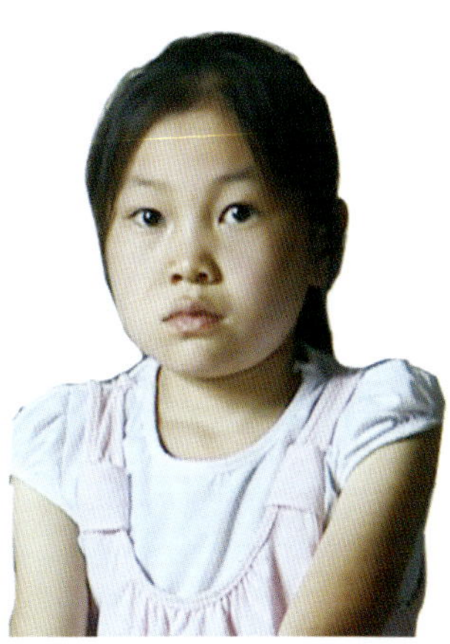

郭香婷
李家河镇二虎寨小学五年级学生

2014年9月27日
抢险救援实录

2014年9月27日，珠山镇白鹤井社区原宣恩车站改造工程地段发生地质滑坡，倒塌民房4栋，11人被困。图为抢险救援现场

恩施消防

2014年5月17日，宣恩县在椒园镇黄坪村举行金融支持扶贫开发示范县暨扶贫互助资金合作社担保贷款试点启动仪式

2014年6月20日，全省第九届村民委员会换届选举大会（试点）在椒园镇黄坪村召开

2014年6月24日，宣恩县见义勇为促进会成立大会捐款现场

2014年9月24日，宣恩县文化进企业专场演出活动在椒园生态产业园区举行

2014年11月18日晚，宣恩县举办2014宣恩县关爱留守儿童暨“留守童星”评选活动颁奖典礼

2014年10月18日，第二届农家乐厨艺大赛“十大名菜”颁奖仪式

2014年10月18日，环“千户土家”山地自行车邀请赛在椒园镇水田坝举行

武汉农业博览会金奖农产品

大派火腿

荣誉证书

授予：

湖北大派食品有限责任公司“大派”牌宣恩火腿荣获第十一届中国武汉农业博览会“金奖农产品”，特发此状，以资鼓励

中国武汉农业博览会组委会

二〇一四年十一月

绿可绿茶

荣誉证书

授予：

宣恩绿可生态茶业公司“绿可”牌绿茶荣获第十一届中国武汉农业博览会“金奖农产品”，特发此状，以资鼓励。

中国武汉农业博览会组委会

二〇一四年十一月

沃地娃

黄金梨

荣誉证书

授予：

宣恩天香熏腊食品有限公司"火烧营"牌天香肉干荣获第十一届中国武汉农业博览会"金奖农产品"，特发此状，以资鼓励。

中国武汉农业博览会组委会

二〇一四年十一月

荣誉证书

授予：

恩施州宣恩天香熏腊食品有限公司"火烧营"牌天香鱼干荣获第十一届中国武汉农业博览会"金奖农产品"，特发此状，以资鼓励。

中国武汉农业博览会组委会

二〇一四年十一月

火烧营牌天香肉干、鱼干

荣誉证书

授予：

恩施州伍家台富硒贡茶有限责任公司"皇恩宠锡"牌绿茶荣获第十一届中国武汉农业博览会"金奖农产品"，特发此状，以资鼓励。

中国武汉农业博览会组委会

二〇一四年十一月

"皇恩宠锡"绿茶

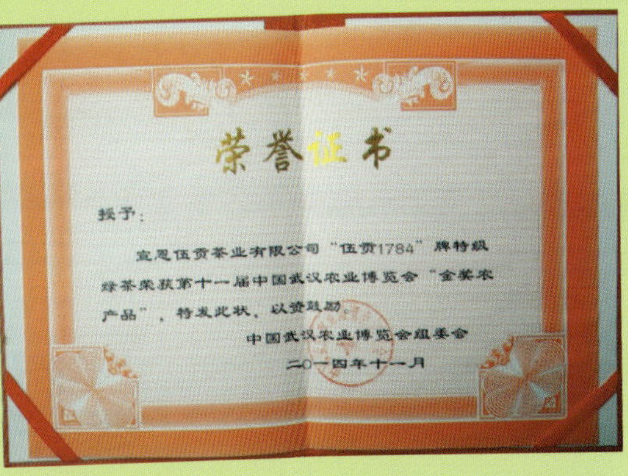

荣誉证书

授予：

宣恩伍贡茶业有限公司"伍贡1784"牌特级绿茶荣获第十一届中国武汉农业博览会"金奖农产品"，特发此状，以资鼓励。

中国武汉农业博览会组委会

二〇一四年十一月

"伍贡1784"特级绿茶

“两违”整治

2014年7月17日，宣恩县城市管理部门联合公安、人大代表、纪委、司法、住建、信访、珠山镇政府、国土、水、电等10多个执法和20余名专业拆迁人依法对珠山镇七里桥村一处擅自违章乱搭乱建建筑物实行强制拆除

特载

巩固扩大教育实践活动成果
把从严治党要求落到实处

——曾德权在县委十四届四次全体(扩大)会议暨党的群众路线教育实践活动总结大会上的讲话

(2014 年 10 月)

各位委员、候补委员,同志们:

这次会议的主要任务是:认真学习贯彻习近平总书记和省委、州委主要领导在党的群众路线教育实践活动总结大会上的重要讲话精神,对我县教育实践活动进行总结,对巩固扩大活动成果、加强党的作风建设、全面推进从严治党进行部署。

下面,根据县委常委会研究的意见,先讲三点。稍后,州委督导组组长吴耀先同志将作重要讲话,请大家认真学习领会,抓好贯彻落实。

一、教育实践活动取得预期成效

根据中央、省委和州委的统一部署,宣恩县党的群众路线教育实践活动从今年 2 月正式启动,到本月上旬基本结束。全县 9 个乡镇、68 个县直单位、654 个党组织、12974 名党员干部参加活动。

上级领导对我县教育实践活动十分关心。省长王国生同志在沙道沟镇召开了部分乡镇党委书记教育实践活动座谈会;州委书记王海涛同志先后两次来宣恩,深入贫困村调研指导,为教育实践活动把关定向。州委常委、组织部长周静同志多次现场督办,并出席县委常委班子和李家河镇党委班子专题民主生活会。中央巡回督导组指导县委常委班子专题民主生活会,省委第五督导组、州委第一督导组对我县教育实践活动全程把关、严督实导,有力地推动了全县教育实践活动开展。

县委对教育实践活动高度重视。在活动前,就通过专题调研,查摆了作风建设中存在的公车私用、“三公”经费管理不规范、城镇管理不整洁、项目服务不到位、机关作风漂浮等五个突出问题,并把解决五个突出问题作为作风整治的重点;在活动中,牢牢把握上级要求和活动总体安排,聚焦“四风”问题,积极回应群众期盼,高标准开展、严要求推进,规定动作不走样,自选动作有特色。县委常委和人大、政府、政协班子的党员领导干部以身作则,带头开展学习调研,带头广泛征求意见,带头开展对照检查,带头抓好整改落实,认真抓好联系点和分管联系部门的教育实践活动,发挥了重要的示范引领和直接推动作用。活动期间,共派出 12 个督导组,对乡镇和县直部门全程指导督导,确保了活动高标准高质量。各级各部门党委(党组)高度负责、认真组织,广大党员干部积极响应、全心投入,人民群众热情关注、广泛参与,有力推动了全县教育实践活动扎实开展并取得明显成效。

一是注重学习先行,增强思想自觉,党员干部普遍受到了一次深刻教育和作风洗礼。突出抓好中心组理论学习,普遍开展了理想信念、党性党风、革命传统和廉政警示教育,引导党员干部对照镜子找差距、挖根源。深入开展向焦裕禄和身边先进人物学习活动,举办先进事迹报告会,引导党员干部见贤思齐。全县涌现出“高山红烛”姜海燕、“绿衣天使”朱琳等一大批为民服务的先进典型。深入开展“访贫问苦”活动,全县 41 名县级领导、县直部门 473 名科级干部深入贫困村走访座谈,直接感受基层之苦、群众之难,真正触及了灵魂。扎实深入的学习教育使党员干部补了精神之“钙”,除了思想之“尘”,有力增强了转变作风、服务群众的自觉性和主动性。

二是广泛征求意见，深入开展批评与自我批评，党内政治生活进一步规范。各级党组织和领导干部坚持开门搞活动，通过“自己找、群众提、上级点、互相帮、集体议”，认真查找问题、听取意见，特别是深入全县偏远落后地方和困难群众家中，拉家常、听意见，拓展了找问题的广度和深度。在征求意见、查找问题的基础上，认真写好对照检查材料，领导班子对照检查材料均多次进行集体讨论修改，个人对照检查材料一般都经过十多轮修改，有的甚至修改了二十多稿，每一次修改都是一次思想斗争，都能从中得到反省和教育。民主生活会前，班子成员普遍进行了认真的谈心谈话。正是因为问题找得准、挖得深、谈得实，坦诚沟通，见人见事见思想，为高质量开好专题民主生活会打下了坚实基础。民主生活会上，绝大多数同志都能打消顾虑，开门见山、直奔主题，抛开面子、揭短亮丑，会议开得辣味十足、见筋见骨、触及灵魂，“红脸”不“翻脸”，出了汗、醒了脑、排了毒，达到了共同进步、增进团结的目的。县委常委班子专题民主生活会得到了中央巡回督导组、省委督导组、州委领导和州委督导组的好评。大家普遍反映，这次专题民主生活会是多年来最严肃、最认真、最受教育的一次，也为严肃党内生活积累了有益经验。

三是查找“四风”问题，整治作风顽疾，党风、政风、社会风气焕然一新。把严格执行中央“八项规定”精神贯穿活动始终，从文山会海、吃拿卡要、办事拖拉等习以为常的问题抓起，从公车私用、公款送礼、大操大办等见怪不怪的问题改起，对作风之弊、行为之垢出重拳、下猛药，来了一次大排查、大检修、大扫除。全县性会议比上年减少22%；以县委、县委办公室名义下发的文件数量较上年减少10.6%；减少评比达标表彰项目23.5%；县委、县政府层面的各类领导小组、议事协调机构减少14.1%。清理处置违规配备公务用车24辆；清理超标办公用房20668.3平方米；“三公”经费支出大幅下降，同比压缩24%；全县党政干部因公出国(境)同比下降50%。严厉整治和纠正公款送礼、违规职务消费、招商奢侈浪费和铺张办晚会等问题。坚决纠正和查处“门难进、脸难看、事难办”“庸懒散”“吃拿卡要”、滥用职权等问题和侵害群众利益的行为。先后2次通报了6起违反作风建设规定的典型案件，6名违纪人员受到党纪政纪处分，起到了警示和教育作用。通过整治，干部队伍精神状态和作风状况明显改观，干部群众对教育实践活动的成效总体比较满意。此外，切实纠正社会不正之风，党员干部参与“两违”行为、“整酒敛财风”等现象得到有效整治。

四是回应群众期盼，坚持立行立改，办成了一批实事好事。从群众反映最强烈的问题改起，从群众最不满意的地方做起，以实际行动取信于民。坚持开展县领导“大接访”活动，主动直面群众诉求，41名县级领导轮流接待群众来信来访80多件(批)、200多人次，结案72件。集中财力重点解决事关群众切身利益、群众反映强烈的上学难、行路难、就医难、饮水难、就业难等民生问题，直接受益人数达9.9万人。建设集党务、政务、商务于一体的村级综合服务平台，前移服务关口，计划2014年底前完成168个村的平台建设，2015年底实现全覆盖。开展行政审批项目清理及审批权限下放工作，取消行政审批事项94项，调整55项，缩减率达35%，全县8个部门36项行政审批事项下放由村级代办，审批时限在法定时限内缩短1/3，有效解决了联系服务群众“最后一公里”的问题。推进“党建促扶贫”工作，以基础相对较差的王(珠山王家坳)椿(椿木营)公路一线为突破口，加强基层组织建设，改善基础设施条件，发展特色产业，系统帮扶沿线群众实现稳定脱贫。

此外，在制度建设上，抓好制度的废、改、立，让制度成为作风建设的有力保障。深入贯彻落实中央“八项规定”、省委“六条意见”和州委“实施细则”，在去年的县委全会上出台了《关于加强作风建设，解决突出问题的决定》，进一步筑牢制度防线。对县委相关制度进行梳理，在联系服务群众、规范权力运行等方面定规矩、划红线，修订完善制度17项，新建制度9项。对群众最关心、最期盼的问题从制度上进行保障，在本次全会上将出台《关于集中解决教育实践活动中事关民生的突出问题的决定》。

总之，通过教育实践活动，让我们每位党员都深受教育，让社会各界感受到许多期盼已久的新气象，进一步增强了党组织在干部群众中的威信，提振了人民群众对党的信任和信心，为全县经济社会快速发展提供了思想上组织上作风上的保障。在肯定成绩的同时，我们也要看到问题和不足。还有个别单位领导干部认识不够到位，工作不主动，措施不得力，没有履行好第一责任人职责，有过关的思想和松懈的情绪，搞活动重形式轻效果，活动开展不够平衡；少数单位抓整改落实的积极性和主动性不强，正风肃纪的力度不大，“雨过地皮湿”，活动“一阵风”，一些“四风”方面的顽症痼疾还没有得到彻底根治；有的单位存在“收尾就是收场”的思想，该办的事情没有办，草草收兵、虎头蛇尾；个别单位加强作风建设的长效机制不够健全完善，干部群众还有不满意的地方等。同时，我们很多单位整改方案制定了，但整改兑现才刚刚起步。这些问题，都需要在活动的后续工作中，采取有效措施切实加以解决。教育实践活动收尾绝不是作风建设收场，我们必须以锲而不舍的决心和毅力，把作风建设不断引向深入，使作风建设要求真正落地生根。

二、进一步巩固扩大教育实践活动成果

贯彻群众路线没有止境，作风建设永远在路上。我们必须始终绷紧作风建设这根弦，继续查摆和解决存在的突出问题，继续抓好整改措施和各项制度落实，继续严肃查处违反“八项规定”的行为和腐败案件，继续以整风精神加强和改进党内生活，不断巩固拓展教育实践活动成果，始终如一加强作风建设。

当前，中央教育实践活动办公室要求各级的教育实践活动办公室继续保留一段时间，作为督办整改落实的专门工作机构，协调和督促抓好教育实践活动后续工作。省委、州委也相应成立了整改落实督查办公室，继续抓好整改落实工作。县里也要按照要求保留工作专班，抓好活动后续工作，确保整改落实兑现承诺、见底归零。下一步，全县要围绕两个关键聚焦发力。

*一是要聚焦“四风”抓整改。*作风问题的背后是思想问题，思想问题又反映在干部的言行举止上。要提高思想认识，推进作风问题的整改落实，首先就要从干部的一言一行抓起。当前，“四风”问题虽然有较好改善，但仍然不彻底，在我们党员干部身上都或多或少地存在，具体表现在党员干部的日常行为和工作中，诸如不求实效、脱离群众、贪图享乐、精神懈怠等“四风”问题仍然时有表现，群众看在眼里、寒在心里、恨在骨里。要让群众看到我们的整改诚意和具体行动，就要从群众感受最直接的行为习惯改起，从整治习以为常、司空见惯的小问题入手，以鲜明的态度、坚强的决心、果断的行动推动“四风”问题的解决。要进一步从严贯彻落实中央“八项规定”“三严三实”相关要求，养成良好习惯、形成务实作风，营造起“清廉为官、事业有为”的发展氛围，努力以作风建设的新成效让人民群众看到干部队伍的新变化、新气象。

*二是要聚焦民生抓整改。*教育实践活动开展得好与不好，群众评价是关键，群众满意才叫好。抓作风建设就是要通过转变作风解决问题，把各项工作落实到位。教育实践活动要“开花结果”，必须在抓好作风建设的基础上，更加突出民生问题的整改，真正解决困扰群众发展的实际问题，抓好打基础、管长远的事情。从这次收集的民生问题来看，不仅数量很多而且大小不一，如何解决好这些问题，我们必须要有一个正确的认识。教育实践活动要求对群众反映的问题件件有回音，并不意味着件件都能马上解决到位，根据我县实际，要在短时间内全部解决好，是不现实的，也是不可能的。这就要求我们要认真梳理、分层分类，有重点、有步骤、有针对性地解决问题，对暂时没有条件解决的，要摸清情况、建立台账，及时向群众解释到位，引导群众以理性的眼光来看待问题；对那些能够解决的问题，必须尽一切努力马上解决，让群众早日受益。

按照优先解决带普遍性的问题、影响全局发展的问题、群众反响强烈的问题、有能力解决的问题的原则，县委决定把建立大病医疗救助机制、建立乡村道路养护机制、建立“三留守”人员关爱机制、建立乡村环境卫生整治机制、完善农村公益事业建设“以奖代补”机制、实施义务教育学校“洁净温暖”工程等六个方面的工作作为整改重点，研究出台相关政策措施，从制度层面将这些关系老百姓最现实的民生问题解决好。今天提交全会审议的《决定》和六个实施方案，是在深入调研、反复论证、多次修订的基础上形成的，请大家认真审议。

建立大病医疗救助机制，就是要通过设立大病医

疗救助基金,加大重特大疾病医疗救助力度,逐步提高救助比例等系列长效帮扶措施,减轻群众看病负担,切实解决好群众因病致贫、因病返贫的问题;建立乡村道路养护机制,就是要改变重建设轻管理的倾向,进一步健全农村公路管养责任体系,推动管理养护工作常态化、规范化,努力提高全县农村公路管养水平和安全通行能力,切实解决好群众出行难的问题;建立"三留守"人员关爱机制,就是要积极应对目前农村"空心化"愈发严重的趋势,充分发挥各级党员干部作用,定期了解、反映"三留守"人员生产生活情况,帮助他们解决实际困难,实现服务管理常态化、精细化;建立乡村环境卫生整治机制,就是要从制度上巩固深化系列"三万"活动成果,积极推进美丽乡村建设,逐步形成"生态环保、整洁有序"的乡村环境;完善农村公益事业建设"以奖代补"机制,就是要研究深化"以奖代补"制度,广泛调动群众参与的积极性,共同承担农村基础设施建设管理任务,切实解决农村基础设施建设滞后的问题;实施义务教育学校"洁净温暖"工程,就是要加大偏远农村学校硬件设施投入力度,加强学校后勤保障体系建设,切实解决学生喝热水难、洗热水难、入净厕难的问题。

全县各级各部门要协调配合、统筹兼顾,全力抓好以上六个突出民生问题的整改落实。这六个问题的整改将纳入综合考评内容,同时,县委、县政府将开展专项督查,对完不成任务的,将追究领导责任和落实责任。

三、坚持从严治党,全面推进党的建设

这次教育实践活动以聚焦作风开局亮相,以正风肃纪贯穿始终,紧紧抓住了党的建设这个关键问题,向实处使劲、从严处较真,是坚持党要管党、从严治党的生动实践。前不久召开的中央、全省、全州教育实践活动总结大会都对从严治党作了专题阐述和全面部署,尤其是习近平总书记从八个方面就从严治党提出了明确要求,我们要深入学习、认真领会,抓好贯彻落实。

一是要从严落实党建工作责任制。从严治党,重点在于责任落实。全县各级党组织要充分认识"落实从严治党责任"的必要性和重要性,始终把管党治党的主体责任扛在肩上,落到实处。特别是各级党委(党组)书记要严格履行"第一责任人"职责,带头抓、亲自抓,其他班子成员也要共同承担,立足本职做好党建工作。要进一步加强党建工作的考核,细化考核指标,加大考核权重,真正树立抓党建就是最大政绩的鲜明导向,对履行管党治党责任不力的党组织,党委(党组)书记、班子成员,要严肃问责追责,确保把从严治党责任落到实处。

二是要从严抓好干部队伍建设。反"四风"的实践告诉我们,加强作风建设,必须抓住干部队伍建设这个关键。在开展教育实践活动的过程中,群众最不满意的问题就是干部作风问题,少数干部还因违纪违法受到查处,这些说明我们在平时对干部的教育管理上还存在问题,还没有管到位上、严到份上。从严治党,关键在人。我们必须坚持以严的标准要求干部、以严的方式教育干部、以严的措施管理干部、以严的纪律约束干部,充分利用各种监督渠道和审计督查手段,加大对党员干部特别是"一把手"的监督管理力度,使干部心有所畏、言有所戒、行有所止,努力打造一支既廉政又勤政,既干净又干事的干部队伍。

三是要从严坚守党的纪律。全县各级各部门必须把维护和执行党的规章制度放在首位,坚守党的各项纪律,坚决贯彻党的路线方针政策,认真执行中央、省委和州委作出的决定决策,切实做到令行禁止,有法必依,有章必遵。要抓住严格党内政治生活这个关键点,自觉加强党性锻炼,增强开展批评和自我批评的自觉性,切实用好教育实践活动的成功经验,不断提高党内政治生活的政治性、原则性、斗争性。

四是要从严加强党风廉政建设。各级党委(党组)要进一步强化主体责任意识,把加强党风廉政建设作为自己的"家务事""分内事"抓紧抓实,要以贯彻落实中央"八项规定"、省委"六条意见"、州委"实施细则"为主线,深化"三纪四德"教育,以常抓的韧劲、严抓的耐心持续深入改进作风,不断把作风建设引向深入。要进一步加大案件查处力度,大力整治不作为、乱作为、慢作为等行为,坚持违纪必究、有案必查、有腐必惩,始终保持惩治腐败的高压态势,努力营造风清气正的干事氛围。

开展教育实践活动，既是为了加强自身建设，又是为了推动地方发展。当前，距离完成全年目标任务的时间只剩下不到三个月了，我们一定要把活动的新成效转化为发展的新动力，以贯彻落实州委六届七次全会精神为契机，集中时间、集中力量切实抓好当前各项工作任务。

同志们，教育实践活动即将结束，但贯彻群众路线没有休止符，从严管党治党没有完成时，我们必须以改革创新的精神、认真负责的态度、求真务实的作风、坚强有力的举措，聚精会神抓党建、持之以恒抓作风，为推进宣恩经济社会快速健康发展作出新的贡献！

政府工作报告

——2015年1月15日在县十七届人大五次会议上

县长　习覃

各位代表：

现在，我代表县人民政府向大会报告工作，请予审议，并请各位政协委员和其他列席会议的同志提出意见。

一、2014年工作回顾

2014年，在州委、州政府和县委的领导下，在县人大、县政协的监督支持下，全县上下以中共十八大和十八届三中、四中全会精神为指导，牢牢把握“市场、绿色、民生”三维纲要，坚持“兴产业、强基础、惠民生、促和谐”的总体思路，大力实施产业化、城镇化“双轮驱动”战略，全县经济社会发展效益提升、活力增强、民生改善。

——经济稳步增长。初步统计，全县地区生产总值达到50.5亿元，同比增长10.3%；实现公共财政预算收入2.59亿元，同比增长18.2%；完成全社会固定资产投资37.5亿元，同比增长20.9%；实现社会消费品零售总额15.35亿元，同比增长14%；城镇常住居民人均可支配收入达到17570元，同比增长10%；农村常住居民人均可支配收入达到5792元，同比增长12%。三次产业结构比调整为28.8∶28.5∶42.7。地区生产总值、公共财政预算收入、累计完成全社会固定资产投资等指标提前超额完成“十二五”规划目标。

——宣恩发展迈入“高速公路”时代。恩来、宣黔高速公路建成通车，宣恩至武汉、长沙、重庆等中心城市只需要4到6小时，至三峡、凤凰、张家界等周边重要景区只需要3小时，恩施机场、恩施火车站均在“半小时交通圈”以内，宣恩交通区位发生根本性变化，更多更快的人流、物流、资金流、信息流将在宣恩汇集，为宣恩的发展插上腾飞的翅膀。

——外向知名度和美誉度不断提高。通过承办全省县域经济工作会、全省现代烟草农业暨烟区新农村建设会，展现出的发展成效、精神风貌得到参会领导、代表的充分肯定。工业园区跨入全州先进园区行列，被省国土资源厅誉为“打造了具有山区特色的工业梯田”。“伍家台贡茶”成功创建为“中国驰名商标”。冠名为“伍家台贡茶号”的D2259次动车开通运营。

一年来，我们主要做了以下工作：

（一）产业发展取得新成效。特色农业提档升级。全县以“伍家台贡茶、贡水白柚”为主的特色产业基地发展到4万公顷，获得有机认证基地1713.3公顷；在烟叶生产转型发展的大背景下，收购烟叶4687.9吨，实现税收2292.8万元；年出栏生猪61.49万头，“4450”生猪养殖模式户（每个养殖户建一栋带40平方米生物发酵床圈舍，饲养4头能繁母猪，年出栏肥猪不少于50头）。生猪养殖模式户达到3439户；国家级农民专业合作社示范社达到2家，亿元以上茶叶加工龙头企业达到3家；建成全国首批、全省唯一的“国家级出口茶叶质量安全示范区”，“伍家台贡茶”荣登“湖北最受欢迎十大茶叶品牌”榜。工业发展势头强劲。新增规模以上工业企业6家，总数达到47家，其中产值过亿元企业6家；规模以上工业增加值增长12%，工业用电量增长36.6%，增幅均位居全州前列。工业园区平台支撑作用明显。全年新签约项目22个，新开工建设项目12个，建成投产项目12个，入园企业总数达到69家；兴龙工具、博诚钢化玻璃等一批项目建成投产，西部现代农业、宜红茶业完成“退城进园”[1]；产业集约发展、产城融合发展初具规模，园区实现规模以上工业总产值12.7亿元，增长

18.2%，占全县规模以上工业总产值的50.8%，提供就业岗位4300余个。旅游产业升温提速。伍家台休闲农业园被评为全省休闲农业示范园，荣获首届荆楚最美乡村“最佳景观奖”；狮子关景区一期建设接近尾声，椒园片区旅游项目开工建设，水田坝、谭家坝等地成为游客旅游观光、休闲体验的新目的地。武陵商贸物流、鑫海物流、天宇物流中心启动建设，建成12家“放心粮油”连锁店，新建和改造村级综合服务社60家。网购网销成为社会零售新业态。

（二）城乡面貌展现新风采。县城功能日趋完善。县城区主干道、背街小巷基本实现道路黑色化、街面一体化、管线入地和雨污分流；高速公路县城连接线改建段、兴隆小区外环线一期工程、贡水河亮化一期工程、侗族鼓楼、金源国际酒店投入使用；万和广场新区开发、贡水龙城旧城改造、贡水河南岸人行栈道建设快速推进，金典国际、县城二水厂、西门沟至莲花坝道路等项目稳步实施；商品房销售面积增长179.2%。城区规范管理全面加强，县城区及重点区域实行全面禁鞭，智能交通系统投入运行，“两违”管控形势总体平稳。镇村建设步伐不断加快。大力开展以“扫干净、摆整齐、保畅通”为主要内容的“乡镇集镇建设管理重点年”活动，积极推进“五个一工程”（建设一个农贸市场、建设一个车站或停车场、建设一个人工湿地或垃圾中转站、新建一条新街或整修一条老街、开工一个1000万的项目），完成国省道大中修71公里，乡镇集镇面貌发生明显变化，椒园镇被命名为“国家级生态乡镇”，并与沙道沟镇一起入围新一轮全国重点镇。“三坝两寨”建设成效明显，新建和改造特色民居1023户，黄坪村、伍家台村、板寮村成为全省首批“绿色示范乡村”，野椒园村、两溪河村被列为中国传统村落。基础底盘不断夯实。启动宣石线、王椿公路甘长线改扩建工程和沙道沟绕镇线建设，完成县乡道改造升级工程38.8千米，农村公路通畅率达到98%，农村饮水安全普及率达到89.85%，和平110千伏、黄河35千伏输变电工程投入使用。生态建设卓有成效。贡水河湿地公园获准筹建全州首个国家级湿地公园，建成全州首个全参数空气自动监测站，县城污水处理厂实现达标排放，完成10个村农村环境综合整治，清洁能源入户6383户。

（三）改革开放焕发新活力。各项改革深入实施。大力推进行政审批制度改革，制定公布县级“权力清单”，清理保留行政审批事项234项，调整、取消、合并减少项目257项；积极推进工商注册登记制度改革，净增各类市场主体2842户，增长24.7%，总数达到1.44万户；深化财政管理制度改革，对公务员津补贴和事业单位绩效工资进行调整与规范；完成卫生计生机构整合、食品药品监管体制改革。招商引资实现量的增加和质的提升，新签约项目26个，到位资金18亿元，增长36.3%；实际利用外资893.65万美元；项目资金到位率达到73%。完成外贸出口2720.7万美元，增长24.6%。

（四）社会建设迈出新步伐。城镇新增就业5801人，城镇登记失业率控制在3.8%以内。城乡居民养老保险达到14.1万人；新农合参合率达到99.01%，累计补偿医疗费用1.12亿元。完成扶贫搬迁430户，减少贫困人口1.27万人。教育事业加快发展。高中阶段升学率增加1.97个百分点，高考三本以上上线人数增加185人；县教育中心建设高效推进，引资1.5亿元兴办宣恩清江外国语学校；县民族幼儿园投入使用。文体事业繁荣发展。县群众文化体育活动中心动工建设，打造了环贡水河健身长跑、水上运动会、山地自行车赛等全民健身品牌，宣恩县被命名为2014—2016年度湖北省民间文化艺术之乡。加强卫生计生服务体系建设，整合卫生计生服务资源，新建标准化村卫生室30个，县人民医院医技楼及县急救中心即将投入使用。大力推行“三位一体”基层治理新模式[2]，共153名村医村教进入村“两委”；新建5个乡镇便民服务大厅，在168个村建成综合服务平台，受理便民服务事项2.19万件；法律顾问制度实现行政村全覆盖。积极推进社区、农村网格化建设，扎实开展信访积案化解和领导干部大接访活动，妥善化解了高速公路等工程建设带来的众多矛盾纠纷，有效应对突发事件，社会大局保持和谐稳定。严格落实安全生产责任制，加强对重点领域、重点行业的安全监管，安全生产形势总体平稳。深入开展文明创建活动，义工协会、党员义工服务队活跃在乡村和社区，涌现出“全国民族团结进步模范个人”张兴红、“全国三八红旗手”朱琳等一批先进人物。完成第九届村委会换届选举。统计、科技、移民、外事侨务、气象、档案、史志、妇女儿童、老龄事业、机关事务管理、邮政、通讯、保险、石油、双拥和国防动员等各项工作都取得了新的成绩。

(五)自身建设得到新提升。扎实开展党的群众路线教育实践活动,干部作风明显好转,干群关系进一步密切。自觉接受人大的法律监督、政协的民主监督,办理人大代表议案建议49件、政协委员提案53件。有效组织开展电视问政、州政风行风热线走进宣恩等活动,主动接受社会舆论监督。严格落实党风廉政建设主体责任,严肃执行中央八项规定、省委六条意见和州委实施细则,"三公"经费压缩24%,清理超标办公用房2万余平方米,全县性会议减少22%,评比达标表彰项目减少23.5%,清理处置违规配备公务用车24辆,政府效能进一步提高。

2014年,县政府承诺五件民生实事实现工作目标,珠山公墓新区和殡仪馆新区建成投入使用,高速公路建设被利用农村道路恢复还建工程基本完成,义务教育学校"洁净温暖"工程全面实施,黄河沟中小河流治理工程、椒园供水管网及泵站建设进展顺利。

各位代表,成绩来之不易,这是州委、州政府和县委正确领导、科学决策的结果,是县人大、县政协加强监督、全力支持的结果,是全县上下攻坚克难、真抓实干的结果。在此,我代表县人民政府,向全县广大干部群众,向各位人大代表和政协委员,向所有关心和支持宣恩发展的各位领导、各界朋友,表示衷心的感谢!

在肯定成绩的同时,我们也清醒地认识到,全县经济社会发展进程中还存在不少的困难和问题:经济总量不大、结构不优,第三产业发展滞后;特色产业链条不长、效益不高;城乡居民收入增速偏低,仍然处于扶贫攻坚的关键阶段;城镇化建设任务较重,建管水平有待进一步提升;自有财力保障有限,财政支出压力加大;社会治理和维护稳定面临新情况新挑战,少数部门和干部担当意识不够,政府自身建设有待进一步加强。针对这些困难和问题,我们将认真对待,采取有效措施,切实加以解决。

二、2015年工作安排

当前,国家经济发展进入新常态,对政府工作提出新的更高的要求。我们要切实增强机遇意识、忧患意识、责任意识,正确认识新常态,主动适应新常态,积极引领新常态,切实提高经济社会发展的质量和效益。

今年政府工作的指导思想是:深入贯彻党的十八大和十八届三中、四中全会以及习近平总书记系列重要讲话精神,按照省委"竞进提质、升级增效"和州委"实施双轮驱动、推进生态文明建设"的要求,落实县委决定,坚持"兴产业、强基础、惠民生、促和谐"的发展思路,推动全县经济社会持续健康发展。

今年的主要预期目标是:地区生产总值增长9.5%;规模以上工业增加值增长11.5%;公共财政预算收入增长15%;全社会固定资产投资增长20%;社会消费品零售总额增长14%;城镇常住居民人均可支配收入增长10%;农村常住居民人均可支配收入增长12%;城镇登记失业率控制在4.2%以内;城镇化率提高2个百分点;人口自然增长率、节能减排、安全生产控制在州定目标以内。

(一)突出生态优势,建设美丽宣恩

加强生态工程建设。大力推进"绿满荆楚"行动[3],实施好新一轮退耕还林、天然林保护等工程,完成绿化面积10万亩,注重彩色绿化、暖色绿化,着力打造"多彩宣恩"。启动实施贡水河国家级湿地公园、宝塔山森林公园一期工程建设。加强中小流域、坡耕地、石漠化治理,积极推广河道治理生态处理技术。推进乡村人工湿地、垃圾中转站建设,建立覆盖城乡的再生资源回收利用体系。

注重生态环境保护。加强森林资源管理,扎实开展乱砍滥伐专项整治。加大贡水河、酉水河保护力度,严格土地资源集约节约利用,保护好城乡的山水风貌。严格执行环评和节能评估制度,加强地表水、饮用水、扬尘、油烟等污染监管,加大环保执法力度,确保空气优良天数达到340天以上。全面开展农村土地面源污染普查,强化农业化学投入品使用监管,推进测土配方施肥,从源头防治土壤污染。

大力弘扬生态文化。坚持导向引领,把绿色GDP纳入综合目标责任考核,构建保护、利用、治理、监管于一体的制度体系。加强生态文明宣传教育,开展生态文明知识进课堂、进乡村、进社区、进企业、进机关"五进"活动,创建一批绿色社区、绿色学校、绿色

乡村和公共机构节能示范单位，争创“全省林业生态示范县”、省级生态乡镇和生态示范村，做好“国家级生态县”创建前期工作，不断增强全民生态意识。

(二)突出产业建设，增强县域实力

壮大特色农业产业链。巩固“国家级出口茶叶质量安全示范区”、“伍家台贡茶”中国驰名商标创建成果，新增有机认证基地93.33公顷、出口茶叶示范基地666.67公顷，不断提高产品知名度和市场竞争力。建好茶叶产业链，新建茶叶基地1333.33公顷，建成投产5条清洁化加工生产线；积极推动企业与高校、科研院所开展合作，筹建伍家台贡茶研究院。建好水果产业链，新建贡水白柚基地666.67公顷，新增1条贡水白柚商品化处理生产线。建好畜牧产业链，新发展“4450”生猪养殖模式户600户，建成“国家级生猪调出大县”。建好烟草产业链，稳定烟叶种植面积4600公顷，提高烟叶品质，加强烟水、烟路等配套设施建设。统筹发展蔬菜、药业产业，促进农村居民持续增收。

加速发展新型工业。深入推进“一区三园”[4]建设，完成园区产业规划编制和扩区定界，完善园区基本功能。椒园生态产业园抓好“茶叶循环经济示范基地、富硒精制茶出口基地、富硒生物科技孵化园、武陵地区物流公路港”建设；和平制造产业园做好“健康厨具”产业文章，着力整合集聚资源；启动宣南产业新城规划编制工作，择优推进项目入园发展，园区入园企业突破80家，规模以上工业企业达到30家，新增就业岗位1500余个，把园区建设成为全州产业集约发展、产城融合发展的示范区。围绕发展清洁能源产业，启动观音坪电站主体工程建设，推动鸡笼洞河流域开发，积极谋划实施太阳能、风能等新能源项目。围绕发展农产品加工业，延长增粗产业链，提高产品附加值，新增1家亿元以上的农产品加工企业。围绕发展绿色制造业，积极承接产业转移，形成以龙鑫厨具、德诚建材等企业为龙头的制造产业集群。继续实施中小企业成长工程，培育壮大工业企业主体，规模以上工业企业发展到55家以上。

大力发展生态文化旅游业。力争实现国家4A级景区建设上的突破。推动椒园片区旅游综合开发，全面启动景区建设；加快推进伍家台休闲农业园建设，完善景区基础设施标准化配套；狮子关景区一期项目全面开园营业；立足椒园生态产业园现代化厂房、独具特色的产品，建设工业体验观光园；彭家寨、庆阳凉亭古街具备民族民俗旅游区基本接待功能。推动旅游产业配套要素建设，完成40公里旅游公路改扩建工程；支持鑫海物流公司建设椒园游客集散中心；支持旅行社行业建设。加大包装、策划力度，引进有实力、有理念的投资者对贡水河、“酉水源”[5]等旅游资源进行开发。着力打造“一会、两赛、两节”品牌[6]，推进农旅互动、文旅互融。

加快商贸物流业发展。继续实施“放心粮油工程”，推进村级综合服务社建设。抓好武陵商贸物流、天宇物流中心、创美物流等项目建设，大力发展现代物流业。着力抓好硒资源详查工作，力争走在全州前列。组团参加第二届中国恩施·世界硒都硒产品博览交易会，确保上好硒博园成功开园。同时，突出信息兴业、信息助业、信息强业，构建多层次信息化应用体系。

(三)突出城乡一体，提升宜居水平

做精县城。启动县城总规修编，编制县域城镇体系规划。加大旧城改造力度，推进贡水龙城、贡水明珠、金典国际等项目建设，加快黄河沟中小河流治理、西门沟至莲花坝道路、县城二水厂及官千水库等项目建设进度，实施凌云路、水厂路、兴隆大道中端道路及管网改造工程。统筹做好县城区地质灾害防治工作。大力推进新区开发，建成金源国际小区、万和广场新区，启动莲花坝新区开发、县教育中心配套商业服务中心、县民族体育馆建设。全面完成高速公路县城连接线建设，启动209国道绕城线建设，推进椒园、和平组团与县城主城区融合发展。坚持以“三城同创”为载体，加强规划管理，强化综合执法，推进数字化城管建设，不断提高精细化管理水平，创建成为省级卫生县城、省级园林县城，实现省级文明县城创建进度目标。

做特乡镇。推进实施“十个一”工程[7]，不断提升乡镇建管水平。全面完成椒园、晓关、椿木营、高罗、李家河五个乡镇集镇道路综合改造工程。加快晓关民族文化活动中心建设、沙道沟三级客运站综合配套设施开发进度，推进椒园新苑城、万寨集镇综合改造、长潭河集镇新区开发、椿木营翠谷嘉园小区、高罗歌乐城等项目建设，启动李家河集镇新区二期工程开发。继续做好“乡改镇”工作。鼓励支持乡镇打造创业小区平台，启动1—2个乡镇创业园建设。

做美农村。围绕创建“全国美丽乡村示范县”，建设中心村，培植特色村，保护好传统村落，将水田坝建成“千户土家生态休闲旅游区”，谭家坝建成“苗乡体验休闲区”，大岩坝建成“侗乡特色新区”，伍家台建成“生态农业观光体验区”，彭家寨建成“土家族文化生态观光区”。抓好沙道沟、高罗绕镇线建设，完成宣石线、王椿公路甘长线改扩建工程，实现乡乡通二级公路的目标。全面完成“十二五”规划通畅工程、农村饮水安全工程建设目标。新建沙坪35千伏变电站，改造万寨35千伏变电站。建设特色民居1000户。

(四)突出改革创新，激发内生动力

着力深化改革开放。深入推进行政审批制度改革，做好“接、放、管”文章，做到“法无授权不可为、法定职责必须为”。深化工商注册登记制度改革，全面落实“先照后证”，促进市场主体蓬勃发展。深入实施财政预算制度改革，增强预算统筹能力，规范财政收支管理。创新金融扶贫机制，新发展23个村级扶贫互助社。有序实施农村土地经营权确权登记、农村宅基地使用权和集体建设用地使用权确权登记。着力抓好公车改革、户籍制度改革、社会保障制度改革等其他各项改革。大力开展“开放活州年”活动，形成全方位、宽领域、多层级的对外开放新格局。围绕本地优势资源和产业，推进链条式、集群式招商，引进一批产业关联度强、投资强度大、税收贡献大、环境保护好的项目，提高项目履约率、资金到位率和落地开工率，招商引资到位资金21.6亿元。培育壮大自营出口队伍，新增自营出口企业3家，自营出口力争突破1000万美元。

有效破解要素制约。坚持以规划为引领，加大土地收储力度，保证项目建设用地需求。充分发挥金融资本对经济增长的支撑作用，扩大存贷规模，优化存贷比例，力争年末贷款余额突破30亿元。支持企业建设研发中心，搭建智力合作平台。积极推进校企合作，以县内企业需求为导向，推动县中等职业技术学校创新办学体制，实现学习、就业无缝对接。加大就业创业培训力度，建立县、乡、村三级就业信息发布平台，细化就业推介服务，吸引外出农民工、大学生返乡创业、就近就业。

加大项目工作力度。深入研究上级出台的各项政策，主动对接政策导向和资金投向，强化项目规划论证，注重项目可研深度，确保投资500万元以上的储备项目达到150个。完善项目争取激励、考核和协调机制，力争常规性项目扩面增量、竞争性项目有新的突破。坚持“五个一”的领导机制[8]，实行“月通报、季督办、年考核”，加强项目“四制”管理[9]，提高项目建管水平和投资效益，确保工程优质高效、项目资金安全。

(五)突出民生改善，促进社会和谐

提升保障水平。落实好县委《关于集中解决教育实践活动中事关民生突出问题的决定》，建立大病医疗救助、农村公路养护管理、“三留守”人员关爱服务、农村环境卫生整治长效机制；完善农村公益性事业建设“以奖代补”机制；实施好义务教育学校“洁净温暖”工程，解决好学生喝热水、洗热水、入净厕难题。健全社会保险扩面征缴机制，提高社会保险待遇水平。完善社会救助体系，对城乡低保实行按标施保，切实保障困难群众基本生活。加大保障性住房建设力度，实施棚户区改造1800套，改造农村危房1000户。大力推进精准扶贫，启动实施23个村整村推进扶贫开发、5个重点老区贫困村建设。

优化公共服务。加快推进县教育中心建设，力争高中部、宣恩清江外国语学校于年内投入使用。实施“全面改薄”项目[10]，推进教育信息化建设，改善办学条件，整合教育资源。完善县、乡、村三级卫生服务网络，全面启动县民族医院整体搬迁，巩固提高新农合参合率和受益面。继续抓好计划生育工作，不断提高优质服务水平。加大公共文化设施建设力度，完成县群众文化体育活动中心一期主体工程建设，启动二期工程建设；实施好文化体育惠民工程，新建9个乡村文化广场、15个农民体育健身工程。抓好国防动员、人民防空和民兵预备役工作，开展新一轮省级“双拥模范县”创建活动，增强军政军民团结。深入推进“全国民族团结进步模范县”建设，促进各民族共同团结奋斗、共同繁荣发展。全面启动农村应急广播“村村响”建设。扎实做好科技、移民、外事侨务、气象、档

案、史志、妇女儿童、老龄事业、邮政、通讯、保险、石油等工作。

创新社会治理。深入开展“六五”普法，县、乡、村普遍建立法律顾问制度，形成办事依法、遇事找法、解决问题用法、化解矛盾靠法的法治环境。推进社会主义核心价值观建设，不断提高社会文明程度。全面落实“三位一体”基层治理新模式，推进乡村治理主体多元化、治理方式现代化、治理秩序法治化。深化“平安宣恩”建设，健全治安防控体系，加强社区和农村网格化管理，强化单位内部安全保卫，积极防范和打击各类违法犯罪活动。坚持以群众工作统揽信访工作，畅通群众诉求表达渠道，依法处理各类信访事项，及时解决群众合理诉求。牢固树立安全生产“红线”意识，建立健全“党政同责、一岗双责、齐抓共管”的责任体系，坚决遏制较大以上事故。严格食品药品监管，推进“食品放心工程”建设，实行从农田到餐桌的全过程、全方位监管，确保广大群众“舌尖上的安全”和用药安全。进一步加强综合应急救援体系建设，提高防范和处置突发事件的能力。

2015年，是“十二五”规划的收官之年，是“十三五”规划的编制之年。我们要围绕“十二五”发展规划，认真梳理，查漏补缺，力求圆满完成规划目标任务。我们要全面总结“十二五”时期经济社会发展成就和经验，准确把握国内发展形势和我县面临的重大机遇，结合《武陵山片区区域发展与扶贫攻坚规划》，合理确定“十三五”经济社会发展思路、目标、重点和措施，切实提高规划的科学性、前瞻性和可操作性。按照“三个集中、两个导向”的原则[11]，谋划一批特色产业、基础设施、生态保护、扶贫开发、民生改善等重大项目，主动加强上下对接、左右沟通，力争更多的项目进入国家、省、州规划盘子和投资计划，为“十三五”经济社会发展提供有力支撑。

三、加强政府自身建设

面对新形势、新任务，我们必须围绕全县改革、发展、稳定大局，依法履责，为民负责，务实担责，切实抓好政府自身建设，努力建设人民满意的政府。

（一）严格依法行政。把依法行政贯穿于政府行为全过程，按照法定权限和程序行使权力，把权力关进制度“笼子”。完善公众参与、专家论证、风险评估、合法性审查、集体讨论决定等政府决策程序，推进科学、民主、依法决策。加强行政执法监督和检查，规范行政执法行为，做到有权必有责、用权受监督、违法必追究。自觉接受人大法律监督、工作监督和政协民主监督，虚心接受舆论监督和群众监督，认真办理人大代表议案建议、政协委员提案。

（二）提升行政效能。巩固党的群众路线教育实践活动成果，深入基层、深入一线、深入群众，办实事、做好事、解难事。加强政务服务体系建设，建好市民之家，实现乡镇便民服务大厅、村（社区）综合服务平台全覆盖，让“群众少跑腿、数据多跑路”。深入推进“一周办结制”，严格落实“三集中、三到位”[12]，不断提高政务服务水平。修改完善目标责任制考核办法，实行更有针对性的考核。加大政务督查力度，形成崇尚实干、力戒空谈、敢于担当的良好风气。

（三）强化廉政建设。认真落实主体责任，把党风廉政建设放在心上、扛在肩上、抓在手上，与经济社会发展同谋划、同部署、同考核，做到“两手抓、两促进”。扎实开展“五讲四提高”[13]“三纪四德”[14]“三严三实”[15]主题教育活动，打造一支清廉为官、事业有为的干部队伍。深入贯彻落实中央、省、州关于作风建设的各项规定，发扬“钉钉子”精神，严控“三公”经费，坚决反对“四风”，严肃查处各类违纪违法案件，形成作风建设长抓、严抓、实抓的新常态。

各位代表，民之所望，施政所向。今年，县政府将在扎实完成州分解到县民生工程，办好换届以来已经承诺民生实事的基础上，继续集中人力、物力、财力，再办五件民生实事：一是对损毁严重的农村公路进行一次集中养护，健全农村公路养护管理长效机制；二是县城区新建一所标准化幼儿园；三是县城区新增货车停车位300个，普通停车位500个；四是完成贡水河南岸污水收集系统改造工程；五是全面实施被征地农民养老保险制度。

各位代表，新常态孕育新机遇，新机遇催生新发展。我们将始终保持干事创业、争先进位的锐气，始终保持克难攻坚、志在必得的勇气，始终保持蓬勃向上、奋发有为的朝气，咬定目标不放松，科学发展不折腾，只争朝夕不懈怠，以更加振奋的精神、更加开阔的视野、更加务实的作风，在县委的坚强领导下，在县人大、县政协的监督支持下，求真务实，真抓实干，齐心协力，为加快建设美丽宣恩而努力奋斗！

术语注释

[1]**“退城进园”**：指在科学规划的前提下，城区内工业企业搬入工业园区，实现可持续发展。

[2]**“三位一体”基层治理新模式**：村医村教进班子，农民办事不出村，法律顾问进乡村。

[3]**“绿满荆楚”行动**：2014年12月，湖北省委、省政府出台《关于加快推进绿满荆楚行动的决定》（鄂发〔2014〕24号），要求用3年时间实现全省绿色全覆盖。

[4]**“一区三园”**：湖北宣恩工业园区；椒园生态产业园，和平制造产业园，宣南产业新城。

[5]**“酉水源”**：酉水古称酉溪，是武陵五溪之一。发源于椿木营的火烧堡，是一条水质优良、风景优美、文化深厚、民俗丰盛的河流。酉水被称为土家人的“母亲河”，也被视为湖南人的“母亲河”。2014年11月，湖南龙山、保靖、古丈、永顺、沅陵签署《共同打造大酉水——中国南方水上丝绸之路黄金旅游线路战略框架协议》，着力建设精品旅游线路和景点集群，推动武陵山片区旅游扶贫攻坚。

[6]**“一会、两赛、两节”品牌**：水上运动会；山地自行车邀请赛，环贡水河健身长跑比赛；伍家台贡茶开园节，贡水白柚采摘节。

[7]**“十个一”工程**：启动一项规划编制；打造一条示范街道；推进一个创业园建设；建设一个集贸市场；修建一个垃圾（污水）集中处理设施；启动一个客运站或停车场建设；完善一批基础功能；健全一支管理队伍；强化一套工作机制；建立一系列管理制度。

[8]**“五个一”的领导机制**：一个项目，一名领导，一个专班，一套方案，一抓到底。

[9]**项目“四制”管理**：法人责任制、招投标制、合同管理制、建设监理制。

[10]**“全面改薄”项目**：全面改善义务教育薄弱学校基本办学条件。

[11]**“三个集中、两个导向”的原则**：向产业集中，向城镇体系集中，向园区平台集中；目标上以县委、县政府决策部署为导向，方法上以研究部门和行业政策为导向。

[12]**“三集中、三到位”**：部门行政审批职能向一个股室集中、承担审批职能的股室向政务服务中心集中、行政审批事项向电子政务平台集中；审批事项进驻服务中心落实到位、授权到位、电子监察全覆盖到位。

[13]**“五讲四提高”**：讲政治、讲团结、讲民主、讲务实、讲清廉；提高班子抓发展的能力、抓落实的能力、抓统筹的能力和解决自身问题的能力。

[14]**“三纪四德”**：党纪、政纪、法纪；社会公德、职业道德、家庭美德、个人品德。

[15]**“三严三实”**：严以修身、严以用权、严以律己；谋事要实、创业要实、做人要实。

县情概览

地理环境

【地理位置与面积】 宣恩县位于恩施土家族苗族自治州南部，地处北纬 29°32′46″-30°13′36″，东经 109°10′50″-109°55′52″。南北长 73.9 千米，东西宽 71.5 千米。东接鹤峰，西邻咸丰，东北、西北及北部与恩施市交界，西南同来凤毗连，东南与湖南省龙山、桑植等县接壤。G209 纵贯南北，与椒（园）石（门坎）省道、鸦（雀岭）当（阳坪）省道横串东西呈“工”字形。县城距恩施机场 53 千米，宜（昌）万（州）铁路恩施站 51 千米，沪蓉西高速公路恩施西入口 40.5 千米，距长江巴东港 234 千米。全县国土总面积 2737.17 平方千米，分别占全省、全州国土总面积的 1.47%、11.39%。

【地质地貌】 境内地层属元古代震旦纪变质岩基底，上覆盖自寒武纪至第四纪巨厚沉积岩。地表的岩层既有新生代（第四纪）、中生代（三迭纪）年轻地层，也有古生代（二迭纪、石炭纪、泥盆纪、志留纪、奥陶纪）古老层。宣恩属云贵高原延伸部分，地处武陵山和齐跃山交接部位，县境东南部、中部和西北边缘，横亘着几条东北至西南走向的大山岭，形成许多台地、岗地、小型盆地、平坝、横状坡地和山谷、山峡等地貌。武陵山脉横亘延伸，形成西北边界第一大主峰——羊头山，海拔 1605.8 米；支脉沿东北，经恩施市石窑延伸至县境长坪、椿木营，形成椿木营高原。余脉沿湘鄂边界的八大公山，经一天门、鸡公岭、万岭山，自西向东凸起，将境内分成南北两部。全县最高点椿木营火烧堡，海拔2014.5米，最低点石心河（贡水与清江汇合处），海拔 356 米，相对高差 1658.5 米，全县平均海拔 974 米。境内海拔 1200 米以上的高山占全县总面积的 25.69%，海拔 800～1200 米的二高山占 47.12%，800 米以下的低山占 27.19%。宣恩县气候湿润，雨量充沛，河系发育条件良好。全县有大小河流 121 条。河流总长度 538 千米，河网密度 1.2 千米/平方千米。按河流归属全县有 5 个水系。发源于沙道沟镇二坪的头坪河（海家河），向南入湖南龙山县，属澧水水系（洞庭水系之一）；发源于晓关侗族乡草坝场的断头河，向西南入咸丰县，属乌江水系；发源于椿木营乡干竹坪经岩板沟、神州台的鸡笼洞河，向北入恩施市，属马尾沟（清江的另一支流）水系。这 3 个水系在县境内的流域面积，只占全县国土总面积的 8.7%。其余各条河则分属酉水河水系和贡水河（忠建河）水系，其中酉水河源头位于椿木营乡杨柳坨村以南约 1.5 千米外的山坳上，北纬 30°01′02″，东经 109°45′20″，海拔 1892 米。这两个水系流域面积大致相等，河流径流总量较大，全县人均径流量是全国人均径流量的 2.5 倍。河流落差大，水力资源丰富，由于降水量的季节变化大，水力资源的季节变化大。宣恩气候属中亚热带季风湿润型山地气候，多年平均降雨量 1560 毫米，年日照时数 1150 小时。随海拔高程的变化，呈明显的垂直差异。海拔 800 米以下低山带，四季分明，冬暖夏热，雨热同步，光温互补，年均气温 15.6℃，无霜期 304 天，年降水量 1491.3 毫米，年日照时数 1069.9 小时；海拔 800～1200 米的二高山地带，春迟秋早，湿润多雨，光温不足，年均气温12.7℃，无霜期 269 天，年降水量 1553.1 毫米，年日照时数 1213.3 小时；海拔 1200 米以上的高山地带，气候冷凉，冬长夏短，易涝少旱，年均气温 9.9℃，无霜期 234 天，年降水量 1824.8 毫米，年日照时数 1509.5 小时。

自然资源

【土地资源】 全县国土面积 2737.17平方千米，其中耕地占国土面积的 15.46%，城镇及工矿用地占国土面积的 2.08%，园地占国土面积的 1.96%，交通用地占国土面积的 0.54%，林地占国土面积的 56%，水域占国土面积的 1.03%，牧草地占国土面积的 0.45%，未利用地占国土面积的 22.48%。2014 年，全县常用耕地面积 24729 公顷，比上年减少 24 公顷。

【水能资源】 全县水能资源蕴藏丰富，开发利用潜力大。县境内两大水系 4 条主要河流的水能理论蕴藏量为 55 万千瓦，已勘察论证可开发量为 40 万千瓦，占理论蕴藏量的 73%，居全州第二位。全县有大中小型水库 31 座、总库容 6.09 亿立方米，塘堰 505 口、蓄水量876万立方米。其中小型水库27座，总库容7600万立方米；中型水库2座：龙洞水库、桐子营水库，龙洞水库6400万立方米，装机2.6万千瓦，桐子营水库6600万立方米，装机2.4万千瓦；大型水库2座：洞坪水库、狮子关水库，其中洞坪水库3.2亿立方米，装机11万千瓦。至2014年，全县装机已近20万千瓦，年平均发电量约4亿千瓦小时，产值1.4亿元。

【矿产资源】 县境属沉积岩分布区，地层发育齐全，地质结构复杂，成矿条件较好，矿产品种较多，经勘察探明的矿种有33种，矿产地(矿点)132处。主要矿种有煤矿、铜矿、铁矿、铅锌矿、硫铁矿、炭质页岩、石英矿、白云岩、生物大理石、石灰岩、菊花石、黑滑石、紫砂陶土等十多种矿产。其中，无烟煤探明地质储量402万吨，估算6亿吨；炭质页岩预测地质储量6亿吨；铁矿预测地质储量1.7亿吨；铅锌矿预测地质总储量30万吨；铜矿预测地质总储量13.4万吨；硫铁矿预测地质总储量1200万吨；硅矿预测地质总储量1.96亿吨；石灰石预测地质总储量120亿吨；白云岩探明储量409.67万吨，预测地质总储量4.45亿吨；生物大理石探明储量394万立方米，预测地质总储量594万立方米；菊花石探明储量51.67万吨，预测地质总储量500万吨；黑滑石预测地质总储量2000万吨；紫砂陶土预测地质总储量1000万吨；耐火黏土预测地质总储量2000万吨；方解石矿探明储量10.6万吨，预测地质总储量30万吨左右。稀有元素硒矿、钒矿亦有一定储量。

【生物资源】 宣恩地处北纬30°附近大陆东岸亚热带森林过渡带。无冰川侵袭、良好的气候环境、复杂多变的地势、地貌，为野生动植物的生长、栖息、繁衍提供了良好的自然条件，境内生物资源丰富。据1998年全县野生动物调查统计，境内有野生动物8目20科，共176种，其中兽类45种，鸟类94种(候鸟12种)，爬行类19种，两栖类18种；昆虫类60余种。境内高等植物达5000余种，维管束植物183科752属2027余种，常见乔、灌木有96科215属882种及63个变种，其中，乔木达400余种。境内生长的中国单种属和寡种属植物达25属以上，占全国特种属植物的14.1%。国家一级保护树种有水杉、珙桐、光叶珙桐、银杏、伯乐树(钟萼木)、红豆杉、南方红豆杉、苏铁、银杉等9种；国家二级保护树种有36种。牧草品种有12科300余种。2014年森林覆盖率57.3%。

【旅游资源】 县境内崇山峻岭，山水秀丽，且历史悠久，民族文化独具特色。旅游资源可以概括为"一座山、两道水、三个寨子、四种文化、十大亮点、十大名人故地、十大独特物产、十大特色美食、十大传统美食"。

一座山即七姊妹山。它是国家级自然保护区，拥有较好的原始森林。有"植物活化石"珙桐，是我国8种一级重点保护植物中的珍品，是第四纪冰川时期的孑遗植物。珙桐纯林面积较大。遗存的巨型楠木化石，从一个侧面证实了宣恩楠木进献清廷修建承德避暑山庄的历史。还有大型猫科动物踪迹，有形态各异、大小不一的瀑布群，10千米幽深秀美的大峡谷。

两道水：①贡水。从晓关坪地坝至中间河下坝河，沿河两岸山清水秀，风景如画，沿途有双龙湖、红岩窖、梯子河、木场河、下坝河等峡谷，可观赏桐子营水库电站、龙洞中型水库电站、洞坪大型水库电站、中武当、七姊妹山国家级自然保护区等。县城贡水段建有音乐跑泉、民族文化浮雕墙、民族文化风情街。洞坪库区内贡水河段可乘坐画舫游船，观看野生猕猴，领略峡谷风光，体验侗寨风情，观赏生态贡茶园。②酉水。酉水发源于椿木营乡杨柳坨村，白水河至沙道沟段，山高谷深，滩多流急，奇峰异岭，飞瀑巨穴，乘木船漂流而下，可欣赏白水孔、一天门、鸳鸯峡、月亮岩、将军山等景点。

三个寨子：①土家寨子，沙道沟镇彭家寨土家吊脚楼群、椒园镇庆阳坝土家凉亭街。②苗族寨子，高罗乡小茅坡营苗族村寨被称为民族"活化石"，是湖北省唯一保留完整苗语的苗寨。③侗族寨子，有1734年修建的晓关张官铺侗寨、半边火塘，有古树、古渡口、造纸坊、鞭炮坊、水碾房、油榨坊的野椒园杨家院子、张家院子侗寨。

四种文化：①生态文化。2008年，"七姊妹山"被国务院批准为"湖北七姊妹山国家级自然保护区"，保护区内有原始森林、国家一级保护植物、动物，森林覆盖率56.8%，为神秘的北纬30度和川东一鄂西特有现象。②民族文化。

有国家级非物质文化遗产2项：薅草锣鼓和三棒鼓；省级非物质文化遗产10项：薅草锣鼓、耍耍、宣恩土家八宝铜铃舞、十姊妹歌、滚龙连厢、三棒鼓（土家三棒鼓）、高腔山歌（宣恩高腔山歌）、民间绣活（土家族苗族绣花鞋垫）、绿茶制作技艺（宣恩伍家台贡茶制作技艺）、宣恩草把龙；州级非物质文化遗产25项；县级非物质文化遗产46项。③土司文化。元朝，设施南宣慰司沿边溪峒招讨司，明朝设施南宣抚司，从宣慰司、宣抚司、安抚司、招讨司到蛮夷长官司各个级别都有，直至1735年改土归流。④红色文化。贺龙、关向应、任弼时、肖克、王震、廖汉生等领导的红二、六方面军在宣恩先后活动8年之久，成为湘鄂西、湘鄂川黔根据地重要组成部分；红军收编的第一支神兵是晓关联英会；板栗园伏击战被写入《中国工农红军第二后面军战史》。

十大看点："皇恩宠锡"宣恩贡茶、"贡水白柚"、喀斯特地貌、高75.6米的龙洞水库大坝、狭长的水库大坝狮子关电站大坝、北纬30度线上树龄1200多年的野椒园红豆树、树龄1200多年的"九子抱母"古银杏；万寨常春油麻藤、长潭河乡长毛润楠；椿木营亚高山泥炭藓湿地、椿木营竹节人参基地。

十大名人故地：宣恩是贺龙元帅、任弼时书记八年转战之地，是抗战时期代理湖北省主席严立三垦荒晒坪并竖"不共戴天"石碑之地，是湖北三杰之一、民政厅长张难先辞职隐居并创办"耻庐"识字班之地，是中共两任总书记胡耀邦、胡锦涛视察之地，是长篇纪实小说《欧阳海之歌》作者金敬迈求学之地，是著名歌唱家蒋大为放歌之地，是全国"为民模范"周国知成长之地，是明末农民起义军李自成余部"夔东十三家"游击之地，是太平天国起义军翼王石达开攻掠之地。

十大独特物产：科学家在七姊妹山发现新的物种命名为"宣恩牛奶菜"，宣恩特产技术人员选育了中国早熟宽皮柑橘"宣恩早蜜柑"、中国优质茶树品种"宣苔27号（鄂茶10号）"、湖北省四大特色水果"贡水白柚"。宣恩县上湖塘蔬菜队培育出1.1米长的"宣农81720"豇豆新品种。宣恩贝母代表湖北水平，被命名为"湖北贝"，与川贝齐名。宣恩皱皮木瓜享誉大江南北，被误称为"资木瓜"。原产地在宣恩县椒园镇的"恩施玉露"，被评为湖北省第一历史名茶。原产地在宣恩县椿木营乡的白三七，被人们称为"竹节人参"。宣恩县食品公司加工的"鄂西火腿5－1"在全国质量评比会上被评为全国"四大名腿"之一。

十大特色饮食：张官合渣、晓关豆腐、覃家坪米粑粑、沙道沟油粑粑、李家河大蔸菜、椿木营水酸菜、椒园苞谷粑、双龙湖清水鱼、龙洞大块鸡、万寨油茶汤。

其他人文景观：凌云塔、鼓台山烈士陵园、板栗园大捷纪念碑、贺龙收编神兵旧址——晓关禹王宫、猫子庄宣恩县苏维埃政府旧址、烧粑岩湘鄂西中央分局会议旧址、文澜桥、钟楼、侗族鼓楼等人文景观。

建置沿革

【概况】 历代宣恩地域隶属管辖，废置多变。直至清朝雍正十三年（1735）设县，命名宣恩。宣恩县的土著民族属土家族，系巴人后裔，自称"毕兹卡"，即"本地人"。宣恩地域，上古为廪君国地。周属夔子国。春秋属巴子国。《华阳国志·巴志》载："华阳之壤，梁岷之域，是其一囿；囿中之国，则巴蜀矣。其分野，舆鬼、东井。其君，上世未闻。五帝以来，黄帝、高阳之支庶，世为侯伯。及禹治水命州，巴、蜀以属梁州。"巴子国受封于周武王，迄今有3000多年历史。"其地，东至鱼复（今重庆奉节），西达僰[bó]道（今四川宜宾），北接汉中（今陕西汉水流域），南及黔涪（今重庆、湖北、湖南、贵州四省市接壤一带）。""其属有濮、賨[cóng]、苴[jū]、共、奴、獽[ráng]、夷、蜑[dàn]之蛮。"战国初期，宣恩地域属巴国百濮，后期属楚巫郡。秦朝属黔中郡。汉代，东门关以北属荆州南郡；南部属武陵郡。三国时先属蜀，后属吴。北部属荆州建平郡沙渠县；南部属武陵郡。晋朝沿前隶属。北周建德三年（574）置施州，治沙渠县。隋大业时置清江郡，义宁二年（618）改为施州。唐置黔中道施州清化郡，治清江县，宣恩地域属之。五代时宣恩北部属施州清江县，南部属羁縻感化州。宋朝，宣恩北部属"夔州路施州清江县"；南部属"荆湖北路高州、顺州、保顺州"。元朝，宣恩地域置"沿边溪洞招讨司""木册安抚司”“石溪峒司”“忠建都元帅府”等，隶属于“四川行省四川南道宣慰司”。明朝，宣恩地域置“施南宣抚司”等土司，属于“湖广布政使司施州卫”。《明史·地理志》：施南宣抚司（元施南道宣慰司），洪武四年（1371）十二月因之，后废。十六年十二月复置，属施州卫。二十七年复废。永乐二年（1404）五月改置长官司，属大田军民千户所。四年三月升宣抚司，仍属卫（东有旧治，后迁夹壁龙孔，即今治也。西有前江，发源七药山，西南流与后江合，入四川彭水县界）。北距卫一百里，领安抚司五。忠峒安抚司（元湖南镇边宣慰司，明玉珍改沿边溪峒宣抚司，洪武五年正月改沿边溪峒长官司，后废，永乐四年三月改置，南有西溪）。高罗安抚司（元高罗宣抚司，明玉珍改安抚司，洪武六年废。永乐四年三月复置，领长官司一）。

清朝初期，宣恩地域为施南土司，仍属施州卫；雍正六年（1728），属恩施县。据《清实录》记载，雍正十三年十一月壬寅（1735年12月20日），以十五土司（忠峒、散毛、忠路、忠孝、高罗、木册、大旺、金峒、蜡壁、东流、唐崖、龙潭、沙溪、卯洞、漫水）各境并入恩施县改土归流。去施州卫设施南府。辖五县，存恩施县建府治，分置宣恩、来凤、咸丰、利川四县治。以施南、忠峒、高罗、木册、东乡、忠建六司及石虎地合一县，定名宣恩。湖广总督迈柱大学士会同湖北抚臣马会伯合词具题“施州卫既改县如蒙俞允恭请：皇上钦定县名”。依“奉宣诏恩”赐名“宣恩”。寓意：宣示浩荡皇恩。乾隆元年（1736），汉军正蓝旗监生陈宷出任第一任知县，勘边界定疆域，用施南土司故基作县署。管辖分3乡7里，东乡设施南里、东乡里；西乡设石虎里，南乡设高罗里、忠峒里、木册里、忠建里。宣统三年（1911）九月初七（10月28日），施南反正，宣恩隶属于中华民国湖北军政府施南府。

民国元年（1912），废府存县，宣恩县直隶湖北省。民国4年改属荆南道，民国14年改属施鹤道，民国16年废道复隶于省。民国17年改属鄂西行政区，民国21年属湖北省第十行政督察区，民国25年改属湖北省第七行政督察区，直至1949年11月10日宣恩县城解放。

1949年11月11日，成立宣恩县人民政府，隶属恩施专区。

1950年1月，全县划为5个区：城关区，下辖城关乡、椒园乡、万寨乡，区人民政府驻城关；狮长区，下辖镇关乡、长潭河乡，区人民政府驻狮子关；沙道区，下辖沙道乡、乐坪乡、凤山乡，区人民政府驻沙道沟；晓关区，下辖晓关乡、卧西坪乡，区人民政府驻晓关；高罗区，下辖高罗乡、新安乡、板栗园乡，区人民政府驻高罗。1950年4月，经恩施行政专署批准，将恩施县三岔区辖的凉风、白果、芷药以及向家和大河坝各一部分划归宣恩县管辖。

1951年3月，全县将区人民政府改为区公所，为县人民政府派出机构，并将地名区改为数字区。城关区为第一区，辖茅坝塘、干沟塘、狮子关、宝塔、双龙、中坝、椒园、水田坝、庆阳坝、桂花，区公所设城关；万寨乡从城关区分出设立第二区，辖白果坝、板马、凉风、大河坝、向家、中间河、是间坪、大卧龙，区公所设万寨；狮长区为第三区，辖苦草坪、万岭山、施铁坪、龙马山、洗马坪、细沙、兴隆、会口，区公所设长潭河；沙道区为第四区，辖双坪、当阳坪、乐坪、两河、二坪、龙潭、茶园、黄泥塘、沙坪、槽铺、寮叶、官庄、药铺、白水河，区公所设沙道沟；将高罗区辖板栗园乡和沙道区辖凤山乡分出，两乡合并组建第五区，辖上洞坪、司城、板栗园、冉大河、幺店、青龙嘴、二虎寨、金陵寨，区公所设李家河；晓关区为第六区，辖晓关、高桥、坪地、张官、草坝、猫山、倒洞塘、覃家坪、桐子营、八台、卧西坪、大山坪，区公所设晓关；高罗区为第七区，辖龙潭河、马家寨、下坝、光荣、干溪、龙河、九间店、蜡树园、团结、板寮，区公所设高罗。

1953年10月，将恩施县双河（济安）区辖的粟谷塆、挖断山、头棚、长坪和鹤峰县中营区辖的川东划归宣恩椿木营管辖。椿木营从第三区（长潭河区）分出，设立第八区，辖椿木营、后坝、粟谷、长坪，区公所设椿木营；第三区区公所从狮子关迁至长潭河集镇。

1955年4月，撤销第八区，并入第三区。

1956年6月，椿木营从第三区分出，恢复第八区。1956年6月，全县有8个区：第一区，下辖茅坝塘、干沟塘、狮子关、宝塔、双龙、中坝、椒园、水田坝、庆阳坝、桂花等10个乡；第二区，下辖白果坝、板马、凉风、大河坝、向家、中间河、大卧龙、中间坪等8个乡；第三区，下辖苦草坪、万岭山、施铁坪、龙马山、洗马坪、细沙、兴隆、会口等8个乡；第四区，下辖双坪、当阳坪、乐坪、两河、二坪、龙潭、茶园、黄泥塘、沙坪、槽铺、寮叶、官庄、药铺、白水河等14个乡；第五区，下辖上洞坪、司城、板栗园、冉大河、幺店、青龙嘴、二虎寨、金陵寨等8个乡；第六区，下辖晓关、高桥、坪地、张官、草坝、猫山、倒洞塘、覃家坪、桐子营、八台、卧西坪、大山坪等12个乡；第七区，下辖龙潭河、马家寨、下坝、光荣、干溪、龙河、九间店、蜡树园、团结、板寮等10个乡；第八区，下辖椿木营、后坝、粟谷、长坪等4个乡。

1958年10月，全县实行人民公社建制，设立东光（城关）、巨龙（茅坝塘）、东升（万寨）、东方红（长潭河）、红旗（沙道）、红色（沙坪）、高照（八大公山）、乐园（李家河）、五星（板栗园）、东风（晓关）、钢火（大山坪）、高歌（高罗）、心安（新安）、高原（椿木营）等14个人民公社，实行政社合一体制。

1959年1月，又将部分人民公社合并，同时改以地名为公社名称，建立城关（东光、巨龙合并）、万寨（东升）、长潭河（东方红）、沙道（红旗、红色、高照合并）、李家河（乐园、五星合并）、晓关（东风、钢火合并）、高罗（高歌、心安合并）、椿木营（高原）8个人民公社，下辖73个管理区。

1961年5月，撤销8个人民公社，恢复区建制，将管理区改称人民公社，原各区管辖的范围不变；同年10月，城关镇从城关区分出，设立县辖城关镇，管辖范围县城区。全县辖城关、万寨、长潭河、沙道、李家河、晓关、高罗、椿木营8个区和1个城关镇。城关区，下辖茅坝塘、干沟塘、狮子关、宝塔、双龙、中坝、椒园、水田坝、庆阳坝、桂花10个人民公社；万寨区，下辖白果坝、板马、凉风、大河坝、向家、中间河、大卧龙、中间坪8个人民公社；长潭河区，下辖苦草坪、大湾、东乡、施铁坪、龙马山、洗马坪、细沙、兴隆、会口9个人民公社；沙道区，下辖双坪、当阳坪、乐坪、两河、二坪、龙潭、茶园、黄泥塘、沙坪、槽铺、寮叶、官庄、药铺、白水河14个人民公社；李家河区，下辖上洞坪、司城、板栗园、冉大河、幺店、青龙嘴、二虎寨、金陵寨8个人民公社；晓关区，下辖晓关、高桥、坪地、张官、草坝、猫山、倒洞塘、覃家坪、桐子营、八台、西坪、大山坪12个人民公社；高罗区，下辖龙潭河、马家寨、下坝、光荣、干溪、龙河、蜡树园、团结、板寮、九间店10个人民公社；椿木营区，下辖椿木营、后坝、粟谷、长坪4个人民公社。

1968年1月，成立宣恩县革命委员会。到同年5月，先后成立城关、万寨、长潭河、沙道、李家河、晓关、高罗、椿木营、城关镇9个区（镇）革命委员会。至此，全县辖城关、万寨、长潭河、沙道、李家河、晓关、高罗、椿木营8个区和1个城关镇，75个人民公社。

1975年10月，撤区并社，撤销8个区，将75个公社合并为16个公社，原公社改为片，由公社直接领导生产大队。撤销城关区，建立椒园公社与和平公社，椒园公社辖桂花、庆阳坝、水田坝、椒园、中坝、双龙、宝塔等7个片，公社驻城关。和平公社辖茅坝塘、干沟塘、狮子关3个片，公社驻干沟塘集镇。撤销万寨区，建立万寨公社、板场公社与中间河公社，万寨公社辖白果坝、向家、大河坝3个片，公社驻万寨集镇；板场公社辖板场与凉风2个片，公社驻板场集镇；中间河公社辖中间河、中间坪、大卧龙3个片，公社驻中间河集镇。撤销长潭河区，建立长潭公社与会口公社，长潭公社辖细沙、兴隆、施铁坪、龙马山、东乡5个片，公社驻长潭河集镇；会口公社辖苦草坪、洗马坪、大塆、会口4个片，公社驻马虎坪集镇。撤销沙道区，建立沙道公社、龙潭公社与沙坪公社，沙道公社辖沙道沟、乐坪、当阳坪、黄泥塘、双坪5个片，公社驻沙道沟集镇；龙潭公社辖茶园、龙潭、二坪、两河4个片，公社驻伍家寨集镇；沙坪公社辖沙坪、药铺、白水河、老岔、槽铺、官庄6个片，公社驻骡子塆集镇。撤销李家河区，建立李家河公社与板栗园公社。李家河公社辖二虎寨、幺店、金陵寨、青龙嘴4个片，公社驻李家河集镇；板栗园公社辖上洞坪、司城、板栗园、冉大河4个片，公社驻板栗园集镇。撤销晓关区，建立晓关公社与桐子营公社。晓关公社辖晓关、高桥、坪地、张官、草坝、猫山6个片，公社驻晓关集镇；桐子营公社辖倒洞塘、覃家坪、桐子营、八台、西坪、大山坪6个片，公社驻桐子营集镇。撤销高罗区，建立高罗公社，辖龙潭河、马家寨、下坝、光荣、干溪、龙河、蜡树园、团结、板寮、九间店10个片，公社驻高罗集镇。撤销椿木营区，建立椿木营公社，辖椿木营、后坝、粟谷、长坪4个片，公社驻椿木营集镇。保留城关镇。

1978年12月，各公社下辖片

改为管理区,经调整合并,全县建立73个管理区。椒园公社辖桂花、庆阳坝、水田坝、椒园、中坝5个管理公社;和平公社辖茅坝塘、铁厂坡、干沟塘、狮子关4个管理公社;板场公社辖板场管理区;万寨公社辖白果坝、万寨、大河坝3个管理板;中间河公社辖中间河、中间坪、大卧龙3个管理区;长潭公社辖细沙、兴隆、芭叶槽、东乡4个管理区;会口公社辖苦草坪、洗马坪、马虎坪3个管理区;沙道公社辖乐坪、当阳坪、黄泥塘、上洞坪、松坪5个管理区;龙潭公社辖茶园、龙潭、二坪、两河4个管理区;沙坪公社辖沙坪、药铺、白水河、老岔、槽铺、官庄6个管理区;李家河公社辖二虎寨、幺店、金陵寨、青龙嘴4个管理区;板栗园公社辖上洞坪、回龙、司城、板栗园、冉大河5个管理区;晓关公社辖晓关、高桥、坪地、张官、草坝、猫山6个管理区;桐子营公社辖倒洞塘、覃家坪、桐子营、八台、西坪、大山坪6个管理区;高罗公社辖龙潭河、马家寨、下坝、光荣、干溪、龙河、蜡树园、团结、板寮、九间店10个管理区;椿木营公社辖椿木营、后坝、粟谷、长坪4个管理区。

1983年6月,城关镇更名为珠山镇。

1984年5月,撤销公社、管理区、生产大队、生产队建制,设置区(镇)、乡(镇)、村、组建制。全县设椒园、万寨、长潭河、沙道、沙坪、李家河、晓关、高罗、椿木营9个区和珠山、沙道沟2个镇。撤销椒园、和平公社,合并设椒园区,辖桂花、庆阳坝、水田、椒园、中坝、和平、铁厂坡、茅坝塘、狮子关9个乡。撤销万寨、板场公社,合并设万寨区,辖大河坝、板场、凉风、白果、向家5个乡。撤销长潭河、中间河、会口公社,合并设长潭河区,辖长潭、细沙、兴隆、龙马山、中间河、大卧龙、诺西、施铁坪、东乡、苦草坪、会口、洗马坪12个乡镇。撤销沙道、龙潭公社,合并设沙道区,辖上洞、松坪、乐坪、当阳坪、黄泥塘、茶园、二坪、龙潭、两河9个乡。撤销沙坪公社,设沙坪区,辖金盆、药铺、白水河、老岔、槽铺、官庄6个乡。撤销李家河、板栗园公社,合并设李家河区,辖李家河、二虎寨、幺店、上洞坪、板栗园、司城、回龙、冉大河、金陵寨、青龙嘴10个乡镇。撤销晓关、桐子营公社,合并设晓关区,辖晓关、覃家坪、倒洞塘、八台、桐子营、西坪、大山坪、猫山、高桥、张官、草坝、大岩坝、坪地13个乡镇。撤销高罗公社,设高罗区,辖高罗、马家寨、九间店、干溪、蜡树园、龙潭河、光荣、下坝、团结、板寮10个乡镇。撤销椿木营公社,设椿木营区,辖椿木营、后坝、粟谷、长坪4个乡。新设县辖沙道沟镇,辖响龙、街上、桃子岔、水田坝、补溪、咸池、苦溪河7个村。

1984年10月,沙道沟镇对内由县辖镇降为区辖镇,划归沙道区管辖。保留珠山镇,扩大管辖范围,辖珠山镇居民委员会、七里桥、岩堡、上湖塘、猫儿堡、园艺村、莲花坝、宝塔8个村(居委会)。各村建立村民委员会,实行村民自治。

1986年5月,经省政府批准,设晓关侗族镇、张官侗族乡、猫山侗族乡、桐子营侗族乡、八台侗族乡、会口侗族乡。

1987年6月,全县进行小乡并大乡,椒园区撤销水田乡,并入椒园乡,撤销铁厂坡乡,并入和平乡;万寨区撤销凉风乡,并入板场乡(1986年12月撤并);长潭河区撤销细沙乡、兴隆乡,并入长潭镇,撤销龙马山乡,并入长潭镇(1985年12月,将龙马山乡的龙马山村并入长潭镇,陈家台村并入会口乡),撤销苦草坪乡,并入会口侗族乡,撤销施铁坪乡,并入诺西乡;沙道区撤销茶园乡,并入龙潭乡,撤销二坪乡,并入两河乡,撤销上洞乡、松坪乡,并入沙道沟镇;李家河区撤销回龙乡,并入上洞坪乡,撤销司城乡,并入板栗园乡,撤销二虎寨乡、幺店乡,并入李家河镇;晓关区撤销大岩坝、坪地、高桥3个乡,并入晓关侗族镇,撤销倒洞塘乡,并入桐子营侗族乡,撤销草坝乡,并入猫山侗族乡;高罗区撤销下坝、光荣、龙潭河3个乡,合并建立麻阳寨乡,撤销九间店、蜡树园、干溪3个乡,并入高罗镇。

1993年12月,经省政府批准,将雪落寨林场从沙道区划出,建立雪落寨乡,明确为县政府直属副区级单位,辖2场1村,即国营雪落寨林场、大竹坪药场和林业村。

1995年5月1日,州委、州政府决定李家河区、沙道区、沙坪区、高罗区及雪落寨乡交来凤县代管。全县辖5区1镇,即椒园、晓关、长潭河、万寨、椿木营区和珠山镇。10月,州委、州政府决定,将椒园区分为椒园区(辖椒园、中坝、庆阳坝、桂花4个乡)、和平区(辖和平、茅坝塘、狮子关3乡);晓关区分为晓关区(辖晓关、高桥、张官、猫山4个乡)、桐子营区(辖桐子营、覃家坪、八台、西坪、大山坪5个乡);长潭河区分为长潭河区(辖长潭、东乡2个乡)、会口区(辖会口、洗马、苦草坪3个乡）。椒园区公所驻地由县城迁至椒园集镇。至此，全县辖8区1镇。

1996年11月，经省人民政府批准，撤销椒园、和平、万寨、晓关、桐子营、长潭河、会口、椿木营8个区，建立椒园镇与和平、贡茶、长潭河、椿木营4个乡和晓关、桐子营、会口3个侗族乡，万寨乡更名为贡茶乡，珠山镇不变。至此，全县共辖2个镇、4个乡、3个侗族乡，即珠山镇、椒园镇、和平乡、贡茶乡、长潭河乡、椿木营乡、晓关侗族乡、桐子营侗族乡和会口侗族乡，原区辖乡改为管理区。

1997年1月，经省人民政府批准，将中间河、大卧龙、诺西3个管理区从长潭河乡划出，设置中间河镇。

1998年2月，州委、州政府决定，沙道沟、李家河、高罗、沙坪4个乡镇（雪落寨乡在来凤县代管期间并入沙道沟镇）取消来凤县代管，交回宣恩县管辖。至此，全县辖珠山、椒园、沙道沟、中间河4个镇。和平、贡茶、长潭河、李家河、沙坪、高罗、椿木营7个乡，晓关、桐子营、会口3个侗族乡。

2001年3月，经省民政厅批准，贡茶乡更名为万寨乡。同月18日，经省人民政府批准，县政府进行乡镇设置改革，将沙坪乡并入沙道沟镇，桐子营侗族乡并入晓关侗族乡，和平乡并入珠山镇，会口侗族乡、中间河镇、长潭河乡合并，设立长潭河侗族乡。至此，全县辖万寨、高罗、李家河、椿木营4个乡，晓关、长潭河2个侗族乡，珠山、椒园、沙道沟3个镇。

2013年11月25日，经省人民政府批准撤销李家河乡，设立李家河镇，以原李家河乡的行政区域为李家河镇的行政区域，镇人民政府驻凤山。至此，全县辖万寨、高罗、椿木营3个乡，晓关、长潭河2个侗族乡，珠山、椒园、沙道沟、李家河镇4个镇。

人口区划

【人口】 2014年末，全县辖5乡4镇（晓关、长潭河为侗族乡），5个社区居委会，279个行政村，2698个村（居）民小组。年末全县总人口363713人，比上年末增加1937人。全年出生人口4186人，人口出生率11.24‰；死亡人口1995人，死亡率5.33‰；人口自然增长率5.91‰。全县常住人口30.19万人，其中乡村人口20.79万人，城镇人口9.40万人。

全县人口及变动情况

乡镇	年末总人口（人）		出生人口（人）		人口出生率（‰）		人口自然增长率（‰）	
	2014年	2013年	2014年	2013年	2014年	2013年	2014年	2013年
合计	363713	361776	4186	3896	11.24	10.54	5.91	5.26
珠山镇	46160	45986	531	468	10.52	9.35	6.73	5.20
椒园镇	25808	25714	280	263	10.95	10.34	4.75	4.09
沙道沟镇	68122	67837	844	784	12.24	11.41	6.62	6.35
万寨乡	31162	30586	297	318	9.65	10.38	4.85	5.03
晓关乡	43062	42986	523	480	11.64	10.74	5.27	4.59
李家河镇	52420	51988	669	645	12.59	12.41	7.96	7.20
长潭河乡	38533	38464	409	343	10.35	8.71	4.44	3.51
高罗乡	45766	45573	511	467	11.09	10.18	5.35	4.84
椿木营乡	12680	12642	122	128	9.45	9.97	3.96	4.13

注：人口总数来自县公安局年报数据；出生人口、人口出生率、人口自然增长率来自计划生育年报数据。

乡村人口、户数及国土面积

乡镇	年末总户数(户)		年末乡村人口(人)(公顷)		国土面积(平方千米)		常用耕地面积(公顷)(平方千米)	
	2014年	2013年	2014年	2013年	2014年	2013年	2014年	2013年
合　计	124190	123390	318812	317990	2737.17	2737.17	24729	24753
珠山镇	17040	16891	22114	22555	163.77	163.77	1616	1640
椒园镇	8683	8667	24393	24330	175.97	175.97	1477	1477
沙道沟镇	23287	23074	63216	62825	649.95	649.95	4324	4324
万寨乡	10168	10057	29075	29098	183.58	183.58	2270	2270
晓关乡	15731	15741	40388	40272	421.38	421.38	4206	4206
李家河镇	15151	15084	48068	48038	216.79	216.79	3226	3226
长潭河乡	14362	14244	36473	36453	432.71	432.71	3639	3639
高罗乡	15127	15041	42306	42203	287.18	287.18	2652	2652
椿木营乡	4641	4591	12324	12216	205.84	205.84	1319	1319

【民族】 全县共有14个民族，汉族人口占33.6%，13个少数民族占66.4%。其中，土家族占41.9%，苗族占10.2%，侗族占13.9%；还有彝族、回族、白族、满族、壮族、蒙古族、畲族、傣族、朝鲜族、维吾尔族等。晓关乡、长潭河乡为侗族乡。

【区划】 见2014年宣恩县乡镇基本情况一览表。

2014年宣恩县乡镇基本情况一览表

	国土面积(平方千米)	年末耕地面积(公顷)	粮食产量(万千克)	总户数(户)	年末总口(人)	村(居)民委员会(个)			村(居)民小组(个)	公共财政收入(万元)	农民人均纯收入(元)
						合计	村民委员会(个)	社区居民委员会(个)			
珠山镇	163.77	1616	1063.2	17040	46160	24	19	5	193	10843	6680
椒园镇	175.97	1477	766	8683	25808	21	21		188	1537	6585
沙道沟镇	649.95	4324	2682.8	23287	68122	49	49		522	598	5734
万寨乡	183.58	2270	1118.9	10168	31162	24	24		244	166	6633
晓关侗族乡	421.38	4206	1838.2	15731	43062	40	40		441	905	6607
李家河镇	216.79	3226	2235.9	15151	52420	40	40		352	547	5952
长潭河侗族乡	432.71	3639	1714.7	14362	38533	39	39		361	392	5959
高罗乡	287.18	2652	1365.5	15127	45766	32	32		313	490	6248
椿木营乡	205.84	1319	403.3	4641	12680	15	15		84	416	6244
合　计	2737.17	24729	13200.1	124190	363713	284	279	5	2698	15894	6204

大事记

1　月

2日，宜恩县第三次全国经济普查入户登记工作启动仪式在珠山镇举行，王冕出席并作动员讲话。

7日，湖北七姊妹山国家级自然保护区管理局参加在湖南岳阳召开的中国野生动物保护协会保护区委员会成立大会，并成为首批中国野生动物保护协会保护区委员会成员。

9日，赖以健带工作组到万寨乡慰问贫困群众、伤残军人等。

14日，县政协第八届常委会召开第十次会议。

15日，县十七届人大常委会召开第十五次会议。

▲曾德权到椒园镇土皇坪、水田坝村走访慰问部分困难老党员和生活困难群众。

16日至17日，岳东、尹建华先后到万寨、长潭河看望慰问全国“最美孝心少年”林章羽、何秀巡姐弟和全国“守望孝心少年”覃雨平。

20日，州委常委马尚云到宣恩调研产业发展、新农村建设、城市建设等情况，覃遵国、朱鹏程、覃国锋及相关单位负责人参加。

21日，雷天兵到椿木营乡勾腰坝村、黄家坪村走访慰问困难群众。

22日至23日，州委常委、州委宣传部部长杨陈清及州“五项考核”工作考核组，到宣恩考核党风廉政建设责任制、推进惩防体系建设、州管领导班子和领导干部2013年目标责任制落实情况。曾德权向考核组汇报，覃遵国、杨安明、张频等县领导参加考核会议。

23日，习覃、岳东、向建强、张友刚及公安、文化等部门负责人对城区网吧进行突击检查，重点检查未成年人上网问题。

24日，离退休干部座谈会召开，曾德权、习覃、覃遵国、朱瑾、范涌出席，通报全县2013年度经济社会发展情况，听取老干部提出的意见和建议，解答老干部提出的问题。

28日，习覃、向子明及相关部门主要负责人到沙道沟镇慰问困难户。

▲撤销宣恩县卫生局、宣恩县人口与计划生育局，成立宣恩县卫生和计划生育局。

2　月

9日至11日，县政协第八届委员会第四次会议召开。

10日至12日，县第十七届人民代表大会第四次会议召开。

▲恩施军分区江明辉司令员到县武装部宣布命令，张付松转业，赖以健政委任部长，雷天兵任政委。

13日，习覃、向子明及政府办、公安局、交通局负责人到沙道沟镇雪落寨春运服务点慰问值守民警。

14日，椿木营乡一山林中发现一具尸体。2月20日凌晨，犯罪嫌疑人胡某在江西上饶市玉山县境内被当地公安机关抓获，“2·14杀人埋尸案”成功告破。

19日，副省长许克振，州委副书记、州长杨天然，州委副书记、常务副州长董永祥，副州长张宇到宣恩调研县域经济发展情况，曾德权、刁覃、覃遵国陪同。

▲刁覃、朱鹏程、吴卫平及县政府办、县委办、组织部、发改局等相关负责人到县政务服务中心调研。

20日，县十七届人大常委会召开第十六次会议。

24日，刁覃及相关部门负责人员到县职业技术学校听取教育中心和职校建设情况汇报。

25日，全县9个乡镇财经所更名为财政所，并加挂农村经营管理站牌子。

26日，杨安明、覃国锋到工业园区和平制造产业园、椒园生态产业园检查企业春节后开工建设情况。

3 月

3日，沙道沟邮政支局副局长朱琳获"湖北省三八红旗手标兵"称号。

5日，州人大常委会常务副主任瞿赫之到高罗乡水塘村白柚基地、埃山村开展《湖北省农村扶贫条例》执法检查和恩施州农村扶贫条例立法调研，杨安明、李明山、周志斌陪同。

7日，曾德权、刁覃、周志斌陪同省民政厅党组书记、厅长彭军，厅党组成员、纪检组长黄贵新到椒园镇黄坪村调研，确定黄坪村为全省第九届村民委员会换届选举试点村。

▲晓关侗族乡黄河村15组发生20余人的群体性阻工，导致辽宁路桥项目部无法正常施工。

9日至10日，州委常委、州委组织部长周静到宣恩召开党的群众路线教育实践活动情况专题座谈会，曾德权、刁覃、覃遵国、吴卫平、朱鹏程、范涌、岳东，部分省、州党代会代表、县人大代表和政协委员参加。

10日，副州长、州公安局长汤文江到宣恩县调研全国"两会"安保工作。

11日，省国土资源厅厅长孙亚、副厅长邹清平、副州长秦斌到宣恩县调研"616"工程开展情况，曾德权、刁覃、向子明陪同。

12日，宣恩县第六次全国体育场地普查工作正式启动。

14日至15日，州委书记、州人大常委会主任王海涛，州委常委、州委秘书长孔祥恩到宣恩慰问困难党员群众、指导党的群众路线教育实践活动，曾德权、朱瑾陪同。

19日，全国人大民族委员会副主任委员吴仕民、委员苏晓云和国家民委政法司司长杨正根一行，由省人大民宗侨外委员会副主任委员陈亚平、州人大常委会副主任陈学明等陪同，到宣恩调研民族宗教工作，曾德权、刁覃、杨安明、向建强参加。

25日，县政协第八届常委会召开第十三次会议。

26日至27日，刁覃、向子明及县政府办、县交通运输局主要负责人到沙道沟镇布袋溪村调研农村经济发展、教育医疗、文化生活、干部作风等问题。

28日，州委书记、州人大常委会主任王海涛到椒园镇庆阳坝村，走访民情，体验农事，了解春茶生产、销售及劳动力情况，并到茶园与茶农一起采摘春茶，曾德权及椒园镇主要负责人陪同。

▲县十七届人大常委会召开第十七次会议。

31日至4月1日，州委书记、州人大常委会主任王海涛，州委常委、州委秘书长孔祥恩，州委常委、州政法委书记沙玉山陪同以省人大常委、省记协主席文成国为组长的省委第五督导组到椒园镇水田坝村和庆阳坝村、椒园生态产业园，调研指导党的群众路线教育实践活动，曾德权、刁覃、覃遵国、杨安明参加调研。

4 月

1日，州委书记王海涛及州林业部门相关负责人到湖北七姊妹山国家级自然保护区管理局调研，曾德权、刁覃、熊坤赤陪同。

2日，州文明办、州科学技术协会命名表彰珠山镇工农街社区、上湖塘社区等16个社区为"恩施州科普示范文明社区"。

9日，张频、唐斌及有关部门负责人，到万寨乡白果坝村调研，召开整村推进扶贫工作现场办公会。

11日，宣恩县首家非公企业妇委会——湖北土家爱食品开发有限公司妇委会成立，并举行挂牌仪式。

12日，州委副书记、常务副州长董永祥，州政府副州长张宇、汤文江及州直相关单位负责人到高罗乡板寮村、万寨乡伍家台村督办全省县域经济工作会议筹备情况，曾德权、覃遵国、周志斌陪同。

13日，恩施州军分区司令员江明辉、参谋长向代祥到县人武部指导工作。

▲湖北省民政厅授予宣恩县民政局2013年度全省减灾救灾工作综合评估优秀单位。

14日，州委书记王海涛到晓关侗族乡调研教育、卫生等工作。

16日，国家质量监督检验检疫总局发出2014年第44号公告，批准"宣恩贡米"为地理标志保护产品。

17日至18日，曾德权、习覃、范涌、覃国锋陪省委第五督导组副组长陈邦强一行到椒园镇水田坝村调研指导党的群众路线教育实践活动。

21日至22日，州长杨天然及州政府秘书长张全榜到椒园、晓关、高罗等乡镇调研产业发展及高速公路建设毁损农村道路恢复情况，并查看高速公路椒园至三河沟连接线施工现场，曾德权、习覃、史红珍、向建强、王仕高、覃国锋陪同。

22日，州委常委乔俊杰到高罗乡板寮村调研整村推进工作，椒园镇参观庆阳古街和水田坝"千户土家"，调研民族文化保护工作，岳东、李海涛陪同。

▲曾德权到椒园镇黄坪村参加中央党建工作领导小组调研村医村教进村"两委"班子工作实施情况座谈会。

▲周志斌陪同省残联副理事长朱志斌等到椒园镇水田坝村督查残情大调研工作。

25日，州委副书记、州长杨天然，州委副书记、常务副州长董永祥，副州长张宇、汤文江及省经信委相关工作人员，到宣恩检查督办全省县域经济工作会议筹备工作，曾德权、习覃、覃遵国、朱瑾、岳东、周志斌、张友刚等陪同检查。

28日，张友刚到沙道沟镇茶园村踏勘采挖阴沉木现场，并在沙道沟镇政府主持召开专题会议，研究开展整治采挖阴沉木破坏耕地等问题。

30日，曾德权、习覃、朱鹏程、向建强陪同省发展和改革委员会副主任、党组成员肖安民，发改委(战略规划办公室)鄂西圈处副处长邓锋，书画名家彭祖华一行到椒园镇庆阳坝考察民族文化建设工作及水田坝有机茶园。

4月底，七姊妹山国家级自然保护区管理站护林员在巡山过程中，发现国家一级保护动物林麝，并用手机进行了拍摄取证。

5　月

5日，副省长许克振在州委书记王海涛、州长杨天然陪同下，带领参加全省县域经济工作会的省直有关部门负责人、各市州及各县市区主要负责人，到龙桥特大桥建设工地、伍家台富硒有机茶示范园基地、湖北土家爱食品开发有限公司，了解宣恩县域经济发展情况，曾德权、习覃、朱瑾、岳东、周志斌、张友刚等陪同参观。

▲晓关乡张官村1组近50人在塘坊阻挠高速公路建设施工。

6日，各乡镇食品药品监督管理所成立。

▲王冕到高罗调研教育教学工作。

8日，州委常委、州纪委书记李云开到宣恩调研党风廉政建设和纪检监察工作，曾德权、习覃、吴卫平、乾维德、陈浩等参加座谈会。

▲习覃、朱鹏程、向子明、覃国锋及县直相关部门负责人到晓关侗族乡桐子营村、椒园镇白泥坝村、椒园生态产业园，查看污水排放、垃圾处理、露天煤矸石煅烧场地关停、人工湿地项目、环境监测站实验室建设等方面情况。

8日至9日，中央电视台少儿频道"全国最美孝心少年"摄制组到万寨乡回访2013年度全国最美孝心少年林章羽、何秀巡姐弟，拍摄2014年度全国最美孝心少年宣传片。

9日凌晨，高罗乡集镇一夜宵店发生命案，1人当场死亡。5月13日、14日，两名犯罪嫌疑人先后投案自首。

12日，万寨乡伍家台村被命名为全省第三批"宜居村庄"(鄂新城办〔2014〕1号)。

▲曾德权到晓关侗族乡大山村调研教育和医疗卫生工作。

15日，习覃、张频、朱鹏程、黄同元、向建强到长潭河、万寨、椒园、珠山等地，专题调研旅游项目建设情况。

19日，朱鹏程到椒园生态产业园西部现代农业有限公司，调研劳动就业工作。

20日，全国政协副主席、农工党中央常务副主席刘晓峰在省政协副主席、农工党湖北省委会主委吕忠梅，省政协办公厅副巡视员张惠勋等陪同下，到椒园镇庆阳坝村卫生室调研农村基层医疗卫生建设情况。州政协主席甘方谦、州人大常委会副主任刘青、州政协副主席陈卫平及曾德权、刁覃、张频陪同调研。

▲曾德权、刁覃、朱鹏程、覃国锋到人民广场检查“民营企业招聘周”工作情况。

21日，州委副书记、常务副州长董永祥及参加全州县域经济工作会议的州直有关部门负责人、各县市主要负责人等，到宣恩参观考察县域经济发展情况。

22日，朱鹏程、王仕高及县直相关部门负责人到桐子营库区调研移民工作。

23日，周志斌陪同湖北省烟草公司副经理黄树立到椒园镇锣圈岩“四位一体”建设工地、集中展示点查看烟叶生产。

25日至26日，州委书记、州人大常委会主任王海涛，到宣恩调研村医、村教进村“两委”班子情况，指导党的群众路线教育实践活动。

26日，省委宣传部、省文明办、省教育厅、团省委、省妇联、省关工委授予林章羽、何秀巡、覃雨平第三届“湖北美德少年”称号(鄂文明办文〔2014〕12号)。

29日，张频、王仕高陪同省政协调研组到高罗乡谭家坝考察新农村建设。

▲宜都市人民政府市长罗联峰带考察团一行30余人到椒园镇水田坝等地考察新农村建设情况。刁覃、朱鹏程、周志斌、向建强、覃国锋陪同。

▲县十七届人大常委会召开第十八次会议。

6 月

1日，恩施州机编发〔2014〕50号文批复：湖北七姊妹山国家级自然保护区管理局作为州林业局所属正县级财政拨款事业单位，纳入州直单位管理。森林公安分局七姊妹山自然保护区分局纳入州直单位管理。

3日，曾德权、黄同元、张友刚先后到珠山镇幼儿园、县一中、县客运站，检查全县重点场所安全保卫工作落实情况。

▲刁覃、朱鹏程、向子明、唐斌及县政府办、国土、规划及珠山镇等相关单位负责人到县气象局新建气象观测场工地现场检查指导项目建设工作。

4日，刁覃、张频、朱鹏程、黄同元、向建强到长潭河、万寨、椒园、珠山等乡镇调研旅游项目推进情况。

12日，省供销总社党组书记、主任赵东风，省供销总社副主任黄实海、副巡视员(湖北宜红茶叶公司董事长)熊治海、SKC&C(中国)总裁李南方到椒园镇，开展“振兴县级供销社”主题调研活动，副州长陈晓燕、州供销社主任谢俊泽参加调研，曾德权、刁覃、李世祥陪同。

13日，环境保护部《关于国家级生态乡镇的公告》(2014年第44号)授予宣恩县椒园镇等829个乡镇“2012—2013年国家级生态乡镇”称号。

14日，尹建华及县农业局相关领导陪同省农业厅副巡视员耿显连到椒园镇白泥坝村查看玉米高产创建样板基地。

15日，省政协副主席刘善桥，省政协副秘书长黄立国，省政协常委、社会和法制委员会主任尚武，省民政厅副厅长杨昌斌到高罗乡板寮村、埃山村视察农村社区建设工作，张频陪同。

18日，州委常委、州军分区司令员江明辉带工作组到宣恩检查指导工作。

20日，全省第九届村民委员会换届选举首个试点在椒园镇黄坪村举行，选举姚元翔等5人为黄坪村第九届村民委员会成员。

▲恩来恩黔高速公路推进会在宣恩县行政办公大楼二楼会议室召开。副州长张宇主持会议，州委副书记、州长杨天然出席并讲话。

25日，宣恩县见义勇为促进会成立大会在县行政办公大楼二楼会议室召开。曾德权、刁覃、覃遵国、朱鹏程、黄同元、岳东、姚元文、张友刚、王仕高出席大会。

30日，州委常委、副州长马尚云到沙道沟镇、椒园镇调研彭家寨历史文化名村开发与保护及精准扶贫工作，刁覃、周志斌陪同。

▲宣恩县庆“七一”暨“文化力量·民间精彩”广场舞比赛在人民广场举行，岳东、史红珍、向建强、陈浩出席活动并观看演出。

▲张频到万寨乡石心河村走访慰问困难党员。

7 月

2日至3日，习覃、尹建华及相关单位负责人，到沙道沟镇调研芦茅湾整村推进扶贫开发工作。

7日晚10时至8日凌晨3时许，沙道沟镇遭受暴雨袭击，造成直接经济损失1300万元。

8日，副州长张宇带调研组到宣恩工业园区调研，李世祥、覃国锋及县直相关单位负责人参加。

▲杨安明到县法院视察修改后的《刑事诉讼法》贯彻实施情况。

9日，杨安明到县公安局调研刑侦工作，先后参观办案区、治安大队、刑侦大队，并在县公安局五楼与相关人员座谈。

14日，省人大常委会党组书记、常务副主任李春明及调研组由州人大常委副主任瞿赫之陪同，到椒园镇调研贯彻《中华人民共和国全国人民代表大会和地方各级人民代表大会代表法》(以下简称《代表法》)及湖北省实施办法情况，曾德权、习覃、杨安明、史红珍陪同。

17日，省政府副秘书长、省机关事务管理局局长王传豪到宣恩调研机关事务管理工作。

▲晓关侗族乡七眼泉大桥建成通车。

18日，恩施州军分区副司令员刘志海到宣恩检查指导2014年征兵工作，朱鹏程、雷天兵、周志斌参加汇报会。

▲岳东陪同省农业厅党组成员、省农机局局长刘长华等椒园镇庆阳坝、水田坝新农村示范点、石家沟村神农茶叶专业合作社检查农机管理体制工作。

28日，恩来高速公路忠建河特大桥合龙。

29日，州委常委、组织部长周静在范涌、岳东的陪同下，到李家河镇歪尖坡村调研村党组织整顿情况和整村推进扶贫工作。

▲张友刚等相关负责人到沙道沟镇小白溪村，检查指导整村推进扶贫工作。

31日，县政协第八届常委会召开第十四次会议。

8 月

5日，县十七届人大常委会召开第十九次会议。

▲省长王国生到沙道沟镇调研、指导工作，并与基层干部座谈。

▲副州长汤文江到县看守所"当一天看守所所长"，并调研监管工作，黄同元、张友刚介绍工作情况。

7日，全州产业扶贫暨金融扶贫现场推进会在宣恩召开。上午参观伍家台、黄坪，下午在二楼会议室开会。州委副书记董永祥、州委常委、副州长马尚云出席，习覃、周志斌参加会议。

▲州委常委、组织部长周静一行到高罗乡板寮村调研生态文明建设情况。

▲湖北省减灾委员会、湖北省民政厅命名宣恩县珠山镇工农街社区为全省综合减灾示范社区。

12日，张友刚到李家河派出所检查督导民主评议政风行风工作，并邀请李家河镇部分行评代表座谈，听取对公安工作的意见。

12日至13日，覃遵国、王冕、钟昌泽陪同以徐共和为组长的湖北省农产品出口协调领导小组检查组到椒园镇金友农资经营门市部，检查椒园镇创建国家级出口茶叶质量安全示范区筹备工作。

13日，州长杨天然及州政府办、州交通等相关部门负责人到沙道沟镇观音坪电站、沙坪集镇进行调研，习覃及参加调研。

15日，曾德权主持召开县委常委议军暨党管武装述职会议，听取人武部工作情况汇报并研究党管武装工作，习覃、覃遵国、吴卫平、朱瑾、朱鹏程、范涌、黄同元、岳东、雷天兵、王冕出席会议，县政协主席张频列席会议。

21日，由新浪湖北、农村新报、湖北陆羽茶文化研究会共同主办的"2013－2014年湖北最受欢迎的十大茶叶品牌"评选结果公布，湖北伍家台贡茶有限公司选送的伍家台贡茶品牌被评为"2013－2014年湖北最受欢迎的十大茶叶品牌"之一。

▲朱鹏程、王仕高与湖北高路鄂西高速公路建设指挥部副指挥长隗祖锦到晓关、椒园检查督办高速公路建设工作。

▲张友刚到椒园生态产业园巴楚风印务包装有限公司，了解企业生产及安全管理情况。

27日，习覃、杨安明、覃国锋到恩施金网运商贸有限公司、和平制造产业园以及椒园生态产业园调研。

31日，黄同元到长潭河侗族乡、椿木营乡检查工作。

9　月

2日，张频及部分政协委员到县公安局听取“关于调整城区禁鞭范围的建议”的提案情况，实地踏勘调整后的禁鞭范围。

▲县境内普降大到暴雨，局部大暴雨，造成全县各乡镇均出现不同程度洪涝灾害，万寨乡中台村6组一村民遭雷击身亡。

9月10日，全州庆祝第30个教师节暨表彰首届“恩施州名师”视频会议召开，会议对全州教师表示了节日的问候，并对获得首届“恩施州名师”的全州100名教师进行了表彰，宣恩县李绍璜、罗家兴、杨美珍、刘若红、夏彩梅、冯琼、万民、胡连英、陈开毅、杨白玉获“恩施州名师”称号。

11日，曾德权、朱鹏程、黄同元及县直部分单位负责人到宣恩县公安局视察公安工作，并召开专题会议研究解决公安机关存在的困难和问题。

14日，由国家民委经济发展司和中国少数民族经济研究会组织的少数民族特色村寨保护与发展建设示范方案设计项目研讨会的45名代表，到宣恩县参观考察板寮、水田坝村少数民族特色村寨保护与发展工作。

17日，张频、黄玉贤及部分政协委员对殡葬管理工作进行专题视察。实地察看珠山公墓（新区）和殡仪馆（新区），了解新殡仪馆建设和公墓选址的相关情况。

20日，省人民政府批准沙道沟镇两河村村民刘习军为革命烈士。

23日，国家民委发布《关于命名首批中国少数民族特色村寨的通知》（民委发〔2014〕190号），命名沙道沟彭家寨等340个村寨为首批“中国少数民族特色村寨”。

▲州科协命名县长潭河侗族乡大坨村、高罗乡板寮村、椒园镇黄坪村、庆阳坝村、沙道沟镇当阳坪村、万寨乡伍家台村、晓关侗族乡中村坝村、珠山镇茅坝塘村、卸甲坝村等77个村为第一届“恩施州科技示范村”。

24日，湖南省湘西州委常委、副州长、农业部武陵山区扶贫联络工作组组长贾广东由州委常委、副州长冯忠泽陪同，到宣恩考察特色产业发展情况，朱鹏程、尹建华参加考察。

26日，县十七届人大常委会召开第二十次会议。

27日6时10分左右，珠山镇白鹤井社区原宣恩车站改造工程地段发生地质滑坡，倒塌民房4栋，11人被困，7人死亡，4人受伤。

30日，岳东到县烈士陵园纪念参加全县首个烈士纪念日活动。

10　月

4日，李明山、乾维德及县人大常委会评议调查组到沙道沟镇，就县林业局、县国土资源局等部门的工作开展及依法行政情况开展评议调查。

9日，陈浩对2014年重点提案《关爱残疾人群，关注特殊教育》办理工作进行督办。

13日，县政协第八届常委会召开第十五次会议。

▲朱鹏程主持召开2014年村支“两委”换届选举工作动员会，全县村“两委”换届选举工作正式启动。

15日至16日，湖南省永顺县考察组由李海涛、钟昌泽陪同，考察全县农业产业化发展情况。

16日，钟昌泽对2014年重点提案《关于深入挖掘伍家台民间茶文化，全面打造伍家台贡茶发源地生态文化旅游目的地的建议》办理工作进行督办。

18日，中共宣恩县委常委会在县行政办公大楼二楼会议室主持召开中共宣恩县委十四届四次全体（扩大）会议暨党的群众路线教育实践活动总结大会。州委督导组第一组长吴耀先，曾德权、习覃、吴卫平、朱瑾、朱鹏程、范涌、黄同元、岳东、雷天兵、王冕、李海涛出席会议。

19日，州委书记、州人大常委会主任王海涛及州直相关单位负责人到达宣恩，就生态文明建设、村医村教进村支“两委”班子情况进行调研，曾德权、朱鹏程、黄同元陪同。

20日，宣恩县参加全省第八届少数民族传统体育运动会，获竞技项目5个一等奖、8个二等奖、14个三等奖，表演项目八宝铜铃舞获一等奖，在全省29个代表队中位列第五。

23日，习覃到椿木营乡调研。

24日，张频、陈浩对2014年重点提案《关于抢抓机遇，大力发展宣恩职业教育的建议》办理工作进行督办。

27日,刁覃、张友刚到长潭河乡龙马山村,检查扶贫项目建设情况。

28日,曾德权、张频、陈浩等到晓关侗族乡、李家河镇、高罗乡调研烟叶收购、乡村道路养护、村支"两委"换届工作。

28日至29日,中国国际扶贫中心副主任何晓军一行在湖北省扶贫办副主任项克强的陪同下,到宣恩调研儿童减贫与综合发展试点项目,刁覃、周志斌陪同。

30日,张频、黄玉贤对2014年重点提案《关于推进符合宣恩实际的新型城镇化建设》办理工作进行督办,向子明参加。

11 月

4日,张频、王仕高、王此权、钟昌泽视察恩来宣黔高速公路(宣恩段)建设情况。

5日,曾德权、覃国锋到椿木营乡、长潭河侗族乡,调研公路管养、产业发展、城镇建设、教育教学等工作。

6日,省工商局认定大派、皇恩宠锡、维民、木龙寨为2013年湖北省著名商标。

11日,州委书记、州人大常委会主任王海涛,州委副书记、州长杨天然,州委副书记、常务副州长董永祥,州人大常委会副主任涂元玲(女),州人民政府副州长庞红艳(女),州政协副主席刘志兵陪同省政府考察组到高罗乡考察人口与计划生育工作,曾德权、向建强参加。

▲副州长张宇到宣恩督办高速公路封网工作,王仕高陪同。

12日,全州金融扶贫示范县创建工作现场会在椒园镇黄坪村召开,州人行、州扶贫办授予宣恩县为全州金融扶贫示范县。

14日,荆州市政协副主席、中心医院院长毛精华率荆州市中心医院对口支援工作调研组,到宣恩就对口支援县人民医院工作进行调研,王冕、乾维德、向建强参加调研。

▲刁覃做客恩施州人民广播电台《政风行风热线》栏目,通过热线电话,听取群众咨询、投诉、意见及建议,现场回答群众关心的问题。

17日,国家住建部、文化部、国家文物局、财政部、国土部、国家旅游局等联合公布长潭河侗族乡两溪河村、晓关侗族乡野椒园村等994个村为第三批中国传统村落(建村〔2014〕168号)。

19日,由县文明办、教育局主办,县青少年校外活动中心承办的"好家风助我健康成长"演讲比赛在宣恩礼堂举行,岳东、史红珍、向建强参加。

▲州委常委、组织部部长周静到晓关侗族乡调研换届选举村医村教进"村两委"班子情况。

20日,《湖北日报》第12版公布省绿化委员会、省林业厅命名的万寨乡伍家台村、椒园镇黄坪村、高罗乡板寮村等200个村为湖北省"绿色示范乡村"名单。

20日至21日,刁覃到沙道沟镇当阳、龙潭片区调研村"两委"换届工作、农民办事不出村项目建设,察看白柚、茶叶基地建设情况。

24日,伍家台村获首届"荆楚最美村镇"评选活动"荆楚最美乡村"单项奖中的"最佳景观奖"。

▲宣恩举行庆祝县政协成立30周年座谈会,州政协副主席刘志兵,朱瑾、唐斌、向子明到会祝贺。

25日,全州茶叶产业链推进会在宣恩召开。刁覃主持,县农业局局长龚家邦代表宣恩县作经验交流发言。州长杨天然、副州长肖作文,曾德权、周志斌等出席会议。

26日,刁覃、向建强及文体、旅游局等相关部门主要负责人到庆阳坝检查指导文物保护工作。

28日,国家质检总局批准宣恩县为"国家级出口茶叶质量安全示范区"(国家质检总局2014年第123号公告)。

▲县十七届人大常委会召开第二十一次会议。

12 月

5日,曾德权、刁覃及县四大家领导调研宣恩工业园区建设及发展情况。

6日至7日,国家扶贫办副主任欧青平、开发指导司副司长李越、省扶贫办副主任项克强等由州委常委、副州长马尚云陪同,到椒园镇黄坪村、万寨乡伍家台村调研金融扶贫、产业扶贫及生态观光旅游试点工作,曾德权、周志斌、尹建华参加。

8日,朱鹏程、张友刚、王仕高检查恩来恩黔高速公路宣恩段的封网工作。

9日，习覃及县直相关部门负责人到县职业技术学校调研。

10日，全国敬老爱老助老主题教育活动组织委员会授予花树祥等2736人“全国孝亲敬老之星”荣誉称号（全国组委会发〔2014〕2号）。

15日，黄玉贤主持召开协商座谈会，征求县城区10余名政协委员对《宣恩县殡葬管理暂行办法（征求意见稿）》的意见建议，县政府办公室、县政协人资环委负责人参加会议。

16日，州政协主席甘方谦一行到珠山镇天井堡村调研整村推进工作。曾德权、张频、黄玉贤陪同。

19日，湖北七姊妹山国家级自然保护区被中南民族大学授牌为“武陵山区生物多样性研究基地”。

▲汉口至成都东D2259次列车被冠名为“恩施硒茶·伍家台贡茶号”，上午10时45分，“伍家台贡茶号”动车由汉口火车站首发，驶向成都东站。

20日，县图书馆电子图书阅读机正式开通，只要用手机扫一扫所选图书二微码，就可以阅读电子图书。

22日，副州长张宇到宣恩检查高速公路通车前的准备工作，朱鹏程、王仕高陪同。

26日，张友刚到恩来恩黔高速公路沿线各乡镇，查看高速公路安全状况，了解辖区通车维稳情况。

▲恩来恩黔高速公路通车试运行仪式于下午4时在宣恩收费站（椒园出入口）举行。

28日，恩来恩黔高速公路正式通车运行。

29日，向子明到晓关侗族乡查看集镇卫生情况。

▲伍家台富硒贡茶有限责任公司的“皇恩宠锡”品牌被湖北省商务厅评选为“湖北老字号”。

▲珠山公墓（新区）和殡仪馆（新区）建设项目完工并正式投入运营。

▲县十七届人大常委会召开第二十一次会议。

31日，州人大常委会副主任邓正平及州委、州政府督查组到宣恩督查农业农村工作情况，周志斌、曾凡忠及县直相关单位负责人陪同。

▲伍家台贡茶获全国驰名商标。

薅草锣鼓

宣恩薅草锣鼓，又叫山锣鼓。源于周朝的击鼓祭祀，是与生产劳动相依相伴的民间歌鼓。在鄂西南少数民族地区，薅草锣鼓一经诞生，就从未与劳动分离，并沿袭至今。

《宣恩县志》（清·同治二年）记载：夏时耘耨，邀多人并力耘之。选善唱田歌者，鸣锣击鼓，一唱一和，谓之“打锣鼓”。人们集体薅草或挖土时，为达到催场摧工的目的，主人家要请演唱班子。他们击鼓以作气力，鸣鼓以节劳逸，酣歌以抒胸臆。其音乐与诗歌相结合的民间艺术形式，深受群众喜爱，逐渐转变成现在的薅草锣鼓。演唱薅草锣鼓一般由四个或四个以上的歌师在劳动队伍前方鸣锣击鼓，日出而唱，日落而息。其伴奏乐器少则一锣一鼓，多则用马锣、头钹、二钹。演唱程序有歌头、扬歌、歌尾三部分，歌头和歌尾为固定的请神送神，扬歌则即兴演唱。演唱形式有领唱、合唱、穿歌、插白，间以锣鼓伴奏。唱腔有高腔和平腔两种，多段词成分节歌或变化分节歌的乐段，多为民歌连缀成套。唱词有固定唱词和即兴演唱两种。因乐器配套不同，又分文锣鼓、武锣鼓、夹锣鼓。锣鼓曲牌多达三十余个，常用的有十几个。

经济

改革发展

【2014年国民经济和社会发展情况】 2014年全县地区生产总值500584万元，比上年增长9.8%。其中第一产业增加值140298万元，增长5.2%；第二产业增加值144031万元，增长11.7%；第三产业增加值216255万元，增长12.0%。三次产业结构比由2013年的29.7∶28.4∶41.9变为28.0∶28.8∶43.2，第二产业占比首次超过第一产业。

全年农林牧渔业总产值247118万元，剔除价格因素增长5.2%。其中农业140352万元，增长4.3%；林业4729万元，增长4.3%；牧业98044万元，增长6.9%；渔业2742万元，下降4.8%。

全年工业总产值373200万元，比上年增长20.5%。实现工业增加值111557万元，按可比价格增长10.1%，其中规模以上工业增加值增长11.6%。全县16家农副产品龙头企业加入恩施州硒产业协会。工业园区入园企业达到69家，完成规模以上工业总产值12.7亿元，增长18.2%。全县规模以上工业企业47家，完成工业总产值24.5亿元，增长18.2%。第三产业增加值21.5亿元，增长13.5%。

全年全社会固定资产投资375078万元，比上年增长20.9%，增速比上年放缓2.3个百分点。其中，城镇500万元以上项目完成投资205300万元，增长20.9%；农村500万元以上项目完成投资78893万元，下降31.3%；房地产开发完成投资47930万元，增长414.3%；农村私人投资42955万元，增长22.4%。全年社会消费品零售总额152704万元，比上年增长13.5%。全年外贸出口总额2779.3万美元，比上年增长27.2%。招商引资到位资金17.13亿元，比上年增长30.2%。全县财政总收入36896万元，完成年计划的102%，比上年增加5506万元，增长17.5%。全体居民人均可支配收入10079元，比上年增加1035元，增长11.4%。

单位GDP能耗较上年下降2.5%，二氧化碳排放量下降4%，二氧化硫、化学需氧量等主要污染物总量减排完成州定目标任务。完成县城区污水主管改造11.8千米，污水处理厂实施达标排放，县城垃圾中转站项目启动实施；重点生态工程扎实推进，人工造林3000公顷，封山育林2133.33公顷，完成清洁能源入户工程6383户。建成全州首个全参数空气自动检测站。

城镇新增就业5801人，城镇登记失业率控制在3.8%以内，开展就业创业培训2600人，为符合条件的个体经营户和企业发放小额担保贷款2188万元。县教育中心、学前教育工程建设稳步推进，农村中小学洁净温暖工程全面启动。全县新农合参合率99.01%，补偿新农合病人65万人次，累计补偿医疗费用1.12亿元。五保供养、救灾救济、大病救助等制度进一步完善。基本药物制度深入实施，新建标准化村卫生室30个，县人民医院医技楼及县急救中心投入使用，县文体中心开工建设。

【省发改委考察团到宣恩考察】 4月27日至30日，省发展和改革委员会副主任肖安民及湖北工业大学艺术设计学院等单位的彭祖华、张军、徐焱洲、魏金修、毛忠泽、张秀、刘春冰等到宣恩考察文化建设。曾德权、习覃、朱鹏程、向建强及相关单位负责人陪同考察。28日，考察团到沙道沟镇两河村彭家寨、高罗乡板寮村谭家坝小区察看。29日，考察团到万寨乡伍家台村感受体验贡茶文化。30日，考察团到椒园镇庆阳凉亭街考察。八位书画名家合作一幅《品茗抚琴图》赠送给宣恩县。

·国民经济布局与产业结构调整·

【国民经济布局】 2014年，全县按照“兴产业、强基础、惠民生、促和谐”的总体要求，坚持走产业兴县、特色发展之路，推进县域经济由第一产业为主导向二、三产业为主导转变，由内生型经济为主导向外向型经济为主导转变，由整体解决温饱向全面建设小康转变。北茶南果高山药特色产业进一步发展壮大，特色产业基地规模达到4万公顷；“伍家台贡茶”成功创建为“中国驰名商标”，获“湖北最受欢迎十大茶叶品牌”；成功创建“国家级出口茶叶质量安全示范区”；全县16家农副产品龙头企业加入恩施州硒产业协会。以“三坝两寨”建设为重点，建设绿色、生态、美丽、卫生示范村，伍家台村获“荆楚最美村镇”的最佳景观奖。坚持走产城融合发展之路，经济平台建设步伐加快，椒园生态产业园、和平制造园初具规模，宣南产业新城启动建设，工业园区聚集效应增强，入园企业达到69家，规模以上工业企业完成总产值12.7亿元，增长18.2%，宣恩工业园区成为县域经济加快发展和产业结构优化升级的主战场，跨入全州园区先进行列。以旅游业、物流业发展为重点，优化发展第三产业。狮子关景区、椒园施南府旅游区建设稳步推进，伍家台乡村休闲旅游区开园迎客；实施整村推进、老区建设、产业扶贫和社会扶贫，全年共减少贫困人口1.27万人。

【产业结构调整】 2014年，经济结构调整步伐加快，一、二、三次产业结构比由2013年的29.7∶28.4∶41.9调整为28.0∶28.8∶43.2，第二产业占比首次超过第一产业，实现产业结构的历史性调头。

农业内部结构进一步优化。全县粮食总产量13.2万吨，增长2.3%；茶叶产量1.35万吨，增长25.0%；水果产量9.99万吨，增长8.8%；生猪出栏60.01万头，增长7.1%；羊出栏4.66万只，增长8.4%。农村新型经济主体加快发展，土地流转日趋活跃，农民组织化程度提高，适度经营步伐加快。2014年，全县家庭承包耕地面积达到24924.8公顷，其中流转入合作社面积1820公顷，流转到企业的面积240公顷；新发展农民专业合作社41家，使全县农民专业合作社达到278家。其中，专业合作社示范社45家，国家级3家，省级示范社6家，州级示范社16家，县级示范社28家。

工业经济快速增长。全县工业总产值37.32亿元，增长20.5%，其中规模以上工业完成工业总产值24.78亿元，增长19.5%。规模以上工业中，国有及国有控股企业增长6.1%，股份制企业增长21.2%；矿产资源开发业增长47.9%，农产品加工业增长16.3%，水电开发业下降10.2%。全年规模以上工业企业主营业务收入24.34亿元，增长17.7%；实现利润1.41亿元，增长14.2%；平均从业人员3228人，比上年增长18.9%。现代物流、电子商务、信息服务、文化旅游、金融等现代服务业发展态势良好。狮子关景区、椒园施南府旅游区、鑫海物流、天宇物流、武陵商贸城、创美物流等一批重大项目加快建设或投入运营。

（贺声映）

物价管理

【价格管理】 2014年开展“清费、治乱、减负”三大行动，以服务民生、促进和谐为重点，整顿规范市场价格秩序，2014年居民消费价格指数控制在了4%以内，价格水平基本稳定。

对粮、油、肉、蛋、菜等50种商品价格进行抽查监测，开展价格监测预警，掌握与群众生活密切相关的商品价格情况；对春运涨价、儿童优惠票价等价格监管难、政策不合理等问题，开展价格难点问题的调查和分析，在调查了解的基础上，撰写《关于宣恩县春运价格政策执行情况的调查和思考》；针对用电“一户一表”和天然气阶梯价格等工作，结合实际，向省、州物价局提出17条建议方案，其中，规范二类疫苗加价等涉及群众利益的6条，生活用电报装、新农合卡补办收费、简化收费许可办理程序、修订春运客运票价政策等为企业和服务对象利益的6条，开展价调基金专项检查、健全业务沟通机制等5条。县物价局向省、州物价局报送动态、建议和情况反映等104条，省物价局采用50条，州物价局采用86条。

加强和改进医疗服务、药品、幼儿园收费、商品房、农村客运价格管理。上半年，针对群众反映二类疫苗价格过高等社会热点问题，县物价局配合县监察局开展工作，先后三次参加协调会，与县卫计局讨论后形成专题《会议纪要》，严格执行政府采购政策、控制加价幅度，规范了全县二类疫苗价格。同时，还开展幼儿园收费、商品房销售前的备案工作。根据《湖北省交通运输厅湖北省物价局关于印发〈湖北省汽车运价规则实施细则〉》的通知精神，遵循“体现公益，票价从低”的原则，综合考虑经营成本、财政补贴、供求关系、社会承受能力等因素，按含税成本加微利的原则确定县内58条农村客运线路的运营价格(基本运价为每人公里0.34元)。

按州物价局的统一安排，开展水电价格及相关情况调查，对全县32家电站的基本情况、运营情况、存在的8个方面的困境摸清楚后，及时上交汇报材料，提出了4条建议。对民生天然气公司调价开展协调和相关材料上报工作。

【规范收费秩序】 2014年，全县行政事业性收费总额为2573.65万元，比2013年减少229.55万元，减幅为8.19%。按收费性质分类：行政性收费945.38万元，占总收入36.73%，比2013年度增加244.47万元，增幅为43%；事业性收费1628.221万元，占总收入63.27%，比2013年度减少474.03万元，减幅为22.55%。2014年全县行政事业性收费部门有72个，收费项目442个。其中：行政性收费部门32个，含181个收费项目；事业性收费部门39个，含261个收费项目。

2014年底，国家发改委和财政部取消、停征和免征一批行政事业性收费。其中：取消中央设立的行政事业性收费项目12项(取消4个部门的5项；暂停3个部门的收费项目7项)。同时，对小微企业(含个体工商户)免征中央级设立的行政事业性收费共42项，涉及10个部门。以上取消和暂停的这些收费项目从2015年1月开始执行。

针对沙道沟镇镇政府、县殡仪馆等单位办理垃圾处理费、殡葬服务收费等方面的许可时，向省、州物价局提出简化基层部分收费许可办理程序的建议。制订宣恩县殡仪馆(和平)殡葬服务收费试运行方案和县医院停车场收费方案。

阻止违规收费行为。4月份，县委文明办等4家单位联合举办庆“五一”“五四”全民健身活动，通知中明文规定每支球队交1000元报名费。县物价局约谈相关单位后，成功阻止这起收费行为。县物价局还阻止借党的群众路线教育实践等活动收取电影费、书本费等行为。

【成本调查监审】 按照州物价局的要求，开展定价成本监审行为相互检查活动。检查的内容有：按职能权限重点把握机构人员、监审权限等13个方面的内容；对执行工作程序重点把握开展成本监审工作的通知、表格、内容等5个方面的内容；定价成本审核主要把握是否按一般技术规范和有关监审办法的规定执行等7个方面的内容；文件文书的归档主要是检查封面、目录通知、资料是否符合《定价成本监审归档文件内容和文书格式》要求；机构人员作风行为方面，重点自查是否坚持回避制度、是否泄露商业秘密、是否存在态度差、以权谋私等5个方面的内容。县物价局在进行自查的基础上，同咸丰县进行相互检查，并以此检查为契机加强内部管理，规范各项制度。10月，对狮子关风景区相关成本资料进行搜集，为成本监审和门票价格的确定开展基础工作；12月，对沙道沟镇村镇服务中心垃圾处理费开展成本监审工作。

【价格认证】 2014年全县办理各类涉案物品价格鉴定，出据价格鉴定结论书97份，总标的额99.6万元。其中，出具刑事案件物品鉴定结论书63份，标的额42万元；出具民事纠纷案件鉴定结论书23份，标的额52.3万元；出具行政调解案件(车损)的鉴定结论书11份，标的额5.3万元。

【价格监督检查】 在元旦、春节、“五一”等假日期间，对全县各大超市、农贸市场以及汽车客运、出租车进行价格专项检查，维护节假日市场价格稳定；重点对汽车驾驶培训学校收费情况进行检查，查处乱收费行为；开展商品房“一价清”专项检查，规范全县商品房销售行为；开展中介组织突出问题专项治理，对109个中介组织、社会团体和公益性组织进行清理，查出自立名目收费1.056万元、收费不合法、财务管理不规范、上级主管部门到下属单位报销费用、滥发加班工资5个方面的问题。

为改变餐饮行业按人头收费的传统收费模式，县物价局、工商、消费者协会等单位联合向县内餐饮行业发出“改变收费方式、提升服务质量、打造特色餐饮、坚持诚信经营”4点倡议，推行“明码标价”工作，共印制和发出倡议书1000份。对房地产开发企业的明码标价工作进行督办和检查，规范其销售行为。

开展物价政策宣传，到县城医

院、车站、行政服务中心等人员密集场所张贴宣传画50份，广泛宣传12358受理平台。全年共受理各类投诉举报6件，其中来电3件、来访3件。重点查处泰安驾校随意提高培训价格的行为，开展城镇基本医疗保险定点机构和零售药店的资格认定工作。对49个单位集进行审查，共出具相关证明，49个单位都作出价格诚信承诺。

（尹进华）

【节能减排】 2014年全县能源消耗量30.20万吨，单位生产总值能耗1.04吨标准煤，GDP能耗降低率2.53%，完成二氧化碳减排4%，完成州政府下达的能耗下降2.5%的目标任务。

全县公共机构耗能面积51.23万平方米，耗能人数38553人，公务用车331辆，其中柴油车15辆。能源资源消耗主要是办公及日常用电、日常用水、公车耗油、采暖用电、天然气、煤等。用电消耗749.39万千瓦时，与2013年相比下降10.7%；用水消耗62.84万立方米，同比下降8.1%；汽油消耗102.2万升，同比下降3.7%；柴油4.29万升，同比下降7.3%；原煤0.01万吨；天然气41.26万立方米，同比上升512%。全县共更换节能灯具4157套。

开展主题为“携手节能低碳，共建碧水蓝天”的节能宣传周活动，活动期间向社会发放宣传画和手册2600余份，在宣恩电视台、宣恩网等公共媒体上刊载、播放相关宣传标语、专题宣传片，开展大型签名和能源紧缺体验活动。

（贺声映　郑海涛）

三棒鼓

三棒鼓亦称花鼓或喜花鼓，是流传在宣恩及鄂湘边区酉水流域一带的地方曲艺。根据文献资料和田野调查，三棒鼓这类韵文形式曲艺，出现在南宋和金代，盛行于元代，这与民间关于三棒鼓“元代传下贯古今”之说十分吻合。

三棒鼓演唱一般为3人，一人打鼓、一人敲锣、一人抛刀或耍棒。唱词多以“五五七五”句式为主，要求句句押韵，讲究对偶比兴等修辞手法。其音乐是单曲体，2/4节拍，四句一循环，句与句、段与段之间由锣鼓间奏。而抛刀、舞棒与三棒鼓演唱似孪生兄弟相映成趣，使其更具观赏价值。

三棒鼓在湘鄂两地酉水流域十分盛行，具有鲜明的地域特征。其唱词内容多以反映民间群体生活，服务民间婚丧嫁娶等民俗事项为主，其艺术的民俗性和即兴性创作特征十分突出。

三棒鼓作为一种雅俗共赏的地方曲艺，集“唱”“乐”“耍”于一体，特别是世代相传的唱词，承载了许多极其珍贵的农耕文化和民俗文化信息，与人民群众的生产生活息息相关，具有深厚的群众基础和重要的社会价值。

科学技术

科学技术

【概况】 2014年全县有5个项目进入州级以上科技项目库，全年申请到位科技项目资金60万元。高新技术增加值占GDP比重0.26%。专利申请24件，其中申请发明专利3件、实用新技术21件。

全县各级各类科研机构6个，各种科研基地4个，共获各级科技成果4项。

全县各类人才数为12838人，其中党政人才1583人(硕士研究生3人、大学本科学历568人、大学专科学历480人、中专及以下532人)。事业单位管理及专业技术人才4001人(其中管理人才592人、专业技术人才3409人)。专业技术人才中研究生1人，大学本科655人，大学专科1622人，中专及以下学历1141人；高级职称228人，中级职称1765人，初级职称1341人，未评职称90人。企业经营管理人员4603人，其中大专及以上531人，中专及相应学历609人，具有高级技术职称61人，中级238人，初级368人。登记入库的乡土人才2651人，其中具有专业技术职称的乡土人才81人，中专学历245人，大专以上学历102人。

【科技服务】 3月，对宣恩县宜红贡茶有限公司等13家企业开展恩施州科技创新企业统计工作，建立科技创新企业专项档案。5月，组织人员，对46个规模以上企业进行普查，建立基本情况及生产动态档案。6月，对宣恩县蓝星农业有限公司等12家重点企业进行专题调查，建立宣恩县科技中小企业信息库。8月，开展高新技术产品、高新技术企业调查和登记工作。根据高新技术产品和高新技术企业认定的标准，对全县所有规模以上企业进行调查，到企业进行专项指导，完成相关申报资料的准备工作，初步确定4家企业(宣恩泛得矿业投资有限公司、宣恩县青龙超群矿业有限责任公司、湖北立翔工艺开发有限公司、湖北土家爱食品开发有限公司)作为全县第一批申报高新技术企业，进行重点培育和扶持。

【科技项目申报】 按照项目申报指南，组织调研、召开座谈会，近距离与企业沟通，了解企业需求，结合全县特色产业密切相关的内容和需求，组织企业申报科技项目，5个项目进入州级以上科技项目库。宣恩县伍台昌臣茶业有限公司申报优质绿茶高效栽培、鲜叶贮青保鲜及工艺创新研究与示范项目；湖北土家爱食品开发有限公司申报黄豆精深加工与营养特性研究项目；宣恩县富源农业发展有限公司申报贡水白柚绿色防控栽培技术研究与示范项目；宣恩蓝星生态农业开发有限公司宣恩县大鲵高效集约化驯养繁殖示范项目。全年申请到位科技项目资金60万元，高新技术增加值占GDP0.26%。

【药业产业发展】 将2913.33公顷任务分解到乡镇，乡镇任务分解到村，目标任务层层落实，各级落实专班和专人。全年实际发展药业3000公顷，完成计划任务的102%；全年实现销售收入760余万元，比同期增长1.55%；共建长潭河侗族乡后河村、杉木树村、兴隆村，沙道沟镇红旗坪村、二坪村，椿木营乡勾腰坝村，高罗乡板寮村等7个各类药业专业村。

【科技培训】 全年围绕全县产业链建设，组织有针对性的科技知积培训，共培训16000人次，每个村培养40名左右的科技明白人。开展"科技进农家活动"，进行健康养殖技术示范、茶叶规范化种植技术推广、烟叶标准化种植与管理及烘烤、药业种植与管理等实用技术培训，培训达600场次，发放培训资料2.5万份。开展科技示范村创建工作，共创建24个科技示范村。

【科普宣传】 5月16，在万寨乡伍家台昌臣茶业有限公司广场举行宣恩县2014年"科技活动周"启动仪式，县乡共计43个单位，260名专业技术人员参加，参与群众4000余人。共计发放各类宣传资料1400份、图书4000册、光碟150份、各种药物折合资金1.5万元，展出展板30块。开展科技知识进园区活动，引导相关科研院所与工业园区进行科技项目的对接。以乡村图书室为阵地，建立集网络、信息为一体的"一站式"科技图书室。

【专利发明】 全年共申请专利24件，其中单位申请10件、个人申请13件，在24件专利申请中，发明申请专利3件、实用新技术21件。组织申报专利州级补助20件、县级12件，对授权专利按每项发明1万元、实用新型0.5万元、外观设计0.2万元进行补助，全年共补助12项实用新型6万元。科技成果登记3项、成果奖励申报1项。

2014年专利申请统计表

序号	专利名称	申请日期	申请单位(人)	通信地址	备注
1	一种野外饮用水生成过滤杯	20140225	付久洋	宣恩县李家河乡二虎寨村十二组762号	实用新型
2	一种带储蓄水的花盆	20140226	付久洋	宣恩县李家河乡二虎寨村十二组762号	实用新型
3	一种带隔板的泡菜坛	20140226	付久洋	宣恩县李家河乡二虎寨村十二组762号	实用新型
4	一种随温度变色手机外壳	20140218	付久洋	宣恩县李家河乡二虎寨村十二组762号	实用新型
5	一种双层杯盖的茶杯	20140225	付久洋	宣恩县李家河乡二虎寨村十二组762号	实用新型
6	一种可层叠的移动搁物架	20140331	付久洋	宣恩县李家河乡二虎寨村十二组762号	实用新型
7	一种可层叠搁物架	20140331	付久洋	宣恩县李家河乡二虎寨村十二组762号	实用新型
8	一种可层叠的移动搁物架	20140331	付久洋	李家河镇二虎寨村十二组762号	实用新型
9	一种可层叠搁物架	20140331	付久洋	李家河镇二虎寨村十二组762号	实用新型
10	一种抽胸腹水装置		谭世令	县人民医院	实用新型

续表

序号	专利名称	申请日期	申请单位(人)	通信地址	备注
工 11	一种用柚子皮制成的美白磨砂膏	20140331	湖北亦禾生态农业有限公司	宣恩县高罗乡集镇	发明
12	一种抽胸腹水装置		谭世令	县人民医院	发明
13	工频耐压试验的保护系统	20140415	朱华章	宣恩县电力公司	实用新型
14	一种家用式果蛋清洗装置	20140430	张拉登	沙道沟镇当阳坪村十三组 2 号	实用新型
15	一种速食合渣颗粒的生产方法	20140522	湖北土家爱食品开发有限公司	宣恩县椒园工业园区	发明
16	一种豆制品清洁包装系统	20141013	湖北土家爱食品开发有限公司	宣恩县椒园工业园区	实用新型
17	一种豆制品膨化加工系统	20141013	湖北土家爱食品开发有限公司	宣恩县椒园工业园区	实用新型
18	一种速溶合渣干燥造粒设备	20141013	湖北土家爱食品开发有限公司	宣恩县椒园工业园区	实用新型
19	一种合渣自动化生产高净度水处理装置	20141013	湖北土家爱食品开发有限公司	宣恩县椒园工业园区	实用新型
20	一种用于合渣生产线上的甩渣装置	20141013	湖北土家爱食品开发有限公司	宣恩县椒园工业园区	实用新型
21	一种合渣自动化生产线高精研磨装置	20141013	湖北土家爱食品开发有限公司	宣恩县椒园工业园区	实用新型
22	异形合成玉模具	20140928	湖北立翔工艺开发有限公司	宣恩县椒园工业园区	实用新型
23	合成玉喷漆净化装置	20140928	湖北立翔工艺开发有限公司	宣恩县椒园工业园区	实用新型
24	合成玉 UV 处理装置	20140928	湖北立翔工艺开发有限公司	宣恩县椒园工业园区	实用新型

(李忠)

农业农村经济

【概况】 2014年，全县农林牧渔业总产值247118万元，剔除价格因素增长5.2%。其中农业140352万元，增长4.3%；林业4729万元，增长4.3%；牧业98044万元，增长6.9%；渔业2742万元，下降4.8%。

全县茶叶总产量13500吨，增长25.0%。水果产量99929吨，增长8.8%。畜禽肉总产量54847吨，增长12.0%，其中猪肉产量49200吨，增长12.6%；禽蛋产量3572吨，增长8.0%；生猪出栏60.01万头，比上年增加4万头；羊出栏4.66万只，比上年增加0.36万只。

全县粮食总产量132001吨，比上年增产2956吨，增长2.3%。其中夏粮总产量21385吨，增产0.2%；秋粮总产量110616吨，增产2.7%。全年水稻产量46361吨，增产1.1%；玉米产量40104吨，增产6.2%；马铃薯产量20952吨，增产0.3%。油料总产量5536吨，减产8.7%。

全县烟、茶、畜、果、药、菜六个产业产值23.31亿元，比上年增加3.34亿元，占农林牧渔业总产值94.3%，比上年提高10个百分点。种植烟叶3982.6公顷，收购烟叶4687.89吨，产值1.04亿元，实现税收2292.84万元。实现茶叶产值8.04亿元，增长23.7%。新培植“4450”生猪养殖模式户600户，年末达到3439户。实现水果产值3.42亿元，增长8.2%。药材实现产值4057万元，蔬菜实现产值7236万元。新增有机茶叶认证基地18.67公顷，绿色食品认证基地213.33公顷。新发展以茶叶、贡水白柚为主的特色产业基地2000公顷。年末全县茶叶、水果特色产业面积发展到2.37万公顷，其中有机认证基地1718.48公顷。

全县农副产品加工业产值占农林牧渔业总产值76.9%，比上年提高6.5个百分点。全年新增规模以上农产品加工企业2家，年末达到34家，其中省级重点龙头企业4家、州级重点龙头企业22家。新增农民专业合作社41家（其中，国家级示范社1家：李家河富源白柚专业合作社），全县累计发展到278家，入社总户数1.35万户，辐射带动农户4.99万户，2014年末有国家级示范社3家、省级示范社6家、州级示范社16家、县级示范社28家。开展“伍家台贡茶”中国驰名商标和“宣恩火腿”湖北省名牌产品申报工作。年末全县共有国家地理标志保护产品3件（宣恩火腿、伍家台贡茶、贡水白柚）、国家地理标志证明商标1件（伍家台贡茶）、湖北省著名商标6件（大派、皇恩宠锡、覃家坪、木龙寨、昌臣、皇贡）、湖北省名牌产品4件（木龙寨牌大米、皇恩宠锡牌伍家台贡茶、贡水白柚、宣恩火腿）。11月28日，国家质检总局2014年第123号公告批准宣恩县为“国家级出口茶叶质量安全示范区”，成为继“全国有机农业示范基地”“国家有机农产品认证示范区”“全国十大生态产茶县”“全国重点产茶县”的第五块“国字”号招牌。

全县农村常住居民人均可支配收入7048元，比上年增加779元，增长12.4%。年内全县新建和改造特色民居1023户，清洁能源入户6300户。年末全县累计新建和改造特色民居4277户，建成沼气池4.85万口，改厨、改圈、改厕2.91万户，安装太阳能热水器7181台、生物质半气化炉3.31万台。完成耕地建设项目6个，土地整理、低丘岗地改造3373.33公顷;在建土地整治项目3个、2000公顷。完成林业生态建设工程人工造林3000公顷,封山育林2133.33公顷。6月13日,国家环境保护部公告2014年第44号命名椒园镇为“国家级生态乡镇”。9月26日,省绿化委、省林业厅鄂绿发〔2014〕17号命名万寨乡伍家台村、椒园镇黄坪村、高罗乡板寮村为“湖北省绿色示范乡村”。12月10日,由省发改委、省住建厅、省旅游局、省档案局、楚天都市报等5家单位共同主办“首届荆楚最美村镇”评选活动,万寨乡伍家台村获“荆楚最美乡村”单项奖最佳景观奖。完成县乡公路改造升级38.8千米、公路通畅工程190千米、农村公路安保工程160千米,农村公路规范化养护管理1203千米,农村公路通畅率达到91.2%。探索山区土地流转规模经营的有效形式,依法流转土地5162.13公顷。完成10个整村推进重点村和5个老区建设重点村扶贫工作,扶贫搬迁410户1928人,减少贫困人口1.27万人。解决3.25万人饮水安全问题,农村饮水安全普及率达到89.85%。和平110千伏、黄河35千伏输变电工程投入使用。农业源节能减排化学需氧量排放总量较去年下降1.5%,同比减少排放10.63吨;氨氮排放总量较2013年下降1%,同比减少排放1.17吨;二氧化硫与氮氧化物排放总量与上年持平。

兑现粮食直补、农资综合补贴、退耕还林补助、农机具购置、能繁母猪、油菜补贴等各项惠农补贴7240万元。2014年新农合参合人数30.56万人,参合率99.01%,全年新农合补偿72.3万人次、1.11亿元。农村居民最低生活保障标准由原来的年人均1580元调整为1900元,总体保障规模与上年相当,民政对象的住院救助比例达到65%。

(陈亭光)

社会主义新农村建设

【概况】 2014年,按照“统筹城乡、布局合理、节约土地、功能完善、以大带小”的发展思路,根据《宣恩县新农村建设总体规划》,新启动试点村15个,分别是:椿木营乡长槽,珠山镇封口坝、天井堡,长潭河侗族乡两溪河,椒园镇水田坝、老寨溪、庆阳坝,高罗乡黄家河、板寮、火烧营,晓关侗族乡大岩坝,沙道沟镇两河,万寨乡伍家台、板场,李家河镇二虎寨。编制新农村试点村规划14个,分别是:椿木营乡长槽,珠山镇封口坝、天井堡,长潭河侗族乡两溪河,椒园镇水田坝、老寨溪、庆阳坝,高罗乡黄家河、板寮,晓关侗族乡大岩坝,沙道沟两河,万寨乡伍家台、板场,李家河镇二虎寨。继续原试点乡镇(椒园镇)、试点村(椿木营乡杉坨、范家坪,珠山镇甘溪、大坝沟、卸甲坝,长潭河侗族乡芭叶槽、诺西、律侣坝,椒园镇白泥坝、黄坪,高罗乡埃山、九间店、龙河、甘溪、小茅坡营,晓关侗族乡中村坝、倒洞塘、黄河、野椒园,沙道沟镇苦溪、水田坝、当阳坪,万寨乡芋荷坪、锣针田,李家河镇茅坝、塘坊、川大河、头庄坪、青龙嘴)和示范点(椒园镇水田坝、晓关侗族乡大岩坝、高罗乡谭家坝、万寨乡伍家台、沙道沟镇彭家寨,简称“三坝两寨”)建设,进一步修订完善《宣恩县“三坝两寨”新农村示范点建设详细规划》和城乡一体化试点乡镇(椒园镇)规划,严格按照规划内容进行审批、监管和建设,重点在试点区投入建设资金4918万元,推进“八个一”工程(建成一片特色民居、建设一方特色产业示范基地、建设一个清洁化农副产品加工企业、建好一个群众文化体育活动中心、打造一批星级农家乐、成立一支文艺宣传队伍、实施一批基础设施建设项目、建设一个民族民俗文化展示区和生态观光体验区),建设新型农村社区。

建农业示范基地886.67公顷。新发展茶园基地1333.33公顷,其中在新农村试点区域发展666.67公顷;新发展贡水白柚果园基地666.67公顷,其中在新农村试点区域发展333.33公顷。培育农业大户、农民专业合作社和农业龙头企业,新增3家2000万元以上规模企业(湖北土家爱食品开发有限公司、宣恩县巅峰茶叶有限公司、湖北亦禾生态农业有限公司),新增茶叶清洁化生产线4条、白柚商品化处理生产线1条。开展培训和技术宣传,印发技术资料1万份,培训农村劳力8480人次。

继续以试点示范村为重点,采取新建和改造相结合的方式,建设“飞檐翘角、青瓦白墙、栏杆跺脊、木门木窗”的特色民居,全县新建和改造特色民居1023户,其中“三坝两寨”及乡镇集中示范点492户。

推进“中国民族民间文化艺术之乡”“中国贡品之乡”“十佳民族

特色村寨”等特色文化建设，促使特色产业和特色文化的有效融合。宣恩县伍台昌臣茶叶业公司建1000平方米贡茶展示厅，展示伍家台贡茶历史文化；加大对“宣恩薅草锣鼓”“宣恩三棒鼓”“宣恩耍耍”“土家八宝铜铃舞”等国家、省级非物质文化遗产的保护和挖掘发扬，对彭家寨、庆阳坝凉亭古街等“中国历史文化名村”加强保护和开发。到2014年底，全县有县级农家乐400家，农家旅馆400个，共接待全国各地游客5万余人次。举办第二届贡水白柚采摘节、第二届环“千户土家”山地自行车比赛等系列活动。

开展农村生态环保建设，完成人工造林3000公顷，封山育林2133.33公顷，义务植树45万株，各类绿化植苗51万余株，栽植核桃样板基地300公顷，木本中药材266.67公顷，低产林改造234.67公顷。清洁能源建设方面，完成清洁能源入户建设6300户，其中入户建设沼气池2057口、太阳能热水器800台、生物质炉978台，“三改”(改厨、改圈、改厕)提档升级2465户。

开展新型农村社区建设，新建村级农民体育健身工程19个、乡村文化广场9个、文化室9个，新建、维修村委会22个、村卫生室30个。

【试点示范村建设】 继续按照“全州先行、全省示范、全国典型”的建设目标，重点建设“三坝两寨”新农村示范样板点，同时充分利用一批自然条件好、资源丰富、群众积极性较高的村庄作为新农村试点村，进行统一规划、建设、管理和服务。整合资源，捆绑基础设施建设、环境整治、公共服务等方面项目，“打包”向示范中心村投入。2014年在试点区域共投入各类建设资金4918万元，其中捆绑项目投入2243万元，省州部门帮扶320万元，农民自筹1398万元。2014年试点村解决安全饮水1.39万人，新修和维修水渠9.7千米，水利建设投入6345万元；农户通电率达到100%；广播电视入户率达到100%；加强土地整治工作，完成土地整理、低丘岗改造3373.33公顷，全县2014年竣工验收项目6个，投资规模9374万元；加快农村交通建设，新修村组公路48.5千米，硬化公路128千米，扩建公路195千米。

按照“村美民富农业强”的发展要求和省级新农村建设示范标准，确定椒园镇老寨溪、庆阳坝2个村作为省级新农村试点示范建设。以“诗画宣恩”为建设主题，确定珠山镇封口坝、椒园镇水田坝、晓关侗族乡大岩坝、万寨乡伍家台、长潭河侗族乡两河、椿木营乡长槽、沙道沟镇两河、高罗乡黄家河、李家河镇二虎寨9个村为县级美丽乡村创建试点。以建设“特色村寨·有机茶示范带”为基础，重点建设“宜业、宜居、宜游”的水田坝—老寨溪—庆阳坝美丽乡村示范带。

(黄金河)

·种植业·

【粮食生产】 2014年，全县粮食播种面积37740公顷，比上年减少0.16%，总产13.20万吨，比上年增长2.29%，平均单产(指亩产，下同)233.2千克，比上年增长2.46%。夏粮播种面积9820公顷，比上年减少1.19%，总产2.14万吨，比上年增长0.20%，平均单产145.2千克，比上年增长1.40%。其中，马铃薯播种面积9513.33公顷，比上年减少0.56%，总产2.10万吨(折主粮)，比上年增长0.28%，单产146.8千克，比上年增长0.82%；小麦播种面积48公顷，比上年减少21.31%，总产90吨，比上年减少10.89%，单产125千克，比上年增长13.22%；蚕豌豆播种面积257公顷，比上年减少16.56%，总产343吨，比上年减少1.72%，单产89千克，比上年增长17.88%。秋粮播种面积27920公顷，比上年增长0.21%，总产11.06万吨，比上年增长2.70%，平均单产264.1千克，比上年增长2.48%。其中，水稻播种面积8286.67公顷，比上年减少3.34%，总产4.64万吨，比上年增长1.10%，单产373千克，比上年增长4.60%；玉米播种面积10053.33公顷，比上年增长4.76%，总产4.01万吨，比上年增长6.20%，单产265.9千克，比上年增长1.37%；大豆播种面积2473.33公顷，比上年减少0.36%，总产3225吨，比上年减少5.45%，单产86.9千克，比上年减少5.13%；红苕播种面积7000公顷，比上年减少1.50%，总产2.08万吨(折主粮)，比上年增长1.20%，单产198.3千克，比上年增长2.75%。

【油料生产】 2014年，全县油料播种面积3953.33公顷，较上年减少1.22%，总产5536吨，比上年减少8.7%，平均单产93.4千克，比上年减少7.34%。其中，油菜播种面积2766.67公顷，比上年减少1.57%，总产3651吨，比上年减少4.25%，单产88.1千克，比上年减少2.65%；花生播种面积1080公顷，比上年增加1.79%，总产1750吨，比上年减少15.57%，单产108.1千克，比上年减少17.04%；向日葵播种面积106.67公顷，比上年减少18.05%，总产135吨，比上年减少17.18%，单产82.6千克，比上年增长1.10%。

【测土配方施肥】 完成椒园镇土壤样品采集400个、白泥坝村2个肥效"三区"试验，建成椿木营乡66.67公顷蔬菜测土配方施肥技术样板。与"阳光工程"培训相结合，重点培训土壤测土配方施肥和土壤酸化治理技术20期2100人次。全县完成测土配方施肥技术推广33720公顷，实现节本增效1500万元左右。

【基本口粮田建设】 采购生石灰101吨发放到椿木营乡勾腰坝村，改良酸性土壤45公顷；采购肥料45吨，发放到长潭河侗族乡律侣坝村。在椿木营乡勾腰坝村、万寨乡板场村、长潭河侗族乡律侣坝村实施基本口粮田建设项目，建81.67公顷高产稳产基本口粮田。

【粮食作物高产示范区创建】 在椒园镇白泥坝村、椿木营乡勾腰坝村、珠山镇五里牌村建成三个玉米万亩高产示范区，在李家河镇金陵寨村、高罗乡麻阳寨村建成两个水稻万亩高产示范区。经测产验收，玉米高产示范区平均单产达到526.1千克，水稻高产示范区平均单产达到552.6千克。受恶劣天气影响，高产创建未达到单产600千克的预期目标，但与常规种植技术相比，增产幅度仍达到14.5%。

【马铃薯新品种扩繁和推广】 在珠山、椿木营、晓关等乡镇依托宣恩明礼生态农业有限公司、椿木营惠民蔬菜专业合作社、湖北宏图现代农业有限公司，采取"公司+基地+农户"的模式建设马铃薯原种扩繁基地266.67公顷，良种扩繁基地667公顷。全县推广鄂马铃薯5号、8号5520公顷，占马铃薯总面积的58.02%。

【病虫害统防统治】 以乡镇农业服务中心为主，组建9个机防服务机构，采购9台担架式、162台背负式电动喷雾器，开展农作物病虫机防服务工作，完成水稻农作物病虫害统防统治666.67公顷，茶园、果园冬季管理3333.33公顷。

【土壤酸化治理】 在椿木营乡勾腰坝、长潭河乡律侣坝等地建设以增施石灰和深耕深松为主的土壤酸化治理示范样板150公顷，全县推广土壤酸化治理技术6133.33公顷，其中玉米733.33公顷，蔬菜1400公顷，烟叶4000公顷。

【新品种及新技术试验示范】 引进南瓜、冬瓜等9个蔬菜优良品种进行示范，开展8个玉米、水稻高产技术探索试验。结合椿木营乡勾腰坝村高产创建工作，引进可降解地膜进行0.67公顷小面积试验示范。

【病虫预测预报】 全年发布《植物病虫情报》15期，累计印发300余份。对全县粮油及经济作物24病20虫进行长期趋势预报和短期矫正预报，对7病5虫进行大面积普查，对3病3虫进行系统观察，发生程度准确率90.0%，发生预报准确率92.2%。向省植保总站和全国农技推广中心填报模式电报以及各类报表310份。据调查统计，夏粮油病虫累计发生面积7813公顷次，实际损失粮食7234吨，占夏粮总产34.41%。油菜菌核病轻发生，小麦纹枯病偏轻发生，中等发生的有小麦白粉病，小麦条锈病、小麦赤霉病、马铃薯晚疫病大发生年份，加权发生程度达3.49级。秋粮累计发生面积30120公顷次，防治后实际损失稻谷产量3471吨，占秋粮总产的3.09%。水稻穗颈瘟、二化螟、三(1)代白背飞虱、五(3)代褐飞虱、玉米丝黑穗病、五(3)代稻纵卷叶螟、1代和2代稻秆潜蝇、稻曲病等为轻发生年份，水稻纹枯病中等发生年份，玉米纹枯病中等偏重发生，四(2)代稻纵卷叶螟大发生，加权发生程度1.79级，属中等发生年份。茶叶病虫害累计发生面积11547公顷次，柑橘病虫害累计发生17080公顷次，烟叶病虫害累计发生面积6927公顷次，蔬菜病虫害累计发生面积9897公顷次。

【惠农政策落实】 落实水稻、玉米、油菜良种补贴资金462.66万元，其中水稻良种补贴209.90万元，玉米良种补贴235.09万元，油菜良种补贴17.67万元。农民参加水稻种植保险，承保面积达100%，2014年落实水稻灾情赔付资金64.2万元。

（杨锦红）

【茶叶生产】 2014年，全县茶叶面积新增1333.33公顷，达到13200公顷。产量1.35万吨，较上年增长25.0%；产值8.04亿元，较上年增长23.7%；均价54.32元/千克，每千克较上年增加6.18元；鲜叶价格与上年基本持平。其中名优茶生产0.65万吨，产值5.8亿元。建成晓关侗族乡西坪66.67公顷鄂茶10号、万寨乡白果坝33.33公顷鄂茶1号茶园示范样板。建成万寨乡伍家台茶叶标准化示范园1个，面积253.33公顷，已获有机认证。新建茶种苗繁育基地40公顷。

【水果生产】 2014年，全县水果面积新增666.67公顷，达到10533.33公顷。产量达到9.99万吨，较上年增长8.8%；产值3.42亿元，较上年增长8.2%。其中贡水白柚7000公顷，产量8.5万吨，较上年增长21%；产值2.8亿元，较上年增长12%。建成高罗麻阳寨、李家河老司城、沙道沟周家坪3个白柚园示范样板。新建水果种苗繁育基地8.67公顷。

【果茶基地网格化管理】 按照宣恩县2014年茶叶、水果产业链工作方案，将2000公顷茶叶和1866.67公顷白柚核心示范基地实行网格化管理。全县确定100名专业技术人员（茶叶40名、白柚60名），每名技术人员指导10户示范户，每户再示范带动10户种植户，进行驻村、包片、到户挂牌管理，实行目标、绩效考核。

【技物培训推广】 按有机和无公害标准化管理的技术要求，对万寨、椒园、晓关、长潭河、珠山、高罗、李家河、沙道沟等重点果茶乡镇的样板示范村，采用集中授课、现场咨询、田间指导等方式进行果茶春、夏、秋、冬四季管理技术培训，以技物配套等方式办好示范样板，抓好果茶基地田间管理。重点培训推广清园消毒、合理修剪、清沟排水、配方施肥、绿色防控、果实套袋等技术措施。全年共组织技术培训260场次2.9万人次；赠发周年管理技术挂历2.8万张（茶叶1.5万张、白柚1.3万张），生产技术手册1.5万份；发放示范样板基地水果春季追肥50吨，壮果肥75吨，生物农药250件，补贴发放贡水白柚果袋280万个；发放茶园春季管理肥料22吨，生物有机肥1750吨，粘虫黄板31万张，整修、安装太阳能杀虫灯50台。培植农技专业合作社8个（茶叶5个、白柚3个），发放电动喷雾器80台，机动喷雾器30台。组织开展茶尺蠖统防统治12场次，绿色防控果茶基地1133.33公顷。

【果茶种质资源保护】 对鄂茶10号、“宣恩早”蜜柑、贡水白柚、宣苔65号等宣恩县自主选育的地方良种和主要品种落实专人和专项费用，细化管理责任。重点管理和保护椒园镇老寨溪村大茅坡“鄂茶10号”、庆阳坝村肖家坡“宣苔65号”母树；在万寨乡建立伍家台贡茶母树园和地方茶树良种品种园；对县园艺场树龄达40年的“宣恩早”蜜柑母树、树龄达30年的1.33公顷母本园，对县苗木中心站的4棵贡水白柚母树和0.67公顷母本园进行精心管理，树势基本恢复。

【现代农业茶叶项目】 实施现代农业茶叶项目，完成建设投资1200万元。新建长潭河乡易家坪村、珠山镇封口坝村133.33公顷高效标准茶园，带动全县新建标准茶园1333.33公顷，改造中低产茶园666.67公顷；田间工程新修排水干渠650米、排水支渠5331.9米、机耕路2085.7米、田间耕作道1025米、挡土墙125米、堡坎墙175米。

【茶叶科研】 在鄂茶10号选育和标准化栽培方面，参与湖北省果品办实施“有机茶无公害茶标准化生产技术集成与产业化应用”项目，12月30日，县特产技术推广服务中心和冉茂权均获湖北省人民政府成果推广奖二等奖；参与恩施州茶叶工程中心实施“茶树种质资源创新及产业化关键技术集成与应用”项目，12月30日县特产技术推广服务中心和黎先岭均获湖北省人民政府科技进步奖二等奖。县特产技术推广服务中心开展“鄂茶10号新品种选育及应用”科研课题，课题获恩施州重大科学技术成果登记，证书编号：ESKC14023。

鄂茶10号原名“宣苔27号”，是县特产技术推广服务中心从恩施苔子茶群体种中经系统选育而成的省级茶树地方良种，于2007年3月通过湖北省农作物品种审定委员会审（认）定，审定编号为鄂审茶2007001。1980年，在椒园镇老寨溪村大茅坡群体茶树中，发现有一株半乔木型大茶树，在经历极端气温零下12.7℃长达7天的情况下未受冻害（1977年1月），茶树仍能正常生长，确定为选优对象。1982—1984 年在珠山镇铁厂坡首次进行扦插育苗；1985 年在椒园镇香树林新建扦插苗圃、品比试验园，同时建立母本园；1991—1996 年参加省果茶所主持的省级区域试验，并进行理化分析和制茶品质鉴定。该品种通过多年来的试验观察以及在湖北省果茶研究所、咸宁地区农科所、恩施州走马茶科研所的区试表明，扦插成活率高，繁殖系数大，生长势强，顶端优势极明显，发芽整齐，适合机采，分枝角度小，叶片直立性强，光合作用率高，持嫩性强，夏、秋季正常芽叶比例较大，制红、绿茶品质特优，且带自然花香。

鄂茶 10 号属半乔木型，中芽种，中叶类，树姿紧凑直立，分枝角度小，叶片斜立着生，长椭圆形、绿色，叶面稍隆起，叶身平整、叶缘波状，叶尖骤尖，芽叶嫩绿、茸毛较少。一芽三叶平均长 12.8 厘米，一芽三叶百芽重 117.5 克；鄂茶 10 号在 4 月上旬开园采摘，比福鼎大白种迟 5 至 7 天左右；制绿茶品质优异。2005 年绿茶分析样送农业部茶叶质量监督检验测试中心进行理化分析和制茶品质鉴定，氨基酸 3%，茶多酚 19.9%，咖啡碱 3.1%，水浸出物 35.6%，酚氨比为 6.6。

鄂茶 10 号鲜叶自然品质好，抗寒、旱性强，遗传性状稳定，移栽成活率高，适应性强，属质量型品种，适宜在武陵山茶区海拔 1 千米以下茶区种植。2009 年，《湖北省人民政府关于加快茶叶产业发展的意见》明确指出，将宣恩县选育的地方良种鄂茶 10 号列为湖北省三大主推茶树良种之一，在恩施、宣恩、鹤峰等地建立省级茶树良种繁育基地，为全省提供鄂茶 10 号等原种接穗和种苗。

2010 年，县特产技术推广服务中心会同宣恩伍家台贡茶产业协会、宣恩县质量技术监督局、华中农业大学园艺林学院、恩施州伍家台富硒贡茶有限公司共同制定《伍家台贡茶生产技术规程》(DB42/T392—2010)、《伍家台贡茶加工技术规程》(DB42/T648—2010)等省级标准。宣恩县相继建立了鄂茶 10 号繁育及标准化种植示范基地，通过加快种苗扩繁以及示范推广鄂茶 10 号标准化生产技术，将其转化成农业增效、农民增收、企业增利、国家增税的优势产业。使宣恩形成了以绿茶为主，红茶、黑茶为辅的生产加工格局。主要品种有通过省级审定的地方良种鄂茶 10 号、鄂茶 14 号，省内选育的国家级良种鄂茶 1 号，同时还有从外引进的福鼎大白、龙井 43 号、安吉白茶、中茶 108 号、浙农 117 号、槠叶齐等国家级良种，万寨、椒园、晓关、珠山、长潭河、高罗、沙道沟 7 乡镇均有绿茶种植。全县现有茶叶面积 1320 公顷，其中鄂茶 10 号茶叶 4733.33 公顷，占比例 36%。

（冉茂权　蒋东生）

·农业机械推广·

【概况】 2014 年全县农业机械总动力 25.26 万千瓦，农业机械原值 1.75 亿元，机耕、机收面积分别达 14500 公顷、6000 公顷，机械植保面积 12400 公顷，机插面积 220 公顷，机电灌溉面积 6433.33 公顷，农业机械化综合作业水平达 40%，各类农业机械保有量达 12.3 万台(件)。其中，拖拉机 736 台，拖拉机配套农机具 66 部，联合收割机 14 台，微型耕整机 4116 台，排灌动力机械 2576 台，农用水泵 1948 台，机动喷雾机 2594 台，农产品加工机械 2.96 万台，机动脱粒机 4485 台，渔业机械 283 台，畜牧养殖机械 180 台。农业机械化经营总收入达到 1.2 亿元。农业机械化作业承担了全县农村劳动总量的 40%以上。

【农机购置补贴】 2014 年省级财政下拨宣恩县购机补贴专项资金 750 万元，年内完成农机购置补贴专项资金 308 万元。共补贴各类农机具 4180 台，其中动力机械 11 台，耕整地机械 673 台，农产品初加工机械 475 台，排灌机械 24 台，收获机械 226 台，收获后处理机械 1211 台，田间管理机械 828 台，畜牧水产养殖机械 287 台，种植施肥机械 7 台，其他机械 438 台。带动农民自筹投入 1100 万元，直接受益农户 1678 户。

【农机推广】 引进推广先进适用农机化新机具新技术。在高罗乡麻阳寨建水稻全程机械化生产示范样板 66.67 公顷，实现水稻育秧、机插、植保、收获全程机械化作业。建农机专业合作社示范社 1 家(宣恩县瑞丰农机专业合作社)，实现茶叶机械维修服务的专业化。建成全程机械化作业茶叶加工生产线 6 条，实现茶叶加工的精制化、清洁化。

【农机安全生产监督管理】 以县农机安全监理站为龙头、乡镇农业服务中心为依托、村级农机安全协管员为基础的县、乡、村三级农机安全监理网络。全县9个乡镇拖拉机、联合收割机及驾驶操作人员“一机一档、一人一卡”。建立拖拉机安全信息档案640份，农机驾驶操作人员安全信息档案715份，从源头上消除农村特大道路交通事故多发的顽症。对县内1家农机生产企业、10个农机经营门市部的生产经营情况进行检查，对农产品加工机械的237个农机加工点进行监督管理。实现计算机制证、安全技术检验、档案查询、统计等农机安全监理数据化的网上办公体系。利用“文化、科技、卫生、法律”四下乡活动的契机，开展农机安全生产教育活动，共发放农机安全宣传资料5000份；利用宣传车、宣传录音、标语、宣传单等形式，广泛宣传相关农机安全生产的法律法规、安全生产知识以及典型事故案例。全年培训各类农机人员950人。

（骆宇宏）

·农业产业化·

【概况】 2014年，基本形成以北五乡镇（万寨、椒园、晓关、珠山、长潭河）为重点的1.32万公顷茶叶经济带，以南三乡镇（高罗、李家河、沙道沟）为重点的0.7万公顷贡水白柚（柑橘类）经济带，以高山片区椿木营为重点的1.1万公顷药材蔬菜经济带。其中当年新增茶叶基地1333.33公顷，新增贡水白柚（柑橘类）基地666.67公顷。4月16日，国家质检总局批准“宣恩贡米”为地理标志保护产品（国家质检总局2014年第44号公告），产地范围为沙道沟镇、高罗乡、李家河乡、珠山镇、长潭河侗族乡、晓关侗族乡、椒园镇、万寨乡共8个乡镇现辖行政区域。

【企业培植】 全年新增规模企业4家，全县规模企业达到34家，产值过1亿元企业6家，规模企业实现产值19.69亿元，农产品加工转化率达到0.77。其中，全县茶叶规模企业达到19家，新增茶叶产值过1亿元企业1家（宣恩县昌臣茶业有限公司），过1亿元茶叶企业达到3家（宣恩县昌臣茶业有限公司、恩施州伍家台富硒贡茶有限责任公司、宣恩县椒园采花茶业专业合作社）；累计投入资金3800万元新建宣恩县伍台昌臣茶业公司标准化茶厂1家，建成标准化厂房1.1万平方米，建成伍家台贡茶展示厅1000平方米。新建茶叶清洁化生产线4条（宣恩县伍台昌臣茶业公司、宣恩县伍贡茶业有限公司、宣恩县皇贡茶业有限公司、宣恩县神农茶业有限公司各1条），新建茶叶精制加工生产线2条（宣恩县伍台昌臣茶业公司、宣恩宜红贡茶有限公司各1条）。全县茶叶清洁化生产线达到13条，精制加工生产线达到4条。新增恩施硒茶伍家台贡茶专卖店12家（其中州外2家，上海1家，湖北绿可生态茶业有限公司；广州1家，恩施州伍家台富硒贡茶有限公司），其中实体店8家（州外2家，上海、广州各1家），网络店4家。恩施硒茶伍家台贡茶专卖实体店达到32家。已完成伍家台贡茶县域品牌整合，全县按照母子商标共存的方式统一使用伍家台贡茶品牌，成功建成“国家级出口茶叶质量安全示范区”。

全县有茶叶加工企业142家（含作坊加工厂），工商登记注册64家，专业合作社组织58家。水果企业7家，专业合作社组织26家。新增统防统治专业合作社6家，其中示范社1家（宣恩贡茶专业合作社）。建成贡水白柚商品化处理生产线1条（宣恩县富源农业有限公司），整合培植1家水果生产销售规模企业为州级规模企业（宣恩县富源农业有限公司）。

【市场主体培育】 新增宣恩长飞现代农业发展有限公司、湖北凯泰农业发展有限公司、宣恩县九九茶业有限公司、宣恩县绿路顺茶叶有限公司4家企业为规模企业，其中新增茶叶规模企业2家（宣恩县九九茶业有限公司、宣恩县绿路顺茶叶有限公司）；新增湖北土家爱食品开发有限公司和恩施州亚麦食品有限公司2家企业为农业部主食加工示范企业；宣恩县伍贡茶业有限公司、湖北土家爱食品开发有限公司、宣恩县调阳茶业有限公司、湖北蒙恩花木发展有限公司4家企业获州级农业产业化重点龙头企业称号，完成22家州级农业产业化重点龙头企业动态监测；新增湖北山林生猪养殖有限责任公司、湖北省宣恩县明礼生态农业有限公司、湖北土家爱食品开发有限公司3家企业为绿色食品认证企业，宣恩县盛源茶业有限公司为有机农产品认证企业，完成宣恩县皇贡茶业有限公司、恩施州中农春雨果业有限公司、宣恩县沙道粮食购销公司、宣恩县珠山粮食购销公司4家绿色食品续展及13家企业有机农产品再认证。新认证宣恩县盛源茶业有限公司有机茶叶18.67公顷，新认证湖北省宣恩县明礼生态农业有限公司绿色食品蔬菜80公顷，新认证湖北土家爱食品开发有限公司绿色食品黄豆133.33公顷。年末全县绿色食品认证面积达2633.33公顷，有机认证面积达1718.48公顷（其中有机茶叶1441.81公顷、有机贡水白柚216.67公顷、有机黄金梨60公顷）。

【果茶品牌建设】 全县茶叶加工产品统一整合为“伍家台贡茶”品牌。4月18日至21日，组织茶叶加工企业参加由农业部中国农业国际合作促进会在全国农业展览馆主办的第四届中国国际茶业及茶艺博览会。5月5日，伍家台茶园成为全省县域经济工作会议观摩现场；5月16日至18日，参加由恩施州茶产业协会在北京民族文化宫举办的北京·恩施硒茶博览会；5月22日至24日，参加由中国绿色食品发展中心与德国纽伦堡展览集团在上海国际展览中心共同主办的第八届中国国际有机食品博览会（BIOFACHChina）。9月22日至29日，参加由国家民委、中共中央统战部、全国人大民委、国务院新闻办、全国政协民宗委在北京民族文化宫共同举办的《中华人民共和国民族区域自治法》实施30周年“少数民族和民族地区繁荣发展”成果展。10月20日，中国茶叶流通协会授予宣恩县“2014年度全国重点产茶县”（中茶协字〔2014〕142号）；10月31日至11月3日，参加由农业部优质农产品开发服务中心在山东济南举办的2014中国茶叶博览会，伍家台贡茶子品牌“维民牌”“伍贡牌”均被组委会授予“2014中国茶叶博览会极具发展潜力品牌”。11月1日至4日，参加由国家农业部支持、湖北省政府主办，武汉市政府、湖北省农业厅在武汉国际会展中心共同承办的第十一届中国武汉农业博览会；11月25日，全州茶叶产业链推进会在宣恩召开，会议总结分析全州茶叶产业链建设、发展情况，就如何打造“恩施硒茶”品牌进行安排部署，州长杨天然、副州长肖作文、州农业局局长梨华辉出席，县农业局局长龚家邦代表宣恩县作经验交流发言，曾德权、习覃、周志斌等参加会议；11月22日在高罗九间店成功举办第二届贡水白柚采摘节；11月28日，国家质检总局2014年第123号公告批准宣恩县为“国家级出口茶叶质量安全示范区”。12月12日至15日，组织水果企业参加由农业部优质农产品开发服务中心联合浙江省农业厅共同在杭州举办的第八届全国名优果品交易会；12月19日，开通“伍家台贡茶号”D2259次动车。

【硒产业建设】 2014年组建宣恩县硒产业发展办公室，全县共有16家农副产品加工企业加入州硒产业协会，全年共开展农产品硒检测4次。完成高罗、李家河、沙道沟3个乡镇3家企业17个贡水白柚抽样含硒检测，其检测结果为高罗3个样达到含硒标准；完成万寨、椒园、晓关、珠山、长潭河5个乡镇12家茶叶企业、1家茶食品加工企业28个产品抽样含硒检测，检测结果均达到含硒标准。完成宣恩县“全省十大富硒土壤开发及硒产业发展重点县”项目申报。组织县内农副产品加工企业参加北京硒茶博览会、北京第四届中国国际茶业及茶艺博览会、第八届中国国际有机食品博览会、国家民委举办的民族自治法颁布30周年成果展、2014山东济南中国茶叶博览会及第十一届中国武汉农业博览会和恩施州第二届硒产品博览会。

【宣恩县参加恩施硒博会】 1月10日至18日，由中国商业联合会、恩施州人民政府联合主办的首届中国硒产品博览交易会暨中国恩施·世界硒都硒产品博览交易会在恩施州文化中心举行，宣恩县共组织29家企业共100余种产品参展，展台销售硒产品2.8亿元，获总投资3.85亿元。曾德权、习覃、覃遵国、周志斌及县直相关部门负责人参加。

1月20日，州委、州政府召开硒产品博览交易会总结表彰视频会议，郭建华及县直相关单位负责人在宣恩分会场收听收看表彰会议，宣恩县获得“最佳布展奖”，湖北大派食品有限责任公司、宣恩县沙道粮油购销公司、恩施州恩润生态农业开发有限公司3家企业获“中国名优硒产品”称号，宣恩县伍台昌臣茶业有限公司、恩施州伍家台富硒茶业有限责任公司、宣恩县伍贡茶业有限公司、湖北绿可生态茶业有限公司、恩施州亚麦食品有限责任公司和宣恩天香熏腊食品有限公司产品获“中国特色硒产品”称号。

【全县农业农村工作会议】 2月13日，全县2014年农业农村工作会议在县行政办公大楼二楼会议室召开，会议总结2013年的农业农村工作，并对2014年的农业农村工作作全面安排部署。覃遵国主持，李明山、覃正彪、周志斌、钟昌泽出席。会议对2013年农业农村工作先进单位进行表彰。周志斌代表县政府与各乡镇签订2014年农产品质量安全工作责任状。万寨乡政府、县畜牧局、伍家台贡茶有限公司、正兴贡水白柚专业合作社相关负责人分别发言。

【耿显连到宣恩调研】 6月14日，省农业厅副巡视员耿显连及调研组到宣恩县，就农技推广工作进行调研，尹建华陪同。调研组先后查看珠山镇东门关村马铃薯良种繁育基地、明理生态农业发展有限公司马铃薯良种储藏仓库、椒园镇白泥坝村玉米高产创建样板基地。

【余胜伟到宣恩调研农业工作】 7月11日，省农业厅副厅长余胜伟带调研组在州农业局相关负责人的陪同下到宣恩县调研农业工作开展情况。调研组一行先后到高罗乡农业服务中心、板寮村特色民居示范点、贡水白柚标准化生产基地，万寨乡伍家台有机茶生产核心示范基地、昌臣茶叶有限公司，椒园镇庆阳坝、水田坝茶叶标准化生产示范基地实地查看，并提出建议。周志斌参加调研。

【伍家台贡茶获“湖北最受欢迎的十大茶叶品牌”】 8月17日，由湖北陆羽茶文化研究会、农村新报、新浪湖北等单位共同主办的“2013－2014年湖北最受欢迎的十大茶叶品牌”评选结果公布，湖北伍家台贡茶有限公司—伍家台贡茶获“湖北最受欢迎的十大茶叶品牌”称号。

【宣恩通过“国家级出口茶叶质量安全示范区”验收】 9月24日至25日，山东出入境检验检疫局处长曲径、辽宁出入境检验检疫局处长曲辉、厦门出入境检验检疫局处长庞金一行代表国家质检总局到宣恩县考核验收“国家级出口茶叶质量安全示范区”创建工作，习覃向专家组汇报宣恩县“国家级出口茶叶质量安全示范区”创建工作情况，周志斌、钟昌泽陪同考核。

2011年宣恩县申报并成为湖北省首个出口茶叶质量安全示范区，随后开展“国家级出口茶叶质量安全示范区”创建工作。至考核验收时，全县伍家台贡茶基地发展到11866.67公顷，其中通过有机认证基地413.33公顷，出口茶叶质量安全示范区基地2000公顷，无性系良种基地8466.67公顷，良种率位居湖北省第二位。2008年12月10日，国家质量监督检验检疫总局发布2008年第133号公告，正式批准对宣恩县伍家台贡茶实施国家地理标志产品保护；2012年6月15日，绿可牌“伍家台贡茶”获2012北京国际茶业展茶叶评比大赛金奖；2013年6月15日，伍台昌臣茶业公司获武陵山区第二届生态茶文化旅游节绿针茶叶金奖、炒青茶叶银奖；2014年中国武汉第6届茶博会、第7届上海有机食品博览会和中国国际第5届商标节上均荣获各类大奖并获“湖北最受欢迎的十大茶叶品牌”，在首届中国硒产品博览交易会上，被评为“中国特色硒产品”，全县以宣桃公司、伍家台富硒贡茶公司为主的茶叶自营出口市场由原来的日本、欧盟地区，拓展至中东、非洲等市场，直接出口由2011年的9.58万美元增长到2013年的178万美元（其中2011年9.58万美元，2012年38.55万美元，2013年178万美元）。供货出口由2011年的2480吨，实现销售收入5500万元（约合900万美元），增长到2013年的9150吨，实现销售收入1.74亿元（约合2850万美元）；综合效益明显提升。2013年，全县茶叶总产值达到6.5亿元，较2011年增长2倍。直接从事茶叶生产农民人均收入达到5857元，比全县平均水平高13.2%。2014年1月至8月，全县茶叶产量达到1.26万吨，同比增长15%。实现产值7.51亿元，同比增长17%。均价达到54.32元/千克，同比增长1.4%。

专家组通过听取汇报、查阅资料、实地走访茶叶出口企业宣桃茶叶公司现场、农资经营店、茶叶示范区万寨乡白虎山茶叶基地等形式，对创建工作给予肯定，并建议进一步开展区域内农药、化学投入品流通市场的清理整顿，让卖农药的经营者在接受培训的基础上进行规范经营；农药经销户对所售农药做到来路清楚、配方成分明确、标签要素齐全、含量达标、质量合格；建立农药销售处方制度。专家组一致通过宣恩县为“国家级出口茶叶质量安全示范区”。11月28日，国家质检总局批准“宣恩县国家级出口茶叶质量安全示范区”（国家质检总局2014年第123号公告）。

【湘西州组团到宣恩考察特色产业发展】 9月24日，湖南省湘西州委常委、副州长、农业部武陵山区扶贫联络工作组组长贾广东带考察组一行，由州委常委、副州长冯忠泽陪同，到宣恩考察特色产业发展情况，朱鹏程、尹建华参加考察。考察组一行先后参观大派食品公司生猪屠宰加工及火腿香肠等腌腊制品加工、伍家台昌臣茶叶公司基地、椒园生态产业园以及椒园镇水田坝村“千户土家”美丽乡村建设。

【永顺县考察组到宣恩考察】 10月15日至16日，湖南省永顺县政府考察组一行由李海涛、钟昌泽陪同，对宣恩县农业产业化发展工作进行考察。双方就如何大力发展产业、创建有机农业以及推进农村土地流转进行经验交流。16日，考察组一行到万寨乡伍家台村、椒园镇水田坝村以及湖北土家爱食品有限公司等地实地参观。

【参加第十一届农博会】 11月1日至4日，以“品牌创新·绿色生态”为主题的第十一届中国武汉农业博览会在武汉国际会展中心举行。宣恩县组织湖北大派食品有限公司、宣恩县伍台昌臣茶叶有限公司、宣恩县椒园镇黄坪村黄金梨专业合作社等9家企业的茶叶、黄金梨、大派火腿等15个农产品参展，7个农产品获“金奖农产品”，分别是：宣恩绿可生态茶业公司“绿可”绿茶；宣恩伍贡茶业有限公司“伍贡1784”特级绿茶；宣恩天香薰腊食品有限公司“火烧营”天香肉和天香鱼；宣恩椒园镇黄坪村黄金梨专业合作社“沃地娃”黄金梨；湖北大派食品有限责任公司“大派”火腿；恩施州伍家台富硒贡茶有限责任公司“皇恩宠锡”绿茶。

【参加食博会】 12月12日至18日，第23届中国食品博览会暨交易会于在武汉国际会展中心举行。宣恩县组织蓝星农业开发有限公司、玉兰百合有限公司、能鹏人参鸡开发有限公司、湖北西部现代农业有限公司、宣恩天香薰食品有限公司及宣恩恒大天然食品有限公司6家企业的大鲵、百合、人参鸡蛋、粗粮粑、腊肉、腊鱼及霉豆腐、糍粑等20余种产品参加“食博会”。

【“伍家台贡茶号”动车在汉首发】 12月19日，汉口至成都东D2259次列车被冠名为“恩施硒茶·伍家台贡茶号”。动车车门、座椅头套、走道及显示屏上等显著位置均印制宣恩“伍家台贡茶”宣传标识及广告。动车定期通过车载广播播报宣恩“伍家台贡茶”的宣传语及相关情况。伍家台贡茶号动车由汉口开往成都东，途经湖北、重庆、四川三省（市）14个站点，单程运行时间9小时16分。上午10时45分，“伍家台贡茶号”动车由汉口火车站首发，驶往成都东站，宣恩县政府与武汉铁路局在汉口火车站举行简短的首发仪式，习覃、朱鹏程、周志斌出席，新华社湖北分社、湖北日报、湖北电视台、荆楚网等十多家媒体参加首发仪式。

（王振朝）

【职业技能培训】 2014年，以“阳光工程”项目实施为平台，依托县农广校、农机学校、富源白柚专业合作社、富民拖拉机驾驶培训学校等培训机构，开展农村实用人才培训2493人，其中专业技能型人才2368人，拖拉机驾驶员125人。专业技能型人才中，培训果桑茶花药园艺工1229人，蔬菜园艺工80人，病虫专业防治员133人，农机操作员70人，农机维修员80人，村级动物防疫员80人，沼气工100人，农民专业合作社负责人67人，涉农企业从业人员61人，美丽乡村骨干农民50人，专业合作社社员300人，粮棉油高产创建区骨干农民118人。

（龙守勋）

蔬菜种植

【概况】 2014年，全县蔬菜种植坚持“稳面积、调结构、保供给、增效益”的工作思路，转变发展方式抓龙头企业发展，带动全县蔬菜产业发展。全县共种植蔬菜面积8733.33公顷，其中高山蔬菜2066.67公顷，城郊菜800公顷。

【蔬菜产业化】 2014年，全县继续推行“公司＋基地＋农户”“公司＋合作社＋农户”等产业化经营模式，椿木营乡富旺专业合作社在长槽村、白果坪村、干竹坪村、挖断山村4个村发展种植蔬菜200公顷，宣恩明礼生态农业有限公司在珠山镇东门关村发展106.67公顷高山蔬菜，宣浙农业有限公司在椿木营乡勾腰坝村种植蔬菜40公顷，鑫农专业合作社在珠山镇五里牌村种植城郊蔬菜66.67公顷，全县发展蔬菜8733.33公顷，总产量20

万吨，产值约2亿元。

【蔬菜标准化建设】 全年培训菜农2000人次，发放资料2000份，在椿木营建立标准化菜园子基地33.33公顷。按照国家相关标准对农户进行指导，帮助菜农树立蔬菜生产标准意识。在蔬菜生产环节上引导菜农使用低残农药，推广生物防虫治病，引导农户树立环保意识，生产绿色蔬菜。在营销环节上树立品牌意识，要求农户的农产品要标明商标、产地等信息，以便建立自己的品牌。全县重点乡镇建立4个农药残留监测点和病虫害预测报点，确保上市蔬菜产品质量安全，让群众吃上放心菜。

【蔬菜项目工作】 1月，郭建华等专程到武汉向省农业厅王敦胜、邓千生、焦泰文等领导汇报全县蔬菜发展情况，请求省农业厅在高山蔬菜和农产品安全示范县项目方面给予支持。3月，宣恩县明礼生态农业有限公司在东门关建立高山优质菜基地，种植106.67公顷蔬菜，同时修通了到基地的基耕路，建1000立方米的蓄水池，实现了通路、通水、通电“三通一平”。11月，申报宣恩县东门关高山优质蔬菜基地项目并通过初审。

（涂冬枝）

烟叶种植

【概况】 2014年全县烤烟指导性种植面积4000公顷，收购计划为7000吨，其中把烟2743吨，散叶4257吨。全县实际签订合同种植面积3982.6公顷，占计划面积的99.57%；合同订购量7000吨，完成合计划产量的100%；种烟农户3930户，较上年减少1274户，减少幅度24.48%，分布在全县9个乡镇，122个村，570个村民小组，户均种植烟叶1公顷。实际收购烟叶4687.9吨，完成年计划的66.97%。其中，中上等烟比例88.08%，橘烟率75.39%，收购均价22.23元/千克，烟农现金收入1.04亿元，烟叶税收2292.84万元。

【烟叶生产】 全县共有育苗工场2处、各种规模育苗基地、育苗群105处，共计育苗4018.93公顷，100%实现漂湿育苗，其中商品化育苗3666.67公顷，商品化育苗率达到91.23%。在100%实现大棚漂湿育苗的基础上实行多种形式的增温补光育苗，其中椿木营、晓关大山、长潭河芭叶槽等高海拔烟区实施双膜双架育苗2000公顷，椒园育苗工厂和晓关古路槽育苗基地实施封闭式育苗333.33公顷，晓关中心站育苗基地开展电热丝加热形式的增温补光示范26.67公顷，三种增温补光育苗方式均有效缩短出苗时间，烟苗全部达到井窖式移栽成苗标准。

按照“控氮、稳磷、增钾、补微”的施肥原则，将植烟土壤养分检测结果与《恩施州烟区土壤信息化管理系统》相结合，通过精准施肥系统，为全县每户烟农开具《烟草推荐施肥通知单》，烟农凭单施肥，实现“控氮平衡施肥”。全年实际发放各类肥料物资7702.11吨，其中复合肥2291.2吨，硝酸钾1055.19吨，镁肥250.30吨，生物有机肥3487.86吨，饼肥422.38吨，地膜195.18吨，每公顷施用纯氮96.75千克。推行多种形式的土壤改良技术，全县种植绿肥666.67公顷，生石灰调节土壤酸碱度533.33公顷，生物质炭改良土壤40公顷，地膜烟推广达到98%以上。

推广双行凹型垄示范技术，由烟草公司投入地膜，有效解决大田期干旱问题，降低起垄用工数量，烟农普遍接受该项技术，受到省烟草专卖局充分肯定与好评。在总结往年经验的基础上100%推广“井窖式”移栽技术，极大缩短同一农户或区域的移栽时间，提高烟叶整齐度，减轻烟农移栽用工数量，烟叶移栽工作较往年提前15天完成。

全面推广“三先”（先起垄、先施肥、先覆膜）和“三带一深”（带水、带肥、带药、深栽）技术，100%使用充分发酵的火土灰营养土陪嫁围兜，提高烟叶移栽成活率和烟株大田中前期抵抗低温、干旱的能力。全面开展病虫害综合防治，依托合作社植保服务队在烟叶种植示范区、核心区域以及有条件的区域统一开展植保服务，病虫害综合防治所需药品均由烟草公司统一供应，确保农药的安全性。大面积推广杀虫黄板、杀虫灯等物理防治技术，育苗棚100%使用镀铝膜驱蚜，在晓关、椒园一线安装频震式杀虫灯15盏，示范使用纳米蜘蛛人、生防菌133.33公顷，开展蚜茧蜂、异色瓢虫防治蚜虫33.33公顷，实施生防菌防治根茎部病害、性引诱剂杀虫等多种生物防治技术，减少化学农药的使用，预防和减少病虫害的发生，提高烟叶安全性。

在全面推广常规技术的基础上,实现漂湿育苗、配方施肥、硝酸钾、生物有机肥、发酵陪嫁土、适宜地区地膜烟栽培、井窖式移栽、病虫防治、成熟采烤等"9 个 100%"重点技术推广。

以《恩施优质烤烟综合标准化体系》和技术方案为基础,制定并执行《宣恩县晓关基地单元烟叶生产 GAP 管理实施方案》,在烟地选择上注重轮作,稳定绿化覆盖率,实现"一片森林一片烟,片片都是生态烟"的建设目标。禁止使用中国烟叶公司推荐之外的农药或在前茬作物使用对烟叶有害的高残留农药,强力制止各种除草剂在烟田使用,普及绿色防控手段。采摘、运输、烘烤、包装和储存时不与有毒、有害以及有潜在质量污染的物资接触。严格执行烟叶入户预检与收购预检制度以控制非烟物质。在重点烟区建立焚烧炉和非烟物质消毒处理池,烟田地膜、杂草、烟花烟杈、烂叶病株和农药瓶等及时清理出烟田,集中到处理池内销毁。实行烟杆回收,通过古路烟杆喷爆加工厂加工成生物有机肥,实现资源再利用和减少病源菌积累基数。

根据工业企业原料需求,加大成熟采收推广力度,低山、二高山烟区全面推广上部叶 4 至 6 片叶一次性成熟采烤。在晓关基地单元中心收购线开展提高上部叶成熟度项目 266.67 公顷。通过采取在大田环节合理推迟采收时间 7 至 10 天,在烘烤环节合理延长 38℃、42℃关键点时间等措施,提高上部烟叶成熟程度,改善烟叶品质,提高上部烟叶工业可用性,基本达到工业企业的要求。

【经营管理】 推行一本《工作日志》、一张《烟农服务通知单》、一本《农户操作手册》、一套《烟农管理信息资料》"四个一"管理办法,按环节为烟农开具生产指导通知单,烟农照单落实,并对照指导单及时考核,环节不达标取消该环节所有投入,并纳入年终考核,年终考核分数不达标降低烟农星级标准,实行动态管理,逐步淘汰无种植能力、不按技术指导生产的烟农,逐步向核心烟区转化,稳定核心烟农、职业烟农。

全面推广二代身份证替代 IC 卡烟叶合同管理,烟农持身份证签订合同、交售烟叶,严格按照合同进行烟叶生产、收购,从根本上杜绝空合同、空开小票等违法违规问题。

实行烟叶入户预检制,以提高把内纯度为核心,对预检人员、烟农进行多层次、全方位培训,累计培训人数达 4000 余人次,主攻薄弱区域与难点农户,提高烟叶预检实效。县烟叶分公司实行机关科室负责人挂站,烟草站、技术员、预检员责任到组、到农户的组织模式,对烟叶预检量、预检农户、预检质量、收购合格率、二次验收合格率等指标进行严格考核,全奖全赔。按约时间、定部位、定数量、定地点"一约三定"原则,限制每户烟农售烟不超过 8 次,科学约定农户预检部位、数量,合理安排烟农交售烟叶时间,确保烟叶收购有序进行。

根据特色烟叶的不同质量风格,制定不同的收购样品,全县制作样烟 5000 千克左右,送审烟叶外观评价样品三套,基地样二套,调拨样一套,得到上级公司高度评价。对特色烟叶收购制定收购管理办法,狠抓特色烟叶收购,加强质量认定、编码、成件、调拨等各环节管理,实行质量追溯,特色烟叶收购质量达到预期效果。

在晓关中心、张关、倒洞、猫山、大山收购线以及椿木营中心收购组、椒园锣圈收购组、荆竹坪收购组、李家河上洞坪收购组、珠山中心收购组等 10 个收购点开展专业化分级散叶收购。各散叶收购点按照流程开展工作,对各环节不合格的烟叶实行退回制,严格追究相关责任人责任,确保散叶收购工作顺利完成。

推行高纯度、低眼光收购,狠抓把头、把内、包内、捆内"四个纯度",对收购进库烟叶实行质量放行制,对调出烟叶实行主检,提高二次验收合格率,降低烟叶损失。成立收购质量巡检组,对全县 27 个收购组进行定期检查或不定期抽查,对收购标准执行不到位及时提出整改意见,做到收购平稳。强化收购考核,对全县烟叶收购情况进行多次通报,对在收购中违规现象进行了处罚,大灾之年烟农收入不够理想,但烟叶质量仍处于全州领先水平,并且全县 27 个收购组没有造成亏损,得到国家烟草专卖局检查组一致认可。

【科研项目】 2014 年特色烟开发、蚜茧蜂、烟叶标准化生产 3 个项目通过国家烟草专卖局检查考核,并获得高度评价,土壤酸化治理项目顺利通过专家组田间鉴评,在椒园实施烟叶嫁接项目,贵州省烟草专卖局科技处到宣恩实地考察学习。以全省现代烟草农业暨烟区新农村建设现场会为契机,对部分烟区根茎部病害较为严重的问题,通过整地前对重点区域施用生物质炭改善土壤结构,对常年病发区施用自制的生防菌进行普防,运用纳米蜘蛛人、芽孢杆菌等生物农药进行重点防治。依托州烟草公司科技中心在晓关烟草站建立试验检测分析室,实验室具备土壤常规养分项目检测、病原菌快速检测、烟叶样品前期处理等能力,4月,国家知识产权局对县烟叶分公司申报的"一种漂浮育苗炼苗装置"实用新型专利授权,实现宣恩烟叶技术专利零的历史性突破。

【基础设施建设】 全县全年投入项目资金5278.07万元,完成土地整理703.73公顷,建育苗大棚71座、育苗工厂2处、烤房320栋,修机耕路54.71千米,铺管网8条、37千米,建水池3口、3400立方米。完成官千水库水源性工程省级评审,已报国家烟草专卖局,待评审批复。完成晓关古路生物肥加工厂及配套办公楼建设并投入使用,年产有机肥3000吨。完成锣圈岩村委会场坝地面平整以及椒园集镇至荆竹坪15千米道路"黑色化"改造。

【合作社建设】 围绕现代烟草农业"减工降本提质增效"的建设目标,通过加大基础设施建设投入,组建专业化服务合作社,构建烟叶生产收购全过程的专业化服务体系,实现烟叶生产的精细化管理,降低烟叶生产成本,提升烟叶生产效益。晓关基地单元在原合作社建设基础上,将3个合作社整合为1个综合服务社,入社烟农1269户,社员种烟面积达到1266.67公顷,占晓关乡种植面积的90.48%。合作社对照烟叶生产流程,组建覆盖烟叶生产育苗、机耕、植保、烘烤、分级5个环节的专业化服务队伍,组建专业化育苗、机耕、植保服务队各10个,依托烘烤工场和烤房群成立烘烤服务队16个,分级服务队4个,运输服务队1个,形成完善的专业化服务体系,降低烟农劳动强度,提高设施设备综合使用率,提升烟草产业的现代化程度。

按照国家烟草专卖局"一基一社"建设要求,晓关、椿木营、椒园基地单元分别成立1个综合型服务合作社,落实固定办公场所,组织机构、办公设施、规章制度。在晓关、椒园基地单元开展技术员"转岗转责"试点工作,设置合作社理事会、片区服务部、"三技师一机手"专业化服务队三级管理机构。其中,晓关合作社全程转岗24人,转岗比例61.5%;椒园合作社全程转岗8人,转岗比例50%。

2014年,全县三个综合型服务合作社在育苗、机构、植保、烘烤、分级等环节,以片区成立专业化服务队,初步形成"山区特色"专业化服务模式。采取"合作社聘请机耕手、合作社机械租赁、烟农带机入社"三种模式开展机耕专业化服务,全县专业化机耕服务面积达到483.73公顷,起垄服务1198公顷;采取"商品化+育苗承包"两种服务形式开展专业化育苗,全县专业化育苗851.4公顷;在集中连片核心区域由合作社组织植保服务队,利用担架式植保机和机动喷雾器等高效率机械,采取"五统一"(统一时间、统一供药、统一核算、统一管理、统一操作)模式进行植保服务,在其他分散区域,合作社安排转岗技术员组织烟农进行"四统一分"进行统防统治(统一时间、统一指导、统一供药、统一管理、分户操作,两种模式开展专业化植保服务952.2公顷;采取"委托加工+采烤分一体化+互助联合"两种模式,在晓关古路烘烤工场开展"委托加工"96炕,在椒园锣圈岩烘烤工场开展"采烤分"一体化试点42炕,在晓关大山、碧岩沟,椒园荆竹坪、锣圈岩,椿木营干竹坪等烤房群开展"互助联合"烘烤;采取"烟农初分级+分级台集中分级"两段式分级服务,全县专业化分级2740吨。

开展功能拓展业务,在晓关中心、古路槽、洪家坪、椿木营长槽、椒园锣圈岩开展白菜、西瓜、豇豆等作物栽培,利用大棚32个,利用面积9660平方米;晓关、椿木营合作社采取社企合作形式,与车辆、机电维修个体户联合成立"烟农专业合作社农机维修部",全年共维修各种烟用机械84台次,各种农用车辆32台次,风机、后备电源等烤房设备55套次;晓关、椒园合作社在烘烤工场统一组织煤炭采购115吨,较市场价便宜每吨100元,为烟农减少烘烤成本11500元。

(陈成)

林业经济

【概况】 2014年,全县实现林业产业产值134248万元。其中,第一产业38888万元,第二产业93300万元,第三产业2060万元。

对林业总产值贡献最大的是木本油料、果蔬、茶饮料等加工制造业91790万元，占68.37%；其次是水果种植业28600万元，占21.3%；第三是坚果、茶及其他作物种植业4680万元，占3.49%。宣恩有各类涉林加工企业30家，按类型分：木材加工经营企业8家(规模以上企业1家)，涉林产品加工经营企业5家，苗木花卉企业2家，茶饮料加工企业15家；按龙头企业级别分，省级林业产业化龙头企业3家，州级林业产业化龙头企业7家，县级一般企业20家。有贡水白柚产业、茶叶产业协会2家。2014年底全县涉林专业合作社76家。

【产业发展】 2014年，全县木材产量4634立方米，竹材产量13000根。全县经济林面积16475公顷。全年经济林产品总产量达到94934吨，2014年全县年末油茶种植面积2434公顷，当年种植面积73公顷，苗木产量55万株，油茶籽产量91吨。花卉种植面积9公顷，花卉从业人员3200人。全县自然保护区旅游等林业旅游与休闲服务接待人数2.5万人次，直接旅游收入达2060万元，直接带动其他产业产值3220万元。

【重点龙头企业】 湖北西部现代农业有限公司省级林业产业化龙头企业。12月8日，省林业厅公布2014年度新增湖北省林业产业化省级重点龙头企业名单，湖北西部现代农业有限公司名列其中，这是继宣恩县武陵中药材有限公司、湖北蒙恩花木发展有限公司之后，宣恩县第三家省级林业产业化企业。公司位于湖北省恩施州宣恩县椒园生态产业园，是宣恩县最早的自营出口林业企业；属湖北省农业产业化龙头企业；国家农业产业化重点扶持企业；是一家集生产、加工、销售于一体的外向型农(林)业企业。

公司产品有粗粮粑、生鲜果系列、树叶类产品系列、功能茶等。产品主销亚、欧各洲十几个国家和地区以及国内各大中城市。公司创立于2004年11月，注册资金3100万元，有标准化厂房38346.5平方米，拥有武陵山区最大的多功能万吨冷库一座，资产总额达9351万元，2014年实现销售收入11565万元，出口创汇55万美元。公司已通过ISO 9001:2000质量管理认证和HACCP食品安全认证、质量信用AA级认证，AAA级银行信用企业。

湖北蒙恩花木发展有限公司省级林业产业化龙头企业。成立于2012年3月，前身为蒙恩林业(宣恩)发展有限公司，以造林和碳汇交易为主，承接绿化景观工程及苗木、根艺、盆景、花卉生产、销售为辅的林业产业化省级重点龙头企业，湖北省林业厅重点招商引资企业，也是湖北省第一批纳入碳汇交易试点的民营企业。公司位于湖北省宣恩县椒园生态产业园，注册资本6000万元，投资总额将超过4.5亿元。企业有员工53人，其中总工程师1名，工程师2名，专业技术人员9人。

公司产业有三大主体：总投资超过3亿元的13333.33公顷碳汇林基地；占地9.33公顷、总投资1.2亿元的兰草、鲜切花工厂化培育项目；高罗乡下坝村占地面积66.67公顷、总投资额5000万元的绿化苗木基地。三大产业在建设期和建成后，可向社会常年提供就业岗位400余个。2014年，公司资产总额达3.09亿元，资产负债率21.11%，实现销售收入9656万元。

【专业合作社】 宣恩县椒园采花茶叶专业合作社，州级林业产业化龙头企业。位于椒园镇庆阳坝。注册资本500万元，入社社员2766户。有机茶园基地200公顷，辐射椒园镇及周边茶区茶园面积3333.33公顷，带动万余户茶农受益。合作社坚持走“龙头企业＋专业合作社＋基地＋农户”的林业产业化经营模式。产品以名优绿茶为主，高档红茶、乌龙茶为辅的一主二辅产品格局。2014年合作社实现产值1.35亿元，利润645万元，为社员增收710万元，二次返利150万元。

宣恩县富源贡水白柚专业合作社州级林业产业化龙头企业。位于李家河镇，成立于2009年4月，注册资金50万元。合作社主要从事贡水白柚品种提纯复壮、种植、加工、销售等业务，有合作社成员422户，标准化生产基地133.33公顷；合作社2014年投资500万元建成贡水白柚精细化加工生产线1条，具备年加工鲜果8000吨的能力。2014年共加工销售有机贡水白柚6000吨，实现销售收入3620万元，为李家河镇千余户农农直接增加现金收入2350万元。

【贡水白柚】 俗称“白皮柚”，是由宣恩地方良种柚的变异单株选育而成，其果实成熟后果皮呈黄白色。贡水白柚曾多次荣获国家、省级评比大奖。1998年11月，获第五次全国柚类评比“金杯奖”及“优质柚类”称号；2000年11月被评为“湖北特色果品”及“湖北省优质果品”；2001年11月，获全国第七次柚类评比“金杯奖”；2001年8月宣恩县被国家林业局命名“中国白柚之乡”；2005年至2014年期间，3次荣获“湖北名牌产品”。2007年12月通过省级品种审定，正式命名为“贡水白柚”。2011年获得国家质检总局“（贡水白柚）国家地理标志保护产品”。2014年10月11日，县林业局组织4家企业参加“中国·武汉绿色产品交易会”，其中“贡水白柚”和“伍家台贡茶”分获优质奖。

贡水白柚果实美观，呈倒卵圆形，果实少核或无核，囊瓣整齐一致，果肉易与囊衣完整分离，果汁脆嫩多汁，酸甜适度，芳香浓郁，享有“天然罐头”之美称。全县有贡水白柚基地7000公顷，产量8.5万吨，产值2.8亿元。已经形成宣南百里贡水白柚产业带，有机贡水白柚基地333.33公顷。南三乡镇海拔700米以下90%以上的农户从白柚产业发展中直接受益。

【林业项目资金】 2014年，全县林业系统实际到位资金6466万元，皆用于国家固定资产投资（含国债资金），主要投入到天然林保护、退耕还林、长江流域防护林建设、石漠化综合治理等林业重点工程建设和生态公益林补偿等。

（李玲）

水产业

【概况】 宣恩县地处武陵山区，沟壑纵横，溪沟密布，受亚热带季风湿润型气候影响，雨量充沛，气候温和，水资源相对丰富，以大中型水库为主的可养殖水面3333.33公顷，水环境优良，山清水秀，是国家二级水生野生保护动物——大鲵的主要原产地和主产区。2014年全县渔业总产值2742万元，比上年下降4.8%。

随着水力资源大开发的不断推进，水资源不断综合开发利用，大鲵赖以生存的冷水资源环境逐步丧失，受黑市暴利的诱惑，过度非法捕捞、非法收购及人为投毒、水环境恶化等因素影响，野生自然产量急剧下降，几乎到了濒临灭绝的境地，大鲵的种群优势逐渐消失。大鲵野生资源量呈明显下降趋势。忠建河流域的螺马洞、蚂蚁洞、酉水流域的小鱼泉等大鲵野生幼苗的集中产区由原来的年产苗2万尾降至2000尾左右，保护措施相对完善的酉水流域大鱼泉仍维持在年产苗3000尾左右。

全县有大鲵养殖户2200余户，其中，5000尾以上养殖规模的大户8户，1000尾以上养殖规模的大户有18户，100尾以上的养殖户有148户。总量约18万尾，现有大鲵存量产值约2.8亿元。全县每年销售大鲵子二代约2.2万尾，收入超过2000万元。

到2014年底，县水利水产局水利大鲵增殖放流资金140万元，放养大鲵3600尾，全县9家养殖场已建成大鲵仿生态驯养繁殖基地。经营利用大鲵子二代2.2万尾，农民增收2000万元，并保持年增长速度在15%以上。

通过招商引资在长潭河乡建1个年产大鲵子二代商品鲵1万尾的养殖基地；同时引进1家大鲵深加工企业（湖北宴星农业有限公司）入驻和平工业园区，开发大鲵药用、美容等产品。

加大执法力度，严厉打击非法捕捉买卖大鲵行为。2014年渔政部门独立办案或与公安机关联合办案48起，累计罚款42万元，没收大鲵485尾，现场放生1280尾，行政治安拘留11人，刑事拘留8人，判处5至14年有期徒刑5人。

（肖莎）

畜牧业

【概况】 2014年，全县猪、牛、羊、家禽分别出栏（笼）60.01万头、1.723万头、4.663万只、120万羽，肉类总产量5.48万吨，禽蛋产量3572吨。实现畜牧业综合产值13.6亿元，其中畜牧业产值10亿元，屠宰加工产值3亿元，饲料加工产值0.6亿元。重大动物疫病免疫注射密度达到100%，免疫抗体检测合格率达80%以上，免疫标识佩戴率、免疫档案规范填写和畜主签字率达到100%，产地检疫率达到80%，定点屠宰检疫率达到100%，全县没有发生重大动物疫情和重大畜产品质量安全事故。全年生猪饲养量104.92万头，同比增长8.26%；能繁母猪存栏量4.45万头。

【畜牧业生产发展】 2014年新培植年出栏生猪10万头的养殖大乡1个(长潭河乡),年出栏生猪1万头的养殖大村8个(椒园镇三河沟、万寨乡白果坝、长潭河侗族乡兴隆村、沙道沟镇当阳坪村、李家河镇金陵寨村、晓关侗族乡杉水田村、高罗乡龙河村、珠山镇卸甲坝村),年出栏生猪3000头的养殖小区11个(椒园镇三河沟村生猪养殖小区,万寨乡铁厂沟生猪养殖小区,长潭河乡龙马山一陈家台生猪养殖小区,长潭河乡大湾一白果生猪养殖小区,沙道沟班大湖生猪养殖小区,沙道沟镇龙潭生猪养殖小区,李家河镇干坝生猪养殖小区,晓关乡猫山牛场生猪养殖小区,高罗乡九间店生猪养殖小区,椿木营乡铜钱坝生猪养殖小区,珠山镇宝塔村生猪养殖小区),年出栏生猪500头以上的养殖大户22户,年出栏生猪50头以上的"4450"生猪养殖模式户611户;新培植养殖专业合作社9个。

全年新增四级联创省级畜禽养殖标准化示范场1户(谢远觉肉牛规模养殖场),州级畜禽养殖标准化示范场24户(其中养猪示范场19户,养牛示范场3户,养羊示范场2户),县级畜禽养殖标准化示范场20户(养猪示范场15户,养牛示范场2户,养羊示范场3户);建成标准化养猪"150模式"示范户(建1栋220平方米全封闭式标准猪舍,进行标准化饲养,每批出栏肉猪150头。此猪舍环境可控,生猪自由采食,全进全出,一年可出栏三批450头肉猪)达到227户488栋,标准化蛋鸡"153模式"示范户(1栋蛋鸡舍,饲养蛋鸡5000只以上,实行湿帘风机、喂料机、清粪机3机配套)达到22户36栋,标准化养羊"1235模式"示范户(以农户家庭为单位种草养羊生产模式,是一个农户建设一栋标准化羊舍、饲养100只能繁母羊、种植优质牧草、年出栏商品肉羊235只)达到87户134栋,标准化养牛"165模式"示范户(农户建设一栋50平方米标准牛舍,饲养6头能繁母牛,肉牛专业合作社或育肥牛场提供冻精配种,每年向育肥场提供5头小牛的生产模式)达到57户102栋;建成生物发酵床17.27万平方米。

【畜牧科技推广】 2014年借助"科技活动周""阳光工程"基层农技推广体系建设平台,开展畜牧科技培训和送科技下乡活动,通过以会代训、科技人员现场培训、邀请专家和老师授课、举办阳光工程培训班等方式,共开展培训116期,培训9628人次。开展送科技下乡活动240次,组织科技人员下乡推广畜牧科技新方法、为群众服务2500人次,共为养殖户解决技术难题150个,赠送科技书籍2200余本,技术扶持养猪专业户200个。开展草原保护普法宣传,全年草原普法宣传送法下乡活动共出动宣传人员38人次,宣传车辆9台次,发放宣传资料1200余份。

【重大动物疫病免疫】 对6种重大动物疫病(猪瘟、猪口蹄疫、猪蓝耳病、牛口蹄疫、羊口蹄疫、小反刍兽疫)免疫采取春秋两季集中免疫和"月补针"相结合的方式。春秋两季全县完成猪口蹄疫免疫注射82.38万头次、牛口蹄疫12万头次、羊口蹄疫7.86万只次、禽流感272.85万羽次、猪蓝耳病82.38万头次、猪瘟82.38万头次、鸡新城疫252.3万羽次、羊痘7.86万只次。坚持"月补针"免疫工作制度,全年共开展"月补针"免疫注射生猪71231头、牛3451头、羊5632只、鸡125511羽,6种重大动物疫病免疫注射密度均达到100%,免疫档案建立和农户签字率达到100%,全年未发生口蹄疫等6种重大动物疫病。

【常见畜禽疫病防控】 2014年注射猪丹毒疫苗和猪肺疫苗20万头份、猪链球菌病疫苗1万头份、猪大肠杆菌病疫苗3.2万头份、仔猪副伤寒病疫苗1.5万头份、猪伪狂犬病疫苗0.6万头份、猪细小病毒疫苗0.6万头份,全年未发生猪丹毒、猪肺疫、猪链球菌病等常见畜禽疫病疫情。

【重大动物疫病监测】 全县动物疫病监测工作,根据《2014年宣恩县动物疫病监测计划》《2014年宣恩县动物疫病流行病学调查方案》,坚持"一级抓一级,层层抓落实"办法,对各乡镇畜禽实行抽样,对口蹄疫、猪瘟、禽流感及鸡新城疫进行抗体检测,全年共检测血清样本2100份,合格率90%以上;按时完成州防控中心猪血清150份、牛血清40份、羊血清70份、鸡血清40份、鸭血清40份免疫抗体监测送样任务;完成州防控中心规定的禽口腔棉拭子和泄殖腔拭子各80份、猪鼻拭子10份、野禽粪便10份病原学监测采样送样任务;完成奶牛45头、奶山羊14只的布鲁氏杆菌病和结核病监测工作;执行疫情管理报告制度,坚持执行免疫进展周报制度，全面完成省、州下达的免疫进展周报，疫情监测月报、季报、半年报等各项工作指标；按照《2014年宣恩县动物疫病流行病学调查方案》，完成2014年动物疫病流行病学调查工作任务。

【畜禽产品质量安全监管】 围绕两大重点（畜禽及投入品），强化三个重点环节（养殖环节、收购贩运环节、屠宰监管环节）的监管。

全年产地检疫生猪54.6958万头、牛1.58万头、羊2.3797万头、禽109.15万羽，动物产地检疫覆盖面达100%，产地检疫率达95%以上；违禁物及药物残留检测合格。

全年共计屠宰检疫生猪23.306万头、牛785头、羊5712头、禽109.15万羽，受检率达100%，上市动物产品持证率达100%。

加强动物交易市场监管，全县所有动物及动物产品交易、屠宰市场全部落实专人管理，以责任监督牌的形式责任到人，规定监管责任人要对所管辖区域监管到位，负责和指导做好防疫、消毒、交易登记、免疫补针、检疫验证、定期休市、粪污处理等工作，以消除重大动物疫病发生、流行的隐患。

行政执法，建立健全违法违规线索有奖举报和案件通报机制，坚持重拳出击、露头就打，对于影响较大、性质恶劣的管理相对人，进行公开处罚（理）。全年共立案查处各类违法案件4起，结案4起。

【生猪定点屠宰管理】 按照《生猪定点屠宰厂（场）病害猪无害化处理管理办法》有关规定，制定宣恩县《生猪定点屠宰厂病害猪及产品无害化处理管理制度》，健全完善大派定点屠宰厂管理制度，加强对大派食品公司检疫、检验工作的监管，加强管理区域内暗访巡查执法力度，严控私屠滥宰行为。全年开展执法168人次，检查经营户256次户，未发现违法行为。

【饲料及饲料添加剂监管】 2014年，对全县185家饲料及饲料添加剂经营户进行督办检查、集中培训和现场整治，未发生“瘦肉精”等违规违禁药品的案件。通过悬挂横幅、发放宣传资料等方式使饲料生产企业、饲料经营者、标准化规模养殖户熟悉掌握新条例、新法规。全年发放宣传资料500余份，悬挂横幅20多条，先后举办2期培训共185人次，提高饲料生产企业、饲料经营者、标准化规模养殖户的知法、守法意识。建立可追溯系统，严格按照条例规定填写《饲料及饲料添加剂购销台账》，签订《饲料及饲料添加剂经营质量安全责任书》，全县签订安全责任书185份。对全县185家饲料经营企业（门店）进行定期检查和不定期巡查，并做好台账记录的监管，对购销台账记录不完整和不具备仓储设施条件的要求限期整改。

【落实惠农政策】 2014年启动2014—2015年度能繁母猪保险工作，全县9个乡镇9505户21885头能繁母猪全部落实政策性保险，保险率达到100%。落实2013—2014年度能繁母猪理赔工作，2013—2014年度累计死亡能繁母猪987头，兑现理赔款75万元。为规模养殖户落实农业生产用电价格政策162户，1千伏以下执行电价0.5587元/千瓦时，10千伏以下执行电价0.5387/千瓦时。落实动物强制免疫注射反应死亡补偿政策，全年死亡生猪242头，补偿90900元。完成全县能繁母牛补贴工作，其中州级补贴22户394头，补贴资金19.7万元；省级补贴27户472头，补贴资金21.82万元。

【项目工作】 全年实施项目5个，分别为：生猪标准化规模养殖场小区建设项目，中央财政投资175万元；宣恩县石漠化综合治理项目，总投资75万元，其中央财政投资70万元；畜禽健康养殖项目，中央财政投资40万元；肉羊家庭牧场标准化示范创建补助项目，中央财政投资20万元；畜禽养殖标准化“四级联创”补助项目，投资20万元。2014年度申报2015年项目3个，总投资360.87万元，其中，中央预算内投资310万元，分别为宣恩县石漠化综合治理项目——农业措施项目、现代农业畜禽发展专项竞争立项项目、宣恩县生猪标准化规模养殖场（小区）建设项目。

（舒继泰）

农村经济管理

【概况】 2014年末家庭承包经营的耕地面积24924.8公顷，家庭承包经营农户83037户，家庭承包合同份数83037份，合同率达100.00%；颁发土地承包经营权证83037份。全县农民人均纯收入7048元，较上年增加779元，增长

12.4%。全年共发放水稻良种补贴、玉米良种补贴、粮食直补、农资综合补贴等四项农业补贴资金3092.37万元,对全县279个村开展村干部任期经济责任审计,并全部进行村级财务公开。新注册农民专业合作社41家,累计达到278家,其中专业合作社示范社45家。

【农民负担监督管理】 为全面落实农民负担监督管理“一票否决”制,2014年3月,县政府与9个乡镇政府签订农民负担监督管理工作责任状。规范“一事一议”项目申报审批程序,加大村级公益事业建设“一事一议”财政奖补政策的落实力度,落实“一事一议”奖补资金1940万,安排农村公路硬化、人畜饮水等项目158个。坚持按照一份责任状、一次执法大检查、一年一度的情况通报、一票否决的机制“四个一”的要求,加强农民负担监督管理,全年共组织两次(2014年7月中旬及2014年12月底)惠农资金落实情况的检查。2014年全县农业四项补贴资金3092.37万元,其中,水稻良种补贴209.89万元,玉米良种补贴235.08万元,粮食直补222.01万元,农资综合补贴2388.02万元。按照“专户管理,封闭运行,存折发放”的要求,所有补贴资金均通过农村商业银行“一折通”直达农户。

【农村经济审计】 2014年6月至8月,对全县9个乡镇279个村的村干部开展任期经济责任审计,审计资金总额19871.64万元。全县100%的村完成了村级财务公开。

【农村土地承包管理】 在珠山镇土鱼河村、万寨乡白虎山村、高罗乡甘溪村开展农村土地承包经营权确权登记颁证试点。7月29日,全县确权登记颁证试点工作动员会在行政办公大楼826会议室召开。珠山镇土鱼河村完成《承包户主调查表》《发包方调查表》《地块调查表》;高罗乡甘溪村完成《承包户主调查表》《发包方调查表》《地块调查表》,指认地块完成3个村民小组;万寨乡白虎山村完成151户土地确权颁证工作。全年依法流转土地5162.13公顷。其中土地转让109.66公顷,转包1503.07公顷,出租2690.47公顷,互换71.6公顷,股份合作627.4公顷,其他形式159.93公顷。土地承包仲裁委员会及其仲裁庭依法化解农村土地承包经营纠纷,接待来人来访55起,仲裁土地纠纷1起。全县85%的村建成了农村土地承包合同管理“三无村”(无土地承包经营纠纷越级上访、无乱占滥用耕地事件、无耕地撂荒现象)。

【农民专业合作社】 3月17日至20日,县经管局在万寨乡伍家台农村党员培训基地对88家专业合作社进行4天培训。全年新增农民专业合作社41家,全县累计发展到278家。所有新增农民专业合作社做到工商营业执照、税务登记证、组织机构代码证三证齐全,同时在县经管局备案。11月22日,李家河富源白柚专业合作社被评为国家级农民专业合作社示范社。2014年末,全县有各级专业合作社示范社45家,其中,国家级示范社3家(宣恩县晓关侗族乡维民茶叶专业合作社、宣恩县贡茶专业合作社、宣恩县富源贡水白柚专业合作社),省级示范社6家(宣恩县晓关侗族乡维民茶叶专业合作社、宣恩县贡茶专业合作社、宣恩县椒园采花茶叶专业合作社、宣恩县七姊妹山茶业专业合作社、宣恩县富源贡水白柚专业合作社、宣恩县椒园镇黄坪村黄金梨专业合作社),州级示范社16家(宣恩县晓关侗族乡维民茶叶专业合作社、宣恩县贡茶专业合作社、宣恩县椒园采花茶叶专业合作社、宣恩县七姊妹山茶业专业合作社、宣恩县富源贡水白柚专业合作社、宣恩县椒园镇黄坪村黄金梨专业合作社、宣恩县宏伟蔬菜专业合作社、湖北宣恩绿可生态茶业专业合作社、宣恩县椿木营乡惠民蔬菜专业合作社、宣恩县木龙寨富硒贡米专业合作社、宣恩县双赢养殖专业合作社、宣恩县惠农有机茶茶叶专业合作社、宣恩县西水生态养殖专业合作社、宣恩县万寨皇贡茶叶专业合作社、宣恩县发阳生态养殖专业合作社、宣恩县马鞍山有机茶叶专业合作社),县级示范社28家(宣恩县晓关侗族乡维民茶叶专业合作社、宣恩县贡茶专业合作社、宣恩县椒园采花茶叶专业合作社、宣恩县富源贡水白柚专业合作社、宣恩县椒园镇黄坪村黄金梨专业合作社、宣恩县宏伟蔬菜专业合作社、湖北宣恩绿可生态茶业专业合作社、宣恩县椿木营乡惠民蔬菜专业合作社、宣恩县木龙寨富硒贡米专业合作社、宣恩县双赢养殖专业合作社、宣恩县惠农有机茶茶叶专业合作社、宣恩县万寨皇贡茶叶专业合作社、宣恩县发阳生态养殖专业合作社、宣恩县高罗乡埃山贡水白柚专业合作社、宣恩县诚信茶业专业合作社、宣恩县绿康原生态养殖专业合作社、宣恩县巅峰茶业专业合作社、宣恩县晓关孟氏茶业专业合作社、宣恩县康源有机茶茶叶专业合作社、宣恩县高罗乡贡水白柚专业合作社、宣恩县李家河乡精品柑橘白柚专业合作社、宣恩县沙道沟镇苗仙聚白柚专业合作社、宣恩县盛源茶叶专业合作社、宣恩鸿胜黄金梨专业合作社、宣恩县欣馨有机茶业专业合作社、宣恩县胜斌茶叶专业合作社、宣恩县正兴白柚专业合作社、宣恩县新兴生猪养殖专业合作社)。全县有2家家庭农场在工商部门登记注册。宣恩县伍家台村六组农场主瞿廷刚的"宣恩县硒香聚茶叶种植家庭农场"获全省首批省级示范家庭农场称号。

【川大河村全国农村固定观察点】

李家河镇川大河村全国农村固定观察点是农业部、中共中央政策研究室的定点调查单位，完成主要农产品价格、农村劳动力、城镇化与粮食安全、半年现金和全年常规调查。

全村共有5个村民小组，全村共有254户，总人口1183人、劳动力517人，土地总面积214.93公顷(耕地86.6公顷、林地48.8公顷、园地53.33公顷、其他26.2公顷)，人均纯收入5742元，村集体固定资产32.6万元。聘请5名调查员，开展观察点常规调查60户，半年现金调查60户，农村劳动力就业调查60户，城镇化与粮食生产情况调查60户。市场农产品价格调查每月15日前开展一次。截至2014年末的60户中，调查人口268人，年末经营耕地面积16.99公顷，家庭劳动力161人(在外就业的有81人)，年末拥有生产性固定资产原值686336元，农民人均纯收入8523元。

(孙金凤)

十姊妹歌

十姊妹歌，也称哭嫁歌，是土家族一种古老而特有的婚俗仪式音乐，并有着不同于其它民族的丰富文化内涵。《宣恩县志》(清·同治二年)记载：婚礼……亲迎，男家请童男十人陪郎，谓之"十弟兄"。女家请童女十人陪女，谓之"十姊妹"。

哭嫁，是姑娘出嫁前"一声儿罢一声娘"的真声哭诉，广泛流行于宣恩以及湘、鄂、渝土家族地区，距今已有数百年的历史。而土家族十姊妹歌则是由陪新娘的"十姊妹"，以"歌"的艺术形式在出嫁前一天晚上为新娘代"哭"，从"开台"到"圆台"，把新娘真声哭诉的内容歌乐化、拓展化和仪式化。

十姊妹歌"犹如巴娘唱竹枝"，句式多以七言四句结构为主，常用比拟、夸张、联想、排比等修辞手法，歌词内容主要是叙骨肉之情诉离别之苦，以及封建社会腐朽婚姻制度的无情鞭挞，对未来美好生活的期盼与追求。

"十姐妹歌歌太悲，别娘顿足泪沾衣"。歌的特殊音乐旋律被人们形象地称之为"唢呐腔"或"哭腔"，2/4节拍，曲调凄婉悠美、催人泪下，深刻而细腻地抒发十姊妹歌内在的思想情感和文化内涵，其歌唱艺术的音乐特征十分鲜明。

十姊妹歌是"中国式的咏叹调"，更是一部反映和记录土家族婚姻习俗的抒情史诗，具有独特的艺术魅力、社会功能和民族文学研究价值。但随着现代化进程的加快，土家族礼仪习俗正日趋淡化，陪十姊妹唱土家族十姊妹歌这一古老的婚礼习俗已处于濒临消亡的境地。

工业经济

工业经济

【概况】 2014年全县工业总产值373200万元，同比增长20.5%。实现工业增加值111557万元，按可比价格增长10.1%，其中规模以上工业增加值增长11.6%。

规模以上工业完成工业总产值247785万元，增长19.5%。分经济类型看，国有及国有控股企业增长6.1%；股份制企业增长21.2%；分轻重工业看，轻工业增长17.4%，重工业增长27.4%。分门类看，矿产资源开发业增长47.9%，其中有色金属矿采选业增长20.9%，非金属矿采选业增长6.8%，有色金属冶炼和压延加工业增长6.3%，文教、工美、体育和娱乐用品制造业增长67.5%，非金属矿物制品业增长156.9%，石膏、水泥制品及类似制品制造业增长17.9；农产品加工业增长16.3%，其中农副食品加工业增长17.6%，食品制造业增长25.8%，酒、饮料和精制茶制造业增长15.1%，纺织业增长6.8%，木材加工及木、竹、藤、棕、草制品业增长12.0%，造纸和纸制品业增长29.7%；水电开发业下降10.2%。

全年规模以上工业企业主营业务收入243418万元，同比增长17.7%；实现利润14094万元，同比增长14.2%；平均从业人员3228人，同比增长18.9%。

全年全社会建筑业实现增加值32474万元，剔除价格因素同比增长17.3%。全县共有资质以上建筑业企业6家，从业人员746人，同比增加62人；完成建筑业总产值43400万元，同比增长25.8%；房屋建筑施工面积16.05万平方米，同比增长38.8%；房屋建筑竣工面积13.79万平方米，同比增长21.6%。

2014年末，全县中小企业、民营经济单位总数达到14018个，比上年增加1827个，其中：工业1150个，农林牧渔业218个，建筑业61个，批零贸易业6926个，运输仓储业2186个，住宿餐饮业1837个，房地产业30个，服务及娱乐业1220个，其他行业390个。资产总额达到53.55亿元，从业人员26019人，年劳动者报酬3.64亿元。实现现价总产值47.94亿元，同比增长19.5%；增加值17.03亿元，同比增长13.3%，占全县GDP总额50.06亿元的34.02%；营业收入54.01亿元，同比增长17.8%；上缴税金1.07亿元，同比增长1%。全县三次产业结构由上年29.7∶28.4∶41.9调整为28∶28.8∶43.2，二次产业比重提高0.4个百分点。

【中小企业】 2014年末，全县中小企业个数达到1118个，比上年增加209个，其中：国有企业3个，私营企业1115个，工业338个，农林牧渔业48个，建筑业33个，批零贸易业469个，运输仓储业25个，住宿餐饮业35个，房地产业30个，服务及娱乐业123个。从业人员9905人，比上年增加981人。全年实现现价总产值38.19亿元，同比增长22.4%；增加值12.38亿元，同比增长15%；营业收入39.71亿元，同比增长19.9%；利润总额2.93亿元，同比增长22.9%；上缴税金0.84亿元，同比增长0.2%。全县农业产业化省级重点龙头企业到4家，州级重点龙头企业达到24家。

【个体企业】 2014年末，全县个

体经济单位12900个，比上年增加1618个；从业人员16114人，比上年减少771人；劳动报酬1.97亿元，同比增长1.6%。全年实现营业收入14.31亿元，同比增长12.3%；上缴税金0.24亿元，同比增长9.1%；利润总额1.62亿元，同比增长8%。

【民营经济】 2014年，全县民营经济单位14015个，比上年增加1827个，其中：中小企业906个。全年完成营业收入52.96亿元，同比增长18.1%；完成增加值16.7亿元，同比增长13.6%；实现利润总额5.61亿元，同比增长13.7%；上缴税金1.07亿元，同比增长1.3%。

【工业企业】 全年新增规模以上工业企业6家，全县规模以上工业企业总数达到47家。新增产值过亿元企业1家，总数达到6家；新增产值过5000万元企业2家，总数达到11家。新增规模以上工业企业分别是：宣恩县长飞现代农业发展有限公司、湖北凯泰农业发展有限公司、宣恩县德诚节能建材有限公司、宣恩县佛恩佳建材有限公司、宣恩县瑞祥钢结构工程有限公司、宣恩县联华玻璃有限公司。

2014年度新增规模以上工业企业产值

单位：万元

序　号	企业名称	当年完成工业产值
1	宣恩长飞现代农业发展有限公司	2688.5
2	宣恩县德诚节能建材有限公司	2238.2
3	宣恩县佛恩佳建材有限公司	2592.0
4	宣恩瑞祥钢结构工程有限公司	2686.4
5	宣恩县联华玻璃有限公司	2115.1
6	湖北凯泰农业发展有限公司	2303.8

2014年度产值过亿元工业企业基本情况

单位：万元

企业名称	所属行业	2014年度完成产值	上年同期完成产值	同比增幅（%）
湖北大派食品有限责任公司	农副食品加工业	21600.0	20000.0	8.0
宣恩县椒园采花茶叶专业合作社	精制茶制造业	13312.0	12037.2	10.6
湖北西部现代农业有限公司	农副食品加工业	11565.1	11644.3	−0.7
宣恩县泛得矿业投资有限公司	有色金属冶炼	11530.3	10845.4	6.3
恩施州伍家台富硒贡茶有限责任公司	精制茶制造业	10858.1	10025.0	8.3
宣恩县伍台昌臣茶业有限公司	精制茶制造业	10504.5	8648.1	21.5

全县轻重工业同步发展，水电、农副产品加工、绿色制造等主导工业产业已成为支撑县域工业增长的中坚力量。2014年末，全县规模以上轻工业完成产值19.14亿元，同比增长17.4%，重工业完成产值5.64亿元，同比增长26.4%；水电、农副产品加工、绿色制造等三大主导工业产业完成规模以上工业产值22.44亿元，同比增长20.8%，占全县规模工业总产值总额的90.6%。

2014年末，全县工业吸收劳动就业人员8115人；实现工业销售产值37.16亿元，同比增长21.5%；产销率达到98.4%；营业收入达到37.21亿元，同比增长20%；实现工业利润总额2.84亿元，同比增长21.4%；上缴工业税金7591万元。工业经济效益和社会效益日益提升。

【项目建设】 2014年，全县共施工建设工业项目42个，累计完成工业固定资产投资10.22亿元，占全县全社会固定投资总额的27.3%，其中工业技改工作量完成4.24亿元。其中投资过5000万元的工业项目有22个，完成投资6.9亿元。兴龙工具、佛恩佳节能建材、德诚建材、联华钢化玻璃、博诚钢化玻璃、童话工艺等一批招商引资项目全面建成投产；西部现代农业退城进园、亚麦食品二期扩建、联华科技技改升级、昌臣伍家台贡茶园等一批技术改造项目完成建设投产；龙鑫厨具、家园科贸、谭家村酒业、贡硒实业、嘉垣实业、施南茗茶、方圆再生资源利用等一批重点工业项目有序推进。

【项目资金】 2014年，按照国家产业政策和专项项目资金扶持重点，推进县域工业转型升级，争取国家、省、州支持工业发展专项资金项目扶持。全年申报争取到位省、州支持企业发展专项资金项目3个，到位资金总额180万元。其中：宣恩县宣桃茶叶有限公司获得湖北省工业转型升级与技术改造财政贴息专项资金80万元，湖北立翔工艺开发有限公司、湖北土家爱食品开发有限公司分别获得恩施州特色产业发展专项资金50万元。

【重点企业生产情况】 2014年全县有规模以上重点企业47家，从业人员1983人，实现工业总产值145219.6万元，工业增加值43938.6万元。各企业具体情况见下表。

2014年度全县重点工业企业(规模以上工业)生产情况统计表

单位：人、万元

企业名称	经济类型	从业人员	工业总产值	工业增加值
湖北宣恩洞坪水电有限责任公司	其他有限公司	57	7084.5	3400.6
宣恩卧龙水电有限公司	私营有限公司	40	2106.5	969.0
宣恩县珠山粮食购销公司	国有	22	3829.3	1187.1
宣恩县沙道粮食购销公司	国有	21	6099.9	1891.0
宣恩长飞现代农业发展有限公司	私营有限公司	54	2688.5	806.6
湖北大派食品有限责任公司	私营有限公司	160	21600.0	6480.0
湖北西部现代农业有限公司	私营有限公司	143	11565.1	3585.2
恩施州亚麦食品有限公司	私营有限公司	398	5345.9	1657.2
湖北清江松乐有机农产品有限公司	其他有限公司	30	6338.0	1901.4
恩施州伍家台富硒贡茶有限责任公司	私营有限公司	80	10858.1	3366.0
宣恩县宣桃茶叶有限公司	私营有限公司	20	7482.5	2244.8
宣恩宜红贡茶有限公司	私营有限公司	35	7062.5	2189.4

续表

企业名称	经济类型	从业人员	工业总产值	工业增加值
宣恩县伍台昌臣茶业有限公司	私营有限公司	185	10504.5	3256.4
宣恩县皇贡茶业有限公司	私营有限公司	30	4363.0	1352.5
宣恩县皇邦茶业有限公司	私营有限公司	30	4500.0	1350.0
湖北绿可生态茶业有限公司	私营有限公司	20	5787.1	1736.1
宣恩县伍贡茶业有限公司	私营有限公司	30	4537.8	1361.3
宣恩县伍家台贡茶有限公司	私营有限公司	48	3110.1	933.0
宣恩县盛源茶业有限公司	私营有限公司	45	2141.7	642.5
宣恩县晓关维民茶叶专业合作社	私营有限公司	60	9350.7	2898.7
宣恩县采花茶叶专业合作社	其他内资	180	13312.0	4126.7
湖北贡易德茶业有限公司	私营有限公司	10	2884.1	894.1
宣恩县神农茶业有限公司	私营有限公司	30	3395.5	1052.6
宣恩县七姊妹山茶业有限公司	私营有限公司	30	4605.0	1427.6
宣恩调阳茶叶有限公司	私营有限公司	30	2848.0	854.4
恩施州新特威牧业开发有限公司	私营有限公司	40	3971.7	1191.5
宣恩县蓝翔饲料添加剂厂	私营有限公司	25	3200.1	960.0
宣恩县山禾农业开发有限公司	私营有限公司	32	4048.0	1214.4
宣恩县富源农业发展有限公司	私营有限公司	45	3126.0	937.8
湖北凯泰农业发展有限公司	私营有限公司	42	2303.8	691.1
湖北宏图现代农业有限公司	私营有限公司	128	4958.7	1487.6
宣恩天香熏腊食品有限公司	私营有限公司	107	3500.0	1050.0
湖北省宣恩锦森木业有限公司	私营有限公司	117	5424.3	1627.3
宣恩县鑫宜纺织有限公司	私营有限公司	40	2486.3	745.9
宣恩县巴楚风包装用品服务有限公司	私营有限公司	144	5107.0	1532.1
宣恩县德和新能源有限公司	私营有限公司	60	2800.0	840.0
宣恩泛得矿业有限公司	私营有限公司	70	11530.3	3459.1
宣恩县汉海矿业有限公司	私营有限公司	26	2847.0	825.6
宣恩县硅宝矿业有限公司	私营有限公司	70	2890.1	878.6
宣恩县宏大矿业有限责任公司	私营有限公司	55	3372.1	977.9
宣恩县碧鑫建材有限公司	私营有限公司	27	5900.0	1829.0

续表

企业名称	经济类型	从业人员	工业总产值	工业增加值
宣恩县德诚节能建材有限公司	私营有限公司	42	2238.2	671.5
宣恩县佛恩佳建材有限公司	私营有限公司	100	2592.0	777.5
宣恩瑞祥钢结构工程有限公司	私营有限公司	32	2686.4	805.9
宣恩县联华玻璃有限公司	私营有限公司	118	2115.1	634.5
湖北立翔工艺开发有限公司	私营有限公司	100	4497.5	1362.7
宣恩县鸿源矿业有限公司	私营有限公司	20	2790.0	809.1

【信用评级】 2014年，全县中小企业信用评级达到63家，其中信用等级为：BBB级的企业有1家、A^-及A^+级的企业有31家、AA^-及AA^+级企业29家，AAA^-及AAA^+级企业2家。（具体如下表）：

宣恩县信用评级中小企业名单

企业名称	信用等级	评级单位
宣恩县宜红贡茶有限公司	AAA	建行
宣恩县巴楚风印务有限公司	AAA	邮政银行
湖北宣恩洞坪水电有限责任公司	AA^+	农行
湖北大派食品集团有限公司	AA^+	建行
湖北西部现代农业有限公司	AA^+	建行
宣恩县泛得矿业有限公司	AA^+	建行
湖北迦南花木绿化工程有限公司	AA^+	建行
湖北宏图现代农业有限公司	AA^+	农商行
湖北蒙恩花木发展有限公司	AA^+	农商行
湖北宣盛医药有限公司	AA^+	农商行
宣恩县红春生态农业有限公司	AA^+	农商行
宣恩县皇贡茶业有限公司	AA^+	农商行
宣恩县顺通汽车服务有限公司	AA^+	农商行
宣恩县伍台昌臣茶业有限公司	AA	村镇银行
宣恩县升东商贸有限公司	AA	邮政银行
湖北贡宇茶叶股份有限公司	AA	农商行

续表

企 业 名 称	信 用 等 级	评 级 单 位
湖北绿可生态茶业有限公司	AA	农商行
湖北省宣恩锦森木业有限公司	AA	农商行
湖北土家爱食品开发有限公司	AA	农商行
湖北宣恩维民实业有限公司	AA	农商行
宣恩县富城市政公用工程有限责任公司	AA	农商行
宣恩县皇邦茶业有限公司	AA	农商行
宣恩县七姊妹山茶业有限公司	AA	农商行
宣恩县狮子关水电有限责任公司	AA	农商行
宣恩县双赢牧业有限公司	AA	农商行
宣恩县金源房地产开发有限责任公司	AA	农商行
恩施州伍家台富硒贡茶有限责任公司	AA^-	工行
宣恩县碧鑫建材有限公司	AA^-	建行
宣恩县武陵中药材有限公司	AA^-	建行
宣恩县东门关水电开发有限公司	AA^-	农商行
宣恩县晶风水电有限责任公司	AA^-	农商行
宣恩县沙道粮食购销公司	A^+	工行
宣恩县宏伟牧业开发有限公司	A^+	农行
恩施州亚麦食品有限责任公司	A^+	农行
湖北宣恩鑫海物流发展有限责任公司	A^+	农商行
宣恩天香薰腊食品有限公司	A^+	农商行
宣恩县德诚建材有限公司	A^+	农商行
宣恩县联华科技有限公司	A^+	农商行
宣恩县茂泰投资有限责任公司	A^+	农商行
宣恩县沙坪村酒厂	A^+	农商行
宣恩县新欣商贸有限责任公司	A^+	农商行
宣恩县珠山粮食购销公司	A^+	农商行
宣恩县三星水电开发有限公司	A^+	农商行
宣恩县城市建设投资有限公司	A	农发行
宣恩县宣桃茶叶有限公司	A	建行
宣恩县富旺农业开发有限公司	A	邮政银行

续表

企业名称	信用等级	评级单位
宣恩县晓关侗族乡小溪茶叶专业合作社	A	邮政银行
宣恩县红灯笼装饰广告有限公司	A	邮政银行
宣恩县盛源茶业有限公司	A	邮政银行
湖北红香椿森林蔬菜有限公司	A	农商行
湖北凯泰农业有限公司	A	农商行
湖北天宇物流有限公司	A	农商行
湖北瑞祥钢构结构工程有限公司	A	农商行
宣恩县采花茶叶专业合作社	A	农商行
宣恩县佛恩佳建材有限公司	A	农商行
宣恩县鑫植贡茶加工厂	A	农商行
宣恩县兴隆房地产开发有限责任公司	A	农商行
宣恩县旭阳实业有限公司	A	农商行
宣恩县宣浙生态农业有限责任公司	A	农商行
宣恩县银丰商贸有限责任公司	A	农商行
湖北立翔工艺开发有限公司	A^-	农行
湖北兴龙工具有限公司	A^-	农行
宣恩县新景添购物广场有限责任公司	BBB	邮政银行

注：以上均为县内各金融机构评定的最高信用等级。

【品牌质量】 2013年10月22日，湖北土家爱食品开发有限公司获豆制品、食用植物油、其他粮食加工等3个产品生产许可证；2014年2月10日获方便食品产品生产许可证；2014年11月3日获GB/T19001－2008itdISO 9001：2008质量管理体系认证、GB/T24001－2004/ISO 14001：2004环境管理体系认证及害分析与关键控制点(HACCP)体系认证、食品安全管理体系认证。2014年4月16日，“宣恩贡米”被国家质检总局批准为国家地理标志保护产品；11月6日，“皇恩宠锡”“大派”“木龙寨”三件湖北省著名商标复评通过，“维民”新获得湖北著名商标称号；12月31日，“伍家台贡茶”成功申报成为中国驰名商标。2014年湖北凯泰农业发展有限公司、湖北巴楚风包装印务有限公司获得全国工业产品许可证，湖北博诚钢化玻璃有限公司、宣恩县联华玻璃有限公司分别获得“CCC”中国强制性产品认证，湖北立翔工艺开发有限公司获得ISO 9001：2008质量管理体系认证，成功申报获得“异形合成玉模具”“一种合成玉真空抽取辅助装置”“平板状合成玉UV处理装置”“异形合成玉UV处理装置”“合成玉喷漆净化装置”“一种合成玉悬挂装置”“合成玉混料搅拌装置”等实用新型专利。

（张秀军）

宣恩工业园区

【概况】 2014年宣恩工业园区新签约项目22个，新开工建设项目12个，建成投产项目12个，新申报规模以上企业6家,规模以上企业总数达到23家,园区企业总数达到69个。工业园区全年完成工业总产值14.45亿元目标,比上年同期增长20%,其中规模以上企业总产值12.7亿元,同比增长18.2%,占全县规模以上工业总产值的50.8%;完成工业增加值4.85亿元,同比增长14.2%;完成固定资产投资10.32亿元,招商引资项目签约资金总额9.3亿元,招商引资实际到位资金4.69亿元。

【园区建设】 2014年椒园生态产业园建设基本完成,下椒园片区路沿石、绿化、亮化及附属工程建设、日处理污水200吨的大型人工湿地已竣工验收并投入使用。店子坪片区1千米园区道路完成水泥路面铺设并竣工验收。二期2.5千米园区大道延伸工程9月正式开工建设。

和平制造产业园园区大门及1.5千米道路硬化工程全部竣工并投入使用,入园建设项目实现路网全覆盖,配套供水、排污管网相继建成,供电主线路架设完成,各种管网线路迁建工程基本完成。

建成园区企业公租房600余套。加快启动宣南产业新城建设,在南三镇开展了"产加"对接工作,加快居民安置小区规划编制,启动征地及配套设施建设。

【园区项目】 2014年宣恩工业园区共实施项目50个,其中续建项目26个,新签约开工项目12个,无绩效退出5个,签约待建项目7个。至2014年末,童话工艺、弘亚五金件、德和生物质能源、华源农产品、龙鑫厨具、晶赐利果饮、鹏博辣椒加工等7个项目进入厂房建设阶段,盛大复合板、天宇二期项目建设较快,金网运电子商务项目正式运营,高新锁类、白鹿农业、金丝雀综合食品加工等7个新签约项目在年底前开工建设。西部农业、凯泰农业、联华科技、兴龙工具、博诚钢化玻璃、德诚建材、瑞祥钢结构、宜红贡茶、佛恩佳建材、汇丰生物有机肥等10个项目建成投产;上好硒博园、方圆再生资源、贡硒实业、和兴矿业等4个项目厂房工程建设完成;谭家村陶瓷、谭家村酒业、长江实业、嘉垣套装门、鑫海物流等7个项目处于厂房及办公楼主体工程建设阶段;天宇物流、新特威饲料等5个项目处于建设阶段。

【园区管理】 深化园区建设联席会议制度,定期专题研究解决入园企业建设、经营中遇到的矛盾与困难;对涉及中介服务项目实行打包遴选制度,降低入园企业中介服务成本,提高中介服务质量和效率。5月,工业园区管委会与县直相关部门和园区所在乡镇签订合作共建备忘录,对入园企业审批及服务事项执行"全程代办"。

年初工业园区与人社部门开展社会保险征缴、就业服务、专场招聘等活动,解决企业"用工难";4月19日,聘请国内知名专家开办企业高层管理综合能力培训,解决企业"提智难";6月,与相关银行签订战略框架协议,推行过桥续贷、"助保贷"等金融体系,解决企业"融资难";6月27日,开展环城长跑、片区篮球比赛;8月8日,在伍家台组织企业讲坛及企业主交流活动;9月25日,组织送戏入企等文体活动,解决企业"保障难";将入园企业职工宿舍建设纳入全县公租房建设补贴范围,建立园区企业信息交流服务平台,开通园区上下班专线公交,建立职工就医、子女入学等"绿色"通道。

建立绩效考评退出机制。严格落实项目建设保证金制度和项目建设无绩效退出机制,在入园协议中明确退出条款,并通过严格督办督查和中期效益评估,对入园项目实行分类管理,不履约项目依法退出、重新招商。明恩科技、工程零部件等项目已成功清退,并重新签约引进入园项目。

规范招商引资优惠政策。针对以前园区招商项目存在廉价用地、跑马圈地等无序用地情况,根据园区区域环境的改善、对新土地政策研究、实行签约合同的约束,结合园区和县域经济发展实际,在充分调研的基础上,年初制定出台新的项目入园优惠政策,确定了合理地工业及商服用地规模、年限和价格。2014年工业用地价格为225万元/公顷,已经超过土地评估价,基本实现了土地的保证成本供地。

(雷晶)

电力工业

【概况】 2014年全县投产电站34座,总装机达23.55万千瓦。其中:民营电站29座,总装机容量22.76万千瓦,占全县已总装机容量的97%。

【电源建设】 1.红旗电站位于西

水河流域，水头14米，引用流量7立方米/秒，引水渠长2400米，1983年投产发电，装机容量2×500＝1000千瓦，年均发电量370万千瓦时，由宣恩县鑫源电力安装有限公司建设管理。

2.龙泉电站位于忠建河流域，属两站一厂，高水头430米，装机2×630＝1260千瓦，1998年投产。中水头88.6米，装机1×2500＋1×1600＝4100千瓦，2005年投产发电，总装机容量5360千瓦，由宣恩县东门关水电开发有限公司建设管理。

3.龙洞电站位于县城西2千米处，属清江中游右岸最大支流忠建河干流梯级开发的第二级电站，1995年投产发电，装机容量4×6500＝26000千瓦，由政府投资建成，宣恩县卧龙水电投资公司收购管理。

4.狮子关电站位于忠建河支流洪家河，电站形成一坝两库，水头171米，2005年投产发电，装机容量2×5000＝10000千瓦，由宣恩县狮子关水电有限责任公司建设管理。

5.东门关电站位于酉水河流域高罗河源头东门关二仙岩，水头490米，设计年发电量400万度，2004年投产发电，装机容量2×630＝1260千瓦，由宣恩县东门关水电开发有限公司建设管理。

6.洞坪水电站位于清江支流忠建河下游，水库总库容3.43亿立方米，2005年投产发电，装机容量2×5500＝110000千瓦，由湖北宣恩洞坪水电开发有限责任公司建设管理。

7.花拱桥电站位于忠建河流域，水头34米，渠道长580米，引用流量1.9立方米/秒，2005年1月投产发电，装机容量2×250＝500千瓦，由宣恩县东门关水电开发有限公司建设管理。

8.陈家台电站位于忠建河流域，水头49米，2004年投产发电，装机容量1×125＋1×400＝525千瓦，由宣恩县恒源水电开发有限公司建设管理。

9.漂坎电站位于酉水河流域，漂坎因其天然跌水飞瀑而得名，2004年投产发电，装机1台，水头10米，容量320千瓦，由宣恩县清水塘水电开发有限公司建设管理。

10.杨柳塘电站位于酉水河流域，川箭河支流岩底河上游，水头40米，装机容量1×250＋2×500＝1250千瓦，2003年投产发电，由宣恩县清水塘水电开发有限公司建设管理。

11.飞水岩电站位于酉水河流域，2005年投产发电，装机容量1×200＝200千瓦，由宣恩县飞水岩水电开发有限公司建设管理。

12.响水洞电站位于酉水河流域，2004年投产发电，装机容量1×100＋1×250＝325千瓦，由宣恩县响水洞水电开发有限公司建设管理。

13.鱼泉电站位于酉水河流域支流龙潭河上游，2009年投产发电，装机容量2×8000＝16000千瓦，由宣恩县中能水电开发有限公司建设管理。

14.东乡电站位于忠建河流域，1985年投产发电，后经增容，装机容量1×400＋1×800＝1200千瓦，由宣恩县鑫源电力安装有限公司建设管理。

15.狮子关二级电站位于忠建河流域，洪家河干流第二级电站，2010年投产发电，装机容量1×1250＝1250千瓦，由宣恩县龙狮水电有限责任公司建设管理。

16.凉风洞电站位于忠建河流域，1986年投产发电，装机容量2×125＝250千瓦，由宣恩县鑫源电力安装有限公司建设管理。

17.仙人洞电站位于忠建河流域，引仙人洞阴河伏流，1981年投产发电，装机容量1×100＋1×125＝225千瓦，由宣恩县鑫源电力安装有限公司建设管理。

18.龙头沟四级电站位于忠建河流域，龙头沟（岔槽河）下游，1980年投产发电，装机容量2×250＝500千瓦，由宣恩县富源水电开发有限公司建设管理。

19.洪江1、3级电站位于忠建河流域，1984年投产发电，一级2×75＝150千瓦，三级2×250＋1×125＝625千瓦，总装机容量775千瓦，由宣恩县鑫源电力安装有限公司建设管理。

20.双溪电站位于酉水河流域，是酉水河流域梯级开发第一级。水头183.5米，2009年投产发电，装机容量3×5000＝15000千瓦，由湖北省宣恩县佑水公司建设管理。

21.黑龙河电站位于酉水河流域，1992年投产发电，装机容量1×125＋1×250＝375千瓦，由宣恩县黑龙河水电开发有限公司建设管理。

22.满天星电站位于酉水河流域，高罗集镇供电所院内，以电站站址满天星而得名，2010年投产发电，装机容量1×55＋1×100＝155千瓦，由宣恩县满天星水电开发有限公司建设管理。

23.川大河电站位于酉水河流

域,1978年投产发电,装机容量1×250+1×250=750千瓦,由宣恩县鑫源电力安装有限公司建设管理。

24.会口电站位于忠建河流域,1978年投产发电,2007年增容,装机容量1×250+1×500=750千瓦,由宣恩县鑫源电力安装有限公司建设管理。

25.金滩电站位于西水河流域,是酉水宣恩段七级梯级开发中的最后一级,2012年投产发电,装机容量1×4000=8000千瓦,由宣恩县天鸿水电开发有限公司建设管理。

26.桐子营电站位于忠建河流域,三级开发的最上一级,库容8438万立方米,2012年试运行发电,装机容量2×12000=24000千瓦,由宣恩县桐子营水电开发有限公司建设管理。

27.车子口电站位于西水河流域,2013年投产发电,装机容量1×250+1×400=650千瓦,由宣恩县三星水电开发有限公司建设管理。

28.盘古庙电站位于西水河流域,2005年投产发电,装机容量1×125+1×400=525千瓦,由飞水岩水电开发有限公司建设管理。

29.南河口电站位于忠建河流域,属支流官千河源头云头山脚下,水头45米,无渠道,全部采用压力管,长660米。2014年投产发电,装机容量1×125+1×250=375千瓦,设计年发电量120万度,由宣恩县满天星水电开发有限公司建设管理。

30.龙头沟二级一站一厂容纳高、中两水头,410米高水头装机2×630=1260千瓦,72米中水头装机2×500=1000千瓦,三级站1×320+1×800=1120千瓦。岩底河电站属酉水川箭河支流,水头80米,装机2×500+1×630=1630千瓦。河源二级电站,水头96米,装机2×500+1×630=1630千瓦。由国电恩施水电开发有限公司宣恩管理处经营管理。

【在建电站】 观音坪电站为宣恩县白水河干流梯级开发第二级,水头166米,装机2×13000=26000千瓦,工程总投资2.1亿元,由湖北西源电力投资开发有限公司建设管理,计划2017年建成发电。

双溪电站在建442米高水头,2×5000=10000千瓦,工程总投资1.6188亿元,计划2016年完工,由湖北佑水公司建设管理。

中寨二级电站(水塘电站)为川箭河支流岩底河,属恢复扩建工程,装机1×55+1×125=180千瓦,工程投资220万元,于2015年底完工发电,由宣恩县满天星水电开发有限公司建设管理。

(肖莎)

【国电恩施水电开发有限公司宣恩县管理处】 国电恩施水电开发有限公司宣恩县管理处下辖全资电站4座,装机容量6640千瓦(其中河源二级电站装机1630千瓦,岩底河电站装机1630千瓦,龙头沟二级电站装机2260千瓦,龙头沟三级电站装机1120千瓦);参股电站1座(洞坪电站),权益装机容量11000千瓦;年平均权益发电量6000万千瓦时左右,年售电收入约1600万元。

截至2014年12月31日,全年共完成发电量3240.8077万千瓦时,同比增加457.9027万千瓦时,增长14.13%。关口计量3149.8633万千瓦时,同比增加420.3388万千瓦时,增长13.34%。平均设备利用小时4880.7小时,同比增加689.7小时。

【安全生产工作】 国电宣恩县管理处一直把安全生产放在各项工作的首位,始终坚持"安全第一、预防为主、综合治理"的方针,不断完善安全保障体系和监督体系,做到横向到边,纵向到底,将安全责任细化到各站、到班组、到个人,并层层签订责任状。2014年度安全形势平稳,全年未发生一般及以上设备事故、一般火灾事故、一般人身伤亡事故和交通事故。全年没有发生一类、二类障碍和人身轻伤事件,实现国电恩施水电开发有限公司下达的"九不发生"和年内三个"百日安全无事故"目标。截至12月31日,在运电站实现连续安全运行2130天。

开展"新春安全教育"活动,要求全体干部职工节后上班迅速进行状态,各电站各班组在实际操作中要严把安全关,确保人身、设备和电网安全;开展"红线意识大讨论"活动,要求员工结合自己的工作岗位,确定实际工作中不能逾越的安全红线;开展"春季安全大检查"活动,对各电站运行设备、水工建筑开展一次全面检查,及时发现隐患,对存在的问题及时整改;开展防汛抗洪工作,对各电站水工建筑、运行设备、应急物资进行一次全面检查,组织防汛应急演练,加强防汛值班,确保安全度汛;开展以"强化红线意识,促进安全生产"

为主题的“安全生产月活动”，对照检查本单位存在的问题，拟定整改措施；组织开展“秋季安全生产大检查”活动，重点检查春季安全大检查活动中存在问题整改情况，检查是否存在新的问题和隐患，针对存在的问题和隐患，是否拟定了整改计划。通过形式多样的安全生产专项活动的开展，确保本单位的安全生产工作实现控制目标。

在设备管理上，严格按照恩施公司要求，提前拟定设备A、B、C修计划，并按计划组织实施，对存在缺陷的设备按轻重缓急逐步消缺，严格控制临时性抢修，保证设备随时处于完好状态；加大设备改造力度，更换龙头沟二级电站＃2号调速器、岩底河电站＃1、＃2号调速器，不断提高设备自动化水平，降低劳动强度。

【小型卧式水轮发电机刹车改造】 2014年度国电恩施公司宣恩县管理处QC小组研究的课题“小型卧式水轮发电机刹车改造”在恩施公司QC（质量管理）活动比赛中获得第三名。

国电恩施公司宣恩县管理处下辖4座水电站、12台机组，单台装机最大800千瓦，最小320千瓦。除2000年以后安装的岩底河电站3号机（630千瓦）、龙头沟三级电站2号机（320千瓦）装有手动液压刹车外，其他所有机组出厂时都没有设计刹车。若要刹车都采用木棒插入飞轮用力撬或用现有的手动液压刹车，既容易造成主轴变形，也容易造成值班人员受伤，存在严重的安全隐患。木棒刹车存在操作人员人身安全无保障、设备安全无保障、操作不方便，刹车时间长等缺陷。手动液压刹车存在操作人员人身安全无保障、操作较复杂、可靠性不高等缺陷。鉴于木棒刹车和手动液压刹车存在的以上缺陷，国电恩施公司宣恩县管理处提出自制“操作简单、安全可靠”的刹车，解决小型卧式水轮发电机组刹车问题。由燕维常、黄登煊、蒲东明、黄朝政、晏敦军、谢远兵组成QC课题研究小组，主体材料选择高碳优质钢；操作杆选用Φ25mm镀锌钢管；刹车皮在市场购买石棉铜丝刹车皮加工。利用杠杆原理制成的刹车，结构简单，操作简单、方便、省力，安全可靠性高，操作人员远离旋转设备，且用力方向远离旋转设备，较大地提高了操作人员人身安全和设备安全系数。管理处已在除了装有手动液压刹车的其余10台机组上安装了自制刹车，基本上覆盖了管理处所有发电机组，刹车时间明显缩短，省力效果明显。应用该项目的机组实现了操作人员在刹车过程中零伤害、设备在刹车过程中零损坏。

（杨瑛）

服务业

【概况】 全年社会消费品零售总额152704万元，同比增长13.5%。按经营地统计，城镇消费品零售额114854万元，增长13.4%；乡村消费品零售额37850万元，增长13.6%。按行业统计，批发零售贸易业135207万元，增长13.6%；住宿餐饮业17497万元，增长12.3%。

全年外贸出口总额2779.3万美元，同比增长27.2%。招商引资到位资金17.13亿元，同比增长30.2%。实际利用外资500万美元，同比增长400%。

交通运输、仓储及邮政业实现增加值23127万元，剔除价格因素增长6.2%。全年客货运总周转量31453万吨千米，同比增长14.4%。其中客运量184万人，客运周转量11371万人千米；货运量151万吨，货运周转量30316万吨千米。

金　融

【概况】 12月末，全县金融机构各项存款余额597154万元，比年初增加75609万元，增长14.5%。金融机构各项贷款余额246902万元，比年初增加53294万元，增长27.5%，高于存款增幅14.5个百分点。存贷比41.35%，同比提高4.23个百分点。截至12月末，全县金融机构涉农贷款余额211981万元，占比85.59%，同比提高2.82个百分点。不良贷款2133万元，占比0.846%。全县银行业金融机构（不含保险、小贷公司等）实缴税收总额2409万元，同比增加809万元，增长50.56%。

全县银行业金融机构7家，网点28个，小额贷款公司2家，保险业机构网点8个。金融从业人员928人，其中银行业机构从业人员325人，保险业机构从业人员603人。自动取款机48台，POS机1813台。

【货币政策执行情况】 合理确定地方法人金融机构合意贷款规模。年初，人民银行宣恩县支行（以下简称县人行）组织测算并上报宣恩农商行年度合意贷款规模1.53亿元。6至9月，针对地方法人金融机构合意贷款规模不足问题，县人行先后两次向人民银行武汉分行争取到合意贷款规模0.67亿元，占全州调增合意贷款规模的10.6%，使宣恩农商行年度合意贷款规模达到2.2亿元。组织开展对地方法人金融机构的贷款投向核查，实施农村新型经营主体主办银行制度和监测制度，各金融机构将农民合作社、专业大户、家庭农场、农业龙头企业作为信贷投入的重点，支持实体经济发展。

【金融服务与监管】 全县金融机构先后开办扶贫互助担保贷款、助保贷、中小企业集合贷、茶商通、农民合作社＋银行信贷等五项信贷产品。县人行组织各金融机构进一步深化农村金融服务全覆盖，在全县农村地区推动金融服务惠农联系点建设，试点推动农村手机银行、网上银行、村支书＋移动POS机等新的支付结算工具，解决了社会公众面临的排长队、农民到集镇费用高等实际问题。截至12月末，全县共建立农村金融服务惠农联系点1086个。新华社记者专程到宣恩实地采访，分别以《鄂西山区宣恩县279个村农民取款不出村》《鄂西山区:小卖铺化身“银行”月交易额最高超过70万元》为题对宣恩县以开展“三万”活动为平台,推动农村金融全覆盖工作进行报道。9月,《金融时报》以《不畏武陵山千重——湖北省恩施土家族苗族自治州农村支付服务全覆盖攻坚纪实》为题,对宣恩农村金融全覆盖工作进行详细报道。

由县金融办、县人行牵头,组织开展银企对接、银行行长企业行、乡村行、农民合作社信贷产品推介专题会等活动,各金融机构按季培植3至5户中小企业客户。全年全县金融机构累计培植各类市场主体346户,累计发放中小微企业贷款385笔,金额102879万元,同比增加225笔、49434万元。

在椒园镇黄坪村启动扶贫互助社担保贷款试点,全年累计投放扶贫互助担保贷款32笔、164万元,到2014年末,全县共有4个贫困村正式开办扶贫互助担保贷款业务。8月7日、11月11日先后两次承办全州产业扶贫和金融扶贫现场会,并成功创建全州首个“金融扶贫开发示范县”,创建工作得到州委常委、副州长马尚云的批示:宣恩人行、宣恩扶贫办联合各金融机构推出的“农村资金互助合作社”,具有很强的创新价值,树立了草根金融的典范,值得全州学习和推广。

2014年全县共有45户民贸民品企业获得贷款154笔、金额78685万元,分别较上年度增加11户、50笔、49051万元,笔数、户数和金额同比分别增长32.35%、38.24%和165.52%。全年民贸民品企业获得人民银行优惠利差补贴965.8万元,较上年度增加399.9万元,增幅70.67%。

【金融生态环境建设】 开展打击非法集资宣传活动,对部分企业的集资情况进行清理排查。开展信用乡镇、信用社区创建和信用企业培植活动,信用企业占比达到90%。9月,组织各金融机构开展金融知识进农村、进社区系列宣传活动。10月,人民银行宣恩县支行联合县法院开展金融胜诉案件执行月活动,启动对公职人员拖欠贷款清理工作。

(覃浩)

【中国农业银行股份有限公司宣恩县支行】 2014年末,中国农业银行股份有限公司宣恩县支行(简称县农行)各项存款余额93680万元,贷款余额为46261万元,账面盈利2688万元。

县农行服务“三农”三大重点:支持5家农业产业化龙头企业,共发放贷款2690万元;支持3个水电项目,共发放贷款14344万元;支持32家个体私营业主,共发放贷款3489万元。2013至2014年,县农行累计投放涉农贷款39868万元,涉农贷款余额21600万元,占全行贷款总额的74%。

(姚恩平)

【中国农业发展银行宣恩县支行】 2014年,中国农业发展银行宣恩县支行(简称县农发行)全年累计投放各项贷款5400万元,累计收回各项贷款5850万元。不良贷款继续保持为零,贷款到期收回率为100%;2014年末贷款余额25191万元,存款余额11967万元,较年初增长3807万元,其中单位活期存款6429万元,单位定期存款1200万元,财政存款4328万元。

为宣恩县珠山和沙道两个粮食购销公司办理4笔县级储备粮和省级商业储备粮贷款展期,展期金额1415万元。年初县农发行与县土地储备中心、县财政局沟通协调,落实宣恩县城郊土地综合整治项目贷前条件,保障后续贷款顺利发放,在3月前累计投放项目贷款5100万元。下半年在省分行开展“三个一批”业务发展活动的号召下,县农发行成功营销宣恩县国土资源收购储备中心农村土地整治中长期贷款7000万元以及宣恩县城市建设投资有限公司黄河沟水利整治中长期贷款4200万元,两笔贷款已进入审批流程,宣恩县国土资源收购储备中心农村土地整治中长期贷款7000万元已成功投放。为湖北大派食品有限责任公司提前办理续贷申报工作。

2014年营销财政定期存款1900万元,到位项目资本金存款5500万元。加强贷款客户销货款归行管理,落实客户销货款归行的各项政策措施,加大对客户的宣传和监督管理,按月监测货款归行率,对发现异常情况及时进行通报,并与续贷挂钩,实现了货款归行率100%。营销宣恩县农村商业银行同业存款3000万元。

(李季)

【中国建设银行股份有限公司宣恩支行】 2014年末,中国建设银行股份有限公司宣恩支行(简称建行宣恩支行)全口径一般性存款时点余额81382万元，较年初新增14453万元，其中，对公存款时点余额48503万元，较年初增长11521万元；对公存款余额达48503万元，比年初增长11521万元。财政性资金存款达到3.7亿。个人存款时点余额32879万元(含理财)，较年初增长2932万元，完成新增计划74.42%，计划完成率位列全州第六。

2014年末，建行宣恩支行各项贷款余额25033万元，较年初增长10024万元。其中，公司类贷款新增投放7200万，计划完成率为257.14%；余额达到14920万元，增速达到93%；位列全州第一。个贷新增投放2824万元，计划完成率为282.36%；余额突破1亿元；位列全州第一。

中间业务实现净收入443万元，较上年增加131万元，完成年度计划109.72%，位列全州第五。

消化历史形成的不良贷款0.8万元，截至2014年底，各项贷款不良率为零。

手机银行活跃客户新增3560户，计划完成率122.97%；电子银行账务性交易量比达65.98%，比上年提升7.53%；企业网银活跃客户100户，完成计划的102.04%；个人网银活跃客户2982户，完成计划的84.67%；个人短信客户新增2414户，完成计划的96.48%；善融商户新增活跃客户2户，完成计划的200%。新增结算通卡58张，总发卡量已达到582张，存款额达到336.72万，发卡量及存款额均位列全州第一。年新增商户21户，超额完成每月增加1户的目标；IC卡客户新增6266张，完成计划的98.83%；信用卡净增卡651张，完成计划的104.16%；信用卡循环分期346万，完成计划的89.60%。全年钻石级客户达到5户，比上年新增2户；白金级客户达到91户，比上年新增16户；金卡级客户达到330户，比上年新增61户。

2014年2月25日，宣恩县政府与建行恩施分行签订“助保贷合作协议”，建行宣恩支行开展助保贷业务，全年共为13户企业投放贷款7800万；共新增客户11户，总客户数达到19户；储备上报三个项目，分别是椒园工业园鑫海物流项目、天宇物流项目以及椒园片区旅游开发项目。三个项目的意向贷款金额约4个亿，其中鑫海物流项目已正式启动。

(袁庆华)

【中国工商银行股份有限公司宣恩支行】 截至2014年12月末，全部存款余额20475万元，比年初下降3012万元。其中，储蓄存款余额9156万元，比年初下降638万元，对公存款10872万元，比年初下降2374万元；机构存款余额8832万元，比年初下降2859万元，公司存款余额2040万元，较上年增长485万元；同业存款余额447万元，较年初下降56万元。各项存款(剔除同业存款)比年初负增长3012万元。

全年实现中间业务收入115万元。12月末，各项贷款余额4139万元，较年初上升2458万元。其中，个人贷款余额为2339万元，较年初增长1185万元，法人贷款余额为1800万元，较年初净增1300万元。完成工资代发、团队营销工资代发14户，实现账户拓展45户。

(杨义之)

【湖北宣恩农村商业银行股份有限公司】 截至2014年12月末，湖北宣恩农村商业银行股份有限公司(简称湖北宣恩农村商业银行)各项存款余额180956万元，比年初增加30047万元，增幅19.91%，县域内存款市场份额达到31.7%；各项贷款余额117903万元，贷款比年初净增18010万元，增幅18.03%；贷款总额在全县贷款余额的占45.3%，当年新增贷款占全县各金融机构的33.8%。按贷款投向分，涉农贷款95953万元，占比81.38%；按贷款客户类型分，农户贷款57364万元，占比48.65%；农村企业及组织贷款38590万元，占比32.73%。上缴国库税款收入1755万元，对辖内9个乡镇的279个村开展金融服务全覆盖工程，安放卡乐付机具475台，完成年计划的276.67%；为全县城乡居民代发粮食直补、退耕还林、良种补贴、能繁母猪补贴、低保等各项政府惠民资金共计26.5万笔，金额达3.03亿元。

【“进村入户”便民工程】 宣恩农村商业银行制订了详细的“进村入户”工作实施细则。9月，宣恩农村商业银行召开“进村入户”动员大会。9至12月，对辖区内农户(居民)、外出务工人员、农村经营大户、家庭农场、农村专业合作社、涉农龙头企业等逐户上门,调查走访,共走访279个村级服务点,信息采集表3000余份、发放“致农民朋友一封信”5000余份、走访传统农户4404户,建档4396户,新增开户272户,新增存款3000万元。调查贷款需求2.56亿元,实际发放贷款5000万元。

【服务经济社会发展】 2014年宣恩农村商业银行先后为湖北西部现代农业有限公司、土家爱食品有限公司、蒙恩花木有限公司、湖北凯泰农业发展有限公司、湖北大派食品有限公司、湖北绿可生态茶业有限公司、宣恩县锦森木业有限公司、宣恩县沙坪酒厂、狮子关旅游开发公司等52家企业发放贷款89笔,金额达3.74亿元。对恩施州万得房地产开发有限责任公司和宣恩丹峰实业有限公司,分别给予资金支持,用于支持宣恩县棚户区改造工程。投放城市道路黑色化改造资金,贷款余额4450万元。

开展“扶贫互助贷款”试点工作。5月,椒园镇黄坪村开始实施全州“金融扶贫”试点工作,宣恩农村商业银行累计为黄坪村发放39笔扶贫互助担保贷款,金额169万元。在与万寨乡伍家台村,椒园镇庆阳坝村、黄坪村,长潭河乡洗马坪村开展双基双赢合作贷款试点工作,授信贷款金额1650万元,贷款余额达到1050万元。

8月15日,举办“金秋信合助学”大型爱心联谊活动,宣恩农村商业银行员工共同为3位贫困大学生捐赠爱心善款14500元。11月中旬,宣恩农村商业银行与电视台等多家单位共同支持“留守童星”大型爱心公益事业,同时与县直相关单位一起帮扶驻点贫困村。

【第一届股东大会第四次会议】 3月12日,湖北宣恩农村商业银行股份有限公司在宣恩县委宾馆召开第一届股东大会第四次会议暨2014年度筹资支农工作会议,119名股东参加,会议审议董事会工作报告、监事会工作报告、财务预算、决算报告、利润分配方案报告,统筹安排2014年信贷支农工作,表彰营业部、长潭河支行、万寨支行等3个先进单位,戴慧、王桂珍、刘纯玮、张昌富、覃婧、李发运、罗延文、裴德忠、汪建州、马波、舒春英、李维、明辉、兰英俊等先进个人;授予王琳、黄瑞“优质服务明星”称号,周开孟、吴玉宏“贷款营销能手”称号,陈艳、夏敏、吴晓琴“揽存能手”称号,唐启权、张志龙“清非能手”称号,覃芙蓉、向林“电子银行营销先进个人”称号,李银平“外宣先进个人”称号。

【员工队伍建设】 5月9日,宣恩农村商业银行文明规范服务管理与提升训练营培训班在宣恩摆手缘大酒店开班,对150名在岗员工进行为期15天的封闭式培训。通过组织员工参加省、州、县举办的财务、信贷方面的培训,提高全员业务素质;通过组织岗位练兵、业务技能比赛、优质文明服务、柜员、信贷员等级评定,强化业务技能培养,评选业务技能带头人;鼓励干部员工在岗自学,参加会计师、助理会计师、会计从业资格、银行业从业资格考试各类专业技术职称考试,充实专业人才储备信息库。

1月,对农商行人员结构进行了较大调整,其中新增上挂锻炼人员5人;岗位调动13人,涉及12个支行和机关2个部门。5月,开展新员工招录工作,拟招录新员工10人,报名128人,现场参加初次面试和资格审查108人,实际招录10人。8月20日,新员工正式上岗。

(李银平)

【中国邮政储蓄银行宣恩县支行】 2014年底,累计完成业务收入2652万元,超计划2万元,完成年计划的100.1%,同比增长26.7%,全省排名第54位,较年初进位5个位次。其中信贷业务累计完成1123万元,超计划63万元,完成年计划的106%,同比增长38.8%,收入占比为42.35%,全省排名第55位;公司业务累计完成574万元,欠计划26万元,完成年计划的95.6%,同比增长28.4%,收入占比为22%,全省排名第41位;个人业务累计完成955万元,欠计划35万元,完成年计划的96.5%,同比增长14.2%,收入占比为35.65%,全省排名第50位。信贷业务结存余额24663万元,其中小额贷款结余7973万元,抵押类贷款结余16690万元,完成年调整计划的96.8%,本年净增5317万元,同比增长27.5%。市场占有率为9.8%,同比下降0.3%。小额贷款逾期率0.17%,逾期金额14万元,抵押类贷款逾期金额为0元。小额贷款不良率为0.17%,不良金额14万元,抵押率贷款不良金额为0元。贷款损失准备金结余154万元,拨备率达到1118.9%。

公司业务存款结余26850万元，其中定期7000万元，活期19850万元，完成年计划的103.3%，本年减少847万元，同比下降3.1%。市场占有率为14.6%，同比下降2.4%。

个人金融类业务储蓄余额达到53500万元，其中贡水路营业部42100万元，长潭河支行11400万元，本年净增8321万元，完成年计划的102.5%，同比增长18.4%，活期占比为53.15%；理财产品累计销售6973万元；信用卡累计发卡531张。储蓄业务市场占有率为13.9%，同比下降0.2%。

电子业务累计新增17527户，交易替代率为67.94%，客户渗透率为54.24%。

【贷款产品】 2014年，已批复小额贷款新产品7个，其中“烟草贷款”“茶叶贷款”“农资经销商贷款”“家居建材贷款”、业务大省授权和优质商户贷款，新产品贷款覆盖全州。专业合作社贷款在宣恩开展试点。住房公积金委托贷款业务获得授权并放款，小企业贷款“增信贷”“互惠贷”“快捷贷”“出租车经营权质押贷款”“林权抵押”等创新产品获得批准。

【综合管理】 2014年，完成卷烟电子化代收项目，建成农村信贷咨询中心，重点扶持种养殖大户、专业合作社。

开展合规大行动，组织非法集资、民间借贷、案件排查、小企业债权凭证和档案清理等专项排查，案防工作触角延伸至全行各个环节。层层签订《社会管理综合治理责任书》《消防安全责任书》，签订率达到100%；年内没有发生各类外部责任案件和安全生产责任事故，实现零事故的目标。

（胡瑛）

【恩施村镇银行宣恩县支行】 2014年末，恩施州常农商村镇银行股份有限公司宣恩县支行（简称村镇银行宣恩县支行）各项存款余额1.5亿元，较年初增长2500万元，增幅16.7%。全年累计放贷1.03亿元，累计发放小企业贷款3620万元，年末各项贷款余额1.09亿元，较年初增长4285万元，增幅64%%，年末存贷比72.7%，不良贷款率为0.05%。全年共安装pos机92台。全年完成各项收入1010万元，上缴税收109万元。

2014年，村镇银行宣恩县支行信贷投放主要在四个方面：加大对县域龙头企业、成长性中小企业扶持力度，重点为湖北大派食品集团公司、宣恩巴楚风包装公司、恩施西部农业公司、宣恩皇贡茶业公司、沙道粮食购销公司、湖北兴龙工具公司、宣恩富城市政公司、宣恩鹏博生态农业公司、宣恩安居建材公司、宣恩金网运公司、宣恩武陵中药材公司等23家企业投放贷款3620万元；推进“三农”金融服务，全年为农业生产加工大户、种养业大户、农资经营大户、农村专业合作社等192户发放贷款3245万元；支持县域商业流通企业、个体工商户流动资金贷款，共为126户商业客户发放2468万元；开发消费性信贷产品，推进城乡居民购房、购车、装修、旅游消费，发放消费性贷款2690万元。多渠道加强宣传，与宣恩电视台合作，滚动播放产品宣传广告；与宣恩县广通城市交通运输服务有限公司合作投放车体广告；在城区主干道和城中心投放大型墙体广告和户外广告。根据业务发展需要，新招录员工5名，其中客户经理2名，柜面服务人员3人。

（杨鑫）

保　　险

【中国人民财产保险股份有限公司宣恩支公司】 全年实现保费收入1558.67万元，其中车险949.88万元，其他财产险124.82万元，农业险229.31万元，责任险184.85万元，意外险69.81万元；赔款支出586.46万元，实现利润总额191万元。承保全县“两属两户”房屋（持证的农村军属、烈属、低保户、分散供养的五保户）的自然灾害保险16092户，38226头能繁母猪保险及4666.67公顷水稻保险。

（龚清）

【中国人寿保险股份有限公司宣恩县支公司】 2014年，中国人寿保险股份有限公司宣恩县支公司（简称中国人寿宣恩县支公司）加快个险、团险、银保渠道多轮驱动业务发展，实现保费总收入4910万元。个险渠道中长期业务占比稳步提升，保费总收入2800万，同比增长11.2%，其中，期交保费519.4万元，同比增长13.7%，短险保费47.6万，同比下降14%；团险渠道致力于短期险业务市场规模的提升，同时加大对大客户、大项目的拓展，为全县4万余名学生提供平安保险保障，实现团险总收入255.6万元，同比增长13%；银保渠道着力提高银保网点经营能力和业务结构调整，全年银保渠道保费总收入1854.4万元，同比下降23.3%。

办理各类赔付支出共1069万元，其中死亡给付147万元，满期给付777万元，赔款支出109万元，医疗给付22万元，年金给付14万元。

截至2014年底，宣恩支公司个险渠道营销员总数167人，团险销售人员13人，银行保险渠道销售代理网点4个，销售人员10人。

（胡敏）

【中华联合财产保险股份有限公司宣恩支公司】 中华联合财产保险股份有限公司宣恩支公司（简称中华保险宣恩支公司）2014年实现保费收入717万元，同比增长39%，超湖北省公司650万元任务67万元，超恩施州中支公司700万元任务17万元，其中，机车保险保费600万元，非车险107万元；理赔支出250万元；盈利100万元。

（张美玲）

交通运输

【概况】 县境内有G209纵贯南北，S232鸦（鹊水）荆（竹泉）省道、S325鸦（雀岭）当（阳坪）省道横穿东西，呈“工”字形。县城距恩施许家坪机场53千米，距宜（昌）万（州）铁路恩施站51千米，距沪蓉西高速公路恩施西入口40.5千米，距长江巴东港234千米。恩来恩黔高速公路全长157千米，宣恩境内长89.4千米，G6911恩来高速恩来段64.7千米，S89宣黔高速宣黔段24.7千米。G209从椒园镇泡木垭入境，经珠山镇、高罗乡、沙道沟镇，至李家河镇岩板铺进入来凤县，县境内88.446千米。县境内省道4条，S232鸦荆线宣恩段起于万寨石心河，经珠山镇，接G209，经椒园集镇、晓关平地坝进入咸丰县，境内长70.356千米；S325鸦当线起于鸦雀岭，止于沙道沟当阳坪接G209，境内长37.568千米；S233恩鹤线起于恩施市太山庙，止于椿木营左家垭，境内长21.073千米；S364王椿线椿木营—王家坳长71.588千米。县道5条，长117.745千米。许家湾—桐子坳长4.725千米；干沟塘—沙梁坳20.4千米；堰塘坪—李家河长70.06千米；桐子营—干溪长8.51千米；晓关—卡门长14.05千米。乡道26条，355.07千米。村道166条，760.51千米。

2014年末，全县公路总里程2820千米，公路网密度达102.9千米/百平方千米，等级公路2112.763千米，其中高速公路90千米，二级公路183.368千米，三级公路142.742千米，四级公路1696.653千米，等外级公路707.237千米。有通航水域6个，通航里程118千米，乡镇达标渡口26个。有二级客运站1座，五级客运站6座，农村客运候车亭181座。

2014年全县有道路客运企业6家，车辆270辆4550座，客运班线79条。有城市公交企业1家，车辆24辆，营运线路8条。有出租企业1家，车辆60辆。有汽车租赁企业2家，车辆11辆。有机动车维修企业（业户）91家，从业人员454人；A级汽车综合性能检测站1家，从业人员18人，全年汽车综合性能检测4100台次；二级汽车驾驶员培训学校2所，年培训学员2500余人，培训平均合格率为65%以上。有物流运输企业10家、快递公司9家、物流代办点7处。有通航水域6个、乡镇船舶35艘、渡河船15艘、自由船舶290只。完成道路运输从业人员资格培训班3期，培训学员185人，年末有从业人员6400人。交通运输、仓储及邮政业实现增加值23127万元，剔除价格因素增长6.2%。全年客货运总周转量31453万吨千米，同比增长14.4%。其中客运量184万人，客运周转量11371万人千米；货运量151万吨，货运周转量30316万吨千米。

加快物流市场主体培育，开展货运车辆、产业信息、货运量等调研活动，建立完善物流行业投诉举报机制，协调解决货物运输过程中产生的各种纠纷，编制完成《宣恩县交通物流发展规划纲要（2014）》。

【基础设施建设】 2014年完成交通固定资产投资39.49亿元，同比增长48.85%，其中恩来恩黔高速公路完成投资34.8亿元，恩来恩黔高速公路2014年12月26日建成通车;普通公路完成投资4.69亿元。二级公路S232宣万公路、S365甘长公路、S325鸦来公路改扩建顺利推进;国省道大中修G209高罗至李家河段、S232椒园至晓关段、S325布袋溪至分水岭段全长89.5千米全部完工;县乡公路改造工程西坪至下坝段、椒园至荆竹坪段、大卧龙至山羊溪段45.8千米全部完工;危桥改造工程国省道年度计划1座(当阳坪桥)、农村公路年度计划5座(树脂洞桥、岩脚河桥、鸡关岩桥、刘家湾中桥、木龙寨一桥)全部完工;渡改桥续建工程七眼泉大桥于2014年7月建成通车,2014年计划4座(长堰沟桥、锣鼓圈桥、大卧龙桥和署司洞桥)全部完工;通畅工程年度计划190千米全部完工并投入使用;农村公路安保年度计划166.6千米全部完工;长潭河道路运输综合服务站改造完成并投入使用;建成20个农村客运候车亭。

209国道宣恩绕城线项目于2014年12月通过专家评审,并完成工可修编、上报等工作。209国道高罗绕镇线项目完成施工图设计。沙道沟绕镇线项目开工建设。沙道沟三级客运站建设项目完成施工图设计、图审等工作。恩施港石心河港区建设项目工程可行性研究报告(送审稿)编制完成。“十三五”交通运输发展规划编制工作全面启动。

【公路管养】 全年完成国省道大中修71千米,清理国省干线、农村公路坍塌方18.3万立方米,修补路面坑槽19.6万平方米,千米桩、百米桩刷白155千米,桥栏杆刷白66座,完成公路绿化105千米,完成G209东门关、九间店和S232横坡的观景台建设。清理拆除龙门架24块、非公路标志牌931块、非公路宣传横幅350余条,检测超限车辆1016辆,卸载货物8287吨,依法收取路赔金额326780元。

【行业监管】 开展运输市场秩序整顿,抓从业人员资质管理及客运、维修、驾培、检测市场监管,严肃查处出租车拒载、随意拼车、坑客、宰客、甩客、卖客等不规范经营行为,维护城市公共客运健康稳定发展。完成全县7个涉水乡镇责任状和20个村及35艘船舶的责任状签订(含15处渡口),完成全县290只自由船舶的造册登记,对全县6个通航水域和15个渡口渡船进行全面安全排查,落实水上交通隐患销号制度,水上运输安全态势平稳。

【科技与信息化】 推广应用行业科学技术,完善工程质量监控平台,投入资金16万元,对所有施工现场安装电子眼,对原有实验室增添母材、级配石材检测设备,实行工程建设网络化监管。推行客运行业GPS定位监控,全县6家客运企业376辆客运车辆完成卫星定位动态监管系统建设,客运行业信息化建设实现全覆盖。推行从业人员远程继续教育培训,全年共完成道路运输驾驶员远程网络继续教育培训915人,合格734人。推行驾驶员培训IC卡计时系统《培训记录》“条形码”信息识别,完成出租汽车驾驶员信息备案。县交通运输完成局机关视频会议系统、4单位电子政务协同办公系统、3单位OA信息平台、2单位视频会议系统建设并投入使用。全面启动公路安全畅通与应急处置系统和科技治超信息管理系统,推进道路运输行政审批、涉路许可全部实现网上许可处理系统和湖北省道路客运联网售票系统建设。

【安全应急管理】 落实安全生产“一岗双责”工作机制,强化安全生产主体责任和行业源头监管,层层签订安全生产责任状。落实“三不进站、六不出站”(指易燃、易爆和易腐蚀等危险品不进站,无关人员不进站,无关车辆不进站;超载客车不出站、安全例行检查不合格客车不出站、驾驶员资格不符合要求不出站、客车证件不齐全不出站、出站登记表未经审核签字不出站、乘客和驾驶员不系安全带不出站)的客运站管理规定,严格进出站车辆检查。开展安全生产专项整治行动,开展“打非治违”行动,加强对危险路段、建设工地、重点运输企业及渡口码头的安全检查,强化安全隐患整治,排查并落实整改的安全隐患400余起。集中开展安全生产培训教育7次5800余人次,发放宣传单7500份。一年来,全县交通运输行业未发生重大安全生产责任事故。

【尤习贵到宣恩调研】 5月5日,省交通运输厅党组书记、厅长尤习贵,省公路管理局局长熊友山,州交通运输局党组书记刘冰及相关单位责任人,到宣恩调研交通在建项目建设及项目前期工作情况。

向子明及县交通运输局、县公路管理局主要负责人陪同。尤习贵一行先后到恩来高速宣恩段、鸦来二级公路宣恩段建设工地，了解工程进展情况。

【省交通运输厅检查农村公路安保工程和危桥改造建设情况】 5月27日，省交通运输厅党组副书记、副厅长唐元一行到宣恩县，检查农村公路安保工程及危桥改造建设情况。向子明陪同检查。唐元先后查看了沙道沟至沙坪公路安保工程、高罗乡盘古庙危桥、长潭河侗族乡洗马坪危桥重建工程进展情况。

（胡敏）

·路　政·

【概况】 全县列养公路有：县境内G209、S325（鸦来线）、S232（椒石线、宣万线）、S233（恩鹤线）、X027养护里程共265千米，其中，国省干线公路180.24千米，特大、大桥8座，长隧道1座。

【公路建设】 2014年完成县境内G209、S23270千米大中修工程和S325沙道沟境内鸦来线大中修工程19千米；宣万公路改扩建工程进入二期工程，干椿公路改扩建工程已进入实施阶段。

【公路养护】 全年共清理公路水沟1620千米。修复路肩墙358立方米，修复边沟510米，修补路面坑槽427.6平方米，修复钢护栏3310米，补植公路绿化树600株，新建涵洞1道，整治翻浆路基1518平方米。启动209国道K2026＋400至K2066＋300及232省道K0至K31＋200段的大修工作，并通过验收。打造花草公路绿化试验段，在G209狮子关至高罗路段栽植紫薇，G209在具备条件的路段实施水沟外侧边坡绿化。在东门关、板寮公路管理站及当阳坪治超站设置公路服务点，服务范围涵盖常用药、热水的免费供应及洗漱、方便等服务。启动G209东门关、九间店和S232横坡的观景台建设。

【路政管理】 全年开展路政执法培训2次，参训人员33人次，进行路政军训2次，举办路政业务比武1次，参加州公路局路政技能比武4人次。对县境内G209、S325、S232国省干线公路开展专项治理2次，清理拆除龙门架24块，非公路标志牌931块，非公路宣传横幅350余条；规范加水站9个；规范路边经营70起，清理摆摊设点70个；规范公路连接，实施路宅分离36起400余米；治理砂石场运输沿线抛洒36起。围绕G209、S232大中修工程开展治超工作，做好超限超载治理宣传工作，向公路沿线群众和过往司乘人员发放宣传单3000份。

（朱俊）

·恩来恩黔高速公路建设·

【概况】 恩来恩黔高速公路全长157千米，其中恩来高速公路86千米，恩黔高速公路71千米；恩来恩黔高速公路宣恩段89.4千米：其中恩来段64.7千米，恩黔段24.7千米，涉及椒园、珠山、晓关、高罗、沙道沟、李家河6个乡镇，33个行政村。恩来恩黔高速公路起于恩施松树坪，经椒园镇到晓关侗族乡倒洞塘村野鸡坳后，分蘖成“人”字形交通枢纽，向南经康家坡跨忠建河特大桥，穿大茅坡隧道，越过高罗镇、沙道沟镇、李家河镇，止于来凤县关口，与湖南龙山至吉首高速公路连接，是国家高速网银北高速的重要组成部分；向西经大岩坝隧道、过龙桥湾大桥、进咸丰茶园坡隧道对接恩黔高速公路重庆段，连接包茂高速公路。恩来恩黔高速公路设计时速80千米/小时，设置大中型桥60座；隧道13座；桥梁隧道占线路长度的42%；设立互通式立交4处、服务区2处；资金概算近90亿元。恩来恩黔高速公路由中交第二公路勘察设计研究院有限公司设计，于2010年11月22日立项。恩来恩黔高速公路控制性工程共5处，宣恩县境内4处，分别是忠建河特大桥、龙桥湾特大桥、康家河特大桥和大茅坡隧道。恩来恩黔高速公路共7个合同段，宣恩境内6个，分别为中铁十三局、中交二航局、湖北路桥、中铁二局、辽宁路桥、中铁大桥局项目经理部。

【协调工作】 2014年，协调服务工作重点是督促“三改”工程实施、完成临时用地复垦、实施炮损赔付、敦促农村被利用毁损道路恢复、红线外补征和红线外房屋补拆迁等。

完成红线外补征33宗8.39公顷；全县“三改”批件共281宗，已完成261个，完成“三改”征地32

宗9.23公顷;工程征用临时用地126.67公顷,涉及农户923户,已完成临时用地复垦115.67公顷。

全年累计化解各类矛盾纠纷689宗,成功处理较大群体性纠纷5起。受理拖欠农民工工资案件7件,涉及211人,讨回工资24.5万元;通过劳动仲裁为9人追讨工伤待遇53.4万元;协调处理工亡事故1人。

协调施工单位投资650万元,养护56条农村道路126次。全县利用农村道路毁损恢复工作基本完成。

全县炮震炮损影响共1189户,与受损户协商完成炮损补偿1176户,通过鉴定程序解决10户,还有3户未调处。

11月4日,召开恩来恩黔高速公路(宣恩段)建设专题会议,曾德权、朱鹏程、向子明、王仕高等领导出席会议,共疏理影响封网问题111处,其中涉及"三改"矛盾的15处,临时用地复垦有矛盾的8处,"炮损"有矛盾的6处,封网超红线及红线补征有矛盾的29处,饮水及其他矛盾的13处。针对这些问题采取了乡镇领导包案,责任到人,任务到天的措施,确保全县90千米全部封网。

【忠建河特大桥合龙】 7月28日,恩来高速公路忠建河特大桥正式合龙。忠建河特大桥位于晓关侗族乡倒洞塘村,是恩来高速公路的控制性工程之一,是恩来高速公路桥梁中最大的一座。桥长1063米,主跨400米,主塔高245米,总投资约4亿元。忠建河特大桥从忠建河峡谷半腰拔地而起,顶部高过山头,主桥由11240吨钢桁梁拼装组成,梁斜索128根,最长230米,重16吨。随着湖北恩来高速(湖北恩施至来凤)忠建河特大桥成功合龙,恩黔恩来高速公路上的133座桥梁和隧道全线贯通。

【群体性阻工】 3月7日,晓关乡黄河村15组发生20余人的群体性阻工,导致辽宁路桥项目部无法正常施工。以陈某为首的村民认为炮损补偿不到位、"三改"不合理。王仕高安排县高路办主任谢应富于当晚在辽宁路桥项目部召开紧急会议,研究解决方案。3月8日上午,王仕高召集县公安局、辽宁路桥项目部等单位在县高路办召开协调会,安排部署化解工作,成立工作专班。会后,晓关乡党委副书记田忠主持召开协调会,详细安排分组做工作情况。通过分组做工作,3月9日矛盾逐步化解。3月10日下午,县公安局副局长刘瑜、晓关派出所全体干警以及县乡工作专班人员现场维护施工秩序,主线施工全面恢复。

5月5日,晓关乡张官村1组近50人在塘坊坳堵塞高速公路。主要是因为该处因高速公路修建截断原有的通行道路,设计的人行天桥一直没有施工,群众得知当天有省领导及全省县域经济工作会议车队路过此处,想以堵路来解决问题;晓关乡黄河村大树堡集中安置点20余人以炮损没补偿到位为由拦截高速公路;晓关乡倒洞塘村3组近20人以高速公路建设影响饮水为由堵路。朱鹏程、黄同元、王仕高到现场做工作,给群众解释并承诺一定要解决好老百姓的问题,县高路办、县公安局、县应急办、晓关乡政府积极应对处置,矛盾得到化解,车辆正常通行。

9月16日,晓关乡倒洞村3组王某(女)在高速公路上阻工,不允许安装高速公路隔离带护栏,与施工队人员发生肢体冲突。

9月19日,在沙道沟栏杆坪23组罗某长期阻工多次协调无果的情况下,项目部强行施工。县公安局副局长陈文清带队,抽调30多名公安干警现场维护秩序,沙道沟镇党委书记奚泽辉带领工作组现场做劝解工作,施工顺利进行。

【恩来恩黔高速公路通车】 2014年12月26日,恩来恩黔高速公路一期路基、二期路面铺油、三期封网及机电专班全部按照时间节点完成任务,正式通车运行。

【恩来恩黔高速公路推进会】 6月20日,恩来恩黔高速公路推进会在宣恩县行政办公中心二楼会议室召开。副州长张宇主持会议,州委副书记、州长杨天然出席并讲话。州交通运输局、鄂西高速公路指挥部相关负责人分别作发言。州交通运输局、州统计局、州公路局主要负责人,恩施市、宣恩县、来凤县、咸丰县、州高路办相关负责人,鄂西高速公路指挥部主要负责人,各施工单位负责人等参加会议。

【县领导检查督办高速公路建设】

8月21日,朱鹏程、王仕高与湖北高路鄂西高速公路建设指挥部副指挥长隗祖锦到晓关、椒园检查督办高速公路建设工作。朱鹏程一行在晓关黄草坝村、张官村、黄河村、大岩坝村、倒洞塘村，对“三改”、临时用地复垦、红线外补征、矛盾纠纷化解、炮震炮损调处、集中安置点基础设施建设及部门服务高速公路建设等方面存在的问题进行实地了解。到椒园镇白泥坝村、椒园村，对占用农村道路还建、边角废地处理存在的问题进行商讨。

（刘秀应）

·水路运输·

【概况】 宣恩县共6个通航水域（清江库区宣恩段、洞坪库区、双龙湖库区、桐子营库区、狮子关库区、仙佛寺水域）通航里程118千米，乡镇渡口26处，乡镇船舶35艘，渡船15艘，各类自用船舶290只，各类持证船员63人。

宣恩县地方海事管理工作坚持“安全第一，预防为主，综合治理”的工作方针，贯彻水上交通法律法规，落实水上交通社会化管控措施，建立健全船舶县、乡、村、船主四级目标管理责任制，签订全县7个涉水乡镇责任状和20个村及35艘船舶的责任状（含15处渡口），签订率达到100%。集中开展打非治违专项行动，重点打击“三无”船舶从事运输的行为，治理非法从事水上旅游客运，治理非法违法渡运行为，全年共出动检查人员300人次，检查船舶210艘次（含渡船）全年未发生安全事故。

【水上安全整治】 1月14日，县地方海事处与县水利局、珠山镇政府、长潭河侗族乡政府组成联合检查组，开展水上交通安全专项整治行动，共拆除拦河抬网8张，清除缆绳12处、私搭电线12根，清除杂物200余千克。

10月18日，来凤县仙佛寺举行开光庆典，宣恩县地方海事处联合来凤县、龙山县海事部门严查庆典期间水上交通安全，检查客船载客救生衣穿戴情况，严防船舶超载、冒险航行等非法违法行为，节庆期间没有发生安全事故。

【行政审批制度改革】 按照《宣恩县政务服务体系建设实施办法》文件通知，9月完成行政审批事项的清理工作，保留6个行政许可事项，分别是：船舶进出港签证和定期签证许可，防止船舶污染水域作业许可，水上拖带大型设施和移动式平台许可，水上水下施工作业、通航水域使用岸线许可，船舶装卸、过驳、载运危险货物许可，船舶进入或穿越禁航区许可。

【石心河港区建设】 石心河港区设计单位为湖北省交通规划设计院。8月4日，设计单位完成《恩施港石心河港区综合码头工程》的工程可行性研究报告的送审稿。

（张平文）

·物　流·

【概况】 2014年末，全县登记在册的物流企业共10家，正常营业4家（宣恩县旭日物流有限公司、宣恩县汇通货物运输有限公司、宣恩县远发物流有限责任公司、宣恩县友缘物流有限公司），营业收入约450万元；个体经营户及代办点7家（武汉佳利物流宣恩代办点、0718快运宣恩代办点、恩施清江物流宣恩代办点、金阳物流宣恩代办点、金典物流宣恩代办点、兄弟物流宣恩代办点、锦程物流宣恩代办点），快递企业9家（申通快递、海航天天快递、中通快递、圆通快递、韵达快递、优速快递、汇通快递、全峰快递、顺丰快递）。

【物流基础设施建设】 2014年，加快位于恩来恩黔高速公路椒园出入口鑫海物流园和天宇生态物流园的建设进度，投资约2.7亿元的鑫海物流园完成2/3的工程量，投资约4.8亿元的天宇生态物流园完成1/3的工程量。推进农村物流节点建设，7月，总投资50万元、集客运、货运、物流仓储、快递等业务于一站的长潭河侗族乡汽车客运站改扩建项目农村综合运输服务站开工；12月底，新的长潭河乡农村综合运输服务站竣工验收投入营运。申报椿木营乡、晓关侗族乡、高罗乡、椒园镇等农村五级客运站改扩建项目，其中，晓关侗族乡和高罗乡农村五级客运站改扩建项目纳入2015年建设项目，计划总投资100万元。

（王秀菊）

邮　政

【概况】 2014年实现业务收入2361.8万元，完成全年计划的94.66%，同比增长8.32%，位列全州第3位。其中，代理金融类业务收入完成1791.36万元，同比增长 11.74%；邮务类业务收入完成 533.47 万元；同比增长 16.4%；代理速递收入完成 36.97 万元，同比下降 34.07%。全年实现收差 504.99 万元。邮务、速递物流和代理金融三大板块的结构比重为 29∶1∶70。

邮储余额规模年末达到 9.79 亿元，企业全年净增余 10161.2 万元，当年新增市场占有率达到 23.8%。代收保费达到 6064 万元，与上年度基本持平，实现保费收入 146.41 万元。函件发展转型保证规模，视频广告、国内小包等项目步入发展正轨。集邮业务收入 75.56 万元，完成计划及收入增幅分别位居全州第一位。分销业务实现收入 67.14 万元，并在全省创造了“抱团营销”先进典型。电商业务收入 127.99 万元，其中短信收入完成 120.25 万元。报刊业务量质同步，全面完成 2015 年度收订流转额计划。

全年共建成达标村邮站 60 个，所有站点收入全部过万元，其中建成“4531”达标村邮站点 5 个（“4531”工程加快三农站规范建设，实现“4 个 5、3 个 1”，三农站带资 5 万元加盟、叠加 5 类业务、年贡献收入 5 万元、年销售大肥 50 吨，年邀约保险客户办理业务 100 万笔、邮储客户办理业务 100 万笔、掌控周边 100 名重点客户的总体目标）；共建成便民服务站 30 个，所有站点实现了业务全代理；共建成助农取款点 40 个，渠道金融资金量达到 1968.84 万元，渠道金融业务交易量达到 11868 笔。围绕金融、邮务类业务共建成 5 类重点数据库（集镇商户、机动车主、特色种植户、规模养殖户、打工带头人），累计有效数据达到 9859 条，其中，晓关支局烟农数据达到 1585 条，围绕数据库有效开展邮储、保险理财沙龙营销活动，累计活动综合业绩突破 800 余万元；长潭河支局车主数据达到 609 条，围绕数据库有效开展百万身价、车险等项目的营销，活动营销业绩突破 4 万元；沙道沟支局集镇商户数据达到 160 条，围绕数据库有效开展邮储营销，月度平均商户资金回笼可突破 200 万元。网点转型工作着重对建设路、高罗、晓关、沙道沟等支局开展金融服务理念、规范管理、营销模式的转型。

【综合管理】 对沙道、李家河、万寨、椒园和晓关支局新增 CRS 自动存取款机，缓解服务窗口压力；完成所有投递员 GPRS 定位手机终端配备，监控投递质量；高罗、建设路支局的大厅改造与工作区域区分，提升网点形象与办理业务效能。提升员工的营销能力；全年开展各类新业务培训面达到 100%，强化项目现场督导，由县邮政局专班针对支局重点项目多形式开展试点营销，推进面达 100%。运用政府对村邮站补贴政策，扶持村邮站点建设，激发 60 个村邮站点生产力。

【邮政普遍服务】 2014 在全县乡镇所在地保留能够办理全部邮政业务的邮政支局，农村老百姓可享受与城市一样的用邮标准和环境。全县共有 30 条城乡投递邮路，投递里程达 3614 千米，通过设在各行政村的代投点，实现全县村村通邮，县城及乡镇所在地报纸实现当日投递，2014 年邮政综合服务用户满意度达到 91 分。

【朱琳获“全国三八红旗手标兵”称号】 2 月 24 日，全国妇联授予朱琳“全国三八红旗手标兵”荣誉称号（妇字〔2014〕10 号）。3 月 1 日，宣恩县邮政局沙道沟邮政支局副局长朱琳获“湖北省三八红旗手标兵”称号（鄂妇字〔2014〕5 号）。

朱琳，女，中共党员，1970 年 12 月 30 日出生，沙道沟镇邮政支局副局长。虽为副局长却是一名身兼多职的工作人员。在窗口，她是营业员，在乡间，她是邮递员，在支局，她是副局长，同事视她为榜样，乡亲们把她当贴心人，她没有子女，却是 6 个孩子的妈妈。她先后资助了马晓凤、田菊红、王义康、王文等 6 个困难家庭孩子相继完成学业，走上工作岗位。她从事邮政工作 22 年，投递邮路上磨破了上百双鞋、背坏了上百个背篓、背烂了近百个邮包，送达报刊、信件、包裹、汇款单等有 100 多万份，给村民捎去的肥料总重量达到 180 多吨。22 年间从未遗失、损毁和延误过一件邮件，工作满意度 100%。曾获“2012 湖北好人·十大最美绿衣天使”“湖北省五一劳动奖章”“宣恩好人”等荣誉。

（汤祚健）

通　信

【概况】 年末移动电话用户达 23.1 万户，比上年增加 1.3 万户；

固定电话用户2.2万户，减少0.3万户；互联网宽带接入用户达到2.1万户，增加0.5万户；电话通村率100%。

【中国电信宣恩分公司】 2014年，中国电信股份有限公司宣恩分公司(简称中国电信宣恩分公司)新增移动用户5439户、宽带用户1865户。全年投资8255万元，完成“宽带乡村”“智慧宣恩”“平安城市”“宽带基础网络”等建设项目。“宽带乡村”建设，实现168个村级组织(含11个儿童减贫村)、近15000户村民宽带入户要求，为每个村开通电子政务、视频会议、社保、行政审批、村级电视台等网络。“智慧宣恩”建设，完成住建E通监控系统集成，提高建设工地的信息化管理水平；教育系统城域网建成，实现县域内65所中小学教育同步课堂建设；开通40个交通信息点联网和40余家单位社会保险网上申报接入专用平台。“平安城市”建设，完成社会平安监控系统186个监控点标清改高清项目和55个新点的建设，全县平安监控点达352个，县域内已形成社会治安技术防范基础网络，实现7×24小时的实时监控和录像资料的存储。实施“宽带基础网络”建设，对宣恩的出口带宽进行再扩容，达到175G，全年新增41个移动基站，县域达125个无线基站，全县无线宽带信号的覆盖范围进一步扩大。

(吴卫民)

【中国移动通信集团湖北有限公司宣恩分公司】 至2014年末，中国移动通信集团湖北有限公司宣恩分公司(简称宣恩移动公司)已建设有2G基站226个，3G(TD—SCDMA)基站48个，4G(TD—LTE)基站210个，全县移动网络总体覆盖率超过99%，铺设传输光缆2549千米，通信网覆盖全县所有镇(乡)及98%以上的行政村。建设有包括乡政府、卫生院、学校、村委会、烟草等集团专线485条，老百姓可以不出门就能通过上网了解到致富信息。

【规范服务】 2014年，宣恩移动公司落实通信管理局下达的实名制认证工作，全县43家实体渠道全部采购“身份证识别仪”，并对所有社会渠道完成实名宣传牌、渠道授权标识牌的部署与粘贴。加强一证多号的管理，任何个人有效证件(身份证、军人证、警官证、护照、港澳证、台胞证、户口簿)同一个证件号码均严禁入网超过5个，不允许例外。同时针对2013年9月1日后入网且“已实名”的非二代身份证(军人证、警官证、护照、户口簿、港澳证、台胞证等)的实名客户进行排查、补录，在营业厅接触环节推动实名修改与完善。

在全4G运营过程中，从营业员业务办理服务基本规范、黑卡实名制、终端销售以及政企协同信息化产品销售等方面，将业务发展融入到服务工作中去。实现“优服务、点赞10分”的服务承诺。全面提升客户满意度和客户忠诚度。通信数提升至11万条，收入突破8千万元。

【信息化建设】 2014年宣恩移动公司实施“村通工程”，在农村区域逐步普及“社会管理综合信息平台”，促进农村区域信息消费。移动公司在信息化建设方面，围绕“存量经营，规模拓展，双底提升”，升级存量客户为4G用户，让用户享受4G时代的快速互联网接入，推动个人信息化业务发展。同时，移动公司政企客户中心设立聚类集团营销专班，专门针对小微企业提供信息化产品及解决方案，推出“移动OA”系列产品，提升小微企业信息化水平及运营能力。针对各行政事业单位机关及中小企业，移动公司通过“1+N”信息化发展策略，在1条专线基础上发展多种信息化产品，解决各个环节的信息化发展需求。

在推动农村信息化方面，县政府于2012年与宣恩移动公司签署《宣恩县信息化村通工程项目协议》，覆盖全县279个行政村、180所村卫生室、80所学校、13所医院。2014年，移动公司依靠政府创新，实施光纤到村项目，在农村区域逐步普“社会管理综合信息平台”。

【帮扶珠山镇茅坝塘小学】 2014年湖北移动公司启动爱心公益活动，对口帮扶珠山镇茅坝塘小学。利用其信息化优势，为茅坝塘小学捐赠安装“云视讯同步课堂”，通过优质资源共享，让偏远山区孩子与城镇的孩子享受同等教育，解决师资缺乏难题，促进教育均衡发展。为茅坝塘小学更换新课桌椅、新讲台，送去电脑、电磁炉、电饭煲，维修供水管道等，给予共近10万元的帮助，让孩子们的生活学习环境有较大地改善。同时，湖北移动公司部分党员干部还与该校困难学子结成帮扶对子，省移动公司职工子女徐卓越为该校学生李悦捐赠寄冬天的衣物和适龄书籍，节日赠送贺卡。

（余勤）

【中国联合网络通信有限公司宣恩县分公司】 截至2014年末，中国联合网络通信有限公司宣恩县分公司（简称宣恩联通公司）累计投资3亿元，开通WCDMA3G基站113个、FDD4G基站2个、建设宽带光纤接入端口3000余个，实现3G基站全覆盖。用户规模达到8.2万户。2014年实现主营收入3800万元，上缴税收180万元，为社会提供岗位达到328个。6月，6名员工从湖北民族学院毕业并取得本科学历；9月，7名员工通过专升本考试，在湖北民族学院继续学习深造。

（尹娜）

商　业

【概况】 2014年恩施州政府下达宣恩县社会消费品零售总额的目标任务是15.34亿元，增长14%；实际完成社会消费品零售总额15.27亿元，比上年增长13.5%。按经营地统计，城镇消费品零售额114854万元，增长13.4%；乡村消费品零售额37850万元，增长13.6%。按行业统计，批发零售贸易业135207万元，增长13.6%；住宿餐饮业17497万元，增长12.3%。年内新增限上商贸企业6家（宣恩县盛大商贸有限责任公司、宣恩县旺尚旺商贸有限责任公司、宣恩县贡茶专业合作社、湖北宝信汽车销售服务有限公司、宣恩县永乐电器有限责任公司、蒙恩林业发展有限公司），限上商贸企业达到26。

2014年恩施州政府下达宣恩县外贸出口目标任务2400万美元，完成2779.28万美元（西部现代农业有限公司22.35万美元，恩施州伍家台富硒贡茶有限公司7.98万美元，宣桃茶叶公司229.85万美元，亿鑫贸易1.31万美元，宏申贸易500.79万美元，高成商贸有限公司2017万美元），比上年增长27.2%，完成全年目标115.8%。

【市场体系建设】 全县市场流通体系基本覆盖全县各乡镇，具有一定规模，但受地理、交通等条件制约，各乡镇发展不平衡。县商务局分批分重点分步骤持续推进市场体系建设，改善农村消费环境，对现有商贸网点在注重巩固同时抓好监管。继续做好商贸物流园建设的相关服务工作。有计划、有重点地推进全县农贸市场改造升级，菜市场标准化改造项目有万寨农贸市场和椿木营农贸市场，新建项目有酉水商都、李家河农贸市场、晓关菜市场、长潭河乡农贸市场。

【节日市场监控】 2014年县商务局在各节假日期间加大对全县市场监管力度，联合相关职能部门，对城区各大商场、宾馆、酒店、超市、报废汽车回收公司等场所进行执法检查，确保消费者节日期间消费安全。督促各大商场、超市精心组织货源，保证市场供应，繁荣节日市场。每月对全县限上商贸企业进行一次全面检查，发现问题督促其整改，并实行销号报告制度。

【成品油市场的监管】 根据《州商务局关于做好成品油流通企业经营资格年度审查工作的通知》（州商发〔2014〕11号）要求，县商务局对成品油市场开展换证和检查工作。进一步规范成品油市场的经营秩序，规范加油站行业管理。结合成品油经营站（点）年检工作，由商务牵头，安监、消防等部门开展了联合整治行动，发现问题及时督促整改。

【电子商务发展】 落实州委、州政府关于加强电子商务发展的有关决定，引导电商发展，2014年3月创办自建平台电商企业——金网运商贸有限公司，并带动126家网店的发展。

【商务行业消防安全】 2014年商务行业的消防工作，县商务局成立以局长杨仕祥为组长，分管领导刘元喜、宋波为副组长，责任股室负责人为成员的安全、消防工作领导小组。制定安全管理应急预案，并分别与城区的7家重点商贸企业和全县18个加油站（点）签订2014年消防安全工作目标管理责任书。做到每个月至少检查一次，重大节假日必须检查和上报，年底进行全面检查，实行通报制度。全年商贸行业实现零事故。

（胡柏安）

·电力供应·

【概况】 2014年，国家电网宣恩县供电公司(以下简称宣恩县供电公司)

围绕恩施供电公司“管理接轨、政策对接、文化融入、创新发展”的总体要求，安全生产局面平稳，“三集五大”(实施人力资源、财务、物资集约化管理，构建大规划、大建设、大运行、大检修、大营销体系)稳步实施，完成“三集五大”体系建设成效评估、人岗优化配置和绩效工资套改工作。宣恩县供电公司有110千伏变电站1座，35千伏变电站10座。全年实现网内售电量16740.873万千瓦时，售电收入10654.94万元，创税收836.83万元，同比上升1.9%。

【安全生产】 春、秋季大检查共发现问题249个，整改231个，整改率93%。开展安全稽查162场次，发现并处理违章85次。加大迎峰度夏、迎峰度冬专项检查和防洪抗汛工作力度。完成各项重要活动、重大节日、重点项目建设的保电任务，保证全县人民生产生活可靠用电。加强员工队伍安全素质教育，开展安全培训6场次，参训人员275人次，生产人员参训率100%。月度网上《电力安全工作规程》调考人员273人，参考率100%，公司组织《电力安全工作规程》考试2次，生产人员参考率100%；加大输电线路属地化管理力度，出动清障人力4900余人次，共清理35千伏线路通道282千米，10千伏主线路通道1715千米，35千伏、10千伏通道清障率达100%，400伏以下通道清障率98.98%。

【电网建设】 完成宣恩县2015—2020年配网规划滚动修编、农网全覆盖实施方案规划编制。开展沙坪、沙道、熊洞等35千伏输变电工程项目可研及评审工作，完成2015年配网项目可研及评审等前期工作。实现电网建设目标，基本完成高压基建项目建设目标。其中，黄河35千伏输变电工程于2014年12月底建成投运；和平110千伏输变电工程建成；2014年冰灾恢复工程全部完成。完成“十三五”配电网规划编制工作，完成李家河110千伏输变电工程可研，完成沙道、熊洞35千伏输变电工程项目核准及初设工作，完成2016年配网储备项目及低电压治理第二批次项目可研及初设工作，做好2015年新开工高压基建项目沙坪35千伏输变电工程开工前期准备，完成晓关供电所、椒园供电所综合楼的新建工程。

【《陌上花开》】 6月4日，由国网恩施供电公司投资拍摄的微电影《陌上花开》在宣恩供电公司举行开机仪式。微电影《陌上花开》是宣恩供电史上第一部微电影，以公司开展党的群众路线教育实践活动，在无偿延伸服务的基础上，推出“春茶行动”，服务全县春茶采制为背景，以讲述女电工和大学生村官之间生动感人的爱情故事，展现供电员工用心服务、真情服务用电客户的动人情怀，彰显“你用电，我用心”的服务理念，体现恩施州地域民风民俗。影片由恩施州供电公司主办、宣恩供电公司承办、超艺传媒文化公司创办。

【“工频耐压试验的保护系统”获国家专利授权】 8月20日，由国网湖北宣恩县供电公司运维部电气检修班11人，投入资金2万元自主研发的科研发明——工频耐压试验的保护系统，获国家知识产权局实用新型专利授权。国家知识产权局实用新型专利证书第3759977号载：“实用新型名称：工频耐压试验的保护系统；发明人：朱华章；专利号：ZL201420182511.5；专利申请日：2014年4月15日；专利权人：国家电网公司，国网湖北省电力公司恩施供电公司，国网湖北省电力公司宣恩县供电公司；授权公告日：2014年8月20日。摘要：本实用新型公开了一种工频耐压试验的保护系统，其包括连接外部交流电源的主动红外入侵探测器、第一继电器、第二继电器及交流接触器；主动红外入侵探测器、第一继电器、第二继电器依次连接，第二继电器连接交流接触器；交流接触器连接外部交流电源及一工频耐压试验用到的升压器；主动红外线入侵探测器有遮挡呈低阻状态时，第一继电器得电而触发第二继电器失电，使得第二继电器控制交流接触器断开升压器与外部交流电源的连接，从而切断了高压设备的电压。即使作业人员进入高压室内，接触到了高压设备，也会因为高压设备切断了电压而不会有触电危险，安全性能高且有效。”

(林红)

·供销合作·

【概况】 2014年创建农村村级综合服务社20家,改造升级40家。宜红宣恩贡茶有限公司进入椒园工业园区投产运营。2014年争取各类项目资金达到600万元。直属公司和参股公司实现税收60万元(其中新宇烟花爆竹有限公司40万元,宣恩县宜红贡茶有限公司20万元)。

全年对新宇烟花爆竹有限公司、宣恩县宜红贡茶有限公司进行40次安全检查,协助社区完成机关辖区内的全部工作任务,解决处理企业改制遗留问题3件,为原在供销社工作的临时工60人查阅档案,办理社会养老保险手续。

【综合服务社建设】 8月,完成创建农村村级综合服务社20家、改制升级40家的工作任务。高罗乡黄家河村级综合服务社全年代收代缴电费172万元。12月4日,县供销社组织新建和改造升级的村级综合服务社共60家业主,针对《一站式缴费平台操作与运用》《农村金融转账基本知识》《农业企业如何做销售》《电子商务知识》《再生资源回收利用基本知识》《快递、物流、网购基本知识及操作与运用》等诸多业务知识,在县委党校举行了1次业务知识培训。

【基层社建设】 2014年,根据省供销社及州供销社恢复重建基层供销社的要求,建好晓关中心社,利用原晓关供销社闲置资产,新建配送中心商场及仓库1600平方米。6月10日,向省供销合作总社申报《宣恩县供销社晓关中心社暨配送中心建设项目》;6月12日,省供销社主任赵东风、副主任黄实海及州供销社主任谢俊泽到宣恩查看县供销社晓关中心社恢复重建施工情况。11月,《宣恩县供销社晓关中心社暨配送中心建设项目》获省供销合作总社审核通过,35万元项目建设资金拨付到位。

【烟花爆竹经营】 2014年新宇烟花爆竹有限公司对全县零售网点进行配送经营,全年实现销售收入800万元,实现税收40万元。

【赵东风调研】 6月12日,省供销总社党组书记、主任赵东风,省供销总社副主任黄实海,副巡视员(湖北宜红茶叶公司董事长)熊治海,SKC&C(中国)总裁李南方到宣恩,开展以"振兴县级供销社"为主题的调研活动,副州长陈晓燕、州供销社主任谢俊泽陪同,曾德权、习覃、李世祥参加。赵东风一行查看县供销社晓关中心社恢复重建施工现场,参观万寨乡伍家台村贡茶基地,了解村级综合服务社情况;参观椒园镇水田坝贡茶生态园,宣恩县宜红贡茶有限公司茶叶加工自动化生产线,村级综合服务社"一站式"网络服务平台等,就如何进一步加快振兴县级供销社、恢复基层中心社建设步伐交换意见。

(严其山)

·粮食流通·

【概况】 2014年,全县完成粮食收购1337万千克,完成计划1600万千克的83.6%。其中,国有粮食企业收购粮食976万千克,完成计划800万千克的122%。落实粮食订单面积3000公顷,100%完成计划。实现产业化销售收入17986万元,完成计划17500万元的102.8%。全年共进行粮食库存自查1次,安全粮油比例、原粮出入库检验率、军粮质量合格率达、涉粮举报案件查处率均达到100%。建成12家"放心粮油"连锁店。

【库存检查】 巩固2013年粮食清仓查库成果,加强粮食库存监管,确保国家粮食宏观调控措施落实到位和粮食安全。4月,根据省、州2014年粮食库存专项检查的文件,完成县粮食存储企业粮食库存的全面清查,库存各类性质的粮食账账相符、账实相符,粮食质量达到国家标准。

【宏观调控】 纳入统计范围的粮食经营量达到了社会粮食流通总量的80%,建立健全了粮油市场监测网和粮食应急机制。全县保管的县级储备粮3000吨及省级商业储备粮850吨,没有出现短差情况。完成军粮供应工作。全年各类纳入流通统计的粮食经营主体收购粮食10400吨,其中,国有粮食企业购进粮食7130吨。

【粮食产业化】 以优质稻基地为依托,以两条大米生产线(木龙寨大米、覃家坪大米)、沙坪白酒厂、富硒植物油生产、豆制品加工为基础,发展"一业为主,多种经营"的粮食产业化格局，走低消耗、低污染、高附加值的粮油产业化发展之路。“木龙寨”“覃家坪”富硒贡米订单农业面积遍及全县6个乡镇50余个村。11月，珠山粮食收储购销公司宣恩贡米和土家爱食品有限公司豆制品获得第十六届湖北荆楚粮油精品展示交易会产品金奖。

【仓储安全】 开展春、冬两季粮油普查，国有粮食购销企业年均实现“四无”（无害虫、无变质、无鼠雀、无事故）粮仓100%，“四无”储粮库点100%，安全粮油100%。落实安全生产责任制和责任追究制，抓好粮食加工、粮食储藏、粮食购销等环节的安全，全年无安全责任事故发生。

【全州粮食系统硒知识专题讲座】 2月24日，州粮食局与宣恩县粮食局在椒园生态产业园湖北土家爱食品开发有限公司举办硒知识专题讲座。硒研究专家彭祚全作题为《生命元素硒与恩施硒产业——恩施州富硒粮油食品产业的前景与建议》的讲座。从硒元素的发现、硒元素的生理功效、硒资源的利用与硒产品的开发等方面，着重阐述硒元素的重要性与开发价值，并就如何开发富硒粮油产品提出建议。宣恩县、来凤县、咸丰县粮食局负责人，宣恩县粮食局全体干部职工、粮油食品企业代表以及从事富硒粮油食品开发的有关单位代表参加专题讲座。

（万操　陈吉然）

【卷烟销售专卖管理】 2014年全县销售卷烟8260箱，同比减少2.42%，完成全年销售计划8760箱的94.29%；低档烟销售693.62箱，完成全年低档烟计划800箱的86.7%。省外烟销售1889.06箱，所占市场份额为23.01%，完成全年省外烟计划1900箱的99.42%。销售金额19845.87万元，同比增加9.29%；单箱均价24058元，同比增加2582元；卷烟费用总额907万元，费用率6.62%；综合缴纳税费1136.56万元；毛利金额4841.82万元，同比增加10.73%，卷烟综合毛利率24.37%；利润2331.8万元；卷烟货款回笼率100%。各类别卷烟销量增幅最明显的为二类烟，同比增长40.23%。降幅最明显的卷烟类别为四类烟，同比减少21.96%。

精益管理以消除浪费、优化配置、提升效能为主要目标，实行全覆盖，经济运行质量呈现出“两高六低”趋势，即单项均价24058元高于州烟草专卖局要求23000元，同比上升10.5%；毛利率24.54%，同比略有上升。三项费用率4.99%低于州烟草专卖局目标6.6%，同比下降0.5%；单箱人工费用为834.13元低于州烟草专卖局目标874元，同比下降22.2元；单箱物流费用135.16元低于州烟草专卖局目标167元，同比下降106元；单箱卷烟经营费用731.3元低于州烟草专卖局目标828元，同比持平；单箱管理费用280.65元低于州烟草专卖局目标为500元，同比持平；人均劳效为168.46箱，低于州烟草专卖局目标人均185箱的标准。

全年共侦办91起专卖案件，其中省标经营案件2起，万元案件39起，打击追刑6人，查获非法“三烟”72万支。

（刘洪）

【石油销售】 中国石油化工股份有限公司宣恩分公司（简称宣恩石油公司）有在营加油站共11座，2014年实现成品油销售总量23200吨，同比上升1636吨，增长7.58%。其中汽油销售8859吨，同比上升838吨，增长10.44%；柴油销售14341吨，同比上升798吨，增长5.89%；非油销售全年359万元，同比上升156万元，增长76.84%，毛利51万元，毛利率14.2%。

【经营管理】 宣恩石油公司的经营与管理严格按照中国石油化工股份有限公司制定的《内部控制手册》抓落实，与上级公司和所属加油站签订资金管理责任状12份，与上级公司签订《安全环保责任状》1份，与各加油站负责人签订《安全生产责任书》11份；各站负责人与员工签订《安全生产承诺书》28份，开展了“6月安全月”“安全自查整改”等一系列安全活动，在加油站日常管理活动中，特别强调杜绝“三违”现象发生，定期开展不同类别的预案演练，按照《安全生产十大禁令》《资金管理十大铁律》《加油八步法》《加油站现场管理九大禁令》和《卸油十步法》操作到位，2014年实现了全年安全工作零事故目标。

按照湖北石油分公司关于开展《综合服务提升年》的要求，开展职业化服务工作，提供标准化、人性化、规范化的服务，加油站内为广大客户提供免费应用茶水、简易维修工具等6项以上便民服务项目。

（谭丽）

【食盐销售】 按照经济流向，宣恩县南三乡镇（高罗、沙道沟、李家河）食盐供应由来凤县盐业公司保障。2014年，宣恩市场年销售食盐840吨，供市场销售的食盐品种有4个：纸塑（加碘）盐、低钠盐、绿色盐和绿色海藻盐。开展盐业法规的宣传和盐业市场的检查，打击各类违法行为，杜绝私盐及假冒伪劣食盐流入市场，配合卫生部门积极开展碘缺乏病的防治工作，碘盐覆盖率达到98%以上。

（孟涛）

【贸易促进】 2014年县贸易促进委员会主要处理原国有商贸企业、国有工业企业、集体企业改制的遗留问题，接待上述改制企业的上访人员，排查矛盾纠纷等，共接待上访人员4人，排查矛盾纠纷1起；开展党风廉政建设和综治维稳、计划生育工作及外向型企业的服务工作。

（杨鄂）

招商引资

【概况】 2014年全县累计到位招商引资资金（不含州内客商投资部分）171300万元，较上年（131629万元）增长30.2%；完成州下达任务（150000万元）的114.20%；其中引进省外资金累计到资139000万元，较上年（65752万元）同比增长111.25%，完成州下达任务（106000万元）的131.13%。实际利用外资500万美元，完成州下达任务（307万美元）的162.86%，同比增长400%。

【项目工作】 全县编制招商项目33个，其中有13个进入州级重点招商项目库，按行业分：涉农项目5个，工业项目4个，信息产业项目2个，加工业项目8个，旅游项目6个，新型城镇化项目（房产）3个，基础设施项目4个，社会发展项目（民办学校）1个。

新签约招商引资项目合同31个，签约金额41.15亿元，其中注册落户项目27个，注册落户率87.09%；新开工项目22个，开工落地率70.97%；实际有到位资金的项目19个（其中回乡创业项目9个），项目到资率61.29%。

佳上生态产业园项目。与河北佳上食品有限公司签订框架协议。项目总投资20亿元，规划用地133.33公顷，分三期建设。一期为椿木营天然富硒矿泉水生产，投资5亿元，用地13.33公顷，年生产高端矿泉水4000万瓶；二期为农副产品深加工，投资7亿元，用地13.33公顷，规划饮料生产线20条、干粉生产线10条，年产值可达5亿元；三期为农业生态园，用地106.67公顷。2014年，投资方已在宣恩县注册湖北佳上食品有限公司。

巴氏鲜奶生产及民族风情酒店项目。意向投资方为浙江锦泰集团公司，总投资7.5亿元，其中鲜奶生产项目投资2.5亿元，民族风情酒店及配套建设项目投资5亿元。奶制品项目占地面积13.33公顷，拟选址和平七里桥。

（郑怀宇）

旅 游

【概况】 2014年围绕景区建设，坚持以项目建设为依托，以景区打造为重点，推进生态文化旅游产业发展。狮子关旅游区稳步推进，施南府旅游区开发合同正式签订，伍家台休闲旅游区被命名为国家2A级旅游景区。成功举办第二届全国山地自行车邀请赛、农家乐厨艺大赛、贡水白柚采摘节、全州水上运动会、露营节等赛事活动。开通了首列“伍家台贡茶号”动车，拍摄了以彭家寨为背景的旅游电影《我不是贼》及专题宣传片。全年旅游接待人数87.76万人次，同比增长21.8%；实现旅游综合收入37582万元，同比增长40.0%。

【狮子关旅游区】 2014年完成投资2700万元，累计完成投资4000万元，景区硬件建设基本完成。完成了花拱桥游客接待中心、竹园堡7.33公顷停车场的场地平整和绿化、花拱桥服务区至狮子关电站2.12千米旅游公路柏油路面浇筑、干溪河至古迹河7千米环形电瓶车公路路基、景区进出口大门等工程建设，400米水上浮桥进入桥面安装阶段，4座旅游厕所主体工程。

【伍家台生态休闲旅游区】 投资4000万元，新建2千米生态茶园观光栈道、1座休闲凉亭、1个景观茶壶等游憩设施，整修1口鱼塘。完成了10千米组级公路及联户路硬化，改造特色民居250户，新创建星级农家乐、农家旅馆5家；企业投资6000余万元，修建了集茶叶加工、观光、体验于一体的现代化标准厂房，伍家台生态观光旅游区基本建成。2014年5月，全省县域经济工作会在伍家台召开，得到了各级领导的肯定，伍家台村被评为2014年度湖北省休闲农业示范点、首届荆楚最美村镇最佳景观奖，12月19日，伍家台旅游区被正式命名为国家2A级旅游景区，结束全县没有A级景区的历史。

【节庆活动】 8月15日至17日，举办全州第二届水上运动会，全州8县市的800多名运动员在贡水河上举行了赛龙舟、游泳、水上气排球等赛事活动。8月18日，在椿木营岩板坪举办了以“相约七姊妹、共享高山清凉，感受原生态、浏览绿色海洋”为主题的第二届高山露营节。10月17日，在千户土家乡村休闲旅游区举办第二届山地自行车邀请赛暨农家乐厨艺大赛，重庆、湖南、湖北宜昌、襄阳、黄冈等地300余名自行车选手和全县33家农家乐选手参加活动，评选出了宣恩县农家乐“十大名厨”和“十大名菜”。11月22日，在高罗乡板寮村举办第二届白柚采摘节。通过举办系列赛事活动，进一步提升了宣恩旅游形象和品牌影响力。

【第二届山地自行车邀请赛暨农家乐厨艺大赛】 10月17日，由县人民政府主办，县文体局、商务局、旅游局、椒园镇政府及自行车协会联合承办第二届环“千户土家”山地自行车邀请赛暨农家乐厨艺大赛在椒园镇水田坝“千户土家”乡村休闲旅游区举行。

首先进行的是赛程为35千米山地自行车赛，重庆、湖南、湖北宜昌、襄阳、黄冈等地的300余名自行车运动爱好者参加，湖北省宜昌市的向万明、湖北省来凤县的邓文胜和四川省遂宁市的张曦浠分别获得山地自行车赛青年男子组、壮年男子组、女子组第一名。

随后，举行农家乐厨艺大赛，全县有33家农家乐参加，(林业宾馆罗昌顺制作的)土家红烧肉、(绿康源农家乐周怀制作的)烧鸡公、(正龙山庄吴向阳制作的)家常娃娃鱼、(雄风酒楼覃遵忠制作的)土鸡汤、(柴火灶农家乐邓绍云制作的)剁椒鱼头、(仙寿坊尹刚制作的)土豆烧土猪肉、(九哥缘洪荣召制作的)乡村豆花鱼、(龙泉山庄魏兴林制作的)鸡八块、(砂鼎罐农家乐黎友制作的)砂鼎罐烧土鸡、(茶园农家乐张方平制作的)茶香小河虾等十道菜获第二届农家乐厨艺大赛“十大名菜”称号，茶香小河虾获创新菜。黄东(白果乡村客栈)、杨玉珍(天天酒楼)、吴向阳(正龙山庄)、张守云(李老大农家乐)、吴桂松(清河农家乐)、向巧云(乡土农家乐)、李永贵(望江楼)、刘金娥(龙潭河)、田正永(蓉和山庄农家乐)、覃遵英(贡茶源农家乐)获第二届农家乐厨艺大赛“十大名厨”称号。

【宣传营销】 1月2日，由县人民政府投资45万元与恩施华硒影视传媒有限公司联合拍摄的以彭家寨为背景的电影《我不是贼》在沙道沟镇彭家寨举行开机仪式。11月28日，电影《我不是贼》首映式在恩施女儿城举行，并在全国院线正式上映。还拍摄了以宣恩自然风光、人文风情等为背景的宣恩旅游形象宣传片，在恩施电视台、中央电视台进行展播。

【调研旅游开发】 2月24日上午，习覃、张频、朱鹏程、史红珍、向建强、向子明及交通、国土、旅游、林业等部门负责人到在建的狮子关景区、锣圈岩天坑、水田坝千户土家等旅游景点，了解各景点的项目规划、工程进度以及建设中遇到的困难等情况，并就规划与施工中存在的问题与开发企业负责人进行交流和探讨。

【县政协督办伍家台生态文化旅游目的地提案办理情况】 10月16日，钟昌泽带提案督办组，对县政协八届四次会议重点提案《关于深入挖掘伍家台民间茶文化，全面打造伍家台贡茶发源地生态文化旅游目的地的建议》办理工作进行督办。察看伍家台贡茶观光园建设情况，了解景区规划、配套建设、产业基础、乡村旅游发展等情况，以及提案提出的人工湿地与生态景观建设、农村环境综合整治等相关工作。提案承办单位县文体局、农业局、旅游局相关负责人就提案办理情况进行汇报说明，并征求提案人和督办组成员的意见建议。

【宣恩 9 个村被纳入全国乡村旅游富民工程重点村】 11月3日，国家发展和改革委员会、国家旅游局、环境保护部、住房和城乡建设部、农业部、国家林业局、国务院扶贫办（发改社会〔2014〕2344 号文件）将椒园镇水田坝村、万寨乡伍家台村、长潭河乡后河村等纳入第一批乡村旅游扶贫重点村名单，于2015年开始实施；珠山镇封口坝村、高罗乡板寮村、沙道沟镇两河口村、椒园镇庆阳坝村、晓关乡大岩坝村、椿木营乡长槽村进入第二批乡村旅游重点村。

【施南府旅游景区】 4月10日，《湖北宣恩施南府旅游区总体规划》通过省州专家组评审。11月27日，县政府与湖北省施南茗茶制造有限公司正式签订《宣恩县施南府旅游区开发合同书》，锣圈岩天坑、白玉洞、落水洞等景点打造正式开工，投资700万元的水田坝游客接待中心主体工程完工。11月27日，宣恩县政府与湖北省施南茗茶制造有限公司正式签订椒园片区旅游开发建设合同。项目主要依托椒园片区特色产业、自然山水、民族文化等优势资源，发挥其交通区位优势，重点对椒园镇水田坝、锣圈岩、洗草坝、白玉洞、落水洞等地进行开发。景区按国家级 AAAA 级旅游景区标准进行设计、规划、建设。其中，水田坝景区开发以“和睦土家世外桃源”为目标，以土司文化品牌、生态茶园观光等为核心、土家生态休闲园建设等为重点进行开发建设；锣圈岩景区开发以天坑、石林等地质资源为基础，建设天坑地质博物馆等，建设以神秘天坑为核心产品的地质乐园；洗草坝景区开发以发展色彩绚丽的低空健身运动，建设“浪漫无限”低空娱乐基地，以热气球俱乐部、露营基地、滑翔伞俱乐部、山地自行车赛等户外运动项目等主要产品；白玉洞、落水洞景区开发以白玉洞钟乳石溶洞景观、瀑布景观为主。同时，在景区内建设施南土司遗址保护及土司皇城博物馆。合同总投资达到6.8亿元人民币以上，分三期进行建设。

（汤智心）

移　民

【概况】 宣恩县水能资源丰富，理论蕴藏量达60万千瓦，水库移民工作始于修建龙洞水库电站，大规模移民工作缘起修建洞坪电站。宣恩县共有大中型水库6座，分别是水布垭水库、洞坪水库、狮子关水库、桐子营水库、龙洞水库和观音坪水库，小型水库共有23座。宣恩县因水电工程建设影响人口3.8万人，已完成搬迁安置大中型水库移民1248户4402人。

【后期扶持】 2014年按时足额发放移民后期扶持直补资金，共发放移民后期扶持直补资金181.76万元。申报3个小型水库移民扶持项目，分别是晓关乡黄河沟水库和祝家沟水库修建引水工程以及长潭河侗族乡中坝村道路硬化工程，计划总投资49.22万元。申报小型水库和移民移民安置区经济发展项目1个，为万寨乡白果村7组新修机耕路3千米，共计投资20万元。补报2013年大中型水库和移民安置区经济发展项目1个，为长潭河侗族乡大坨村1.5千米机耕路硬化工程，共计投资38万元。开展移民技能培训和移民干部培训，提升移民群众就业能力和移民干部的履职能力，全年共投入培训资金10万元。

【移民资金管理】 严格执行《宣恩县水电工程移民资金管理暂行办法》，资金使用控制在计划指标内，坚持专库专户、专款专用、专人管理、专账核算的移民资金归口管理办法。按规定时限和要求编制上报移民资金年度使用计划和有关财务报表，及时向州移民局报告工作进展和资金使用情况，争取资金足额到位。开展移民资金清理工作，重点对近年来移民资金拨款情况进行清理，做好资金归口规范工作。开展移民后期扶持资金审计，对2006年以来后期扶持资金进行全面自查自纠，接受县审计局的审计。

【信访维稳】 2014年县移民局排查矛盾纠纷60起，收集移民群众反映问题和建议50余条，共接待移民来访500人次。共处理信访案件11件次，办复10件次，办结率91%。

（陈娅）

资源、环境保护与生态建设

国土资源开发管理与利用

【概况】 2014年，全县国土资源工作落实耕地保护共同责任制，确保辖区基本农田面积稳定在30663公顷；新增耕地面积1299公顷，实现了耕地总量动态平衡；推行工业用地、经营性用地有偿出让制度，土地出让金收入3.98亿元。加快国土资源信息化建设，完成了矿政一张图、图形辅助、供地管理等项目的建设，基本实现国土资源基础业务的网络化。

【征地利用】 加强土地审批管理，实行政府垄断土地一级市场，严格按照招拍挂程序提供项目用地。2014年审批供应各类建设用地104宗，面积108.67公顷。有偿使用101宗，面积39.87公顷。审批农村村民建房用地1948宗，面积24.02公顷。保障经济建设用地29公顷，兑现补偿资金2500余万元。完成5个批次建设用地面积45.33公顷报批工作，保障全县重点工程建设和经济发展的用地需求。7月25日至26日，省国土资源厅新开工项目专项清理检查组对全县2014年1月至7月份新开工项目用地情况进行实地检查，并审阅用地审批材料和相关表格、图件资料。检查组对全县在新型城镇化建设和招商引资集中进工艺园区等方面的经验和做法给予肯定，并对落实“保红线、保发展、保权益”提出具体要求。

【规划修编】 开展宣恩至三岔公路改扩建线路、沙道沟镇小微创业园、椒园工业园等项目26.27公顷的规划调整修改工作；完成宣恩高罗35千伏输变电和209国道绕高罗集镇线路建设项目13.4公顷的土地预审。

【耕地保护】 建立健全耕地和基本农田保护动态巡查网络，实施县级耕地“占一补一”项目，确保全县耕地面积总量动态平衡，耕地保有量37186.67公顷、基本农田保有量3066.67公顷目标责任得到落实，做到了面积不减少，质量不降低。

【地政地籍】 全年共完成初始土地登记538宗，变更土地登记246宗，他项权利土地登记共计90宗；注销登记6宗。5月19日，全县宅基地使用权和集体建设用地使用权登记发证工作试点工作高罗乡龙河村和九间店村启动。

11月，启动全县耕地后备资源调查评价工作。

【矿产资源管理】 2014年，建立和完善《矿山开发利用巡查制度》等各项规章制度，开展矿业权年度检查工作。采矿权、探矿权年检率达100%，延续登记3宗、变更登记2家。征收矿产资源补偿费27万元。加大招商引资工作力度，完成高罗曾家档矿区锌矿招商引资项目，引进锌恩金属恩施有限公司（台资企业），注册资本4000万元。做好年处理50万吨高磷铁矿（原矿）采选项目前期工作，黄泥塘矿区（向家坪矿段）铁矿探矿权已挂牌，挂牌底价550万元。

【地质灾害监测防治】 制定《2014

年度宣恩县地质灾害防治方案》和《宣恩县突发地质灾害应急预案》。成功预报地质灾害4起：4月20日，高罗乡龙河村二组雾路牌发生滑坡险情，当场预警，疏散人员、车辆、转移财产，发放明白卡、划定危险区、设置警示标志，成功避让；7月23日，晓关乡桥塘村3组腊树凹出现滑坡险情，当场预警，疏散人员、转移财产，发放明白卡、划定危险区、设置警示标志，成功避让；7月7日，珠山镇大坝沟村6组八角庙出现滑坡险情，当场预警，疏散人员、转移财产及汽车一辆，发放明白卡、划定危险区、设置警示标志，成功避让；9月2日，椒园镇三河沟村8组小茅坡出现滑坡险情，当场预警，疏散人员、转移财产，发放明白卡、划定危险区、设置警示标志，成功避让。有效避免人员伤亡85人，避免直接经济损失25万元。7月20日，县国土资源局在椒园镇三河沟村开展地质灾害应急演练。

【国土资源执法监察】 加强国土资源执法网络建设，建立健全了县、乡、村三级执法监察网络体系。加大违法案件查处力度，全年共开展动态巡查208次，立案查处土地类违法案件63件，涉及土地面积60.2公顷，其中耕地36.53公顷，当事人自觉履行55件，申请人民法院强制执行5件，结案率为95.24%。收缴罚款34.48万元，拆除违法建筑物1栋，占地面积0.8公顷。

【主题宣传活动】 4月23日，县国土资源局在高罗集镇开展第45个世界地球日宣传活动。通过悬挂喷绘、摆放展板、散发资料、现场咨询、有奖竞猜等方式，对国土法律法规、节约集约用地、审批程序办理、地质灾害防治、矿产资源保护等方面内容进行宣传，普及国土资源科学知识、新理念、新方法和新技术，增强村民节约资源、保护环境和防灾减灾的意识。

6月25日，县国土资源局在县城河滨广场组织开展第24个全国“土地日”主题宣传活动。通过摆放国土资源知识宣传展板，以图文并茂的形式宣传节约集约利用土地，转变土地利用方式的理念。同时，设置宣传咨询台，向广大群众发放土地日宣传手册、“大块并小块”土地整治宣传手册和“6·25”宣传特刊等国土资源宣传资料，宣传提高土地利用效率和节约集约利用土地资源的重要意义，解答群众咨询的各类国土政策法规相关问题。

【信访维稳】 2014年，县国土资源局共接待来信来访165人次，接到各类信访案件32件，其中：上级转办的信访案件5件；本级办理6件；网上信访21件，信访投诉案件与上年相比呈下降趋势。无集体上访，无赴省进京越级上访。上级交办的信访回复率达100%。政策咨询解答224人次。

（李衍霖）

水　　利

【概况】 宣恩县地处武陵山区，属云贵高原的延伸部分。受亚热带湿润性季风气候的影响，雨量充沛，水资源相对丰富；受喀斯特地貌影响，地下暗河、溶洞较多，储水蓄水不易。

【贡水河在珠山镇以下称】 忠建河，是清江中游右岸最大支流，发源于咸丰县出水洞，经晓关平地坝入境，由西南向东北流经晓关乡、椒园镇、珠山镇、万寨乡、长潭河乡等5个乡镇，到达万寨两河口注入清江，沿途汇入的有洪家河、花塌河、龙潭河、岔槽河等11条一级支流及长潭河一条二级支流，干流全长73.7千米，平均流量54.72立方米/秒，多年平均径流深1077.4毫米，径流量17.76亿立方米，河流洪枯比大，最枯年份是1961年6月27日，流量1.29立方米/秒，最大洪峰流量是1969年9月3日，高达2320立方米/秒。河流境内总落差444米，坡降6‰，水能蕴藏量（含支流）37.88万千瓦，占全县可开发量67%。

鸡笼河发源于椿木营神州台，经恩施马尾沟河注入清江，在宣恩县仅流经椿木营乡境内，河长13千米，河流坡降大，平均为46.2‰，河流季节性强，丰枯比大，易暴涨暴落，流量小，多年平均年径流量1.32亿立方米，水能蕴藏量不到2.19万千瓦，可开发1.98万千瓦。

西水河发源于椿木营乡的杨柳坨，经沅江汇入洞庭湖，境内干流全长87.3千米，自北向南，流经南部沙道沟镇、高罗乡、李家河镇，共计大小支流17条，沿途汇入的有曹铺河、龙潭河、高罗河、川箭河

4条一级支流及冉大河等9条二级支流，可开发17.1万千瓦。

头坪河发源于沙道红旗河，从二坪响水河出境进入湖南澧水入洞庭湖，河流短，流量小，坡降大，境内河长11千米，平均流量仅1.2立方米/秒，坡降为63.6‰，水能蕴藏量4700千瓦，可开发3900千瓦。

到2014年全县投产电站34座，总装机达23.55万千瓦。其中，民营电站29座，总装机容量22.76万千瓦，占全县装机总容量的97%。

全县共有大小河流121条，总长度538.65千米，流域面积大于10平方千米的有34条，河长10千米以上的21条。全县两大水系，北部为忠建河水系，经清江汇入长江；南部为酉水水系，经沅江流入洞庭湖。忠建河发源于咸丰县高乐山镇，由晓关坪地坝注入县境，流域面积1388平方千米，县内长82千米，主要支流有花塌河、洪家河、龙潭河、龙头沟、马尾沟、官千河、长潭河。酉水河发源于椿木营杨柳坨，于李家河金陵寨注入来凤县，流域面积1328平方千米，河长90千米，主要支流有林家河、布袋溪、龙潭河、高罗河、岩底河、冉大河等。水能理论蕴藏量60万千瓦，可开发50万千瓦，已开发23.55万千瓦，仅占可开发的47%。

全县水资源总量约26.2亿立方米，人均水资源占有量为7600立方米，高于全国、全省、全州水平。从数量上看，水资源十分丰富，但时空分布不均，大量的水资源以洪水的形式流入下游，利用率不高。全县多年平均降雨量为1450毫米。从地域分布上看，椿木营降雨量最大，李家河、椒园、珠山、万寨较少。从时间上看4月至9月占70%以上。

全县主要以水电工程的形式利用水资源，2014年末有小型水库27座，总库容7600万立方米。中型水库2座（龙洞水库、桐子营水库），龙洞水库6400万立方米，装机2.6万千瓦；桐子营水库6600万立方米，装机2.4万千瓦。大型水库两座（洞坪水库、狮子关水库），洞坪水库3.2亿立方米，装机11万千瓦。从理论上说，全县水能资源蕴藏量有50万千瓦，可开发利用的近40万千瓦，居全州第二位，至2014年装机已近20万千瓦，年平均发电量约4亿千瓦小时，产值1.4亿元。

实施农村饮水安全项目，解决11.8万人农村饮水安全问题，通过龙洞水库综合执法，解决县城5万人的饮水安全问题，有效地保护了县城饮用水源地的安全，水质达到Ⅲ类以上，其中Ⅱ类水质达80%以上。

【黄河沟中小河流治理工程】 黄河沟是忠建河宣恩县城区段左岸支流，根据轻重缓急的原则，将忠建河下段治理工程（万寨至忠建河区间）及忠建河城关段治理工程规划投资调整到忠建河城关段治理工程——黄河沟中小河流防洪治理工程，并纳入全省“十二五”水利发展规划。项目总投资5993.44万元。其中一期投资2993.69万元，二期投资2999.75万元。已下达国家补助资金2000万元。2014年，一标完成西门沟连接段土方开挖8000立方米，临时房屋建设200平方米，钢筋材料厂400平方米。二标完成瞿家沟临时桥梁钢筋2吨，临时桥梁混凝土浇筑12吨，临时排水涵管安埋289米，一般土方开挖1.5万立方米，临时便道建设210米。

【官千水库建设】 官千水库位于宣恩县晓关侗族乡八台村官千河下游，水库正常蓄水位631米，最大设计坝高58米，水库总库容996万立方米。为Ⅳ等小(1)型工程，枢纽布置包括水库工程及灌溉输水工程两大部分，水库工程包括大坝、溢流表孔和导流放空洞。灌溉输水工程包括灌溉输水隧洞、输水管道和附属设施，输水隧洞长5554米，输水管道长18.689千米。项目概算总投资15781.5万元，其中申请烟草行业援建资金13447.57万元，地方政府配套预算资金2333.93万元。2013年8月底，按照要求将所有资料报送国家烟草总局。2014年6月，国家烟草总局安排相关专家完成项目初审，在此基础上，由项目法人再次组织设计等相关人员对项目进行优化和资料完善。2014年末，已完成项目设计与省级的全部报批工作。

【省水利厅调研黄河沟项目】 2月13日至14日，省水利厅党组成员、总工程师王万林带水利厅规科处、河道堤防局工作人员到宣恩调研黄河沟治理工程项目。习覃、周志斌陪同。王万林到黄河沟流域靶场沟、瞿家沟、西门沟及规划的泄洪洞出口等工程现场，对照批复的工程初步设计，研究具体工程施工布置和建设方案，并就黄河沟流域防洪治理项目建设具体事项进行研究。要求迅速成立项目建设协调领导小组，调集精干力量组建工程建设专班；抓紧开展移民、征地、拆迁及“三通一平”等前期建设准备；抓紧项目招投标工作，力争4月底前完成项目招投标工作，确保工程早日开工，力争2015年汛前完工，让老百姓受益。

（肖莎）

林　业

【概况】 2014年，全县林业用地面积206286.44公顷，其中有林地141661.84公顷，灌木林地35347.24公顷，未成林造林地9330.81公顷，其他林地106.98公顷；活立木蓄积831万立方米，森林覆盖率56.8%，林木绿化率72.4%。县境内维管束植物183科752属2027种，常见乔、灌木96科215属882种63个变种。

9月20日，宣恩县森林资源一类清查外业调查工作通过国家级检查验收。11月8日，湖北省绿化委员会、湖北省林业厅联合印发《关于命名湖北省“绿色示范乡村”的通知》（鄂绿发〔2014〕17号），万寨乡伍家台村、椒园镇黄坪村、高罗乡板寮村获“湖北省绿色示范乡村”称号，进入全省首批200个“绿色示范乡村”之列。

【生态建设与保护】 2014年，全县完成荒山荒地造林面积4618公顷。其中：人工造林2518公顷，无林地和疏林地新封山育林2100公顷。四旁（零星）植树38万株，年末实有封山育林面积15300公顷，成林抚育试点面积667公顷，林木种子采集量31吨，当年苗木产量3380万株，育苗面积249公顷。

【天然林保护工程二期】 2011年，国家天然林资源保护工程二期继续在宣恩县实施，天保工程二期实施中，国家投资加强对森林管护、公益林建设、森林抚育等方面进行建设。

2014年，宣恩县天保工程总投资1879万元。全县建立健全森林管护网络体系，聘请133名护林员对全县119266.67公顷森林进行有效管护。补偿林农2014年度重点生态公益林生态效益补偿金4.7万户94266.67公顷计909.5万元。补偿村、组集体重点生态公益林生态效益补偿金180个单位6066.67公顷60.6万元，补兑2011年度重点公益林173.33公顷1.9万元，补兑2012年度重点公益林173.33公顷1.9万元，补兑2013年度重点公益林166.67公顷2.98万元。完成封山育林1333公顷，人工造林133公顷；中幼龄林抚育333公顷。

【低产林改造】 宣恩县自2008年开始实施低产林改造工程，劳务投入由造林业主自筹，截至2014年年底，累计完成低产林改造2942.83公顷。

2014年，宣恩县完成低产林改造任务133.33公顷，完成村庄绿化植树20万株，折合面积133.33公顷。工程建设结合新一轮“三万”活动开展，以“绿满荆楚”行动为契机，采用绿化效果好、经济价值高、能促进林农增收致富的种苗，如桂花、楠木、银杏、核桃、白柚、厚朴、黄柏、柳杉等。在设计施工过程中紧密结合当地产业发展，注重生物多样性保护，保持水土，加强病虫害防治，低产林改造达到生态增量、林业增效、农民增收的目的。

【石漠化综合治理】 省发展改革委、省林业厅、省农业厅、省水利厅联合下达宣恩县2014年岩溶地区石漠化综合治理工程建设任务：中央预算内投资规模700万元，其中林草植被建设投资420万元；治理岩溶面积37.27平方千米，实施林草植被建设任务930公顷，其中封山育林800公顷，人工造林130公顷。通过组织实施，全面完成年度工程建设任务，工程涉及长潭河乡龙马山村、甘露村、细沙村、陈家台村、马虎坪村；珠山镇狮子关村、封口坝村。其中人工造林树种以杉木、柳杉、漆树、银杏为主，封山育林地类中疏林地549.3公顷，灌木林地250.7公顷。

【退耕还林】 宣恩县退耕还林工程于2002年启动，累计营造林21636.7333公顷，完成投资2.8807亿元。

2014年完成人工造林1076.6667公顷，封山育林0公顷，完成投资0.1793亿元，其中茶120公顷，以白柚为主的水果林150公顷，以核桃、油茶为主的生物质能源林399.4667公顷，以黄柏、厚朴为主的中药材林154.7667公顷，以柳杉、杉木、漆树等为主的工业原料林150公顷，以栾树、楠木为主的其他林木102.4333公顷。

【长江防护林】 2014年，完成人工造林133.3公顷，封山育林200公顷。中央投资81万元。工程涉及珠山镇、万寨乡、长潭河乡、沙道沟镇4个乡镇14个村。人工造林以核桃、柳杉、漆树、杉木等乡土树种为主，封山育林地类全部为疏林地封育。

【森林采伐】 按照《州人民政府办公室关于调减“十三五”期间县市年森林采伐限额的通知》(恩施州政办发〔2013〕63号)、州林业局《关于贯彻恩施自治州人民政府关于加强森林资源保护管理通知的实施办法》(恩施州林发〔2014〕11号)文件精神，执行采伐限额，管住林木采伐源头，林业管理站每个职工管护责任都落实到村，县林业局对每个护林员的履职情况进行考核，林农申请采伐林木，林业站管护人员必须现场核实进行伐前简易设计，在申请审批表上签字，各乡镇分村建立林木采伐许可证核发登记台账和采伐验收登记台账。对各乡镇的采伐限额采取分期下达，优先满足林农生产生活自用采伐林木所需，严格控制林木商品性采伐，特殊情况的采伐，县林业局资源股派人现场核查，实行一用一审批。2014年州政府下达全县年森林采伐限额为3.26万立方米，实际完成采伐2.27万立方米，其中农民生产生活自用采伐林木1.81万立方米。

加强对重点生态区森林资源的管理，在生态公益林区禁止林木商品性采伐，对林农生产生活自用采伐林木，严格控制采伐数量。对洞坪库区、桐子营库区等重点生态保护区，县林业局每半年向县水能办汇报森林资源管理情况，林业管理站每星期在辖区进行一次检查，县林业局定期开展巡查督办，禁止乱砍滥伐、毁林开荒行为的发生。为保护绿化大树资源，宣恩县人民政府2013年12月印发了《关于加强古树名木、阴沉木和景观石资源保护管理的通告》，州人民政府2014年1月发布《关于加强森林资源保护管理的通告》，按照这两个文件精神，加大对非法采挖古树名木、阴沉木、绿化大树的打击。全县禁止采挖、运输古树名木、绿化大树、阴沉木。

【林业执法及案件查处】 2014年全县查处各类林业行政案件49起，其中查处盗伐林木案件3起，滥伐林木案件23起，违法运输木材7起，违法加工、收购、经营木材案9起，违法收购、运输、出售野生动物及其产品4起，违反森林植物检疫规定1起，其他案件2起。累计没收木材121立方米，罚款7万元。办理涉林刑事案件27起，其中滥伐林木案20起，非法出售、采伐、收购国家重点保护植物案6起，失火案1起，破案25起，抓获犯罪嫌疑人29人，判实刑6人。查处治安案件2起，治安拘留3人。

【木材经营加工管理】 2014年全县通过清理整顿木材加工经营企业，采取整合、关闭等方式，严控木材经营加工单位数量，全县木材加工经营单位已由2013年的56家减少到35家。加强对木材经营加工企业的巡查，各执法单位对辖区内的木材经营加工企业每星期巡查不少于一次，并建立木材进出登记台账，严厉打击非法运输木材行为，维护正常的木材流通秩序。

【林地管理】 严格实行占用林地审批制度，贯彻落实林地保护利用规划，确保林地保有量。2014年全县已报批永久使用林地4个项目，面积22.3033公顷，上缴森林植被恢复费125.82万元；办理临时使用林地9宗，面积8.55公顷，上缴森林植被恢复费26.94万元。开展非法使用林地清理排查工作，全县使用林地审核报批率为100%，没有乱占林地、未批先占等重大破坏林地案件发生。11月开始非法侵占林地清理排查专项行动，对全县2012年以来高速公路永久和临时使用林地、采石采砂、城市建设用地、交通、电力、通信工程等各类工程使用林地进行全面清理自查。经核查恩来恩黔高速公路永久占用林地，因改线、塌方等因素红线扩征9.23公顷，未办理使用林地审批手续，其他采石采砂，城市建设用地、交通、电力、通信工程使用林地均已依法办理《使用林地审核同意书》，没有发现未批先占、少批多占、异地占用、延时占用林地等现象。

做好征占用林地的申报工作，各林业管理站加大对采石采砂及其他临时占用林地的清理，宣恩至长潭河公路改扩建、宣恩县2015年第一批次城市建设用地两个项目已完成外业勘测调查工作，临时使用林地已收取森林植被恢复费13100元。

【林业有害生物防治】 2014年，全县林业有害生物防治面积187333.33公顷，其中松林面积57333.33公顷。全年实施监测面积349066.67公顷，监测覆盖率62.87%。全县无成灾森林病虫害发生。

全县共育苗41.67公顷，开展产地检疫苗圃40.67公顷，苗木1856万株，种苗产地检疫率达到97.6%。

全年共签发植物检疫证书325份，其中调运检疫苗木10.4万株，绿化苗木2904株，木材及其制品2102立方米，楠竹1000根，林副产品及其他484吨，调运检疫率达100%，收取检疫费11050元。

开展春、秋两次松材线虫病普查工作，各乡（镇）林站及雪落寨林场成立了工作专班，按照松材线虫病疫情普查技术标准，开展对辖区范围内的松树进行全面普查工作，尤其以交通沿线、库区、厂矿周围、电力及通信塔、木材集散地及与恩施市接壤的区域为重点进行调查，看有无不明原因，类似松材线虫病症状的死亡松树现象，并详细记录发生地点，所在林班、小班病树数量，危害程度等异常情况。通过全面普查，全县未发现松材线虫病及疑似松材线虫病枯死的松树。

【森林防火】 2014年全县发生一般及较大森林火灾12起，未发生重特大森林火灾、人员伤亡事故和责任事故。

【湿地建设与保护】 2014年3月，向县机构编制委员会请求设立宣恩贡水河国家湿地公园管理局，成立机构，核定人员编制及领导职数。5月，组织专班对湿地公园的现状进行了详细调查，组织外景拍摄，图片收集。对湿地公园勘界标桩的位置进行了初选，在1∶10000的地形图上进行了标注。8月，编制《湖北宣恩贡水河国家湿地公园湿地保护与恢复工程建设项目可行性研究报告》。12月，与国家林业局林产工业规划设计院签订技术咨询合同，编制《湖北宣恩贡水河国家湿地公园湿地保护与恢复工程建设项目可行性研究报告》。

【董祚华到宣恩督办“绿满荆楚行动”】 12月11日，省林业厅党组副书记、副厅长董祚华一行由州林业局局长李敏克陪同先后到李家河镇、高罗乡等地检查督办“绿满荆楚行动”，周志斌、宋春禄、曾凡忠等陪同检查。

（李玲）

自然保护区

【概况】 湖北七姊妹山自然保护区始建于1990年，2002年批准建立省级自然保护区，2008年晋升为“湖北七姊妹山国家级自然保护区”（以下简称“七姊妹山”）（国办发〔2008〕5号）。

七姊妹山位于宣恩县境内，北与恩施市河溪村交界，东北属宣恩县椿木营乡管辖，东与鹤峰县太平镇接壤，南接湖南八大公山国家级自然保护区核心区毗连，西与宣恩县长潭侗族乡和沙道沟镇相连，地处北纬29°39′30″-30°05′15″，东经109°38′30″-109°47′00″。七姊妹山属森林生态系统类型自然保护区，主要保护以珙桐等珍稀动植物为主的森林生态系统和以亚高山泥炭藓沼泽湿地为主的湿地生态系统，总面积34550公顷，其中，核心区11560公顷，缓冲区11700公顷，实验区11290公顷，森林覆盖率68.97%（森林“二清”调查数据）。

经专家考证：保护区分布有5个植被型组，9个植被型，30个植物群系。现有维管束植物183科、752属、2027种，分别占湖北省维管束植物科、属、种数的78.88%、51.86%和33.44%，占全国维管束植物科、属、种数的53.82%、23.69%和7.29%。国家重点保护植物28种，其中，国家Ⅰ级有珙桐、光叶珙桐、红豆杉、南方红豆杉、钟萼木、银杏、莼菜7种；国家Ⅱ级有连香树、水青树、鹅掌楸、红豆树、黄杉、花榈木、香果树等21种。国家珍稀濒危植物有白辛树、紫茎等29种。列入国家15个野生动植物拯救工程之一的野生兰科植物有67种。特有种宣恩牛奶菜和宣恩盆距兰2种。已发现的植物中有32个中国特有属。中国特有的单科、单属、单种植物钟萼木、杜仲、大血藤在保护区分布集中，更新良好。保护区内有陆生脊椎动物355种，其中兽类67种、鸟类225种、两栖类26种、爬行类37

种;昆虫22目177科1300余种。国家重点保护动物56种,其中国家Ⅰ级有金钱豹、云豹、林麝、金雕等5种;国家Ⅱ级有黑熊、猕猴、鬣羚等51种被列入中国15个野生动植物拯救工程之一的野生雉类6种。保护区海拔1650~1950米范围内呈斑块状分布着亚高山泥炭藓沼泽湿地810公顷,湿地对维持洞庭湖水系沅江支流酉水源头的水源稳定,起着关键性的作用。

【资源保护】 2014年,保护区坚持以生物多样性保护为核心,以森林巡护为重点,开展法律法规宣传,建立局、站、点三级森林管护,形成层次分明、责任明确的森林管护网络化体系。1月7日,湖北七姊妹山国家级自然保护区管理局参加在湖南岳阳召开的中国野生动物保护协会保护区委员会成立大会,并成为首批中国野生动物保护协会保护区委员会成员。7月15日,华中农业大学园艺林学学院教授、博士生导师陈龙清等8人考察小组,到湖北七姊妹山国家级自然保护区开展第二次重点保护野生植物资源调查活动。12月19日,熊坤赤到武汉参加由中南民族大学举办的武陵山区生物资源保护与综合利用协作会议,与中南民族大学生命科学学院、湖北楚湘农业发展投资开发有限公司签订三方合作协议书,在武汉共建国家民委武陵山区野生植物资源圃,设置武陵山区特色植物展示区,并确定各方的责任及义务;同时,湖北七姊妹山国家级自然保护区被中南民族大学授牌为“武陵山区生物多样性研究基地”。

聘请森林管护人员50人(其中专职18人,兼职32人),明确管护范围,落实目标责任,实行责任挂钩。全年办理案件17起,其中刑事案件5起,网上追逃1起,移送检察机关审查起诉3起;办理行政案件12起,结案12起。保持常年防火态势,实现森林火灾零纪录目标。

【项目工作】 2014年11月,七姊妹山保护区基础设施建设二期项目可研报告获国家林业局批复,核定投资规模1493万元,其中,中央投资1194万元,地方配套299万元。继续完善天保工程管理制度体系,规范工程实施,强化档案管理,完成2014年度森林管护和公益林建设任务。管护集体公益林30560公顷,向3122户农户兑现森林生态公益林补偿资金558.76万元。

【科研监测】 制订《湖北七姊妹山国家级自然保护区野生动物监测管理办法》,实现监测工作常态化。年末监测相机达到65台,野生动物监测取得新的成果。与湖北大学共同开展亚高山森林沼泽湿地泥炭藓人工培育试验及推广项目,与湖北民院开展亚热带落叶常绿阔叶混交林长期监测课题。4月25日,雪落寨龙潭管理站兼职护林员欧天祥在沙道镇野溪沟村巡山过程中,发现国家一级保护动物林麝,并用手机进行了拍摄取证。林麝,本地俗称香獐,属鹿科麝属的一种动物,体型较小,以分泌麝香而闻名,为国家一级保护动物,由于人类滥捕乱猎,濒临灭绝。

【社区工作】 七姊妹山保护区涉及宣恩县长潭、椿木营和沙道沟三个乡镇及国有雪落寨林场等25个行政村152个村民小组。社区发展与七姊妹山生物多样性保护息息相关。做好“三万”联系点工作,根据州委安排,七姊妹山保护区管理局“三万”驻点村在长潭河乡后河村。2014年“三万”活动,帮驻点村维修公路6千米,清理滑坡砂石土方200余立方米,维修公路堡坎1处,整修涵洞1个,开展“3·12”植树绿化活动,栽植绿化树苗4000株,硬化村委会院坝计400平方米,解决村委会办公条件。1月14日,保护区管理局开展慰问活动,向驻点村8户生活困难群众每户赠送大米2袋、食用油2桶等生活物资及500元慰问金,用于改善生活。4月1日,州委书记王海涛到七姊妹山保护区开展调研,对保护区发展特别是社区工作给予重要指示。

【能力建设】 2月20日,管理局可视会议系统和网络政务平台开通,局办网站新闻信息更新及时。6月11日,恩施州机编发〔2014〕50号文批复:将湖北七姊妹山国家级自然保护区管理局作为州林业局所属正县级财政拨款事业单位,纳入州直单位管理。森林公安分局七姊妹山自然保护区分局纳入州直单位管理。10月28日,州林业局党组研究决定,七姊妹山森林公安分局与州森林公安局统一管理、统一预算、统一考核,人员工资和经费纳入州森林公安局统一预算管理,保护区管理局将森林公安分局在责任范围内履行职责的经费不足纳入预算。

全年共发布工作动态106条，其中多条被国家省林业网站及州内新闻网站采用。

【保护区功能区规划调整】 州人民政府2012年启动了湖北七姊妹山国家级自然保护区功能区调整工作，由七姊妹山保护区管理局向国家林业局、国家环保部提出调整功能区划的申请。2014年10月20日，由环保部南京环境科学研究所教授蒋明康、四川大学教授冉江洪、环保部南京环境科学研究所助理研究员钱者东等组成的国家级自然保护区评审委员会专家组，对湖北七姊妹山国家级自然保护区拟开展功能区划调整区域进行实地考察。湖北省环保厅、林业厅和恩施州人民政府及相关部门负责人，恩施州林业局局长李敏克、总工程师梅毅，七姊妹山管理局局长熊坤赤、副局长宋春禄等全程参加。12月19日，湖北七姊妹山国家级自然保护区功能区规划调整在北京经全国国家级自然保护区评审委员会评审通过。管理局副局长宋春禄及科研宣教科彭宗林参加。

(刘容新)

环境保护

【概况】 2014年，完成化学需氧量、二氧化硫、氨氮、氮氧化物减排目标，实施农村环境连片整治项目的实施，加强环境保护监督检查。全年共征收排污费32.67万元。

【污染物减排】 编制《2014年宣恩县主要污染物总量减排实施计划》对责任目标进行分解。2014年全县计划化学需氧量排放总量3000吨，同比下降0.8%(其中农业源下降1.5%)，同比减少排放22.6吨(其中农业源削减10.63吨)；氨氮排放总量377吨，同比下降0.8%(其中农业源下降1%)，同比减少排放2.86吨(其中农业源削减1.17吨)；二氧化硫排放总量651吨，与上年持平；氮氧化物排放总量94吨，与上年持平。实际完成化学需氧量减少排放88.96吨，氨氮12.14吨，二氧化硫与氮氧化物排放总量与上年持平。

【辐射环境管理】 对辖区内的输变电工程进行清查，摸清县内输变电的基本情况及其动态。辖区内共有已竣工验收的110千伏以上变电站3个，分别为沙道镇当阳坪220千伏变电站、晓关侗族乡大岩坝村500千伏变电所及110千伏莲花坝变电站。另外，110千伏和平变电站已经审批。

开展全县辐射安全排查，摸清各核技术利用单位基本情况，督促各单位完善辐射安全管理制度与防护措施，进一步加强射线装置管理，确保辐射环境安全。未发现辖区内有放射源存在。县域内Ⅲ类射线装置数量共计28台(套)，分散分布在县城和各乡镇的17家医疗卫生机构(医疗诊断用)及宣恩县人民法院(安保用)，各应用单位均已办理辐射安全许可证，射线装置操作人员取得了辐射安全与防护培训合格证，培训覆盖率达90%以上。全县电信、联通和移动3个通信企业，共有通信基站493个，(其中电信公司基站69个、联通公司基站192个，移动公司基站232个)。

县内运行有调频广播两套：省人民广播电台，频率107.6MHz，功率100W；州人民广播电台：频率100MHz，功率100W。电视转播设备一套：湖北卫视，频率663.25MHz，功率300W。C毫米B手机电视设备四套：县城内1套，频率623.25MHz，功率500W；高罗乡、沙道沟镇、晓关侗族乡各1套，均为频率623.25MHz，功率300W。

【建设项目管理】 完善环境准入制度，从源头上引导环境与经济社会协调发展。对新批项目，健全空间准入、总量准入、项目准入“三位一体”的环境准入制度。并实行不符合国家产业政策的一律不批，没有环评文件的一律不批，不符合饮用水源保护规定的一律不批，无公众参与的一律不批。2014年共审批建设项目环境影响报告表28个，登记表20个。验收项目1个，同意试运行项目7个。建设项目“环评”“三同时”执行率均达100%。

【农村环境保护与生态文明创建】

全县以打造环境优美乡村为重点，通过修建环保基础设施、配套相关环保设备、建立健全相关管理制度、开展环保宣传教育等形式，以关注民生重点、解决环境难点、服务农村农民为主旨，开展“万名干部进万村洁万家”活动。完成珠山镇双龙湖社区、卸甲坝村，晓关乡倒洞塘村、大岩坝村、黄河村，万寨乡伍家台村，沙道沟镇两河村、当阳坪村，李家河乡二虎寨村、塘坊村等10个村的农村环境综合整治工作；为沙道沟镇两河口村、高罗乡板寮村谭家坝、万寨乡伍家台村、椒园镇庆阳坝村和水田坝村安装太阳能路灯100盏。

【环境执法监督检查】 6月，开展“整治违法排污企业，保障群众健康”的环保专项行动。组织干部职工学习，领会专项行动的实质精神，统一安排专项整治行动，并就《2014年恩施州整治违法排污企业保障群众健康环保专项行动实施方案》安排的工作重点、任务目标、具体措施进行落实。在专项整治行动中，县环境监察大队共出动536人次，检查企业180家次，对辖区内企业展开普查，对重点行业、重点企业进行了专项调查。

开展水源地保护、空气质量改善、打击环境违法行为三大环保行动。县环境保护局制定《关于开展2014年宣恩县环保专项行动综合执法检查的通知》，明确三大环保行动的整治重点、工作措施、工作步骤及时间安排。

县环境监察大队开展对严重污染企业现场督察，建立健全辖区排污单位现场监督检查制度，重点检查排污单位及其污染防治设施运行状况，采取巡回检查、定期不定期抽查、组织夜间突击检查等方式，加大对企业的监督检查频次，并明确监督责任，对全县六家国控重点企业实行“一企一人”责任分工制度，落实职责到人，全面控制企业排污行为。

【环境监测】 围绕集中式饮用水源地水质安全，完成龙洞水库及高罗埃山小沟2个饮用水源地水质监测各12次；农村环境连片整治项目板寮村集中式饮用水源地水质监测12次；9个乡镇集中式饮用水源地水质监测各1次；针对“国家重点生态功能区县域生态环境质量考核”，完成木场河及乐坪桥2个水质断面的水质监测共12次，水质合格率为100%。共获得成果数据794个。城区大气环境质量监测1个点位，3个主要项目，2014年全年共监测340天，其中优158天，良181天，空气质量良好。按照城区区域环境噪声监测方法标准对100个网格点分别进行10分钟采样监测，宣恩县城区区域环境噪声平均值为57.6分贝。

【椒园镇被命名为“国家级生态乡镇”】 6月13日，环境保护部公告2014年第44号授予椒园镇等829个乡镇“国家级生态乡镇”称号。

【全州首个全参数空气自动监测站】 10月，县环保局投入130余万元，建成恩施州首套全参数空气自动监测站，建设地址位于宣恩县环保局综合大楼楼顶，全参数空气自动监测站配备了PM2.5、PM10、二氧化硫、氮氧化物、臭氧、一氧化碳、城市摄像系统和能见度等监测设备。

（查婷）

【能源消耗】 2014年全县能源消耗量30.20万吨，单位生产总值能耗1.04吨标准煤，GDP能耗降低率2.53%，完成二氧化碳减排4%，较好地完成了州政府下达的能耗下降2.5%的目标任务。

全县公共机构总建筑面积51.23万平方米，用能人数38553人，公务用车331辆，其中柴油车15辆。能源资源消耗主要为办公及日常用电、日常用水、公车耗油、采暖用电、天然气、煤等。全县公共机构用电消耗749.39万千瓦时；用水消耗62.84万立方米；汽油消耗102.2万升，柴油4.29万升，原煤0.01万吨，天然气41.26万立方米。2014年能源资源消耗中用电消耗同比下降10.7%，水消耗同比下降8.1%，汽油消耗同比下降3.7%，柴油消耗同比下降7.3%，天然气消耗同比上升512%。

（贺声映　郑海涛）

气　象

【概况】 2014年气温与历年相比正常略偏高，降水量略偏少，降水日数基本持平，暴雨日数正常，气候较为正常。前期有冷空气活动，但势力较弱，使得气温正常偏低，二高山及其以上地区冰雪天气，对交通运输及农作物的生长有一定影响；春季平均气温较历史同期偏高，有利于烟叶及秧苗移栽等农事活动；夏季气温较常年偏低，降水偏少且分布不均，出现强对流天气引发的洪涝及晴热高温天气引发的干旱等自然灾害，并对水库蓄水及电站发电不利；秋季气温较常年偏高，降水偏多，雨量丰富对水库蓄水有利，但9月初出现的强对流天气，对人们的生命财产造成一定的损失。

【主要气象要素】 气温：年平均气温为15.8℃，比历年值（15.7℃）偏高0.1℃；年极端最高气温为38.4℃，出现在7月31日；年极端最低气温气温为－2.8℃，出现在1月22日。

降水：年总降雨量为1324.7毫米，与历年同期（1417.7毫米）相比，偏少6.6%；年降水达0.1毫米以上的日数为180天；全年共出现4次暴雨过程：最大一次出现在9月2日，日降水量为94.3毫米。

日照：年日照时数为979.7小时，与历年（1137.3小时）相比偏少157.6小时。

【主要天气事件及其影响】 2014年全县的气象灾害以暴雨和干旱为主，局部出现雷雨大风天气。暴雨衍生灾害主要为滑坡及洪涝，对工农业生产造成不同程度损失。

暴雨灾害。7月12日零时至8时，宣恩县境内出现暴雨、局部大暴雨天气过程，导致李家河、沙道、珠山、长潭、高罗5个乡镇4500人受灾，暴雨导致交通、电力等基础设施及农作物受灾严重。农作物受灾515公顷，成灾360.4公顷，绝收148.8公顷；公路塌方53条次，供电中断1条次；损坏灌溉设施18处；灾害造成直接经济损失578.4万元，其中农业经济损失446.4万元，水利损失27万元，道路通讯损失105万元。

9月2日，全县普降大到暴雨，局部大暴雨，最大降水在椒园镇洗草坝，降水量为145.7毫米，出现了洪涝、滑坡等灾害。9个乡镇都不同程度的受灾，受灾人口达5200人，造成直接经济损失470万元。其中农作物受灾266公顷；倒损房屋10栋30间，受损房屋35栋60间；209国道、宣万线、长椿线多处出现塌方，农村公路多处受损，宣万线因滑坡中断，车辆经伍家台绕行；发生滑坡地质灾害3起；因雷击死亡1人。

干旱。由于受副热带高压影响，7月开始，全县以晴热高温天气为主，降水严重偏少，局部出现了不同程度的干旱灾害。

【人工影响天气】 全县7个人工防雹增雨作业站共作业27次，其中火箭增雨1次，消耗炮弹1273发、火箭弹6枚。作业有效面积达230平方千米，产生直接和间经济效益2000万元以上，使防护区内人民生命财产和烟叶等支柱产业减少或免遭冰雹等自然灾害造成的损失。

【防雷管理工作】 根据《湖北省气象局关于印发〈防雷“两规范、两禁止、一推进”专项工作方案〉的通知》（鄂气发〔2013〕147号）精神，全年共完成各类建（构）筑物检测130余幢（处）、易燃易爆场所67处；完成新建、改（扩）建工程防雷图纸审核26份；参与防雷装置跟踪检测技术服务24家；完成竣工验收17家。

（陈海鹰）

住房和城乡建设

城乡建设

【概况】 2014年，全社会建筑业实现增加值32474万元，剔除价格因素比上年增长17.3%。全县共有资质以上建筑业企业6家，从业人员746人，比上年增加62人；完成建筑业总产值4.34亿元，同比增长25.8%；房屋建筑施工面积16.05万平方米，同比增长38.8%；房屋建筑竣工面积13.79万平方米，同比增长21.6%。

县城区主干道、背街小巷基本实现道路黑色化、街面一体化、管线入地和雨污分流；高速公路县城连接线改建段、兴隆小区外环线一期工程、贡水河亮化一期工程、侗族鼓楼、金源国际酒店投入使用；万和广场新区开发、贡水龙城旧城改造、贡水河南岸人行栈道建设快速推进，金典国际、县城二水厂、西门沟至莲花坝道路等项目稳步实施；商品房销售面积增长179.2%；城区规范管理全面加强，智能交通系统投入运行，“两违”管控形势总体平稳；贡水河湿地公园获准筹建全州首个国家级湿地公园，建成全州首个全参数空气自动监测站，县城污水处理厂实现达标排放。年末城镇化率31.14%，比上年提高2.04个百分点。

县住房和城乡建设局办理县人大、政协交办的议案提案12项，县纪委交办3项群众反映强烈的突出问题。全年受理群众来电、来信和信访件72件(次)，回复办理网络问政41件；办结县领导交办件4件、信访局转交件7件；办理人大代表建议5件，政协委员提案7件；召开建设项目协调会12次，解决了12起建设过程中的矛盾纠纷。

【城市建设重点项目】 2014年全县城市建设重点项目共35个，年内完成总投资14亿元。州城市建设重点项目(全口径)18个，其中续建项目10个、新建项目8个。

截至2014年年底，10个续建项目除县文体中心重新招标外，其余9个全面推进。8个新建项目中，4个已完成招标，1个(棚户区改造——四季天城二期项目)在调整规划，3个已完工。

【保障房建设】 全年897套新建保障性住房任务，开工897套，当年基本建成240套。2000户棚户区改造任务均落实项目地块，已开工建设2000套。

【城乡规划】 2014年启动宣恩县城总规编制和修编工作，对武汉理工大学规划设计院2009年编制的《宣恩县城市总体规划》的总规修编，进一步完善相应专项规划。目标是构筑以县城为核心、以乡镇为纽带、以中心村为基础的县域城镇体系，增强城镇聚集功能，实现县域城镇化率每年提高2个百分点以上，到2020年，县城建成区面积达到20平方千米，规划控制区面积达到35平方千米；县城人口达到10万人，乡镇集镇总人口达到10万人左右；建成50个特色中心村，逐步实现城乡基础设施一体化、城乡公共服务均等化，不断缩小城乡发展差距。

在县城基本实现控制性详细规划的全覆盖、城市规划水平提高档次和高度的基础上，完善专项规划编制。编制完成《宣恩县城区道路专项规划》《宣恩县户外广告设计》《宣恩县沿河北路立面设计》《宣恩县贡水河景观带灯光亮化设计》《宣恩县贡水河南岸片区排水（防涝）管网改造设计》等专项规划。

【村镇规划】 以椒园镇试点启动全域规划编制。椒园镇辖21个村，2.45万人。在编制完成的《宣恩县椒园组团总体规划》的基础上，全镇共编制完成了19个村的村庄建设规划。

建制镇（乡）规划编制。完成《高罗乡总体规划修编》《椒园组团总体规划》《宣恩县沙道沟集镇总体规划修编》《万寨乡总体规划修编》；全面启动李家河、晓关、椿木营、长潭河4个乡镇的规划修编工作；沙道沟镇开展《宣恩县沙道沟集镇排水专项规划》编制工作。

全县村庄规划编制全面启动，完成230个村庄规划编制。

【规划管理】 2014年核发《选址意见书》27项，占地68.7公顷；核发用地"规划许可证"266项，占地91.4公顷；核发工程规划许可证149项，建筑面积120.2万平方米；核实竣工验收规划条件25件，面积2.2万平方米。召开规划委员会2次，讨论方案12个，并及时公开，保证项目的规范实施。

【城镇管理】 2014年按照"属地管理、权责一致"的原则，落实机构和人员，各乡镇均设立集镇管理办公室，设村镇建设服务中心。全县共调剂公务人员56人、事业人员38人，充实集镇建设管理办公室，管理队伍人员达110人。加大资金投入，环卫设施设备得到改善。建立一批管长远的制度。建制镇（乡）规划日常管理工作，主要由乡镇人民政府自行管理。规划审批时，先由乡镇村镇服务中心人员收集、整理有关资料，再以乡镇为单位到县规划局办理审批，后收集、归档和保存有关项目规划档案。

【村镇建设】 2014年，开展以"扫干净、摆整齐、保畅通"为主要内容的"乡镇集镇建设管理重点年"活动，推进"五个一工程"，完成国省道大中修71千米，乡镇集镇面貌发生明显变化，椒园镇被命名为"国家级生态乡镇"，并与沙道沟镇一起入围新一轮全国重点镇。"三坝两寨"建设成效明显，新建和改造特色民居1023户，黄坪村、伍家台村、板寮村成为全省首批"绿色示范乡村"，野椒园村、两溪河村被列为中国传统村落。启动宣石线、王椿公路甘长线改扩建工程和沙道沟绕镇线建设，完成县乡道改造升级工程38.8千米，农村公路通畅率达到98%，农村饮水安全普及率达到89.85%，和平110千伏、黄河35千伏输变电工程投入使用。

各乡镇都有一个实施固定资产投资超过1000万元的项目，沙道沟镇"酉水商都"工程基本完工，李家河镇上城大道商住楼、万寨乡"贡茶苑"、晓关乡行政综合楼及广场工程有序推进，椿木营乡新区开发建设完成规划设计。椒园、晓关、李家河、高罗、椿木营5个乡镇抢抓国省道大中修机遇，进行排水管网建设，同步实施集镇道路改造。

完成《宣南栏杆坪生活垃圾卫生填埋场项目》申报，项目预算投资3636万元，日处理生活垃圾94.43吨，总库容76.35万立方米。开展"美丽家园·清洁乡村""爱国卫生运动"活动，进行村庄环境整治工作，完成10个村农村环境综合整治，清洁能源入户6383户。

【农村危房改造】 2014年中央下达全县农村危房改造指标1140户，已完成改造1140户，各乡镇按照"户报、村评、乡（镇）审、县批"和张榜公示的程序，实行阳光操作。

全面启动建立全国农村人居信息系统和农村危房现状系统工作，按照及时全面、完整准确的工作要求，年底完成系统的建立采集和信息录入。

【建筑业管理】 2014年共审批《施工许可证》51件，新增建筑面积71.2万平方米，造价9.72亿元；建设工程报建备案84起，外地建筑企业市场准入备案99起，建筑节能竣工备案16起，新增审核通过三级资质企业2家。"禁现"全面开展，供应商品砼18万立方米，供应蒸压加气砼砌块3万立方米。收取散装水泥基金10.57万元、新型墙体材料基金12.6万元。送达限期整改通知书8份，停工整改通知书2份，对未办施工许可证先行开工的工程发送停工通知书8份。累计受监工程67个，面积83.08万平方米，接转上年工程26个、面积13.85万平方米。竣工验收工程15个。

根据2014年国家"工程质量治理两年行动"，组织相关单位参与学习了两年行动的相关文件，并要求施工单位自查自纠。6月，县住建局对全县在建工程进行排查，共检查13家建筑企业、45个在建工程、总面积32万平方米建筑，查处安全隐患33条,发出安全隐患整改通知书5份。

贯彻执行《湖北省房屋建筑和市政基础设施工程质量监督管理暂行办法》(鄂建〔2011〕79号文),要求建设单位在主体结构验收前委托具有相关资质的检测单位进行建设工程实体质量的检测,严控商品混凝土的质量,完善监督过程控制,加强痕迹管理。

提高监管人员素质,加强员工技能培训。10月,组织县建设工程质量监督站一线监督人员参加省住房和城乡建设厅在荆州举办的监督员培训班学习。建立健全工程质量监督告知制度,提高监督执法透明度,畅通信息收集渠道,及时处理各种违规违法行为。全年发送质量整改通知书9份,停工通知书5份。

全年监管工程42个,总面积57.1万平方米,总造价7.65亿元。收取18个工程人防异地建设费48.4万元。新增天然气民用户895户,供应天然气205万立方米,入户安全检查4600户。

全年巡查工程安全172个次,查处安全隐患365条,下达隐患整改通知书26份,责令12个工程停工整改。年初与县内施工企业签订安全生产责任状,坚持季度安全例会制,创建监控信息平台,城区重点工程项目实现了全程视频监控,乡镇工程实行手机信息报送。

【房地产业】 2014年全县从事房地产开发的企业共16家,其中县内企业14家,县外2家。全县在建商品房项目18个,计划总规模76.46万平方米(城区55.21万平方米),其中住房52.42万平方米5234套(其中城区40.22万平方米3503套)。2014年度商品房竣工项目5个13.53万平方米,其中住房9.79万平方米(其中城区7.53万平方米580套)。

截至12月底,全县完成商品房开发投资29800万元,同比增长14.55%。本期新开工面积58.72万平方米(其中城区53.04万平方米),同比增长195.82%。本期施工面积35.05万平方米,同比增长28.29%。

全年共批准商品房预售许可项目4个,比上年减少3个,批准面积17.91万平方米(其中城区12.82万平方米),同比减少2.44万平方米,其中住房14.91万平方米1433套(其中城区10.6万平方米847套)。

全年共销售商品房649套6.27万平方米,其中住房424套4.98万平方米,比上年增加73套0.87万平方米。全县商品房销售平均单价为2938元/平方米,比上年低266元/平方米,其中城内3550元/平方米,乡镇为1710元/平方米。商品住房价格与上年相比有几个特点:一是城乡的差别拉低了平均价格,城区最高价3950元/平方米,最低2794元/平方米。乡镇最高价1872元/平方米,最低价有1620元/平方米,而2013年乡镇没有销售商品房。二是楼层的差异,2014年城区均价比上年高,其主要原因是2014年销售的绝大部分都是电梯房且10层以上的居多。三是品质好的房屋价格仍处于好的优势。如同样处于现房及楼层相同的马家坪四季天城和凌云路时代华府,四季天城均价就高于时代华府200～300元/平方米。就是说,表面上看来商品房平均价格下降了,但实际在城区,均价上升了346元/平方米,即便剔去楼层因素,好品质的房屋价格仍然呈上涨趋势。

截至12月底,全县在建商品房待售住房共有4842套(其中城区3642套)。

全年处理房改房部分产权补购和集资房登记审核等遗留问题86件,完成20家开发企业和6家物业服务企业的年检初审工作。6月,对全县19家房地产开发企业的集资情况开展摸底、排查,未发现非法集资范畴的集资行为。

【商品房预售资金监管】 严格商品房预售许可。严格执行《宣恩县商品房预售资金管理办法》(宣政办发〔2011〕22号),严把入口关,坚持预售前签订《商品房预售资金监管协议》,设立预售资金监管专户,搞好“三方约定”;在商品房合同备案时以房款首付进账证明为依据,无进账证明不办理合同备案,并建立合同备案台账,登录每户资金入账明细;经常到企业和银行,了解和掌握商品房资金监管的入账和划转情况,查看定金、首付款、按揭款等是否进入专户,查看银行是否按规定划转预售款。划转预售款时,严格按“企业申请—房产股现场查看和初审—主管领导审批—银行领导签批”程序划转预售资金。保证预售房款的专款专用,有效杜绝预售资金监管的风险,保障了购房人的合法权益。2014年预售资金累计入账18045万元,已按工程进度划转16945万元,未划转余额1100万元。

【物业管理】 制订《关于加强和规范物业管理工作的通知》，启动房屋维修资金管理信息系统，完成房屋维修资金按栋、单元、户建账，为维修资金使用审批等工作奠定基础。

【第三批中国传统村落】 11月17日，长潭河侗族乡两溪河村、晓关侗族乡野椒园村等994个被住房和城乡建设部、文化部、国家文物局、财政部、农业部、国土资源部、国家旅游局联合公布为第三批中国传统村落（建村〔2014〕168号）。传统村落是指拥有物质形态和非物质形态文化遗产，具有较高的历史、文化、科学、艺术、社会、经济价值的村落。入选名录的村落如果要进行保护开发，必须编制保护规划，同时相关规划要经过国家部委级机构的审查。这个规划核心内容之一，就是控制过度开发，包括控制商业开发的面积和规模，禁止将生活街区改成商业街，不允许搬迁全部村民、将传统村落建成“博物馆”等开发行为。此前，沙道沟镇两河口村、椒园镇庆阳坝村已于2012年12月入选第一批中国传统村落名录。2014年年末全县有中国传统村落4个。

两溪河村位于长潭河侗族乡集镇西南部16千米，距县城53千米。地处国家级自然保护区七姊妹山腹地，王（家坳）椿（木营）公路穿村而过，村内的山羊溪、卢家院子和两河口是宣恩县境内为数不多的侗寨。侗寨房屋均为木质瓦屋，多为吊脚楼，依山就势、背山面溪而建，错落有致，自然成寨。其中卢家院子为三寨重点，寨前矗立两株树龄达200多年、林业部门挂牌保护的古楠木，一座古朴的风雨桥横跨河道，将寨子与对面的公路自然相连，既是山民出入的主要通道，又为消暑纳凉、休闲娱乐的绝佳去处。三寨子寨内古树掩映、寨前碧水环绕、寨后青山拥抱，“小桥、流水、老树、古寨”的美妙组合，在大山中构成恬静和谐的山水画卷，令山外游客心驰神往。

野椒园村位于椒（园）石（门坎）公路边，距晓关集镇3千米，整个生态、文化资源可概括为“二院二树一鱼”。其中张家院子由3栋四合天井相连的吊脚楼和9栋单体吊脚楼组成，始建于嘉庆年间，距今200多年，屋内保存了完备的侗家特色建筑，半边火炉，窗户、柱头、磉礅均雕刻精细生动，院旁有一棵300年的枫香树点缀整个院落。杨家院子犹如收藏于竹林之中的建筑艺术品，风格与张家院子大致相当，院头一棵1200年树龄的红豆树被视为神树。两院落由不到千米的古道相连，都保留着公共走廊、公共墓地、族谱族规等民俗事项及“过早年”、树神崇拜、祖先崇拜等古老习俗。古寨完整的一姓一寨的侗乡居住形式、高超的吊脚楼工艺、完备的侗寨文化要素和交通要津以及珍贵的民间文化习俗，吸引各地游客络绎不绝。

【伍家台村被命名为全省第三批“宜居村庄”】 5月12日，万寨乡伍家台村被命名为全省第三批“宜居村庄”（鄂新城办〔2014〕1号）。至此，宣恩县共有5个村庄被命名为省级“宜居村庄”。在此之前2012年2月28日，高罗乡埃山村、板寮村被命名为全省首批“宜居村庄”（鄂新城办〔2012〕2号）。2013年5月27日，椒园镇水田坝村、珠山镇卸甲坝村被命名为全省第二批“宜居村庄”（鄂新城办〔2013〕1号）。

（汪胜华）

城市管理

【概况】 恢复沿河两岸损毁的675个狮子头，更换维护河滨广场损坏的护栏；完成城区100个绿化点的建设，做好城区47478平方米绿化面积的日常养护，补植建设路400平方米绿篱带，改造老政府宿舍楼内200平方米花坛、河滨广场480平方米草坪；城区主次干道路灯亮化率达98%以上，背街小巷达96%以上；共清运、中转城区生活垃圾23160余吨，处理生活垃圾24740余吨，无害化处理率达96%以上。镇村建设步伐不断加快。大力利用12319城管服务热线、宣恩论坛、网络问政等互动平台，听取民意，排解民难，共办理回复群众来电142件，宣恩论坛网帖15件，接待群众来访14人次，办理回复网络问政信访件57起，办结率100%，满意率95%。共收到县十七届人大四次会议议案1件，县政协第八届四次会议提案7件。

【“两违”整治】 2014年，县“两违”（违法占地、违法建设）整治办公室坚持严防严控，加大巡查力度，将城区分为三个片区，并组建三个巡查监管专班，实行正常工作日“全天候、无缝隙、全覆盖”，节假日“领导带班、全员轮班、副班备勤、全域巡查”的监管模式，严控新增“两违”现象的产生，不断消化原已形成的“两违”建筑的处置。全年共发现“两违”建设78起(大部分是滥搭乱建行为)，已制止78起，立案查处18起，下达行政处罚决定书16户，其中5户以罚款为处罚内容，收取行政处罚罚款10.47万元，自行拆除保证金18.35万元，限期拆除通知书7份，下达停工通知书59份，责令整改通知书56份，共拆除23户，总面积1474平方米，其中自行拆除5起，面积485平方米，强制拆除18起，面积989平方米，补办相关手续9户。对顶风抢建的“两违”建筑组织集中拆除行动8次，停水停电5次，查封施工现场2处，下达《查封、暂扣物品(工具)决定书》16份。

【市容环境综合治理】 整治占道经营。针对摊贩占道经营导致城区部分路段交通拥堵、脏乱差严重的问题，县城市管理局联合运管、交警、公安等部门开展综合执法，通过调查走访，广泛宣传，发放告知单和责令整改通知书，采取定人定岗全天候巡查蹲守的方式，清除乱停乱放车辆和各类摊贩商户占道、出店经营问题，依法采取强制措施进行整改。同时，合理控制临时占用道路、广场进行商业促销行为的审批，实现还路于民、还广场于民。

整治渣土污染。2014年城区内有6处建设工程相继施工，所有工地和渣土运输公司在作业之前先到县城市管理局行政许可股办理相关审批手续，实行一车一个准运证、一个标示号牌，并交纳建筑垃圾处置、运输保证金；在办理审批手续时与工地和渣土运输公司签订责任书，保证车辆不带泥上路、不得随意遗撒和倾倒。安排城管执法队员经常进工地，向6家建设单位工地负责人和40余名渣土运输司机宣传相关政策法规和具体要求；对施工场地道路硬化和运输车辆冲洗条件、密闭设施和渣土运输的路线进行全程监管，禁止工地在22:00至次日7:00施工，发现问题及时处理，共发放整改通知书80份，对2起屡禁不止、影响恶劣的渣土污染行为，按规定进行处罚。

整治废品回收行业。县城市管理局牵头建设投资170万元的城区再生资源回收行业集中经营场所，并联合公安消防、工商、珠山镇政府等部门，通过深入调查、广泛宣传、依法治理，于3月底将城区内13家废品回收经营场所搬迁至和平原水泥厂打砂场废品回收集中经营点，并抓阄公平选择场所(门面)，签订了相关合同。城管执法大队采取加强日常监管巡查、跟踪检查和定期回访的方式，巩固工作效果。

市政设施和园林绿化管护。做好路灯等市政设施的日常巡查维护，加大日常巡查力度，坚持早发现早维修的原则，既及时解决民生诉求，又消除安全事故，防患于未然。确保城区主次干道路灯亮化率达98%以上，背街小巷达96%以上。解决市民投诉的人大宿舍楼化粪池堵塞、民族风情街2号楼院内和县实验小学旁污水横流等难点问题。开展省级园林县城创建工作，实施风雨桥沿河河岸的垂直绿化，在沿河沙滩栽植垂柳、枫杨60株。指导完成了城区100个绿化点的建设，做好城区47478平方米绿化面积的日常养护，补植建设路400平方米绿篱带，改造老政府宿舍楼内200平方米花坛、河滨广场480平方米草坪。完成了城区行道树、色块的定期修剪，中耕除草、施肥，及时做好病虫害防治工作。

基础设施建设。投资28万元恢复沿河两岸损毁的675个狮子头，更换维护河滨广场损坏的护栏；投资80余万元实施城区100个绿化点建设工程；投资65万元完成音乐跑泉维修工程；投资40万元编制《城区绿地系统规划》；拆除了城区原椒园卫生院D级危房，建成了集停车、公厕、环卫工人休息室于一体的生态停车场。

【五把车农贸市场开通电子信息管理平台】 5月5日，五把车农贸市场电子信息管理平台开通，正式为摊户服务。为了便于对农贸市场精细化管理，确保全天候为摊户提供优质高效的服务，县城市管理局在城区五把车农贸市场内安装电子监控系统，将市场内300多个摊位纳入电子信息管理平台。电子信息管理平台上线后，农贸市场内所有摊主的摊位位置、经营类别、从业人员动态等详细信息，全部通过监控系统进入电子大屏幕，供市场管理人员监管和摊户查询。工作人员在办公室里可通过显示屏对摊户出店经营、安全防盗、矛盾纠纷等动态信息随时掌握，及时为摊户提供查询和调解服务处理。

【全省第十七个环卫节庆祝活动】 10月26日是湖北省第十七个环卫节。10月24日，县委、县政府在县城河滨广场举行湖北省第17个环卫工人节纪念表彰大会暨“我当一次城市美容师”等系列活动，朱鹏程、黄同元、向子明、黄玉贤等出席。会议授予黄先碧、肖安平、郑新云、覃遵红、苏学恩、雷桃云、卓秀莲、孟成轩、朱定泽、姚香云10名环卫工人“十佳城市美容师”荣誉称号；授予兴隆大道路段、民族路路段2个路段被评为“市容环境美好示范路”；风雨桥环卫班组、星光大道环卫班组、工农街环卫班组、河滨广场环卫班组、莲花北路环卫班组5个班组被评为“城市环境卫生先进班组”。朱鹏程、黄同元、黄玉贤等县领导为环卫工人发放慰问信和慰问金；荣获“十佳‘城市美容师’”的环卫工人覃遵红代表环卫工人作典型发言；向子明在会议上讲话并宣布“我当一次城市美容师”活动启动。10月26日，举办以“洁净宣恩，人人参与”为主题的系列活动，包括慰问环卫工人、开展趣味体育比赛、组织县直各单位“为环卫工人办实事”及“我当一次城市美容师”等。

【机构编制调整】 3月19日，县城市管理局组建的女子执法队上岗。6月16日，建立“许可与监管分离、收费与管理分离、处罚与监督分离”的执法及监督体系，县城管局向县编制委员会申请调整编制分配及机构设置。7月9日，县机构编制委员会《关于调整县城市管理局及二级单位全额拨款事业编制等事项的批复》（宣编办〔2014〕16号文件），同意县城管局关于编制分配及机构设置调整的申请，对人员编制及机构进行调整。其中，(1)县城市管理局：事业编制由11名调整为21名，编制来源从本系统内调剂（县园林局5名、县环卫局1名，县城市管理执法大队4名）；领导职数4名：局长1名，副局长3名；行政许可股更名为行政审批股，更名后内设机构个数及内设机构负责职数不变。(2)县园林局：事业编制由12名调整为7名；设路灯管理股、园林管理股、市政设施管理股3个内设机构；其中领导职数2名：局长1名，副局长1名；内设机构负责人职数3名；(3)县环境卫生管理局：事业编制由8名调整为7名(其中自收自支事业编制2名)；设清扫股、清运股、垃圾处置管理股3个内设机构；领导职数2名：局长1名，副局长1名；内设机构负责人职数3名；(4)县城市管理执法大队：事业编制由19名调整为15名；下设4个执法中队。领导职数3名：大队长1名、副大队长2名；内设机构负责人职务8名（每个中队中队长、指导员1名）。

（肖仲权）

住房公积金管理

【概况】 2014年全县基本建立起按月缴交公积金制度，实行乡镇事业单位全覆盖，全县乡镇事业单位和烟草站全部开户并进行正常缴交。全年新增缴存单位7个，新增缴存职工501人。严格执行限高保低政策，对超过缴存上限的，按全年应缴额度对其超限部分进行抵扣；对确实有困难的缴存单位，要求按200元起缴线缴纳，全年新增归集6497万元，完成目标任务4600万元的141.24%，归集总额31677万元，归集余额23792万元。办理住房公积金联名卡，推行联名卡查询服务，到2014年底共办理6896张公积金联名卡。

2014年度提取住房公积金2034万元（其中购建房提取370万元，离退休提取972万元，偿还购房贷款提取86万元，其他转移或提取606万元），累计提取7885万元。

2014年住房公积金贷款种类增加，除了原来已经开展的质押、抵押贷款外，新增按揭贷款品种，同时简化个人贷款流程，省掉原来需由职工填写的大量信息，直接改为签字按手印，方便快捷。对询问实行一次性告知制度，把所有的环节，所有的要件，所有的要求全部一次性告知给对方。全年发放住房公积金个人贷款223户，金额3486万元，完成目标任务2700万元的129%，贷款总规模达到23378万元，贷款余额12199万元。

2014年实现增值收益362万元，完成目标任务数240万元的150.83%。增值收益率为1.52%。

（单长军）

综合管理监督与服务

财　政

【概况】 2014年2月14日统计全县2013年供养人员情况，供养总人数9852人，其中，在职6356人，离休55人，退休3441人，比2012年净增加66人，其中，在职净减少163人，离休净减少1人，退休净增加230人。

2014年，全县财政工作围绕“稳增长、促改革、调结构、惠民生、防风险”的总体要求，深化财政改革，强化财政监督管理。全年完成地方财政总收入36896万元，比上年增加5506万元，增长17.5%，其中，国税完成11737万元，地税完成21874万元，财政完成3285万元。公共财政预算收入完成25856万元（国税部门完成3868万元、地税部门完成18703万元、财政部门完成3285万元），比上年增加3976万元，增长18.2%，其中税收收入22117万元，增加3750万元，增长20.4%。地方公共财政预算支出201808万元，比上年增加27258万元，增长15.6%。

公共财政预算资金来源208856万元，其中，公共财政预算收入25856万元，上级补助收入167639万元，地方政府转贷收入3463万元，上年结余8861万元，调入资金3037万元。公共财政总支出207312万元，其中，地方公共财政预算支出201808万元，政府债券还本支出806万元，上解支出4002万元，超收收入安排预算稳定调节基金696万元。收支相抵，结余结转1544万元。

基础教育、医疗卫生、节能环保、城乡社区、城乡交通、社会保障、住房保障、三农等民生支出16.2亿元，占公共预算支出的80%。推进产业化、城镇化双轮驱动。落实重大产业发展、现代农业发展、产业扶贫、农业综合开发、特色产业发展、旅游发展等资金1.5亿元。统筹各级建设专项资金7亿元，建设精美县城，改善乡镇集镇面貌，改善农村水、电、路、网络等基础设施，建设美丽乡村。

2月28日，发放2014年县域经济发展调度资金，金额4100万元，共13家企业。分别为：宣恩县伍台昌臣茶业有限公司600万元，宣恩县宣桃茶叶有限公司500万元，湖北宣恩维民实业有限公司500万元，湖北绿可生态茶业有限公司300万元，宣恩县皇贡茶业有限公司100万元，宣恩县七姊妹山茶业有限公司100万元，宣恩县神农茶业有限责任公司50万元，湖北西部现代农业有限公司500万元，湖北大派食品有限责任公司500万元，宣恩县狮子关旅游投资开发有限公司500万元，宣恩泛得矿业投资有限公司300万元，宣恩县巴楚风包装用品服务有限公司100万元，宣恩县沙道粮食购销公司50万元，11月30日到期。

3月26日，发放“粮食两补”资金2610万元。其中：粮食直补222万元，农资综合直补2388万元。补贴农户8.3万户，补贴面积25000公顷。

5月13日，发放2014年产业发展基金5000万元。其中，宣恩县伍台昌臣茶业有限公司2000万元、宣恩县宣桃茶叶有限公司2000万元、湖北宣恩维民实业有限公司1000万元。三家公司均签订了借款合同，并出具了股东连带责任承诺书。借款期限1年，2015

年4月30日到期。按同期贷款利率的30%收取有偿使用费,每半年收取一次。

【2013年财政决算结算对账】 4月15日,经初步对账,全县2013年公共财政预算来源总计为193417万元,公共财政预算支出为174550万元,上解支出3887万元,地方债券转贷还本支出6119万元,结余8861万元。9月28日,收到州财政局下发2013年决算批复文件(州财预发〔2014〕408号),2013年收入总计193417万元,支出184556万元,结余8861万元。10月16日,上报省《2014年政府债券资金使用情况表》,根据省州资金下达额度及经人大批复的调整预算方案,全县2014年政府债券资金3463万元,其中用于教育中心建设1930万元,偿还到期债务1533万元。

【国有资产管理】 全县国有企业共3家:县自来水总公司、珠山粮食购销公司、沙道粮食购销公司。

行政事业单位经营性国有资产(主要为门面)管理。2014年,因城市改造县直单位门面由230个减少为179个,共签订续租协议150份(由单位自行签订后报国资局备案管理),收取门面租金收入285万元。国有资产处置执行审批制度、资产评估制度、公开交易制度,处置收入实行专户和"收支两条线"管理。使用按单位申请、县政府审批调度。全年成功处置国有资产6宗,取得处置收入60.6万元。其中:处置公务用车5台,收入10.6万元;处置房地产1宗,收入50万元。1月2日,湖北七姊妹山自然保护区管理局将没收的8根阴沉木移交给国资局管理(保管地点:消防中队院内)。

【政府采购管理】 贯彻落实政府采购法及招标投标法,按照"规范采购行为,提高资金效益,维护国家利益,促进廉政建设"总体要求,进行政府采购和招投标监督管理。对全县208个预算单位编制的2014年度政府采购预算进行批复。制定《2014年宣恩县政府采购目录及标准》,目录涵盖货物、服务及工程三大类常见的业务。具体为:货物类包括22大项135小项;服务类包括10大项33小项;工程类包括9大项。办理并下达政府采购计划函2230份,其中货物类920份,服务类350份,工程类960份。

全年累计完成采购金额51384万元,同比增长82%;按采购组织形式分类:集中采购37081万元,占总额的72%,其中,货物类3727万元,服务类2064万元,工程类31290万元;分散采购14303万元,占总额的28%,其中,货物类3935万元,服务类1936万元,工程类8432万元。按采购方式分类:公开招标采购20437万元,占总额的40%,其中,货物类785万元,服务类1079万元,工程类18573万元;邀请招标采购6164万元,占总额的12%,其中,服务类130万元,工程类6034万元;询价采购13658万元,占总额的26%,其中:货物类5641万元,服务类1479万元,工程类6538万元;竞争性谈判采购2635万元,占总额的5%,其中,货物类666万元,服务类158万元,工程类1811万元;单一来源采购8490万元,占总额的17%,其中,货物类570万元,服务类1154万元,工程类6766万元。

【乡镇财经所更名为财政所】 2月25日,全县9个乡镇财经所正式更名为财政所,并加挂农村经营管理站牌子(宣编发〔2014〕1号)。乡镇财政所收归县财政局管理,作为县财政局的派出机构发挥职能作用。3月1日,各乡镇财政所公章、财务专用章正式启用(宣财发〔2014〕6号)。

【重庆市农发办到宣恩考察农业综合开发工作】 5月13日,重庆市农业综合开发办公室考察团一行8人,由州财政局总会计师李勇、州农发办主任田东陪同,到椒园镇水田坝村,查看项目,了解茶叶基地、土地流转等方面的情况,考察农业综合开发政策创新实验区项目实施情况。李海涛参加考察。

(庄德明)

税　务

·国　税·

【概况】 2014年全县共有3900户纳税人,其中一般纳税人120户,小规模纳税人3780户,实现国税收入13075万元,完成州下达计划的109.96%,同比增长17.48%。

【税源管理】 开展减免税清算工作，贯彻落实小微企业等各项税收优惠政策，全年落实减免税优惠共计1396.68万元。平稳推进“营改增”，及时跟踪“营改增”企业的申报纳税工作，并按照政策稳步推进铁路运输和邮政业、电信业“营改增”，2014年末“营改增”纳税人达1150户，缴纳税款713万元，比上年增加372万元。继续巩固汽车经销行业、金银首饰行业管理成果，对全县木材、茶叶行业进行规范化管理，茶叶行业税收359万元，比上年增加298万元。

【纳税服务】 公开行政审批清单、落实首问责任制、简化发票审批及领购等流程，推行免填单、预约、延时等多项优质服务，实现同城通办、全州通办，解决纳税人反映较为集中的开票难、奔波烦等问题。结合“千人万户优化纳税服务大走访”活动，强化纳税辅导，走访服务700余户纳税人。4月举办“服务工业园区发展税收知识讲座”，纳税人学校先后举办4期培训，共培训350人次。县国税局对办税服务制度、体系以及岗位技能等进行梳理，查漏补缺，为办税服务厅增设计算机、打印机等设备，并整合窗口功能真正实现了“一窗多能”。税企QQ群人数增至400人后，建立个体户QQ群辅导开票等涉税事宜，并开通官方微博，更新税收政策等内容，实现服务平台多元化。

【依法行政】 严格按照“共同进户、统一实施、信息共享”的要求规范进户执法行为，有效避免“重复检查”“多头执法”，切实为纳税人减轻负担。围绕“三个服务”主题，与30位现场观众走进电视直播间举办《局长在线电视访谈》节目，《恩施日报》《湖北日报》等媒体相继报道。强化执法监督和考核。对内，充分发挥税收执法信息管理系统的监控作用，按月公示考核结果，通报和责任追究，切实加强执法过程监控；对外，公开监督内容，设置举报箱、投诉电话，把税收执法置于纳税人和社会各界的监督之下。

【行政管理】 进一步完善县国税局机关车辆使用、院落管理等一系列制度，后勤保障、内外宣传、信访接待、综合治理、保密安全、档案管理、政务建设等工作均得到了加强，全年及时、准确处理县政务、税务系统的收发文。全县国税系统扎实开展“三万”活动，为沙道沟镇老岔村、二台坪村、辽叶村、大垭村4个联系村义务栽种1500棵黄柏树苗，组织帮扶资金1.5万元解决联系村的人畜饮水、灌溉水渠、道路整修等实际困难；县国税局干部职工为阳光国税班级贫困学子捐献助学金10400元。规范公务接待、公车管理和差旅费管理，全年“三公”经费支出37.95万元，同比下降22.18万元，降幅41.73%。

【局长在线电视访谈】 宣恩县国税局在第23个全国税收宣传月活动中，把落实“便民办税春风行动”、税务系统“扎根工程”等活动充分结合起来，致函诚邀纳税人，开通网上热线，借助电视台、在线网络短信平台。实现访谈对象与纳税人零距离现场互动交流。4月28日，县国税局在宣恩电视台演播厅开办“局长在线电视访谈”。访谈中，11位纳税人嘉宾和部分网友就落实“三个服务”“营改增”试点改革、小微企业税收优惠、推行网络发票、企业所得税汇算清缴等方面提出16个问题，得到县国税局负责人等5位访谈对象的满意解答。

（谢瑶）

·地　税·

【概况】 2014年组织入库各项收入3.78亿元，占上年同期的106.01%，占年计划的119.86%，其中：地方各税累计完成2.14亿元，超上年同期的21.11%，增收3733万元，其中：公共财政预算收入1.83亿元，同比增长19.42%，同比增收2968万元，占全年计划目标的99.17%；社会保险费收入累计完成1.56亿元，占上年同期的119.62%，占年计划的116.91%。

【税收征管】 继续加强征管基础建设，5月，制订《宣恩县地方税务局巡查巡管制度》《宣恩县地方税务局减免税管理制度》，制作《税收管理员日常巡查记录表》，完善《宣恩县地方税务局作风纪律管理办法》。加强纳税评估，选定17家企业作为评估对象，共征收入库税款和滞纳金360余万元。发挥稽查职能作用，对12户重点行业中的重点企业开展专项检查和重点整治，共稽查查补税款160余万元。开展综合治税，与县国土资源局协作，加强国有土地交易相关税费征收工作，共计征收入库2539万元；利用住建、国土、招投标中心等第三方信息，对重点工程和项目入库地方各税2000余万元。

【纳税服务】 2014年10月，通过编印《宣恩县地税系统县级纳税服务规范简明操作手册》，制发《考核实施方案》，进一步强化把纳税人当家人、当亲人的服务理念等措施，推进《县级税务机关纳税服务规范》落地。将便民春风行动与税收宣传月活动、党的群众路线教育实践活动结合起来，开展“地税局长话税收”“致纳税人一封信”、重点企业帮扶活动，共为921户纳税人按政策规定共减免税款1449.8万元。

【教育培训】 2014年县地税系统有31人次参加省、州地税局举办的11次业务培训。注税考试中，全部通过所有科目有1人，通过4门有2人，通过2门的有5人，通过1门的有3人。“大比武”活动中，在全州地税系统复赛中取得团队平均成绩和个人成绩两个第一名的好成绩，有5人（高玉兰、陈伟、蔡婧、杨慧、谭莉）被州地税局推荐到省地税局参加决赛，参加省地税局决赛人数占全州推荐总人数的1/3。

【执法督察与内部审计】 开展干部职工及亲属违规从事或参与营利性活动清理整顿，66名干部参加自查申报登记，2名干部的亲属从事经商，无一人违规参与民间借贷活动。针对2013至2014年度资产管理、代开发票、二手房交易、欠税管理、房地产税收一体化管理5个方面进行专项检查，并对结果进行处理、整改和通报。开展干部离任、内部财务审计和工作风险点排查行动，共查出各类廉政风险点65个，检查税收票证6000余份，减免税文书17份，征管资料200余份。按照全州地税系统开展学习教育整顿活动，全年共通报追责31人次，累计经济惩戒11400元。其中，通报曝光10人，诫勉谈话2人次，约谈提醒5人次，责令做出书面检查2人。

（周璟）

审　计

【概况】 2014年，完成审计项目19个。其中，审计署定项目1个，省定项目4个，州定项目2个，县定项目12个。

全年共查出问题资金113954万元，其中：违规使用资金2890万元，管理不规范金额111064万元。审计期间整改资金10万元，上缴财政8248万元，提出审计建议54条，被采纳53条。

【2013年度财政预算执行审计】 2014年，县审计局完成对县财政局、县公安局、县交警大队、县商务局、县移民局、县一中、县中等职业技术学校等8个部门的预算执行情况审计，对地税部门税收征管、土地资源专项资金等项目进行审计或审计调查。通过审计，预算执行审计查出问题资金111144万元，其中，违规金额2890万元，管理不规范金额108254万元，应上缴财政8211万元，揭示县财政预决算执行中存在的问题，并提出整改意见和建议。

【保障性安居工程跟踪审计】 重点审计县政府所属建设（住房保障）、发展改革、财政、国土资源、规划、民政、农业、林业等有关部门。对3个保障性安居工程项目的开工情况、3个项目的竣工情况、6个项目的工程建设和质量管理情况进行审查，延伸审计4个保障性安居工程项目融资、建设、勘察、设计、施工、监理、质量监督等相关单位和企业、3个乡镇、3个居委会、28户家庭，对重要事项进行了必要的延伸和追溯。通过审计向纪检监察部门移送案件1起，并开展立案调查。

【特色民居项目专项资金管理使用情况审计】 4月8日至5月30日，对宣恩县特色民居建设领导小组办公室2011至2013年特色民居建设管理统筹情况及全县9个乡镇特色民居项目建设组织实施及专项资金的管理使用情况进行审计，并对部分特色民居改造户进行调查，共查出主要问题资金273万元。

【全省土地出让金预算执行交叉审计】 按照审计署统一安排，8月12日至10月28日，县审计局选派2名审计人员与州审计局抽调人员组成派出审计组，对武汉市蔡甸区土地出让金征收、管理情况进行审计，按时按要求完成审计任务。

【中介领域专项清理审计】 根据省审计厅安排，对全县15个部门所属的23个单位涉及2010年1月以来使用财政性资金、国有资金支付中介业务费用的重点建设项目进行审计。采用“三个坚持与三个结合”（即坚持财务账表审计与审计调查相结合、坚持结果审计与过程审计相结合、坚持揭示问题与促进整改相结合）的方式对全县用财政性资金和国有资金支付中介业务费的合理、合规、合法和有效性展开全方位审计，审计查出主要问题资金1114万元。

【全省扶贫资金交叉审计】 2月27日至4月30日，省审计厅派出5人审计组对全县扶贫资金进行审计。同时，2月27日至4月30日，县审计局抽调1名业务人员到宜昌市五峰县进行扶贫资金交叉审计。

【全省农村义务教育营养餐资金审计】 6月9日至8月2日，省审计厅派出7人审计组（鄂州市审计局钟儒兰任组长，余章友任主审，张东杰、胡宏珍、余菊秀、洪棉、童文娟为成员）对全县农村义务教育学生营养改善计划专项资金进行审计，县审计局配合完成审计工作任务。

【国家投资建设项目审计】 着重抓项目招投标规范化管理和跟踪审计，对国家投资项目预决算各项指标进行严格审核。截至11月底，完成政府投资项目竣工结算审计63个，送审金额20554.58万元，审定金额18142.14万元，审减资金2412.44万元，审减率11.7%。共完成政府投资项目招标预算审计32个，送审金额67164.1万元，审增资金613.21万元，审减6339.27万元，审定金额61438.04万元。

【经济责任审计】 全年完成经济责任审计项目5个（2个乡镇和3个县直部门领导干部经济责任审计），重点审计领导干部在任期内行使经济决策权、经济管理权、经济政策执行监督权等过程中的重大经济事项决策情况、重要经济政策法规执行情况、重点资金及资产管理使用情况。审计发现违规使用资金154.39万元，管理不规范资金796.55万元。向纪检监察机关移送案件2件，移送处理金额84万元，纪检监察机关已立案调查。

（华夏）

统　计

【“四大工程”建设】 至2014年，全县纳入网上直报的规模以上工业企业47家，限额以上商贸企业21家，重点服务业4家，房地产企业7家、有资质的建筑业企业6家。各专业严格执行一套表制度，按照规定的标准、指标、范围、表式、计算方法和统计编码开展调查，企业直报率达到100%；严格按照“先进库、再有数，要进库、走程序”的要求，做好“四上”企业的审批和名录库建设工作，确保所有调查单位均为基本单位名录库的在库企业。同时加强部门配合，做好基本单位季报工作，及时收集整理部门行政登记资料，及时更新“四下”企业和非企业名录的变动信息。做好基本单位名录库的更新和维护工作，使其成为覆盖范围全面、信息内容可靠、动态更新快捷、随机查询方便和系统运行安全的“活库”。

【统计服务】 继续办好《统计综合月报》《宣恩统计》，及时送县四大家领导及相关部门；编印《宣恩县2014年统计资料》；每季度开展一次经济形势分析，对国民经济主要指标进行分析研究，围绕城镇建设要有新突破，工业经济要有新起色，投资项目、农民收入要有新提高和第三次经济普查等工作撰写了有关统计分析报告，其中《宣恩县“四上企业”发展分析报告》和《关于2013年宣恩县域经济发展在全省综合评价考核情况的报告》得到县委书记曾德权的签批；在宣恩政府门户网站开辟统计信息和经济普查专栏，及时向社会公布全县经济社会发展及经济普查工作情况。8月下旬，指导珠山镇甘溪村初步建成全县首个“五有五化”（有人员、有场地、有制度、有台账、有职责；统计人员专业化、统计报表标准化、统计资料档案化、统计手段现代化、统计工作法制化）村级试点。通过收集整理各项统计资料，配备统计电子设备，实现了统计电子联网直报工作，使各项统计数据真实、准确、无误进行上报，达到“五有五化”统计规范化建设基本要求。11月中旬，《宣恩县统计资料（2013）》正式出版发行，共发放86册到各乡镇及相关县直单位。

【统计法制建设】 县统计局将统计法纳入全县“六五”普法规划;与县委组织部、县委党校达成协议,将统计法及相关法律法规和统计知识纳入党校主体班教学内容;对持有统计从业资格人员进行继续教育培训,提高统计工作能力。9月19—21日,开展2014年统计从业资格培训及考试工作,全县共44名从事统计工作的人员参加全国统一的统计从业资格认定考试。11月8日,在县委党校举办统计从业人员继续教育培训及考试,全县共54名统计从业人员参训参考。开展统计执法检查,不断提高统计数据质量。

【第三次全国经济普查】 第三次全国经济普查标准时点为2013年12月31日,普查时期为2013年1月1日至12月31日。2013年主要是普查的准备阶段。2014年主要开展普查工作,做到“八到位”(组织到位、协调到位、保障到位、培训到位、督察到位、宣传到位、质量到位、安全到位),开展普查人员选聘、业务培训、名录比对、清查摸底、补办证照、普查登记、审核上报、核查纠错等各个环节。1月2日,宣恩县第三次全国经济普查入户登记工作启动仪式在珠山镇举行。县委常委、副县长王冕出席并作动员讲话。2月21日,召开第三次经济普查数据质量审核培训会议,各乡镇经济普查办主任和PDA操作员共21人参加,培训内容包括PDA数据的备份操作,PDA数据核查程序的操作,非联网直报企业和单位的审核参考标准、个体户数据质量的把控关键等,对普查过程中出现的主要问题进行答疑解惑,并分成4个组到全县9个乡镇进行审核督导。3月31日,全县第三次经济普查入户登记及PDA资料上传工作全面完成。

普查工作共补办工商营业执照2430个,补办组织机构代码证269个。普查登记上报单位2186个,占底册的101.9%,其中法人单位1823个,占底册的102.1%;个体经营户14997个,占底册的110.6%。

(杨中华)

工商行政管理

【概况】 2014年,全县共发展市场主体2842户,总数达到1.44万户。办理各类经济违法案件373件,受理消费者申投诉案件101件,为消费者挽回经济损失7.12万元,申报注册商标43件,“伍家台贡茶”获中国驰名商标,获省著名商标1件,办理股权质押登记21件,出质总额28288万元,贷款总额9870万元;办理动产抵押登记8件,为企业融资3719.7万元。

【登记注册】 推进全民创业、促进个体私营户转型升级、私营领军培育“三项工程”,全年各类市场主体累计达到14366户,注册资金452205.49万元,其中个体工商户12885户,企业1481户(内资企业438户、私营企业753户,农民专业合作社290户);全年新增市场主体2842户,其中新登记私营企业192户,内资企业3户,农民专业合作社59户,个体工商户2588户。

落实工商登记制度改革。根据国务院关于注册资本登记制度改革方案的通知要求以及相关配套的改革规定,从3月1日起全面落实注册资本认缴制,放宽注册资本登记条件,推行登记注册便利化,下放四类主体登记到工商所,多举措激发全民的创业活力。根据国家工商行政管理总局〔2014〕154号以及鄂政发〔2014〕39号文件要求,从9月1日起全面落实“先照后证”,实施“宽进严管”。2014年10月1日起施行《企业信息公示暂行条例》,全县企业已年报公示227户,占应年报总数的21.62%。推行电子营业执照和全程电子化登记管理,为电子政务和电子商务提供身份认证和电子签名服务保障。推进以电子营业执照为支撑的网上申请、网上受理、网上审核、网上公示、网上发照等全程电子化登记管理方式,市场主体登记管理的信息化、便利化、规范化水平不断提高。

为市场主体提供动产抵押、股权出资、股权出质登记服务,全年共办理股权质押登记21件,出质总额28288万元,贷款总额9870万元;办理动产抵押登记8件,为企业融资3719.7万元。

【公平交易及经济检查工作】 2014年,全县工商行政管理系统开展亮剑行动、打非治违、红盾护农、春节市场、五一节日市场整治、钢材市场、开展打击“傍名牌”、烟花爆竹市场管理等专项执法行动，共办理案件94件，案值金额890.21万元，其中，市场主体准入4件，竞争执法2件，消费者权益保护1件，食品安全监管4件，市场监管57件，广告监管2件，商标监管8件，无照经营16件。

维护公平交易，打击限制竞争行为。对恩施某实业有限公司宣恩分公司涉嫌利用与宣恩某供电企业经济业务关系滥收费用一案、宣恩县某汽车服务公司涉嫌利用独占地位强制消费和滥收费用一案进行调查取证，查证其违法事实，依法对其进行没收违法所得和罚款的行政处罚，有效地维护正常的经济秩序。

开展“红盾护农”行动，致力有机农业示范县建设，加强农资经营主体监管。对全县416户农资经营主体进行全面检查，共检查农资经营者1599户次。加大农资商品质量抽查检验力度，全年共监测农资经营户26家，检测肥料46批次，不合格肥料品种6批次，全部立案查处。

【商品质量检测】 制订《2014年流通领域商品质量监测工作方案》，以批发商、代理商、大型经销企业、超市、商场、专卖店、仓库等为重点监测场所，以家用电子电器、服装鞋帽、建筑材料、装饰装修、汽车配件、电线电缆、通信器材、家具饰品、皮革制品等九大商品为重点监测商品。全年共抽检九大类商品140批次。合计抽检140批次，合格21批次，不合格119批次，不合格率85%。其中，抽检建筑材料类42个批次全部不合格；机械设备类6批次，合格1批次，不合格5批次；铝型材24批次，合格7批次，不合格17批次；装饰装修类53批次，合格6批次，不合格47批次；家用电器、机电类15批次，合格7批次，不合格8批次。对抽检不合格产品立案查处45件。

【消费维权】 3月11日，贯彻落实中消协2014年消费维权“新消法、新权益、新责任”的主题，县政府主办，县工商局和县消费者协会联合承办的“3·15”国际消费者权益保护日活动在河滨广场举行。覃遵国致辞，唐斌宣读2013年度消费维权工作先进单位、个人、消费者满意单位、产品表彰决定，为受表彰的单位和个人颁发奖牌及荣誉证书，并举行广场文艺演出。县工商、质监、食药监等8个部门通过摆放宣传图版、设立咨询台、发放宣传资料等多种形式，向市民宣传法律法规知识和假冒伪劣商品识别知识，共摆放宣传图版38块，发放12315《维权知识》《新消费知识》1.2万份，现场受理消费者投诉185件，各基层工商所利用农村赶集日发放《画说新消法》读本420册。县工商局、县质监局、县食药监局对被查缴的2120千克假冒伪劣食品、药品及茶叶包装进行集中销毁。

全年在受理消费者申诉举报中，做到“三快”：受理投诉快，出勤行动快，调解查处快，共受理消费者咨询121人次，均给予答复和释疑；投诉申诉举报101件，成功处理率达100%，为消费者挽回经济损失7.12万元。

【网络交易监管】 2014年，县工商行政管理局拓宽市场监管范围，开始对网络交易进行监管。全县网络主体数据库入库45户，全年共开展网上巡查29户次，行政指导27次，通过网上巡查，发现未在网站首页或从事经营的主页醒目位置公开其营业执照登载信息的电子链接标识的，指导进行营业执照电子连接标识管理，实现“网上亮照”经营，已通过审核4户，2户粘贴营业执照电子连接标识。

【市场、合同监管】 县工商局对3家通信、6家银行经营主体开展合同格式条款专项检查工作。开展“守合同重信用”企业认定评价、公示活动指导工作，组织州级“守合同重信用”企业认定公布活动，指导企业参与“守合同重信用”创建活动，创建重合同守信用企业5户。

【商标广告工作】 实施商标注册和品牌兴县工程，全县累计注册商标380件，“伍家台贡茶”于2014年12月31日获中国驰名商标。全县有湖北省著名商标7件，分别为：大派、皇恩宠锡、覃家坪、木龙寨、昌臣、皇贡，维民（2014年新增）；知名商标12件，地理标志著名商标1件。全年申报注册商标43件，著名商标1件，知名商标2件。

开展打击侵犯知识产权和制售假冒伪劣产品专项行动：集中开展专项整治执法检查行动，依法查处销售假冒伪劣白酒、葡萄酒和假烟违法行为,重点打击假冒他人酒类商品注册商标、仿冒知名白酒、葡萄酒商品特有名称、包装、装潢及制销假烟的违法行为。以农资市场、农村食品市场为靶向,继续开展以农资打假为重点的“红盾护农”专项行动。落实农资经营者进货查验和台账制度。依法查处制售假冒伪劣食品、种子、肥料、农药、农膜、农机及配件等违法行为,切实保护农民的合法权益。全年在“双打”行动中共出动执法人员185人次,执法车辆25台次,检查批发零售市场、集贸市场等13个,检查经营户2135户。

全年共检查广告经营企业4家,广告发布媒体1户,审查户外广告91件,立案查处虚假广告案2件。

【流通领域食品安全监管职能及人员编制划转工作】 根据《省人民政府关于改革完善食品药品监督管理体制的指导意见》(鄂政发〔2013〕36号)、《省编办关于县级食品药品监管体制改革有关部门职责调整机构整合和人员编制划转的通知》(鄂编办文〔2013〕133号)及《省工商局关于县级工商部门食品监管职责调整和人员编制划转的通知》(鄂工商文〔2014〕9号)文件精神,制定《宣恩县工商行政管理局流通领域食品安全监管人员编制划转工作方案》,于2014年4月29日移交给宣恩县食品药品监督管理局行政编制10名,事业编制1名,向家卉等9名公务员、王海1名事业编制及1个行政空编划转。

【民主评议政风行风】 成立民主评议政风行风工作领导小组,制定《宣恩县工商系统开展民主评议政风行风工作实施方案》。6月5日,召开全县工商全系统民主评议政风行风工作动员大会,并聘请了12位行评督查员。通过新闻媒体、办公平台、发送宣传资料等方式,向社会广泛宣传工商部门的职能、服务措施,公开政风行风建设承诺。评议活动期间共开设宣传专栏9个、设置意见箱8个、悬挂横幅标语9条,并开通举报电话。开展自查自纠,通过面对面的批评与自我批评。单位撰写自查报告5份,个人自查表66份。广泛征求意见,对全县9个乡镇的人大和政协代表、党政领导及相关部门、市场主体333人进行走访,其中走访个体户代表159户,企业代表55户,消费者代表44人,人大代表和政协委员9人,行风监督员3人,党政领导13人,相关部门领导14人,满意率96%。对2013年来的12315申投诉案件和行政处罚案件的行政相对人进行回访,了解工商部门行政处罚、消保维权和信访工作情况,征求行政相对人的意见或建议,共回访92人,征求意见与建议13条。对自查出的问题、走访和召开行评座谈会收集到的25条意见与建议全部整改。晓关工商局通过州纠风领导小组的复查,继续获得“群众满意基层站所”的荣誉称号。

【2013年湖北省著名商标】 2013年,省工商行政管理局在全省组织开展2013年度湖北省著名商标认定工作。2014年11月6日,省工商局认定大派、皇恩宠锡、维民、木龙寨等692件商标为2013湖北省著名商标。

2013年度湖北省著名商标名单(宣恩部分节选)

序　号	商　标	尼斯分类	核定使用商品或服务	注册证号	申请人(单位)
386	大派	29	冷鲜肉、香肠、火腿	1043089	湖北省大派食品公司
507	皇恩宠赐	30	茶叶	669113	恩施州伍家台富硒贡茶业有限公司
508	维民	30	茶叶	5410588	湖北宣恩维民实业有限公司
509	木龙寨	30	大米	3227059	宣恩沙道粮食购销公司

(屈劲松)

质量技术监督管理

【质量兴县】 2014年继续做好“国家有机产品认证示范区”创建工作，县质量技术监局（以下简称县质监局）围绕“国家有机产品认证示范创建区”项目实施方案，充分发挥职能作用，狠抓落实到位，全县农业“三品”认证基地面积达到4295.81公顷，其中，有机果茶认证面积已达到1695.81公顷，拥有有机认证产品17个，认证企业13家。推行名牌兴企战略，组织相关企业完善条件，积极培育和申报湖北省名牌产品，全县已有木龙寨牌宣恩贡米等4个产品获得湖北名牌称号。向国家质检总局申报“宣恩县国家级出口茶叶质量安全示范区”，11月20日正式批准。全年新增质量管理体系认证企业1家，CCC认证2家。

【两个安全】 县质监局始终把“食品质量安全和特种设备安全”放在重要位置。坚持“安全第一，预防为主，综合治理”的方针，以服务全县社会经济发展为目标，做到“两个安全”零事故。联合县工商局、县食药局开展豆制品安全检查，共出动执法人员60余人次，检查相关单位18家，并积极与县编办和食药局协调联系，5月完成食品安全监管职能的划转工作。开展设备普查工作，明确设备数量和分布，做到底数清、情况明；底数清、情况明，截至2014年底全县在用的特种设备有锅炉23台，压力容器129台，压力管道30余千米，起重设备68台，电梯89台，厂（场）内机动车辆11台，主要分布在县城珠山镇及周边的和平、椒园两大工业园区内。落实日常巡查监管和专项治理工作，共出动执法人员300余人（次），检查设备897台（件），发现隐患52条，发出监察指令书46份，立案查处违法案件1起；做好设备检验督查工作，在用设备受检率达100%；落实生产经营单位特种设备安全主体责任的职责，与相关单位分别签订《安全责任状》5份；开展特种设备安全知识进社区、进校园、进企业“三进”活动和“安全生产月”宣传咨询日活动，加大宣传力度，6月21日组织开展一次液化气泄漏应急救援演练活动，增强处险能力和责任意识。

【标准化】 4月16日，“宣恩贡米”获国家质检总局批准，成为全县第4个地理标志保护产品；“宣恩大鲵”地理标志产品保护申报材料通过省质监局的初审，拟报送质检总局。《地理标志产品宣恩贡米》省级地方标准列入工作日程，已完成草案编制等前期工作；完成组织机构代码电子证书网上年检及全国组织机构代码信息管理系统的升级工作，全年共办理代码业务1054家，减免证书工本费17家。10月，高罗乡省级农业标准化示范乡（贡水白柚种植）建设项目通过省质监局验收；第八批国家茶叶综合农业标准化示范项目建设工作进展顺利。

【执法监督】 2014年，县质监局稽查分局坚持执法与服务相结合、整治与建设相结合、治劣与扶优相结合、打击与治本相结合，严格规范自由裁量行为，落实办案结案制度。开展依法行政示范单位创建工作，加强法律法规的学习，努力提高依法行政的工作水平，进一步规范履职行为；制订完善执法责任制等规章制度，严格执行“查、审、处”三分离制度，通过省依法行政验收组验收，得到省质监局验收组的好评。

开展农资市场执法打假“亮盾行动”和计量执法专项监督检查，提供标准查询、企业标准制（修）订、认证认可、技术咨询等服务，产品执行标准登记数7家企业7个产品；做好产品条码的推荐使用和条码的续展工作，新增商品条码8家，续展9家。对机动车安检机构的检验业务实行月报表制度，规范其检验程序，严格检验规程，做到不检验不发证、不合格不放行，预防病车上路。

【“宣恩贡米”被批准为地理标志保护产品】 4月16日，国家质量监督检验检疫总局2014年第44号公告，批准“宣恩贡米”为地理标志保护产品，保护范围为沙道沟镇、高罗乡、李家河乡、珠山镇、长潭河侗族乡、晓关侗族乡、椒园镇、万寨乡8个乡镇现辖行政区域。

（江堃）

食品药品监督管理

【概况】 2014年全县食品药品监督管理工作实施食品药品放心工

程，食品满意度达85%，药品满意度达95%。全县共有食品药品市场主体3650家，其中，食品生产273家(取证企业50家，无证生产加工小作坊223家)，食品流通1808家(持证经营1534家、无证经营274家)，餐饮服务894家(持证经营791家、无证经营103家)，保健食品生产经营72家(生产企业0家、经营单位72家)，化妆品经营255家，药品生产经营企业70家(生产企业0家、批发企业1家、零售药店69家)，医疗器械生产经营9家(生产企业0家、批发企业0家、零售企业9家)，医疗机构(含个体诊所)269家。

【食品生产环节监管】 2014年在市场巡查中，查处食品生产掺假案件2起，罚没金额4000余元，并对全县食品生产加工小作坊进行摸底登记，纳入监管。督促食品生产加工小作坊改善生产条件，鼓励集中生产，引导其规范发展。在2014年8月全部实行食品生产企业电子动态监管，并按《湖北省食品生产企业食品质量安全受权人管理办法(试行)》的要求，落实企业授权人制度，确立食品安全管理员。

【食品流通环节监管】 2014年重点加大农村食品市场监管力度，对食品批发仓库、"送货下乡车"实施监管，确保食品"源头"安全，对食品经营者证照是否齐全、是否亮照经营、是否落实索证索票制度和进销货台账制度等进行检查。发挥基层食药监所市场监管职能，将大中型超市、城乡结合部小食杂门市部、小摊点及公众消费较集中的集贸市场作为重点监管区域，严厉打击制售假冒伪劣商品违法行为，抓好市场规范工作。至2014年末全县流通环节食品经营户1567家，待规范的261家。

【餐饮服务监管】 严格餐饮服务许可管理，实行现场核查，确保餐饮服务单位满足餐饮食品基本条件和要求。对歌厅、酒吧、咖啡厅、茶楼、网吧、饮品店等娱乐场所开展专项整治工作，全县共出动执法人员132次，严查加工制作等相关管理制度落实情况、卫生状况、人员健康状况。下发责令整改通知书23份，办理餐饮许可16个，要求办理健康合格证明28人。规范索证索票到位20余家。严格规范餐饮服务单位加工操作行为，严禁使用非食用物质加工制作食品；严格规范餐饮服务单位非自产食品销售行为，加大监督检查力度，严禁销售假冒、仿冒、劣质酒水、饮料等食品。加强诚信体系建设，不断完善量化分级管理。形成餐饮单位制度上墙，职责完善，信用等级明确，监管人员到位的监管机制。对学校、托儿所、幼儿园等餐饮食堂严格依法实施监督管理，审查所有加工食品必须严格按照《餐饮服务食品安全操作规范》的要求烧熟煮透；对各供餐单位原材料进货索证索票、登记查验、加工条件、餐饮具清洗消毒、个人卫生、卫生设施、食品留样等开展监督检查；加强对餐饮服务从业人员健康证检查，保障师生饮食健康安全。全年对104家学校食堂进行量化分级，79个食堂被评为良好单位，评定为一般的有23个单位。

【食品专项整治】 对重点区域、重点食品进行专项检查，确保饮食安全。

农村食品"四打击四规范"专项行动(严厉打击无证无照行为，规范食品生产经营者的主体资格；严厉打击销售、使用无合法来源食品和原料违法行为，规范食品生产经营者的采购活动；严厉打击生产经营侵权仿冒和"五无"食品违法行为，规范食品包装标签标识管理；严厉打击生产经营"两超一非"等伪劣食品行为，规范食品生产经营过程。在食品生产环节，专项整治将突出重点品种、高风险食品品种生产加工主体；在食品流通和餐饮环节，将突出经营高风险和重点食品、以及问题多发的经营者开展全覆盖的监督检查)。重点开展农村集贸市场小食杂店、小摊点等各项整治活动，打击各种制售假冒伪劣食品行为，加大对农村过节、赶集日和旅游景区景点、车站、城乡结合部和乡镇各类食品批发市场、集贸市场，特别是食杂店的监管力度，全县共出动执法人员1179人次，检查食品生产经营主体3084户次，检查批发市场、集贸市场等各类市场38个次，监督抽检食品96组，对违法经营主体下发责令整改通知书49份，受理和处理消费者投诉和举报11件，立案查处食品违法案件16件，取缔无照经营户9户，查扣假冒伪劣食品数量168.5千克，其中查扣假冒伪劣儿童食品数量23.5千克，为农村消费者挽回经济损失1.5万元。

"两考"(中考、高考)期间专项

行动。"两考"期间，开展校园及周边经营秩序的整治，及时清理检查校园及周边经营者的主体资格，重点检查儿童食品、粮油、饮料、散装裸露食品等重点品种，以学校、批发市场为重点监管区域，集中力量对学校及周边的食杂店、代销店、冷饮摊点、超市等食品经营者进行全面排查，看是否有假冒伪劣食品、有毒有害食品、过期变质食品、"三无"食品等不合格食品。专项整治行动全县共出动执法人员1220人次，检查食品经营户3012户次，销毁假冒伪劣食品56千克。

儿童及学校周边食品专项整治。围绕各中小学、幼儿园的周边开展食品安全小作坊、流动摊贩的整治工作，保障学生安全和健康成长。共出动执法人员230人次，执法车辆12台次，检查各类经营户643户次，学校食堂59家，查处过期等不合格食品6个品种78瓶(袋)，共135千克。

违法添加非食用物质和滥用食品添加剂专项整治。以农村和城乡结合部为重点区域，以食品添加剂销售门店为重点行业，以重点食品为突破口，组织食品和食品添加剂经营者进行自查自纠，建立健全台账、索证索票和进货查验制度，确保有溯可追。根据以往食品安全监督检测和投诉举报等渠道发现的易在食品中非法添加的非食用物质和易滥用的食品添加剂，确定抽检的食品类别和品种，发挥食品快速检测箱的作用，有针对性地开展抽检工作。食品定量抽检33批次，不合格食品3批次，立案查处3起，罚没金额1.2万元。

【药品、医疗器械日常监管】 按照2014年药品、化妆品、医疗器械监管方案，组建2个执法小组，分组监管，对全县实行分片区管理，将目标任务分解到组、量化到岗、细化到人；明确药械监管中的重点部位、重点环节和重点单位，加大对特殊药品、终止妊娠药品、医疗器械的监管力度，严厉打击制售假劣药械和无证经营等违法行为。

【药品质量监督抽验】 根据恩施州食药监局2014年5月印发的《2014年全州药品化妆品质量监督抽验实施方案》(恩施州食药监发〔2014〕22号)，结合宣恩县实际，制定《2014年全县药品质量监督抽验实施方案》，共完成药品抽验56个品批，快筛224个品批。

【清理家庭小药箱活动】 3月11日，在宣恩县河滨广场举行"2014年清理家庭小药箱活动月"启动仪式。悬挂横幅标语1幅，制作《安全用药常识》展板1个，印发宣传资料1000余份、接受咨询热线15人次，为广大群众解答安全用药常识1200余人次，销毁过期失效药品250个品批，中药饮片55千克，共计货值金额2500元。

【药品与医疗器械专项整治】 个体诊所药品安全专项整治。1月下旬开始针对药品使用流通领域集中整治行动，共出动监督检查人员120人(次)、车辆30余台次，检查药品使用单位24家，检查药品种1600余次，立案1起，结案1起，规范了宣恩县药品使用流通领域秩序，建立健全药品安全监管长效机制。

婴幼儿购销用药专项整治。以城乡结合部药店及乡村药店、医疗机构为重点对象，采用常规检查和"逆向突击"的检查方式，对乡镇小学、幼儿园、农村小学教学点进行用药检查。共出动执法人员共计243人次，检查城乡结合部药店及乡村药店、医疗机构55家，乡镇小学、幼儿园、农村小学教学点30家。其中，责令整改幼儿园用药行为2家。

儿童鱼肝油专项检查。对辖区内经营保健品专卖店、药店进行检查，共出动执法人员72人次，检查保健品专卖店、药店24家，未发现有恩施州食安办发〔2014〕6号文件上曝光企业及品种。

中药经营秩序专项整治。根据州食品药品监督管理局《关于规范中药生产经营秩序专项整治实施方案的通知》(恩施州食药监发〔2014〕5号)要求，制定《关于规范中药经营秩序专项整治实施方案的通知》(宣食药监文〔2014〕10号)。共检查中药批发企业1家，有中药饮片经营的药店35家、医疗机构45家，检查品种900余批次，当场责令整改3家，立案1起。

医疗器械"五整治"专项检查(以重点品种、重点企业虚假注册申报、违规生产、非法经营、夸大宣传、使用无证产品等五种行为为主要整治内容)。根据《恩施自治州医疗器械"五整治"专项行动工作实施方案》(恩施州食药监文〔2014〕8号)，制定《宣恩县医疗器械"五整治"专项行动工作实施方案》(宣食药监文〔2014〕14号)，成立宣恩县医疗器械"五整治"专项行动工作领导小组，明确职能股室及人员。6月11日，省食药监局总工程师朱与杰、州食药监局刘可红对全县开展医疗器械“五整治”检查督导。全县共检查经营、使用医疗器械的药店35家，医疗机构40家，批发企业1家，眼镜店5家。共检查医疗器械1000多个品批，并抽检2个品批医疗器械报送省医疗器械检验中心。

注射用透明质酸钠监督检查。对辖区内的医疗机构、药店、美容机构进行专项检查，共检查医疗机构40家，药店35家，美容机构5家，药品批发企业1家，未发现有经营和使用注射用透明质酸钠的情况。

终止妊娠药品、特殊药品及含特殊药品复方制剂销售管理专项检查。根据《关于开展特殊药品及含特殊药品复方制剂销售管理专项专项检查的紧急通知》(恩施州食药监函〔2014〕34号)精神，宣恩县食药监局制定《关于开展特殊药品及含特殊药品复方制剂销售管理专项专项检查实施方案》，共检查医疗机构50家，药品批发企业1家。检查含麻黄碱类复方制剂7个品批。经检查，涉药单位经营使用含麻黄碱类复方制剂药品票、货、账相符，资金流向合法，未发现有违法使用和销售终止妊娠药品、特殊药品及含特殊药品成分复方制剂药品的行为。

【药品不良反应与广告监测】 2014年上报药品不良反应监测报表181起，完成任务127%，医疗器械不良事件监测报表40起，完成任务149%。宣恩县辖区内广播、电视、政府网站主流媒体无虚假药品、医疗器械、保健食品广告播出。

【食品药品安全监管综合协调】 贯彻落实食品药品安全网格化管理要求，及时制订实施方案，成立网格化管理领导小组和办事机构，2014年全县共聘请食品安全社会监督员261名，食品药品安全网格员(信息员)441名。

【宣传教育】 2014年组织开展“3·15”维权、食品安全宣传周、联合社区进行食品安全法宣传、食品安全“五进”(进家庭、进社区、进企业、进学校、进机关)以及通过县电视台食药之窗栏目宣传等活动。通过现场咨询讲座、发放宣传资料等，普及食品药品安全知识，提高公众安全意识，保障人民群众饮食用药安全。活动期间，现场接受咨询300余人次，发放宣传资料3500余份。

在全县各乡镇、社区、学校建立食品药品安全科普宣传站18个，各科普宣传站有场所、专栏、人员、制度和工作记录，加大对食品安全知识、法律法规和政策宣传的力度和覆盖面，保证人民群众及时了解有关信息。

【应急管理】 县食安办、各乡(镇)人民政府和县食品安全职能部门严格执行节假日和重大活动期间24小时值班制度，公布投诉举报电话“12331”，畅通信息渠道，保护广大人民群众的身体健康和生命安全。

【行政审批改革】 依据行政审批三分离(行政受理、行政审查、行政审批三分离)和“两集中、两到位”原则(部门审批职能向一个处室集中，成立集中行使审批职能的行政服务处；行政服务处向市行政服务中心集中，整建制进中心运作。部门行政审批事项进驻行政服务中心落实到位，部门对窗口工作人员授权到位)，优化行政审批流程。接转质监、工商、商务的部分职能后及时清理行政审批项目，将食品加工小作坊、药品、医疗器械经营许可等事项统一到行政服务中心窗口受理，将食品流通和餐饮服务许可下发到乡镇食药监所，由各乡镇食药监所负责资料受理、审查、现场检查，合格后签署检查意见报县食管监局审批发证。

【服务对象教育培训】 2014年先后组织了茶叶质量安全，豆制品质量安全专项整治，农村集体聚餐流动厨师管理。从业人员培训4期，共计培训企业从业人员300余人，有效提升从业人员的守法经营意识。

【信息公开】 通过宣恩县食品药品监督管理局官方网站宣传国家的法律法规政策，向社会公开食品药品监管工作职责和工作动态，全年向县委、县政府上报信息125条，其中被《恩施日报》采用的3篇，恩施新闻网3篇，州食药监局网35篇，宣恩网络电视台1篇，宣恩网37篇，宣恩纪检网1篇。

【机构改革】 2104年按照国务院关于“改革和完善食品药品安全监管体制机制”总体要求，县食品药品监督管理局、县质量技术监督管理局、县工商局、县商务局等部门沟通衔接，做好职能移交等事项，做到各项工作无缝对接，改革平稳过渡。

4月30日，县政府办公室印发《宣恩县食品药品监督管理局主要职责内设机构和人员编制规定》(宣政办发〔2014〕19号)，设立宣恩县食品药品监督管理局，加挂宣恩县食品安全委员会办公室、宣恩县酒类流通管理局牌子，为县政府工作部门。将原县卫生局综合协调食品安全、组织查处食品安全重大事故和牵头建立食品安全综合协调机制、负责食品安全综合监督的职责，划入县食品药品监督管理局；将县质量技术监督局生产环节食品安全监督管理的职责，划入县食品药品监督管理局；将县工商行政管理局流通环节食品安全监督管理的职责，划入县食品药品监督管理局；将县商务局酒类食品安全监督管理的职责，划入县食品药品监督管理局。取消县商务局加挂的"宣恩县酒类流通管理局"牌子。

县食品药品监督管理局主要职责有：贯彻执行国家、省、州有关食品(含食品添加剂、保健食品、酒类食品，下同)、药品(含中药、民族药，下同)、医疗器械、化妆品监督管理的方针政策和法律法规。推动建立落实食品药品安全企业主体责任、地方人民政府负总责的机制，落实食品药品重大信息直报制度，着力防范全县区域性、系统性食品药品安全风险。

建立食品安全隐患排查治理机制，制定全县食品安全信息统一公布制度，公布重大食品安全信息。参与制定食品安全风险监测计划、食品安全地方标准，根据食品安全风险监测计划开展食品安全风险监测工作。监督实施国家药品和医疗器械标准、分类管理制度；监督实施药品和医疗器械研制、生产、经营、使用方面的质量管理规范；落实执业药师资格准入制度；负责开展药品不良反应、医疗器械不良事件监测和处置工作。配合实施国家基本药物制度；执行化妆品监督管理办法。组织实施对全县食品、药品、医疗器械、化妆品的监督管理和稽查，组织查处重大违法行为；实施问题产品召回和处置制度；负责药品广告备案审查和监测工作。负责全县食品药品安全事故应急体系建设，组织和指导食品药品安全事故应急处置和调查处理工作，监督事故查处落实情况。负责制定全县食品药品安全科技发展规划并组织实施，推动电子监管追溯体系和信息化建设。负责开展全县食品药品安全宣传、教育培训等工作；推进食品药品安全诚信体系建设。指导全县食品药品监督管理工作，规范行政执法行为，完善行政执法与刑事司法衔接机制。承担县食品安全委员会日常工作；负责食品安全监督管理综合协调，推动健全协调联动机制；督促检查乡(镇)人民政府履行食品药品安全监督管理职责并负责考核评价。承办上级交办的其他事项。

县食品药品监督管理局设置7个内设机构：办公室、综合股(应急管理办公室、食品药品投诉举报中心)、行政审批股、食品监管股、药品化妆品监管股、人事教育财务股、法制宣传股。核定县食品药品监督管理局(县食品安全委员会办公室、县酒类流通管理局)机关行政编制12名，工勤编制1名；领导职数1名，其中局长1名，副局长3名(其中1名兼任食安办副主任)，总工程师1名；内设机构负责人职数7名。

在全县9个乡镇设食品药品监督管理所，为县食品药品监督管理局的副科级派出行政机构，名称统一为"宣恩县××乡(镇)食品药品监督管理所"。实行县食品药品监督管理局与乡镇人民政府双重管理，以县食品药品监督管理局管理为主。主要职责：拟订本辖区食品、药品、化妆品、医疗器械(以下简称食品药品)监督管理工作计划、方案、应急预案并组织实施。建立健全食品药品生产、经营、使用单位管理档案，对食品药品市场进行日常监管。对食品药品生产、经营、使用单进行监督检查、快速检测；办理简易程序案件和县食品药品监督管理局委托办理的一般程序案件；受理、处置食品药品投诉举报；承担食品流通、餐饮服务许可的受理、查勘、验收和食品加工小作坊、药品经营许可的现场查勘；督导药品不良反应、医疗器械不良事件监测报告工作。承担农村集体聚餐监督检查及备案管理工作。负责食品药品安全宣传工作。承担食品药品安全网格化管理和示范创建工作。配合相关部门做好食品药品安全事件的组织救援、调查处置和善后处理等工作。收集、整理、分析、报告食品药品安全信息。承担县食品药品监督管理局和乡(镇)人民政府交办的其他工作任务。9个乡镇食品药品监督管理所共核定行政编制45名,其中:珠山7名,椒园5名,万寨4名,长潭河4名,晓关4名,高罗5名,沙道沟6名,李家河6名,椿木营4名。核定每个乡镇食品药品监督管理所领导职数2名,其中所长1名,副所长1名。

5月6日,县编委印发《宣恩县食品药品监督管理体制改革人员编制划转方案》(宣编发〔2014〕5号),共划转行政编制29名,事业编制1名。从县质监局、县工商局各划转1名行政编制到县食品药品监督管理局,从县工商局划转9名行政编制、从9个乡镇各划转2名行政编制到乡镇食品药品监督管理所,从县工商局划转1名事业编制到县食品药品稽查大队。划转行政人员25人,事业人员1人。从质监局划转行政在编人员1人、从县工商局划转行政在编1人到县食品药品监督管理局;从县工商局划转行政在编人员8人(珠山镇4人,椒园镇1人,沙道沟镇1人,晓关侗族乡1人,高罗乡1人),从乡镇划转行政在编人员15人(椒园镇2人,万寨乡2人,长潭河侗族乡2人,沙道沟镇2人,李家河镇2人,晓关侗族乡2人,高罗乡1人,椿木营乡2人)到乡镇食品药品监督管理所;从县工商局划转事业在编人员1人到县食品药品稽查大队。

【食品安全宣传周活动】 6月10日,2014年全国食品安全宣传周活动宣恩启动仪式举行。活动以"尚德守法·提升食品安全治理能力"为主题,旨在推动各方力量积极参与社会监督和消费维权,营造食品安全人人有责,全社会协同共治的良好氛围,做到食品安全家喻户晓、人人皆知。宣传周期间,县食安委成员单位开展普法宣传、业务培训、警示教育等食品安全主题活动。启动仪式后,各相关单位通过悬挂横幅、摆放展板、发放宣传资料、接受咨询等方式,向群众广泛宣传食品安全相关法律法规和知识。10日,工作人员向群众发放食品安全知识问答、食品安全宣传册等宣传资料3000余份。

(张君)

安全生产监督管理

【概况】 2014年,全县安全生产形势总体平稳,除建筑施工行业发生安全生产事故3起死亡3人外,其他行业领域均未发生安全事故。

【落实安全责任】 贯彻落实省委、省政府《湖北省安全生产党政同责暂行办法》(鄂发〔2014〕6号)和《中共宣恩县委宣恩县人民政府关于进一步加强安全生产工作的意见》(宣发〔2014〕2号)文件精神,组织乡镇、县安委会成员单位和重点企业学习4次。各乡镇和县安委会成员单位根据文件要求,成立安全生产领导机构,落实"一岗双责"。年初,县安委会与各乡镇、30多个县安委会成员单位签订安全生产责任状,明确各乡镇、安委会成员单位的安全生产监管责任,确保安全生产工作目标明确、责任清晰。构建党委统一领导、政府依法监管、企业全面负责、职工积极参与、社会支持监督的安全生产工作格局,促进了政府监管责任和企业主体责任的落实。

【安全生产检查】 春节前夕,组织开展煤矿、非煤矿山、危险化学品、烟花爆竹、道路交通、水上交通、建筑施工、重点建设工程、人员密集场所等重点行业领域的安全生产大检查,共检查企业156家,发现安全隐患389处,下达隐患整改指令50余份,现场整改隐患370处,隐患整改率达到95%以上。抓好节后复产复工安全监管,制订煤矿、非煤矿山企业停产检修、节后复产验收实施方案,组织相关单位组成联合验收组验收。对煤矿、非煤矿山、危化品、烟花爆竹及重点建设工程等进行全覆盖检查,查出安全隐患416处,现场督促整改407处,责令限期整改隐患9处,对查出的各类隐患分门别类建档建卡,逐一督办制订整改方案,落实隐患整改措施。4月,组成3个安全生产检查组,开展为期一周的全县安全生产隐患大排查、大整治,贯彻煤矿安全治本攻坚"双七条"规定,金属非金属地下(露天)矿山严格落实矿长保护矿工生命安全六条规定,落实危险化学品和烟花爆竹企业安全保障"双十条"规定;强化城市燃气和消防安全管理;抓好水上交通安全、隧道交通安全、危险化学品运输车辆安全、大型客车安全、各类在建工程和水利设施防汛度汛安全。针对"中秋""国庆"等节假日安全,组织开展涉及煤矿、非煤矿山、烟花爆竹、危险化学品、建筑施工、道路交通等行业领域的综合安全生产大检查，综合运用经济、法律和行政等手段，加大监管力度，依法严厉打击无证或证照不全非法生产、经营、建设行为。

【安全生产大整治】 自3月起，开展“安全生产大整治”专项活动，对道路交通、煤矿、非煤矿山、烟花爆竹及危化品、建筑及建设工程、消防、特种设备、水上交通、旅游等领域进行安全生产大整治。活动期间，各乡镇及部门上报安全隐患30余份，排查出较大以上安全隐患10处，其中报州安委会挂牌督办2处。沙道沟上洞坪至黄泥塘公路于6月完成整改，长潭河乡肖家湾至大卧龙村公路6月前已安装钢护栏，12月通过验收销号。

【“两化”体系建设】 指安全生产隐患排查标准化、数据化。8月16日，成立由习罩任组长、李世祥任副组长，各乡镇人民政府、县直各相关部门主要负责人为成员的领导小组，负责全县隐患排查治理“两化”体系建设的组织实施、统筹协调、督促指导等工作。同时按照行业管理和属地管理的原则，各行业管理部门按照安全生产职责分工负责组织实施，负责本行业（领域）的安全生产隐患排查治理“两化”体系建设工作，各乡镇负责辖区生产经营单位、公益事业单位安全隐患排查治理“两化”建设工作。

9月19日，在县行政大楼二楼会议室召开各乡镇、县直各相关部门分管领导、安办主任和信息员参加的安全生产隐患排查治理“两化”体系建设动员大会，专题安排部署安全生产隐患排查治理“两化”体系建设工作。会后，各乡镇和有关部门开展企业调查摸底，网上登记注册，安全隐患的登记、上报、整改、销号工作。全县登记注册监管单位17个，登记注册生产经营单位264家。县政府常务会专题研究“两化”体系建设，落实了“两化”建设专项资金45万元和人员编制2名。

【打非治违专项行动】 8月12日，县安委会印发《宣恩县集中开展“六打六治”打非治违专项行动》活动方案，细化、量化工作职责，督促各乡镇、各部门开展自查，摸清辖区内各类生产经营单位安全生产情况，提高打非治违专项行动的针对性，按照“属地为主、条块结合”的原则，督促乡镇、安委会重点成员单位组织开展以道路交通、煤矿、非煤矿山、危险化学品及烟花爆竹、油气站点及管线、建筑施工、特种设备、消防、粉尘、涉氨制冷等行业领域为重点的专项整治行动。结合“中秋”“国庆”等重要节假日及重大活动，组织开展隐患大排查、大治理。9月至11月，组织国土、消防、住建、交通、发改、水利等部门集中开展了安全生产“六打六治”（打击非煤矿山企业无证开采、超越批准的矿区范围采矿行为，整治图纸造假、图实不符问题；打击破坏损害油气管道行为，整治管道周边乱建乱挖乱钻问题；打击危化品非法运输行为，整治无证经营、充装、运输，非法改装、认证，违法挂靠、外包，违规装载等问题；打击无资质施工行为，整治层层转包、违法分包问题；打击客车非法运营行为，整治无证经营、超范围经营、挂靠经营及超速超员、疲劳驾驶和长途客车夜间违规行驶等问题；打击“三合一”“多合一”场所违法生产经营行为，整治违规住人、消防设施缺失损坏、安全出口疏散通道堵塞封闭等问题），打非治违专项行动，活动期间共组织执法检查12次，检查各类生产经营单位180余家，排查各类安全隐患260余处，查处非法违法行为22起，有效遏制非法违法生产经营建设行为。

【安全生产网格化管理】 全县279个村全部明确村级安全员，负责村级隐患排查、信息上报、台账建立、安全宣传教育工作，发放农村建房、红白喜事安全事项告知书，制止、报告村级公路道路交通违法行为。村级安全员工作费用由县级财政按每人2400元予以保障，乡镇政府制定了村级安全员目标考核办法，年底依据村级安全员的工作实绩考核兑现。农村道路交通社会化管理实行“四方一责”管理办法，明确县道路交通管理部门、车主和驾驶员、乡镇人民政府、村治保小组四方的安全责任，签订“四方一责”责任书，做到了责任书签订全覆盖，乡镇分片组织辖区驾驶员进行安全教育培训，提高车辆驾驶员的安全意识。

【安全生产培训】 3月15日，组织42家非煤矿山主要负责人和安全管理人员，参加省安监局举办的非煤矿山企业安全教育及暨节后复产复工培训班，参学率、考核合格率均达100%。

5月7日，县安监局主办首届

安全生产和职业卫生专题培训班，围绕安全生产知识、职业病防治法及相关法律法规建设，对各乡镇安办主任、69家企业主要负责人和职业卫生管理人员进行培训。县安监局长李明然对各企业负责人、安全生产监管工作人员提出要求；相关人员对下一步全县安全生产的综合监管工作、矿山监督工作进行安排，并为培训人员发放相关材料，以供学员随时学习。

【《安全生产法》宣传贯彻】 2月8日，县委、县政府印发《关于进一步加强安全生产工作的意见》(宣发〔2014〕2号)，涉及十大方面30条。这是县安监局经过2013年7月向县政府常务会、12月向县委常委会汇报后，县委、县政府首次出台的关于进一步加强安全生产工作的一个重要文件。同日，中国经济网刊登县安监局长李明然的长篇通讯《土家苗人民的安全守护神——记宣恩县人民政府县长、县安委会主任习覃》；2月11，《中国报告文学网》转载；《中国安全生产》杂志2014年第3期全文刊载。《中国安全生产》杂志2014年第1期"人物聚焦"栏目，刊登李明然撰写的长篇通讯《费军：深山峡谷中的"安全迷"》。

12月4日，邀请省安监局巡视员刘向东为县委中心组成员及部分重点企业负责人作《安全生产法》《湖北省安全生产党政同责暂行办法》专题讲座。汇编印制5000本宣传读本，包括《安全生产法》《湖北省安全生产党政同责暂行办法》《中共宣恩县委宣恩县人民政府关于进一步加强安全生产工作的意见》文件。在县行政办公中心大楼、全县客运企业、通讯企业等有LED显示屏的单位和企业进行户外宣传；通过新闻网站和广播电视台等新闻媒体进行滚动宣传；编发短信5000余条。

【安全生产月活动】 6月为安全生产月。6月6日，在县广电中心举行2014年"安全生产月"活动启动仪式，州安监局局长龙世奎、州安监局副局长廖光耀，县领导习覃、黄同元、唐斌、李世祥、王此权出席启动仪式，龙世奎在仪式上致辞。当天举行"强化红线意识、促进安全发展"主题演讲比赛，16名层层遴选的代表从不同角度诠释对安全生产的认识，阐述坚守安全生产"红线"的重要性，阐明"安全就是幸福，安全就是效益"的道理。启动仪式后，龙世奎、廖光耀、李世祥到县工业园区椒园生态产业园、椒园粮库实地检查安全生产工作。县安监局投入10万元，设计制作大型安全生产宣传牌1000块，发放给第一批150家生产经营单位和建设项目工地，要求生产经营单位规范安装悬挂宣传牌，抓好日常管理维护，确保发挥宣传、警示作用。生产月活动相继举行安全生产事故警示教育、应急预案演练、安全生产宣传咨询日，安全文化下乡、"平安校园"等一系列活动。各乡镇、部门、企业近万人参加"2014年湖北省安全生产知识网络竞赛"，成绩名列全州第二，5个单位进入全州前50名。

【科技兴安】 投资30余万元建视频会议室，已安装调试设施设备，实现国家、省、州安全生产工作会议远程视频在县内收视，节约会议公务差旅费用。投资20万元购置安监执法车1辆。向省安监局申报落实20余万元的安全监管检测设备。工业园区2家安全生产重点企业申报除尘降尘、职业病防治等科技项目，实施科技兴安，改善企业作业条件和周边环境，促进作业人员职业健康安全。

【安全生产工作会】 2月13日下午，全县2014年安全生产工作会在消防大队五楼会议室召开，黄同元主持，唐斌、向子明、王此权出席，县安监局负责人通报2013年全县安全生产工作情况和2014年全县安全生产工作要点。向子明代表县政府与各乡镇人民政府、县安委会成员单位签订2014年安全生产工作责任状。高罗乡政府、县住建局、中铁大桥局恩黔高速六标一分部项目部负责人作了表态发言。县四大家办公室负责人、县安委会成员单位主要负责人，各乡(镇)长、常务副乡长、分管安全生产工作的领导和乡镇安办主任，40家重点建设工程施工单位负责人和县安全生产重点企业负责人参加会议。

(滕树华)

政治

中国共产党宣恩县委员会

【概况】 2014年，全县上下按照“兴产业、强基础、惠民生、促和谐”的总体思路，抓好产业提档升级、城乡统筹发展、社会管理创新、民生民利改善、党的自身建设等五大重点工作，推进“四化”同步发展，经济社会取得平稳快速发展。全年实现地区生产总值50亿元，增长9.8%；地方财政总收入突破3.6亿元，增长17.5%，其中公共财政收入突破2.58亿元，增长18.2%；完成全社会固定资产投资37.5亿元，增长20.9%；城镇居民人均可支配收入达到18870元，增长10.39%；农民人均纯收入达到7048元，增长12.43%。

【党的建设】 思想政治建设。深入开展第二批党的群众路线教育实践活动，认真组织学习党的十八大和十八届三中、四中全会，习近平总书记系列重要讲话精神，大力宣传焦裕禄等先进人物，党员干部思想政治素质显著增强。扎实开展中心组理论学习，加强理论研究工作，以理论创新推动工作创新，全年形成了一大批制度成果、理论成果、实践成果。加强干部培训，扎实开展干部在线教育，325名科级以上干部参与全省“市场大学”等系列学习活动。加大对外宣传力度，全年中央电视台报道12次，新华社、《人民日报》《经济日报》等媒体报道160余次。切实团结统一战线各界人士，广泛凝聚各方力量共商大计、共谋发展。

领导班子和干部队伍建设。对照新修订的《党政领导干部选拔任用工作条例》，完善干部选任制度，探索建立干部选拔任用新机制，对5个乡镇食药监所所长岗位实行公开选拔和竞争上岗。充分利用各种监督渠道和审计督查手段，加大对党员干部特别是“一把手”的监督管理力度，使干部心有所畏、言有所戒、行有所止。加强人才工作，实施“候鸟工程引才计划”“贡乡人才回流工程”“现代农业人才培养项目”等，强化引才育才，服务经济社会发展。

基层组织建设。运用椒园镇黄坪村换届选举试点工作的实践经验，依法依规于12月圆满完成全县村“两委”换届选举工作。高标准打造党建“为民服务示范线”，重点打造椒石线产业型党建示范走廊，抓好示范线上6个重点村及周边村软硬件规范化建设和县福利中心党支部建设，推进王椿线“党建促扶贫”工作，提升基层党组织的号召力、凝聚力和创造力。结合网格化建设和“农民办事不出村”，建设党建综合信息化平台，实现了党员动态管理信息化。

反腐倡廉建设。县委研究制定落实党风廉政建设“两个责任”的50条具体措施，分别对集体责任、第一责任、具体责任和监督责任以及落实“两个责任”的保障措施等，从责任范围、责任内容、方法措施、责任追究等方面进行了具体化、程序化和制度化。加大监督检查力度，推动“两个责任”的落实和上级重大决策部署的贯彻，不断深化反腐倡廉教育和廉政文化建设，促进党员领导干部廉洁自律。贯彻落实中央八项规定精神，纠正部门行业不正之风，巩固治理“整酒风”成果，促进党风政风民风进一步好转。严肃查处违法违纪案件，全年立案88件，其中查处副科以上15件，结案81件，始终保持惩贪治腐高压态势，引导各级干部自觉做到警钟长鸣。

【党的群众路线教育实践活动】 宣恩县党的群众路线教育实践活动从2014年2月正式启动，历时9个月，到2014年10月上旬基本结束。县委常委会示范带动全县9个乡镇、64个县直单位、279个村、5个社区、654个党组织、12974名党员干部，围绕“为民务实清廉”主题，按照“照镜子、正衣冠、洗洗澡、治治病”总要求，坚持“认真、严格、深刻、实效”，以整风精神、从严要求和务实作风，通过“学习教育、听取意见，查摆问题、开展批评，整改落实、建章立制”三个环节的活动开展，较好地实现了树立群众观点、弘扬优良作风、解决突出问题、保持清廉本色的目标要求。

党的群众路线教育实践活动启动前，县委于2013年10月至11月派出5个调研组深入到乡镇和县直部门进行专题调研，就教育实践活动的开展征求干部群众的意见建议，并形成专题调研报告，为县委提供决策参考。由县委组织部组成专班，起草活动方案和相应配套文件20余个，形成规范的《宣恩县党的群众路线教育实践活动文件汇编》。结合宣恩实际，提出“三比三展示”（比思想境界，争创优质服务标兵，展示时代风采；比工作作风，争做务实清廉典型，展示优良传统；比贡献成果，争当科学发展先锋，展示先进价值）活动载体；搭建“112233”学习平台，即举办1场专题研讨会（学习习近平同志系列重要讲话精神专题研讨会）和1场报告会（“先进典型在身边”报告会），举办2场专题讲座（请党校教师或专家学者举办1场为民务实清廉专题讲座，1场理论、历史、法纪等方面的专题辅导），组织2次大讨论活动（马克思主义群众观点和党的群众路线专题讨论，“假如我是服务对象”大讨论），撰写3篇调研报告（单位主要负责同志、班子成员各完成一篇4000字左右解决“四风”问题的调研报告，普通党员干部每人写一篇2000字左右的民情报告），开展3项教育（理想信念、党性党风教育，“三纪四德”教育，中国特色社会主义教育）；开展“三进六访”（进农村、进社区、进企业，访困难群众、访企业员工、访留守人员、访基层干部、访先进典型、访实用人才）活动，听取群众意见。成立县委教育实践活动领导小组，由县委书记曾德权任组长，县委副书记、县长习覃任第一副组长，其他县委领导任副组长，领导小组下设的办公室，内设8个工作专班，从县直单位抽调8名同志专门负责办公室综合组日常工作；抽调60名干部组成12个督导组，其中由3名副县级党员领导干部担任3个督导乡镇的县委督导组第一组长，县纪委与县委各督导组签订督导工作党风廉政建设责任状，在内设机构中增设内部监督纪检组。2月21日县委召开教育实践活动动员会，县级党员领导干部、乡镇党委书记、县直单位负责人等500余人参加会议，传达学习中央、省委和州委关于开展教育实践活动的系列重要指示精神，对全县的教育实践活动进行安排部署。紧接着，全县各级党组织迅速行动，层层动员，3月底前，动员会召开完毕。

活动期间，州委书记王海涛先后两次到宣恩县晓关侗族乡倒洞塘村、长潭河侗族乡大圪村、椿木营乡长槽村进村入户，访贫问苦。省委第五督导组组长文成国、副组长陈邦强先后到椒园镇水田坝村、万寨乡伍家台村、珠山镇白鹤井社区、县城黄河沟排污渠建设工地和县卫计局、广电局进行现场督导。州委常委、组织部长周静深入到李家河镇柏子坳村、椒园镇水田坝村等进行调研指导，了解群众所思所盼，广泛听取意见建议。她还审阅县委常委班子和党政主要负责同志对照检查材料和批评意见清单，要求专题民主生活会真刀真枪、刺刀见红，并于7月12日至13日出席指导县委常委班子专题民主生活会。全县41名县级领导干部（其中32名县级党员领导干部）和乡镇、县直473名科级领导干部（其中452名科级党员领导干部）深入到联系点，加强督促指导，确保活动不偏不倚、扎实推进。

12个县委督导组和2个联络组，从活动筹备、材料审核、活动程序等方面对各单位严督实导，层层传导压力，将上级精神及县委要求落到实处，全县所有单位的各个具体环节内容均按统一进度有序进行。各督导组贯彻县委决策部署，根据全县实施方案确定的重点内容，对实施方案结合实际不紧、目标不具体的部分，督促其进行修改细化；对学习原文完成不好的、对个别谈话查摆问题不到位的，及时要求“补课”“返工”，确保活动不出偏差、不走过场；在督导中发现带有普遍性、倾向性的问题，就及时召开所督导单位负责人会议，明确政策，统一要求；坚持每周讨论、每周检查和每周报送信息等制度。

坚持开门搞活动，在集中学习教育中，先后邀请基层“两代表一委员”210多人次参与学习，现场征求他们的意见建议。分层召开专题座谈会议，请乡镇、县直单位负责人、机关普通干部、工人、农民、致富带头人、知识分子、城镇居民和先进典型代表1500多人次，为教育实践活动的深入开展献计献策。组织40多名县级党员领导干部和450余名科级党员干部深入基层，到边远乡村开屋场会、联户会、村民代表会、党员会，到贫困户家中走访慰问，到企业生产一线现场征求意见建议。组织机关普通非党干部、群众代表2300余人次参加领导班子民主测评、党员民主评议、班子民主生活会情况通报会、教育实践活动总结大会和教育实践活动满意度测评等活动。

在宣恩门户网站、县电视台设立“党的群众路线教育实践活动专栏”，通过媒体及时反映活动动态，宣传引导广大干部群众主动参与到活动中去，让全县党员干部真正把自己摆进去，主动查找和改正自己在“四风”方面存在的突出问题。借助中央、省、州等主流媒体及省州活动办简报，大力推介全县的经验和做法。3月20日，人民网刊发《湖北宣恩县委常委入户"照镜子"》新闻稿；4月1日，新华社刊发题为《践行群众路线，服务基层群众》的图文新闻，介绍高罗乡改造特色民居，为民办实事的做法；4月28，县委教育实践活动领导小组举行先进典型报告会，以他们感人至深的"身边故事"，教育引导全县党员干部自觉做践行党的群众路线的"好党员、好干部"，椿木营乡乡中小学副校长姜海燕被推荐参加全州先进典型报告会；5月21日《人民日报》17版报道宣恩县椒园镇黄坪村村医向丕超为民办实事的图文新闻；6月23日，《"三个一"零距离服务群众》在省活动办简报刊发；9月16日，《湖北日报》第一版报道宣恩县送戏下乡惠民活动；10月4日，《"恩施州第一烂街"修好了》在《湖北日报》第一版刊登，介绍宣恩县李家河镇集镇建设情况。活动中，全县在《人民日报》、新华社等国家级媒体发稿10篇，《湖北日报》、湖北卫视等省级媒体发稿26篇，《恩施日报》、恩施电视台等州级媒体发稿240余篇，省活动办简报刊发信息1篇。县活动办编辑《宣恩县党的群众路线教育实践活动材料汇编（卷1、卷2、卷3、卷4）》，展示活动成果，编印《五面镜子》供各活动参加单位学习对照；下发学习书籍、资料2.5万册，为各级党员干部提供精神食粮。各活动参加单位为基层群众编印惠民政策、办事流程等宣传资料3万余份。

在集中学习教育的基础环节，全县各级党组织将集中学习规定内容细化到每周，落实学习内容、保证学习时间、检验学习效果。同时，结合实际，创新学习形式，丰富学习内容，提高学习质量。县委以中心组集中学习形式，坚持先学一步、学深一层、走在前列，以晚上、周末集中学，联系点上现场学，坚持学原著、读原文、悟原义，先后开展了集中学习12次，其中"夜学"8次，重点学习习近平同志系列重要讲话、李鸿忠同志和有关领导的讲话精神，观看《八项规定一年来》《周恩来的四个昼夜》《苏联亡党亡国20年祭》等专题片和电影《焦裕禄》《天上的菊美》、纪录片《永远的焦裕禄》等。乡镇、县直部门以"夜学"为主，结合专家导学、专题领学等形式，每个单位都完成不少于10次的集中学习。万寨乡"夜读、夜谈、夜访"（州委常委、州委组织部长周静同志予以肯定，恩施日报予以报道），椒园镇对流动党员以短信、邮寄资料、电话、QQ等送学上门，晓关侗族乡用文艺宣传队送学进村，珠山镇的"村民事务代办"，长潭河侗族乡的"四学"平台，沙道沟的"两进六访""三联三送"，高罗乡的便民联系卡、24小时便民热线，李家河镇的"联村联户、住农助农"，椿木营的"五个一"结对帮扶，县纪委的"创五型机关、做五好干部"，县委组织部的流动党员"123"学习模式（建立一套台账，落实结对联系、两地联管两项制度，搭建三个学习平台），县移民局的"我为移民解难题"等，各具特色，深受农村基层党员干部欢迎。邀请州委党校教授、副校长覃章梁作《习近平的群众观》专题辅导，开展"树牢马克思主义群众观，立足岗位作为民务实清廉的好党员好干部"和"假如我是服务对象"大讨论。据统计，全县共组织集中学习3260余次，举办巡回宣讲160次，组织收看警示教育片120场次，放映《焦裕禄》等电影150场次，开展专题理论辅导2期，举办专家讲座2次，县领导上党课6场次，下基层召开座谈会80余场次。组织开展优秀调研报告、心得体会文章评选活动，全县共收到调研报告320余篇，其中县级党员领导干部提交调研报告43篇，心得体会文章2400余篇，评选出优秀调研报告65篇、心得体会文章48篇。在县委党校举办2期基层党组织书记培训班，共培训基层党组织书记280余名。

查找"四风"问题通过"自己找、群众提、上级点、互相帮、集体议"等方式，形成"问题清单"。在活动前期，县委通过专题调研，查摆作风建设中存在的公车私用、"三公"经费管理不规范、城镇管理不整洁、项目服务不到位、机关作风漂浮等五个突出问题，并把解决五个突出问题作为整治作风问题的重点。在活动中，组织调研专班到工业园区、农村（社区）基层开展调研3次，征求到意见建议385条，其中涉及"四风"突出问题的意见建议120多条，形成专题调研报告6篇，在收集到的意见建议中，针对县"四大家"班子的有202条，其中"四风"问题93条；县级领导干部个人的共有771条，其中"四风"题569条。全县各乡镇、县直部门单位领导班子和个人共征求意见建议2932条，归类整理后1583条，其中聚焦"四风"的995条。主要反映的是文山会海没有根治，“车轮”上有特权思想，存在“官本位”思想，感情上疏远群众，对群众困难“见怪不怪”，解决不及时；在发展上点面结合不够，对条件较好的地方锦上添花的多，对偏远地方雪中送炭的少；群众反映急需解决的具体问题主要是出行难、饮水难、上学难、就医难等。

全县各级党员领导干部开展谈心交心活动，在个人谈心交心中，每名领导的谈心人数都在20人次以上，累计达740多人次。县委常委及各级领导班子认真落实“四必谈”要求，做到带着问题谈、出于公心谈、突出重点谈、创新方式谈，力求把问题谈开谈透；7月12日至13日，县委常委班子召开专题民主生活会，并带头开展自我批评，各位常委依次开展批评与自我批评。会上，各常委自我批评自觉主动，相互批评严肃认真，查找县委常委班子“四风”突出问题13条，12名县委常委自我查找“四风”突出问题153条，提出相互批评意见231条，得到中央巡回督导组、省委督导组、州委领导和州委督导组的好评。县委常委班子专题民主生活会后，县人大常委会、县政府、县政协党组接着召开了高质量的专题民主生活会，尔后，县委常委分赴所联系的乡镇、县直部门、村、社区指导召开专题民主生活会或组织生活会，使全县“开展批评”环节的各项工作得以顺利完成。

县委立行立改，开展“大接访”活动，直面群众诉求。41名县级党员领导干部轮流接待群众来信来访80多件(批)、200余人次。全县各级各部门共接待群众来信来访400多件(批)、1200余人次，按程序办理信访事项90余件，结案72件(含经州县活动办办公室批转的9件信访事项)。集中财力，投入18.34亿元，重点解决事关群众切身利益、群众反映强烈的上学难、行路难、就医难、饮水难、就业难等民生问题，直接受益人数达9.9万人。制定整改工作的“两方案一计划”，整改工作目标具体、责任明确、措施具体。县委常委认真对照自身存在的问题制定整改措施和整改清单，并结合自己的分工，认领县委常委班子整改事项，主动把关分管部门和单位制定整改的时间图、任务表，落实整改责任和措施。明确县直各单位主要负责人、乡镇党政正职为单位整改落实的“第一责任人”，其他领导结合分管工作，实行抓业务与抓整改“一岗双责”，加强对整改落实的组织领导。各级各部门对“两方案一计划”、基层党组织和普通党员的整改计划与清单按要求进行公示。整治窗口单位“门难进、脸难看、话难听、事难办”的问题，整合资源、综合研发集党务、政务、商务于一体的村级综合服务平台，2014年底前建成168个村。开展行政审批项目清理及审批权限下放工作，取消行政审批事项94项，调整55项，缩减率达35%，全县8个部门36项行政审批事项下放由村级代办，审批时限在法定时限内缩短1/3。从严控制会议文件简报、清理和规范评比达标表彰活动、清理领导小组和各类议事协调机构等工作，全县性会议比上年同期减少22%；以县委、县委办公室名义下发的文件数量同比减少10.6%；减少评比达标表彰项目23.5%；县委、县政府层面的各类领导小组、议事协调机构减少14.1%。纠正和查处“门难进、脸难看、事难办”“庸懒散”“吃拿卡要”、滥用职权等问题和侵害群众利益行为。全县清理处置违规配备公务用车24辆；清理超标办公用房20668.3平方米；“三公”经费支出大幅下降，同比压缩5.2%；全县党政干部因公出国(境)同比下降50%。严厉整治和纠正公款送礼、违规职务消费、境外招商奢侈浪费和高消费、豪华铺张办晚会等问题，严格落实中秋严禁用公款送月饼和元旦春节严禁用公款购买印制寄“贺年卡”、送节礼等禁令。集中清理和督促整改党政领导干部违规在企业兼职、“吃空饷”、编外大量聘用人员、长期调动工作不转工资关系等问题。强化正风肃纪，县纪委先后2次通报6起违反作风建设规定的典型案件，6名违纪人员受到党纪政纪处分。进一步明确了全县下一步“四风”突出问题24项专项整治任务。其中，集中开展重点整治任务4项，继续深化的整治任务5项，承接中央、省委和州委的整治任务10项，结合宣恩实际进行整合后继续落实的整治任务5项。

活动围绕干部“四风”突出问题、民生难题、发展问题，抓好制度的立、改、废，形成长效机制。对县委现有的作风建设、联系和服务群众相关制度进行梳理，修订完善17项，新建9项制度。建立群众大病医疗救助制度，政府设立救助基金1000万元，集中解决群众因病致贫、因病返贫问题；建立乡村

远眺彭家寨

首批中国少数民族特色村寨

彭家寨

彭家寨一角

2014年8月28日，党的群众路线教育实践活动组织生活会

宣恩县 椿木营乡

2014年11月4日，各村新任主职干部任前集体谈话

2014年6月27日，全乡党史知识竞赛

七姊妹山

2014年8月13日，州长杨天然（右二）在县长习覃等人的陪同下，参观翠谷嘉园开发模型

2014年12月11日，习覃到杨柳坨村晒坪察看严立三先生创立《不共戴天》石碑

2014年6月19日，县检察院与椿木营乡政府机关全体干部职工在干竹坪义务修路

2014年3月12日，开展义务植树活动

2014年8月18日，举办第二届高山露营节

黄连基地

椿木营乡烟叶

椿木营乡高山蔬菜

宣恩县珠山镇

珠山镇党委、政府工作人员 （2014年1月1日摄）

卸甲坝新农村建设

茅坝塘中低产田改造成果

天井堡通村公路在建工程

狮子关特色民居

2014年5月6日，镇党委书记向重臣（左一）向恩施军分区政委李频大校（左二）等领导介绍珠山镇民兵预备役工作情况

2014年6月11日，镇长戴青在全镇经济工作会议上发言

2014年2月18日，珠山镇第三届人大三次会议

2014年3月6日，党的群众路线教育实践活动动员大会

宣恩工业园区和平制造产业区

2014年7月10日，县委常委、县人武部政委雷天兵（左二）到椒园镇检查征兵工作

宣恩县椒园镇

2014年9月30日，安全进校园活动

2014年12月23日，庆阳送戏下乡

镇党委书记、人大主席 黄 敏

党委副书记、镇长 袁永灿

2014年12月29日组织学习《中华人民共和国环境保护法》

2014年6月11日，召开农村安全饮水及扶贫培训会议

水田坝居民新村建设成果

宣恩县 沙道沟镇

2014年5月4日，州长杨天然（右二）、副州长庞红艳（右一）到沙道沟调研

2014年6月30日，州委常委、副州长马尚云（前排右二）到彭家寨调研

上垌坪村一组绿色水稻示范基地

上垌坪村十组绿色水稻示范基地

领导班子成员（从左至右依次是：刘红梅、杨明海、王开发、
隆权、朱朝春、奚泽辉、周国茂、刘学宇、罗军、肖光辉）

2014年3月12日，镇党委书记奚泽辉（前排左一）
在松坪村参加植树活动

上垌坪村十七组百合基地

沙道沟集镇建设路街道

沙道沟集镇全景

宣恩县 高罗乡

2014年3月7日，高罗乡召开党的群众路线教育实践活动动员会

乡党委书记、人大主席 曾伟

乡党委副书记、乡长 彭超

清水塘

2014年2月26日，省“三万”检查验收组到板寮检查工作

2014年3月3日，县长习覃调研湖北亦禾生态农业有限公司生产情况

2014年7月29日，州委常委、组织部长周静（左二）到高罗乡板寨村调研扶贫开发工作

2014年3月6日，曾伟、彭超到清水塘村指导农村建设工作

2014年8月13日，河北客商到板寮村参观白柚基地

2014年9月14日，国家民委一行到板寮村调研

2014年11月22日，第二届贡水白柚采摘节活动在高罗乡九间店村举行

贡水白柚

乡党委书记、人大主席　涂先绪

乡党委副书记、乡长　谢迭胜

宣恩县 长潭河侗族乡

2014年3月25日，长潭河乡教育支部党的群众教育实践活动动员会

2014年6月11日，省民委看望两溪河木棚小学学生

两溪河村卢家院子

2014年11月18日，州委常委、州委组织部部长周静到长潭河调研

2014年10月27日，县长习覃在长潭河调研

易家坪千亩茶叶基地

2014年11月18日，涌洞河村茶叶种植现场会

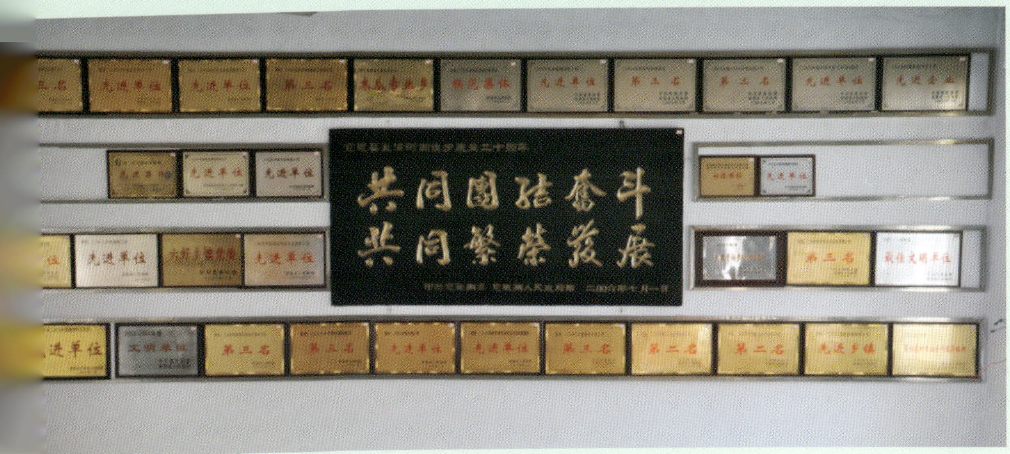

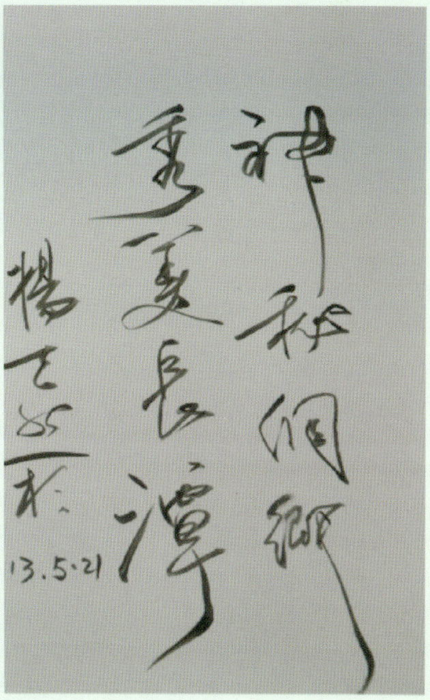

乡党委书记、人大主席　肖赋生

乡党委副书记、乡长　张艳丽

宣恩县万寨乡

建成的集镇农贸市场

2014年10月16日，冬农开发工作会议

伍家台茶园进行虫害防治

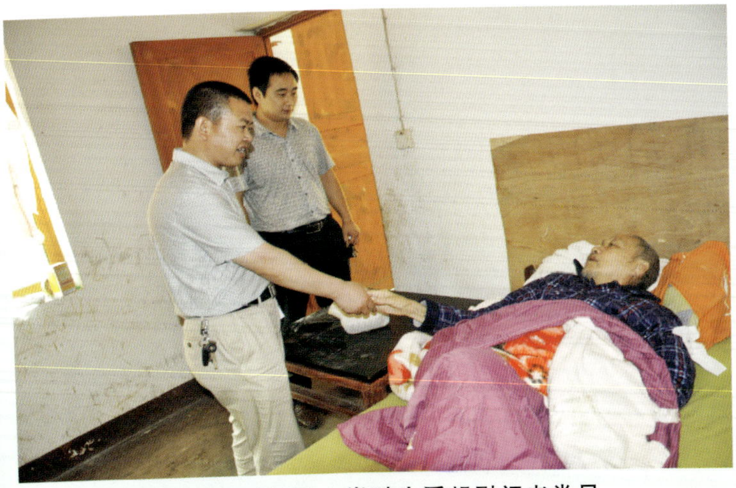

2014年7月4日，肖赋生看望慰问老党员

2014年12月26日，乡党委中心组集中学习

2014年5月29日，全乡党风廉政建设暨安全生产月活动会议

2014年12月8日，万寨集镇规划建设听证会

伍家台乾坤壶

2014年9月15日，省民族歌舞团文艺惠民活动到万寨乡伍家台村演出

2014年2月25日，李家河镇第一届人民代表大会第一次会议召开

宣恩县李家河镇

2014年5月4日，州长杨天然、县长习覃调研集镇新区建设

2014年3月9日，州委常委、组织部长周静在柏子坳村指导党的群众路线实践教育活动

2014年2月25日举行撤乡建镇揭牌仪式

2014年6月26日，党委书记唐刚看望烂泥沟村少年包丁跃

集镇新貌

党政班子现场办公研究新区建设

2014年12月13日，镇长明官祝（前排右二）到金陵寨17组看望朱德发一家并合影

庆祝建党93周年演讲比赛

白柚

2014年6月30日，李家河镇代表队参加宣恩县首届群众广场舞大赛合影

乡党委书记、乡长　姚金超

乡党委副书记、常务副乡长　唐猛

宣恩县晓关侗族乡

2014年6月27日，姚金超在匠科村看望慰问老党员

2014年6月18日，州人大常委会视察组到晓关视察新型农村合作医疗制度实施情况

2014年12月31日，西坪茶叶苗圃基地出圃茶苗

2014年5月28日，党员义工在大山村帮助烟农围蔸

西坪水患治理工程竣工，村民耕种放心田

新建的晓关水厂

2014年7月14日，晓关集镇防涝在建工程

2014年7月2日，庆七一“廉政杯”篮球赛

2014年4月2日，党的群众路线宣讲团在晓关集镇进行文艺演出

局长　陈杰

宣恩县国家税务局

2014年4月2日，宣恩县国税局职工到沙道沟镇帮扶联系点老岔村植树

2014年3月14日，国税职工开展“千人万户纳税服务大走访”活动

2014年4月28日，县国税局与县电视台举办《局长在线电视访谈》节目

2014年5月15日，县国税局开展税收知识讲座

2014年8月7日，省国税局副局长梅昌新（左）在宣恩县国税局调研工作

2014年5月16日，国、地税电信业“营改增”试点纳税人信息移交

2014年4月22日，县国税局召开纳税人代表座谈会

2014年8月27日，州国税局纪检组长牟秉范（右三）在伍家台村调研茶厂

2014年12月4日，县国税局干部职工开展税法宣传活动

2014年3月12日，召开宣恩县地方税务局党风廉政建设工作会议

宣恩县地方税务局

2014年6月17日，湖北省地税局党办主任丁峰（右三）到县地税局检查基层单位标准化创建工作

2014年6月24日，恩施州地税局局长陈平（前排右二）莅临地税服务大厅

2014年5月16日，宣恩县地税局与国税局电信业营改增交接仪式在县地税局举行

2014年8月14日，县地税局召开全县地税系统"严格遵守八项规定 人人维护地税形象"学习教育整顿活动动员大会

2014年5月27日，县地税局党员义工服务队到李家河镇头庄坪小学开展活动

2014年9月19日，县地税局工作人员加班至深夜，对新核心征管软件上线进行调试

县地税局纳税服务大厅

2014年6月23日，县工商局系统内举办2014年“庆七一”羽毛球赛全体队员合影

宣恩县
工商行政管理局

党组书记、局长
田远波

党组成员、副局长
赵明金

党组成员、纪检组长
王和清

党组成员、主任科员
欧阳文平

党组成员、副局长
熊琼

2014年5月5日，省工商局局长刘源超（前排左二）到沙道工商所检查工作

2014年8月15日，省工商局副局长冯伟（左一）到宣恩县工商局检查工作

2014年7月10日，县工商局召开民主评议政风行风座谈会

2014年3月11日，县工商局集中销毁假冒伪劣产品

2014年10月22日，省档案局副处长陈壮（左二）到县工商局验收档案省特级达目标管理工作

2014年3月3日，县工商局颁发商事登记制度改革新版营业执照

2014年7月4日，在县行政办公大楼四楼会议室召开全县减排工作会议

宣恩县

环境保护局

2014年6月22日，县环境监测站实验室资质认定评审会现场

党组书记、局长　周平

党组成员、副局长　向广华

党组成员、副局长　张宗宪

2014年5月8日，县长习覃到晓关桐子营集镇察看人工湿地选址现场

2014年5月8日，习覃一行到椒园镇白泥坝村露天煤矸石处置现场调研

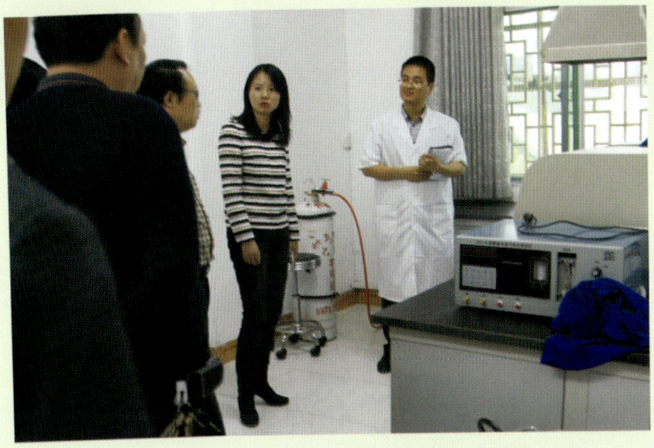

2014年5月8日，习覃察看县环境监测站实验室

2014年11月10日，宣恩县空气自动监测站验收会现场

县环保局是县人民政府主管全县环境保护事业的部门管理机构。其主要职责是负责制定并实施环境保护规划、办法和规定；监督管理全县自然环境保护工作；对县域内大气、水体、土壤等重要环境进行监测；对生态环境状况进行考察和综合整治；依法查处环境违法行为及生态破坏事件；负责贯彻执行排污收费、环境影响评价等各项环境管理制度；发布全县环境质量状况公报。

内设办公室（法规宣教股）、自然生态与农村环保股（科技与环评股）、污染物排放总量控制股（污染防治股）、辐射环境管理股（环境监测管理股）。隶属环境监察大队、环境监测站2个二级事业单位。核定行政编制6名，工勤编制1名，隶属事业单位事业编制20名。2014年末实有22人，其中行政在编人员6人，工勤在编人员1人，隶属事业机构在编人员13人，临时工2人。

2014年12月11日，省林业厅副厅长董祚华（右三）到李家河镇检查“绿满荆楚”行动

宣恩县林业局

2014年2月20日，省林业厅副巡视员庹德政（左二）一行对宣恩县春季林业工作进行督查，县林业局局长曾凡忠（左一）陪同检查

2014年1月18日，县林业局工作队到长潭河乡涌洞河村开展新一轮“三万”活动

2014年4月6日，县林业局组织技术人员到李家河开展技术培训

2014年5月7日，县林业局组织机关离退休老同志参观伍家台生态文明教育基地

2014年7月10日，县林业局局长曾凡忠等人陪同福建客商成云平等人考察宣恩油茶

2014年11月17日，曾凡忠一行看望慰问老党员王星阳（左一）

2014年5月12日，县林业局开展5 · 12防灾减灾日宣传活动

2014年6月10日，县林业局参加全县2014年食品安全周宣传活动

2014年1月15日，县林业局选送的男子群舞《大山的汉子》参加宣恩春节联欢晚会演出

领导班子（左起：副局长向晓琴、局长骆亚军、副局长张岸奎）

党组书记、局长　骆亚军

宣恩县气象局

2014年3月13日，省气象局对宣恩县山洪地质灾害防治气象保障工程2012年第二批建设项目进行验收

2014年3月13日，“宣恩县气象科普教育基地”在县气象局挂牌

2014年4月2日，州气象局陶生明到会指导县气象局党的群众路线教育实践活动动员会

2014年4月23日，县气象局职工参加全民健身活动

2014年9月16日，县长习覃（右一）检查气象工作

2014年6月3日，习覃检查新观测场建设情况

2014年5月12日，县气象局在“5·12防灾减灾日”
宣传活动中向市民发放气象科普手册及宣传资料

2014年7月1日，宣恩县气象局职工“七一”活动留影

2014年4月28日，县气象局举办人工影响
天气暨气象信息员培训

2014年10月28日，县气象局参加全县应急救援演练活动

县档案局（馆）领导班子【左起：副局（馆）长张华蓉，局（馆）长马忠，副局（馆）长彭泽华】

宣恩县档案局（馆）长 马忠

宣恩县档案局（馆）

2014年10月23日，州县领导听取全县档案工作汇报

2015年5月21日，局（馆）长马忠下乡调研

2014年10月23日，国家二级档案馆复查会

2014年8月7日，县档案局（馆）领导班子党的群众路线教育实践活动专题民主生活会

2014年10月24日，县档案局（馆）职工参加全省第17个环卫工人节活动

2014年12月4日，开展普法宣传活动

宣恩县档案馆成立于1959年5月，1979年12月设立宣恩县档案局，1998年6月局馆合并；2000年明确为参照公务员管理单位，归口县委办公室管理。内设办公室、档案业务指导股、教育法规股、管理编研股、现行文件服务中心。定编13名，2014年末实有在编11人。

宣恩县档案馆位于珠山镇群益巷2号，建筑面积1783平方米，使用面积1039平方米。是宣恩县档案安全保管基地、爱国主义教育基地、档案利用服务中心、现行文件服务中心，2009年晋升为国家二级，连续五年被省档案局表彰为“先进档案局”。

2014年末馆藏档案112个全宗，73689卷，录入820024条，案卷级目录69429条，全文扫描496多万幅。馆藏最早的纸质档案为1869年（清同治7年）的粮票。具有代表性的珍贵档案有：粮票档案、革命历史档案、抗战档案、朱英培档案、印章档案、老中医档案、革命军人档案、党和国家领导人视察宣恩档案、宣恩古籍等。编研成果有《兰台情》《清朝宣恩粮票》《中华民国时期宣恩志馆之始末》《施南里五甲神兵布告》等。

宣恩县第一中学领导班子成员（左起：王海燕、刘世兵、龚光太、李绍璜、张强）

党委书记、校长　龚光太

宣恩县第一中学

学校行政楼、教学楼

2014年5月29日，宣恩一中党员义工
与沙道中心小学小朋友共庆六一

2014年8月30日，新生军训

2014年11月12日至14日，宣恩一中第48届田径运动会

2014年12月18日，青年教师优质课竞赛

2014年12月31日，宣恩一中
“放飞梦想'羊'帆起航” 元旦晚会

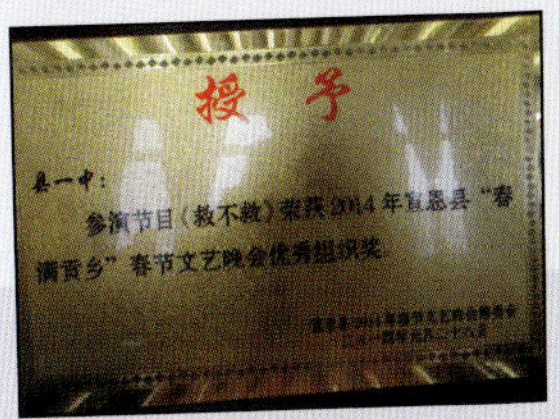

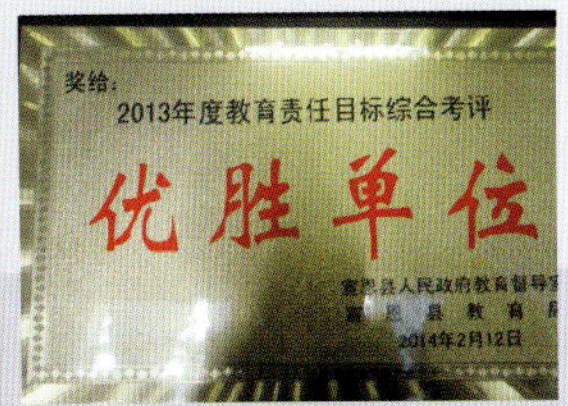

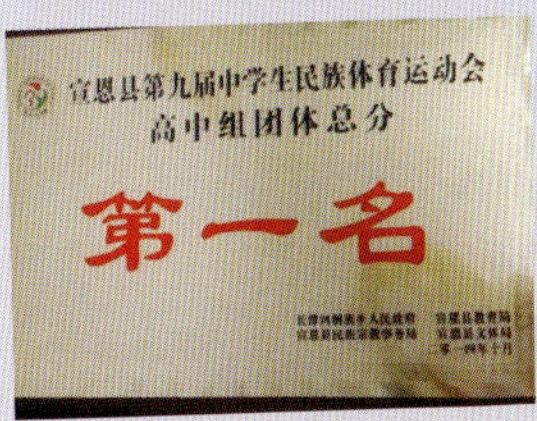

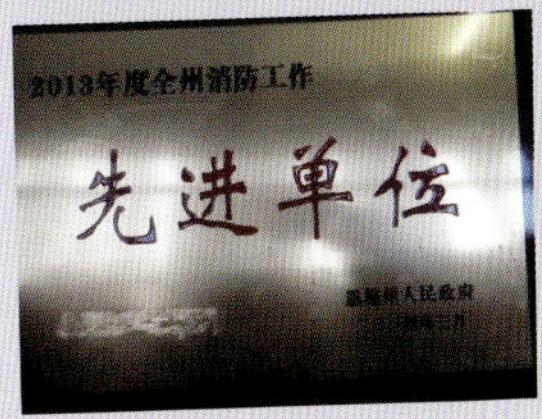

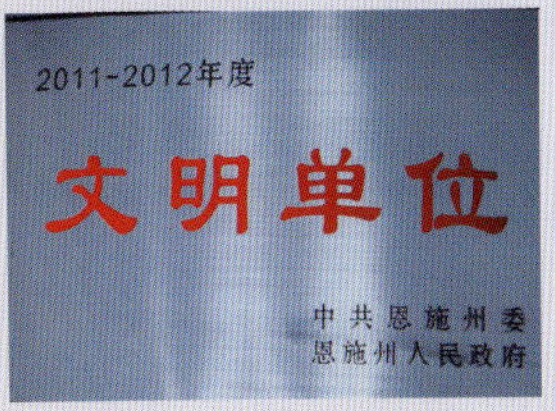

宣恩县第一中学坐落于宣恩县城建设路东端北侧，南面贡水河，北枕青龙山，占地面积140007平方米，学校始创于1938年，1973年正式命名为“湖北省宣恩县第一中学”，是湖北省首批认定的重点高级中学，恩施州第一所聘请外籍教师的高中学校。在七十多年的发展历程中，学校本着“长识、厚德、砺志、创造”的精神，为国家、为社会培养了大批优秀人才。

2014年学校有43个教学班，在校学生2687人。有在编在岗教职工167人，在150名专职教师中有高级教师32人，中级教师49人。学校有县教学精英人才20人，省、州、县学科带头人、骨干教师40人。学校开设日语班，有6个日语班，日语教师5名（含日本外教1名），日语班学生262名（含3名去日本交流的学生）。

学校内设机构有党政办公室、教务处、教研处、政教处、后勤处、工会、团委、年级组、党支部等，学校先后被授予“湖北省安全文明校园”“湖北省绿色学校”“州级文明单位”“‘五四二’工程示范学校”“恩施州消防安全示范学校”“内部治安保卫工作‘先进单位’”“湖北大学优质生源基地”“湖北省教学教改实验学校”“华中师大‘中学生英语’调研基地”“2013、2014年恩施州高考进步奖”等荣誉称号。2014年高考，宣恩一中应届考生809人，应届文化生原始分上一本（硬）线32人，二本（硬）线163人，二本以上实际录取290人，二本上线率达36%，三本文化原始分（硬）上线451人，加上艺术体育本科上线521人，本科上线率达65%。其中第一届组建的日语班原始分上一本（硬）线3人。2014年高考成绩在全州各县市一中综合评价中排名第四，并被州教育局授予“高考进步奖”。

仙境渔夫

新华社2013年度最佳新闻照片　宋文摄

渔民在珠山镇双龙湖捕鱼

卫生环境整治机制，综合治理农村“白色污染”问题；建立乡村道路养护机制，政府安排专项资金，切实解决农村道路无人管护问题；建立和完善农村基础设施建设“以奖代补”机制，着力改善农村生产生活条件；建立农村“三留守”人员信息动态平台和村干部定期询问制度，落实“三留守”人员关爱政策和措施；县政府统一安排500万元专项资金，集中解决县级干部在基层调研中发现的群众反映的必须及时整改的个性化民生问题；建立专项资金投入整合机制，在“党建促扶贫”工作中，以基础相对较差的王（王家坳）椿（椿木营）公路一线为突破口，加强基层组织建设，改善基础设施条件，发展特色产业，系统帮扶沿线群众实现稳定脱贫。

【县委十四届四次全体（扩大）会议】 10月18日，中共宣恩县委十四届四次全体（扩大）会议暨党的群众路线教育实践活动总结大会在县行政办公中心二楼会议室召开。会议的主要任务是认真学习贯彻习近平总书记和省委、州委主要领导在党的群众路线教育实践活动总结大会上的重要讲话精神，对全县教育实践活动进行总结，对巩固扩大活动成果、加强党的作风建设、全面推进从严治党进行部署。大会应到县委委员36名，实到32人；应到候补委员5名，实到5人。不是县委委员的县级领导，县纪委委员，乡（镇）党委书记，乡（镇）长、常务副乡长，县人大办主任、县政协办及党群部门负责人，县人大工委主任、县政协专委主任，县直单位党组（党委）书记及其主要负责人列席会议。州委督导组第一组长吴耀先，县委曾德权、习覃、吴卫平、朱瑾、朱鹏程、范涌、黄同元、岳东、雷天兵、王冕、李海涛出席。曾德权代表县委常委会作题为《巩固扩大教育实践活动成果，把从严治党要求落到实处》的主题报告。吴耀先对全县教育实践活动给予肯定。习覃传达州委六届七次全会精神，朱鹏程对《中共宣恩县委关于集中解决教育实践活动中事关民生的突出问题的决定（草案）》进行说明。

【上级领导调研】 1月20日，州委常委马尚云到宣恩工业园区椒园生态产业园、椒园镇水田坝村、万寨乡伍家台村贡茶科技产业园项目工地、县教育中心规划区、县中等职业技术学校、文澜桥、人民广场等地，调研产业发展、新农村建设、城市建设等情况，覃遵国、朱鹏程、覃国锋及相关单位负责人参加。

3月14日至15日，州委书记、州人大常委会主任王海涛，州委常委、州委秘书长孔祥恩到宣恩县调研基层组织建设、精准扶贫工作，慰问困难党员群众，指导党的群众路线教育实践活动，先后到晓关侗族乡卫生院桐子营分院、大岩坝村卫生室与村医探讨基层各项事业发展良策。曾德权、朱瑾陪同。

10月19日，王海涛及州委办公室、州委政法委、州委组织部、州农业局、州环保局、州水利局等部门负责人到宣恩县，调研生态文明建设、村医村教进村支“两委”班子情况；到万寨乡马鞍山村有机茶基地，了解有机茶种植模式，茶农收入等相关情况；到万寨乡板场村委会，与板场、玉荷坪等5个村村支“两委”干部、村民代表、驻村干部及法律顾问进行座谈。曾德权、朱鹏程、黄同元参加。

【县委办公室工作概况】 2014年，中共宣恩县委办公室围绕党委决策部署、经济社会热点开展调研8次，形成调研报告9篇，2篇获得县委主要领导签批，编发《宣恩调研》12期；在州级以上刊物发表理论文章10篇，其中在州委办公室《领导参阅》刊发文稿1篇，在省委办公厅《办公厅工作》刊发文稿4篇；在新闻媒体上发表外宣文章45篇，其中州级以上10篇，县级35篇。同时，按照省、州要求，完成2013年省情库更新工作。

发挥中枢纽带作用，严格执行中央“八项规定”，改进会风。会务服务工作形成各科室共同工作，轮流办会的规范化办会制度。推行分级办会模式，县委、县政府召开的大型会议，由县委办公室牵头负责，内设科室具体承担；由县委主要领导参加的小规模会议，县委办公室提前介入、进行指导。统筹兼顾做好协调配合工作，健全县“四大家”办公室主任联席会议机制，加强与乡镇、部门的交流，协调处理好各乡镇、各部门之间关系。按照“全天候、无间隙、零失误”原则，实行县委领导和办公室领导带班制度、24小时值班制度、首办负责制度、责任追究制度和督导检查制度，健全完善了以县委值班室为中心、乡镇县直单位值班室为分支、应急专业值班为重点的“大值班”工作格局。

构建大信息工作平台，建成一支涵盖县、乡两级120余人的信息员队伍，实现由“单枪匹马”向“多轮驱动”的转变。建立定期联合调研制度、“快速反应通道”等新工作机制，突出抓好热点、难点问题。严格执行信息考核奖励制度，确保信息报送做到时间上“全天候”、空间上“全方位”、内容上“全准实”。

围绕县委中心工作，强化对“三万”工作、全县干部作风、产业发展、基础建设，民计民生，网络问政、新农村建设等进行专项督查，县委督查室共进行各种督查14次，印发《督查通报》14期，上报《督查专报》15期，在国家级、省级刊物发表理论文章3篇，办理领导批示件督查2次，办理网络问政平台投诉件1件。

层层签订保密责任书，落实保密工作责任，形成主要领导亲自抓，分管领导直接抓，专职人员具体抓的工作格局。搭建县委领导、党校教学、业务培训三个平台，开展保密宣教工作，增强涉密人员保密意识。通过加强涉密载体清理、政府信息公开保密审查保密检查，涉密文件、移动存储介质常规检查、对国家教育考试的保密管理和服务工作，加大经费投入，提升涉密队伍实力，注重涉密技术防范，建立健全各项规章制度等措施对保密工作常抓不懈，全县无泄密事件发生。

（陈威）

组织工作

【概况】 全县共有基层党组织654个。包括基层党委15个，其中乡镇党委9个，县直6个；党总支23个，其中县直机关工委管理的19个，珠山镇4个(社区)；党支部592个，其中乡镇428个，下辖机关工委管理的141个，非公党工委管理的23个。

全县共有中共党员12909人。男性10414人，女性2495人；其中乡镇9848名(珠山1374名、晓关1051名、椒园199名、万寨815名、长潭河1197名、椿木营556名、高罗1069名、李家河1285名、沙道沟1702名)，建制村党员7401名。总人数按年龄划分，35岁及以下的2390人，36—45岁2654人，46—54岁2449人，55—59岁1331人，60岁及以上4085人；按学历划分，研究生35人，大学本科1606人，大学专科2068人，中专及高中3526人，初中及以下5674人；按职业身份划分，在岗职工党员3568人，农民党员7571人，离退休(退职)职工党员1578人，其他192名。全县有新中国建国前入党老党员9名，其中抗日战争时期(1937.7—1945.9)入党人员1名(李怀应)，解放战争时期(1945.9.3—1949.9.30)入党人员8名(汪鸣、熊德雨、刘守辉、余本斌、李思、邓锡银、范淑珍为离退休老党员，杨学云为农村党员)。

全县行政事业单位编制6420名，其中，县直党政群机关行政编制556名，工勤编制63名；县公检法司政法专项编制414名；乡镇机关行政编制445名；事业编制4942名。全县行政事业单位共有干部5105人，其中，机关干部1390人，事业干部4188人。

【干部选拔任用】 贯彻执行《党政领导干部选拔任用工作条例》，落实“五好干部”标准，严格程序、科学规范地选拔任用干部。2014年共调整干部91人次，其中提拔调整10人次，重用调整2人次，交流调整16人次，兼任职务17人次，免职14人次，因机构改革调整15人次，机构名称调整8人次(李家河撤乡建镇)，单位内部轮岗6人次，平职改非2人次，挂职1人。

【干部监督管理】 2014年，制订《关于进一步完善干部监督工作联席会议制度的实施意见》，对10名领导干部进行经济责任审计，办理因私出国(境)审批手续8人，领导干部婚丧嫁娶备案手续30人，对超职数配备干部进行自查摸底，制定人员消化计划，清理规范18名党政领导干部在企业兼职(任职)、46名退(离)休领导干部在社会团体兼职。

【干部教育培训】 2014年，结合党的群众路线教育实践活动，加强领导干部思想政治建设，全县513名科级以上领导干部参加全省干部在线中心学习，平均完成学时73.8小时；全年完成上级调训36批次171人次；举办主体班次培训班14期，培训1277人次；参与全省“市场大学”系列活动，325名领导干部参加网络专题班学习，撰写体会文章 26 篇；选派 4 名干部到上级部门挂职锻炼。

【干部信息档案工作】 2014 年，对全县 119 名正科级干部和 19 名 30 岁以下的副科级干部档案进行审核整理，新建立干部档案 36 卷，收集档案材料 3500 余份，整理归档材料 2000 余份。

【村“两委”换届】 全县村“两委”换届选举工作于 2014 年 9 月启动，11 月底结束。共选举产生村“两委”成员 1394 人，其中，35 岁以下 291 人、占 10%；高中及以上学历 598 人、占 43%，大专及本科学历 103 人、占 7.3%；279 个村“两委”都配备了一名妇女干部，有女委员 393 人。村支书、主任“一肩挑”269 人、占 96.4%，“两委”成员交叉任职 568 人、占 40.7%。153 名村医村教（兽医、电工）、3 名基层法律工作者、100 名农民办事不出村信息管理员，进入村“两委”班子。

【党建促扶贫】 2014 年，在王椿公路一线的珠山镇、长潭河侗族乡、椿木营乡开展党建促扶贫试点工作，使农村党建工作与扶贫开发工作有机结合，推进城乡一体化发展。把党员群众服务中心建设作为“党建促扶贫”的选题项目，捆绑项目资金 41 万元，在王椿线上新修或整修党员群众服务中心 8 个。采取“支部＋合作社＋基地＋农户”的形式，推行“产业建合作社，合作社建支部，党员带头富，群众增收入”的工作模式，把支部建在产业链（农民专业合作社）上，通过发挥党支部资源整合、群众动员、示范带动等职能，将党的政治优势与专业合作社的经济优势有机结合起来，推动各产业向现代农业发展。开展了机关党支部与农村党支部、党支部与贫困户、党员与贫困户的互帮互助、结对帮扶活动，68 个县直机关党支部与 42 个贫困村支部结成“友好支部”，5000 名机关、农村党员与贫困户对上“亲家”，机关党支部和党员为贫困户送党课、送技术、送项目、送文化、送物资、送销路。

【便民服务体系建设】 整合全县党的基层组织建设、网格化管理、政务服务等信息化系统，建立县、乡镇、村（社区）三级社会管理综合服务信息平台，做到一张专网运行、一个平台管总、一站服务到户。整合卫计、公安、人社、住建、民政等 12 个部门 29 项行政审批事项，确定 17 项村级代办业务。

在农村党员群众服务中心设立便民服务站，由乡镇分管领导和村、社区党总支书记具体管理，利用窗口和平台，开展综合服务、社会管理、基层党建等工作。延伸县、乡视频会议系统到村，在村建立视频互动平台，搭建视频会议从县到乡、到村的政务服务体系，形成电脑、电视、手机互动平台，村级党建平台实现党务政务网上公示公开，摄像平台实现视频会议进村入户，手机短信平台实现惠农政策信息到人，通过网络平台实现网上党员群众大会、网上民主选举大会、村干部坐班及会议情况监督。2014 年末，完成 168 个村的综合服务平台建设（其中示范村 32 个），共受理服务事项 2.19 万件，珠山、椒园、高罗、沙道沟、李家河等 5 个乡镇的便民服务中心已建成并投入使用，万寨、长潭河、椿木营、晓关等乡镇处在建设中。

【2014 年知识分子座谈会】 1 月 23 日，宣恩县召开 2014 年知识分子座谈会，岳东主持，覃遵国、向建强出席。向建强在会上通报 2013 年度全县经济社会发展情况及 2014 年的工作重点，县人社局、县教育局、县卫生局分别就全县人事人才工作情况、全县教育和卫生系统人才工作开展情况进行汇报。教育、卫生、企业的知识分子代表结合各领域的工作实际，就全县教育教学研究、重点专科建设、社会经济发展、人才配置管理、人才队伍建设、专业人才培养等方面的问题提出意见和建议。

【宣恩党员义工服务队被授予“荆楚学雷锋示范团队”】 3 月 4 日，在湖北省学雷锋志愿服务集中行动启动仪式上，宣恩县党员义工服务队被省委宣传部、省文明办等九家单位联合授予“荆楚学雷锋示范团队”。全省共 28 个集体入选，宣恩县党员义工服务队成为全州唯一获此称号的团队。宣恩县党员义工服务队于 2012 年 7 月组建，已建立党员义工服务总队 1 个、服务小分队 46 个、服务小组 684 个。

【党建工作会议】 3 月 5 日，习覃主持召开全县党建工作会议，学习贯彻中央、省、州党建工作会议精神，总结 2013 年工作，部署 2014 年任务。曾德权出席并作重要讲话，覃遵国、杨安明、张频、吴卫平、朱瑾、朱鹏程、范涌、黄同元、岳东、王冕等参加会议。曾德权代表县委与各乡镇、县委县直机关工委、非公经济党工委签订了党的基层组织建设责任状。各乡镇党委书记、专职副书记、纪委书记、宣传委员、统战委员、纪委副书记及县直单位主要负责人、党委书记参加会议。

【中央党建工作领导小组到宣恩调研】 4月22日，中央党建工作领导小组秘书组处长周新群及调研组到椒园镇黄坪村调研村医村教进村"两委"班子工作实施情况。曾德权参加座谈会。

【周静到宣恩调研】 3月9日至10日，州委常委、州委组织部长周静到李家河镇柏子坳村，察看党员服务中心建设和产业发展情况，与村两委班子、部分村民代表和党员代表进行座谈，听取党的群众路线教育实践活动、基层组织建设的建议和意见。在李家河镇，周静与党政领导班子成员、部分村干部代表就集镇发展、产业发展、干部作风建设、村级卫生室建设、基层组织建设、社会管理和民生民利等问题进行详细交谈。10日上午，周静继续与县领导、"两代表一委员"进行座谈。座谈会上，曾德权就宣恩县开展第二批教育实践活动情况进行汇报。刁覃、覃遵国、吴卫平、朱鹏程、范涌、岳东，部分省、州党代表，部分县人大代表和政协委员参加座谈会。周静要求，学习环节要注重学习原著原文、领会原义，不能以辅导和讲座代替学习原文；县委常委会要带头认真搞好"夜学、夜谈、夜议"，请基层代表互动、交流，让群众敢说话、说真话。查摆问题环节要具体、务实，要立足自身问题，抓好分类分级；对于查找问题的方式，要多组织开展现场查摆活动；要以县带乡、村，以解决群众困难为抓手，倒查党员干部存在的"四风"问题，增强群众意识和群众感情。整改问题环节要边整边改、立行立改，要办一两件实事，揪住一两个不良风气，建立一两个好的制度；要坚持开门搞活动，让群众看到行动和态度，以干部作风的转变赢得群众好评。

5月24日至25日，州委常委、州委组织部长周静到宣恩工业园区、长潭河侗族乡及椿木营乡，调研农村基层组织建设及经济社会发展情况，范涌陪同。24日，到和平制造产业园联华科技公司和德诚建材公司，察看企业建设及生产情况，并向企业负责人了解企业的生产经营状况及存在的问题和困难。在长潭河侗族乡大坨村，周静与村委委员、村医张银菊亲切交谈，了解其成为村委委员后的工作情况，并希望她在认真完成本职工作的前提下，处理好本职工作与村里工作的关系，更好地为群众服务，为推动全村发展做出自己应有的贡献。到椿木营乡杨柳坨村和长槽村，了解基层党组织建设情况、群众路线教育实践活动开展情况及村级经济发展情况。25日，了解全县党的群众路线教育实践活动开展情况。

7月29日，周静与范涌、岳东到李家河镇歪尖坡村，就村党组织软弱涣散整顿情况和整村推进扶贫工作进行调研。县委组织部相关负责人、李家河镇主要负责人参加调研。

8月7日，周静一行到高罗乡板寮村调研生态文明建设情况。

11月19日，周静到晓关侗族乡调研换届选举村医、村教进"村两委"班子情况。

（向群英）

【老干部工作】 2014年，县委县政府将老干部工作纳入全县党建工作考核内容。全县离休和副县级以上退休干部共114人。离休干部有38人，年龄最大的95周岁，最小的80岁，平均年龄86岁。其中，男性35人，女性3人；党员29人；县级以上离休干部21人（正县级2人），一般离休干部17人；抗战时期（1945.9.2前）参加革命工作3人，解放战争时期参加工作35人。副县级以上退休干部76人，年龄最大的87岁，最小的56岁，平均年龄75岁。其中：男性73人，女性3人；中共党员70人；正处级8人（包括明确正处级3人），副处级68人（包括明确副处级50人）。

1月24日，曾德权、刁覃、覃遵国、朱瑾、范涌参加全县离退休干部座谈会，刁覃通报全县2013年度经济社会发展情况，曾德权在座谈会上与老干部亲切交流，认真听取老干部提出的意见和建议，解答老干部提出的问题。

【老年大学】 2011年2月，县编委批复设立县老干部活动中心、县老年大学，与县休干所一套班子三块牌子（宣编发〔2011〕11号）。机构设立后筹备人员配备、场所建设等工作。2013年8月29号，调整老年大学校务委员会（宣办文〔2013〕19号），由朱鹏程任校长，孟成福任常务副校长后。此后县老年大学正式开展活动。2014年老年大学共开设4个培训班，培训学员216人次。

6月3日至5日，常务副校长孟成福参加由省老年大学协会举办的第三次老年大学校长培训班学习。6月12日，县老年大学举行开学典礼，老干部活动中心正式启用。县委副书记、老年大学名誉校长覃遵国，县委常委、常务副县长、老年大学校长朱鹏程，县委常委、组织部长、老干部党校校长范涌等参加开学典礼。春季开学共开办诗词楹联研修班和桥牌基础培训班，有学员96名。是月，宣恩县老年大学加入湖北省老年大学协会。

9月12日，老年大学秋季学期开学。校长朱鹏程为学员上新学期第一堂课，为全体学员介绍宣恩县近年来县域经济发展现状及发展形势。课后，老年大学组织全体学员参观和平产业制造园、高速公路连接线、恩来恩黔高速公路贡水河特大桥施工现场、椒园镇水田坝村、椒园生态产业园以及县教育中心建设等。秋季学期开设诗词培训班、气排球培训班和时政学习班，有学员120名。

9月26日，为庆祝老年节，弘扬敬老、爱老传统美德，县老年大学在河滨广场举办"岁月悠悠·激情九九"老年节文艺演唱会，学员们通过歌舞、朗诵、乐器表演，展示老年人的精神风貌。老年书画研修班制作书法、绘画作品展板在河滨广场展出，营造了和谐、文明、欢乐的节日气氛，丰富了老年文化生活。

【关心下一代工作】　1991年11月，成立关心下一代协会，主要是发挥离退休老干部政治优势，做好关心下一代工作。2004年4月23日，成立县关心下一代工作委员会（以下简称关工委，宣办文〔2004〕9号），组成人员有：名誉主任魏洁若，主任姚源波，副主任游长远、戴成寿、曾凡培、罗轩及其他成员。

2011年县委对关工委组成人员进行调整（宣办文〔2012〕1号），由县人大常委会副主任史红珍任关工委主任，离退休干部魏洁若、王平香、康心一分别任关工委名誉主任、副主任、秘书长。2013年9月，县关工委印发《宣恩县关心下一代工作委员会各成员单位职责分工》，建立关工委工作组织制度、会议制度、调研制度等，使关工委各项工作制度化、规范化。

2014年全县有县级关工委2个，乡镇关工委9个，村级和社区关工工作小组14个，学校关工委24个。县关工委通过加强基层组织建设，壮大"五老"（老干部、老战士、老专家、老教师、老模范等为主体的离退休老同志）工作队伍，建立各成员单位联运协调机制，开展青少年思想道德教育，关爱帮扶贫困留守儿童，营造未成年人健康成长环境。

发挥"五老"作用。组建"五老宣讲团"，联合公安、消防、司法等部门，到全县中小学校上德育教育、安全教育课，作巡回报告，受教益学生近万人。配合学校做好留守学生、留守儿童周末和节假日的关怀照顾工作。如在节假日对留校学生进行义务书法、诗词培训，为留守学生做心理辅导等。与县文体局、县文化稽查大队联合，由"五老"网吧义务监督员协助网吧监督活动。网吧义务监督员分区域、分重点、分时段对各自负责的营业点进行重点关注并随时抽查。"五老"积极参与"家长学校"的教务工作，发挥优势，与家长交流未成年人教育经验。"五老"调研组到文明办、司法、团委、妇联、文体、教育等部门走访座谈、召开联席会，沟通关工委工作；到各乡镇关工委、学校关工委、社区关工委指导、交流关工工作情况。

学校为每一名留守儿童建立成长档案，记录留守学生学习、情感、性格、爱好及父母去向和联系方式等基本情况。校关工委及"五老"对留守儿童、留守学生进行心理帮扶，如建立"爱心桥""爱心家园"等。椒园小学坚持通过"爱心桥"每天开放一次座机，架起家长、学生与学校互动的"亲情连心桥"；每月与代理监护人谈心一次；每学期表彰一次敬老之星、学习之星、劳动之星、体育之星、文明之星。建立"留守学生之家"，对住校周末或节假日不能回家的留守学生提供学习、娱乐场所，照顾他们的生活。如县民族实验中学在节假日请"五老"为留守校园的学生上书法课，值班老师为学生指导学习；沙道沟两河小学请民间非物质文化传承人教留守儿童打连厢、三棒鼓；宝塔小学利用乡村少年宫的优势资源，组织留守学生利用节假日进行舞蹈、经典诵读、合唱、武术、器乐等学习培训。

团县委牵头建立"贡水爱心助学基金",搭建捐资助学平台,接受社会捐赠。自2012年5月"贡水爱心助学基金"设立以来,通过宣恩网、电子政务网、QQ群、宣恩论坛等,面向社会募集到助学捐款55万元,帮助100余名贫困学子圆了大学梦。以"牵手愿望·温暖童心""童心向党·放飞理想"等为主题,组织开展一系列对贫困、留守儿童的帮扶活动。各行各业的爱心人士以志愿者、义工服务队员身份,到学校给孩子们赠送节日礼物,与孩子们开展联谊活动,帮助孩子们实现"微心愿",为孩子们上安全健康教育课等等。据初步统计,通过"爱心公社""爱心妈妈""大手牵小手"等形式组织,2013至2014年贫困、留守儿童共收到帮扶资金近10万元,收到大量书包、文具、衣物等。2014年3月至11月开展"留守童星"评选表彰,对10名"留守童星"及10名"留守童星提名者"分别给予2000元、1000元的奖励。

社会力量参与关下一代工作。长潭河乡万岭山村覃凤英开办的"万岭山留守儿童之家",解决偏远山区外出务工农民孩子上学远的难题;宣恩蒙恩林业有限公司通过"贡水爱心助学"组织定向帮扶10名贫困高中毕业生上大学;武汉大学总裁45班为晓关乡倒洞塘希望小学筹款购置100套课桌椅,援建校图书室,订购670套新书、312套文具,并在宣恩县确定100名需要帮扶的特困小学生和高中生。

办《关心下一代》期刊,及时传递工作信息,全面反映全县关心下一代工作情况。期刊设置卷首寄语、德育要文、关工动态、诗词楹联、他山璞玉、幼苗茁壮及书画摄影等栏目,分送到省、州关工委和全县各单位、学校。办刊初期,期刊每年4期,发展到每年6期,印发量从每期300份增加到400份,至2014年末共出刊37期,刊中的《组织报告会,开展对青少年进行主题教育》《关爱留守学生·营造"亲情港湾"》《用爱融化坚冰》《师德"漫谈"》等文本被州关工委刊物《关爱明天》采用,《书之道》《习书让我快乐》等被《恩施日报》采用,《师德"漫谈"》被省教育厅关工委《关爱心曲》一书收录。2014年1月,《关心下一代》扩版升级,封面改为16开彩色封面,页码由原来的每期12页增加到24页,还增加了编辑人员,培训了通讯员队伍。

(田海云)

宣传工作

【概况】 2014年,新华社、人民日报、经济日报等媒体刊发宣恩县稿件160余篇(组),图片数量达760余张;省级媒体发稿120条(幅);在恩施日报、恩施新闻网发稿660条(幅),其中头版头条15条,重头稿55条。中央电视台采用宣恩县稿件12条,湖北卫视新闻联播采用46条,湖北之声采用72条,恩施广播电台采用130条,恩施电视台采用1053.83条。宣恩电视台全年共播发《宣恩新闻》340期,用稿3720条,发布字幕信息2045条;中国宣恩网共发表新闻稿件3500余条。新浪、腾讯微博分别发布信息1672条、1722条,官方微信中国宣恩网发布图文消息120组466条。

【理论学习】 县委中心组学习以党的群众路线教育活动为主题,全年共举办12次集中学习。发挥县委中心组学习的引领作用,带动乡镇党委、县直单位党组(党支部)的学习活动,使全县各级领导干部从思想上受到教育、灵魂深处得到洗礼,党风、政风明显好转,有力地带动了民风和社会风气的好转。

督促指导各乡镇党委中心组、县直单位党组(党支部)开展理论学习"四个一"读书活动,列出2014年理论学习书目20多种,广泛开展"全民读书月"活动。举办党的十八大精神培训班5期、习近平"8·19"重要讲话精神培训班5期、州委六届五次全会精神培训班2期,县直单位及乡镇领导干部、普通党员干部和村主职干部1000余人参加培训。县委理论下基层宣讲团开展党的十八大精神、习近平系列讲话精神、州委六届五次全会精神宣讲6次,约2000人次聆听宣讲。

全县党员干部以党的群众路线活动为载体,深入农村基层、学校、企业、项目建设现场、困难群众和服务对象中开展调查研究,形成了一批选题准确、内容翔实、论述有力的调研报告和心得体会文章,县级领导干部共提交调研报告44篇,各乡镇、县直各单位初审后推荐调研报告65篇、心得体会文章48篇,共评出优秀调研报告21

篇、优秀心得体会文章21篇，并给予通报表彰。

【新闻宣传】　宣恩电视台牢固树立创新理念，着力提升宣传影响力，《宣恩新闻》开辟新专栏，推出《党的群众路线教育实践活动》《山青水绿天蓝土净——贯彻州委六届七次全会精神》《今日宣恩》等专题，全年共播发《宣恩新闻》340期，用稿3720条，发布字幕信息2045条；做好《记者驻乡村》《民生110》《倾听群众呼声反映社情民意》《关注留守儿童同享一片蓝天》等子栏目，推出吴忠峻不幸被烧伤等有影响力的报道，引起社会强烈关注；精办《贡水视界》《话里贡乡》两个栏目，推出一系列涉及民生民利的深度报道；组织“留守童星”推介评选大型公益活动，并于11月18日成功举办“大爱万和·2014留守童星”颁奖典礼；宣恩电视台文娱频道正式开播。中国宣恩网、县政府门户网站成功改版，开辟了《“三万”进行时》《群众路线》《七嘴八舌话“黄河沟”》《名师风采》《宣恩力量》等网页栏目；继续办好《记者百村行》专栏，并刊发了记者进村入户、走村串寨采写的大量鲜活的新闻稿件，真实反映全县经济社会发展取得的成就。全年中国宣恩网共发表新闻稿件3500余条。全年出版6期《贡水文澜》，其中“好家风助我健康成长”“宣恩好人·留守童星”专辑2期。

中央电视台四套节目播出《杀年猪：热气腾腾的忙年》《打糍粑：土家儿女记忆中的味道》，中央电视台十三套新闻周刊播出《赵国清：两个人的学校》，中央电视台十四套新闻袋袋裤《七姐妹山里的“小爸爸”》；湖北卫视“湖北新闻”播出《湖北深入开展党的群众路线教育实践活动：狠刹“四风”整治顽疾从严治党动真碰硬》《走基层：看“三万”让水田坝告别“吃水难”》《发现湖北之美探寻湖北最美古村落：大山深处世外桃源》等，“直播间”播出《董水洲：坚守高山讲台35年一人撑起一所学校》《退休教师杨顺瑄：病榻前37年的爱情坚守》等报道。全年中央电视台采用宣恩县稿件12条，湖北卫视新闻联播采用46条，湖北之声采用72条，恩施广播电台采用130条，恩施电视台采用1053.83条。新华社、人民日报、经济日报等媒体刊发宣恩县稿件160余篇(组)，图片数量达760余张，发稿量创历史新高；省级媒体发稿120条(幅)；在恩施日报、恩施新闻网发稿660条(幅)，其中头版头条15条，重头稿55条。

宣恩县网络问政平台新版于2014年1月2日正式上线运行，37位县领导、94个党政部门通过问政平台直面网民，全年共收到问政信件800余件，有效信件620件，办结信件610件，办结率98.39%，满意信件567件，满意率92.95%。坚持舆情监测24小时值班制度，对本地突发事件和重大网络舆情及时掌握、研判、报告、处置，舆情健康平稳。全年编发15期《宣恩舆情》，对涉及县内的舆情进行稳妥处置。特别是在应对“9·27”地质灾害舆情过程中，宣传部门应急处置迅速、新闻发布及时、信息公开全面、舆情管控得力，受到社会好评。新浪、腾讯微博分别发布信息1672条、1722条，官方微信中国宣恩网发布图文消息120组466条。中国宣恩网开通公益频道和旅游频道，推广宣恩文化旅游和强化公益宣传。

(戴虎)

统战工作

【概况】　2014年举办党外人士培训班1期，培训党外干部和工商界人士共50人；选送1名党外干部和1名非公有制经济人士到武汉大学、湖北省社会主义学院培训学习；选送3名党外干部到恩施州委党校调训。召开“民主协商会”“征求意见会”1次，征集意见建议30条。开展党外代表人士队伍建设工作，从宣恩县无党派人士中优选169人进入县级后备干部队伍人才库，58人进入州级人才成长工程人才库。

【非公有制经济工作】　开展理想信念教育实践活动，组织非公有制经济人士参加湖北省“统一战线大讲堂”学习3期，参加人员270人次。商会会员参与公益事业，13家涉农企业结对11个行政村实施扶贫帮困，为结对村帮扶公益事业资金118.8万元，新发展有机茶66.67公顷，提供种植、养殖培训96期3000人次，新修村级公路3.4千米；工商联会员为困难学生、弱势群体及社会公益事业捐赠60万元。

构建和谐劳动关系。宣恩供电公司受到湖北省委、省政府表彰，获“和谐劳动关系先进单位”称号；湖北宣恩洞坪水电有限责任公司、宣恩县恒通路桥有限责任公司、恩施州亚麦食品有限责任公司、狮子关电站、宣恩县沙道粮食收储购销公司、宣恩县联华科技有限公司、湖北西部现代农业有限公司、湖北宣恩巴楚风包装用品服务有限公司、宣恩县宣桃茶叶有限公司10家企业受到恩施州委、州政府表彰，获“和谐劳动关系先进单位”称号；积极参政议政，推荐23名工商界人士参与行评，组织80名企业法人参与百家企业评机关政风行风活动，收集意见建议30条。协调解决企业矛盾纠纷14件次。开展政银集合贷业务，为企业融资贷款1000万元；县内企业联保贷款协会为企业融资贷款3000万元。开展非公有制经济党建工作。52名入党积极分子参加培训学习，新发展党员9名，新建“狮子关电站党支部”“湖北土家爱食品开发有限公司党支部”2个企业党支部。

【民族宗教工作】 2014年，实施重点民族项目建设，投资480万元建成“侗族鼓楼”；落实民族贸易政策，40家民贸企业享受民贸贴息850万元，比2013年增长42%；实施特色村寨建设，投入400万元对“三坝两寨”进行特色村寨打造，改造房屋320栋；发展民族体育事业，在湖北省第八届少数民族传统体育运动会上，宣恩县参加陀螺、蹴球、民族式摔跤等6个竞技项目和1个表演项目的比赛，取得竞技项目5个一等奖、7个二等奖、13个三等奖，表演项目1个一等奖的成绩；落实民族方针政策，更正群众少数民族成份640份，办理民族成份证明1452份。

【对台工作】 组织开展2008—2014年对台经贸、交流、服务、宣传、教育和干部队伍建设情况综合调研；接待回乡寻根、探亲、访友台胞3批12人次，走访慰问台胞、台属10人次；3月24日，台商企业锌恩金属（恩施）有限公司落户宣恩县，总投资4000万元人民币，2014年完成项目区探矿工作。

【“同心”品牌基地创建】 县委统战部、县民宗局、华中农业大学与宣恩县伍台昌臣茶叶有限公司在万寨乡伍家台村共建“为民增收致富同心示范基地”，举办茶农培训19期，培训1900人次，建成有机茶园300公顷，农民人均纯收入达到5225元。

县委统战部、县非公经济党工委、县台办与湖北立翔工艺开发有限公司共建“科技引领同心示范基地”，聘请武汉理工大学教授提供科技扶持，实现校企联合，共同研发新产品，实现科研成果转化，2014年企业新增产值400万元，新增就业人员100人，协调金融机构为公司科研成果转化融资342万元，企业产值突破5000万元，成为恩施州新材料产业骨干企业。

县委统战部、县工商联与恩施州亚麦食品公司共建“同心共建和谐企业示范基地”，筹资300万元，为公司员工建立“职工之家”，组织公司内部女职工开展“两癌普查”和职工慰问活动，创建企业先进文化，被恩施州总工会评选为“先进职工之家”和恩施州“劳动关系和谐企业”，被湖北省总工会授予“湖北工人先锋号”荣誉称号。

（汤月如）

政法工作

【概况】 2014年全县政法工作牢牢把握司法为民这条主线，紧紧抓住司法公正这一重点，突出化解社会矛盾、创新社会管理，深化平安宣恩、法制宣恩、政法队伍“三大建设”，扎实推进社会稳定、创新管理、服务发展“三大工程”，为平安宣恩建设提供和谐稳定的社会环境、公平正义的法治环境及优质高效的服务环境，春运、春节、全国“两会”、清明、端午及“六四”期间及全省、全州县域经济工作会议期间的社会稳定工作。

全县开展矛盾纠纷大排查278次，调解纠纷1456件，调解成功1419件。全省公共安全感电话测评，宣恩县公众安全感指数96.17%，社会治安满意度为96.94%，政法机关执法满意度为90.42%。

【维护社会稳定】 9至11月，对邪教组织开展专项整治“百日会战”行动，摸清底数，揭露邪教组织反动本质、歪理邪说，及时宣传邪教的危害，提高民众的防范意识。

对宣恩红春农业公司沼气供气工程、宣恩“市民之家”工程、李家河镇政府关于新街建设工程、高罗209国道绕集镇改线项目、恩施州第二届·宣恩县第六届水上运动会等 8 项工程实施社会风险评估。

2014 年全县共发生 38 起死亡 54 人的非正常死亡案件，未引发聚众上访和网络炒作。全年启动县“第三方”调解机制调解 8 起死亡 12 人的重大、疑难、复杂纠纷。妥善安置“9·27”珠山镇白鹤井社区原老车站地质滑坡灾害，正确引导网上舆论，防止网络炒作事件。

采取领导约谈、领导包案等措施，做好进京非访处置工作。着眼事要解决，对 21 件重大信访案件时限领导包案。有效稳控洞坪水库移民、高速公路征地拆迁、原财管员及林业乡长等影响稳定的群体性上访，确保十八届四中全会期间宣恩县境内的社会稳定。

完善涉稳信息、情报会商、分析研判等机制，成立宣恩县情报信息研判中心，实现预知预警、预防预控。及时介入、依法引导晓关侗族乡桐子营库区群众自发组织的 12 支队伍、预计 2000 余人参加的蚂蚁洞水域农民龙舟赛。

【社会管理】 农村网格化建设。探索创新农村社会治理“一站三联”“和事佬”协会等机制，全面提高社会治理能力和水平。将全县划分为 2619 个网格，明确 2619 个网格信息员和 447 名网格信息管理员。建立 9 个乡镇网格管理中心和 279 个村网格管理站。32 个示范村、168 个重点村，社会管理综合服务信息平台基本建成。279 个村全部完成信息采集和录入，230 个村实现宽带网络到村，云视频会议系统完成县、8 个乡镇、32 个示范村建设。基本实现社情在网上掌握、矛盾在网中化解、民意在网中表达以及“农民办事不出村”“农民办事网上行”。

重点人群管理。对重点上访对象有的放矢制定化解措施和稳控办法。有效化解原财管员（含林业乡长）群体上访、洞坪移民上访、高速公路征地拆迁维权等影响稳定的群体性事件。开展春季预防和减少精神障碍患者肇事肇祸专项行动。

重点部位管理。常年开展武装巡逻，实现“警车常转、警灯常闪、警察常见”，减少可防性案件的发生。同时加强校园安全防范力度，严防涉校涉学案件发生。

【服务经济发展】 建立重点企业领导挂包及政法干警联系企业制度（“一企一警”制），在公司醒目处悬挂监督牌，公开联系干警姓名、职务及联系方式。政法委系统班子成员带头落实服务企业各项规定，全县共有政法系统 72 名班子成员服务 36 家县内企业，每月深入企业开展一次走访座谈，了解企业需求，积极为企业出谋划策、排忧解难。定期开展企业周边治安环境整治排查整治活动，保障企业正常生产生活秩序。

关爱“三留守”人员。制定《关于加强“三留守”人员关爱服务工作的实施方案》，成立关爱服务“三留守”人员工作领导小组。依托网格信息平台，按“一站三联”模式，采集“三留守”人员详细信息，分门别类建立“三留守”特殊群体的电子信息档案。组织扶贫联系单位、党员干部、教师、志愿者、热心的社会人士参与关爱“三留守”人员服务活动。将生活困难的留守家庭全部纳入最低生活保障范围，给予生活救助。以扶贫搬迁为重点，改善贫困家庭的住房条件和生活环境，户平投入 8000 元以上。对留守儿童，设立“爱心妈妈”增设“亲情电话”和电脑视频，建立 QQ 群进行帮扶。对留守妇女开展免费身体检查、实用技术培训、法律咨询、扶持救助。对留守老人，落实好“三无”老人和五保老人的供养保障，对因病、因灾的留守老人开展特殊救助和扶助，逐步落实 80 周岁以上老人津贴发放机制。

【平安建设】 2014 年，县综治委命名表彰 9 个平安乡镇，306 个平安单位，254 个平安村（社区），59 所平安校园，15 所平安医院。

开展“打黑除恶”“缉枪治爆收刀”“禁黄扫毒”及打击“两抢一盗”、电信诈骗等专项严打整治行动。加强对校园、医院及道路交通、非煤矿山、民爆物品、烟花爆竹、危险化学品等安全隐患排查及整治力度，确保不出现重大安全事故。5 月，开展公共安全及反恐重点目标大检查大整改行动。6 月，开展社会治安重点地区排查整治行动。从 8 月起，开展平安建设“百日行动”。全年共收缴各种枪支 209 支、管制刀具 64 起，关停小麻将馆 61 家，破获涉毒刑事案件 29 起，查处吸毒、种毒行政案件 35 起，刑事拘留 11 人。

完善县、乡镇、片区、村、治安中心户五级综治维稳网络，健全集镇巡逻队、应急分队、乡村道路交通安全员、治安中心户长、专职保安、门防店长、楼栋长等群防群治队伍。春节前后和“六四”等重要敏感事件节点，组织警力在城区、乡镇集镇开展昼夜武装巡逻。加强“天网”建设，改造升级视频监控系统。2014年平安监控第三期工程建成高清探头115个，第三期增补建成高清探头54个。2014年末全县已建成A类探头531个，B类探头1500多个。

【队伍建设】 宣恩县公、检、法、司、政法委五单位共核定政法编制419名，2014年末有在编在岗人员340名。其中县委政法委10名，县人民法院68名，县人民检察院48名，县公安局174名，县司法局40名。

2月10日，全省政法系统“正风肃纪，争做好干警”活动电视电话会召开，黄同元、郑向东、李美福、张友刚在宣恩分会场参加会议；26日，全县政法系统召开“正风肃纪，争做好干警”活动动员会议，朱鹏程主持，曾德权、习覃参加会议，黄同元作动员报告。成立黄同元任组长的领导工作小组，制订实施方案，认真开展学习、主题讨论、纪律作风整顿、公正文明执法和大走访活动。并成立督查专班，对政法四家的活动情况开展情况进行督查。

落实政法干警联系企业制度，开展“警企对接”活动，主动服务企业发展，帮助企业防范法律风险。严格规范涉企执法活动，对所有市场主体一律实行平等司法保护。依法妥善处理发生在经济领域的案件，对故意阻挠、蓄意破坏者依法严惩，为企业创造“全州最优法治环境”。先后多次召开警企对接交谈会，及时为企业排忧解难。

【见义勇为促进会】 6月25日，宣恩县见义勇为促进会成立大会在县行政办公大楼二楼会议室举行。曾德权、习覃、覃遵国、朱鹏程、黄同元、岳东、姚元文、张友刚、王仕高出席大会，州委政法委常务副书记、州综治办主任胡平江到会指导，并代表州委政法委、州综治办、州见义勇为促进会对宣恩县见义勇为促进会的成立表示祝贺，并宣读省见义勇为基金会发来的贺电。习覃致辞，曾德权作重要讲话。各乡镇党委书记、县直各单位主要负责人、县见义勇为促进会理事、部分企业家代表参加大会。大会表彰刘习军、奚泽为、郭代兵、向红泽等4人为“见义勇为先进个人”；129个单位、企业和个人为见义勇为促进会现场捐款175701元。截至2014年底，共收到全县各级单位、企业和个人见义勇为资金298643.69元。

第一届全员大会中，审议通过《宣恩县见义勇为促进会理事名单》和《宣恩县见义勇为促进会章程》，选举产生宣恩县见义勇为促进会名誉会长、会长、副会长、秘书长和常务理事会。习覃当选名誉会长，黄同元当选会长，姚元文、张友刚、王仕高、胡晓洪、刘应县为副会长，夏国斌为秘书长。

【“9·27”地质滑坡】 9月27日6时10分左右，宣恩县珠山镇白鹤井社区，西门沟原宣恩车站改造工程地段发生地质滑坡，倒塌民房4栋，被困人员11人，曾德权与相关领导和部门到现场指挥救援。“9·27”地质灾害应急救援指挥部在救援一线成立，副州长秦斌任指挥长，州国土、安监、住建、公安等有关部门负责人为成员。

9月28日，“9·27”地质滑坡灾害11名被困人员已全部搜救出来，其中住院治疗4人：彭妮，女，22岁，椒园镇黄坪村人；张桂英，女，60岁，长潭河侗族乡会口村人；朱馨雨（张桂英的外孙女），女，6岁，长潭河侗族乡会口村人；李金春，男，46岁，长潭河侗族乡会口村人。遇难7人：周春梅，女，47岁，晓关侗族乡小溪村人；韩琴，女，30岁，晓关侗族乡小溪村人；胡恒瑞（韩琴之子），男，5岁，晓关侗族乡小溪村人；廖庚云（李金春之母），女，75岁，珠山镇人；田自国，男，62岁，晓关侗族乡草坝村人；田栋文（田自国之孙），男，7岁，晓关侗族乡草坝村人；杨师勤（张桂英之孙女），女，10岁，长潭河侗族乡会口村人。

9月30日，曾德权在行政办公大楼二楼会议室召开会议，通报“9·27”地质滑坡相关情况，并就做好善后处置工作和当前其他工作进行安排部署，习覃、杨安明、张频及“四大家”在家领导、各乡（镇）党委书记，县直各相关单位有关负责人参加会议。

10月9日，县社会管理综合治理委员会、县见义勇为促进会授予在9·27地质滑坡抢险救援表现突出的叶瑞、杨成勇、李寿文、陈刚军、朱垚5人为“宣恩县见义勇为先进个人”荣誉称号（宣综治〔2014〕11号），每人分别给予5000元奖励。

（符敏）

机构编制工作

【概况】 2014年，全县有行政机构56个。其中，副县级行政机构1个（宣恩工业园区管理委员会）；县直党政群机关42个；政法机关4个；乡镇机关9个。全县有事业机构269个。其中，县委县政府直属事业单位10个；部门所属事业单位256个（含9个财政所）；其他事业单位3个。

全县行政机关核定编制共1487名（行政编制1424名，工勤编制63名），实有人员1390人。其中，县直党政群机关核定行政编制565名，实有行政人员515人，核定工勤编制63名，实有工勤人员41人；政法机关核定政法专项编制414名，实有人员363人；乡镇机关核定行政编制445名，实有人员471人。

全县核定事业编制4942名，实有人员4188人。其中：县委县政府直属事业单位核定编制123名，实有人员91人；部门所属事业单位核定编制4810名（含财政所事业编制153名），实有人员4092人（含财政所人员137人）；其他事业单位核定编制9名，实有人员5人。

【卫生和计划生育部门改革】 根据省编办、省卫计委《关于组建市县卫生和计划生育部门的通知》（鄂编办文〔2013〕132号）精神，2014年1月，对县卫生、人口计生部门机构职责整合，组建宣恩县卫生和计划生育局，为县政府工作部门，不再保留县卫生局、县人口和计划生育局。将原县卫生局、县人口和计划生育局所属的事业单位成建制划入县卫生和计划生育局；乡镇计生服务中心按照完善“以钱养事”新机制的政策（恩施州发〔2013〕9号）执行。2014年6月，根据湖北省卫生和计划生育委员会、湖北省机构编制委员会办公室《关于优化整合妇幼保健计划生育技术服务及卫生计生综合监督执法资源的指导意见》（鄂卫生计生发〔2014〕11号）精神，将县妇幼保健院与县人口和计生服务中心进行整合，组建宣恩县妇幼保健计划生育服务中心；将县卫生局卫生监督局与县人口和计划生育执法大队进行整合，组建宣恩县卫生和计划生育局综合监督执法局；将各乡镇计划生育服务中心成建制并入乡镇卫生院，在乡镇卫生院加挂“妇幼保健计划生育服务站”牌子。

【食品药品监管体制改革】 根据《省人民政府关于改革完善食品药品监督管理体制的指导意见》（鄂政发〔2013〕36号）精神，2014年5月，实施了县食品药品监督管理体制改革工作。重新组建宣恩县食品药品监督管理局，将原食品药品监督管理部门、食安办、工商部门、质监部门的食品安全监管和药品管理职能以及商务部门酒类食品安全监管职能进行整合，组建宣恩县食品药品监督管理局，为县政府工作部门，加挂“宣恩县食品安全委员会办公室”牌子。在全县9个乡（镇）分别设立食品药品监督管理所，为县食品药品监督管理局派出的副科级行政机构。设立食品药品犯罪侦查机构，在县公安局治安大队加挂“食品药品犯罪侦查大队”牌子，下设食品药品犯罪侦查中队，负责食品药品犯罪侦办工作。组建食品药品执法队伍，将县食品药品监督管理局所属事业单位“宣恩县食品药品综合执法大队”更名为“宣恩县食品药品稽查大队”，并明确为副科级事业单位。调剂人员编制，从9个乡镇各划转行政编制2名共18名；从县工商局划转行政编制10名、事业编制1名；从县质量技术监督局划转行政编制1名，共计编制30名，由县食品药品监督管理局及乡镇食药监所调剂使用。从各乡镇共划转人员15人；从县工商局划转行政人员9人，事业人员1人；从县质量技术监督局划转行政人员1人，共计26人，到全县食品药品监督管理系统工作。

【行政审批制度改革】 按照国务院和省政府的统一部署和要求，行政审批制度改革工作的牵头任务由纪检监察部门调整到机构编制部门。2014年5月，县编办与县法制办、县政务服务中心管理办公室一道，合力推进行政审批制度改革工作。成立宣恩县行政审批制度改革工作领导小组，由朱鹏程担任组长，领导小组下设办公室于县编办。落实“三集中三到位”要求，印发宣编发〔2014〕15号行文，对审批业务较多的6个部门设立专门的行政审批科（股），审批业务较少的24个部门明确一个科（股）室承担行政审批职能，加挂行政审批科（股）牌子，做到行政审批职责向一个科(股)室集中。开展行政权力和行政审批事项清理,经清理全县共有行政权力3956项,其中行政许可177项、非行政许可57项、行政处罚3024项、行政征收63项、行政强制137项、行政给付36项、行政奖励10项、行政确认57项、行政征用1项、行政裁决5项、行政复议5项、行政监督检查132项、行政拨款12项、行政备案87项、行政服务130项、其他权力事项23项。通过清理确认,全县共有43个单位有审批权限,共计审批事项349项,其中保留审批事项234项(行政许可177项、非行政许可57项);日常管理115项。对清理锁定的行政审批事项进行审批流程再造,减少中间层级、交叉环节和申请资料,简化审批手续,压缩办理时限。对清理的行政权力和行政审批事项进行确认,形成部门"权力清单"和行政审批事项目录,印发《宣恩县县级行政审批项目目录》《宣恩县行政审批事项目录管理办法》,并在县政府门户网站上对"权力清单"和审批事项以及办事流程和办结时限进行公示。

【调整相关领域机构和人员编制】 2014年州下达宣恩县机关事业单位新进人员使用编制指标141名,其中政法专项编制使用指标42名(含定向委培和自主招录指标)、乡镇行政编制使用指标19名、事业编制使用指标80名。

根据工作需要调整相关单位内设机构,在县林业局、交通运输局、民政局、水利水产局、住建局及国土资源局6个单位单独设立行政审批股,在县发改局、县财政局等24个单位设立行政审批股与其他股室合署办公、加挂牌子。根据工作需要对县纪委监察局、县人大常委会、安全生产监督管理局、公安局、县农村合作医疗管理办公室等单位的内设机构进行调整。在全县各乡镇经济发展办公室加挂安全生产监督管理办公室的牌子。

第四轮教师核编工作按照湖北省中小学教职工定编标准,根据县教育局提供的2013年秋季在校学生数为基数,第四轮核定县中小学校教职工编制总数为2050名,其中小学1064名,初中626名,高中331名,特校29名。

【机构编制核查和内网建设】 2014年4月至10月,根据中央、省、州关于开展机构和人员编制核查全面落实机构实名制管理的相关要求,对全县行政、事业机构的名称、级别、组织机构代码、内设机构、核定编制等信息和1390名行政人员、4188名事业人员、865名行政离退休人员、2449名事业单位离退休人员以及编外聘用的1053人的详细信息,进行仔细核对后,分别录入到中央编办推行的核查系统和省编办推行的机构编制实名制管理系统。加强机构编制实名制网络管理系统内网建设,县编委办公室专门腾出1间办公室装上铁门铁窗,建成保密室,并与县机要局协调,从机要局开设保密内网端口,铺设专线到保密室,购置专用涉密电脑及涉密办公设备,达到了省编办提出的2015年起每月10日前向中编办在线报送机构编制实名制数据的工作要求。

【机构编制日常基础工作】 继续推行机构编制政务公开,公开《宣恩县机构编制总体情况》和关于机构编制管理的有关法规政策文件;公开机构编制政务信息及动态信息;公开行政机关、事业单位机构和人员情况。对出现人员编制异动的情况及时做好后台数据调整。

受理各单位各部门关于机构编制的请示。全年共收到各单位各部门关于机构编制的请示85件,根据《宣恩县机构编制委员会工作规则》,按照机构编制事项办理程序,严格把关,针对不同情况,全部进行妥善办理。

利用开展机构编制年报工作的机会,对各单位机构和人员编制进行核查、核对,根据各单位的人员变化,随时调整统计表,做好机构编制统计工作,做到统计数据的准确、及时,不出差错。

【事业单位登记管理】 严控事业单位的设立和事业单位新进人员的增加。及时上报相关报表和报告,反映改革存在的问题和建议。在清理全县事业单位的机构、编制、职责的基础上,对照省、州关于事业单位的分类目录和指导意见,对全县事业单位提出初步分类方案,报省州审定。

依据《事业单位登记管理条例》,对事业单位开展年检。截止年检日期3月31日,全县事业单位共269个,其中不需年检的14个,应注销10个,应检事业单位245个,按期参加年检的235个,年检率95%,年检合格率100%。做好事业单位日常设立登记、变更登记、注销登记工作,全年办理设立登记4件，变更登记49件，注销登记2件。对全县各事业单位的年检、变更等材料，按照“一户一档”的建档要求，及时清理归入每个事业单位各自的档案盒中，防止漏掉和出错。

（雷斌）

信访工作

【概况】 2014年，县委、县政府分别召开2次常委会、常务会议，分析信访形势，研究部署信访工作。县集处领导小组6次召开信访联席会议，专题研究化解重大疑难信访问题。年初县委、县政府与各乡镇和47个县直部门签订《信访工作责任状》，下发信访工作目标管理考核办法，对信访重点工作提出明确的量化考核指标。坚持信访工作“一票否决”制。

全年各级各部门共受理群众来信来访3273件批4386人次，同比上升2.1%、人次上升5.6%，其中来信1217件，来访1890批2985人次。县信访局受理群众来信来访1217件(批)1849人次，同比上升5.4%、人次上升11.5%，其中来信397件，来访820件批1425人次。全年共发生进京上访16批22人次，其中进京非正常上访1批1人次；发生赴省上访14批16人次，其中赴省异常访1批1人次。完成省、州交办信访事项38件；县委、县政府领导签批及信访局交办128件；县委、县政府领导包案处理信访问题22件。

对各类诉求，各级各部门坚持正确区分不同情况，做到合理的解决到位，不合理的疏导解释到位，行为违法的处置到位。解决群众反映的生产生活困难及一些多年上访但仍存在合理成分的矛盾，县里先后拿出100多万元和70多万元解决清退的林业副乡长和村文化员养老保险问题。对一些过高诉求或无理要求，各级采取有力措施加强疏导问题，正面做好工作。民办教师要求缴纳个人部分养老保险的问题以及洞坪移民不服答复越级上访的问题，各级各部门坚持按政策回应上访人，坚持正确的信访导向。对洞坪移民、高速公路建设、老城改造、民办教师、“9·27”滑坡事件等多种重大群体性矛盾和问题，不因化解处理难度大就放弃协调处理，而是诚心对待，正面接触，并尽全力解决合理部分，没有出现激化升级现象。

【信访源头预防】 2014年全县贯彻落实信访工作基层基础建设年活动要求，不断完善县、乡、村、组四级基层信访工作组织网络，晓关、珠山、椒园等乡镇调整充实信访维稳中心工作力量，部分单位和乡镇进一步保障信访工作经费和设备等，推动信访工作基层基础与社会发展形势任务相匹配。做好群众来信办理、来访接待、来电接听、网上投诉等受理工作，引导群众通过来信、来电和网络反映诉求，构建信、访、网、电“四位一体”新格局，充分听取民意，回应群众关切，关注民生热点问题，主动融入各类惠民利民实事项目，积极参与社会稳定风险评估，从源头上预防和减少矛盾纠纷的发生。依托乡镇、村(社区)综治信访维稳中心、网格化服务管理中心，及时摸排掌握一些可能引发集体上访的重点事、重点人和一些苗头性、动态性问题，做到未访先知、接访有备。对排查出的问题，坚持能调则调、案结事了原则，综合运用人民调解、司法调解、行政调解等手段，坚持“三位一体”，主动地做理顺情绪、化解矛盾的工作，妥善协调处理了部分征地补偿、城镇拆迁改造等一大批重点信访案件。全年全县共排查各种矛盾纠纷1014件，在基层成功化解892件，化解率超过85%，做到了早发现、早控制、早化解。

【领导干部接访】 2014年继续把领导干部接访作为畅通群众诉求渠道、解决信访疑难问题、减少越级上访的重要手段来抓。进一步健全领导接访制度，在已有规定的基础上，进一步细化接访流程和考评制度，在特殊敏感时期，根据工作实际，进一步增加领导接访的密度和频率，提升问题化解率。全年共有63名次县级领导开展接访约访，共接待约访群众79批205人次，阅批群众来信162件，解决信访问题220个，解决积案老案18个；其中县委、县政府主要领导共接待群众来访37件批117人次，阅批群众来信96件。

县级领导利用调研、检查工作的机会，带案到所联系地区和单位下访，通过召开村民代表会、慰问见面会等形式，听取诉求、化解矛盾、解决问题，有效防范化解了近80件重大突出矛盾纠纷。2014年1月，针对春节前夕信访量大幅反弹的局面，县级领导开展集中下访慰问活动，18名县级领导共下访慰问12批信访群众。

【规范信访秩序】 贯彻国家信访局《关于进一步规范信访事项受理办理程序引导来访人依法逐级走访的办法》，开展非正常上访和越级上访的整治工作，规范信访秩序。在全国"两会"和十八届四中全会期间等重点敏感时期，由黄同元带队，信访、公安、法院等部门组成的专项工作组，进京配合驻京劝返中心开展工作，做好活动期间的进京非正常上访应急处置工作，特别是在人、财、物以及领导跟踪劝返、包案处理等方面得到了进一步的加强，所有重要节点和敏感时期没有发生突发异常上访情况。

对在信访过程中扰乱信访工作秩序、危害公共安全、妨碍社会管理秩序以及利用计算机网络炒作违法信访问题，公安机关固定证据后坚决进行依法打击。2014年10月，对长期在京滞留的信访人陈某依法刑事拘留，对老上访户许某执行了行政拘留。

（杨洋）

机关党的工作

【概况】 2014年，县委县直机关工委分类指导167个县直机关党组织及所属单位党的建设工作和党员的教育监督管理达60余次。全年共发展党员53名、考核转正21名，举办入党积极分子培训班1期，确定入党积极分子122名；组织党员轮训班1期，轮训党员188名；举办"庆七一·颂党恩·跟党走"硬笔书法比赛活动。县直机关2个基层党组织被中共恩施州委组织部表彰为"基层服务型示范党组织"，4名共产党员被中共恩施州委组织部表彰为"双学双比"示范党员。

【县直机关入党积极分子培训】 5月上中旬，与县委党校联合举办2014年度县直机关入党积极分子培训班，县直机关122名入党积极分子参加培训，充实了党员队伍的后备力量。

【县直单位党员轮训】 2014年根据《宣恩县直机关党员轮训方案》总体规划，于10月下旬在县委党校举办县直单位第八期党员轮训班，主要讲解中共党史、十八届四中全会精神、州委六届七次全会精神、新《党章》、党风党纪教育等内容，参训党员188名。

【审批组织设置】 全年共指导、审批36个党总支、党支部班子的换届和选举工作。根据机关职能和实际工作需要，全年新设置党总支1个、党支部2个，撤销党总支2个、党支部3个，整体转出党总支1个、党支部4个。按照党员发展"十六字"方针，严把党员"入门关"，按照材料预审率、手续完备率100%的要求，全年共审批各基层党总支部或党支部吸收预备党员53名，办理预备党员的转正21名。

【建党93周年庆祝活动】 为庆祝建党93周年，进一步弘扬中国传统文化，机关工委联合宣恩县书法家协会举办了"庆七一·颂党恩·跟党走"硬笔书法比赛活动。150个县直基层党组织选送574幅作品，共评出100幅获奖作品，其中一等奖10幅、二等奖20幅、三等奖30幅、优秀奖40幅。另外，根据各基层党组织选送作品情况，评选组织奖5个。召开县直机关"庆七一·颂党恩·跟党走"硬笔书法比赛表彰暨书法培训会议。

【机关党建调研】 5至7月，在县直各基层党组织中开展以"服务中心，建设队伍"为主题的机关党建工作课题调研活动，共收到47篇调研文章。8月5日，组织县政府办、县委宣传部、县委党校等单位5名理论工作者对调研文章进行集中评审，评出一等奖1篇，二等奖2篇，三等奖5篇。

【检查考评】 建立健全县直机关党建工作责任体系，制订党建工作计划，与所辖的78个一级单位签订党的基层组织建设目标管理责任状；督促6个基层党委、20个党总支根据系统、单位的实际，结合县直机关党建工作要点，制定党建工作的实施意见，并与所属党支部签订基层组织建设目标管理责任状，形成完整的责任体系。领导班子建设和机关党建纳入县委、政府的综合目标考核内容，考核分值在综合目标考核中占8分，县委县直机关工委将考核分值按平时工作、半年检查、年终考评按权重考核量分，并分机关事业、国企制订评分细则，确保考核条款适用，考核结果有效，促进党建工作开展。

【党员义工服务队】　至2014年末，县直机关共组建义工服务小分队61支850余人，县委县直机关工委为县直机关具有行业特色的义工服务小分队定做党员义工小分队队旗59面，配备党员义工帽700余顶。各义工小分队以“为民、务实”为主线，以“惠民、利民、便民”为目标，开展真情关爱、扶弱济困、环境保护、便民利民、微爱传递、关注儿童等服务316次。

（刘艳红）

党校工作

【概况】　2014年，县委党校、县行政学校共办主体班11期，培训干部1015人次；与县直机关、企事业单位开展联合办学，举办20期培训班，培训干部和员工2206人；开展校外理论辅导宣讲45场次。

【党政干部主体班培训】　2014年，县委党校、县行政学校共办主体班11期，共计培训干部1015人次。3月31日至4月4日举办十八届三中全会精神培训班2期，360人参训；4月9日至11日、16日至18日举办基层党组织书记教育实践活动专题培训班2期，305人参训；5月14日至16日、12月22日至24日举办党务干部培训班2期112人参训；6月10日至13日举办公务员知识更新培训班，50人参训；6月25日至27日举办生态建设培训班，32人参训；9月27日至29日举办党外代表人士培训班，50人参训；11月17日至12月18日举办全县中青年干部培训班，48人参训；12月15日至19日举办新录用公务员第二期初任培训班，58人参训。

【部门联合办学】　2014年，县委党校与县直机关、企事业单位联合举办统计、环保等20期培训班，培训干部和员工2206人。

【校外理论辅导】　围绕县委县政府的中心工作，发挥党校的宣讲职能，选派教师到各乡镇、县直机关、企事业单位、社区等进行政治理论辅导，共宣讲45场次，受众人数达2321人次。内容涉及党的十八大，十八届三中、四中全会精神，社会主义核心价值体系，党的群众路线，习总书记系列重要讲话精神，州委六届七次全会精神，县域经济、社会管理、新型城镇化建设等。

【科研工作】　2014年，县委党校、行政学校承接恩施州委党校系统调研课题立项3个，结题3个。课题名称分别是《宣恩县农村网格化建设的调查与思考》《以党建促扶贫试点工作调查》《空心村调查》。三篇研究报告均获得县委肯定性批示，获得课题结项优秀奖。党校教职工获奖论文全年共计15篇，其中周玉和撰写的《如何增强领导干部的法治意识》获国家级优秀成果，胡红撰写的《习近平反腐倡廉思想的基本内容和主要特点》获省一等奖；1篇获省三等奖，2篇获州一等奖，1篇获州二等奖，9篇获州三等奖。校教职工在国家、省、州、县各级媒体刊载32篇单位外宣文章。

【师资培训】　坚持“人才强校”方针，重视师资队伍建设。招聘硕士研究生1名，充实党校专职教师队伍。先后派出5期10人次外出学习，其中2名教师到北京大学培训学习，有3人次到省委讲师团培训学习，2名教师到省委党校培训学习，3名教师到十堰市委党校参加“全省党校系统学习贯彻十八届四中全会精神专题培训班”学习培训。

【基础设施建设】　2014年，在教学楼五楼新设20平方米档案库房一间，投资5万余元新添置密集架5组、除湿机1个、空调机1个、防磁柜1个、温湿度表1支和灭火器、烟感器、报警器等防火设备，新设20平方米档案员办公室1间，建立了20平方米的实物（荣誉）档案陈列室1间。县委党校机关档案目标管理达省一级标准。维修老学员楼后和鱼塘旁垮塌的保坎。

【县级党校办学水平考核评估】　2014年，根据中共湖北省委《关于推进县级党校改革建设的意见》（鄂办发〔2012〕46号）、省委组织部《〈湖北省市县党校办学水平考核办法（试行）〉的通知》（鄂组发〔2013〕1号）和《关于开展县级党校考核评估工作的通知》（鄂组发〔2014〕10号）精神，县级财政投入287万元，改善党校教学办公硬件条件。县委党校狠抓教学科研主业，软件资料齐全。12月10日，州委党校常务副校长王波及州县级党校考核评估工作小组到宣恩，就宣恩县委党校改革建设与办学水平进行评估验收，曾德权、朱鹏程、范涌参加验收会。考评组通过听取县委党校改革建设与办学水平工作情况汇报，观看专题片，查看报告厅、教室、讨论室、图书室、多媒体测评和电子阅览多功能室、陈列室、档案室、乒乓球室等设施设备，查阅县委党校组织领导、发展规划、教学培训、学员管理、科研成果、队伍建设、制度建设、经费保障等方面的资料及档案，并与相关人员进行个别座谈等，全面了解县委党校改革建设与办学水平情况，综合评定宣恩县委党校为98分，办学水平通过州级评估验收。

（燕正兵）

史志工作

【概况】 2014年，全县专职史志工作人员4人，兼职史志撰稿人员131人，完成《中国共产党宣恩县历史（第二卷）》初稿撰写、《中国共产党湖北省组织史资料（第五卷）》送审复核、张体学在宣恩活动的资料收集整理。贯彻《地方志工作条例》和《湖北省地方志工作规定》，做好县志资料经常性征集工作，编纂60万字的《宣恩年鉴（2014）》；对外撰稿4.7万字，其中《湖北年鉴》稿0.6万字，《恩施州年鉴》稿2.4万字；《湖北县情》稿1.7万字。

【党史编研】 2014年开展《中国共产党宣恩县历史（1949－1978）》（简称党史第二卷）编纂工作。11月，完成党史第二卷初稿撰写，形成初审稿，印制30册，送相关部门和相关人员进行初审。

《中国共产党湖北省宣恩县组织史资料》（第五卷）时间上限为2006年7月，下限至2011年12月，基本上与第十三届中共宣恩县委的任期同步，根据省、州规范要求称第五卷。2012年已完成初稿，2013年完成二审稿复核，2014年完成送审复核，12月底送州史志部门进行终审。

4月，按省委党史研究室安排，对1957年5月湖北省省长张体学到宣恩活动的相关资料进行收集整理，共采访经历的当事人10人，并查阅相关报纸、文史资料，形成0.4万字的《张体学宣恩之行》。2014年，县史志办公室参加评审州内其他县市党史第二卷终审稿三部。5月，评审《中国共产党巴东县历史（1949－1978）》（终审稿）；8月，评审《中国共产党利川市历史（1949－1978）》（终审稿）；12月，评审《中国共产党鹤峰县历史（1949－1978）》（终审稿）。通过对其他县市党史（二卷）的审读，结合宣恩实际，学习提升宣恩党史（二卷）的撰写水平。

【地方志工作】 宣传发行《宣恩年鉴（2013）》。3月，《宣恩年鉴（2013）》印刷出版。4月发行，主送范围为全县行政机关、企事业单位，同时开展对外交流，主要对象为州内各县市和其他有业务交流往来的外省市，全年共发行《宣恩年鉴（2013）》500册。

编纂《宣恩年鉴（2014）》。3月，县史志办拟定《〈宣恩年鉴（2014）〉编纂方案》报县政府，县政府办公室批转《〈宣恩年鉴（2014）〉编纂方案》。4月全面启动资料收集工作。同时，采取边收集资料边编纂的方法，做到资料收集与编纂工作两不误。《宣恩年鉴（2014）》共收集128个单位资料160余万字，定稿的《宣恩年鉴（2014）》约55万字，彩页记载单位39个。

完成省、州年鉴撰稿。按照《湖北年鉴》和《恩施州年鉴》的撰稿要求和写作规范，提供宣恩县情概况和相关图片资料。撰写文字资料3万字，其中《湖北年鉴》稿0.6万字，《恩施州年鉴》稿2.4万字。

完成《湖北县情》撰稿。按照《湖北县情》的撰稿要求和写作规范，提供宣恩县情概况，撰写《湖北县情》稿1.7万字。

2014年开展部门志书编纂的单位有县自来水总公司和县文化体育局。11月，由县自来水公司主编的《宣恩供水志》启动编纂工作，成立编纂委员会，落实具体编写人员，拟定篇目，并开始资料收集工作。

【史志成果开发利用】 2014年向有关部门提供地情资料，向《宣恩网》提供县情概况，向社会免费赠阅《宣恩县党史（第一卷）》《宣恩县志》《宣恩年鉴》等已出版的史志书籍，让社会共享史志成果。为编纂《宣恩贡茶》、狮子关、伍家台、水田坝等旅游资源开发提供历史依据和相关资料。对外交流史志工作成果，将宣恩县出版的史志工作成果，与外地的史志成果进行交流，全年先后与重庆武隆、河北涿州等省的史志部门交换志书、年鉴、党史52册。

（江安鸣）

档案工作

【概况】 档案局（馆）位于宣恩县珠山镇群益巷8号，建筑面积1697平方米，4层楼房。是宣恩县档案安全保管基地、爱国主义及未成年人教育基地、档案利用服务中心、现行文件服务中心。2009年晋升为国家二级馆。2014年10月23日顺利通过国家二级馆复查验收。

截至2014年12月，馆藏档案112个全宗73689卷（盒）。其中文书档案55265卷（盒），科技档案1293盒，专门档案15787盒，会计档案1344盒。另有声像档案（照片）2303张，电子（光盘）113张，实物（奖牌、印章）1703件。图书、资料5345册。全县各机关、企事业单位室藏档案70011卷，84841件；音像档案230盘，照片档案2843张；实物档案1972件。

【二级馆复查】 10月23日，由省档案局组成的复查组对宣恩县国家二级馆进行复查测评。复查组通过听取汇报、现场查看、查阅资料、测评打分、现场反馈，对宣恩县档案馆进行全面复查，经认真测评，得分88.7分，通过国家二级馆复查测评。

【档案教育法规】 3月6日，县档案局在县总工会大楼会议室，举办全县2014年度档案目标（规范）管理达标升级单位业务培训，共34个单位的分管领导和档案员参加培训。全年组织相关单位8名档案员参加省档案局档案业务培训。6月9日，开展"6·9"国际档案日宣传活动，举办一期《中华人民共和国档案法及档案管理违纪违法行为处分规定》法制宣传月活动展。8月，段绪坤书法班63名学员到县档案馆开展爱国主义教育基地和未成年人思想道德教育活动，副局（馆）长张华蓉向来档案馆参观学习的学员宣讲《宣恩发展史》。在李家河集镇开展"12·4"法制宣传日活动，举办档案法制宣传展览，并印发《档案法》宣传资料500份。9月18日，与州法制办、州档案局、县法制办联合对县司法局、县老干局、县妇幼保健院、县移动公司等四家进行了档案执法检查。2014年21个完成档案管理登记，全县档案管理登记工作已累计完成169个单位，登记率达100％。

【档案业务指导】 2014年加大对重点企业、民营企业、非公有企业的指导工作力度，企业逐步认识到档案工作在企业生产、经营中的重要性，及时发现解决企业档案管理中存在的各种问题。督促做好机关文件的归档整理工作，对全县各乡镇和县直重点单位开展档案督导检查工作，做好归档文件整理工作，共指导整理24个单位的档案。全县立档单位100％完成2014年度文件整理工作。对全县的重大活动、重大事件的档案进行跟踪指导，并将此类档案在第一时间接受进馆。做好单位目标（规范）管理的认证工作，截至2014年底，全县各机关、企事业单位112家达到目标（规范）管理。其中有35家达到机关目标管理"省特级"，有35家达到"省一级"，有34家达到"省二级"，有4家达到企业AA级，有4家达到企业A级。2014年机关档案目标（规范）管理达标有36家，其中"省特级"14家，"省一级"8家，"省二级"10家，企业AA级2家，企业A级有2家。

【档案管理、利用、编研、征集】 2014年共接收县财政局、县民宗局等29个单位的档案，共计4709卷（盒）。其中文书档案3589卷（盒），专业档案950盒，科技档案155盒，声像电子档案15盒。并同步接收纸质目录、电子目录及全文数据库。

宣恩县档案局（馆）档案信息网全年共受理网上查询138人次。接待社会各界档案利用者1865人次，调阅案卷2631卷，内容涉及婚姻、工龄、工地、山林、建房、保险等方面，出具证明1231份。通过调查走访，掌握县情、档案情况、宣传档案征集政策，征集有保存价值的档案、图书等，向社会征集宣恩县个人出版的图书资料10册，有《张氏族谱》《走进名家》《书法、诗词、楹联选辑》等重要图书资料。

内部出版发行《宣恩县档案馆指南（二）》《全宗指南（一）（二）》《宣恩档案年鉴（2013）》《百馆珍品档案（宣恩部分2013）》《宣恩档案

重大事件》《历史档案复制与登记》,与县史志办联合编纂《中国共产党宣恩县党史》(1949年11月—1978年12月)已完成初稿,举办1期党的群众路线教育实践活动展览。

【档案安全】 做好防虫防蛀等安全预防工作,除按时给库房柜架放置更换药物以外,还严格完善防盗、防火措施,做好库房温湿度调控工作,保证馆藏档案、资料的安全。添置更新设备,在县档案馆扫描室安装监控摄像头2个,在5个库房内安装烟感报警器7个,库房门锁更换成磁卡锁,添置办公电脑6台、扫描仪1台。制定完善档案馆库房抢险救灾应急处置预案,使档案的安全工作更加制度化、规范化。

【档案宣传】 2014年,县档案局不断加大宣传力度,拓宽宣传渠道,注重宣传效果,建立和完善信息宣传的奖励激励制度。累计在各种网站、杂志上共发表信息179条,其中中国档案信息网48条,湖北档案信息网(杂志)21条,州档案信息网36条,宣恩新闻网11条,宣恩档案信息网63条。

【档案信息化建设】 按照《全国档案信息化建设发展规则》的要求,县档案局(馆)加大投入,按照重要、利用频繁档案为先原则,对馆藏档案有计划地进行数字化加工,2014年共完成录入新移交进馆档案案卷级目录2615条,文件级目录30153条,全文扫描并上挂131万幅。截至2014年底,累计完成全文扫描296万幅(含接收进馆全文扫描21万幅),居全州第一。加强档案信息网互通互联,信息资源共享,全年共上传、更新信息(图片)80余篇(张)。网站总访问量共178219次,点击率122980次。

(康敏)

高腔山歌

高腔山歌因声腔高亢激越、曲调雄浑动听而得名,是流传于宣恩县椿木营、长潭河、万寨等乡镇及周边恩施、鹤峰、建始等部分地区的一种独具地域特色和乡土气息的民歌歌唱艺术。

高腔山歌是靠口耳相传的一种古老民歌,《后汉书·南蛮西南夷列传》中便有"夷歌巴舞"的记载。根据研究表明,"夷歌"乃"蛮夷"歌谣,即古代巴人的民歌,战国时称"巴人歌"或"下里""巴人";唐代称"竹枝词"。有学者认为,"竹枝词"是从土家先民巴人歌谣中衍生出来的,与土家山歌一脉相承。由此可见,高腔山歌的源头可追溯至战国时代"夷歌",距今已有2000多年,在漫长的发展过程中承载了极其丰富的农耕文化信息,具有历史文化和民俗文化的重要研究价值。

高腔山歌被誉为劳动人民的生命赞歌,演唱时一般是一人领众人合,给人一种气势磅礴、充满信心、铿锵有力而又不失浪漫和美的享受。特别是领唱与和声部的交接和重叠,叶(子)梗子(子)交织,号(子)歌(子)穿插交替,往往构成复杂的多声部合唱织体,整个音乐丰富多变,犹如天籁之音,很有艺术审美价值,堪称中国古代民族音乐中极为罕见的高端艺术珍品。

宣恩县人民代表大会

【概况】 2014年，宣恩县人民代表大会常务委员会共召开代表大会1次，常委会会议8次，主任会议9次，听取和审议专项工作报告36项，作出事关经济社会发展等方面的决议、决定15个，共决定和任命国家机关工作人员15人次，免职11人次；任命14名人民陪审员，依法按程序初审州级人民监督员6名。

【宣恩县十七届人大四次会议】 2月11日至12日，宣恩县十七届人大四次会议在宣恩县城召开，会议应到代表200人，实到194人。习覃代表县政府向大会作《政府工作报告》。会议通过《关于政府工作报告的决议》《关于县人大常委会工作报告的决议》《关于县人民法院工作报告的决议》《关于县人民检察院工作报告的决议》《关于宣恩县2013年国民经济和社会发展计划执行情况与2014年国民经济和社会发展计划的决议》《关于宣恩县2013年财政预算执行情况与2014年财政预算的决议》。会议共收到代表议案1件，重点建议案1件，一般建议47件。

【县人大常委会各次会议】 2014年县人大常委会共召开8次会议。

1月15日，杨安明主持召开县十七届人大常委会第十五次会议。李明山、唐斌、覃正彪、史红珍、乾维德及常委会其他组成人员出席会议，朱鹏程、郑向东、李美福及部分县直单位相关负责人、各乡镇人大负责人列席会议。听取审议县十七届人大常委会代表资格审查委员会关于县十七届人大代表变动情况的报告；决定宣恩县第十七届人民代表大会第四次会议相关事宜，决定于2014年2月10日至12日召开县第十七届人民代表大会第四次会议，审议通过县十七届人大四次会议日程、会议议程、关于议案截止时间的决定、关于各项议案、决议和决定表决方式的决定、议案审查委员会名单、主席团常务主席名单、副秘书长名单、大会执行主席分组名单、各代表团正副团长名单、各代表组成人员名单、计划和预算审查委员会名单。

2月20日，杨安明主持召开县十七届人大常委会第十六次常务会议。李明山、姚元文、唐斌、覃正彪、史红珍、乾维德及常委会其他组成人员出席会议，王冕、郑向东、李美福及县直有关部门、各乡镇人大负责人列席会议。会议审议通过《宣恩县人大常委会2014年工作要点》《关于撤销李家河乡设立李家河镇有关问题的决定》。会议决定：撤销李家河乡设立李家河镇，以原李家河乡的行政区域为李家河镇的行政区域，镇人民政府驻凤山；李家河乡人民代表大会更名为李家河镇人民代表大会，李家河乡第五届人民代表大会更名为李家河镇第一届人民代表大会；李家河乡人民代表大会代表更名为李家河镇人民代表大会代表，不再重新选举；李家河乡人大主席、副主席、乡人民政府乡长、副乡长更名为李家河镇人大主席、副主席、镇人民政府镇长、副镇长，不再重新选举。审议决定县人大常委会主任会议、县人民政府提请的人事任免议案，决定免去谢宇的县人大常委会办公室副主任职务、潘言培的县卫生局局长职务、罗文恒的县人口和计划生育局局长职务，任命潘言培为县卫生和计划生育局局长；会议表彰县人大代表议案、建议办理工作先进单位、先进工作者及人大代表小组活动创建先进单位。

3月28日，杨安明主持召开县十七届人大常委会第十七次会议。姚元文、唐斌、覃正彪、史红珍及常委会其他组成人员出席会议，朱鹏程、郑向东、县人民检察院相关负责人、县直有关部门及各乡镇人大负责人列席会议。会议听取并审议县人民政府《关于宣恩县国民经济和社会发展第十二个五年规划中期执行情况的报告》《关于宣恩县2013年部门预算执行和2014年部门预算的报告》，审议县人民法院院长提请的人事任免议案，决定任命廖恩平、王克黉、徐扬、李渝、徐玺为县人民法院审判员，姚星为县人民法院审判员、沙道沟人民法庭庭长，赵剑为县人民法院审判员、长潭河人民法庭庭长，陈升霄为县人民法院审判委员会委员、行政审判庭庭长，段传柱、段太凡、黄荣、李金安、吕波林、罗肖、孟友铭、莫佰余、燕为义、龙安桃、杨明妁、姚本轩、徐涛、龚道全为县人民法院人民陪审员；免去李成召的县人民法院沙道沟人民法庭庭长职务、潘国柱的县人民法院长潭河人民法庭庭长职务、郑先瑾的县人民法院审判委员会委员职务、陈永忠的县人民法院行政审判庭庭长职务，免去刘昌荣、胡成林、龙安桃的县人民法院人民陪审员职务。

5月29日，杨安明主持召开县十七届人大常委会第十八次会议，李明山、唐斌、覃正彪、史红珍、乾维德及常委会其他组成人员参加会议，向建强、周志斌、县人民检察院主要负责人、县法院相关负责人及县直有关部门、各乡镇人大负责人列席会议。会议听取并审议县人民政府《关于有机农业建设情况的报告》《关于〈中华人民共和国食品安全法〉贯彻实施情况的报告》；审议县人民检察院提请的人事任免议案，决定任命李雅为宣恩县人民检察院检察委员会委员。

8月5日，杨安明主持召开县十七届人大常委会第十九次会议。李明山、姚元文、唐斌、覃正彪、史红珍、乾维德及常委会其他组成人员参加会议。习覃、张友刚、郑向东、李美福、各乡镇人大负责人及县直有关部门负责人列席会议。会议听取并审议通过县政府关于全县刑事侦查工作的专项报告、县政府关于2014年上半年全县国民经济和社会发展计划执行情况的报告、关于2014年上半年财政预算执行情况的报告。审议通过县政府关于调整城区禁止燃放烟花爆竹范围的决定，新的禁鞭范围于2015年1月1日起执行。

9月26日，杨安明主持召开县十七届人大常委会第二十次会议，李明山、姚元文、覃正彪、史红珍、乾维德及常委会其他组成人员参加会议，朱鹏程、县法院、县检察院相关负责人及县直相关部门、各乡镇人大负责人列席会议。会议审查和批准宣恩县2013年财政决算，听取并审议通过关于2013年度财政预算执行和其他财政收支的审计工作报告，审议通过县政府关于调整2014年度财政预算的议案，关于县十七届人大四次会议代表议案、建议、批评和意见办理情况的报告，关于宣恩县新型农村合作医疗制度实施工作情况的报告，审议决定县人民政府提请的人事任免议案，会议决定任命黄舜卿为县食品药品监督管理局局长。

11月28日，杨安明主持召开县十七届人大常委会举行第二十一次会议，李明山、姚元文、唐斌、覃正彪、史红珍及常委会其他组成人员出席，周志斌、郑向东、李美福、各乡镇人大负责人及县直有关单位负责人列席会议。会上对县林业局、县国土资源局、县质量技术监督局进行工作评议。县林业局综合测评满意率为96%，县国土资源局综合测评满意率为99%，县质量技术监督局综合测评满意率为95.1%，3个单位均为满意单位。会议还审议通过有关人事任免案，任命胡炜为县政府副县长，张猛、朱涛、黄宇为县人民检察院检察员；免去向开德的宣恩县人民检察院检察委员会委员、检察员职务。

12月30日，杨安明主持召开宣恩县十七届人大常委会第二十二次会议，李明山、姚元文、唐斌、覃正彪、史红珍、乾维德及常委会其他组成人员出席会议，郑向东、李美福及县直有关部门、各乡镇人大负责人列席会议。会议听取县十七届人大常委会代表资格审查委员会关于县十七届人大代表变动情况的报告；决定县十七届人大五次会议相关事宜，会议按照《中华人民共和国全国人民代表大会和地方各级人民代表大会选举法》《湖北省各级人民代表大会代表补选办法》等有关规定和州七届人大代表变动的实际情况，选举马尚云、汤文江为州七届人大代表。

【监督工作】 开展视察和调研活动。2014年县人大常委会就城镇规划建设及管理、教育发展、农村大病医疗救助、基本药物制度实施、重点项目建设、农村留守儿童等问题，到乡镇、企业、机关、学校和农村(社区)，开展视察和调研，提出意见和建议，供县委决策参考。围绕县委十四届三次、四次全体(扩大)会议作出的决定，县人大常委会及时跟进，积极贯彻落实。围绕加快乡镇集镇规范化管理和建设问题，组织视察组，到9个乡镇进行现场视察，要求认真解决规划主体不落实，管理机制不健全等问题。县政府高度重视，将2014年定为“乡镇集镇建设管理重点年”，开展镇容镇貌专项整治行动，强化投入保障，积极探索建立集镇管理长效机制，镇容镇貌得到改善；明确乡镇规划主体，全县各乡镇开展集镇建设规划编制工作。至2014年末，万寨乡集镇总体规划及控制性详规已通过评审，沙道沟镇正在对规划进行修订，其他乡镇正在进行规划编制。

经济工作监督。3月，县人大常委会组织视察组到乡镇、工业园区和项目现场视察调研，总结“十二五”规划实施以来取得的成绩，分析存在的问题和不足，对“十二五”规划中期执行情况进行评估，提出增强发展紧迫感，全力推进项目建设，加大结构调整力度，重视民生民利改善等意见建议，推进“十二五”规划的实施。5月，县人大常委会在深入乡镇、企业、基地和农户调研的基础上，专题听取县政府关于有机农业建设情况的报告，进行认真审议，就有机农业建设取得的成绩、存在的问题和不足进行总结分析，提出加强宣传、规范农业投入品经营管理、健全有机农产品质量追溯机制、加强有机农业配套服务等意见建议，进一步推动全县有机农业建设进程。7月17日至18日，县人大常委会组织视察组对全县2014年上半年国民经济计划及财政预算执行情况进行视察，到县教育中心、拟规划禁鞭区域、万寨乡伍家台村、椒园生态产业园、狮子关旅游景区、和平制造产业园、和平殡仪馆、宣南产业新城及李家河集镇上城大道视察并听取各项目建设负责人及各相关部门和乡、镇负责人的工作推进情况汇报。9月26日，县人大常委会听取和审议县政府关于2014年上半年国民经济和社会发展计划执行情况、预算执行情况的报告和2013年预算执行和其他财政收支情况的审计报告，审议通过2013年财政决算报告。分析财政预算执行中存在的困难和问题，就努力提高经济运行质量、加强审计监督、严格预算管理，切实增强预算编制的科学性、合理性，加强指导、严格规范财务管理等方面提出意见建议，不断增强预算监督实效，保障全县经济健康运行。

对社会发展的监督。5月，对群众普遍关注的食品安全问题开展执法检查，在职能机构改革调整中，为落实食品安全管理工作，防止食品安全管理出现漏洞，县人大常委会组织检查组到乡镇、相关职能部门进行检查，到部分食品加工企业进行走访，检查食品安全工作中存在的薄弱环节，分析存在的问题和困难，提出要加强法治宣传，做好改革过程中监督措施及制度的衔接落实，建立长效监管和相应财政保障机制的意见建议，督促完善监管体系和机制，提升食品安全监管水平，确保食品安全。8月29日至9月10日，针对群众高度关注的新农合筹资、医疗机构服务、新农合运行保障能力等相关问题，组织专题调研视察组到县直部门、乡镇合管站、卫生院、部分村卫生室调查研究，同基层人大代表、乡镇干部、农合办工作人员、乡村医务工作者、参合农民座谈，实地查阅相关资料，提出要进一步加大宣传工作力度，加强城乡医疗卫生体系、服务能力、监管队伍建设，切实解决好收取难、不规范、不便民等问题的意见建议，推动政府不断健全和完善新农合政策的各项措施，强化综合监管机制落实，保证资金安全，发挥资金效益，扎实推进新农合工作稳健运行，真正让群众得实惠。

行政执法和司法监督。8月，对全县贯彻实施《中华人民共和国刑事诉讼法》情况开展视察调研，专题听取县政府关于公安刑事侦查工作情况的报告，对刑事案件高发势头、刑侦基础工作薄弱、执法理念有待转变等不足，有针对性地提出切实转变执法理念、提高刑事侦查能力、完善司法机关监督机制、着力提高打击违法犯罪实效等意见建议。同时配合省州人大视察调查组开展消防法、省消防条例和未成年人保护法的执法检查。8月至10月，以《民族区域自治法》颁布实施30周年和2014年湖北“民族团结进步荆楚行”活动为契机，县人大常委会制订“民族团结进步荆楚行”活动方案，在全县组织开展“民族团结进步荆楚行”活动。各相关单位和乡镇积极参与，恩施日报社、恩施州电视台等媒体对宣恩县贯彻实施民族区域自治法的有关活动和先进典型进行宣传报道，常委会对《打造侗乡幸福家园——宣恩长潭河侗族乡贯彻实施民族区域自治法加快发展纪实》等6篇新闻作品、县民宗局等5个活动组织工作先进单位予以通报表彰。执行规范性文件备案审查有关规定，加强规范性文件备案审查工作，对本级人大常委会制定的规范性文件及时向州人大常委会备案，接受审查。

部门履职监督。10月，对县林业局、县国土资源局、县质监局开展工作评议。成立工作评议领导小组和3个评议调查组，制定详细的实施方案，深入到乡镇和县直部门，分别召开动员会、座谈会、测评会等，与县乡人大代表、单位职工、服务对象进行测评座谈，全面了解、掌握被评部门换届以来的工作情况。11月28日，县人大常委会召开第二十一次会议进行集中评议，3个单位均被评为满意单位。

【审议决定重大事项】 围绕全县工作大局，审议决定重大事项。2月20日，依据相关法律法规，审议县政府关于李家河撤乡建镇的议案，及时对李家河撤乡建镇有关问题作出决定，加快城镇化建设步伐。8月5日，为适应城区扩容、净化县城宜居环境和经济社会发展的需要，对县政府关于调整城区禁鞭范围的议案，组织调研组对范围界定广泛调研，经常委会审议，作出《关于调整城区禁止燃放烟花爆竹范围的决定》，县政府已组织实施。

坚持党管干部原则和人大依法任免的有机统一，严格依法做好人事任免工作。2014年对县委提名、“一府两院”提请任免的干部人选，严格实行任前情况了解、法律知识考试、拟任职发言、现场颁发任命书等任免程序。全年共决定和任命国家机关工作人员15人次，免职11人次，从组织上保证国家机关的正常运转；任命14名人民陪审员，依法按程序初审州级人民监督员6名，有力地保障公民依法参加审判和检察活动，促进司法公正。同时，结合听取和审议专项工作报告、开展执法检查等，探索对任命人员履职情况的监督，促进依法履职。

【代表工作】 县人大常委会坚持常委会领导联系代表制度、邀请代表列席常委会会议制度等，注重从多方面为代表知情知政创造条件。坚持定期向代表发送常委会公报，2014年共发布6期《宣恩县人民代表大会常务委员会公报》，使代表及时了解常委会重要工作安排和重要活动情况，保障代表的知情权。人代会期间，组织开展城乡规划法知识培训；组织州县人大代表对人民群众普遍关注的热点、焦点问题，重点项目等进行视察和调研。借省人大对乡镇人大工作机制和阵地建设调研检查的机遇，进一步推进乡镇人大规范化建设。

督办代表议案、建议、批评和意见办理。县十七届人大四次会议共收到代表方案、建议49件，其中，议案1件，重点建议案1件，一般建议47件。4月10日，常委会与县政府及时召开各承办单位负责人参加的议案、建议、批评和意见交办会，常委会分管副主任和县政府常务副县长参加，对办理工作提出明确要求。县人大常委会除由分管领导和相关工委加强经常性督办，对一些重点建议、批评和意见进行重点督办外，还通过组织调查组进行专题调查、组织常委会组成人员进行专题视察、听取县政府专项工作报告等形式，进一步强化督办。在督办过程中，常委会注重听取人大代表对办理工作的意见，先后两次召开专题督办会进行督办，督促有关部门认真落实。县政府领导十分重视，带领相关部门深入各乡镇、县直部门现场办公，解决议案建议办理中存在的不足，农村部分村级公路、人畜饮水、县殡仪馆搬迁、贡水河沿岸环境整治等一批涉及群众切身利益的重点、难点问题得到解决。对议案建议办理工作中的先进单位和先进个人进行通报表彰，激励各承办单位高度重视和积极主动做好议案建议办理工作。2月，表彰县交通运输局、县城市管理局、县农业局、县水利水产局、县林业局为2012—2013年度县人大代表议案、建议办理工作先进单位，表彰姚敏、曾凡忠、唐宾、田光明、蒋秀文、王明刚、李章鸣、倪衡山、杨仕荣、孙弘为先进个人。

发挥乡镇人大作用。坚持常委会主任会议成员到乡镇现场指导制度，坚持乡镇人大专职副主席列席常委会会议制度，10月下旬，县人大常委会组织乡镇人大主席和专职副主席到宜昌、巴东、恩施等地学习考察乡镇人大工作，提高乡镇人大工作水平。各乡镇人大主席团结合实际，不断完善乡镇代表履职阵地建设，开展代表履职培训、述职、视察等活动。椿木营乡组织代表小组专题视察乡集镇建设，为集镇发展出谋划策；椒园镇开展特色村寨生态旅游代表小组专题调研活动；长潭河侗族乡组织“我为发展献一策”代表小组活动；高罗乡九间店村创建以人大代表参与为主的“和事佬”群众纠纷排查小组促进邻里和谐。创新考核激励机制，表彰代表小组活动创建先进乡镇，进一步激发乡镇人大工作活力。2月，表彰高罗乡人大主席团、椒园镇人大主席团、长潭河侗族乡人大主席团为县人大代表小组活动创建先进单位。

【县人大常委会自身建设】 深入开展党的群众路线教育实践活动，加强思想政治建设，不断增强推进社会主义法治建设的责任感和使命感，不断深化坚持党的领导、人民当家作主、依法治国有机统一的认识，增强做好人大工作的积极性、主动性和创造性，自觉接受和主动争取党委对人大工作的领导。严格执行中央八项规定、省委六条意见、州委实施细则和县委决定，坚决反对“四风”，改进工作作风，深入实际、深入基层，密切与人民群众的联系，切实掌握第一手材料，真正建立践行党的群众路线、切实转变作风的长效机制，以优良的作风扎实推进常委会各项工作。

总结在监督、代表工作等方面的经验，围绕促进经济社会发展进步，加强工作理论研究，推进人大工作理论创新。6月，为促进重点产业建设进程，在实地调研、认真分析的基础上，人大调研组撰写《专业合作，舞活贡茶产业》一文，入选省人大编撰的《湖北省新型农业经营主体90例》，集中反映宣恩县贯彻落实党的十八大、十八届三中全会精神，创新农村生产经营体系的丰硕成果。在涉及财政体制改革等“事权”问题上，结合财政监督工作，深入调研，认真分析，形成关于政府“事权”划分的调研文章，探索政府财政改革的新思路。7月，县人大常委会组织公检法司等部门，历时三周，对涉法涉诉信访问题进行调查研究，撰写专题调研报告，提出解决思路和对策，对解决涉法涉诉信访问题进行有益的理论探索。

【上级人大常委会到宣恩检查工作】 1月22日，州人大常委会副主任陈学明及州司法局、州水利局、中国人寿保险股份有限公司恩施州分公司相关负责人，到宣恩晓关侗族乡桐子营村、大山村走访慰问福利院孤寡老人和部分困难群众。史红珍陪同。

7月14日，省人大常委会党组书记、常务副主任李春明带调研组到宣恩调研贯彻《中华人民共和国全国人民代表大会和地方各级人民代表大会代表法》(以下简称《代表法》)及湖北省实施办法情况。州委书记、州人大常委会主任王海涛，州人大常委会常务副主任瞿赫之、副主任吕金施，曾德权、习覃、杨安明、史红珍陪同调研。李春明一行到椒园镇，听取镇负责人汇报人大工作情况，并就如何开展基层人大工作，如何保障人大代表的工作顺利开展，基层人大代表如何履职以及如何强化《代表法》贯彻和落实等问题进行座谈。到万寨乡伍家台走访省十二届人大代表、万寨乡伍家台村党支部书记、伍家台昌臣茶叶有限公司总经理郑时兵，参观全国富硒有机茶示范园基地以及湖北伍家台贡茶有限公司，了解公司的生产经营情况，听取万寨乡主要负责人就人大工作基本情况的汇报。李春明就贯彻落实代表法及湖北省实施办法、建立代表联络机构、完善常委会联系代表和代表联系群众制度、创新人大代表工作机制以及如何进一步加强人大代表培训，推进民主法治建设等方面提出意见和建议。

12月31日，州人大常委会副主任邓正平及州委、州政府督查组来到宣恩督查农业农村工作情况。周志斌、曾凡忠及县直相关单位负责人陪同。督查组先后到晓关侗族乡西坪村新建茶园样板基地、高罗乡腊树园村新建茶园样板基地、麻阳寨村新建白柚样板基地、九间店村正兴贡水白柚专业合作社、珠山镇病死动物无害化处理中心等地，了解茶叶造园、茶园管理、白柚造园、农田整治以及病死动物无害化处理等方面的农业农村工作情况。

(周盛亮)

宣恩县人民政府

【全县经济社会发展情况】 2014年，全县地区生产总值达到50.5亿元，同比增长9.8%；实现公共财政预算收入2.59亿元，同比增长18.2%；完成全社会固定资产投资37.5亿元，同比增长20.9%；实现社会消费品零售总额15.27亿元，同比增长13.5%；城镇常住居民人均可支配收入达到18870元，同比增长10.4%；农村常住居民人均可支配收入达到7048元，同比增长12.4%。三次产业结构比由2013年的29.7：28.4：41.9变为28.0：28.8：43.2。

2014年12月26日，恩来恩黔高速公路建成通车，宣恩至武汉、长沙、重庆等中心城市只需要4至6小时，宣恩县城至三峡、凤凰、张家界等周边重要景区只需要3小时，恩施机场、恩施火车站均在"半小时交通圈"以内，宣恩交通区位发生根本性变化，更多更快的人流、物流、资金流、信息流在宣恩汇集。通过承办全省县域经济工作会、全省现代烟草农业暨烟区新农村建设会，展现出的发展成效、精神风貌得到参会领导、代表的充分肯定。工业园区跨入全州先进园区行列，被省国土资源厅誉为"打造了具有山区特色的工业梯田"。"伍家台贡茶"成功创建为"中国驰名商标"。冠名为"伍家台贡茶号"的D2259次动车开通运营。

全年以"伍家台贡茶、贡水白柚"为主的特色产业基地发展到15万公顷，获得有机认证基地1713.33公顷；实际收购烟叶4687.89吨，实现税收2292.84万元；年出栏生猪60.01万头，"4450"生猪养殖模式户达到3439户；国家级农民专业合作社示范社达到3家，亿元以上茶叶加工龙头企业达到3家；建成全国首批"国家级出口茶叶质量安全示范区"，"伍家台贡茶"荣登"湖北最受欢迎十大茶叶品牌"榜。

全年新增规模以上工业企业6家，总数达到47家，其中产值过亿元企业6家；规模以上工业增加值增长11.6%，工业用电量增长36.6%。新签约项目22个，新开工建设项目12个，建成投产项目12个，入园企业总数达到69家；兴龙工具、博诚钢化玻璃等一批项目建成投产，西部现代农业、宜红茶业完成"退城进园"；园区实现规模以上工业总产值12.7亿元，增长18.2%，占全县规模以上工业总产值的50.8%，提供就业岗位4300余个。

伍家台休闲农业园被评为全省休闲农业示范园，荣获首届荆楚最美乡村"最佳景观奖"；狮子关景区一期建设接近尾声，椒园片区旅游项目开工建设，水田坝、谭家坝等地成为游客旅游观光、休闲体验的新目的地。武陵商贸物流、鑫海物流、天宇物流中心启动建设，建成12家"放心粮油"连锁店，新建和改造村级综合服务社60家。网购网销成为社会零售新业态。

县城区主干道、背街小巷基本实现道路黑色化、街面一体化、管线入地和雨污分流；高速公路县城连接线改建段、兴隆小区外环线一期工程、贡水河亮化一期工程、侗族鼓楼、金源国际酒店投入使用；万和广场新区开发、贡水龙城旧城改造、贡水河南岸人行栈道建设快速推进，今典国际（建设路与贡水路交汇处，原林业局、公路局片区）、县城二水厂、西门沟至莲花坝道路等项目稳步实施；商品房销售面积增长179.2%。城区规范管理全面加强，县城区及重点区域实行全面禁鞭，智能交通系统投入运行，"两违"管控形势总体平稳。开展以"扫干净、摆整齐、保畅通"为主要内容的"乡镇集镇建设管理重点年"活动，积极推进"五个一工程"，完成国省道大中修71千米，乡镇集镇面貌发生明显变化。"三坝两寨"建设成效明显，新建和改造特色民居1023户，黄坪村、伍家台村、板寮村成为全省首批"绿色示范乡村"，野椒园村、两溪河村被列为中国传统村落。启动宣石线、王椿公路甘长线改扩建工程和沙道沟绕镇线建设，完成县乡道改造升级工程38.8千米，农村公路通畅率达到98%，农村饮水安全普及率达到89.85%，和平110千伏、黄河35千伏输变电工程投入使用。贡水河湿地公园获准筹建全州首个国家级湿地公园，建成全州首个全参数空气自动监测站，县城污水处理厂实现达标排放，完成10个村农村环境综合整治，清洁能源入户6383户。

推进行政审批制度改革，制定公布县级"权力清单"，清理保留行政审批事项234项，调整、取消、合并减少项目257项；推进工商注册登记制度改革，净增各类市场主体2842户，增长24.7%，总数达到1.44万户；深化财政管理制度改革，对公务员津补贴和事业单位绩效工资进行调整与规范；完成卫生计生机构整合、食品药品监管体制改革。招商引资实现量的增加和质的提升，新签约项目26个，到位资金17.13亿元，增长30.2%；实际利用外资500万美元；项目资金到位率达到73%。完成外贸出口2779.3万美元，增长27.2%。

城镇新增就业5801人，城镇登记失业率控制在3.8%以内。城乡居民养老保险达到14.2万人；新农合参合率达到99.01%，累计补偿医疗费用1.11亿元。完成扶贫搬迁430户，减少贫困人口1.27万人。高中阶段升学率增加1.97个百分点，高考三本以上上线人数比上年增加185人；县教育中心建设引资1.5亿元兴办宣恩清江外国语学校；县民族幼儿园投入使用。县群众文化体育活动中心动工建设，开展环贡水河健身长跑、水上运动会、山地自行车赛等全民健身活动，被命名为"2014—2016年度湖北省民间文化艺术之乡"（滚龙连厢）。加强卫生计生服务体系建设，整合卫生计生服务资源，新建标准化村卫生室30个，县人民医院医技楼及县急救中心主体工程完工。推行"三位一体"基层治理新模式，共153名村医、村教进入村"两委"；新建5个乡镇便民服务大厅，在168个村建成综合服务平台，受理便民服务事项2.19万件；法律顾问制度实现行政村全覆盖。

推进社区、农村网格化建设，开展信访积案化解和领导干部大接访活动，妥善化解高速公路等工程建设带来的众多矛盾纠纷，有效应对突发事件，社会大局保持和谐稳定。严格落实安全生产责任制，加强对重点领域、重点行业的安全监管，安全生产形势总体平稳。开展文明创建活动，义工协会、党员义工服务队活跃在乡村和社区，涌现出"全国民族团结进步模范个人"张兴红、"全国三八红旗手"朱琳等一批先进人物。完成第九届村委会换届选举。

开展党的群众路线教育实践活动，政府自身建设得到新提升，干部作风明显好转，干群关系进一步密切。自觉接受人大的法律监督、政协的民主监督，办理人大代表议案建议49件、政协委员提案53件。组织开展电视问政、州政风行风热线走进宣恩等活动，主动接受社会舆论监督。落实党风廉政建设主体责任，严肃执行中央八项规定、省委六条意见和州委实施细则，"三公"经费压缩24%，清理超标办公用房2万余平方米，全县性会议减少22%，评比达标表彰项目减少23.5%，清理处置违规配备公务用车24辆，政府效能进一步提高。

2014年县政府承诺五件民生实事实现工作目标，珠山公墓新区和殡仪馆新区建成投入使用，高速公路建设被利用农村道路恢复还建工程基本完成，义务教育学校"洁净温暖"工程全面实施，黄河沟中小河流治理工程、椒园供水管网及泵站建设进展顺利。

【县政府常务会议】 2014年，县政府共召开政府常务会议6次。

1月26日，习覃主持召开县政府常务会议，研究卫生计生部门整合工作、县城区禁鞭范围调整、县城区再生资源回收行业集中整治、生育保险政策调整等工作，审议《宣恩县城市规划区内违法用地和违法建设行为处理补充规定》等事项。同意《宣恩县卫生和计划生育局"三定"方案》，同意召开卫生、计生部门整合工作会议，要求机构整合过程中，要及时掌握干部职工的思想状况，尽量消除和避免因机构整合出现的负面影响，要坚持计划生育党政一把手负总责的制度不变、计划生育一票否决制不变、计划生育考核的方式不变，并确保2014年卫生计生工作的有序开展；同意新划定的禁鞭区域，按程序提请县人大常委会审定，由张友刚牵头负责禁鞭工作，组织相关单位拟定调整禁鞭区域的通告、取缔禁鞭区域内的烟花爆竹零售点等工作。要求对《宣恩县城市规划区内违法用地和违法建设行为处理补充规定》进一步修订，对《宣恩县城市规划区内违法用地和违法建设行为处理办法》(宣政发〔2012〕28号)文件未界定到的新问题进行研究，其内容与宣政发〔2012〕28号文件不得相互矛盾。对2012年8月1日之后新增、抢建的“两违”，相关部门要明确告之“两违”户其房屋无合法化的途径，并将停水、停电等措施落实到位。县监察局对2011年11月19日之后出现的“两违”作一个全面了解，分析“两违”出现的原因。其中，对2012年8月1日之后出现的“两违”进行全面清理，严查相关单位和工作人员的失职、渎职行为，严查干部参与“两违”的行为，并追究相关人员的责任。要求从产业的角度，做好再生资源回收行业基础工作，适当提高再生资源回收集中经营场所的建设标准，对再生资源回收行业要给予鼓励和支持，必要时给予适当经济补贴，要求2014年3月31日前，完成县城区内再生资源原经营户的搬迁工作。原则同意《宣恩县职工生育保险暂行办法》。

3月25日，习罩主持召开县政府常务会议，研究黄泥塘矿区(向家坪矿段)铁矿探矿权挂牌、2014年扶贫开发工作，审议《宣恩县出租汽车客运经营权第二轮有偿出让实施方案》《宣恩县污水处理厂合作运营框架方案》《宣恩县规范行政事业单位有关经费开支标准的备忘录》等事项。原则同意黄泥塘矿区(向家坪矿段)铁矿探矿权按程序挂牌，要求县矿管办等相关部门要依法做好铁矿项目建设相关服务工作，相关部门要加强对探矿权出让后探矿工作的监管，部门监管不到位的，要进行问责；严禁部门乱收费、乱摊派、乱罚款。原则同意《宣恩县出租汽车客运经营权第二轮有偿出让实施方案》。原则同意《宣恩县污水处理厂合作运营框架方案》，县住建局、县环保局等相关部门负责拟定县污水处理厂托管试运营相关条款以及试运营后正式接管条款，副县长向子明负责把关；决定由委托代管企业负责县污水处理厂工人的五险申报交纳。原则同意《宣恩县规范行政事业单位有关经费开支标准的备忘录》。同意由县扶贫办按照上级文件要求拟定增设乡镇扶贫助理职位的方案；同意按政策统筹80%的以工代赈、少数民族发展资金，集中用于整村推进扶贫开发，县领导联系点以扶贫联系点为准。同意在不超过人民银行基准利率的情况下，企业可享受少数民族贴息、扶贫贴息政策。

5月14日，习罩主持召开县政府常务会议，研究全县普遍建立法律顾问制度工作、农村饮水安全工作、农村合作经济经营管理工作、农村扶贫开发建档立卡及瞄准特殊困难对象实施精准扶贫工作、创建民族团结进步模范县工作、解决社会保险资金缺口问题，审议《宣恩县加快推进新型城镇化实施意见(草案)》等事项。要求将全县普遍建立法律顾问制度工作提交县委常委会议审定。同意成立宣恩县普遍建立法律顾问制度工作领导小组，由县委常委、常务副县长朱鹏程任组长。同意乡镇、部门、园区等单位打捆聘请法律顾问。同意将全县普遍建立法律顾问制度工作所需经费纳入县级财政预算。原则同意《宣恩县农村饮水安全现状调查实施方案》，要求将农村饮水安全工作提交县委常委会议审定。同意召开由县政府分管领导召集，县水利水产局、县公路局和各乡镇人民政府等单位负责人参加的工作协调会，促使2013年度的农村饮水安全管网延伸工程尽早开工。同意整合水利、烟草、扶贫等项目资金，并制定农村饮水安全县级配套资金方案。同意出台农村饮水安全以奖代补政策。同意成立宣恩县农村饮水安全现状调查工作领导小组，以乡镇为基础，逐村逐户进行调查。原则同意《宣恩县农村土地承包经营权确权登记颁证试点工作方案》，要求将农村土地承包经营权确权登记颁证试点工作提交县委常委会议审定。决定由县国土资源局负责提供农村土地承包经营权确权登记颁证试点工作所需的1：2000地形图，向子明负责协调。决定由县经管局牵头负责三个试点村的农村土地承包经营权确权登记颁证工作，副县长周志斌负责协调。同意解决农村土地承包经营权确权登记颁证试点工作经费30万元。同意县经管局从乡镇经管人员中抽调2名工作人员到农村土地承包经营权确权登记颁证试点专班工作。同意设立县扶持农民专业合作社发展资金30万元，专项用于扶持我县“521”示范社的建设和发展。原则同意《宣恩县农村扶贫开发建档立卡工作方案》《宣恩县瞄准特殊困难对象实施精准扶贫指导意见(试行)》《宣恩县贫困家庭学生专项资金管理实施方案》，要求将农村扶贫开发建档立卡及瞄准特殊困难对象实施精准扶贫工作提交县委常委会议审定。同意成立由相关分管县领导牵头的农村扶贫开发建档立卡及瞄准特殊困难对象实施精准扶贫工作专班。同意实施精准扶贫后，一类农村最低生活保障标准提高到2400元/年·人。同意提高农村分散供养五保户补助标准，使其达到2400元/年·人，年需增加资金19万元纳入县级财政预算。同意农村扶贫开发建档立卡所需经费纳入县级财政预算。原则同意《关于开展民族团结进步模范县创建活动的实施意见》，要求将创建民族团结进步模范县工作提交县委常委会议审定。同意近期召开全县创建民族团结进步模范县动员会。同意县民宗局所属事业单位按有关规定选调1名工作人员；决定2003年3月1日以后进编的事业单位人员未按政策缴纳养老保险费的必须补缴，2014年起，新招录的事业单位人员签订聘用合同时，合同中必须包含缴纳社会保险条款。同意解决机关事业养老保险支出缺口资金300万元，差额部分由县社保局加强征收解决。同意解决大额医疗补偿费250万元。同意增加离休及伤残军人医疗费100万元；原则同意《宣恩县加快推进新型城镇化实施意见》，要求进一步修改完善后，提交县委常委会议审定后实施。

7月2日，习覃主持召开县政府常务会议，审议《宣恩县2014年度目标管理责任制考核办法》《宣恩县建设工程招标投标管理办法(修订稿)》，研究“宣恩市民之家”建设工作、县城区禁鞭区域调整工作等事项。原则同意《宣恩县2014年度目标管理责任制考核办法》，要求进一步修改完善后提交县委常委会议审定。决定2015年经济工作会议表彰项目设置支持重点项目建设工作奖，在《考核办法》中予以明确，2015年度目标管理责任制考核分乡镇单独设置考核指标，考核指标综合评价中领导评价或社会评价基本满意和不满意票的比例达到30%以上的，被考核单位列为不达标单位。要求各考核责任单位要迅速制定考核细则，报县考核办审核后下发。原则同意《宣恩县建设工程招标投标管理办法(修订稿)》(以下简称《管理办法》)，要求进一步修改完善后印发；决定由朱鹏程牵头，向子明参与，对《管理办法》进行审核把关；同意将《管理办法》适用范围中每标段投资概算调整为：在100万元以上、1000万元以下的各类建设工程招标投标项目，20万元到100万元的各类建设工程招标投标项目另行制定办法；同意将《管理办法》工程款拨付调整为：按照工程进度拨付工程款，工程量达50%时，拨付工程款30%；工程完工时，拨付工程款30%；工程竣工验收后拨付工程款30%；剩余10%的工程款为质量保证金；等额保证金的退付方式按原办法执行。同意启动“宣恩市民之家”的建设工作，以老城改造还建的方式进行。同意解决宣恩县综合服务中心的前期费用151.5万元，其中设计费120万元，图审费7.5万元，造价咨询费12万元，二次装潢设计费12万元。决定由县规划局负责划定“宣恩市民之家”的用地红线范围，县国土资源局、珠山镇人民政府负责做好用地矛盾纠纷化解工作。原则同意新划定的禁鞭区域，要求按程序提交县人大常委会议审定。

8月29日，习覃主持召开县政府常务会议，研究规范行政事业单位经费开支标准、城区建筑垃圾处置、扶贫开发建档立卡暨审计整改、公共租赁住房和廉租住房并轨运行工作，审议《贡水担保公司股权转让暨增资方案》等事项。原则同意《宣恩县党政机关差旅费管理办法》《宣恩县党政机关会议费管理办法》《宣恩县党政机关培训费管理办法》，要求进一步修改完善后印发。要求县财政局要按照合理的原则进一步修改《宣恩县党政机关差旅费管理办法》，朱鹏程负责把关。要求相关部门要按照保证重点工作正常开展的原则，针对相关单位联合执法、工作专班和工业园区等另行拟定差旅费管理补充办法，并提交县政府常务会议审定。要求《贡水担保公司股权转让暨增资方案》中资本金要进行民营化改革，政府保持10%股份，由县财政局负责具体工作，李世祥、覃国锋负责协调工作。决定由县财政局负责积极争取省政府为稳定经济增长下拨的担保基金，县经信局负责加强同省经信委的联系，李世祥负责协调工作。原则同意《宣恩县城市建筑垃圾处置市场化运作实施方案》和《宣恩县城市建筑垃圾管理暂行办法》。同意宣恩县及乡镇贫困人口按全州扶贫开发建档立卡系统统一划线调整后的贫困人口认定；要求按照省扶贫办、省财政厅和省审计厅列出的审计问题清单，对宣恩涉及的8个问题逐项进行整改，贴息贷款资金要按政策贴息到企业，滞留资金由扶贫开发领导小组审定后用于扶贫开发项目。要求尽早启动公共租赁住房和廉租住房并轨运行工作，要完善低保、低收入家庭认定制度，要研究户籍制度改革、工业园区企业发展和市政配套等相关政策和制度。针对困难群体的公共租赁住房和廉租住房分配，相关社区、珠山镇人民政府、县民政局和县住建局等相关单位要严格审核。县住建局、珠山镇人民政府要迅速设置醒目的公共租赁住房和廉租住房用户公示栏，对新进、腾退和不符合条件的用户进行公示；要通过电视台、网站等新闻媒体对公共租赁住房和廉租住房用户进行公示。对特殊困难群体、社会急救、政府拆迁的公共租赁住房和廉租住房用户，要建立专门的台账，由副县长向子明负责审核把关。

11月13日，习覃主持召开县民政府常务会议，研究2014年秋冬季农业综合开发、县城市管理局合同制人员聘用、安全生产隐患排查治理"两化"（数字化、标准化）体系建设等工作，审议《2014年宣恩县金融工作奖励办法》《进一步明确财政资金有关审批程序的意见》等事项。原则同意《宣恩县2014年秋冬季农业综合开发方案》。同意《2014年宣恩县金融工作奖励办法》修改完善后印发。原则同意《进一步明确财政资金有关审批程序的意见》。同意县城市管理局聘用环卫工人200人，协管员中，现有人员不变，逐步将规模控制在70人，聘用人数一定三年保持不变。原则同意解决安全生产隐患排查治理"两化"体系建设工作经费，保障该项工作的顺利推进。同意按照程序从县直单位和乡镇各选调1名工作人员，到县安全生产监管监察执法大队工作。

【县政府第三次廉政工作会议召开】 2月17日，县政府第三次全体（扩大）会议暨廉政工作会议在行政办公大楼二楼会议室召开，习覃、吴卫平、朱鹏程、王冕、向建强、向子明、张友刚、覃国锋出席会议。习覃就贯彻落实党的十八大、省州政府廉政工作会议精神，深入推进政府廉政建设进行安排部署。要求各级各部门要认真贯彻落实中央"八项规定"、省委"六条意见"和州委"实施细则"，严控人员和机构编制，严肃财经纪律，按照规定购置配备公务用车，厉行勤俭节约，杜绝铺张浪费，尽最大可能压缩一切不必要开支，降低行政成本；各级领导干部要牢固树立正确的权力观，切实把人民赋予的权力当作为人民服务的工具，带头遵守廉洁从政的各项规章制度，坚持从严治政，同时带好班子管好队伍，努力为人民掌好权、用好权；全县上下要以开展党的群众路线教育、"三纪四德"等主题实践活动为契机，严格执行县委《关于加强干部作风建设，解决突出问题的决定》，认真落实解决"五个突出问题"的《实施意见》，不断提升工作能力和加强团结协作，以作风大转变换取全县经济社会大发展。州政府法制办副主任郑至吾作了关于依法行政专题讲座。县"四大家"办公室相关负责人、各乡（镇）长、常务副乡长、县直各单位、相关企事业单位有关负责人参加会议。

【议案建议、提案交办会】 4月10日，2014年人大代表议案、建议和政协委员提案交办会议在行政办公大楼二楼会议室召开。李海涛、史红珍、陈浩参加会议。县人大常委会向县政府交办人大代表建议49件，其中议案1件，重点建议1件；县政协向县政府交办政协委员提案51件，其中重点提案5件。

【上级领导调研】 2月19日，副省长许克振在州委副书记、州长杨天然，州委副书记、常务副州长董永祥，副州长张宇的陪同下，到宣恩县伍台昌臣茶业公司改扩建施工现场及万寨乡伍家台村茶叶管理样板基地，调研县域经济发展情况。省政府副秘书长陈新武、省经信委主任欧阳万坤、省交通运输厅厅长尤习贵、省交投公司董事长张嗣义等省直相关部门负责人参加调研，曾德权、习覃、覃遵国陪同。

4月21日至22日，州委副书记、州长杨天然及州交通运输局、鄂西高速公路建设指挥部相关负责人到宣恩，调研产业发展及恩来恩黔高速公路建设施工中农村道路损毁恢复情况。在恩来恩黔高速公路控制性工程忠建河特大桥建设现场，考察了解工程建设进展情况；到晓关侗族乡和高罗乡，查看因高速公路建设而损毁的部分农村道路情况；到狮子关景区、湖北宣恩维民实业有限公司、县工业园区和平制造产业园及县教育中心、高速公路至县城连接线等项目建设工地调研。曾德权、习覃、史红珍、向建强、王仕高、覃国锋参加。

4月25日，州委副书记、州长杨天然，州委副书记、常务副州长董永祥，副州长张宇、汤文江及省经信委相关工作人员到宣恩县，检查督办全省县域经济工作会议筹备工作。恩施市、咸丰县、来凤县党政负责人及曾德权、习覃、覃遵国、朱瑾、岳东、周志斌、张友刚等陪同检查。

4月12日，州委副书记、常务副州长董永祥，副州长张宇、汤文江及相关州直单位负责人，到万寨乡伍家台督办省县域经济工作会议筹备工作情况。曾德权、覃遵国、周志斌及县委办、县政府办、县农业局、县交通局等相关县直单位（部门）负责人陪同。

5月5日，副省长许克振由州委书记、州人大常委会主任王海涛，州委副书记、州长杨天然等陪同，带领参加全省县域经济工作会的省直有关部门负责人、各市州及各县市区主要负责人，到宣恩县参观考察。许克振一行参观伍家台全国富硒有机茶示范园基地、湖北伍家台贡茶有限公司、湖北土家爱食品开发有限公司，对全县县域经济转发展情况进行了解。曾德权、习覃、朱瑾、岳东、周志斌、张友刚等陪同参观。

6月30日，州委常委、副州长马尚云及调研组到椒园工业园宜桃茶叶公司、伍家台贡茶公司等地调研扶贫开发工作，了解精准扶贫工作情况及2014年整村推进、产业扶贫等其他扶贫开发的工作推进情况；在沙道沟镇彭家寨，了解彭家寨民风民俗及古建筑文化，并对打造彭家寨旅游景区提出指导性意见建议。习覃、周志斌及相关部门负责人参加调研。

7月8日，副州长张宇带调研组到宣恩业园区调研，李世祥、覃国锋及县直相关单位负责人参加。调研组先后到宣恩工业园区和平制造产业园联华科技有限公司、佛恩佳建材有限公司、德诚节能建材有限公司、兴龙工具有限公司等企业，了解企业生产、加工、销售情况和企业在发展中遇到的问题、困难。

8月14日，州委副书记、州长杨天然，州政府秘书长张全榜及州交通运输局负责人到宣恩县，就经济社会发展和民生改善情况进行专题调研。杨天然一行到椿木营乡白岩溪村，查看烟叶生长情况，与烟农座谈，了解烟叶种植、烘烤、收购等情况。到沙道沟镇棕溪村烧粑岩小学和村卫生室，了解村民上学、就医、饮水等情况。杨天然就安全生产工作进行安排。习覃及县公路局、椿木营乡、沙道沟镇主要负责人参加调研。

【宜都市考察团到宣恩考察】 5月29日，宜都市市长罗联峰带考察团到宣恩县考察经济社会发展情况。考察团到伍家台全国富硒有机茶示范园基地、湖北伍家台贡茶有限公司、椒园镇水田坝村、庆阳古街、湖北土家爱食品开发有限公司等地参观，了解茶叶产业发展、新农村及工业园区建设等情况，并与相关负责人进行交流探讨。

（张树）

【政务督查】 2014年，政务督查工作围绕恩施州分解到宣恩县“十大民生工程”、县政府承诺的五件大事、《政府工作报告》分解的各项任务以及重点项目建设、行政审批改革、乡镇集镇建设等重点工作进行多次督查，全年编发《政务督查通报》9期，与县委督查室联合下发《督查通报》5期。

先后对县人大议案、重点建议和县政协重点提案的办理情况进行专项督查。全年办理县人大和县政协交由县政府办理的议案1件、建议48件、提案53件，督促相关部门办理完成省政协提案1件和州政协提案1件。

群众通过给省长和州长直接写信、在人民网地方领导留言版块留言、在网络问政平台上留言等方式来信来访，经过领导阅批后转交县政府办理的，全部由督查室处理。2014年共计处理答复州长信访阅批件12件，群众在人民网地方领导留言版块给州长的留言6件，群众在网络问政平台上的留言

19件。

（周相如）

【依法行政】 2014年4月3日成立以朱鹏程为组长的行政审批制度改革工作领导小组。2至10月，县委、县政府多次召开专题会议讨论、研究相关工作，并下发文件明确职责，通过以会代训、新闻报道、公示栏宣传等方式，广泛宣传、强化教育，全面树立“审批就是服务、服务就是投资环境、投资环境就是生产力”的理念。为建立规范、透明的权力“清单”，实行在清权工作中“六步走”，坚持“两个减少”原则。经过6个多月的努力，对全县的行政权力再次进行清理，共清理出行政权力3958项，县人民政府印发《宣恩县县级行政审批项目目录》《宣恩县行政审批事项目录管理办法》，加强行政审批事项的科学化、标准化和动态化管理。

在已经组建政府法律顾问团的基础上，推行各部门及单位建立法律顾问制度。印发《宣恩县普遍建立法律顾问制度实施意见》，将任务细化分解至各个部门、人民团体及其他相关组织。截至2014年12月30日，全县有185家单位建立法律顾问制度，所聘法律顾问先后参与“11·14”车祸诉讼案、白鹤井社区地质滑坡家属补偿谈判、恩来恩黔高速公路征地拆迁纠纷等30余件案件。同时，督促人民团体、非公有制经济组织建立法律顾问制度。

推进重大行政决策制度建设，遵循重大行政决策公众参与、专家咨询、风险评估、合法性审查和集体讨论决定程序，推进依法科学民主决策。对于涉及全县国民经济和社会发展计划、重大项目建设和公共建设、政府重大投资等重大决策，都经县政府常务会议研究决定，特别重大的决策还要按程序提交县人大常委会或县四大家领导会议决定，实现了政府重大行政决策的民主化。全年共召开政府常务会议6次，研究讨论涉及教育发展、生态环保、医疗保险、城市建设等重大问题。很多重大问题甚至经多次讨论、修改和论证，最终得到妥善解决，群众满意度大幅提高。完善重大行政决策听取意见制度。在做出重大决策前，通过召开座谈会、听证会、问卷调查等多种形式，广泛听取人大代表、政协委员及各民主党派、群众团体等各方面的意见和建议，做到决策上的集思广益。强化重大行政决策的合法性审查制度。对于政府重大决策事项，在做出决策前都要先由政府法制机构和政府法律顾问团就决策涉及的法律问题进行研究论证，在此基础上提出重大决策事项合法性审查意见。建立法律顾问团列席常务会议制度，畅通政府与法律顾问团成员的沟通机制。把可能产生的行政与社会风险降低到最低限度，保证政府决策的合法适当。

（胡静）

【外事侨务】 2014年，全县有归侨侨眷6人，宣恩籍海外华人华侨、驻外工作及海外留学生共有21人，分别分布在美国、法国、澳大利亚、日本、韩国、新加坡、马来西亚、越南、阿尔及利亚等国家，其中海外留学生4人，博士研究生2人。居住在美国的有5人，法国1人，澳大利亚1人，日本5人，韩国1人，新加坡5人，马来西亚1人、越南1人，阿尔及利亚1人。

12月16日，恩施州第二次归侨侨眷代表大会在恩施召开。宣恩县侨眷代表余青当选恩施州侨联第二届委员会委员。

（江琼）

人事工作

【公务员管理与服务】 2014年全县考试录用公务员职位计划27个职位，岗位共55人（不含定向委培6人），乡镇19人，县直36人。公务员网上资格审查下放到县的职位19个，岗位32个，最终审核通过840人。7月18日，组织全县新招录公务员考察工作会议，召集有录用人员的单位分管领导和政工人员参加会议，对考核工作作具体的要求，并于月底完成对全县新录用55名人员考察，及时报送州人力资源和社会保障局审批，9月份办理录用手续。

对2014年全县录用的42名公务员和参照管理的事业单位工作人员，及时组织用人单位进行转正考察，并及时审核报州人力资源和社会保障局审批，进行公务员转正、登记，同时审批公务员任免审批表，及时下发任职文件，完善公务员信息系统。

全年共组织公务员2期更新知识培训共59人，其中10人到州行政学院学习，49人到县委党校学习;组织2期恩施州乡镇(街道)基层公务员专题培训10人到恩施州委党校培训;针对新录用公务员83人分批分期进行初任培训,一期25人到州委党校培训学习,二期58人到县委党校培训学习。

2014年全县政府序列共有公务员950人(县直593人、乡镇357人)。增加136人(县直98人、乡镇38人),减少128人(县直73人、乡镇17人),比上年增加8人。政府序列共有参照公务员法管理的事业单位工作人员141人。与上年相比,本年度增加5人,减少15人,共减少10人。

【事业单位招考】 2014年全县事业单位招聘计划共计80人,直选23人,实际上岗21人(县委党校和一中各有1人放弃);57人计划公开招聘,因椿木营乡卫生岗位无人报考,实际招考56人;按照州人力资源和社会保障局统一安排,经征求单位意见,补充专项招聘2人,12月底完成备案聘用工作;农村中小学教师计划52人,实际聘用52人。

事业单位招考面试工作由人力资源和社会保障局统一组织,抽调专人专班,按照州人力资源和社会保障局的统一要求,组织网上资格初审和现场资格复审,57个岗位资格初审通过938人,157人通过资格复审参加面试。面试前制定出周密的面试方案,命题人员根据专业临时抽调,面试考官在300余人的考官库中由纪委人员临时抽取,对需要回避的卫生系统采取外县抽调专业考官。

【人员流动调配】 严格按照审批程序,对单位上报的编制计划和拟调动人员的材料及时进行受理,报领导审批后,及时下发调动文件,办理调动手续。2014年共下发调动文件10份,人员调配(调档)64人次(其中调出县外49人次,调入县内15人次),县内调动53人次,开具增人计划书116份。

【动态管理“三支一扶”信息系统】

2014年全县共申报“三支一扶”岗位88个,实际审批计划22人,实际共签约27人,当场签约22人(其中支农2人,支医6人,扶贫5人,青年事务6人,基层人社2人,基层水利1人),补充签约5人(基层人社5人);扶贫岗位1人因考取大学生村官未上岗,实际培训上岗人员26人。对新招募人员情况及时核对、更新数据库信息,做到了系统人员与台账相符。建立人员变动报告制度,督促各主管单位及时报送人员变动表,以便于数据库信息的更新和管理。

5月,对在岗的“三支一扶”人员66人进行年度考核,合格50人,优秀16人;服务期满43人,合格34人,优秀9人。按时办理“三支一扶”人员服务期满证33本(支教10人未进系统由省教育厅统一办理),并于6月及时发放给他们。

【事业单位管理和职称评聘】 完成职称评审工作,73人取得中级职称、10人取得副高级职称,2人取得正高级职称。申报2014年度中级职称96人(其中非公12人),高级职称34人;初级职称评审通过81人。组织15名教师、20名医护人员、5名经济师参加高级职称的水平能力测试工作,组织162人次参加职称计算机235个模块考试,完成36人的护士执业资格考试资格审查、237人的卫生中初级职称资格考试的资格审查、39人的会计资格考试资格审查。

【人才工作】 根据《关于开展专家服务基层活动的通知》(恩施州人社发〔2013〕196号文件精神,向州人力资源和社会保障局专技科推荐25个专家服务基层活动项目;向州人力资源和社会保障局职业能力建设科推荐晓关维民茶叶公司总经理龙维民参加省农村实用人才评选,但未通过省级专家组评审;根据《关于开展2014年省突贡专家和省贴人员选拔推荐工作的通知》(恩施州人〔2014〕135号)要求,推荐湖北西部现代农业有限公司李兴华参加省贴人员评选。根据《关于开展2014年湖北省人才工作倾斜基层双聘双挂行动的通知》(鄂组〔2014〕39号)要求,经宣恩工业园区推荐,湖北土家爱食品开发有限公司申报湖北省急需紧缺专业技术人才特聘岗位1个,引进人才为华中农业大学李斌教授。根据《关于实施2014年湖北省企业科技创新带头人培养计划的通知》(鄂人社函〔2014〕240号)要求,推荐黄祥萍、彭五星参加省州科技创新带头人评选,与县委组织部共同确定丁孝武、郑凯、侯令谦、刘勇、李羚镜、李青松等6人作为县科技创新带头人上报州人力资源和社会保障局。根据《关于做好恩施州第三届优秀人才推荐报名工作的通知》(恩施州组通〔2014〕

41号)文件要求,推荐李家河中心学校校长杨光海、县医院副院长张华林、县民族医院副院长裴达进、洞坪公司总工程师陈洪共4人参加评选,裴达进被选为恩施州第三届优秀人才,已公示。推荐县外资办1名工作人员参加省"设施蔬菜生产关键技术集成与示范"高级研修班培训。推荐土家爱食品有限公司等7家企业10人参加州"农产品企业管理"高级研修班培训。

【事业单位人事管理】 完成2013年度全县应考核机关工勤及事业单位工作人员3801人的考核,实际参加考核人数为3774人,未参加考核人数27人。3774人参加考核的基本情况为:优秀611人,占应参加考核人员的16.1%;合格3043人,占应参加考核人员的80.1%;无基本合格人员;不合格人员7人,未定等次人员113人。

完成事业单位及参照公务员法管理事业单位年报工作,纳入事业单位年报的单位共有305个机关工勤及事业单位。全县2013年度事业单位年末人数为5557人。

对王功贵等35名事业单位工作人员的解除聘用合同进行备案;完成曹厚俊等26人的学历备案及档案移交工作;对受党纪政纪处分的25名事业单位工作人员处理情况进行备案;对宣恩网上涉及事业股的3条网络问政进行答复。

推进事业单位岗位设置管理工作,4次向州人力资源和社会保障局报送岗位设置方案、双肩挑、破格的请示,上报的岗位设置方案包括县交通局等7个部门,双肩挑与破格材料共82人;对县教育等局31个部门701人的岗位进行认定,并对其聘用合同进行备案;完成对开展农村公益性服务组织的单位岗位设置实施方案备案,8个部门均已完成岗位竞聘,全面完成服务合同的签订,并兑现了相应的待遇。

(蒋华云)

民族宗教事务

【民族宗教法规宣传】 2014年,县民族宗教事务局与县委党校共同举办3期民族干部培训班,县民宗局班子成员张瑾、杨华、孙万心分别到培训班授课;县民宗局出资4万元,给9个乡镇、县内相关部门和企事业单位订阅《中国民族报》《民族大家庭》《鄂西民族》杂志各60份;与珠山镇兴隆社区、椒园镇龙井小学、长潭河侗族乡两溪河村举办"民族文化民宗知识进社区、进学校、进农村"联谊活动和庆"七一"活动;与县司法局等部门联合,在李家河镇开展"12·4"法制宣传日活动;利用各种媒体,宣传全县民族工作动态,推介先进经验和典型,全年在省州县各类媒体发表信息260条,发表调研文章14篇。

【民族团结进步创建】 2013年8月27日,县委、政府成立习罩为组长,朱鹏程、岳东、向建强为副组长,相关县直单位负责人为成员的民族团结进步模范县创建活动工作领导小组(宣办文〔2013〕17号),同时制订开展民族团结进步模范县创建活动实施意见,明确部门职责。

2014年5月14日,习覃主持召开县十七届人民政府第二十二次常务会议,听取民族团结进步模范县创建工作情况汇报。5月16日,曾德权主持召开县委常委会,听取关于创建民族团结进步模范县工作情况汇报,要求各级各部门要从民族文化传承、民族经济发展等方面,以更加严格的要求和标准做好民族团结进步模范县创建工作。8月13日,县委办公室、县政府办公室联合印发《县委办公室、县政府办公室关于开展民族团结进步模范县创建活动的通知》(宣办发〔2014〕18号),从指导思想、总体目标、创建原则、活动内容、时间安排、工作机制、工作要求等方面对创建民族团结进步模范县工作进安排部署。

重点开展民族文化进机关、进乡村、进学校、进社区、进企业活动。4月18日、5月28日、6月25日分别在珠山镇兴隆街社区、龙井小学、长潭河侗族乡两河村开展民族知识竞赛,宣传党的民族政策。9月,先后举办民族团结进步创建书画展、摄影竞赛等活动,同时利用电视、网络等媒体向干部群众宣传党的民族政策及法律法规。10月,参加全州在北京举办的庆祝《民族区域自治法》颁布30周年"恩施自治州成就展",以生动的事例展示宣恩县在党的民族政策指引下在经济建设、社会发展所取得的成就。

总结全县在民族团结进步创建活动中的先进经验、先进典型,宣传先进事迹,向上推介民族团结进步创建活动中的先进单位和先进个人。8月，县文体局被省民宗委命名为第六批省级民族团结进步示范单位；9月，长潭河侗族乡两溪河村支部书记张兴红，被国务院表彰为全国第六次民族团结进步模范个人。

【重点项目建设】 2014年度到位项目资金944万元。2014年4月18日，总投资480万元的宣恩县侗族鼓楼及配套景观亭动工兴建，侗族鼓楼及配套景观亭为全木质结构，高22.8米，共3层平台11层重檐，具有土家族、苗族、侗族、汉族建筑特色的4个景观亭沿贡水河带状公园“一线串珠”布局，与之前建成的土家族风雨桥、苗族钟楼及民族风情街交相辉映，突出宣恩县城市建设的民族特色。工程被列入2014年度宣恩县城市建设重点工程之一，11月18日竣工验收投入使用。

【民族贸易企业优惠政策】 印发千余册《民贸贴息宣传手册》，深入企业宣传民贸企业贴息政策；协调银企对接，搭建银企信用合作平台，帮助企业解决融资难题。对全县所有民贸企业进行重新审核、重新申报。10月24日，省民宗委审批宣恩县民贸企业73家。全年有40家民贸企业享受民族贸易贴息1002万元，同比增长67.5%。

【少数民族特色村寨建设】 围绕建设“全国民族民居建设示范县”目标，加强“三坝两寨”特色村寨建设，重点建设彭家寨土家族文化、大岩坝（晓关）及两溪河（长潭）侗族文化、小茅坡营及谭家坝苗族文化、伍家台贡茶文化等6个生态文化观光区。投入300余万元建设椒园水田坝村、庆阳坝村、万寨伍家台村、晓关野椒园村、高罗板寮村、火烧营村、小茅坡营村的特色村寨，共改造房屋320栋，并在水田坝村、伍家台村、火烧营村组建文艺宣传队。9月14日，由国家民委经济发展司和中国少数民族经济研究会组织的少数民族特色村寨保护与发展建设示范方案设计项目研讨会的45名代表，在省、州、县民宗部门负责同志陪同下，专程到宣恩县参观考察板寮、水田坝村少数民族特色村寨保护与发展工作。考察组参观板寮村苗族和水田坝村土家族少数民族特色村寨保护与发展情况，了解少数民族特色村寨保护与发展工作情况，云南、广西、湖北3省（区）26个县市的代表，对宣恩县的少数民族特色村寨保护与发展工作纷纷点赞。9月23日，国家民委发布《关于命名首批中国少数民族特色村寨的通知》（民委发〔2014〕190号），对沙道沟彭家寨等340个村寨被作为首批“中国少数民族特色村寨”予以命名。

【电脑农业】 2014年重点抓好黄坪黄金梨、李家河柑橘白柚和伍家台贡茶3个电脑农业示范点，配置设备，开展技术培训。共为示范点配备电脑8台，装配必要软件。拨付电脑农业技术培训费3.5万元，组织开展技术培训4次，共培训示范户370人次。

【民族文化】 开展民族文化惠民活动，在民族团结进步示范村椒园镇水田坝和珠山镇卸甲坝村，组织开展农民演出队演出活动。关心20位优秀民族民间艺人，充分发挥他们在传承民族民间文化中的重要作用；将李家河金陵寨小学作为“三棒鼓”教育基地，培养一批民族传统文化的优秀人才。推进民族文化“五进”活动，投入8万元开展农村、机关、社区、校园、企业民族文化建设，开展摆手舞、八宝铜铃舞、滚龙连厢表演活动。10月，“滚龙连厢”被州民宗委作为“恩施自治州成就展”表演节目，在北京民族文化宫进行多场表演。支持民族学校成立民族文化艺术团、诗词楹联工作室，沙道民族中学、晓关民族小学，被省民宗委批准为“湖北省民族文化进校园省级示范学校”。

【民族体育】 投入8万元，进一步完善沙道民族中学、晓关侗族乡民族中学体育训练设施；组织参加6月18日至22日、27日至30日两次全省第八届民运会调赛；参与全州组织代表队，参加9月下旬全省第十四届民族运动会。10月20日至25日，到来凤县参加全省第八届少数民族传统体育运动会，共参加陀螺、蹴球、民族式摔跤产、押枷、武术、摆手舞6个竞技项目和1个表演项目的竞赛，获竞技项目5个一等奖（第一名）、8个二等奖、14个三等奖，八宝铜铃舞获表演项目一等奖，宣恩县获“优秀组织奖”，在全省29个代表队中位列第5名。

【民族教育】 投入50万元，为沙道民族中学、长潭民族中学、椒园龙井小学、李家河小学、椿木营小学等学校完善教学设备，改善师生学习和生活条件；为5名大学生和30名高中生资助资金5.5万元，帮助完成学业。关心和支持下一代成长，在椒园龙井小学举办民族知识、民族文化进校园活动，为学生发放学习用品；慰问两溪河村小学教师和留守学生。

【民族医疗卫生】 2014年，省下拨宣恩县少数民族医疗减免费20万元，用于身患癌症、尿毒症的少数民族病人医疗救助。患者凭少数民族身份证明，申请减免医疗救助费，最高减免额为3000元。全县共有102名少数民族群众享受减免医疗费20万元。

【民族成份管理】 建立民族成份电子档案，专人负责，县行政服务大厅设专门窗口，做到政策透明，程序规范。全年更正群众的少数民族成分640份，办理民族成份证明1452份。

【宗教事务管理】 开展宗教工作理念主题实践活动，树立“保护、管理、引导、服务”的宗教工作理念。开展宗教五级网络建设，畅通信息渠道，发现问题及时处理，促进宗教关系和谐。加大民族宗教政策、理论、知识及法律法规的宣传教育力度，实现民族宗教法律政策宣传全覆盖。

【省民宗委到宣恩调研民族宗教工作】 3月13日，省民宗委党组成员、副主任邓汉光在州民宗委主任杜寿昌的陪同下，到宣恩县调研民族宗教工作。邓汉光一行先后察看彭家寨少数民族特色地寨保护与发展项目建设，高罗乡谭家坝、珠山镇卸甲坝特色民居建设，椒园镇庆阳坝特色民居改造及水田坝民族团结进步示范村建设情况，了解椒园镇黄坪村电脑农业示范点黄金梨春季管理及相关电脑软件应用情况。就如何进一步做好民族宗教工作，邓汉光要求，要继续加强民族专项资金使用和管理，使其发挥最好的经济和社会效益，推动民族事业的快速发展。

【全国人大民委和国家民委联合调研宣恩民族宗教工作】 3月19日，全国人大民族委员会副主任委员吴仕民、委员苏晓云和国家民委政法司司长杨正根一行，在省人大民宗侨外委员会副主任委员陈亚平、州人大常委会副主任陈学明等相关人员的陪同下，到宣恩县调研民族宗教工作。吴仕民一行到长潭河侗族乡，先后察看乡民族文化活动中心建设情况及两溪河村特色民居改造情况，曾德权、习覃、杨安明、向建强及县民宗局主要负责人、县人大民工委负责人陪同。

【张兴红被评为全国民族团结进步模范个人】 9月28日，在北京召开的国务院第六次全国民族团结进步表彰大会上，长潭河侗族乡两溪河村党支部书记张兴红获全国民族团结进步模范个人荣誉称号。

张兴红，侗族，1973年4月出生，长潭河乡两溪河村人，初中文化，1998年7月加入共产党。2011年9月，当选为长潭河侗族乡两溪河村党支部书记、村委会主任。在担任村支书记之前，在福建厦门打工，月薪8000元。2011年辞职返乡，年薪8000元，带领全村干部群众不等不靠、苦干实干，自筹资金140多万元，修通了5条共12千米的公路，架设桥梁11座；硬化连户路2千米。特别是在小地名叫“手扒岩”的绝壁上凿出的“天路”，成为两溪河人民创造的奇迹。

（滕树松）

“616”工程和“1+1”对口帮扶

【概况】 “616”工程是指1名省委、省政府领导、带领省直6个部门，支持1个县市，每年至少办6件实事；“1+1”是指省直1个部门对口支持1个民族乡的经济社会发展。2014年，省国土厅、省文化厅、省人社厅、省粮食局、省总工会、省民宗委等6个单位支援项目22个，总投资16921.79万元，计划支援资金12431.29万元，到位7015.96万元，同比增长14.84%。省农业厅对口帮扶晓关侗族乡、省国土资源对口帮扶长潭河侗族乡。荆州市对口支援宣恩教育和卫生事业发展。

【省国土资源厅帮扶情况】 3月11日，省国土资源厅党组书记、厅长孙亚，党组成员、副厅长邹清平及相关处室负责人，在副州长秦斌的陪同下，到宣恩县椒园生态产业园和万寨乡伍家台村，了解低丘缓坡土地开发利用情况及伍家台建设情况，在伍家台村召开座谈会，听取宣恩县关于“616”工程开展情况及伍家台建设情况等方面的汇报，并就如何进一步做好对口帮扶工作进行了交流。曾德权、习覃、向子明参加。

2014年，共帮扶实施“616”工程项目7个。国土整治项目3个，累计投入资金7111.32万元，建设规模2000公顷。续建土地整理、低丘岗改造等竣工待验收项目4个，累计总投资8715.84万元，其中，基本农田土地整理项目2个(长潭河侗族乡等乡镇2013年高标准基本农田整理项目、沙道沟镇等乡镇2013年高标准基本农田整理项目)，建设规模1333.33公顷，总投资4715.84万元；低丘岗地改造项目2个(晓关侗族乡等乡镇低丘岗地改造项目、沙道沟镇等乡镇低丘岗地改造项目)，建设规模1333.33公顷，总投资4000万元，可新增有效耕地232公顷。申报2014年新项目，已立项2个，建设规模1366.67公顷，总投资5125万元；谋划2015年新项目，计划申报立项项目2个。

【省文化厅帮扶情况】 2014年实施8个项目，到位资金507.5万元。县群众文化体育活动中心建设作为省文化厅“616”部门对口帮扶宣恩的重点项目，10月完成招标工作，12月2日一期工程正式开工建设。实施农村文化设施维修改造工程，投入资金211万元，全县乡镇综合文化站全部达到“三室一厅”，面积不低于300平方米，有业余文艺演出团体，专业设施设备的标准。安排4万元，对以前配置的流动电影放映车、流动舞台车、流动图书车进行维修。投入资金140万元，对高罗乡观音堂、晓关侗族乡张关侗寨、民族风雨桥等重点文物保护单位进行维修。帮助宣恩县新建博物馆建设解决资金200万元，2014年到位40万元。投入40万元资金，支持文化与传媒发展，以大型晚会为平台打造文艺精品。在承办春晚、“两会”文艺演出、全省少数民族文艺会演和央视《民歌·中国》“宣恩民歌”节目录播、湖北省首届艺术节“楚天群星奖”及全国第十六届艺术节舞蹈类节目大赛中，省群艺馆馆长黄念清、著名编导唐静平等领导和专家多次到宣恩现场执导，推出精品，扩大宣恩的知名度和影响力。组织乡镇文化站负责人全员轮训，协调省图书馆、省非物质文化遗产保护中心、省群艺馆，省文物局、省考古所、省博物馆培训和指导宣恩县文化遗产保护工作，帮助开展文化遗产保护和项目申报。组织县博物馆、县文化馆、县图书馆、县非物质文化遗产传承展演中心工作人员到省文化厅、北京等地培训，交流经验，增长见识。做好省级非物质文化遗产保护，提升全县文物保护、古籍保护、非物质文化遗产保护能力和保护水平。

【省民族宗教事务委员会帮扶情况】 2014年度到位中央、省级少数民族发展项目资金944万元，新建1栋侗族鼓楼(县民族实验小学旁)，4座民族风格景观亭(贡水河莲花坝段北岸)，为全县“三坝两寨”新农村建设的特色民居改造、民族风格景观设施建设、民族贸易企业发展、民族经济建设、民族文化传承、民族体育事业发展等给予大力支持。

【省总工会帮扶情况】 省总工会帮扶宣恩县建一个融职工娱乐、健身、学习、培训于一体的多功能职工活动中心，建筑面积2600平方米。省总工会计划投入资金300万元，支持宣恩县职工活动中心项目建设，已到位资金150万元，余下150万元省总工会已纳入投资预算，待项目主体工程竣工后一次性划拨。2014年12月28日，职工活动中心开工。

【省粮食局帮扶情况】 结合实施“粮安工程”，在中心粮库功能升级、粮食市场体系建设、粮油精深加工技改贴息、骨干收纳库维修改造、军供网点建设等项目上给予支持，共实施项目3个，帮扶资金513万元。投入补贴资金55万元，实施“放心粮油”市场体系建设项目。“放心粮油”市场体系以配送中心为主体，以乡(镇)行政辖区为分布点，分别建成“放心粮油连锁店”。连锁店实行“五个统一”(即统一采购配送、统一店名标识、统一经营方针、统一服务规范、统一质量承诺)，为全县城乡居民提供质量安全、品种丰富、价格合理的粮油产品。4月开始，由县粮食局牵头，坚持“政府引导、企业主体、市场运作”的原则，组织实施“放心粮油市场体系建设工程”。年底全县已建成11家“放心粮油”连锁店，并投入正式运行。投入贴息资金40万元，实施粮油精深加工技改贴息项目，支持湖北土家爰食品开发有限公司实施豆制品精深加工第二期技改贴息项目，8月完成合渣汤、膨化豆制品生产线的建设。解决骨干收纳库维修改造和中心粮库功能升级资金418万元，用于骨干收纳库维修改造项目。对宣恩县沙道粮食购销公司王家坪、高罗粮站粮仓、珠山粮食购销公司晓关粮站、椒园粮站2号、3号粮仓等均骨干收纳库维修改造，安装机械通风设备，购置输送、清理设备等。

【省人力资源和社会保障厅帮扶情况】 投入400万元支持宣恩县LED就业信息平台建设，2014年到位150万元。

【省新华医院帮扶情况】 先后选派内分泌科、神经外科、普外科、神经内科、心血管内科、重症医学科6名专家教授到宣恩县人民医院内分泌、普外、神经内科及心血管内科、重症医学科长期坐诊、诊疗、手术。6名专家共诊治门诊病人800人次，开展教学查房220人次，开展手术18台次，组织疑难及死亡病例讨论20余人次，学术讲座3次，培训医务人员300人次。选派重症医学科王夜明主任到宣恩县人民医院进行《急、危、重症病人管理与ICU的治疗手段》专题讲座、邓闪护士长现场进行CRRT（血液净化机）、萨博机（胸外心脏按压器）、呼吸机等培训。宣恩县人民医院还派出2人次到省新华医院参加重症医学、现代康复专业进修。

【水果湖中学、公安县一中帮扶情况】 5月9日、10日，武汉市水果湖中学宋建潮、龚小林等4名优秀老师到宣恩一中开展帮扶活动。4位老师听了县一中老师的三节课，分别是高三年级张远华老师的语文课、张银娥老师的地理课以及黄江华老师的物理课。水果湖中学的宋建潮老师给高三年级讲授一节地理二轮复习示范课。课后，水果湖中学的老师与学校相应学科教师开展座谈交流，座谈中，水果湖中学的老师们对他们有关说课、备课、观课、评课等课改方面，以及如何进行教学反思，撰写教学叙事、教改论文等教研方面作详细介绍。

开展原创试卷探讨。水果湖中学和公安县一中的老师们与宣恩县一中分享自己的原创试卷。宣恩县一中老师对这些试卷进行充分学习，并开展自己出题出试卷，把这些试卷用于高一、高二学生月考，从学生们的答题情况和月考成绩进行分析，掌握学生们对于教材和知识的理解和运用情况。水果湖中学和公安县一中的老师们对宣恩县一中的高考复习备考提出意见和建议，分享他们高考复习备考的经验，并给宣恩县一中提供他们自己出的高考预测试卷。

【省农业厅对口帮扶晓关侗族乡】

投入资金212万元，完成2014年的能源建设任务，新建沼气池200口，“三改”提档升级317户，安装太阳能60台，生物质气化炉200台，维修沼气池200口。创建有机茶叶基地200公顷。投入资金92.5万元，发放有机肥215吨，安装黄板33000张，安装太阳能杀虫灯450盏。实施现代农业，改善农村基础设施，投入资金400万元修建沟渠、道路等设施。投入185万元，无偿给农户提供茶苗，发展茶业133.33公顷。投入资金20万元，开展能力培训，提升农民素质。

【省国土资源厅对口帮扶长潭河侗族乡】 2014年实施“1＋1”工程项目2个，建设规模633.34公顷，总投资2172.58万元；解决专项业务工作经费10万元。实施2013年高标准基本农田土地整治项目，总投资2311.52万元，到位资金925万元。其中第五标段涉及长潭河侗族乡的诺西村、杉木树村，建设规模166.67公顷，投资472.58万元，已完成20％工程量。高标准基本农田土地整理项目，总面积1225.87公顷，建设规模为666.67公顷（1万亩）。项目总投资2500万元，已完成项目立项、规划设计及预算、财政投资评审工作。项目涉及等6个行政村，长潭河乡甘露、马虎坪、中坝、大坨、诺西、梨子坪。

【荆州市对口支援宣恩教育卫生事业】 2014年到位资金320.76万元，同比增长8％以上。已累计到位援助资金894.76万元。资金重点用于县荧屏特校搬迁、椒园中学改扩建、沙道沟镇乐坪小学维修改造及宣恩县教育中心建设等民族地区教育事业发展。上述项目已部分建成投入使用。

2014年荆州市中心医院、荆州市第一人民医院和荆州市第三人民医院、荆州市妇幼保健院，先后接收宣恩县卫计系统专业技术人员进修学习、交流22人次。荆州市第三人民医院主动与万寨县卫生院结成对口支援帮扶关系，并承诺免费接受其人员进修学习、短期培训，组织专家到其医院义诊、讲座、教学查房。荆州市中心医院先后组织16批专家66人次到宣恩，开展教学查房、门诊诊疗800余人次，手术100台次，专题讲座24次，涵盖科室包括普外科、呼吸内科、护理科等。11月，荆州市卫计委、市中心医院、市第一人民医院共同筹资21.6万元，为宣恩县椿木营乡卫生院配置救护车1台，重点支持宣恩县椿木营乡卫生院建设。荆州市第三人民医院承诺两年内分年度在医疗设备、物资、资金方面给予万寨县卫生院一定帮扶。

（滕树松）

扶贫开发

【概况】 2014年全县贫困人口减少1.27万人，比2013年多减少2700人，全县贫困人口7.42万人。比省扶贫办下达任务8846人，多减少3854人。

全年达到专项扶贫资金3626万元，比2013年的3005万元增加621万元。

【整村推进】 2014年启动10个整村推进重点村工作。新建和扩建公路136.3千米；修建完成水池20口；完成省柴节煤炉灶440个；举办各类科技培训20期，培训人员4080人次；新建村委会5个，维修村委会3个；新建村卫生室5个，维修村卫生室2个。

【老区建设】 启动5个老区建设重点村工作。新建和扩建公路61.5千米；修建完成水池5口；完成省柴节煤炉灶180个；举办各类科技培训12期，培训人员1460人次；新建村委会2个，维修村委会2个；新建村卫生室3个。

【扶贫搬迁】 省下达宣恩县扶贫搬迁任务数300户、1200人，完成319户、1276人，完成省下达任务的106%。

【雨露计划】 全年完成雨露计划转移培训400人。先后举办各类科技培训班53期，共计培训554人次。

【产业扶贫】 以农业增效、农民增收为核心，围绕建设现代烟草、茶叶、畜牧、水果、药业、蔬菜等特色产业链，新发展特色产业基地542.67公顷，改造高效特色产业基地396公顷，发展“4450”模式生猪养殖示范户100户，户平补助5000元。

【社会扶贫】 继续实施“1321”工程，全年有38名县级领导带领57个县直单位蹲村驻点，共帮助联系村制定发展规划124个，引进项目资金58万元，慰问贫困户62户2.48万元。

继续开展“村企共建、定点扶贫”活动，全县有11家企业与11个重点贫困村结成对子，全年投入资金180万元，新建特色产业基地150公顷，建设公路3千米、水池2口，带动农户510户；解决当地劳动力就业岗位23个；开展农村实用技术培训9期，培训920人次。

各帮扶单位继续加大对扶贫联系村的投入，其中省直单位当年引进项目资金1800万元，组织劳务输出3000人次，资助贫困学生80名，慰问贫困户20户0.8万元。州直单位投入项目资金600万元，20人次，资助贫困学生20名，慰问贫困户20户0.8万元。

【村级扶贫互助社】 2014年共发展5个金融扶贫互助社，全县达到18个。全县自愿入社社员453人，贷款户185户，贷款金额为893万元，其中贫困户71户，贷款金额344万元。共扶持贫困户发展高效经济林56.67公顷。

【贫困人口动态管理】 继续开展贫困人口建档立卡工作，做到工作上有领导、业务上有指导、经费上有保障、宣传上有氛围。严格程序做到贫困规模“设”到位、贫困对象“识”到位、工作程序“走”到位、重点环节“守”到位。建立起“四进一退”的管理机制，即“因灾致贫、因病致贫、因学致贫、家庭年人均纯收入低于扶贫标准线的进；家庭年人均纯收入高于全乡镇的退”，实现动态管理下的“应保尽保”“应扶尽扶”和“应进则进应退则退”。健全“扶贫到户”长效机制，为实现贫困户建档立卡动态管理“退大于进”的目标，除在实施常规扶贫项目扶贫到户外，还在资金、技术、信息、项目、物资等方面，整合县直部门的一切有效资源，实施扶贫到户。全县贫困人口建档立卡户2.7万户，8.69万人。

【儿童减贫与综合发展项目】 截至2014年底，已到位资金293万元。珠山镇天井堡村、晓关乡大山村、铜锣坪村项目已经完成。

【金融扶贫示范县创建】 贯彻落实中办发〔2013〕25号文件精神，创新工作机制，制订《关于创新机制扎实推进宣恩县农村扶贫开发工作的实施意见》，以扶贫互助社为平台，财政扶贫资金为启动资金，实行“政府配股、赠股，村民出资”相结合的方式形成互助资金，实行自我管理、资金互助发展的非营利互助资金组织，采取“三降一扩”（降低门槛，降低成本，降低风险，扩大贷款规模）的融资模式，按1∶10的比例放大贷款规模，解决广大贫困村、贫困户、产业大户、专业合作社发展产业长期面临的融资难、担保难问题。

5月17日，椒园镇黄坪村农村扶贫互助社举行启动仪式，正式挂牌成立，并分别选举产生理事会、监事会、互助社管理人员，宣恩县金融扶贫示范县试点工作正式启动。中国人民银行恩施州中支行副行长闵达律、州扶贫办主任梁公章，常务副县长朱鹏程及相关单位负责人出席启动仪式。启动仪式上，县民政局负责人宣读依法设立黄坪村扶贫资金互助合作社批复文件，宣恩农村商业银行椒园支行与黄坪村扶贫资金合作社签订贷款担保合作协议，宣恩农村商业银行董事长杨万元与县扶贫开办主任夏珍香签订监管合作协议，梁公章、闵达律、朱鹏程共同为黄坪村扶贫互助资金合作社揭牌。黄坪村是县扶贫办创新金融扶贫机制、扩大信贷规模后成立的第一个“扶贫互助社”试点村，根据省扶贫办下达的每个村15万元的基础基金，县扶贫办与州人行、县农村商业银行协商，以1∶10的比例，将15万元的信贷规模扩大到150万元，增加社员的贷款额度。扶贫互助社会社员58人，社员以每股500元自愿申请入股，采取小额借款的借款方式，借款最高不超过5万元，借款期限不超过12个月，社员可以采取整贷零还的方式，自愿还款。

8月7日，全州产业扶贫暨金融扶贫现场推进会在宣恩召开，州直相关部门，各县市分管县长及扶贫办主任参加，州委副书记董永祥、州委常委、副州长马尚云出席会议。11月12日，全州金融扶贫示范县创建工作现场会在椒园镇黄坪村召开，州人行、州扶贫办授予宣恩县为全州金融扶贫示范县，人民银行武汉分行货币信贷处处长王佑元，人行恩施州支行行长谢崇礼，州扶贫办主任梁公章，县委副书记、常务副县长朱鹏程以及州直银行各金融机构、人民银行各县支行，县相关单位及银行业金融机构负责人参加会议。11月25日，马尚云及恩施州金融办常务副主任龙卫东到椒园镇黄坪村检查扶贫资金互助合作社工作，朱鹏程及中国人民银行宣恩县支行行长易继滨陪同。马尚云听取相关人员对扶贫资金互助合作社工作的汇报，了解扶贫资金互助合作社的运行情况。12月6日至7日，国家扶贫办副主任欧青平、开发指导司副司长李越、省扶贫办副主任项克强、开发指导处处长崔建华、州委常委副州长马尚云等一行，到椒园镇黄坪村、万寨乡伍家台村调研金融扶贫、产业扶贫及生态观光旅游试点工作。

2014年末，试点村椒园镇黄坪村、万寨乡伍家台村运转正常，两个试点村自愿入社社员达183人，贷款户83户，贷款金额为354万元，其中贫困户27户，贷款金额为131万元，带动发展高效黄金梨产业基地33.33公顷。

【国务院扶贫办到宣恩调研】 10月28日至29日，中国国际扶贫中心副主任何晓军一行在湖北省扶贫办副主任项克强的陪同下，到宣恩调研儿童减贫与综合发展试点项目，习罩、周志斌陪同。

12月6日至7日，国务院扶贫办党组成员、副主任欧青平等到万寨乡伍家台村、椒园镇黄坪村调研扶贫开发工作。湖北省扶贫办党组成员、副主任项克强，州委常委、副州长马尚云，县领导曾德权、周志斌、尹建华参加调研。

（黎晓卫）

招投标管理

【概况】 2014年度，全县进入县招投标中心交易平台交易项目405个，计划金额113989万元，节约资金11926万元，节约率10.4%，其中，工程类169个，计划资金103059万元，节约资金10099万元，节约率10.6%；货物类65个，计划资金6891万元，节约资金896万元，节约率13%；服务类171个，计划资金4039万元，节约资金931万元，节约率23%；工程类项目无一起质疑、投诉案件。

【招投标管理】 修订招投标管理办法。对2012年10月18日起实施的《宣恩县建设工程招标投标管理办法》进行修订，修订条款11处，增加条款5处。

依照《宣恩县招投标代理机构遴选实施办法（试行）》规定，更新了由19个招标代理机构、17个工程监理机构组成的2014年度代理、监理数据库，健全200人组成的评标专家库。使用时直接从代理库中随机选定，禁止项目业主单位直接指定代理及监理机构，避免招标人指使代理机构为特定投标人量身打造招标文件，操纵招标活动等。

严把项目进场关，对于工程造价200万元以上的，按照《宣恩县建设工程招标文件会审办法》，业主单位必须组织监督部门、行业主管部门和相关专家对招标文件进行会审，会审通过后才能发布招标公告，确保招标文件的科学性和公正性。

按《宣恩县招标投标保证金管理办法》，实现等额保证金制度，解决围标顽疾。要求所有投标人在工程开标前必须缴纳与工程建设金额相等的等额保证金，汇入财政指定账户，开标后招标单位直接转为履约保证金（未中标的开标后7天内无息返还）。

按《宣恩县建设工程招标投标资格后审办法》，在招标过程中，随机抽取评标专家，评标专家只对投标人资质、投标报价、施工组织设计、业绩、工程量清单报价的合理性进行合格性审查，确定合格投标人。然后在合格投标人中随机抽号产生最终中标人。只要投标人资质及其他条件评审通过，都有平等的权利和机会参与抽号，避免评标专家左右中标人选。采取合理定价，防止投标人恶意低价中标后高价结算或者无法保证工程质量等现象出现。制订《宣恩县招标投标项目投诉管理办法》，凡投标人或者其他人对中标人的产生程序及结果产生质疑，均可向相关监管部门投诉，投诉被受理后，须书面回复办理结果。

按《宣恩县建设工程设计变更及工程量增加管理办法》，对确要变更和增加工程量的，由项目施工单位申请，项目业主组织勘察、设计、施工、监理、审计单位进行现场勘查和评估，编制增量清单及预算，填报工程量变更申报表，报县行政主管部门审核；对工程项目建设过程中随意变更设计和工程量的，将采用现场巡查和执法检查等方式，发现问题，及时整改，并按相关规定追究当事人的责任。

按《宣恩县建设工程招标投标不良行为记录与披露办法》，对工程建设的服务中介及中标企业进行诚信管理，实行“黑名单”制，进入“黑名单”内的企业三年内不得参与工程项目招投标。

按《宣恩县建设工程招标投标监督管理办法》，加大问责追责力度，要求整个招投标过程中，招标投标主管部门和县纪委（监察局）进行全程监管。明确施工企业实行押证管理，工程量变更增加按程序审批，代理机构、投标人、设计、监理单位等进行诚信管理。对工程项目业主、项目监管单位的违规违纪行为，实行责任追究。促进代理、设计、监理、投标人的行业自律约束，保证业主单位及其行业主管部门技术质量监管人员正确履职。

（肖江）

政务服务

【概况】 2014年，全县县、乡、村三级政务服务体系包括：1个县中心（位于县国土资源局一楼），8个县直分中心（公安、人社、国税、地税、民政服务分中心、婚姻登记分中心、农业服务分中心、房产交易分中心），9个乡镇便民服务大厅，284个村（社区）便民服务室。宣恩县政务服务中心进驻部门6个（县住建局、县国土资源局、县工商行政管理局、县城市管理局、县林业局、县质量技术监督局），设综合窗口3个，共代理30个单位行政审批事项。2月19日，习覃、朱鹏程、张友刚、覃国锋及相关部门负责人对全县政务服务工作进行专题调研。先后到县行政服务中心以及县政务服务中心公安分中心、民政分中心、地税分中心，查看各服务大厅的办公环境及服务窗口工作的情况，了解各窗口的业务范围、工作职责、审批流程等情况。

县政务服务中心推进“一周办结制”，建立岗位职责清晰、审批权限明确、工作标准具体的行政审批流程,并按提高审批效率的总体原则对行政审批事项的流程进行优化再造。优化再造后,凡办理本级、本部门权限内的行政审批和与行政审批相关联的行政服务原则上必须在一周内(5个工作日)办结;提高行政审批事项现场办结率,对程序简便可以当场办结的,即收即办;对需组织专家论证、现场勘验等审批环节复杂的事项,属县级审批的时限可适当延长,最长的不超过20个工作日。通过新一轮的流程再造,共有183个县级审批项目办件时限压缩在一周内办结,压缩率达到78%。全年全县政务服务中心共受理行政审批和公共服务事项107871件,办结104063件,按时办结率96.5%,现场办结率达97%,承诺提速100%,办理提速97.3%,其中县政务服务中心(含分中心)大厅受理97719件,办结93935件,办结率达98%;乡镇便民中心受理75989件,办结72693件,办结率达95.6%,所有办件群众评议满意率100%。

【便民服务】 2014年9月18日,制订《宣恩县乡镇便民大厅标准化建设方案》,印发至各乡镇,为乡镇便民大厅统一规范运行提供参考依据。多方整合可用资金,加快乡镇大厅硬件建设,2014年12月25日,珠山镇、椒园镇、沙道沟镇、李家河镇、高罗镇的大厅建成并投入使用,万寨乡、长潭河侗族乡、椿木营乡、晓关侗族乡的便民大厅处于建设阶段。

建成168个村(社区)服务室,完成光纤到村216个村,完成了168个村的设备安装调试,其中136个村配备电脑、打印复印一体机,32个示范村配备电脑、打印扫描一体机、触摸查询屏、户外LED显示屏、投影仪等设备,保证"三级一网""三位一体"的布局基础性工程,基本实现"办事不出村"。截至12月底,全县村级累计受理便民服务21896件,开展商务服务17295笔(次),全县共建立村级惠农金融服务点1068个,各涉农金融机构累计安装各类电子机器1387台(部),其中销售终端pos机493台,转账电话894部。开展金融服务受益农户达1.2万人,7.2万农民通过村级便民服务,领取新农保和低保资金,存取款17295笔,完成取款、转账业务9500笔,金额9617万元。

【市民之家】 2014年7月2日,县政府召开常务会议决定启动"市民之家"建设工作。年内完成修建设计、还建谈判、用地准备、"三通一平"等一系列前期工作,并于2014年11月1日在县人民路129号正式破土动工修建。投资金额5200万元,建筑单位:湖北双鑫建设工程集团有限公司。设计单位:中南建筑设计院股份有限公司。

【行政审批清理】 2014年对全县保留的行政审批、非许可审批和服务事项开展新一轮行政审批项目清理摸底,共保留县本级行政许可审批项目和非行政许可审批项目234项,取消73项,纳入日常管理116项,纳入动态管理70项,下放58项,并在10月底公布全县"行政审批清单",全面锁定县级行政审批事项,同时建立行政审批事项调整机制,实现审批事项的动态管理。

(胡蕾)

机关事务管理

【办公用房管理】 2014年严格按照办公用房相关政策和规定,做好全县办公用房的集中清理和整改工作。对全县82个行政事业单位的办公用房进行清理和整改,共腾退办公用房1.09万平方米,人均使用面积控制在8.8平方米以内。对县直5家单位(县人大办公室、县接待办公室、县供销社、县外资办、县卫生和计划生育局)的办公用房进行调换和集中使用。12月底,在全县开展党政机关办公用房清理整改"回头看"活动,没有超标准违规使用的情况。

【公务用车管理】 5月,召开全县公务用车专段号牌换发工作会议。11月,召开全县公务用车制度改革相关统计数据上报培训会。通过一系列工作的开展,摸清全县行政机关和人民团体(不含事业单位)有公务用车的单位71个,公务用车311辆,2014年公务用车运行费用总额2579.05万元,每辆车年均支出8.29万元。全县公务用车使用严格执行车辆集中存放管理和节假日封存制度,杜绝公车私用的现象。

【经费、资产管理】 年初县机关事务管理经费统一纳入到财政预算，采取定员定额方式编制机关运行经费，细化编制物业管理费、水电费、劳务费、维修维护费等支出科目，水电费、后勤服务费等支出上实现总额控制和成本控制。落实资产管理制度，加强资产的监督管理，严格规范资产的配置、使用和处置程序。完成县机关事务管理局国有资产登记与发证工作，并做到单位资产账表相符、账证相符、账实相符。

【行政办公大楼机关事务管理】 2014年完成包括县级大型会议11次，中小型会议128次的会务保障工作。

抓好安全保卫工作，完善安全保卫工作管理制度，办公大楼24小时值班外来人员登记、车辆疏导和接待上访群众等工作进一步规范和提升。重视反恐工作，成立反恐领导小组，制定反恐工作制度，配备反恐装备，加大检查和控制力度，提高防范能力，加强对办公楼重点部位的监控及防范。

对行政办公大楼各类设备设施定时进行全面常规检查，对存在的安全隐患及时进行排除和整改，做好设备设施的维保工作。建立重点部位、重要设备的检查和维护保养工作机制，确保安全运行，避免重大责任事故发生。特别是在消防智能设备的监管上，实行了专人24小时坐班制管理。

食堂服务重点放在食品安全和服务质量上，对食品供应商进行实地调查和综合考核，对超市、食品加工点、店铺等供应商进行常规巡访检查，在卫生、质量、价格上做到严把关、严要求。对不符合卫生质量要求的供应商，进行“黑名单”处理。做好机关食堂“防四害”工作，全年无食品安全事故发生。编制《机关食堂菜谱大全》，每餐变换不同菜品，做到营养合理搭配。机关食堂还协助做好部分县级接待工作。

办公大楼区域绿化工程建成验收，建立环境绿化管护机制。完善保洁员考核细则，责任到人、岗位到人，提高保洁员的工作效率和工作质量，加强办公大楼卫生保洁工作，创造优雅洁净的工作环境，在公共办公区域摆放专用垃圾分类箱60个，分发300个回收垃圾篓到各机关办公室，对办公垃圾进行严格分类投放。

年初人民广场交县机关事务局管理，县机关事务管理局与广场建设方签订人民广场代管协议。聘用保洁、保安、水电、绿化等工作人员10名，制定《人民广场管理制度》，全年保证广场正常开放和运行，为群众提供集休闲、娱乐为一体的综合性活动场所。

【王传豪到宣恩调研机关事务管理工作】 7月17日，省政府副秘书长、省机关事务管理局局长王传豪一行到宣恩，就宣恩县贯彻实施《机关事务管理条例》《党政机关厉行节约反对浪费条例》情况以及机关事务管理工作进行调研，朱鹏程陪同。王传豪一行参观文澜桥、人民广场及县行政办公大楼。座谈会上，朱鹏程就宣恩县机关事务管理局机构情况、宣恩县贯彻落实《机关事务管理条例》《党政机关厉行节约反对浪费条例》情况以及机关事务主管部门开展教育实践活动情况进行汇报。王传豪肯定宣恩县机关事务管理工作，要求要进一步深入贯彻实施《机关事务管理条例》《党政机关厉行节约反对浪费条例》，推进党政机关厉行节约反对浪费，建设节约型机关，以改革创新的思路推进机关事务管理各项工作。

（郑海涛）

公务接待

【概况】 2014年，县接待办承接接待任务总计182批3500余人次。主要有全省县域经济工作现场会、全省现代烟草农业暨新农村建设现场会、全州金融式扶贫现场会、全州茶产业链建设推进会、县人代会、县政协会等大型会议。

（许建英）

政协宣恩县委员会

中国人民政治协商会议宣恩县委员会

【概况】 政协宣恩县第八届委员会2014年末有16个界别委员179人，常务委员30人，设6个专门委员会，全年共召开政协全体委员会议1次，常务委员会议6次。编纂出版《诗画宣恩》《宣恩文史资料(第20辑)》，举办县政协成立30周年纪念活动。

【全体委员会议】 2月9日至11日，中国人民政治协商会议宣恩县第八届委员会第四次会议在宣恩县城召开。161名县政协委员出席大会。曾德权、刁覃、覃遵国、杨安明、吴卫平、朱瑾、朱鹏程、范涌、黄同元、岳东、李明山、姚元文、覃正彪、史红珍、乾维德、向建强、向子明、周志斌、张友刚，县人大常委会调研员胡继安，县政协党组成员、调研员郭大国，县政协党组成员孟成福，县人民法院院长郑向东，县人民检察院检察长李美福，湖北七姊妹山国家级自然保护区管理局副局长宋春禄，县工业园区管委会主任覃国锋，担任过县委、县人大、县政府主要领导的部分离退休老同志魏洁若、唐松林，县政协部分离任主席、副主席曾宪凡、熊中行出席。在宣恩工作的州政协委员，县委、县政府工作部门及人民团体主要负责人，正科级事业单位负责人，各乡镇党委书记、乡镇长(常务副乡长)、政协联络组长等应邀列席会议。副主席王仕高主持开幕会，县委书记曾德权致辞，主席张频作常委会工作报告，副主席陈浩作提案工作情况报告，书面听取县政府关于提案办理情况的通报，表彰《关于破解园区瓶颈，服务工业发展的建议》等10件优秀提案和县工业园区管委会办公室等5个提案办理先进单位。副主席王此权主持第二次全体大会，县委常委、常务副县长朱鹏程应邀到会并讲话，刘红梅等9名委员进行大会发言。列席县十七届人大四次会议，听取县长刁覃所作的政府工作报告和县人民法院、县人民检察院工作报告，书面听取计划、财政报告。截至2月11日12：00，大会提案组共收到提案50件，立案49件。副主席钟昌泽主持第三次全体大会，同意唐猛辞去县政协常务委员职务，增选刘伟为县政协常务委员。主席张频主持闭幕会，通过常委会工作报告决议、提案工作报告决议、提案审察情况报告和大会政治决议。

【常务委员会议】 2014年，政协宣恩县第八届委员会常务委员会共召开6次会议。

1月14日，张频主持召开县政协第八届委员会常务委员会第十次会议。王仕高、王此权、黄玉贤、钟昌泽、陈浩、屈代金等常委会其他组成人员出席会议。县政府办公室、县委组织部、县政协提案委负责人列席会议。会议听取县政府关于县政协八届三次会议以来提案办理情况的通报；协商通过委员变动有关人事决定，增补刘伟、王蒙、向莲花、余万都、陈平权、侯令谦为县政协委员，同意唐猛辞去县政协委员职务，免去田银萍、崔玉珍、崔世菊、黎先敏政协委员职务，协商决定政协宣恩县第八届委员会第四次会议于2014年2月

9日至11日在县城召开;审议通过县政协八届四次会议议程和日程(草案)等相关文件;审议通过县政协常委会工作报告和提案工作报告,并推举报告人;书面听取县政协各专门委员会2013年工作情况报告。

2月9日,张频主持召开县政协第八届委员会常务委员会第十一次会议。王仕高、王此权、黄玉贤、钟昌泽、陈浩、屈代金等常委会其他组成人员出席会议。县政协八届四次会议大会秘书处副秘书长,大会秘书处组织组组长、副组长列席会议。会议听取县委关于县政协第八届委员会常务委员增补候选人建议名单说明,协商通过提交县政协委员分组讨论的《县政协第八届委员会关于提名刘伟同志为常务委员候选人的决定(草案)》《县政协八届四次会议选举办法(草案)》《县政协八届四次会议总监票人、监票人建议名单》。

2月11日,张频主持召开县政协第八届委员会常务委员会第十二次会议。王仕高、王此权、黄玉贤、钟昌泽、陈浩、屈代金等常委会其他组成人员出席会议。县政协八届四次会议大会秘书处副秘书长,大会秘书处组织组组长、副组长,各组召集人列席会议。会议听取学习讨论县委领导讲话、县政府工作报告和其他报告、县政协常委会工作报告和提案工作报告、县政协八届四次会议有关决议(草案)酝酿情况,协商通过《关于提名刘伟同志为常务委员候选人的决定》《县政协八届四次会议选举办法(草案)》《县政协八届四次会议总监票人、监票人建议名单(草案)》《关同意唐猛辞去常务委员职务的决定(草案)》,审议通过《县政协八届四次会议提案审查情况的报告(草案)》和有关决议草案。

3月25日,张频主持召开县政协第八届委员会常务委员会第十三次会议。王此权、黄玉贤、钟昌泽、陈浩、屈代金等常委会其他组成人员出席会议。县政协提案委、县派出纪工委负责人和各乡镇政协联络组长列席会议。会议审议通过《县政协常委会2014年工作要点》,听取县政协各专委会2014工作计划,征求县政协常委和各乡镇政协联络组组长对县政协党组及领导班子成员、县政协机关及各委室党员领导干部的意见和建议,集中观看教育警示片《四风之害》。

7月31日,张频主持召开县政协第八届委员会常务委员会第十四次会议。王仕高、王此权、黄玉贤、钟昌泽、陈浩、屈代金等常委会其他组成人员出席会议。县委常委、常务副县长朱鹏程应邀出席会议。县政府办公室、县政协提案委、县委政法委、县法院、县检察院、县公安局、县司法局、县人社局、县民政局、县财政局等部门负责人和各乡镇政协联络组组长列席会议。会议听取县政府关于全县上半年经济社会发展情况的通报,听取县司法局关于社区矫正工作情况的报告,审议通过县政协视察组关于全县社区矫正工作的视察报告和建议案。

10月13日,张频主持召开县政协第八届委员会常务委员会第十五次会议。王仕高、王此权、黄玉贤、钟昌泽、陈浩、屈代金等常委会其他组成人员出席会议。副县长李世祥同志应邀出席会议。会议组织学习习近平总书记在庆祝人民政协成立65周年大会上的讲话精神,审议通过县政协视察组《关于工业园区建设的视察报告》和县政协《关于殡葬管理工作的视察报告》。

【民主监督】 县政协八届四次会议以来,共收到大会提案50件,立案49件;平时提案4件,立案4件,提案办复率和见面率100%,委员满意率96%。曾德权、习覃督办《关于改造升级桐大上线公路,促进区域经济发展的建议》《关于修建沙道沟镇高荒坪村级公路的建议》等2件重点提案;县政协主席、副主席督办《关于实施宣南产业新城战略,推动宣恩跨越式发展的建议》《关于调整城区禁鞭范围的建议》《关于推进符合宣恩实际的新型城镇建设的建议》《关于深入挖掘伍家台民间茶文化,全面打造伍家台贡茶发源地生态文化旅游目的地的建议》《关于关爱残疾人群,关注特殊教育的建议》5件重点提案;县政协各专委会督办《关于优化企业发展环境的建议》《关于创新用地保障机制,解决"用地难"问题的有关建议》《关于抢抓机遇,大力发展宣恩职业教育的建议》《关于将道光九年石碑列入文物保护并给予修复的建议》《关于治理李家河镇干坝村环境卫生的建议》5件提案,县电视台和新闻中心开辟《提案追踪》栏目,联合新闻媒体督办《关于加强对黄河沟环境治理的建议》《关于"改造乡村公路,建设畅通宣恩"的建议》《关于整合部门资源，打造助学品牌的建议》等10件提案，开展《关于扩大县城禁鞭范围的建议》网民大讨论，广泛征集民意，推动提案成果转化，较好地发挥了提案促进经济社会发展的重要作用。县政协提案督办工作，在全州政协提案工作经验交流座谈会上，得到州政协的肯定。

选派阳平等7名政协委员担任行评监督员，配合县纠风办对环保、安监、质监、工商、公安、国税、地税、住建、民生燃气、国网宣恩供电公司等10个部门及其系统开展政风行风民主评议，评议部门依法履职、服务企业发展、转变工作作风、收集和解决问题等方面工作。选派张华林等委员参加人民监督员、廉洁征兵监督员等特邀监督活动，选派尹红委员、邱恩委员参加全州媒体问政活动，选派杨胜超等10余名委员参加全县"聚焦群众关切、落实工作责任"媒体问政活动。委员们认真履行监督职能，注重调查研究，准确及时反映各界诉求，客观公正提出意见建议，为解决民生热点、提升服务效能、优化发展环境，发挥积极促进作用。

【参政议政】 开展调查研究。6月中旬，民宗法联委组织10余名政协常委、委员开展社区矫正工作视察，并到公安县、宜都市、长阳县考察，形成《关于加强和完善社区矫正工作的建议案》报送县委、县政府。9月上旬，经济委组织20余名县政协常委、委员开展工业园区建设视察，以参阅件形式向县委、县政府报送《贯彻"双轮驱动"战略，加快工业园区发展》视察报告。9月中下旬，人口资源环境委围绕规范殡葬管理、优化殡葬服务工作，组织20余名县政协常委、委员开展殡葬工作视察，并到重庆市酉阳县考察经验，以参阅件形式向县委、县政府报送《加强殡葬管理，推动殡葬事业科学发展》视察报告。9月下旬至10月下旬，科教文卫体委组织20余名县政协常委、委员开展中等职业教育视察，并到咸宁市崇阳县、宜昌市长阳县考察先进经验，撰写《抢抓机遇，顺势而为，加快中等职业教育发展》视察报告。

参与中心工作。县政协领导分工负责的旅游产业发展稳步推进、恩来宣黔高速公路建成通车、农产品加工业持续快速发展、贡水路法院至一桥片区改造进展顺利、建成国家级出口茶叶质量安全示范区、"伍家台贡茶"成功创建为"中国驰名商标"。县政协机关结合新一轮"三万"活动，开展"春耕访民情送农资"活动，为茅坝塘村、东门关村、土鱼河村20户春耕生产困难户送去复合肥1吨，为重病户吴维兵送去慰问金1000元，协调资金硬化茅坝塘村6组公路。作为驻村扶贫牵头单位，县政协机关与人武部、检察院、水利局、洞坪公司一道，为万寨乡白果坝村协调资金150余万元，发展茶叶基地33.33公顷，解决全村80%群众的安全饮水，新修村主干道和产业路5千米，改造危房20户，发展"4450"生猪养殖大户20户，建垃圾池20口，集中建设村委会、卫生室、小学教学用房560平方米，户均投入房屋改造和产业发展资金1万余元结对帮扶5户贫困户，为村委会捐赠电脑、桌椅等办公设备，村级面貌发生较大变化。政协委员积极参加学习深造和公益活动，如黄宏德委员、邱恩委员开展捐资助学，向儒委员组织沙道商会开展义工活动，李兴华委员参加中央党校浦东干部学院民营企业创新管理培训班；9月28日，伍忠立委员应邀参加庆祝共和国成立65周年报告会，被组委会授予"共和国建设者"荣誉称号。

整理文史资料，发挥政协文史资料存史、资政、团结、育人的社会功能，出版《宣恩文史资料》第20辑，内容包括红色记忆、新生政权、土地改革、抗美援朝、"三线"建设、重点工程、人民教师、往事追忆、文化遗产等13个栏目，共27万字，真实地再现大量社会历史；在省、州政协发表文史16篇、9.2万字。科教文卫体委编撰出版民族文化绘本系列丛书《诗画宣恩》，汇编400余幅图画、3万余文字说明，由源流、文艺、风物、风情四卷构成了一个较为完整的体系，生动展现宣恩自然资源、历史文化、土(家)苗侗民族风情。县政协办公室密切与新闻单位的联系合作，在县电视台、宣恩网、宣恩政协网广泛宣传政协工作成效和委员履职风采，省、州用稿6篇，其中湖北省政协网2篇、《恩施日报》1篇、恩施州政协网3篇。

加强与工商联和人民团体的合作共事，县工商联、总工会、团县委、县妇联、县科协等单位支持协助县政协开展成立30周年纪念活动。加强与各地政协的友好往来，先后接待贵州省印江县政协副主席严黔闽带队考察土(家)苗文化，陕西省紫阳县政协主席王春丽、副主席张立尧考察新型农业经营体系建设，重庆市酉阳县政协副主席陈新宪带队考察生态保护发展，湖南省张家界市政协副主席高建国率队考察交流大鲵产业发展，重庆市黔江区政协副主席王兆卿带队考察生态文明建设。

【上级政协调研】 4月23日，州政协副主席陈卫平、刘晓冰带队调研宣恩县教育信息化工作。

5月20日，全国政协副主席、农工党中央常务副主席刘晓峰带全国政协调研组，在省政协副主席、农工党湖北省委会主委吕忠梅等陪同下，到椒园镇卫生院调研基层医疗卫生工作。

5月22日，州政协副主席王继刚带队调研宣恩县规模以上工业企业经营管理人才队伍建设情况。

5月29日，省政协常务副主席范兴元及省政协调研组，在州政协主席甘方谦、副主席刘志斌的陪同下，到高罗乡板寮村、椒园镇水田坝村、湖北土家爱食品有限公司、湖北立翔工艺品开发公司、蒙恩林业（宣恩）发展有限公司调研宣恩县新农村建设和园区企业发展情况。曾德权、张频、王仕高、覃国锋及高罗乡、椒园镇主要负责人陪同。

6月14日至15日，省政协副主席刘善桥带视察团，由州政协副主席肖谏诚陪同到宣恩开展农村社区建设专题视察工作。视察团先后到椒园镇水田坝村、万寨乡伍家台村、珠山镇卸甲坝村及高罗乡板寮村和埃山村，通过实地察看、查阅资料、听取介绍、与群众交流等方式，对宣恩县农村社区建设及管理情况进行详细了解。曾德权、张频、黄同元、周志斌、张友刚、王仕高、陈浩及相关乡镇主要负责人先后参加调研。

6月26日，州政协副主席王继刚带视察组视察宣恩农村垃圾处理情况。

7月4日，州政协副主席肖谏诚带调研组调研宣恩县畜牧产业链建设情况。

7月25日，省政协主席杨松、副主席肖旭明到宣恩县调研特色产业发展，先后考察宣恩县伍家台贡茶基地和椒园生态产业园。州委书记、州人大常委会主任王海涛，州委副书记、州长杨天然，州委副书记、常务副州长董永祥，州政协主席甘方谦，州委常委、州委秘书长孔祥恩，州政协副主席刘志兵陪同。

8月21日，州政协副主席刘志兵带队考察椿木营乡烟叶生产。

11月6日，民革恩施州委考察贡水河水力自动翻板坝建设情况。

12月16日，州政协主席甘方谦到珠山镇天井堡村调研整村推进工作。

【交流协作】 4月1日至3日，黄玉贤参加贵州省务川县承办的湘鄂黔渝边区县（市、区）政协工作联系会第30次会议。

5月15日，王此权、郭大国及部分文艺体育界政协委员，考察龙山县民族文化，参观里耶古城遗址、秦简博物馆、捞车惹巴土家风雨桥等文化场馆和民族村寨。

5月21日，来凤县政协到宣恩县政协座谈调研西水河水污染状况，王仕高主持召开座谈会，张频出席，县政协人资环委、县环保局、县水利局负责人参加会议。

11月5日，重庆市黔江区政协副主席王兆卿带考察组到宣恩考察开展生态文明建设情况。

11月19日至21日，陈浩参加湖南省龙山县承办的湘鄂黔渝边区县（市、区）政协工作联系会第31次会议。

【县政协成立30周年纪念活动】 2014年是宣恩县政协成立30周年。11月24日，宣恩县举行庆祝县政协成立30周年座谈会、"政协情·中国梦"演讲比赛和书画摄影展活动。恩施州政协副主席刘志兵、提案委主任刘兴贵到会祝贺，县委常委、县委办公室主任朱瑾，县人大常委会副主任唐斌，县政府副县长向子明，县政协主席张频，副主席王仕高、王此权、黄玉贤、钟昌泽、陈浩，党组成员、调研员郭大国，县政协离任老领导魏洁若、潘杰、王坤元、曾宪凡、熊中行及部分常委会组成人员和政协委员，政协联络组组长，工商联和人民团体负责人参加庆祝活动。与会人员学习习近平总书记在庆祝人民政协成立65周年大会上的重要讲话精神，观看宣恩县政协成立30周年专题片，从不同的角度畅谈县政协成立30年来的变化和感受，总结县政协在不同历史时期履行职能的业绩和经验，展望新时期新形势下政协工作的美好前景。县政协常委龙晶等14名演讲选手抒发对党和人民政协事业的忠诚与热爱，表达立足本职谱写“中国梦”宣恩篇章的雄心壮志，展现政协委员与各界人士昂扬向上的精神风貌和奋勇拼搏的业绩风采。“政协情·中国梦”书法摄影展共展出反映政协工作的摄影作品89件、书画作品26幅。11月25日，曾德权、张频、朱瑾、黄玉贤、钟昌泽、陈浩等参观县政协书画摄影展，对县政协成立30年来的工作给予肯定。

【县政协机关建设】 强化机关管理。倡导清廉、敬业、和谐、务实、创新、学习“六种风气”，积极创建学习、服务、创新、和谐、节约“五型机关”，贯彻执行改进工作作风、厉行勤俭节约各项规定，落实党风廉政建设责任制，强化“三纪四德”教育，狠抓党风廉政建设和反腐倡廉宣传教育工作，“三公经费”等各项公务支出大幅下降，机关综合协调、参谋服务、调查研究和文稿起草等工作能力得到提升。

优化机关环境。抓好机关党建工会、综治计生、信访保密、档案管理等日常工作，参与省级园林城市、卫生城市和文明城市“三城同创”和“平安创建”等全局性活动，落实公共场所禁烟规定，加强机关办公与住宅小区规范管理，营造健康和谐的工作与生活环境。

倡导机关文明。“六一”前夕，为万寨乡白果坝村小学、梭龙坝村小学和椿木营乡勾腰坝村小学45名少年儿童捐赠学习用品和体育器材；“七一”前夕，联合县委统战部、县工商联开展庆祝建党93周年机关文体活动；加强机关精神文明建设和州级文明单位创建工作，倡导科学文明、健康向上的学习、工作和生活方式，机关团结和谐、积极进取，参谋、组织、协调、服务作用充分发挥。3月16日至4月4日，王仕高副主席参加恩施州委党校举办的“县处级干部进修班”，撰写的《对宣恩实施“武陵山片区区域发展与扶贫攻坚”工作的几点思考》在恩施州综合扶贫改革暨党校系统第25届理论研讨会上获三等奖。

（赵林）

绣花鞋垫

土苗绣花鞋垫，是我国民间美术中的一枝奇葩，是广大劳动妇女用自己的智慧和才能创造出来的草根文化和乡土艺术，广泛流传于宣恩县各乡镇以及周边的咸丰、来凤和湖南龙山县等武陵山民族地区，其历史悠久。在追溯传承人谱系中了解到，刺绣绣花鞋(垫)早在清代时便已盛行，距今已有200多年。

土苗绣花鞋(垫)以线代色、以针代笔，采用挑、刺、扣、锁、勾等刺绣方法，在一双双鞋垫上绣出朵朵烂漫的山花，色彩过渡自如，线条流畅如丝，构图完整饱满，画面精细、和谐秀美，充满了浓郁的乡土气息和丰富的民族文化底蕴，给人一种质朴美和浪漫美。从一件件如喜鹊闹梅、百花迎春、鸳鸯戏水、花好月圆、龙凤呈祥、福禄寿禧等作品中，看到一种特殊的空间美、流动美和层次美。同时，从这些巧夺天工的艺术中，领悟到土苗姑娘乐观的精神生活和美好的愿景追求，以及她们时刻把握幸福美满、祈求丰收、人丁兴旺、吉祥如意、国泰民安等民俗文化永恒不变的主题。

中国共产党宣恩县纪律检查委员会

【概况】 2014年，全县纪检监察系统贯彻党的十八大、十八届三中、四中全会、十八届中央纪委三次全会精神，坚持党要管党、从严治党，贯彻落实中央八项规定，纠正部门行业不正之风，巩固治理“整酒风”成果，促进党风政风民风进一步好转。全年共开展作风建设监督检查10次，问责党员干部115人；立案88件，其中查处副科以上15件，结案82件。

【县纪委第十四届四次全体会议】 3月5日，中共宣恩县第十四届纪律检查委员会第四次全体会议在宣恩礼堂召开。会议回顾总结全县2013年党风廉政建设和反腐败工作，安排部署2014年工作任务。县委书记曾德权出席会议并讲话，县委常委、纪委书记吴卫平主持会议并代表县第十四届纪委常委会作题为《增强责任担当聚焦主责主业深入推进党风廉政建设和反腐败斗争》的工作报告。沙道沟镇、椒园镇、国土局、安监局、环保局、扶贫办6个乡镇和县直单位的主要负责人分别向大会作述职述廉报告，并接受纪委委员的现场提问。会议还宣读2013年党风廉政建设和反腐败工作先进个人与单位的表彰文件，与相关单位签订责任状。习罩、覃遵国、张频等四大家在家领导出席会议，县纪委委员，各乡镇党委书记、纪委书记、纪委副书记，县直正科级单位全体班子成员，副科级单位主要负责人，垂直部门主要负责人及纪检组长，部分国有企业主要负责人，七姊妹山管理局的科级干部，工业园区管委会主任，县纪委监察局机关全体干部职工参加会议。

【媒体问政】 12月25日，由县治庸问责领导小组办公室主办，县广电局、县新闻中心承办的宣恩县2014年媒体问政活动在县行政办公大楼2楼会议室举行。朱鹏程、杨安明、张频、吴卫平、朱瑾、黄同元、岳东等县领导出席。媒体问政活动以“强作风、惠民生”为主题，敦促相关乡镇及职能部门解决好惠民政策及资金落实、农村“三资”管理、环境保护、道路交通安全等群众反映强烈的突出民生问题，推进干部作风建设，提高行政效能，改善民生民利，优化发展环境。这是全县第三次举办媒体问政活动，也是首次出现全县9个乡镇的乡镇长、县直相关职能部门负责人一起坐上问政台，在近3个小时的时间里，他们接受媒体以及场内外观众的“拷问”。

·党风廉政建设·

【协助县委落实“主体责任”】 县纪委协助制订《关于落实党风廉政建设党委主体责任纪委监督责任“50条”》，将党委（党组）领导班子的集体责任、党委（党组）主要负责人的第一责任、领导班子其他成员的具体责任、纪委（纪检组）的监督责任，以及落实“两个责任”的保障措施分别用“10条”进行细化，以厘清责任边界，做到责任明确。制订《宣恩县落实党风廉政建设“两个责任”约谈暂行办法》，对约谈主体、约谈对象、约谈内容、约谈情形和约谈方式进行了规范。制订《2014年县直单位反腐倡廉重点工作任务责任分工意见》，将党风廉政建设责任细化分解到有关单位和部门；同时协助县委与各责任单位，并督促各责任单位与内设机构(二级单位)、各乡镇与村(社区)层层签订“责任书”,将党风廉政建设责任进行链条式传导,形成横向到边、纵向到底的“网格式”责任体系。制订《宣恩县党风廉政建设责任制检查考核方案》,实行县委常委带队考核,考核结果排名全县通报,并作为单位和领导班子成员评先表模、职务晋升的重要依据,对排名靠后的乡镇和部门实行“笼子”管理,并约谈其主要负责人;建立乡镇、部门“一把手”向纪委全会述职述廉制度,当场接受县纪委委员质询和测评,测评结果当场公布全县通报,倒逼各党委(党组)落实好“主体责任”。

【宣传教育】 开展任职“话廉”,“一把手”“讲廉”,中心组“学廉”等活动;扎实开展“宣教月”活动,各级各部门举办廉政知识学习210余次,参学人数1.2万人次,组织250余名干部到恩施监狱集中接受警示教育,发放廉政书籍500余册、家庭助廉倡议书2000余份;抓好宣传工作,全年在州以上媒体发表外宣稿件173篇,其中省级以上媒体27篇;调研文章被采用37篇,其中中纪委采用9篇;在《恩施日报》专版专题推介落实“两个责任”的经验、措施与成效。

【作风建设】 整合“两办”督查室、财政、审计等力量,坚持从重要时间节点抓起,组织开展公款吃请、公款旅游、公车私用等明察暗访活动;坚持从具体问题抓起,按照“一月一检查、一月一方案、一月一通报”的要求,突出抓好滥发津补贴、超标准接待、公款送礼、发放购物卡等专项检查,严查违反中央“八项规定”精神、“六条禁令”的问题。全年共开展作风建设监督检查10次,问责党员干部115人,其中科级领导干部77人;发通报6期,公开通报19个单位、31人,诫勉谈话17人,纪律处分56人。一批案件作为典型案例在全州通报。

【查办案件】 组织开展“基层大接访”活动,约定时间和地点,提前一周发布《接访公告》,由领导班子成员带队到各乡镇开展接访调研,与群众面对面沟通交流,接受群众举报,广泛收集案件线索,积极解决损害群众利益的突出问题,转作风、连民心、重实效。在乡镇接访201人,收集群众反映的各类问题195件,已处理185件。全年共接到群众来信来电来访284件(次),较上年增长76.4%,通过转办、交办、联办、自办等方式,全部予以调查处理。对信访件办理工作不力的乡镇和部门,以信访通知书、约谈等形式强化监督,共发信访通知书6份,信访约谈“一把手”3人。

坚持有案必查,“老虎”“苍蝇”一起打。全年初核案件线索100件,立案88件,较上年增长104.65%,其中县纪委(纪工委)42件,乡镇纪委41件,县直部门5件;法院移送10件;结案81件;连续6年无“零办案”乡镇;共查处科级干部15人,“两规(两指)”案件3件,移送司法机关5人,收缴违纪资金108万元。

建立部门协同办案机制,增强协作反腐工作合力。县司法机关、县审计部门共向县纪委移送案件线索13件,县纪委向司法机关移送案件线索3件。建立完善乡镇协作办案机制,将全县按区域划分为3个协作办案区,协作区由县纪委监察局统一领导和统一管理。自协作区运行以来,乡镇纪委办案数量大幅增加,9个乡镇共立案41件,同比增长74%,其中协作办案6件。

县纪委监察局在县工商银行设立“宣恩县廉政账户”并公示,为党员干部提供主动上缴收受的礼金、有价证券、支付凭证的便捷、宽松“绿色通道”。账户内资金只存不“取”,统一上缴国库。主动缴存行为作为从轻、减轻或免予处分的重要情节。

注重抓早抓小,对党员干部苗头性、倾向性问题,采取约谈、诫勉等方式抓早抓小。全年对落实监督责任不力、违反“八项规定”精神的27名党员领导干部进行警示或诫勉约谈,县纪委2名副书记对9个乡镇的党委书记、乡镇长、纪委书记就落实“两个责任”进行工作约谈。

【落实“三转”】 调整机构设置。实施两轮机构调整,县纪委监察局机关内设机构调整为10个,总数较以前减少1个。合并1个(将原党风室与纠风室合并成立党风政风监督室)、撤销2个(监察综合室,其职能并入办公室;执法监察室,其职能并入党风政风监督室)、新设2个(纪检监察三室和组织部,组织部含干部监督管理工作)、更名1个(宣教室更名为宣传部)。2014年10月22日,县纪委(监察局)内设机构调整(编发〔2014〕21号)为:办公室、组织部、宣传部、党风政风监督室、纪检监察一室、纪检监察二室、纪检监察三室、案件审理室、案件监督管理室、信访室。

整合工作力量,更加突出主业主责。将机关各室整合为正风肃纪、惩贪治腐、服务保障“三大块”,人员力量集中向执纪监督和查办案件一线倾斜,占到70%;牵头或参与的议事协调机构从175个减少到11个,精减率93.7%;纪委书记(纪检组长)做到专职专责,排名规定得到落实。

【落实体制机制创新】 加强对下级纪委(纪检组)的领导。全面落实“两为主、两报告”机制,县纪委对2名乡镇干部进行了任职考察。巩固派出机构改革成果。派出机构转变监督方式,突出对所负责部门的巡查,突出部门作风建设和“三重一大”事项的监督检查,突出查办案件,3个派出机构共调查信访件45件,查办案件10件。

【自身建设】 完善工作制度。坚持机关干部工作“日志周评月报”、领导干部“每周工作计划单”等10余项工作制度,形成了周点评、月小结、季述职、年考核的工作机制;完善财务管理“管钱不用钱、用钱不审批、审批受监督”和财务支出“双经手、双签字、双审核”的管理制度,2014年县纪委监察局机关“三公”经费同比下降25.2%。

加强干部作风建设。组织开展机关干部结对子、连民心、接地气的“五个一”活动,开展“赴基层大接访活动”,结合党的群众路线教育实践活动,开展反“四风”活动,促进党员干部转作风、树新风。

强化干部学习。坚持周五学习制度,机关组织集中学习18次(其中群众路线教育实践活动集中学习10次),集中参加省纪委视频学习7次、参学人员153人次。强化保密技防、人防、物防工作。

【湖南龙山县纪委到宣恩考察】 4月24日,湖南省龙山县委常委、县纪委书记向义付,龙山县委信息技术中心及县监察局、县文明办等部门负责人,到宣恩县考察治理“整酒风”工作。交流座谈会上,县纪委监察局相关负责人介绍治理农村“整酒风”工作开展情况。

【省纪委到宣恩调研】 10月10日,省纪委监察厅副厅长张家洪带调研组到宣恩,就乡镇纪委办案协作区建设情况进行专题调研。曾德权、吴卫平、县纪委监察局相关负责人及有关乡镇党政负责人、纪委书记参加调研。调研组先后到沙道沟镇和高罗乡,通过实地查看、听取汇报、查阅卷宗、举行座谈等方式,了解乡镇纪委办案协作区机构建设、制度建设、人员配备、工作保障、履行职责、查办案件等情况,分析研究乡镇纪委办案协作区在工作中遇到的困难、存在的问题和解决的对策,听取基层纪委监察部门对《湖北省乡镇办案协作区管理暂行办法(征求意见稿)》建议和意见,并对“党委主体责任、纪委监督责任”落实情况进行了解。

·行政监察·

【监督检查】 围绕县委、县政府重大决策部署,党组织和党员干部执行党的政治组织纪律,党员领导干部履行职责和行使权力等情况开展监督检查。共组织开展落实“两个责任”、执行党的纪律、监管主责部门履职尽责等情况监督检查3次,对群众举报多、问题反映较集中的党委,及时下达《纪律检查建议书》,督促党委和纪委落实责任、整改问题;对6个监督主责部门下发《监察建议书》,促使履职尽责。组织开展干部“走读”、干部职工上下班,以及不作为、慢作为,党员领导干部“为官不为”等监督检查,通报了上班时间看电影、网上购物的4名干部。

创新方式强化监督,在全县9个乡镇、284个村(社区)及75个县直单位、44家规模企业办公地点的显眼位置,悬挂“党风政风监督牌”,公布举报电话、举报网址和信访地址,督促各级各部门积极工作、规范行为。

开展市场中介机构清理清查工作,全县共清理中介机构和各类社会团体111个,对一机构私设“小金库”及个别干部侵占公共财物问题立案调查;对一企业强制交易、违规收费问题,交县工商局作出了责令停止违法行为和罚款6万元的处理处罚。

开展基层信访突出问题专项治理工作,共排查基层信访突出问题64件,已整改59件;认真开展涉农、涉医、涉教等领域专项治理工作,坚决查处侵害群众利益的行为。

【纠正部门行业不正之风】 组织对公安、供电公司等10个部门和行业的政风行风开展民主评议,依托政风行风督查员、网络问政、政风行风热线等平台广泛收集问题，开展集中测评、电话测评、媒体问政等活动，让服务对象、广大群众积极参与，督促整改问题，纠正不正之风。创新媒体问政工作，把查处的损害群众利益的典型案例搬上问政平台，既发挥案件本身的警示作用，又让广大群众监督相关单位整改问题。同时，加强对过去问政问题的回访监督，督促整改问题12个，5人被追究纪律责任。

【巩固治理“整酒风”成果】 6月26日，印发《关于开展治理“整酒风”工作监督检查方案》（宣纪发〔2014〕14号），明确操办事项仅限于婚丧嫁娶，邀请和参加人员仅限于直系、旁系血亲和近姻亲；全面开展监督检查，对违规整酒行为予以严肃查处，全县“整酒风”得到有效遏制。全年婚丧嫁娶申报备案2746起，接受违规整酒举报96起，对不听劝阻的6人给予处理，其中按村规民约处理4人，纪律处分2人。

（杨亨祥）

宣恩耍耍

宣恩耍耍，也称“打耍耍”“跳耍神”或“喜乐神”，是流传于鄂西南土家族地区的一种民间舞蹈。

宣恩耍耍源于土家族原始的“祭祀娱神”活动，是古老的巫族端工“还坛神”法事中的一段巫舞，叫“耍神”。因动作诙谐活泼，腔调优美动听，唱词通俗易懂，而逐渐分离出来流传民间。“耍耍”自成一体后，在漫长岁月里，经过历代艺人加工提炼，舞蹈动作日趋丰富和规范，唱词内容也逐渐由祭神驱鬼而转向男女爱情及日常生活等，从而发展成为一种独立的民间舞蹈形式，倍受人们喜爱。

宣恩耍耍是一生一旦的双人舞蹈，男女每两人一组。表演中，男称生角、女谓旦角，古时候多为男扮女装。男角头缠丝帕，腰扎彩带，手拿折扇，女角头扎长辫，腰系围裙，手拎花巾。表演时一般由四人用鼓、锣、钹、马锣伴奏。过去，“耍耍”多在主人家堂屋内进行，但现在，宣恩耍耍的演出场地已没有任何限制，无论主家堂屋、或是祭祀庙宇、还是大街小巷、田间地头，都已成为土家山民跳耍耍的舞台。

宣恩耍耍根据舞蹈动作和伴唱的不同，可分为文耍耍和武耍耍两种形式。文耍耍表演特征是歌舞相伴，边舞边唱，由锣鼓伴奏，注重“唱”的内容，舞蹈动作朴素简洁，套路有美女梳头、黄龙缠腰、推扇传情等。武耍耍则是只舞不唱，由锣鼓伴奏，突出“舞”的功夫，以表演高难度动作为主，如各种筋斗等武功技艺，舞蹈套路组合一般都在10套以上，故宣恩武耍耍又有“十样锦”的美称。

群团组织

工会组织

【概况】 2014年末，全县有工会组织219个，其中：机关事业单位136个，产业非公企业、联合组织工会83个，工会会员16735人。

【组织建设】 2014年坚持以非公有制企业为重点，以分散灵活就业的职工和农民工为主要对象，大力推进区域（行业）性工会联合会建设。全年建会7家，新增会员369人，其中区域行业工会1家，入会156人，全县工会建会率达到90%，入会率达到85%。在基层工会广泛开展“三亮”（工会组织亮牌子、工会主席亮身份、工会工作亮作为）活动，促进落实工会会员知情权、参与权、选举权和监督权。

【依法维权】 开展《劳动法》《劳动合同法》《湖北省企业工会条例》《湖北省集体合同条例》为重点的普法宣传活动。在非公企业中普遍开展签订集体合同及工资专项合同、劳动安全合同、女职工合同工作，签约率达到80%以上。不断规范厂务公开民主管理工作，推动企业建立职代会制度，借助专业法律人士开展法律援助。

5月7日和6月1日先后两次参与全县安全生产重大责任事故的调查和处理工作。6月，县总工会、县安监局等单位在全县范围内组织开展“安全生产月”宣传活动。11月8日，县总工会、县司法局等单位联合举办“12·4全国法制宣传日”活动；全年共开展送法活动8次，发放维权宣传资料5000余份。2014年会同人社部门培植申报州级劳动和谐企业10家、省级劳动和谐企业1家；开展劳动争议调解工作，会同人社部门调解劳动争议仲裁8件；全年共接待来信来访25人次，均获得满意答复和解决。

【帮困解难】 2014年县总工会用于帮扶困难职工资金45.25万元，帮扶、慰问困难职工279人，困难劳模20人，对30名考上大学的困难职工子女进行资金帮扶；帮扶沙道沟镇100名家庭困难小学生；为195名女职工开展“两癌”普查。开展“冬送温暖、夏送清凉”活动，县总工会主到县消防中队、武警中队、建设工地、生产车间，对工作在一线的工人、战士进行慰问。

【劳模工作】 引导广大职工立足岗位、争做一流工作、创造一流业绩、凝练一流团队，为推动全县经济社会协调发展建功立业。4月，亚麦食品有限责任公司配销部被省总工会授予“工人先锋号”光荣称号；9月，椿木营中小学教师姜海燕被人社部、教育部授予全国模范教师光荣称号，并享受省劳模待遇；11月，湖北土家爱食品开发有限公司合渣粉车间，被省总工会授予“厂务公开民主管理示范车间”光荣称号。同时加强劳模的管理与服务，健全劳模档案，开展“两节”慰问，为全县20名省部级困难劳模申请困难补助。建立椿木营中心学校、县医院、县法院等3家劳模创新工作室和国网宣恩供电公司、珠山粮食收储购销公司、西部现代农业有限公司、昌臣茶叶公司等4家职工创新工作室，其中椿木营中心学校为州级工作室。

【职工技能培训】 2014年，全县企业基层工会共组织职工开展各种技能培训76场次，培训职工4000余人次，组织职工开展各种技能竞赛活动46场次，参与职工达3000余人。县总工会同人社部门一起组织开展下岗、失业人员培训220人，推荐就业120人。

【十三届一次全委(扩大)会议】 2014年4月4日，县总工会召开十三届一次全委(扩大)会议，十三届工会委员会委员、经审委员会委员，乡镇工会主席、社区工会主席和部分企业工会主席共50余人参加会议。县委常委、县总工会主席朱瑾出席大会并讲话。县总工会常务副主席李华生作工会工作报告。会上，对10个基层工会先进单位和10名工会优秀工作者进行表彰。

【职工活动】 "三八"妇女节期间，县总工会联合工农街社区居委会，组织一场百名妇女参加的"群众路线教育实践活动进社区"联谊活动。县总工会将党的群众路线教育实践活动相关常识制成答题卡，采用现场答题的方式，向广大群众宣传党的群众路线教育实践活动。

4月上旬，县总工会在驻点联系企业——宣恩县调阳茶叶有限公司，举办1期名为"践行群众路线，提高农民工技能"的茶叶管理与采摘技能培训班。针对当地春茶采摘在即、广大茶农的采摘技能亟待提高的局面，专门聘请本县茶叶技师为农民工进行茶叶采摘管理技能讲座，并组织参与培训的农民工进行现场采茶比赛。在比赛过程中，由茶叶技师跟踪指导、分析点评，让参加培训的56名农民工既学到了理论知识，又得到实践训练。

"五一"劳动节期间，县总工会联合县文明办、县文体局等单位，联合组织举办2014年"五一·五四全民健身活动"，全县45个单位600余名职工报名参加。

纪念中国共产党成立93周年，县总工会联合县文体局、县工业园区以及珠山镇人民政府，共同举办"庆七一企业职工长跑"活动，500余名企业职工参加长跑活动。

2015年元旦前夕，县总工会联合沙道沟镇政府在沙道沟镇举办首届"工会杯"职工长跑比赛，200余名职工参加长跑比赛活动。

(李华生)

共青团组织

【概况】 2014年末，全县共有32个基层团委，27个团总支，615个团支部，22482名团员，60名专职团干部，568名兼职团干部。

【服务中心】 学习党的十八大、十八届三中、四中全会、州委六届七次全会、县委十四届四次全会等重要会议精神，通过进村(社区)、进学校、进机关、进企业、进家庭，开展对上述会议精神的宣讲，让党和政府的声音及时地传递到广大青年中去。

推进生态文明建设。3月12日前后，组织全县各级团组织和少先队开展"为家乡添绿"活动，栽种树苗1万余株；在"三城同创"行动中，青年团员走上街头参与"我当一天城管工人"活动，开展义务清扫；推报椒园镇庆阳坝村和高罗乡板寮村、高罗乡集镇参加全州最美集镇最美乡村评选，号召广大青年踊跃通过电话、网络、短信、报纸投票，让更多青年关注、支持、投身新农村建设。板寮村、庆阳坝村荣膺"恩施州最美乡村"，高罗乡集镇获"恩施州最美集镇"称号。

多渠道招募青年志愿者，组建志愿者服务队，在全民健身长跑、水上运动会、全州龙舟邀请赛、三城同创等县内重大活动赛事、消防安全、文明交通、留守儿童、普法及进城务工农民工子女结对帮扶等领域，广泛开展志愿服务活动，注册管理的志愿者全年来共开展志愿服务2万小时以上，发挥志愿者在传播文明、塑造城市形象等方面的积极作用。与县残联联合开展"阳光助残"进社区活动，42名青年志愿者到社区为残疾人提供体检、送药、理发、打扫卫生等志愿服务。号召广大青年积极加入义工协会、党员义工服务队、青年志愿者队伍等组织，开展助学、助残、关爱留守儿童等志愿服务活动，在全县范围内营造出乐施好善的氛围。

筹备建立宣恩县未成年人保护委员会，加强预防青少年违法犯罪工作，推进重点青少年服务管理工作，实现流浪青少年、闲散青少年、不良行为青少年、留守儿童、服刑人员子女五类重点人群基本信息进入综治网格化管理服务平台。

【思想引领】 开展中国梦主题教育活动。用社会主义核心价值体系引领广大青少年，让中国梦入脑入心。六一前夕，团县委、县妇联、贡水爱心公社在洗草坝小学开展“红领巾相约中国梦”活动，进行中国梦主题宣讲，并为孩子们送节日礼品100余份。推进“奋斗的青春最美丽”系列活动，推荐土家爱食品开发有限公司和立翔工艺品公司负责人等青年创业典型为州级青年创业先锋。组织弘扬主旋律的书法、绘画、征文、演讲比赛及丰富多彩的文艺晚会，参加恩施州“美丽的清江我的家”书法绘画比赛中，宣恩县3人获一等奖，8人获二等奖，14人获三等奖。

开展评先表模，突出示范引领作用。团州委表彰1个基层团委为全州五四红旗团委，1个团支部为五四红旗团支部，表彰优秀团干1人、优秀团员2人，少先队大队2个、少先队中队2个、优秀少先队辅导员5人、优秀少先队员5人，优秀志愿者3人。团县委对全县成绩优异、表现突出的单位和个人进行表彰，共表彰五四红旗团委3个、五四红旗团支部7个、优秀团干26人、优秀团员29人。

开展“六五”普法活动，加强对重点青少年的服务和管理，预防青少年违法犯罪工作。团县委、县公安局、县科协、教育局等单位联合开展法律知识进校园活动10场次，以法治讲座、法律知识竞赛、设立法律宣传栏、发放法律书籍等形式，引导广大青少年学法、用法、护法。在“12·4”国家宪法日，在李家河集镇开展未成年保护法宣传活动，发放宣传手册200余份。

【服务青少年】 2014年继续争取“十五助”、中维世纪、新世纪、芙蓉学子、李鸣山助学、茅台助学等助学项目，扶助困难学生，共资助学生23人、12万元。“贡水爱心助学基金”募集助学资金10万元，资助学生14人。

利用青年志愿者和爱心公社平台，组织爱心爸爸、爱心妈妈等志愿者关爱留守儿童。团县委、县关工委、县妇联联合组织“圆梦微心愿”活动，征集留守儿童小心愿，为全县8所小学共计312名留守儿童募集节日小礼品。暑假期间，各乡镇团委共建立“希望家园”19个，招募志愿者57名，为600余名留守儿童进行课业辅导和素质拓展训练。开展“留守童星”评选活动，10名优秀留守儿童的典型事迹为全县少年儿童树立起了不畏艰难困苦、自强自立的标杆。

2014年度招募“三支一扶”志愿者和西部计划志愿者各6名，严格执行《宣恩县团委口大学生志愿者管理制度》，对“三支一扶”志愿者和西部计划志愿者在用人单位的工作进行跟踪管理，劝退2名不服从管理的志愿者。团县委干部不定期到服务单位了解志愿者工作生活情况，关注志愿者思想动态，为他们排忧解难，并引导他们立足本职工作、加强自身学习，为二次就业打好坚实基础。

【促进青年创业就业】 发挥宣恩县青年就业创业服务中心平台作用，以网络、电视、报纸、电子屏等渠道广泛为青年就业创业提供政策咨询、就业信息、创业指导等服务。团县委与人社部门联合，加强与县内外民营企业、用人单位联系，探清用人需求，组织青年专场招聘会；举办青年创业培训班，邀请恩施州创业导师和创业专家为创业青年进行授课和创业指导，先后培训创业青年162人；实施创业贷款贴息项目，共计发放青年创业贴息贷款821万元，缓解青年创业资金压力；争取青年创业扶持项目，成功申报省级大学生创业项目3个、州级青年创业项目1个，可获得扶持资金20余万元。选派伍家台昌臣茶叶公司总经理参加全省青年创业领头雁培训班，扩大本地青年企业家与其他优秀青年的交流。

【团组织建设】 12月，全县9个乡镇279个村团支部完成换届，各村选举产生村团支部班子成员，并把团干部作为村支两委后备干部培养，全面加强了村级团支部队伍建设。对全县14至28周岁的青年、团员、团组织、符合建团条件而未建立团组织的单位进行全方位的调查摸底，完成团情大调研和对基层团组织的分类定级，团员、青年基本信息实现数字化管理。

县委要求各级党组织把团建工作与党建工作同安排、同部署，完善团的基层组织，关心、支持青年成长建功。推荐县直单位、国有企业优秀青年入党26人。

建立团县委领导班子联系乡镇制度，乡镇团建指导员包点，加强对乡镇182个直属支部建设的督办指导，直属支部全部实现统一挂牌，有序开展工作；乡镇团委实行2万元大团委经费管理，实报实销，团组织开展活动进一步丰富，基层团组织的影响力和凝聚力增强。

利用网络专栏扩大团的影响力，创新团建宣传方式，在宣恩论坛“青年之家”专版、共青团业务QQ群、团县委官方微博、微信等网络渠道发布创业就业信息，招募征集志愿者参与社会服务，与网友进行交流，探讨解决共青团工作面临的困难和问题。建立了一支由县直单位、国有企业、学校、乡镇团干部为骨干的网络宣传员队伍，共计45人。全年官方微博、微信拥有粉丝622人，共发帖174条，访问量达8800多人次。

加大团干部培训力度。从县邮储银行选送1名团干到武汉参加省级青年文明号创建负责人培训；选派李家河镇团委副书记到北戴河参加团干培训；团县委书记徐兆海江西井冈山参加全国团干培训、副书记陈祥恩到武汉参加全省网络宣传员培训；组织4名网宣员参加州级网络宣传培训班；开办县级网络宣传员培训1期，参训人数40人；选派2名学校团干部分别参加省州团干培训和少先队辅导员培训；组织4名三支一扶人员和西部计划志愿者参加省项目办专题培训。

（陈祥恩）

妇联组织

【概况】 2014年末，全县有9个乡镇妇联，279个行政村妇代会，5个社区妇联，52个机关事业单位妇委会，11个企业妇委会、9个商会妇委会和1个社团妇委会。

【“三八”国际劳动妇女节系列庆祝活动】 3月6日，县妇联与宣恩义工协会义工到椒园镇洗草坝小学，给在校的110名学生每人带去一件新衣服，与学校师生一起包饺子，做游戏；3月7日，县妇联慰问“全国三八红旗手”获得者——宣恩县邮政局沙道沟邮政支局副局长朱琳。3月，组织开展城镇女职工健康检查活动；开展“真情送健康，真心送温暖”活动，为20名家庭生活困难的贫困妇女在州中心医院体检中心进行免费体检，优惠治疗。

【支持妇女创业就业】 1月10日至3月7日，县妇联参加举办全县在县人力资源市场和各乡镇集镇举办8场“春风行动”现场招聘会，把就业岗位送到家门口，同时还提供免费的职业指导、务工维权知识和政策咨询。有59家企业进场招聘，提供就业岗位4000个；进场求职22110多人，达成意向性协议3365人。招聘会现场发放《务工维权手册》《农民工进城务工常识》等宣传资料3万份。活动期间开展免费培训500人次，其中举办宣恩县首届巾帼创业能力培训班1次，培训有创业意向妇女120人，为有创业愿望妇女发放小额担保贷款83万元。2014年，县妇联争取到全省妇女创业扶持项目——沃尔玛母亲创业循环基金100万元的无息贷款，用于扶持宣恩县巾帼千亩有机白柚示范基地的建设。

11月21日至23日，县妇联组织宣恩县彭家寨民族工艺品有限公司参加由省妇联、武汉市妇联在武汉国际会展中心举行的湖北省首届妇女儿童服务业博览会中“指尖上的荆楚”妇女手工精品展。

【关爱帮扶困难妇女儿童群体】 “六一”儿童节期间，由县妇联、县教育局主办，县直机关幼儿园承办的“快乐六一·童心飞扬”专题文艺表演在宣恩礼堂举行。县人大副主任、县关工委主任史红珍等参加了活动并为部分留守儿童现场送节日礼物。5月22日，县委组织部、县机关工委、县妇联、县扶贫办联合组织爱心志愿者到香树林小学，开展以“点亮心愿·微爱传递”为主题的关爱留守儿童活动。志愿者们为18名学生捐赠爱心礼物、开辟“儿童保护”课堂、举行“亲子”游戏等。5月27日，张频到万寨乡白果坝村小学，为在校学生送去书包、文具盒、篮球、乒乓球、羽毛球、跳棋等礼物。5月28日，县地税局党员义工服务分队为李家河镇头庄坪小学学生送去37套书包、文具、课外书籍及其他文体器材。5月29日，县旅游局和县移民局党员义工服务队到珠山镇宝塔小学开展“送关爱·庆六一”活动。党员义工们为该校赠送《十万个为什么》《中华上下五千年》《钢铁是怎样炼成的》等一批适合孩子阅读和学习的课外书籍300余册，支持学校开展以“阅读人生·智慧育人”为主题的“书香校园”创建活动。6月1日，全县“安全生产月活动”启动，县妇联借活动机会开展“儿童保护”儿童安全知识竞赛，县卫计局、卫生防疫部门在全县开展儿童食品安全检查，县妇幼保健院为县城儿童开展免费健康体检。9月5日，县妇联通过手机短信向部分家长和孕产妇发送科学育儿知识，启动“心系妇儿·家庭教育空中课堂”公益项目。项目由全国妇联、中国教育学会等单位共同主办，主要以手机彩短信、微视频、空中课堂微博、微信以及互动应用等现代传媒手段为传递渠道，向广大“孕产妇家庭”和“0至6岁儿童家庭”提供个性化的家庭教育指导服务，向广大家庭传播营养健康、道德情操、心理素养、智力体能、科学育儿等先进的家庭教育理念、知识和方法。

启动扶贫搬迁“单亲特困母亲安居工程”，10户居生存环境恶劣、不具备基本发展条件的单亲特困母亲纳入工程计划。9月16日，周志斌陪同中国妇女发展基金会、沃尔玛中国公司及省、州妇联一行13人到宣恩县考察“沃尔玛母亲创业循环基金”李家河镇波漯河村白柚种植项目执行情况。考察组一行在李家河镇政府召开座谈会，听取宣恩县关于“沃尔玛母亲创业循环项目”运行情况的汇报；并与当地妇联和政府代表交流，了解项目进展、展望和当地妇联及受益农户对沃尔玛与妇基会的支持需求。座谈会后，项目考察组参观李家河镇波漯河村有机白柚精品果园基地，现场走访“沃尔玛母亲创业循环项目”受惠农户段绪梅等3户贫困母亲，并拍摄项目宣传片。中国妇基会资助项目部李晓燕副主任对“沃尔玛母亲创业循环基金”宣恩县李家河镇波漯河村白柚种植项目执行情况予以肯定。

【关注女性健康】 2014年继续落实省政府“为29个贫困县的农村适龄妇女免费进行宫颈癌、乳腺癌检查”的惠民实事，维护妇女权益，保障妇女健康，全县各级妇联组织与卫生、财政等部门密切合作，推进全县农村妇女“两癌”免费检查工作，全年共检查妇女12000人，确诊病例10例。

【妇女组织建设】 4月8日，成立湖北土家爱食品开发有限公司妇女委员会，是全县第一家非公企业妇委会。全年受州级以上妇联表彰先进集体13个，其中县交警大队女子中队、珠山镇上湖塘社区居委会获恩施州“维护妇女儿童权益先进集体”称号，财政局国库收付中心、珠山镇白鹤井社区居委会、荧屏特殊教育学校获恩施州“三八红旗集体”称号，县直机关幼儿园巾帼志愿服务队获恩施州“十佳巾帼志愿服务队”称号，晓关侗族乡中村坝村妇代会、椒园镇水田坝村妇代会获恩施州“农村妇女岗位建功先进集体”称号，李家河镇小雨点幼儿园、县人力资源服务中心荣获恩施州“巾帼示范岗”称号；先进个人35人，其中邮政局沙道沟邮政支局朱琳获“全国三八红旗手”称号，珠山镇兴隆街社区吴冬云、椒园镇福利院院长田秀云、妇幼保健院副院长蔡文菊获恩施州“三八红旗手”称号，七姊妹山自然保护区管理局谢海珍获恩施州“十佳巾帼志愿者”称号。

【妇女儿童维权】 全年县妇联共接待妇女儿童信访36起，调成率达到100%。

（向莲花　朱忠梅）

工商联组织

【概况】 宣恩县工商联（总商会）会员2180人（个），其中个人会员1980人，企业会员194人，团体会员6个。

【参政议政】 2014年，县工商联组织全体干部和工商界政协委员们深入60余家会员企业走访调查，了解企业发展现状，有针对性地撰写出《关于企业党建方面存在的问题和解决对策》《企业发展亟待解决的相关问题》两篇调研文章和《关于解决城区规划范围内户外广告发展规划问题提案》《关于加强“菜篮子”工程建设，促进蔬菜食品安全监管的建议》等提案。开展“百家企业评机关”和“电子问政”活动，共收集意见和建议30余条，发挥出企业参与监督作用。

【商会活动】 2014年组织非公企业党支部认真开展党的群众路线教育实践活动，非公经济代表人士270人学习十八届三中全会精神、“统一战线大讲堂”3次。开展社会主义优秀建设者的评选活动，评选出西部农业总经理李兴华、珠山粮油购销公司总经理雷志恩、维民实业董事长龙维民、巴楚风包装有限责任公司总经理龚道为全州表彰为社会主义优秀建设者，开展创建劳动关系和谐企业活动，共走访企业32家，推荐县供电公司为省委省政府表彰的和谐企业，州委州政府表彰和谐企业10家。非公经济党工委与各企业支部签订2014

年党建责任状，新成立2个企业支部，培训非公企业入党积极分子52名，新发展中共党员9名。

【维权服务】 2014年县非公有制企业维权投诉中心帮助会员企业做好信息服务、法律诉讼、经营管理、企业维权等工作，调节各种矛盾纠纷14起。帮助会员企业上下联系有关的项目申报，企业特种作业人员培训上岗等工作，全年协助企业申报项目3个，协调特种作业人员培训上岗16人次。外商企业湖北弘亚企业金属制品有限公司落户宣恩。县人行与4家专业银行签订的战略合作协议，为33家企业申报资金约8000余万元，通过企业联保贷款协商给企业解决融资困难资金达3000多万元。

【扶贫帮困】 引导企业弘扬扶贫帮困、乐善好施的传统美德，全县工商界共帮扶贫困学生、老弱病残群体以及其他社会公益事业、累计为光彩事业捐款达60余万元。

（夏丘）

残联组织

【概况】 2014年新办残疾人证736人，其中一级95人、二级188人、三级183人、四级270人，全县历年累计办证人数5702人。全年征收残疾人就业保障金201万元。

【残疾人就业】 2014年，县残联利用往返人员集中的春运期间，在县客运中心设立政策咨询点，开展登记失业残疾人、困难家庭和一户多残家庭中有就业援助工作。采取多种形式鼓励支持残疾人创业，涌现出晓关侗族乡凤生茶叶加工厂老板刘凤生、沙道沟镇养鸡大户刘昌荣、椿木营乡养猪大户卢泽民等一批自强创业优秀代表。

【残疾人创业扶持】 2014年，县残联重点扶持晓关侗族乡野椒园村残疾人张嗣贵创办宣恩县残疾人精准扶贫肉羊生态养殖示范带动基地，投入扶持资金3万元，支持基地建设羊舍300平方米，修通进场公路200米，外购种羊80头，2014年末已繁殖70头，共计存栏羊150头。县畜牧部门投入20万元项目资金建设标准化羊舍和饲料贮藏间。通过项目的实施，基地的羊舍总面积达到550平方米、工作间面积150平方米、贮料间面积100平方米，可以同时容纳1500头羊的养殖。县残联在扶持基地建设的同时，按照“基地负责出羊、残疾人家庭负责喂养、养大后五五分成”的精准扶贫模式扶持带动残疾人家庭养羊，并作出基地建设五年规划和扶持残疾人家庭养羊五年规划，借此探索出一条“残疾人家庭在没有本钱投入的情况下也能参与养羊增加收入发家致富”的路径和模式，真正把视角投射到关注最底层、最无力、最弱势的残疾人群体。对新建、改建羊圈2间，总面积不少于20平方米的残疾人家庭，县残联从残疾人就业保障金中通过以奖代补的形式对残疾人养羊户一次性扶持2000元。

利用省体育彩票公益金项目，扶持宣恩县珠山镇莲花路覃正久（五金加工）集镇小老板和宣恩县晓关乡黄河村肖龙春、倒洞塘村张华2家农家小店主，每户给予5000元资金扶持。

【残疾人康复】 2014年，县残联组织实施0至6岁残疾儿童抢救康复项目，完成州残联下达的18名抢救任务，并对所有残疾人建立康复需求档案。全年共为90名精神病人提供免费服药，为6名精神病人提供免费住院治疗；免费为16名残疾人安装假肢，安装矫形器6肢，配备助听器2名，本级购买并免费发放给残疾人轮椅120台、拐杖65副。支持晓关侗族乡桥塘村2万元用于村康复室建设，为椒园镇水田坝村赠送一套室外残疾人健身器材(8件套)。

【宣传教育】 2014年，县残联组织开展了机关干部“进社区、访百户、拉家常”活动，共走访兴隆街社区残疾人家庭102户，发放残疾人政策宣传资料500余份。在国家、省、州、县各级网站、《恩施日报》发表各类稿件40余篇，推动了全县残疾人事业发展。

【助残日活动】 5月17日，县残联与团县委、兴隆街居委会在全国第24个“助残日”之际，开展了助残志愿者进社区（原印刷厂廉租房小区）阳光行动，组织医生、理发师等助残志愿者41人，免费为兴隆街社区87名残疾人进行了义务体检、为18名残疾人送药、为21名残疾人义务理发，还上门为3名重度残疾人体检和理发。开展辅助用品进农村活动——为晓关侗族乡黄河村、长潭河侗族乡甘露村30名残疾人免费配送轮椅20把、拐杖45件，为上湖塘社区23名残疾人免费发放助行器、坐便椅、轮椅等生活护理自助用具34件，并对辅助器具的使用方法进行指导。

【残疾人体育】 2014年，宣恩县残联组织残疾人运动员参加在湖北省第十四届运动会暨第九届残疾人运动会，共选送10名残疾运动员参加乒乓球、田径、举重、轮椅竞速、象棋五个项目比赛，获得乒乓球双打2块银牌（李家河镇八洲坝村滕浩，沙道沟镇红石村苏科）、田径F60级三级跳远1块铜牌（沙道沟镇棕溪村张瑜）、F60级4×100米2块铜牌（沙道沟镇班大湖村胡龙庆、沙道沟镇棕溪村张瑜）、举重KG级铜牌（万寨乡大河坝村安友俊）。5名队员参加全省首届残疾人职业技能大赛，其中长潭河乡细沙坝村赖金玉（服装制作）、宣恩县珠山镇七里桥村唐乾江（手机修理）2枚拼搏奖。滕浩获“体育道德风尚奖”。

【惠残助残】 2014年，投入资金119万元，落实1900人困难残疾人生活补助政策（300元/人·年，完成居家托养150人（600元/人·年），集中托养25人（3600元/人·年）。全年完成20户危房改造（6000元/人·年）、15户家庭无障碍（3500元/人·年）设施改造。发放残疾人机动轮椅燃油补贴100人（260元/人·年）。重度残疾人社会养老保险实现全覆盖，参保率达100%。全年共发放救助金近7万元帮助65户困难残疾人渡过难关，其中助学2人，助困46人，助医15人，助住2人。

（刘厚贤　孟秀杰）

科协组织

【概况】 2014年，县科学技术协会（简称县科协）下属9个乡（镇）科协，并配备乡（镇）科协主席；社区科协5个、企业科协6个、县级学会（协会、研究会）15个、农村专业技术协会10个，基本形成组织健全、职能明确、覆盖宽广的组织服务网络。

【全民科学素质工作】 5月9日至16日，开展公民科学素质抽样调查活动。12月16日，召开全民科学素质工作及转基因科普宣传大会，会议总结2014年全县全民科学素质工作，部署2015年相关工作，并在全省县市率先就转基因科普知识作专题报告。

【青少年科技创新大赛】 6月26日，印发《关于举办第九届宣恩县青少年科技创新大赛暨第三届宣恩县青少年科技创新大赛县长奖的通知》（宣科协〔2014〕22号）。经各乡镇、县直各学校初赛、推荐，共有386项申报参赛。12月18日，依据《宣恩县青少年科技创新大赛评选办法》和《宣恩县青少年科技创新大赛县长奖评选办法》，大赛评审委员会评选出宣恩县第二届青少年科技创新大赛县长奖10项和宣恩县第九届青少年科技创新大赛一、二、三等奖、优秀奖、科技辅导员创新成果等221项进行公示。

【科普奖励项目】 2014年，争取新的竞争性奖励项目。其中，宣恩县雨露有机茶叶协会获中国科协、财政部“科普惠农兴村行动计划”先进单位奖，上湖塘社区、湖北绿可生态茶业有限公司分别荣获省科协、省财政厅“科普示范助力新社区”和“科普示范助力新企业”先进单位奖。8月4日，省科协批复同意成立湖北华宏矿业有限公司院士专家工作站，宣恩县第一个院士专家工作站成功获得省奖励资助。8月6日，宣恩县联华科技（集团）有限公司、湖北绿可生态茶业有限公司被州科协命名表彰为“恩施州科普示范企业”。

【科普活动】 4月，县科协、县国土资源局开展第45个“世界地球日”科普宣传活动。6月，县科协、县药监局等单位举办“食品安全宣传周活动”。9月23日，长潭河侗族乡大坨、高罗乡板寮、椒园镇黄坪和庆阳坝、沙道沟镇当阳坪、万寨乡伍家台、晓关侗族乡中村坝、珠山镇茅坝塘和卸甲坝等9个村被州科协、州科技局授予“恩施州第一届科技示范村”称号。组织专家团队联合编写《宣恩贡水白柚标准化生产技术》等专用培训材料，通过培训提高鄂湘2省4县广大农民和相关企业的贡水白柚种植、加工、营销、及管理水平。

【全国科普日活动】 2014年全国

科普日活动主题为“创新发展，全民行动”。9月29日，县科协、县科技局、县教育局、兴隆街社区联合举办的“全国科普日·宣恩科普季”启动仪式在人民广场举行，标志着为期三个月的“全国科普日·宣恩科普季”活动正式拉开帷幕。活动通过发放科普资料、科普知识有奖竞猜、科普文艺演出等形式，向广大市民宣传生态环境保护、安全健康、科学生活等科普知识，倡导低碳绿色生活、关注食品安全、遵循科学健康的生活之道。科普季期间，全县举行科技咨询服务、科普知识“五进”(进企业、进社区、进学校、进机关、进农村)、科普讲座、科技展览、科技培训、科普少儿绘画比赛、学生创新科普大行动等系列活动。

【科技州长科普报告】 9月12日，“恩施州科技州长科普报告”在宣恩县行政服务中心二楼会议室举行。州人民政府副州长檀坤华、州农科院院长李卫东分别作题为《科学决策是领导者的核心职能》《农业科技创新与农耕文化弘扬》的报告。朱鹏程主持报告会，州政府办公室纪委书记洪克敏、州科协副主席曾召辉等领导和专家参加报告会，县“四大家”领导，县人武部、县法院、县检察院、县工业园区、各乡镇及县直科技单位主要负责人，县人大、县政协各专委会主任，各乡镇分管科学素质工作的相关负责人聆听报告会。

(高应坤　杨柳)

老促会组织

【概况】 2014年，县老促会扶持高罗乡修建水塘村中心卫生室，共投资38万元，其中乡政府21万元，县卫计局7万元，州、县老促会各5万元，解决了水塘、马家寨、清水塘、车道湖、大坪等5个村7000余人的就医难的问题。支持椿木营乡粟谷小学1万元，购置电热水器，解决高山住读学生洗热水澡的问题。帮扶李家河镇楠木园村1.5万元，维修烟区公路，每年为农民增收30多万元。支持沙道沟镇二坪村1万元，用于修建人畜饮水池，解决24户95人的人畜饮水困难。

(刘需群)

法　治

【法治宣恩建设】 普遍建立法律顾问制度。贯彻落实中央、省、州关于普遍建立法律顾问制度精神，2014年7月8日，成立了宣恩县普遍建立法律顾问制度工作领导小组，朱鹏程任组长，黄同元任副组长。召开县委常委会、县政府常务会，专题研究此项工作。制订《宣恩县普遍建立法律顾问制度实施意见》，建立全县法律顾问人才库。宣恩共有456个单位需要建立法律顾问制度，截至2014年年底，已经有185家单位聘请法律顾问。

6月，由县委政法委牵头实施法治宣恩环境状况调研，由公安局、法院、检察院、司法局、法制办和县委党校等组成联合调研组，到乡镇、学校、县直单位、村、企业，通过听取介绍、实地调研、走访座谈等方式对全县法治环境进行全面调研，先后召开座谈会16次，座谈358次，共发放调查问卷1000份，收回895份，其中有234份提出法治方面的建议和意见，并撰写《宣恩县法制环境状况调研报告》。

按照“六五”普法规划，以构建“大普法”格局为着眼点，持续深入开展“法律六进”等普法宣传教育活动。推进基层法治文化“培根工程”，突出抓好领导干部、青少年和特殊人群的法治宣传教育。利用广播电视、电影、网络、各种会议、宣传栏等形式，深入持久开展法治宣传教育。2014年，在“六五”普法中期考核验收中，宣恩县被评为全省“六五”普法中期工作先进县市。

完善审判公开、检务公开、警务公开制度；广泛实行人民督察员、人民陪审员制度，推行“阳光司法”；落实法官、检察官、人民警察办案质量终身负责制，建立冤假错案追责制等促进司法公正。

全年为当事人减、免、缓交诉讼费17.31万元；为符合条件申请人发放司法救助资金274566.85元。

（符敏）

【法治政府建设】 开展矛盾纠纷排查调处工作，建立健全相应的调解和信访制度，对矛盾纠纷依法妥善解决，切实解决人民群众通过信访举报反映的问题，及时办理信访事项，保障信访人、举报人的权利和人身安全。2014年，县人民政府共受理信访复查申请案9件，办结8件，办结的案件均维持原答复单位的意见。

坚持“以人为本，复议为民”的思想，贯彻党的群众路线教育实践活动的要求，听取当事人意见，摆正政府与群众的关系，履行行政复议职责。在审查复议案件中，认为乡镇政府或其他部门作出的具体行政行为存在被撤销的情形的，为更好地处理纠纷，实现“案结事了，定纷止争”，开展协调工作，建议其自行撤销。同时探索化解行政争议新机制，运用简易程序、听证、调解、和解、协调、现场勘查等多种手段化解矛盾，处理行政争议。对一些事实清楚，案情简单的案件，采用简易的方式审理复议案件，提高办案效率；对一些影响大、涉及面宽、群众特别关注的复杂疑难案件实行公开审查，保证复议机关公开、公正地办案。2014年共收到行政复议申请3件，受理行政复议案件2件；已审结2件，其中维持1件，终止1件。

贯彻落实《涉法涉诉信访工作暂行办法》，严格按照《涉法涉诉信访工作暂行办法》对涉法涉诉信访问题进行办理，引导群众通过法律渠道维护自身权益。2014年全县新发生29件行政诉讼案件，审结26件。其中，维持的2件，撤销全部行政行为的3件，撤销部分行政行为的1件，驳回诉讼请求的6件，判决赔偿的1件，裁定驳回起诉的1件，原告撤诉的12件。

（胡静）

公　　安

【概况】 2014年全县共接处警2925起，其中立刑事案件966起，破398起，刑事拘留121人，移送起诉197人，抓获网上逃犯49名；受理查处各类行政案件1110起，行政拘留539人，强制隔离戒毒17人，社区戒毒36人；成功处置72起(80人)非正常死亡事故；全年无上访增量、无因公安执法过错引发的新上访事项、无进京“非访”。全县上半年测评，群众公众安全感指数为96.25%，社会治安满意度为99.25%；下半年测评，群众公众安全感指数达99.5%，社会治安满意度达99.5%。

【维护稳定】 全年共发布《情报信息研判要点》28期，编发《信息快报》67期，其中5期被州县领导签批；报送本地有价值互联网监控信息283条，被省公安厅专刊采用23条；采集“全警三员”信息5576条，被州公安局录用162条。

全年化解各类矛盾纠纷417起，其中涉校9起、涉医5起、涉企89起、涉高路建设123起，切实维护学校、企业周边、重点工程秩序，确保恩来恩黔高速按期封网。7月，晓关派出所对中铁大桥局与中铁十局聚众斗殴情况开展事前防控，避免群体性事件发生。对24名重点人、3个重点群体进行摸排和动态管控；对常住的3名越南人等落实稳控措施。处置“2·3”千百汇超市员工非正常死亡事故；在“9·27”滑坡事故，从废墟中救出4名幸存者，开展善后处置，疏散、疏导类似地质灾害点居民近300人。全年共处置72起80人非正常死亡事故，无一起上升为规模性群体性事件。接待群众来信来访18起，办结率100%。

【社会管理】 加强防控体系建设，有效提高社会治安控制能力。通过有效防范，2014年，全县刑事发案966起，比上年减少18起，同比下降1.8%。其中可防性案件402起，比上年减少18起，同比下降4.3%；八类案件46起，比上年减少9起，同比下降16.4%。全年未发生涉暴涉恐案件。

5月20日，平安监控第三期增补项目建设通过验收。朱鹏程、黄同元、张友刚等领导在珠山城区实地查看，并在县公安局110指挥大厅观看视频监控运行情况。至此，全县建成平安监控探头352个，提前完成州下达的2015年工作任务。

珠山城区4个社区警务室全部被命名为“二级社区警务室”。返聘2名退休民警从事社区警务工作，对重点人员、行业、场所、交通、消防管理和矛盾纠纷排查化解形成长效机制，实行社会治安“网格化管理”。

以校园安全为重点开展单位内部安全保卫工作，继续坚持城区、集镇护学护校。共检查校园244所，督促整改各类安全隐患210处；检查重点单位108个，督促整改安全隐患86处；办理单位存在治安隐患案件30起。重视校园及部分重点单位场所内保组织不健全、专职保卫力量不足、安全防范管理落后等问题，2014年12月16日，县编委批准县公安局设立内保大队（宣编发〔2014〕23号）。

组织武警、消防官兵和公安民警，重点时段在城区开展武装巡逻、设卡盘查，屯警街面，落实“警车常转、警灯常闪、警察常见”，提高居民安全感。11月，网民在《宣恩论坛》发图文点赞，收到良好社会效果。

严格枪支弹药、危爆物品、管制刀具、散装汽油等重点物品源头监管。共收缴各种枪支209支、管制刀具64件、弩2支、炸药3千克、雷管3枚；列管肇事肇祸精神病人56名，吸毒人员755名。健全旅店、网吧等行业场所管控措施，对全县68家有上网服务的旅馆落实非经营性上网场所管理。

【严打整治】 暴力犯罪。全年共发生6起命案，破6起，破案率100%，7名犯罪嫌疑人全部到案；

八类重大案件共立案46起，破39起，破案率达84.8%。2月14日，椿木营乡勾腰坝村村民胡某将何某杀害后掩埋，6天后，胡某在江西上饶被成功抓获。12月2日，法院开庭审理“6·15”涉黑案件及10名被告人。

侵财犯罪。全年共立侵财类刑事案件719起，破获196起。打掉盗窃团伙8个、28人，诈骗团伙1个、3人。11月，侦破金源小区系列入室盗窃案，2名湖南龙山籍嫌疑人归案；12月，抓获恩施籍嫌疑人柳某，破获系列盗窃货车电瓶案件30余起。

毒品犯罪。全年立涉毒刑事案件25起，破25起，打击处理13人，缴获各类毒品60余克；办理涉毒行政案件33起，行政拘留30人；强制隔离戒毒17人，社区戒毒36人；查处非法种植毒品原植物案件8起，铲除罂粟201株。4月，缉毒大队根据两起吸毒案件破获晓关侗族乡系列贩毒、容留他人吸毒案件，刑拘4人，强戒4人。

经济犯罪。全年共受理经济案件14起，破4起，移送起诉5人，为金融单位追回损失20余万元。报请成立宣恩县公安局企业服务中心，向党委政府通报经济犯罪和经济风险2次，约谈企业负责人2人，发布预防经济犯罪意见2条。

赌黄违法。开展“禁赌扫黄”，检查洗浴场所、宾馆133家次，清查麻将馆61家，当场批评教育345名涉赌人员，签订具结保证书93份，查获赌博团伙20个、成员96人，卖淫团伙1个、成员3人。4月，湖北人民广播电台、《湖北日报》等媒体相继报道宣恩县公安局强力禁赌消息。

【安全管理】 全年未发生较大以上交通事故。共受理交通事故767起；立交通刑事案件16起，破16起，起诉14人；受理交通行政案件98起，行政拘留98人；查处简易程序交通违法案件1.37万起；排查危险隐患路段195处，重大安全隐患车辆258辆，重点驾驶人264人；发放各类交通安全宣传资料近5万份；为校园上交通安全课71次。

全年共接火灾报警21次，抢险救援报警39起，抢救被困人员37人，疏散被困人员1112人，抢救财产价值621万元，无人员伤亡，未发生较大以上火灾事故；排查火灾隐患1264处，督促整改1100处，责令“三停”5处，整改重大火灾隐患4处；城区增建27具消火栓，购买85具机动泵发放到各行政村。

全年未发生民爆安全责任事故。全年发放宣传资料5000余份，对县内32家非煤矿山、1家合法煤矿、1个民爆公司、恩来恩黔高速公路近百余施工队开展1000余次安全检查，责令整改安全隐患651处，下发限期整改通知书82份。

以看守所“五化建设”和拘留所“三项重点工作”为抓手，规范内务管理，强化岗位职责。8月7日，副州长、州公安局局长汤文江签发嘉奖令，对及时发现并果断将患病在押人员送医抢救的民警廖明亮、杨诗奎、向明凯、张家胜予以通令嘉奖。改建提讯通道和单独监室，落实医院和医护人员开展医疗社会化服务，建成心理咨询室和县法律援助中心驻看守所工作站，视频监控实现了全覆盖。全年无监所安全事故发生。

【服务群众】 县公安局向社会作出18条公开承诺。全县9个派出所先后邀请“两代表一委员”、群众代表、企业负责人、服务对象座谈，征求意见建议66条，逐一落实交办整改。11月，沙道沟所民警杨勇、范磊跨湘鄂两省四县救助群众，被《湖北公安手机报》及凤凰资讯、《楚天都市报》《恩施晚报》等媒体相继报道。

县公安局每名局党委委员联系县内一家规模企业，各派出所民警在本辖区分别联系服务一个企业，每季度到企业与业主座谈一次，每月收集一次涉企问题情况。专门抽调2名副局长、3名民警分两个专班协助高路建设、城区改造，确保工程建设正常有序。椒园派出所协助工业园区已建成投产的13家企业建立内保组织，培训内保人员80余名。每名副科级以上民警联系帮扶一名困难群众或留守老人、留守儿童，共结对帮扶45人。

切实为群众办实事、办好事。为办事群众准备凳子、茶水；行政审批不上“二楼”，统一由服务窗口办理；工作日午休窗口照常上班，实行延时服务；下班后、双休日、节假日实行预约服务；珠山等5乡镇户政窗口进入乡镇便民服务大厅；

交警增设省外交通违法处理窗口，增加省内异地违法处理窗口，建立完善银行自动缴款对账系统。

【队伍管理】 2014年，县公安局通过春节集中整训、“正风肃纪、争做好干警”“为何从警、为谁用警、如何做警”大讨论等一系列活动，牢牢把握党的群众路线教育和民主评议政风行风这两条主线，大力弘扬人民警察核心价值观，引导民警坚定理想信念，牢固树立大局意识和为民服务的宗旨，执法观念和服务意识进一步转变。制订“三个办法、三个规定、两个决定”和行评“十八条”公开承诺，创新“3＋2”工作模式和每周视频指挥调度机制，县公安局领导每周下基层与民警一道工作生活，机关所队长节假日到派出所代理所长，年内队伍未出现违法乱纪现象。年度执法质量考评获得州公安局检查组肯定。

改善民警办公办案条件，争取公租房建设，已完成交警大队、晓关派出所业务技术用房建设，椿木营派出所业务技术用房及珠山派出所备勤房建设开始动工。9月11日，曾德权、朱鹏程、黄同元及县委办、政府办、政法委、人社局、财政局、住建局、国土局、卫计局、电信局主要负责人到宣恩县公安局视察调研公安工作，并召开专题会议研究解决公安机关存在的困难和问题。

关心民警工作生活，为民警购买出行保险，慰问一线民警和离退休老同志，组织民警、协警体检，为外地无房年轻民警整修集体宿舍。10月9日至11日，举办第三届警体运动会，公安、消防、武警、森林公安等8支代表队214名队员参赛，比赛项目设径赛类、球类、警体类3个大项11个小项。

通过加强公安宣传工作、弘扬正能量。全年在各类媒体刊播稿件384篇，其中国家级、省级媒体刊发86篇；《湖北公安手机报》“民警风采”栏目采用1篇，州公安局主页采用内宣稿件554篇。全年有9个单位和37名个人受到各级表彰。4月29日，副州长汤文江在张友刚的调研文章《加强作风建设，提升队伍形象》上批示：“四从”“四反映”求“四效果”的提法和考核标准很好！肖辉同志可否考虑将八县市公安局主要领导及部分班子成员的有关“党群教”活动方面的学习体会及文章收录到州局主网页有关专栏，以供大家学习。另请友刚同志酌研：“群众安全感和对社会治安的满意度”可否纳入，变“四”为“五”。

【椿木营“2·14”故意杀人案】 2月14日，椿木营乡勾腰坝村村民胡某因妻子与何某长期保持不正当男女关系，将何杀害掩埋在山林中后潜逃。2月20日，胡在江西上饶被抓获归案。

【高罗“5·9”故意杀人案】 5月9日凌晨2时许，陈某、覃某等人在高罗乡集镇黄永刚夜宵店消夜，因结账问题与黄永刚发生争吵，陈某、覃某二人持刀将黄杀害。5月13日、14日，陈、覃二人先后投案自首。

【消防业力技能大比武】 8月20日，全县举办2014年度多种形式消防队伍业务技能大比武活动。全县9个乡镇专兼职代表队参加比赛，椿木营乡、椒园镇、李家河镇代表队分别获得专职队团体前三名，高罗乡、珠山镇、椒园镇代表队分别获得志愿队前三名。

【百日会战】 8月10日至11月20日，在全县开展以“打击各类违法犯罪、整治各类治安问题、消除各类安全隐患、化解各类社会矛盾和不稳定因素”为主要内容的平安建设“百日会战”专项行动。行动期间，共排查各类矛盾纠纷181起，化解171起；受理刑事案件280起，同比下降13%；破案91起，刑事拘留33人。查处行政案件411起，同比下降13.1%；行政拘留205人，罚款98人，警告9人，强制隔离戒毒6人；充分利用“全警三员”拓展情报信息渠道，抓获网上在逃人员17名；排查各类治安、消防隐患45处；会战期间，全县未发生一次死亡3人以上的重大交通事故。全县共出动巡逻警力2232人次，盘查可疑人员648人，检查可疑车辆208台次，查处赌博案件19起，端掉赌博场所15处。

【智能交通建设】 2014年5月，宣恩县聘请中国管理科学研究院武汉分院的城市教育管理研究所，结合宣恩实际制定《宣恩县中心城区交通组织改善方案》，包括区域交通组织、微观交通组织、公共交通管理及停车管理4个部分。改善范围为宣恩县中心城区（即北至红岩卡高速公路连接线涵洞，南至桐子坳加油站，西至民族五路，东至教育中心），主要包括兴隆大道、建设路、民族路、贡水路、凌云路、工农街、解放街、交通巷、迎宾巷、白鹤巷、民族五路、民族三路、沿河北路等。2014年10月23日动工，共投入340余万元，实施智能交通建设，主要包括设置交通信号灯和交通岗亭、安装电子警察、人行道护栏等，2014年12月31日全部建成，并于2015年1月10日正式投入使用。

【县城区禁鞭范围调整】 宣恩县从1998年5月1日开始实施城区禁鞭，当时的禁鞭范围为：东至兽药厂，西至龙洞电厂，南至桐子坳加油站，北至红岩卡道班，随着城市的发展，原来不在禁鞭区范围的地方现在已成为城区人员居住密集的区域，在这些地方燃放烟花爆竹已严重影响城区居民的正常生产生活，群众强烈要求政府尽早出台相关管理办法，扩大城区禁鞭范围。2013年12月6日，县政府办公室在宣恩网上开展关于调整县城区禁鞭范围的问卷调查，就县城区区域内禁止燃放烟花爆竹，向社会各界人士征求意见。同时进行入户调查，征求群众意见，两种方式共征求441人的意见，其中赞成的占72.6%，不赞成的占27.4%。

2014年1月8日，县公安局在公安局六楼会议室召开“关于调整城区禁鞭范围听证会”。2月10日，县政协委员韩军向县政协提案委员会提交《关于调整城区禁鞭范围的建议》，被列为县政协八届四次会议第26号提案。7月2日，县政府第23次常务会议讨论关于新的禁鞭区域，并指出实施时间从2015年1月1日开始。7月17日，县人大常委会对于拟定的禁鞭区进行实地踏勘。8月5日，县十七届人大常委会第十九次会议通过《关于调整城区禁止燃放烟花爆竹范围的决定》，对城区禁止燃放烟花爆竹范围进行调整，决定从2015年1月1日起执行。调整后的禁鞭区域为：北至柳杨坡山脊，接209国道红岩卡涵洞北侧山脊、五指千山脊、土地坳、白虎山山脊、杨家山山脊以南；东至教育中心东侧外围山脊，接陈家湾山脊、龚家坡山脊、邓家湾山脊以西；南至碉堡上山脊，接黄土堡山脊、三皇庙槽口、尖堡山脊、百叶坳山脊、陈家梁子山脊、猫儿洞山脊、铜鼓山山脊、夏家梁子山脊以北；西至韩家梁上山脊，接覃家堡上山脊、双龙湖西侧外围山脊、猴子堡山脊以东。9月2日，县政协提案督办组就《关于调整城区禁鞭范围的建议》进行督办，沿线实地察看部分控制点。12月8日，县人民政府就县城区范围内禁止生产、储存、销售、燃放烟花爆竹的有关事项，发出《关于在县城区范围内禁止生产储存销售燃放烟花爆竹的通告》，通告自2015年1月1日起施行，1998年3月26日发布的《宣恩县人民政府关于在珠山镇城区禁止燃放烟花爆竹的通告》同时废止。12月24日，召开全县内保暨城区禁鞭工作会议，安排部署单位内部治安保卫工作和城区禁鞭工作，各乡镇、单位、企业、社区（村）、派出所共计140人参会，县委常委、政法委书记黄同元，副县长、公安局长张友刚到会作重要讲话。12月31日，县公安局召开元旦假期禁鞭工作会议，针对新划定的宣恩城区禁鞭区域，安排部署禁鞭专项行动。

【汤文江调研公安工作】 8月5日，州政府副州长、州公安局长汤文江到宣恩调研公安工作，黄同元、张友刚参加。汤文江到看守所，查看基础设施、监区环境、监控系统等安全设施情况，了解日常管理工作、民警值班备勤、在押人员的生产生活情况等，听取看守所关押情况、“五化建设”开展、安全管理、队伍管理及遇到的困难等工作情况介绍，张友刚汇报全县上半年公安工作。

（孙少尘）

检　察

【概况】 2014年，宣恩县人民检察院（简称县检察院）围绕宣恩经济社会发展大局，以执法办案为中心推动各项工作，加大改革创新力度，不断强化法律监督、强化自身监督、强化队伍建设，履行职务犯罪侦查、刑事检察和诉讼监督职能，积极参与社会管理创新，依法开展对立案、侦查、刑事审判、刑罚执行、民事行政诉讼的监督工作，推动严格执法、公正司法。全年立案查处贪污贿赂案件22件22人，渎职侵权案件4件7人；受理公安机关提请批准逮捕案件110件141人，批准逮捕102件128人，不批准逮捕8件13人；受理移送审查起诉案件202件264人，提起公诉187件245人，不起诉27件31人；办理来信来访65件次，处理率100％，全年检察长接访26次。

【职务犯罪查办和预防】 严肃查办职务犯罪案件。依法查办发生在民生民利、环境资源等重点领域的贪污贿赂和渎职侵权职务犯罪。全年立案查处贪污贿赂案件22件22人，渎职侵权案件4件7人。

开展职务犯罪预防。将个案预防与专项预防相结合，针对发案单位管理机制漏洞等问题进行个案预防，选派专业人员到税务、国土、电力、银行等系统进行专项预防，举办预防讲座20场次，向有关单位提出预防检察建议15件；注重预防调研，全年进行职务犯罪分析18次，完成预防调研4篇；加大对宣恩县二水厂、教育中心等重点工程预防工作的监督指导；为项目招投标提供行贿犯罪档案查询532次。

【刑事犯罪惩治】 立足检察职能，与公安机关、审判机关密切配合，依法打击危害人民群众生命财产安全和社会治安稳定的严重刑事犯罪活动。全年受理公安机关提请批准逮捕案件110件141人，批准逮捕102件128人，不批准逮捕8件13人；受理移送审查起诉案件202件264人，提起公诉187件245人，不起诉27件31人。对重大案件提前介入，引导取证，对严重刑事犯罪依法快捕快诉，确保打击力度。同时注重办案质量，严把事实、证据、程序关口，确保打击效果。

【诉讼监督】 立案监督和侦查活动监督。对侦查机关应当立案而未立案的刑事案件，监督立案18件22人；对侦查机关不应当立案而立案案件，监督撤案29件32人；对侦查活动中存在的违法情形及时予以纠正，发出纠正违法通知书6份，纠正漏捕12人，追诉漏犯17人，追诉漏罪25条。推进行政执法与刑事司法有效衔接，与县直48家行政机关建立“两法衔接”信息平台，监督行政执法机关移送犯罪案件6件10人。

刑事审判活动监督。通过检察长列席审判委员会的形式强化监督，全年检察长列席审判委员会14次；以刑事抗诉为核心，对认为确有错误的刑事判决提出抗诉2件；依法对刑事判决中杨某刑期计算错误的问题提出纠正意见，得到及时更正；强化对量刑自由裁量权的监督，向审判机关提出量刑建议138件，审判机关采纳133件，采纳率达96.4％。

刑法执行和监管活动监督。强化减刑、假释、暂予监外执行监督，依法纠正对林某作出的暂予监外执行的错误决定；对监管活动中的违法情形及安全隐患及时发出纠正违法通知书和检察建议50份；加强监外执行和社区矫正监督，对社区矫正工作中存在的问题发出纠正违法通知书和检察建议20份，协助做好293名社区矫正对象转化工作；积极开展羁押必要性审查，对不需要继续羁押的在押人员，建议变更强制措施6人。

民事审判和行政诉讼监督。受理民事、行政申诉案件4件，提请抗诉、建议提请抗诉3件，全部被采纳；受理民事、行政监督案件134件，对审判、执行等程序中的违法行为和行政机关不履行职责等问题发出检察建议118份，全部得到有效回复；向法院发出再审检察建议1份，法院已决定再审。

【社会管理综合治理】 落实检察环节社会管理综合治理措施，依法妥善处理各种矛盾纠纷和社会治安隐患，消除不安定因素，做好社会管理规范化建设和制度建设。强化落实维稳责任，落实全国“两会”及党的十八届四中全会期间稳控措施，全年无涉检赴省进京上访事件发生。开展涉检信访积案排查化解专项工作，强化矛盾纠纷的源头治理，主动做好隐患排查、风险防范和矛盾化解工作。开展被害人司法救助工作，加大刑事被害人救助力度，对符合救助条件的刑事被害人，不论是否申诉上访，都予以救助，全年共救助6件6人。促进社会管理创新，在执法办案中注意发现社会管理问题，结合办案及时提出检察建议，相关部门进行整改。加大对未成年人保护力度，着力做好未成年人分案起诉、附条件不起诉、跟踪帮教、合适成年人到场等工作，保障未成年人合法权益。加强社区矫正监督，定期开展社区矫正专项检查，建立和完善监外执行情况检查台账。对监管活动中的违法情形、安全隐患及社区矫正工作中存在的问题发出纠正违法通知书和检察建议，并协助做好社区矫正对象转化工作。

【执法规范化建设】 主动接受外部监督。强化代表委员联络工作，坚持向人大及其常委会报告工作，做好人大代表建议和人大常委会转交事项的办理；深化人民监督员工作，全年共组织人民监督员监督案件9件9人，及时办理人民监督员意见建议68条；开通宣检微信公众平台和检察微博，通过手机客户端传播检察工作信息4698条、检察微信194期；定期开展举报宣传周和公众开放日活动，做到“以公开促规范，以规范促公正”。

强化内部监督。严格落实《人民检察院执法办案内部监督暂行规定》，加强对重点岗位、重点环节、重点人员的监督。强化案件管理工作，及时纠正司法不规范问题40件次；全年共进行同步录音录像166次；规范办案工作区使用管理，坚持审押、审录分离；强化检务督察，围绕规范司法开展专项督察和日常督察25次。

【检察队伍建设】 全年以党的群众路线教育实践活动、“正风肃纪、争做好干警”活动为主线，开展“我是谁、为了谁、依靠谁”大讨论活动，认真查摆“四风”方面突出问题。注重班子内部思想交流沟通，严格执行民主集中制，重大事项集体决策，强化领导班子建设，领导集体紧密团结、民主决策、严于律己、务实创新。坚持实行全员教育培训，加强专业素质建设。全年组织干警参加岗位技能培训12期300人次，初任检察官培训3期9人次，专项业务培训12期360人次，特别注重对新招录、遴选人员进行岗前培训，实现教育培训全覆盖；开展岗位练兵，举办庭审观摩、案例评析、业务竞赛等活动20次；进一步深化和拓展“检校合作”，通过开展专题法律讲座、参与课题研究、指导理论研究、进行高学历培训等形式，不断拓展深入合作的范畴。县检察院主持的省重点课题《检察官职业伦理规范研究》的理论成果在《人民检察（湖北版）》和《西南政法大学学报》发表。邀请中央民大等高校法学专家为干警授课，通过教育培训和实践锻炼，干警素质得到提升，检察队伍更加专业化。

【服务县域经济社会发展】 着力服务和保障新型城镇化、产业化建设，查办“违法建设和违法用地”职务犯罪案件1件1人，查办农业综合开发领域职务犯罪案件7件7人；参加整顿和规范市场经济秩序工作，依法对5起涉嫌非法经营、合同诈骗犯罪案件快捕快诉；推进“两法衔接”工作，与县直48家行政机关建立“两法衔接”信息平台，监督行政执法机关移送犯罪案件6件10人；落实服务企业制度，与12家企业建立服务联络机制，到企业开展预防建议、法制讲座和法律咨询20余次，协调解决企业实际困难，依法保障企业健康发展。

【检察工作改革】 2014年积极推进检务公开、人民监督员、涉法涉诉信访等三项改革。打造“阳光检务”新模式；通过开展案件回访、阳光执法服务、举报宣传周、公众开放日等活动，立体式向群众传达检察工作信息；深化人民监督员制度改革，开展选任对象摸底调查，推进人民监督员参加审查逮捕案件公开听证会常态化，开通人民监督员微信平台，拓宽宣传渠道；推进涉法涉诉信访改革，完善涉检信访内部一体化工作机制，强化信访案件的风险评估、隐患排查等工作，探索聘请心理咨询师介入机制，依法妥善办理来信来访65件次，处理率为100%。

（郑来品）

法　　院

【概况】 2014年，县人民法院共受理各类案件2186件，同比下降8.5%；审（执）结各类案件1691件，结案率为77.35%，同比下降13.11%。其中，刑事案件170件（含旧存8件），审结154件；民商事案件1368件（含旧存209件），审结1124件；行政案件43件（含旧存1件），审结37件；非诉行政案件7件，结案7件；执行案件598件（含旧存24件），执结369件。

12月16日，县编委批准宣恩县人民法院增设信息化办公室为内设机构。至此，县人民法院有内设机构15个：办公室、政治处、立案庭、刑事审判庭、民事审判第一庭、民事审判第二庭、行政审判庭、审判监督庭、执行局(加挂执行庭牌子)、监察室、司法警察大队、司法行政科、司法鉴定科、审判管理办公室、信息化办公室;派出法庭9个:沙道沟、长潭河、李家河、高罗、沙坪、椒园、万寨、晓关、椿木营等人民法庭。

【刑事审判】 全年共受理各类刑事案件170件(含旧存8件),同比增长25%,审结154件,结案率为90.59%。共对181人作出有罪判决,其中,判处3年以上10年以下有期徒刑26人,3年以下有期徒刑71人。始终保持高压态势,重点打击严重暴力犯罪、毒品犯罪以及多发性侵财案件,努力保障人民群众生命财产安全。依法惩治贪污、贿赂和渎职犯罪,共对7人作出有罪判决。贯彻“教育、感化、挽救”方针,做好未成年人犯罪案件的审判工作,共审结未成年人犯罪案件6件6人,其中宣告缓刑1人,封存犯罪记录6人。对于情节较轻、社会危害性较小的犯罪,积极开展庭前调查,依法从宽处罚,适用缓刑49人,拘役16人,管制12人,免予刑事处罚4人。开展量刑规范化工作,适用量刑规范化审理案件119件,统一量刑尺度,实现量刑公正。严格适用非法证据排除程序,排除非法证据3份,切实维护司法公正和刑事诉讼参与人的合法权益。

【民商事审判】 全年共受理民商事案件1368件(含旧存209件),同比下降2.36%,审结1124件,结案率为82.16%。围绕“案结事了”目标,坚持“调解优先、调判结合”原则,妥善化解各类民商事纠纷,最大限度地消除社会不和谐因素,审结的民事案件中,以调解方式结案384件,撤诉方式结案307件,调撤率为61.48%。妥善审理婚姻家庭纠纷案件485件,促进家庭关系稳定和睦。依法审理合同纠纷案件452件,维护诚实信用的市场交易秩序。慎重审理劳动争议及侵权纠纷案件215件,保护社会弱势群体的合法权益。

【行政审判、审判监督】 全年共受理行政案件43件(含旧存1件),同比增长79.17%,审结37件,结案率为86.05%。行政审判突出双向保护,一方面依法保护行政相对人合法权益,监督行政机关依法行政,共判决撤销具体行政行为4件;另一方面对于行政机关依法实施的行政管理活动及合法行政行为,给予及时有力的支持,共判决驳回原告诉讼请求9件、裁定驳回起诉4件、判决维持2件。灵活运用协调手段解决行政争议,14件案件经法院协调后原告自愿撤诉。依法支持行政机关履行管理职责,受理非诉行政案件7件,结案7件,结案率为100%。

【执行工作】 全年共受理执行案件598件(含旧存24件,同比下降38.73%),执结369件。落实公布失信被执行人名单信息制度,促使被执行人自觉履行生效法律文书确定的义务,推进社会信用体系建设。加大执行力度,对拒不履行生效法律文书义务的20名“老赖”采取司法拘留措施,对其中情节严重的2名被执行人,以其涉嫌构成拒不履行判决、裁定罪移送公安机关。

【信访工作】 加强信访评估预警,注重节点控制,把好立案、审理、答疑、执行四个关口,从源头上减少涉诉信访案件的发生。坚持县法院领导周三接访日制度和包案制度,落实接待、登记、答复、处理一条龙的岗位责任制,同时加强信访案件回访工作,增进上访人对法院工作的理解,巩固化解成果。全年共处理群众来信33件次,接待来访206人次,其中领导接访82人次。

【司法救助】 进一步加强司法救助措施,为14名刑事被告人指定辩护律师,依法保障被告人诉讼权利。为困难当事人减、免、缓交诉讼费用17.31万元,努力让有理无钱的人打得起官司。共为18名符合条件的申请人发放司法救助资金19.58万元。

【纪检监察】 全面落实“两个责任”,认真履行“一岗双责”,构建符合审判规律与特点的廉政风险防范体系。开展党的群众路线教育实践活动、整治“六难三案”活动、“正风肃纪、争做好干警”活动、廉洁司法教育活动,强化群众观念、端正司法理念、改进司法作风。加强警示教育,组织全院干警集中学习违法违纪典型案例11次,以生动的事例教育全体干警廉洁自律。加大审务督察力度,对全院干警履职尽责、遵章守纪进行全方位监督，对一些苗头性、倾向性问题坚决予以纠正，全年共发出审务督察通报3期，点名通报批评5名干警。

（何威）

司法行政

【概况】 2014年全县共有各级人民调解委员会294个，人民调解员1023人。各级人民调解委员会开展大排查278次，排查纠纷1432件，调解纠纷1456件，调解成功1419件。2014年共接收、帮教刑释解教人员275人。

开展"六五"普法教育，组织大型法治宣传、法律咨询活动70余场次，法制竞赛3次，法制培训2500余人次，1782名机关、企事业单位人员参加无纸化学法用法考试平台学习考试。

【普法依法治县】 构建"大普法"格局，突出抓好领导干部、青少年和特殊人群的法制宣传教育，推进基层法治文化"培根工程"，弘扬社会主义法治文化，推进区域、行业、基层法治建设，持续开展"法律六进"活动，共组织大型法制宣传、法律咨询活动70余场次，全县大型法制竞赛3次，法制培训2500余人次，2014年度全县无纸化学法用法考试平台考试工作，全县共计1782名机关、企事业单位人员参加考试，考生平均分数达96.9分，考试通过率97%。5月，卢远春被全国普法办表彰为全国"六五"普法中期先进个人。

【"12·4"法制宣传日】 12月4日，宣恩县在李家河集镇开展主题为"弘扬宪法精神　推进依法治国"国家宪法日暨2014年"12·4"全国法制宣传日活动。黄同元、姚元文、王仕高等领导参加活动州依法治州领导小组办公室副主任、州司法局党组成员张峋到会指导。38个行政执法单位参与宣传咨询台、发放宣传资料，向群众普及宣传法律法规知识。李家河镇、沙道沟镇、高罗乡组织表演13个以普法为主要内容的文艺表演节目。活动当天共摆放展板70余块，悬挂字画80余幅，发放普法宣传单5万余份，普法图书3万余册。

【人民调解】 2014年全县已建立县、乡、片区、村、组五级调解网络，有各级调解委员会294个，人民调解员1023人，基本形成横向到边，纵向到底的人民调解网络。全县各级人民调解委员会开展大排查278次，排查纠纷1432件，调解纠纷1456件，调解成功1419件，成功率97.45%。防止民间纠纷引起的自杀5件6人，防止民间纠纷转化为刑事案件12件18人，防止群体性上访17件292人。

9月12日，州司法局到椒园司法所、华源法律服务所检查宣恩县人民调解工作及法律服务工作。9月25日，省司法厅基层处副处长张新华、州司法局副局长陈颖、基层科长陈得刚到宣恩县检查人民调解、法律服务和岗位练兵等工作，查看七姊妹山司法所，对椒园司法所、联合专业人民调解委员会的工作进行检查。

【社区矫正】 截至2014年底，全县累计接收社区矫正人员609人，累计解除430人，因居住地变更迁出21人，暂予监外收监执行3人，撤销缓刑收监6人，至年末社区矫正在册192人（其中管制对象9名，缓刑对象148名，假释对象28名，暂予监外执行对象7名），分布在全县9个乡镇。对不服从社区矫正管理规定人员给予警告20人次，建议撤销缓刑5人，已执行收监4人，网上追逃1人。漏管率、脱管率、重新犯罪率均控制在指标范围内。

6月12日，张频、王仕高及部分县政协委员到珠山司法所对全县社区矫正工作进行视察。查阅社区矫正执行档案、列管社区矫正人员花名册、观看手机定位系统平台演示，了解社区矫正工作现状。在县司法局观看纪录片《光明之路——宜都市社区矫正工作新模式》，听取县司法局关于全县社区矫正工作开展、存在的不足等情况汇报，就下步如何开展好社区矫正工作提出建议。

【法律服务】 全县有律师事务所1家（湖北洪渊律师事务所），有8名律师，担任39家机关、企事业单位法律顾问，全年办理刑事辩护及诉讼代理10件，办理民事诉讼代理40件，行政诉讼代理3件，办理法律援助案件8件，办理非诉讼法律事务15件，接待来信来访、解答法律咨询350余人次。

全县共有法律服务所3个，其中1所歇业，共有基层法律服务工作者12人。全年共担任法律顾问26家，代理诉讼事务160件，代理非诉讼事务60件，调解各类民事纠纷80件，解答法律咨询400人次，办理法律援助事务10件，为农民工挽回经济损失180万元。

【公证】 2014年，县公证处有2名公证员，共办理各类公证事项521件。其中继承公证168件，赠予公证82件，委托书公证114件，房屋买卖公证37件，财产分割公证14件，保全行为公证7件，其他公证99件。

【法律援助】 全县共受理指派各类法律援助案件345件，完成州分解全年目标任务300件的115%。其中刑事案件11件，民事案件55件，司法鉴定10件，公证146件，其他非诉讼案件123件。受理完成法律援助事项3100件，完成州分解全年任务3000件的103%。

【普遍建立法律顾问制度】 全县有185家单位建立法律顾问制度，占2014年度目标总数的103%。其中，县、乡（镇）党委政府共6个，县直机关、人民团体和垂直单位共72个，村（居）民委员会组织、非公有制经济组织共107个。

【司法鉴定】 全县有1家司法鉴定机构——宇平法医司法鉴定所，办公地点位于县民族医院。2014年完成司法鉴定案件81件。

【司法业务用房建设】 3月28日县委常委会和7月2日县政府常务会议决定：同意选址在人民路129号（青少年活动中心旁）修建政务中心，命名为“市民之家”，并整合省州批准的人社、司法业务用房项目。完成对“市民之家”的初步设计，通过县规划委员会会议评审，完成地勘报告编制工作、可研报告的编制和评审、施工图纸设计、签订施工合同，并将该项目二期续建事宜向上级发展和改革部门申报。2014年11月1日，正式动工修建。

（张海勇）

驻　军

中国人民解放军湖北省宣恩县人民武装部

【民兵组织整顿】 民兵组织整顿工作，从2014年1月20日开始，至4月底结束，历时4个月。根据广州军区、湖北省军区、恩施军分区党委全会精神，本着“组装配套、建用一致、一队多能、模块结合”的原则，从提高民兵遂行任务能力和打牢民兵阵地入手，从实际需要出发，有序展开全县民兵队伍的编组。通过民兵整组，全县民兵组织健全，队伍精干。全县9个乡镇武装部和70%的村民兵连达到规范化建设标准。各乡镇武装部还结合实际组织防暴、森林灭火、防汛救灾等科目的训练和演练。

【军事训练】 牢记“能打仗、打胜仗是强军之要”的战略要求，开展年度各项军事工作。第一季度，结合民兵组织整顿，修订完善各类作战方案计划，编实县民兵应急连和各乡镇民兵应急排，规范乡、村两部一家建设。按照标准，补充完善现役干部的携行、后留物资。扎实抓民兵军事训练，主要完成队列、射击、战术基础、战斗勤务和政治教育等科目训练。8月底至9月初组织对宣恩县职业技术学校、宣恩一中1400余名新生进行军事训练，培养他们的吃苦精神和献身国防的观念。

【新兵征集】 2014年，县人武部按照上级统一部署，征兵工作于6月开始，9月底结束，历时4个月。通过广泛宣传发动、网上报名、目测初检、严格体检、政治考核等环节，广大适龄青年踊跃报名应征。组织召开全县征兵工作会，把任务部署到各乡镇及工作队。通过严格把关体检、政审、定兵各环节，圆满完成年度新兵征集任务。

【“131”扶贫参建】 县人武部“131”扶贫（一个干部带三个民兵帮助一个贫困户脱贫）联系点为万寨乡白果坝村，指定一名副科级干部专门负责此项工作，有针对性地制定扶贫计划，按时间节点扎实推进。与县政协、县检察院、县水利局一起，举办春、秋两期科技培训班，近百人次参加培训，培养了一批有文化、懂技术、善经营、会管理的新型农民。协调项目资金560万元，新发展优质茶叶50公顷，新修公路3千米，完成公路硬化2千米，解决750人吃水困难，帮扶5户特困户脱贫（每户帮扶1万元），整修村级卫生室、教育室、群众服务中心。在“万名干部进万村惠万民”工作中，为椿木营乡黄家坪村7.5千米组级公路解决资金15万元。在雷天兵政委的带领下，党委班子成员为万寨乡中心小学5名品学兼优的困难学生实施一对一帮扶，每名学生解决资金400元。

【李频到宣恩检查验收民兵整组工作】 5月6日，恩施军分区政委李频带领工作组到宣恩检查验收民兵整组工作，赖以建、雷天兵陪同。工作组到珠山镇、椿木营乡对基干民兵进行整组点验，查看参训民兵军事训练情况和民兵整组工作相关资料，听取民兵整组工作情况汇报，并对民兵器材库室建设、物资储备、武装部办公阵地以及民兵工作的各项制度建设进行详细检查；座谈了解应急排人员的年龄结构、工作单位、生活状况等。

【江明辉到宣恩调研“两部一家”建设】 6月18日，州委常委、州军分区司令员江明辉到长潭河侗族乡大坨村调研基层“两部一家”（指基层人民武装部、民兵连部和青年民兵之家）建设规范化。向村民兵连连长覃章兵了解民兵连建设和征兵工作开展情况。在长潭河侗族乡人武部，检查乡武装部建设以及民兵组织整顿工作资料，询问征兵工作进展情况等，并对队伍建设提出具体要求。强调乡镇应急分队人员要编实建强，要以退伍军人、集镇适龄青年为主，尽量少编乡直机关人员，使其造成在执行紧急救援任务上与本部位本职任务冲突。赖以健参加调研。

【县委常委议军暨党管武装述职会议】 8月15日，曾德权主持召开县委常委议军暨党管武装述职会议，听取人武部工作情况汇报并研究党管武装工作。习覃、覃遵国、吴卫平、朱瑾、朱鹏程、范涌、黄同元、岳东、雷天兵、王冕出席，张频列席会议。会前，参会人员参观县人武部规范化建设情况。会上李家河、沙道沟镇主要负责人对党管武装工作进行述职，其他乡镇作书面述职。赖以健就人武工作情况进行汇报。会议还研究县人武部提请会议研究解决的事项。

中国人民武装警察部队宣恩县中队

【概况】 武警宣恩县中队隶属武警湖北省总队恩施自治州支队，中队常年驻守宣恩县城，主要担负看守所的看守任务。武警宣恩县中队组建于1949年12月，前身系湖北省军区独立二师十一团警卫排；1950年6月改称人民解放军宣恩县公安队；1955年9月改编为中国人民武装警察宣恩县公安队；1957年10改编为中国人民武装警察宣恩县民警中队；1958年12月与随县中队对调换防，番号未变；1982年12月改称中国人民武装警察部队恩施地区支队宣恩县中队；1983年12月成立鄂西自治州，番号改称为中国人民武装警察部队鄂西自治州支队宣恩县中队；1993年12改称中国人民武装警察部队恩施自治州支队宣恩县中队。由于旧城改造，中队于2006年7月从宣恩县珠山镇白鹤巷临时过渡至县卧龙公司，2007年8月28日搬迁至五把车小区。2014年，武警宣恩县中队围绕“抓思想，保一致；强素质，保中心；严管理，保稳定”的总体工作思路，团结拼搏、开拓创新、狠抓落实，完成执勤、处突等各项任务。

【学习教育】 武警中队按“四自”要求，注重提高中队党支部统筹谋划的能力、发现和解决问题的能力和末端落实的能力。全年落实理论学习日24个，认真学习习主席关于部队建设的一系列重要指示精神。在班子内部，坚持靠正确的是非标准统一认识，靠共同的奋斗目标凝聚人心。2014年，中队4名战士入党，3人参加预提指挥士官培训。开展“牢记强军目标、献身强军实践，永远做党和人民忠诚卫士”主题教育。“认清严峻形势、保卫领土完整”的形势任务教育、密切内部关系教育、法纪教育和安全常识教育等，确保官兵思想统一和内部纯洁。

【警民共建】 2014年，武警中队与县民政局、县公路局、县供电公司、县移动公司、县联通公司、县老年书法协会等单位开展大量的共建活动，通过警民联欢晚会、警营生活体验等活动，既展示武警部队的风采，又丰富部队和人民群众的文化生活，同时还进一步密切警政警民关系，让人民了解部队、热爱部队，进一步加深对部队和人民子弟兵的感情，用实际行动来诠释“警民鱼水情深”的丰富内涵。

【正规执勤】 2014年，武警中队共出动兵力420人余次，主要完成春节期间城市武装巡逻，宣恩县“两会”的警卫任务，宣恩县水上运动会、第二届宣恩自行车赛等活动的现场警戒任务，国庆期间城市武装巡逻任务，完成看守所犯人押解任务12次。特别是在2014年9月27日6时许，珠山镇白鹤井巷发生地质滑坡灾害，武警中队第一时间出动22名官兵参与抢险救援，连续奋战22小时，救援被困群众，受到人民群众的好评。

【训练】 县武警中队以能打胜仗这个要求为目标，坚持开展实战化训练，突出专勤专哨训练，着力解决执勤人员的三个不熟悉，哨兵执勤能力显著提高。坚持按照大纲施训，扎实抓擒敌、处突和体能训练；在恩施州支队统一组织下，实施射击、摔擒等高难科目及腰带术等新科目的训练，注重抓好10人应急班及3人应急小组建设，做好应急和“反恐”准备，增强官兵“上一线、打头阵”的本领。

【后勤保障】 2014年，县政府投入财政资金50.4万元，解决中队训练场地破旧、营房漏水、冬天洗澡难等问题，提高官兵生活水平。在财务管理上，武警中队坚持党支部集体理财、双主官联审联签、财务公开等制度；在营房物资管理上，落实计价挂账，“三分四定”和谁使用谁负责制度。

（高丹君）

中国人民武装警察部队宣恩县消防大队

【概况】 中国人民武装警察部队宣恩县消防大队（简称县消防大队）内设业务受理中心、消防监督办公室和一个中队，共有执勤人员34人，执勤消防车5台，指挥车1台，担负着全县人民群众生命财产安全的消防保卫任务。2014年，县消防大队共接处警66次，挽回经济损失74万元，抢救人员37人，有效遏制重、特大火灾的发生，保持全县火灾形势平稳。特别是在“9·27”宣恩地质滑坡救援中，县消防大队全体官兵奋战24小时，成功营救4人，搜救出7名遇难者遗体，得到各级政府的高度肯定，县委书记曾德权、县长习覃专程到消防大队看望慰问官兵。

【班子队伍建设】 开展“正风肃纪、争做好干警”“牢记强军目标、献身强军实践”和“亮明党员身份、践行入党誓言、争当先锋模范”等教育活动，使官兵政治更坚定、思想更进步、纪律更严明、作风更过硬、工作更扎实，队伍整体素质和战斗力得到提升。加强业务受理窗口规范化建设，强化警务公开，广泛征求社会各界的意见和建议，认真整改存在的问题和不足，公开服务承诺，大力宣传消防部队的典型事迹，树立了消防部队的良好形象。严格制度落实和作风养成，加强条令条例学习和督导检查，强化了官兵军人意识，确保了部队高度集中统一。

【基本保障】 2014年购置水罐消防车1辆，分批次采购器材装备150件套，进一步优化部队装备结构，增强部队整体作战实力，为圆满完成灭火救援任务提供保障。

加快营房改造升级，营造拴心留人环境。县消防大队制作警营文化长廊，更换营区政治标语，对党委会议室、视频会议室、警体馆、荣誉室进行改造升级，建成了警营影院，在营区营造浓厚的政治氛围，优化官兵的生活、工作环境。

探索外聘人员管理机制，加快多种形式消防队伍建设。县消防大队到公安、医院等单位调研，充分征求合同制消防员的意见，实行公益性岗位与劳务派遣相结合的方式，健全轮休机制，提高工资待遇，确保合同制消防员队伍稳定。

【执勤训练】 建设水域救援基地和战术研讨室，开展专业化岗位练兵、消防员等级达标和整建制中队训练工作，按照人员、时间、效果三落实的要求，开展实地实装实战训练，部队灭火救援实战能力得到进一步增强。

开展整建制中队训练，深化战术研讨，广泛运用典型灾害事故十大作战蓝本和十大调度模块，落实“每战一评”，提升部队战略战术和协同作战能力。建立灭火救援指挥长负责制，推动专业岗位等级达标。

建立健全合同制消防员聘用把关、教育培训、管理使用、考核奖惩、留用淘汰等长效机制，弥补现役消防力量不足；规范日常管理、值班备勤和业务训练工作，实现专职力量与现役力量的联勤、联训、联战；组织开展以政府专职消防队和农村志愿消防队为主的多种形式消防队伍“大比武”活动，全面检验队伍建设成效。

【社会消防】 不断推进消防工作

社会化进程，县委县政府专题调研消防工作，并形成会议纪要，解决合同制消防员公益性岗位的问题。全年县委县政府主要领导先后6次听取消防工作汇报，4次带队检查社会单位，各职能部门严格履行消防工作职责，与县消防大队建立部门联动机制，全年开展联合执法行动18次。

进一步优化消防安全环境。2014年县消防大队开展重大火灾隐患整治等专项行动，全年共检查单位847家，发现火灾隐患1041处，督促整改火灾隐患870处，办理消防行政处罚案件59起，责令“三停”5处，临时查封20处，罚款20.98万元，拘留4人，整改重大火灾隐患4处，有效净化了全县消防安全环境。全年共发生火灾17起，直接财产损失290万元，无人员伤亡，未发生较大以上火灾事故。

每季度制定重点单位抽查计划，并通过互联网公示。在抽查过程中，对单位消防安全职责履行情况进行检查指导，促使单位提升自主管理水平，建立完善长效的管理机制，开展常态化的巡查、培训、教育、演练等工作，并针对设有建筑消防设施的单位，全面开展消防控制室方位引导和消防设施标识化建设，共有21家单位建设达标。

增强公安派出所消防监督能力，各乡镇为公安派出所招聘2名消防文员，协助开展专职队管理和消防监督工作，乡镇消防工作力量进一步增强。2014年，公安派出所共检查单位897家，发现隐患223处，督促整改230处，办理处罚案件33起，罚款3.8万元。

增强城乡消防基础设施建设，县政府先后两次下发通知，督促椒园、李家河镇完成政府专职消防队建设，重建沙道沟、晓关、万寨专职队消防队；县政府划拨专项资金，购买85具机动泵，发放到各行政村，在前两年发放200具机动泵的基础上，完成全县“一村一队一泵”建设任务；安排10万元资金，在县城区增建27具市政消火栓；修编李家河镇集镇消防规划。

将消防知识编写成民歌、舞蹈、快板、三句半等形式，借助11.9、开学第一课、安全生产月等时机，深入社会单位、街道社区广泛开展多种形式的消防宣传活动，并借助微博、电视台、户外广告等形式开展常态化消防宣传提示，群众消防安全意识和自防自救能力得到提升。

（石滨）

文

化

精神文明建设

【概况】 2014年末，全县共有省级最佳文明单位4个，省级文明单位7个，州级最佳文明单位20个，州级文明单位30个，州级文明乡镇3个，州级文明村9个，州级文明社区1个，县级最佳文明单位38个，县级文明单位71个。

【精神文明创建】 加强农村精神文明建设"两创"工作，按照突出重点、全面覆盖的原则，在扩大群众参与面、打造创建品牌、提升创建影响力等方面下功夫，促进农村社会风气好转和文明程度提高。2014年度新评选"十星级文明户"526户。6月，县文明办、县卫计局在卫生计生系统落实"十星级文明户"优待政策，为800户"十星级文明户"3000人免费体检；8月21日，11名考上二本及以上院校的高考考生每人获得3000元助学奖金；1名中考考生通过加5分实现了"一中梦"，为家庭节约开支2.1万元，此外还有30余人取得驾驶证并享受每人2000元的惠民补助。

4月20日至6月20日，县文明办、县教育局共同主办"好家风助我健康成长"主题教育活动。开展"做一个有道德的人"主题教育活动，教育引导未成年人践行和弘扬社会主义核心价值观，5月26日，何秀巡、林章雨、覃雨平3名学生被表彰为第三届"湖北美德少年"；10月，熊丰财获评全国2014年度"特别关注孝心少年"。开展"好家风助我健康成长"主题教育活动，收到中小学生征文322篇，分别评选出中学组、小学组一等奖1篇、二等奖4篇、三等奖8篇、优秀奖16篇；11月19日，"好家风助我健康成长"主题演讲比赛在宣恩礼堂举行，分学生组、家长组进行了评选表彰，岳东、史红珍、向建强参加活动。开展"暑期集中行动"，全县成立两个工作专班，到县城区及乡镇排查问题，落实整改措施，进一步净化社会文化环境。在中小学生中广泛开展"道德讲堂"活动，以"身边人讲身边事、身边人讲自己事、身边事教育身边人"的形式，引导广大师生崇尚道德模范、学习道德模范、争当道德模范新风气。州委书记王海涛称赞22年坚守深山植树护林的万寨乡退休老人王星阳为"杨善洲式的好干部"，并于11月7日作出批示："这是我州的杨善洲式的好干部代表，在推进生态文明、建设美丽恩施的进程中，我们需要更多这样的好干部，需要他们身上体现的这种精神！"

继续开展文明单位（文明系统）创建。2014年是2013—2014年度文明单位创建验收年，全县各级文明单位（文明系统）创建以"五个一"创建活动及"关怀空巢孤寡老人、关爱农村留守儿童""传递雷锋精神、温暖民工心情"等志愿服务活动为主线，对照省、州、县级文明单位考核验收细则，开展创建活动。县文明办对全县各级文明单位进行一次全面摸底，并有针对性的指导。组织县内12家省级文明单位和1家争创省级文明单位对照省级文明单位动态管理系统相关要求，上传资料，全部达到75分以上（满分80分）。

【全州"送文明到村寨"活动在椒园镇启动】 1月25日上午，恩施州"送文明到村寨"活动启动仪式在椒园镇庆阳古街举行，州委常委、宣传部长、州文明委副主任杨陈清出席启动仪式。"送文明到村寨"

活动是为传承中华优秀文化，倡导文明有礼生活方式，营造文明、祥和、健康、节俭的节日氛围，提高村民文明素质，推进城乡文明协调发展。杨陈清向村民赠送年画表达新年问候，州书法家协会会员为村民现场书写有关道德建设内容春联200余副，现场还发放文明礼仪教育和星级文明户创建资料万余份。

【湖北美德少年】　5月26日，省委宣传部、省文明办、省教育厅、团省委、省妇联、省关工委授予林章羽、何秀巡、覃雨平等第三届“湖北美德少年”称号（鄂文明办文〔2014〕12号）。

林章羽，女，家住宣恩县万寨乡大河坝村，县一中高一(5)班学生；何秀巡，万寨乡中心小学六(2)班学生。2011年母亲因病去世，父亲不得不外出打工，挣钱养家并偿还为妻子治病欠下的债务。姐弟俩一起在家代父母行孝，无微不至地照顾年事已高的外婆，用稚嫩的肩膀支撑起一个风雨飘摇的家。林章羽、何秀巡姐弟的父亲是上门女婿，外婆由父亲照顾。由于外婆年事已高，加上父亲经常不在家，姐姐又在县城上学，何秀巡每天放学回家后不但要自己做饭，还要承担喂猪、洗衣等家务和照顾外婆。2012年9月，外婆打猪草回家途中意外跌倒后，挣扎着给放假在家的何秀巡打电话。何秀巡闻讯赶到，艰难地搀着外婆回家。安顿好外婆后，他又给在附近打工的父亲打电话告知情况。何秀巡除了照顾外婆外，有时还要到山上采山货、茶叶，上学时带到集镇上换成钱用来补贴家用。何秀巡每星期有5元零用钱，可他尽量把钱存下来，姐弟俩勤奋努力，姐姐不但是老师的好帮手，在同学中也非常受欢迎，不少同学都得到过她的帮助；弟弟每次考试都在班上名列前茅。2013年，何秀巡、林章羽姐弟被评选为全国“最美孝心少年”。

覃雨平，女，家住长潭河侗族乡九坝村6组，椒园中学七年级学生。覃雨平的父亲在武汉打工十多年，只有过年才能回家几天；妈妈是聋哑人，还患有精神疾病；姐姐在县城上高中，半年才能回家一次；家里还有80多岁的奶奶。从几岁开始，她就学会了照顾聋哑的母亲和年迈多病的奶奶。9岁时，实在不忍心再看到小女儿辛苦的父亲，就把聋哑的妻子带了出去打工，以便减轻小雨平的负担。从那时起，照料80多岁的奶奶，是她除学业外最重要的事情。她平日一边上学，一边照顾妈妈和多病的奶奶。她上山砍柴、下地干活，给奶奶做饭、为奶奶喂药，可谓样样精通。为了换钱给奶奶看病，雨平每星期都挤出时间上山采药，卖草药的十几块钱，基本上够奶奶吃一个星期的药。采药的时候，要独自跋涉两个多小时，翻过几座大山，甚至要到人迹罕至的深山里去。她“代父行孝”照顾奶奶的故事成为当地美谈。曾获省少儿书法比赛铜奖、“县文明使者”、中央电视台“最受关注孝心少年”等荣誉称号。

【“全国最美孝心少年”熊丰财】　2014年10月10日，中央电视台2014“寻找最美孝心少年”大型公益活动颁奖典礼在央视综合频道首播，10名少年获评2014年度“最美孝心少年”，23名少年获评2014年度“特别关注孝心少年”，长潭河侗族乡后河村12岁少年熊丰财荣获“全国最美孝心少年”。熊丰财就读于长潭河侗族乡中心小学，当同龄的孩子都在享受无忧无虑的童年生活时，他却要扛起锄头，牵着妈妈，背着弟弟，用弱小的肩膀扛起艰难的家。因为妈妈先天性双目失明，爸爸3年前意外去世，弟弟年纪还小，家里的重担就落到了小丰财的身上。小小年纪的他学着爸爸的样子，扛起锄头干农活、上山采药。弟弟经常生病，他背着弟弟看病。他知道，作为家里的顶梁柱，照顾好妈妈和弟弟是他的责任。他也觉得苦、他也觉得累，但他从未放手过妈妈，也从未丢下过弟弟，一切默言于心，一切独自承担。他像妈妈的眼、他是如父的兄，他像小爸爸一样撑起七姊妹山里的那个家。

【恩施楷模】　“恩施楷模”评选由州委宣传部、州文明办共同组织，分设“恩施好人”“恩施英雄”“恩施孝星”“恩施诚信”“恩施先锋”五大楷模。10月20日，长潭河侗族乡后河村12岁少年熊丰财被命名为“恩施孝星”；11月20日，万寨乡铁场沟村退休干部王星阳被命名为“恩施先锋”。12月20日，万寨乡伍家台村支部书记、宣恩县伍台昌臣茶业有限公司负责人郑时兵被命名为“恩施诚信”楷模。

（戴虎）

文化体育事业

【概况】 2014年，全县298家农家书屋新增图书38442册，涵盖政治、经济、文化、科技、少儿等6大类，人均图书拥有量达到1.6册。9个乡镇文化站电子阅览室、图书室、多功能厅等免费开放，累计接待群众4.3万人次。新建村级农民体育健身工程19个，乡村文化广场9个。结合党的群众路线教育实践活动和“万名干部进万村惠万民”活动，组织开展文化“六进”送戏下乡120场；共开展各类文艺演出活动452场次(其中县非物质文化遗产保护中心演出150场)，累计观众达28.5万人次；共举办6期环贡水河全民健身长跑；举办恩施州第二届·宣恩县第六届水上运动会和第二届环千户土家全国山地自行车赛；举办庆“五一、五四全民健身活动”，包括“体彩杯”趣味赛、“农信杯”篮球赛、“宏远建材杯”羽毛球赛等竞赛活动；全县城乡健身活动点11处，常年参加锻炼的人数达到15万人以上，占全县总人口的40%以上，全民健身生活化、社会化进程不断加快。

结合党的群众路线教育实践活动和新“三万”活动，组织文艺节目“六进”(进农村、进学校、进社区、进机关、进企业、进军营)活动，共演出40场，累计观众达8.5万人次。组织民间艺术团队常年开展送戏进村活动，全年共开展各类文艺演出452场次，累计观众达20万人次。举办全县首届广场舞大赛，部分乡镇及县直单位20支代表队参赛，并参加全州、全省广场舞展演活动，《凤山连厢》《多嘎多耶》获得优异成绩。完成电影放映任务3348场，观众达25万余人次。

以网吧、电子游艺、网络环境和出版物市场为文化市场管理重点，加大对违法违规经营活动的打击力度。加强校园周边环境整治，开展印刷企业、图书音像市场、内部资料出版物、非法教材教辅专项治理行动和“扫黄打非”专项整治活动。净化文化市场环境，共检查图书、音像经营单位120家次，印刷企业50家次，收缴盗版音像制品600余张、非法书刊800余册，取缔非法游商12家。扎实开展“清源”“净网”等专项行动和“绿书签2014”反盗版宣传活动，取缔非法游商6家，收缴各类非法出版物800余册、销毁非法出版物300余册(张)。

总投资280万元的观音堂维修工程已完工；国家重点文物保护单位彭家寨古建筑群被纳入全国100处文物保护单位消防安全百项工程，总体保护规划编制获准立项。住建部、文化部、国家文物局、财政部、国土部、国家旅游局等联合公布长潭河侗族乡两溪河村、晓关侗族乡野椒园村为第三批中国传统村落；宣恩县被湖北省文化厅公布为“2014－2016年度湖北民间文化艺术之乡”——滚龙连厢之乡；晓关侗族乡野椒园张氏侗寨被湖北省人民政府核定为第六批省级文物保护单位之一。苗族舞蹈《哩嘞响》，代表湖北省参加由文化部组织的“大地情深”——群星奖获奖作品全国示范性巡演苏州行、内蒙古行；《八宝铜铃》在“湖北省第八届少数民族传统体育运动会”暨“第二届来凤·中国土家摆手舞文化旅游节”上，荣获民族舞蹈表演类金奖；沙道沟镇文化站站长段太儒被评为2014年度全省优秀文化站长；伍家台贡茶手工制作技艺传承人郑时兵被省文化厅公布为第四批省级非物质文化遗产名录项目代表性传承人。

（张子家）

【新闻信息宣传】 2014年，县新闻信息中心重点开展《2014“两会”》《“三万”进行时》《党的群众路线》《七嘴八舌话“黄河沟”》《高温下的劳动者》《学习贯彻全会精神》《网络公益》《名师风采》《记者百村行》《宣恩力量》等系列宣传报道；制作县域经济、推进生态文明专题；完成省、州领导到宣恩调研及省委副书记张昌尔在恩施召开的“616”对口帮扶宣恩会议，全省、全州县域经济工作，2014“两会”，县委全会，水上运动会，第二届环“千户土家”全国山地自行车邀请赛，第二届贡水白柚采摘节等活动报道。全年中国宣恩网共发表新闻稿件3500余条。在新华社。《人民日报》《经济日报》等中央级媒体发稿170多（组），图片数量达780多张；在省级媒体发稿120条（幅）；在《恩施日报》发稿660条（幅），其中头版头条15条，重头稿55条。

【网络文化和信息安全管理】 2014年共编发15期《宣恩舆情》，含“9·27”地质灾害、村委换届选举矛盾、党员干部举报、公共安全、农村公路、七站八所和教师增资等重点舆情；中国宣恩网·网络问政平台共收到有效问政信件699件，办结信件683件，办结率97.71%，满意信件633件，满意率92.68%；发挥新媒体的舆论影响力，利用微博和微信平台，新浪微博共发布1672条，腾讯微博共发布1722条，官方微信中国宣恩网发布图文消息120组466条，多条图文信息阅读次数破4000人次，图文转化率超300%；开通公益频道和旅游频道，强化公益宣传和文化旅游推广。

1月2日，宣恩网络问政平台2014版正式上线运行，新增用户评价、信件追问、信件预警、政务微博、媒体问政、在线客服、短信注册、短信通知等多项新功能，使用户、单位、管理三方互动更加便捷，交流更为畅通。公益频道、旅游频道分别于4月3日、6月20日正式上线。内容涵盖《公益动态》《公益捐助》《宣恩风光》《旅游资讯》等栏目。对烧伤男孩小忠峻、励志女孩孟星星等事迹进行跟踪报道。11月，政府的信息公开平台、县纪委的廉政评价系统、县政法委的社会管理平台、县委组织部的党建网和宣恩乡村网进入测试上线阶段；县新闻信息中心与县编办联合完成对全县235个党政机关、事业单位的中文网站和英文网站的开办审核、资格复核和网站标识管理。

（魏小玲）

【公共文化服务体系建设】 2014年，县文体中心建设列入全县民生领域的重大项目。8月22日县政府专题会议、8月29日县委常委会议研究讨论县文体中心建设系列问题，做出分期建设决定，并要求尽快开工。根据建设计划，项目建设工期暂定为3年（2014—2017年），分三期建设，一期工程建设县图书馆、博物馆、文化馆、职工活动中心、新华书店，总投资4500万元。12月27日，县文体中心一期工程正式开工建设。

2014年全县“两馆一站”累计免费开放接待群众4.3万人次。投入资金21万元，对两馆和6个文化站进行维修改造；投入资金30万元为“两馆一站”及全县15个村（居委会）配备电脑、音响、民族乐器等设施设备。2014年全县新建乡村文化广场9个。在全省753个上等级的乡镇综合文化站评估定级中，沙道沟镇文化站被定为国家一级乡镇综合文化站，长潭河、椒园被定为国家二级乡镇综合文化站，万寨、高罗和晓关被定为国家三级乡镇综合文化站。

【文物保护与管理】 2012年高罗观音堂被确立为省级重点文物维修项目之一，总投资280万元，分三期进行，至2014年已完成一、二期维修，共投入资金195万元。组织资金对省级文物保护单位张官铺、李家河红军桥进行维修；国家重点文物保护单位彭家寨古建筑群被纳入全国100处文物保护单位消防安全百项工程，彭家寨古建筑群消防规划编制试点是国家文物局安排的全国10处古城古村落文物消防规划编制试点之一。3月29日，县文物管理所相关人员和泛华建设集团有限公司湖北设计分公司专业人员到沙道沟镇两河口村，查看国家级文物保护单位彭家寨古建筑群的消防设施，启动该处文物消防安全规划编制工作。5月12日，通过近5个月时间的施工，省级文物保护单位高罗观音堂第一期主体维修工程完工。7月1日，投入资金30万元，对省级文物保护单位张官铺侗寨进行为期两个月时间的抢救性维修。12 月 6 日,省文化厅古建筑中心主任卢圣前、州文体局文物科科长杨善文到省级文物保护单位庆阳古街实地调研,启动该处文物维修保护规划编制。第一次全国可移动文物普查工作有序推进,对国有文物收藏单位及县民族博物馆馆藏文物进行文物登录、建档、测量及专家鉴定,建立可移动文物普查数据库,国保单位立档建卡工作全面完成。4 月 2 日,由县文体局、椒园镇政府联合组建的文物资源调查组,进驻庆阳凉亭街,对凉亭街核心保护区内的文物资源进行全面调查,并征求核心保护区内的 64 户村民对自身发展及凉亭街保护管理方面的意见和建议。7 月 5 日,湖北省人民政府核定公布 172 处第六批省级文物保护单位,晓关侗族乡野椒园张氏侗寨名列其中。

发挥代表性传承人的积极性和主动性,利用民俗文化传习所,以民间文艺团体为骨干,经常性开展传承授艺,县文化馆 2014 年共组织薅草锣鼓、三棒鼓、滚龙连厢等培训 9 期,参训人员 400 余人,组织非遗项目进社区、学校、工厂。全县有薅草锣鼓、滚龙连厢传承学校各 1 所,编创滚龙连厢规定动作和音乐各 1 套,并向各广场舞文艺团体大力推介。

【群众文化】 全年共开展各类文艺演出活动 452 场次,其中县非物质文化遗产保护中心专业演出 150 场,累计观众达 28.5 万人次;举办第七届"南三乡"文艺汇演;结合党的群众路线教育实践活动和"万名干部进万村惠万民"活动,组织开展文化"六进"送戏下乡活动;举办"春满贡乡·宣恩县 2014 年春节联欢晚会""文化力量·民间精彩"全县首届广场舞大赛、白柚采摘节等一系列活动。在全省"文化力量·民间精彩"群众广场舞大赛展演活动中,《凤山连厢》获行政村组二等奖。苗族舞蹈《哩嘞响》代表湖北省参加,由文化部组织的"大地情深"——群星奖获奖作品全国示范巡演苏州行、内蒙古行。11 月 25 日至 28 日,中国武陵山区(湘西·龙山)首届三棒鼓擂台赛在湖南省龙山县举行,宣恩三棒鼓队获团体银奖、杂耍类获金奖,陈廷友获得个人演唱铜奖。11 月,节目《踩秋》在重庆市彭水土家族自治县成立 30 周年民间舞蹈大赛上获金奖。

【新闻出版】 以网吧、电子游戏厅、网络环境和出版物市场为重点,加大对违法违规经营活动的打击力度,净化文化市场环境,以查处网吧违规接纳未成年人为重点,采取错时执法,在双休日、节假日和学生放学时段组织力量对县城区网吧开展"拉网式"大检查,全年共开展日常巡查 600 余人次,处罚网吧接纳未成年人、超时经营、未按规定核对登记上网消费者有效身份证件和未悬挂网络文化经营许可证等网吧违规案件 18 起。理顺行政许可与行政处罚的关系,将经营单位的日常经营、违规处罚情况与办理年审和变更手续挂钩,对不符合消防安全条件的网吧、娱乐场所不予年检换证,既增强对文化市场的执法监管力度,又进一步规范行政审批行为,有效地维护市场经营秩序。

【体育工作】 围绕"全民健身"主题,贯彻落实《全民健身条例》,坚持政府引导,组织开展系列大型群众体育活动,全年共举办 6 期环贡水河全民健身长跑。成功举办恩施州第二届、宣恩县第六届水上运动会和第二届环千户土家全国山地自行车赛,力促大型体育活动常态化、长效化。举办庆"五一""五四"全民健身活动,包括"体彩杯"趣味赛、"农信杯"篮球赛、"宏远建材杯"羽毛球赛等竞赛活动。全年新建农民体育健身工程 19 个。充分发挥各协会组织参与全民健身活动的主体作用,力促气排球、太极拳、广场舞、慢步跑等全民健身特色项目,引领全民建设新风尚。

全县共有老年体育协分会 26 个,会员总数达 2000 余人,各协会工作基本形成"党政主导、社会参与、全民关怀"的局面,随着体育健身的保障条件不断改善,逐步成为组织机构健全、群众广泛参与、活动开展频繁、社会效果显著的群众体育社团。全年共完成体彩销售任务 1466 万元。

【《我不是贼》】 1 月 3 日,电影《我不是贼》在沙道沟镇两河村彭家寨举行开机仪式,岳东出席并宣布电影正式开拍。《我不是贼》是一部民俗旅游题材喜剧电影,由宣恩电视台、恩施电视台和恩施华硒影视文化传媒有限公司共同拍摄,吴钦导演,总投资 350 万元。故事从一顶在宣恩县珠山镇猫儿堡施南土司墓出土的"土家金凤冠"为线索,以一箱不明来历的日币为轴心，在彭家寨里上演一出“我不是贼！谁是贼?”的喜剧。电影以轻松、风趣、诙谐的蒙太奇，烘托出彭家寨本地居民的纯真与朴实，以及寨子的神秘深邃与静谧恬然，让观众在极具个性的人物塑造中大声欢笑，在畅快的欢笑声中久久回味，由此牢记住彭家寨的风雨桥、“翡翠林”、土家吊脚楼以及丰富的民族文化。影片3至7月的后期制作在北京完成，10月中旬取得广电总局颁发的国内及海外公映许可证和技审合格证，11月28日在恩施举行首映式，11月30日登录全国院线。

【宣恩5件作品获恩施州“五个一工程奖”】 1月23日，《恩施日报》刊发恩施州第十届“五个一工程奖”获奖作品名单，评选突出贡献奖作品3件、优秀作品奖10件、提名作品奖10件，宣恩5件作品获奖：蔡章武的长篇小说《五龙镇》，曾德权的理论文章《推动城镇化建设稳步健康发展》获优秀作品奖，覃遵国的理论文章《宣恩县茶叶产业发展现状及对策思考》、郭大国的长篇小说《张叉叉列却传》、微电影《回家的路有多远》获提名作品奖。

【第六次全国体育场地普查】 3月12日，宣恩县启动第六次全国体育场地普查，普查工作由县文体局、县教育局等单位联合开展，普查对象为全县各系统、各行业、各种所有制形式的各类体育场地。通过普查，掌握体育场地现状，科学配置体育场地设施资源。经普查全县有184个单位、269个体育场地，并建立初步名录库。

【首批“三区”文化志愿者】 5月13日，全县11名首批“三区”（边远贫困地区、民族地区和革命老区）文化志愿者与县文化体育局签订聘用合同，到全县各乡镇文化站开展为期1年的文化志愿服务。根据省委组织部等五部门《边远贫困地区、民族地区和革命老区人才支持计划文化工作者专项实施方案的通知》要求，县文体局面向社会公开招募具有大专文化以上文化程度并具有文化艺术专业背景的11名志愿者到各乡镇文化站开展志愿服务，由县文体局管理和考核，在乡镇文化站从事群众文化志愿服务工作。主要是配合乡镇综合文化站，管理好文化站的文化设施，联络、协调乡镇文化人才，组织策划各种文体活动，收集整理民间文艺资源，培训辅导文艺队伍等。

【广场舞比赛】 6月30日，由中共宣恩县委宣传部、县委县直机关工委、宣恩县文体局联合举办的“庆七一”暨“文化力量·民间精彩”首届广场舞比赛在县人民广场举行，全县4个社区、7个县直单位、9个行政村20支代表队共600队员参赛，珠山镇白鹤井社区代表队《土家情韵》、兴隆街社区代表队《土家铜铃》、上湖塘社区代表队《串烧火火火》、晓关黄河村代表队《山歌牵出月亮来》4个单位参赛节目获优秀奖，县人力资源和社会保障局《广场旋风》和县城市管理局《幺妹儿幺妹儿》获二等奖，李家河镇凤山村哈格咂滚龙连厢艺术团《凤山连厢》获一等奖。

9月9日，宣恩县选送《凤山连厢》《多嘎多耶》等节目参加全州首届“文化力量·民间精彩”群众广场舞展演评比，《凤山连厢》获最佳表演奖，《多嘎多耶》获优秀表演奖。

9月25日至26日，“文化力量·民间精彩”全省首届群众广场舞展演活动在武汉体育学院体育馆举行。宣恩县家河镇凤山村选送的《凤山连厢》获得行政村组二等奖。群众广场舞大赛由省委宣传部、省文化厅和湖北广播电视台联合举办，全省共有31支表演队参加展演，其中有15个行政村组表演队，16个社区组表演队。

【宣恩“森洋杯”山地自行车全地形耐力赛】 6月1日，宣恩“森洋杯”山地自行车全地形耐力赛在珠山镇土渔河村举行，11支参赛队109名骑行爱好者参赛，赛程6千米，选手们沿途经过碎石地上下坡，穿无人荒草地，过人工独木桥，趟泥泞路。利川目的地单车俱乐部的张杰以25分48秒的成绩获男子青年组冠军，龙山挑战者俱乐部的杨胤超以39分13秒的成绩位列女子组冠军，利川目的地单车俱乐部的荀建波以25分40秒的夺得男子壮年组冠军。山地自行车邀请赛由宣恩自行车协会主办，邀请恩施州8县市、当阳市及湖南省龙山县自行车爱好者参加。参赛队员年龄最大的68岁，年龄最小的11岁。比赛设有女子组、男子青年组、男子壮年组。比赛前一晚，组委会还准备了篝火晚会、歌舞表演和吃粽子有奖活动，300余人在美丽的草场上欢歌笑语，共庆端午佳节。

【野椒园张氏侗寨成为第六批省级文物保护单位】 6月22日，晓关侗族乡野椒园张氏侗寨被省政府公布为第六批省级文物保护单位(鄂政发〔2014〕27号，古建筑类，序号：108；分类号：44；名称：野椒园张氏侗寨；年代：清；地点：宣恩县)。野椒园张氏侗寨位于野椒园村六组，古院落及古墓群保存完好。张氏侗寨三个四合天井院建于清嘉庆年间，建筑面积1780.8平方米。后部建正屋、天井，前部倒座吊脚，设为过道。屋内建侗家特色建筑"半边火炉"，窗户、柱头、磉礅精雕细刻，天井岩石铺面。9栋单体吊脚楼合围天井院四周。张氏古墓群位于屋后西南部，共24座，其中14座有碑文，坐东南朝西北，占地面积约100平方米。最高处是先祖墓，其子孙墓层级而下，尊卑有序，多是合葬墓。墓碑集中在同治、光绪、民国、新中国成立后四个时间点竖立，碑刻图案多样，工艺精湛，代表当地侗家不同时期的墓葬特点。

至此，宣恩有2个中国历史文化名村(沙道沟镇两河村、椒园镇庆阳坝村)，1个全国重点文物保护单位(沙道沟镇两河村彭家寨)，10个省级文物保护单位，4个州级文物保护单位，33个县级文物保护单位。

【古籍《裁剪真诀》入藏州博物馆】 7月18日，州博物馆负责人等到宣恩县长潭河侗族乡诺西村十组裁缝师傅李耀胜家，接收《裁剪真诀》古籍捐赠。《裁剪真诀》成书于清宣统元年正月上旬吉日，为皮纸线装孤本，由当地书生周世槐记录手书。书前文后图，文字部分为"料子有性""马褂子法""丁扣法"等缝纫方法说明，后半部分配裁剪图解。李耀胜，64岁，从艺40余年，缝纫手艺远近闻名。他生于缝纫世家，其祖父、父亲均为裁缝艺人，家传手艺可以上溯五代。其两个儿子都在外地打工，没有学这门手艺，便将《裁剪真诀》捐赠给州博物馆。《裁剪真诀》是恩施州首次发现的土家服饰裁剪与缝纫书籍。州博物馆馆长胡家豪表示：入藏州博物馆后，组织专家对其修复，并制作复制件进行展出。

【水上运动会】 8月15日至17日，恩施州第二届·宣恩县第六届水上运动会在宣恩贡水河举行，全州8县(市)的30余支代表队800余名运动员参赛。在划龙舟决赛中，高罗代表队以2分49秒53夺得成人组500米冠军，四季天城代表队以2分48秒88荣获老将组500米冠军，利川代表队、四季天城代表队分别获成年组、老将组800米冠军。孟凡林、王茜、黄译慧等14人在游泳单项比赛中获冠军；成人组男子、女子游泳接力赛第一名均被恩施市代表队斩获。沙道沟代表队夺得男子、女子水上排球赛冠军。

【宣恩县被命名为"湖北省民间文化艺术之乡"】 8月27日，省文化厅命名65个"2014—2016年度湖北省民间文化艺术之乡"，宣恩县为滚龙连厢之乡。滚龙连厢又名莲湘、霸王鞭，是流传在湘西、鄂西、黔东北地区的传统民间舞蹈，在宣恩流传了200年左右，其动作灵活多变、曲调轻松明快、唱词通俗易懂。民间艺人结合连厢的"花盖顶""古树盘根""黄龙缠腰""犀牛望月"等动作，创造性地增加了"滚"的动作，给传统的连厢赋予新的表演形式和文化内涵，使之乡土气息更浓郁、文化个性更鲜明、生命力更旺盛。由于不断注入新的舞蹈元素，滚龙连厢的艺术感染力逐渐扩大。2012年，滚龙连厢入选湖北省第二批非物质文化遗产名录。

【参加省第八届少数民族运动会】 10月20日，"湖北省第八届少数民族传统体育运动会"暨"第二届来凤·中国土家摆手舞文化旅游节"在来凤县龙凤民族体育中心开幕。宣恩县共派出65名运动员参加省第八届少数民族运动会，分别参加长拳、陀螺、武术、押加、民族式摔跤等项目。运动项目竞技分竞赛项目和表演项目两类。竞赛项目设置毽球、民族式摔跤、押加、高脚竞速、陀螺、蹴球、武术、跷旱船、板鞋竞速、摆手舞10项，其中摆手舞是新增的比赛项目；表演项目设置综合类、竞技类、技巧类3类。全省10个少数民族县(市)、4所高校、14个市(直管市)和1个林区共29个单位，运动员、教练员、裁判员近2000人参加。宣恩县代表团获5个一等奖，其中向涛在男子拳术B类项目比赛中获首金；石磊学获民族式摔跤(北嘎)62KG级第一名；李斌获民族式摔跤(北嘎)87KG级第一名；靳涛获陀螺男子单打第一名；表演项目《八宝铜铃舞》获技巧类比赛第一名，8个二等奖（包括二、三、四名）、14个三等奖（包括五、六、七、八名）。

【老年人体育协会成立30周年】 10月15日，庆祝宣恩县老年人体育协会成立30周年暨2014年老年节文艺体育展演在宣恩县城河滨广场举行。全县的老年运动爱好者齐聚一堂，通过表演文体节目等形式共同庆祝宣恩县老年人体育协会成立30周年。15个老年表演团体，近300余名老年朋友，分别表演京剧独唱、连厢舞、耍耍和群口快板等节目。宣恩县老年人体育协会成立30年来，形成“党政主导、社会参与、全民关怀”的局面，老年人体育健身的保障条件不断改善，逐步成为组织健全、群众广泛参与、活动开展频繁、社会效果显著的群众体育社团。全县有26个老体协分会，会员总数达2000余人。16日至19日，老体协还在县城华鑫广场进行太极拳、柔力球等体育项目表演。

【宣恩县群众文化体育活动中心开工】 宣恩县群众文化体育活动中心于2010年9月10日立项，地点位于珠山镇兴隆小区，包括文化馆、图书馆、博物馆、新华书店和职工活动中心，占地6.87公顷，建筑总面积56347平方米，概算总投资近2.3亿元。

9月12日，通过摇号方式确定武汉天汇诚信工程项目管理有限公司为县文体中心招标代理机构；9月24日，中国・恩施招标采购网发布招标公告。10月8日进行投标单位资格预审。12月26日，宣恩县文体中心建设项目合同签字仪式在县文体局三楼会议室举行，县文体局局长谢庆慧与恩施州翔宇建设有限公司负责人签订县文体中心项目建设合同。12月27日，县群众文化体育活动中心项目建设一期工程正式开工。一期工程集文化馆、图书馆、博物馆、新华书店和职工活动中心于一体，总投资4300万元，建设工期4年。

（张子家）

广播电影电视

【概况】 县电视台有3套自办节目，未出现播出事故。全年共播发《宣恩新闻》340期，用稿3720条，发布字幕信息2045条，广告类字幕、视频606条。播出《贡水视界》49期，《话里贡乡》50期。

【电视宣传】 2014年除继续办好《宣恩新闻》《记者驻乡村》《走城镇看变化》《民生110》专栏外，推出《群众路线教育实践活动》《倾听群众呼声反映社情民意》《今日宣恩》《关注留守儿童同享一片蓝天》《"山青水绿天蓝土净"——贯彻州委六届七次全会精神》等系列报道或板块，弘扬主旋律，服务全县经济社会发展。其中《倾听群众呼声反映社情民意》专栏通过记者深入基层，用镜头倾听群众呼声，反映群众诉求，如李家河乡柏子坳村民反映该村在发展核桃产业过程中，种植技术缺乏，新闻播出后，引起县委常委、县委宣传部长岳东的高度重视，他亲自带领相关部门负责人和专家到该村送技术；李家河上洞坪村民反映当地通往咸丰公路年久失修，迫切希望整修，新闻播出后，县交通局与乡党委、政府积极想办法，10月下旬，这段路开工整修。6月，宣恩电视台播出《关注留守儿童同享一片蓝天》大型系列报道，记者多角度、深层次挖掘展示他们坚毅勤奋、乐观向上、品学兼优的事迹，向社会传递了正能量，引起强烈反响。

通过《民生110》子栏目，报道才8个月的吴忠峻，不幸被烧伤，李俊福2个月患先天性巨结肠，县电视台报道后，引起社会强烈关注。中华慈善捐助基金会，宣恩30余家企业伸出援助之手，吴忠峻在重庆西南医院成功治疗出院，李俊福也顺利实施手术。在《反映社情民意倾听群众心声》子栏目中，报道晓关侗族乡干家坝小学反映缺乏音乐教材，电视台报道后，因老师缺乏教材的实际困难，县电视台与中央电视台迅速取得联系，中央电视台寄来音乐书籍、光碟，送到该校，受到师生的欢迎。同时，县电视台与企业取得联系，对学校捐助了桌、椅和资金。

除新闻外，每周开办两档专题栏目，民生类栏目《贡水视界》，主旨是关注民生，观察民情，贴近群众的心声，解读政策，析事明理，搭建民意的沟通桥梁。社教类栏目《话里贡乡》，内容以人物故事、风光风俗题材为主，突出人文特色，寻访探秘宣恩人文景观、历史故事、民间风俗、奇闻轶事，挖掘土家族苗族侗族文化内涵，展示宣恩的人文历史、风土人情和城市变迁。《话里贡乡》播出《芭叶湖传奇》《茶马古道将军桥》《梦里水乡看古韵石桥》等地域特色浓厚、民族文化鲜明的专题。《贡水视界》播出《农田损坏，农民之伤》《十亩百合枯萎，损失20万元》《儿童乘车票价优惠缘何执行难》等，以观察者的身份，反映当前农村存在问题，节目播出后，得到强烈反响并引起相关部门的关注，部分问题得到妥善解决。全年共播出《贡水视界》49期，《话里贡乡》50期。

6月12日，文娱频道（宣恩三套）正式开播。频道定位为传播民族文化精粹，引领娱乐观念新潮。为美化银屏，制作片头、片花等大小宣传片共计52个。"今日宣恩"用镜头加特技反映当前宣恩取得的变化；“文明过马路”“保护动物人人有责”以动漫的形式引导人们树立良好的社会公德；“关注留守儿童·同享一片蓝天”“身边的榜样”以身边鲜活的人和事例制作的公益片教育意义深远。

在中央二套第一时间播出《湖北宣恩发生假农药坑农事件农民损失惨重》，中央四套中国年俗播出《杀年猪：热气腾腾的忙年》《打糍粑：土家儿女记忆中的味道》，中央十四套新闻袋袋裤《七姐妹山里的“小爸爸”》，中央十三套新闻周刊播出《赵国清：两个人的学校》。《湖北深入开展党的群众路线教育实践活动：狠刹“四风”整治顽疾从严治党动真碰硬》《走基层：看“三万”让水田坝告别“吃水难”》《发现湖北之美（主）探寻湖北最美古村落：大山深处世外桃源》等在《湖北新闻》中播出，《董水洲：坚守高山讲台35年一人撑起一所学校》《退休教师杨顺瑄：病榻前37年的爱情坚守》等在《直播间》播出。

全年共播发《宣恩新闻》340期，用稿3720条，发布字幕信息2045条，广告类字幕、视频606条。中央电视台新闻频道用稿12条，湖北卫视新闻联播用稿46条，湖北之声用稿72条，恩施广播电台用稿130条，恩施电视台用稿1153条。

【“留守童星”评选】 2014年3月至11月，县委宣传部、县关工委、县广电局、县文体局举办“留守童星”大型公益评选活动，经县、乡（镇）关工委到农村留守儿童学校、留守儿童家庭调查摸底，了解留守学生在艰苦条件下，仍然坚持勤奋学习、乐观面对困难的好孩子的感人事迹，由县电视台制作成专题片，在电视、网站上展播。3月，确定活动方案；4月，总编委员会召开留守童星评选第一次会议，初步确定20名初选名单；5月，开始宣传、策划和拍摄。6月下旬开始对20名留守儿童感人故事在宣恩电视台、宣恩新闻网连续播出；8月，总编委员会举行留守童星评选活动的初选会议，对20名展播的留守童星进行初选，初选出13名留守童星；10月，确定最终前10名留守童星名单，对留守童星进行短评创词，解说配音，对每位留守童星的短片进行再制作；11月18日，在宣恩礼堂举行“留守童星”评选表彰公益晚会，授予梁琼英、张祖鹏、黄婷、蔡心怡、李凌凌、刘雨欣、刘倩、孟琴、杨棋雯、郭香婷10名“留守儿童”被评为“留守童星”，受表彰的儿童获得奖励资助。

【基础设施建设】 2014年重点规划县电视台机房前端BOSS系统，城区和乡镇集镇双向网络改造，拓展城区和乡镇有线数字电视发展区域，共制定规划15个。并将规划方案制成图纸，装订成册，在工程实施中严格按照规划技术方案流程进行施工。11月，完成机房前端的BOSS系统、客户服务系统、信息化综合管理系统和广播电视信号源的统一建设，实现全州统一割接，数据业务与省公司对接。发放安装“户户通”220套，维护“村村通”100套，维护手机电视机站设备10余次，完成全县无线覆盖前期规划。

【广播】 转播两套无线调频广播，全年日常常规维护20次，重大维护2次，广播节目转播正常。

【电影放映管理】 按照企业经营、市场运作、政府购买、农民受惠的农村电影放映管理体制。组建12个放映队，制定全年放映规划和放映时间安排表。全年放映3348场，观众达5万余人次。

（吴承名）

【电视网络建设】 2014年，实施广电全业务网络升级改造，全县双向网络改造已完成85%工作量；完成高罗至西坪，长潭至万寨的干线环网建设，线路总长220千米。启动万寨、椿木营、高罗、晓关、李家河等5个乡镇的地埋管道建设，管道建设里程总长20千米；全县新建杆路15千米，新建干线环网光缆附挂212千米；双向网络改造及新建支干线光缆附挂400千米，新建光纤骨干交接箱20个，二级光纤交接箱40个；开通沙道、万寨、高罗、李家河、长潭河5个乡镇的光纤入户；县城区及乡镇集镇范围内双向网络改造采用EPON＋EOC，用于双向网络改造“三合一”局端共计380台；完成县乡机房改造，实现全业务数据开通运行。

8月，在县城开展卫星天线接收器（俗称“天锅”）销毁活动，销毁接收天线1208套，全年共拆除1685套。全年新增数字电视用户2560户，全县有线基本电视在册用户达到22045户。重点发展高清加密电视业务，全县高清加密电视用户达到12100户。发展互联网收费用户1600余户；互动用户330户。

【广电网络服务】 在城区正式推行网格化管理，分3个网格，每个网格2名安装维护员，明确网格人员的岗位职责和绩效考核办法。利用呼叫中心对用户进行回访，对网格人员的有效监督，促使限时服务、承诺服务落到实处。全年共上门为用户维护检修电视网络2158人次。定期加强光缆线路的正常巡查、维护以及敏感时期的光缆线路巡护任务，确保广播电视信号的畅通，未发生任何责任事故。加强机房前端设备的检修、维护，保证设备安全平稳运转和节目安全播出。

（任桂英）

八宝铜铃舞

宣恩土家族八宝铜铃舞，俗称"解钱"，是湖北酉水流域土家族所独有的一种祭祖还愿的古老仪式歌舞。

那是一种隆重而独特的仪式：在主家堂屋中堂上方悬挂田好汉、彭公公爵、向老官人等"三亲土王"神像，中堂左上角设香案，上摆肉食、果蔬类贡品及香蜡草纸，中堂右下角立神位，供置田氏家神。"土老司"头戴三亲五折冠，身穿八幅罗裙，左手握八宝铜铃，右手执司刀，摇铃舞唱，祈求先祖神灵保佑风调雨顺、家兴宅旺、消灾免难。

宣恩土家八宝铜铃舞不仅是一种精彩的歌舞，一种艺术化的风俗，同时还承载着厚重的历史文化信息，蕴含着深邃的哲学价值和教化意义。八宝铜铃舞融歌、舞、乐于一体，它的舞蹈是步伐、形态、构图的有机统一，其步伐核心"三步罡"和"太极图"，舞者一步一颤或一步多颤，具有流动的韵律美；它的唱词为土家梯玛所传唱的《神歌》，具有《竹枝词》的风格，是研究土家族历史的"活化石"；它的音乐是以"荷嗬腔"为内核而形成的一种独具土家特色的歌乐门类，旋律音程，多为纯四度、纯五度的大跳和同度音的持续"摇晃"，正好为杜亚雄教授在《中国民族基本乐理》中所提的"摇声"之说找到了一个古老的源头；它的历史悠久，其源头可从春秋战国时期楚地"信鬼祀神"的民俗中找到关联，而有文献记载的则可追溯到东汉时期，是研究中国土家族舞蹈的一根"古藤"；它所倡导的尊神祭祖、不忘历史的传统教化思想与"天地合一"、"人神合一"的和谐社会思想理念具有健康向上的积极意义。

社会

人口和计划生育

【概况】 2014年，全县医疗卫生和计划生育支出2.37亿元（不含新农合基金），同比增长20.9%。万元以上医疗设备736台（件），其中100万元以上设备9台（件），50万～99万元设备17台（件），10万～49万元设备130台（件），10万元以下设备580台（件），救护车29辆。

全县共有医疗卫生和计划生育服务机构275个，其中，县直医疗卫生计生单位6个（县人民医院、县民族医院、县妇幼保健计划生育服务中心、县疾病预防控制中心、县卫生计生综合监督执法局、县新型农村合作医疗管理委员会办公室），乡镇卫生院9家，分院1家，社区卫生服务中心1家，医务室1家，民营医院4家，个体诊所27家，村卫生室215家，门诊部3家。编制床位数1560张，每千人床位数4.35张；现有执业医师（含助理）511人，每千人执业医师数1.425人；现有执业护士648人，每千人执业护士数1.81人。首个血液透析室于5月在县民族医院正式营运，运行使用情况良好；组织县级医疗机构申报州级重点专科11个，评审通过9个，筹备申报省级重点专科5个。2014年新农合参合人数305608人，参合率99.01%。全年新农合补偿72.3万人次、1.11亿元。

【人口与计划生育】 2014年，全县婚育妇女8.15万人。2014年考核年度（2014年10月1日至2015年9月30日），全县共计出生3978人，出生率为10.70‰，自然增长率为5.33‰；共计出生男孩2074人，女孩1904人，出生人口性别比为108.93∶100；政策内生育3776人，政策外多孩132人，符合政策生育率为94.92%，政策外多孩率为3.32%。

【宣恩县卫生和计划生育局成立】 1月28日，宣恩县卫生、计划生育部门整合工作会议在县行政办公大楼二楼会议室召开，正式成立宣恩县卫生和计划生育局，会议由向建强主持，曾德权、范涌出席。县机构编制委员会办公室负责人在会上宣读卫生、计划生育部门整合方案；范涌宣布县卫生和计划生育局班子成员名单；原人口和计划生育局、原卫生局、新成立的卫生和计划生育局主要负责人分别作表态发言。新成立的宣恩县卫生和计划生育局承担公共卫生和计划生育工作多项职能。

取消三项职责：对医疗机构服务绩效评价等技术管理职责转移给所属事业单位承担；按照事业单位分类改革的要求，减少对所属医疗机构的微观管理和直接管理，落实医疗机构法人自主权；已由各级政府公布取消的涉及卫生和计划生育的行政审批事项。

承接两项职责：承担州下放的新建、改扩建公共场所选址和设计的卫生许可职责；承担州下放的二级及以下医疗机构校验职责。

整合三项职责：将县发展和改革局承担的县深化医药卫生体制改革工作领导小组办公室的职责，划入县卫生和计划生育局；将研究拟订人口发展战略、规划及人口政策的职责，划给县发展和改革局；将综合协调食品安全、组织查处食品安全重大事故和牵头建立食品安全综合协调机制、负责食品安全综合监督的职责，划给县食品药品监督管理局。

加强三项职责：深化医药卫生体制改革，坚持保基本、强基层、建机制，协调推进医疗保障、医疗服务、公共卫生、药品供应和监管体制综合改革，巩固完善基本药物制度和基层运行新机制，加大公立医院改革力度，推进基本公共卫生服务均等化，提高全县人民健康水平。坚持计划生育基本国策，加强计划生育政策和法律法规执行情况的监督考核，加强对基层计划生育工作的指导，促进出生人口性别平衡和优生优育，提高出生人口素质。推进医疗卫生和计划生育服务在政策法规、资源配置、服务体系、信息化建设、宣传教育、健康促进方面的融合。加强食品安全风险监测、评估。鼓励社会力量提供医疗卫生和计划生育服务。

主要职责十八项：(1)贯彻落实党和国家、省、州关于卫生和计划生育工作的方针政策和法律法规。负责起草卫生和计划生育、中医药事业发展的县政府规范性文件。负责协调推进全县医药卫生体制改革和医疗保障，统筹规划全县卫生和计划生育服务资源配置，组织和指导全县卫生和计划生育规划的编制和实施。(2)负责制订全县疾病预防控制规划、免疫规划、地方病防治规划、严重危害人民健康的公共卫生问题的干预措施并组织落实，根据国家检疫传染病和监测传染病目录，制订全县卫生应急预案、突发公共卫生事件监测和风险评估计划，组织和指导全县突发公共卫生事件预防控制和各类突发公共事件的医疗卫生救援，发布法定报告传染病疫情信息、突发公共卫生事件应急处置信息。(3)负责制定职责范围内的职业卫生、放射卫生、环境卫生、学校卫生、公共场所卫生、饮用水卫生管理规范、标准和政策措施，组织开展相关监测、调查、评估和监督，负责传染病防治监督。组织开展食品安全风险监测、评估，负责国家食品安全标准的宣传贯彻和追踪评价。(4)负责组织拟订并实施基层卫生和计划生育服务、妇幼卫生发展规划和政策措施，指导全县基层卫生和计划生育、妇幼卫生服务体系建设，推进基本公共卫生和计划生育服务均等化，完善基层运行新机制和乡村医生管理制度。(5)负责组织实施医疗机构、医疗服务、医疗技术、医疗质量、医疗安全全行业管理办法、规范和标准，会同有关部门贯彻执行国家卫生专业技术人员准入、资格标准的审查，实施卫生专业技术人员执业规则和服务规范。(6)负责组织推进全县公立医院改革，建立公益性为导向的绩效考核和评价运行机制，建设和谐医患关系，提出医疗服务和药品价格政策的建议。(7)贯彻落实国家药物政策和国家基本药物制度，执行国家药品法典和国家基本药物目录，会同有关部门组织实施全县基本药物的采购、配送、使用的政策措施。(8)组织实施促进全县出生人口性别平衡的政策措施，组织监测计划生育发展动态，提出发布计划生育安全预警预报信息建议。组织实施计划生育技术服务管理制度、优生优育和提高出生人口素质的政策措施，推动实施计划生育生殖健康促进计划，降低出生缺陷人口数量。(9)组织建立计划生育利益导向、计划生育特殊困难家庭扶助和促进计划生育家庭发展等机制。负责协调推进有关部门、群众团体履行计划生育工作相关职责，建立与经济社会发展政策的衔接机制，稳定低生育水平。(10)制定流动人口计划生育服务管理制度并组织落实，推动建立流动人口卫生和计划生育信息共享和公共服务工作机制。(11)拟订全县卫生和计划生育人才发展规划，指导卫生和计划生育人才队伍建设。加强全科医生等急需紧缺专业人才培养，贯彻落实国家住院医师和专科医师规范化培训制度。(12)拟订全县卫生和计划生育科技发展规划，组织实施卫生和计划生育相关科研项目。参与制定医学教育发展规划，组织实施毕业后医学教育和继续医学教育。(13)指导全县卫生和计划生育工作，完善综合监督执法体系，规范执法行为，监督检查法律法规和政策措施的落实，组织查处重大违法行为。负责拟订计划生育目标管理方案，组织计划生育工作考评，监督落实计划生育一票否决制。(14)负责卫生和计划生育宣传、健康教育、健康促进和信息化建设等工作，依法组织实施统计调查，参与县人口基础信息库建设。综合协调卫生计生的对外交流与合作、援外工作。(15)制定并组织实施全县中医药中长期发展规划，实施中医药技术标准，加强中医药行业监管。(16)承担全县重大会议和重大活动的医疗卫生保障工作。(17)承担县爱国卫生运动委员会、县国防动员委员会医疗动员办公室、县政府防治艾滋病工作委员会、县地方病防治工作领导小组、县人口和计划生育领导小组和县深化医药卫生体制改革工作领导小组的日常具体工作。(18)承办上级交办的其他事项。

新成立的宣恩县卫生和计划生育局设12个内设机构:办公室、人事股(监察室)、财务股(审计股)、政策法规股(行政审批股)、疾病预防控制股(县委、县政府地方病防治工作领导小组办公室,县爱国卫生运动委员会办公室)、医政与中医药管理股(县国防动员委员会医疗卫生办公室、县深化医药卫生体制改革工作领导小组办公室)、规划与信息股、应急办公室、基层卫生与妇幼保健股、计划生育指导股、宣传科教股、计划生育家庭发展股。核定行政编制17名,工勤编制1名。领导职数为局长1名,副局长3名(其中1名兼任县深化医药卫生体制改革领导小组办公室主任);内设机构负责人职数12名。同时负责指导县红十字会、县计划生育协会的业务工作。

【全县卫生和计划生育工作会议召开】 2月13日上午,全县卫生和计划生育工作会议在县消防大队五楼会议室召开。会议总结2013年全县人口和计划生育工作,研究部署2014年全县人口和计划生育工作。向建强主持,岳东、史红珍、陈浩出席会议。万寨乡政府、县人社局等3个单位相关负责人在会上作典型发言,对2013年度优秀村级计生专干代表进行表彰,向建强代表县政府与各乡镇政府签订了2014年度卫生和计划生育工作责任书。

·医疗卫生体制改革·

【医疗保障体系】 2014年,全县城镇医疗保险参保人数达到17182人,城镇居民参保人数达到22360人。全县新农合参合人数305608人,参合率99.01%。全年新农合补偿72.3万人次、1.11亿元,政策范围内住院补偿率达到76%以上,实际住院费用补偿比例(含大病保险)达61.36%,门诊统筹政策范围内平均补偿比达到72.6%。22种重大疾病实际补偿比例达到70.5%,26种门诊重症补偿比例达到60%。门诊统筹基金在定点医疗机构发生的门诊医疗费按50%比例给予补偿,比2013年提高10个百分点,实际补偿比例达到73%以上;在定点药店发生的门诊医药费按25%比例给予补偿,比2013年提高5个百分点,个人住院治疗费补偿年封顶线提高到10万元。

【基本药物制度】 全县基层医疗卫生机构共采购基药品规997种,全年共提交采购订单2000万元,配送药品1889万元,配送率94.4%以上;入库1738万元,入库率86.9%,基层医疗机构已结算货款1726万元,货款结算率91.3%以上。

【基层医疗服务体系】 2014年已开工建设及前期工作基本完成项目43个(含村卫生室30个),建筑总面积20173平方米,分年度投资总额3620万元。其中宣恩县人民医院医技楼及县急救中心建设项目、乡镇卫生院医技楼、门诊综合楼项目建设共7个,建筑总面积8250平方米,总投资1400万元。乡镇卫生院周转房建设项目4个,建筑面积960平方米,总投资140万元。完成珠山镇狮子关等30个村卫生室新建及改扩建工程,建筑面积2960平方米,总投资140万元。民族医院整体搬迁项目总体规划已经规划委员会通过。

【基本公共卫生服务项目】 累计建立居民健康档案268267份,建档率89%。以县、乡、村三级医疗卫生机构为主阵地,全面开展健康教育工作。落实出生儿童卡介苗、脊灰疫苗等11种基础疫苗接种工作,各乡镇接种率均达到90%以上。全县产妇数3792人,实际管理人数(按居住半年以上统计)3412人,管理率90%;全县65岁以上老年人32700人,健康管理任务21255人,接受健康管理21831人;全县高血压患者约39600例,共随访管理25937例,管理率为65%;全县糖尿病患者约4800例,随访管理4413例,管理率为91%;全县重性精神疾病(6种)患者339例,本年度管理311例,管理率91%。认真组织做好卫生监督协管服务工作,卫生服务环境持续改善。

【公立医院改革】 逐步取消以药养医现状,县人民医院基本药物使用及销售比例分别达48.66%、41.15%;县民族医院使用及销售比例分别达46.75%、44.67%,均达到配备使用比例要求;改革人事管理制度,执行岗位设立管理,推行按需设岗、因事设岗、合同管理，依合同考核，以考核结果续聘晋聘，变身份管理为岗位管理，建立能进能出、能上能下的灵活用人机制。改革人事分配制度。拟重新核定县人民医院、民族医院工作人员编制，适度增加，对原有定编定人实行备案管理，推进医院定编定岗不定人的新工作机制。进一步完善公立医院人员绩效考核办法，实行多劳多得、优绩优酬。县人民医院已设置岗位评价办法，实行全方位考核。出台相关文件积极探索组建医疗集团，充分利用医疗卫生机构现有资源，组建两个医疗集团，实行人员、财务、药品、设备、业务管理五统一。实行基层首诊、分级诊疗、双向转诊工作办法，切实推进全县医疗秩序有序、有效改善，避免医疗卫生资源过度向城市集中。

·疾病预防与控制·

【健康宣传教育】 2014年，利用大众媒体，广泛开展传染病相关知识的宣传，县电视台播出节目2次，县新闻网用稿3篇。在疾控系统内部网站，省疾控网用稿27篇。更换健康教育宣传次数达927期次，宣传横幅100余条，出动2辆流动宣传车，举办各类健康知识讲座1494期，开展各种健康主题宣传活动247次，发放各种宣传资料300余万份。

【免疫接种】 一类疫苗共计接种71024剂次，扩大国家免疫规划疫苗基础免疫接种率达到90%。入托入学儿童接种证查验4730人，补种疫苗2568剂次，查验率≥95%，疫苗补种率≥90%。医疗机构共报告AFP(急性迟缓性麻痹)病例2例，疑似风疹3例，所有病例都按要求进行网络报告、采样和个案调查及随访。完成33111人的计生个案和客户端的儿童摸底调查和信息比对工作，客户端应补建卡2967人，实补建卡2967人，补种疫苗1076剂次。流入儿童2336人，建证建卡2336人，流动儿童建证建卡率100%，流动儿童疫苗接种率90%以上，流出儿童7794人。

【传染病管理】 全县各医疗机构全年报告传染病2293例，无迟报、漏报现象；开展传染病疫情及突发公共卫生事件监测报告分析18次，风险评估12次；及时处理传染病预警信息104条。

【重点传染病防控】 全年新发现艾滋病病毒感染者13例，落实艾滋病“四免一关怀”政策，累计建档人数57人，累计死亡24例，现存活33例。全年共发现肺结核病人285例；对辖区内4个自然村1200人进行麻风病流调普查，普查率达95%，对4名现症病人家属进行了体检；全年完成“三热”病人疟疾血检237份，完成11名自非洲加纳务工返乡人员疟疾预检筛查。4月28日至30日，宣恩代表队在全州突发急性传染病防控和突发中毒事件应急处置职业技能竞赛中，分别获团体二等奖、三等奖。

【慢病综合管理】 全年完成65岁以上老人健康体检率为75.45%；高血压患者健康管理率为69.46%；Ⅱ型糖尿病患者规范管理率为91.60%；重性精神疾病管理率为91%。

【地方病防控】 随机入户调查300个居民户食用盐，居民碘盐食用合格率100%，省疾控中心于6月对全县消除碘缺乏病目标进行考核验收；2014年在椿木营乡开展群氟斑牙患病率调查，结果显示儿童氟斑牙患病率2.97%，省疾控中心于5月对全县燃煤型氟中毒消除情况进行考核验收。

【日常卫生监测】 全年共受理食品、餐饮、公共场所等从业人员健康证申请3170人次，共完成司机体检5600人次，开展职业健康检查218人次，按照上级统一安排采取水样样品240份。

【甲型副伤寒疫情】 6月9日至7月31日，县人民医院、李家河镇卫生院共报告和收治李家河镇中学发热病例40例，其中甲型副伤寒实验室确诊病例15例(其中教师1例)、临床诊断病例14例、观察病例11例(排除病例)。县人民政府于6月12日10时20分成立宣恩县李家河镇甲型副伤寒爆发疫情应急指挥部，同时启动突发公共卫生事件Ⅳ级应急响应，全面开展疫情应急处置工作。经处置，疫情于6月14日开始回落，15日及以后无新发病例，所有病例经住院规范化治疗，体温恢复正常，病情稳定，无重症、死亡病例。7月31日终止突发公共卫生事件Ⅳ级应急响应。

·卫生计生法制与监督·

【概况】 2014年举办2期基层卫生监督员和卫生监督协管员培训班，共培训70人次。依法办理卫生行政审批、服务事项2749件，现场审查303件。开具婚育证明110份。开展专项执法检查，针对检查发现的问题立案查处7家医疗机构，罚款1.08万元，责令限期整改17家。立案查处2家无证牙科诊疗场所，罚款0.6万元。

对全县9个乡镇学校及社区卫生服务中心的卫生情况开展督导，对乡镇建立学校档案、风险排查、学校生活饮用水等工作进行检查指导，抽查28所学校的传染病管理、生活饮用水、教学环境卫生等情况。对全县10家集中式供水单位进行监督检查和水质抽检，共监测水样25份，合格16份。完成114家公共场所的日常监督检查，抽检用品用具174份，合格162份。对270家医疗机构的消毒效果进行抽样检查，共采样834份，合格777份。对辖区270家医疗机构的传染病疫情及传染病报告与管理工作、医院感染管理与控制工作、医疗废物管理与集中处置工作进行现场监督检查。5月6日，在长潭河侗族乡中心卫生院举办放射诊疗规范化管理工作现场会。对全县17家放射诊疗机构进行监督检查，并组织专业人员对放射诊疗设备、诊疗场所进行监测。

依法处理违法生育行为，全县查处违法生育案件350例，征收社会抚养费237.31万元。认真落实计生实名登记制度，全县人口基础信息共享平台医疗机构录入及时率为98.72%。严厉打击“两非”(非医学需要的胎儿性别鉴定、非医学需要的人工终止妊娠)行为，全年查处“两非”案件2例。

·妇幼保健·

【妇幼卫生】 2014年全县产妇3792人，出生活产3820人，双胎40例，多胎0例，死胎死产共计12例。孕产妇系统管理3495人，系统管理率为92.1%。住院分娩活产数3810人，住院分娩率为99.73%。高危产妇623人，高危住院分娩623人，高危住院分娩率为100%。年度无孕产妇死亡、无新生儿破伤风发生。5岁以下儿童死亡42人，死亡率为10.99‰；婴儿死亡31人，死亡率为8.12‰；新生儿死亡13人，死亡率为3.41‰，占5岁以下儿童死亡的30.95%。

全县7岁以下儿童30326人，保健覆盖28248人，保健覆盖率93.14%，5岁以下儿童22692人，5岁以下儿童营养评价20152人，检出低体重343人、生长发育迟缓256人、超重45人。进行血红蛋白检测18871人，查出贫血患病人数60人，其中中重度贫血6人。3岁以下儿童13062人，系统管理11692人，系统管理率89.51%。

开展以“两癌”检查为重点的妇女健康行动，共检查14529人，其中宫颈癌、乳腺癌各筛查12022人，查出妇科病人数7427人，确诊宫颈癌3例、乳腺癌6例、阴道上皮癌1例并治疗。

全县医疗单位共开展节育手术3588例，无感染和死亡病例发生。叶酸补服项目工作成效明显，新增服用人数4321人，新增依从人数3423人，依从率79.21%。

全年完成住院分娩补助4437人，总金额达207.32万元。全年围产儿3832人，出生缺陷19人。全年在辖区内住院分娩活产2471人，共进行新生儿疾病筛查2438例，筛查率98.66%。接受阻断艾滋病母婴传播检测2471人，HIV阳性孕产妇1例，按照项目要求给予干预，定期随访。梅毒阳性孕产妇2例，均按照要求治疗随访。实施儿童营养改善项目，全年累计记发放“营养包”43082人，服用率完成86.67%，有效服用率75%。

【计划生育服务管理】 全年安排计划生育数据清理清查共计3次，其中8月份的“数据质量再清理月”历时1个月时间，部署开展以“说实话、查实情、摸实底、报实数、求实效”为主要内容的清理清查专项治理行动，将2013年以前的出生、死亡、流动、孕情、措施、奖扶等各类信息进行，全面摸底核实。通过定期数据质量的清理清查，村居在线平台信息核查有效反馈率达到98.53%，全员人口主要数据完整率达到99.97%，准确率完成99.98%。

组织业务专班到各乡镇进行集中培训，培训乡计生办、村级专干等300余人次，通过抓基层计生干部业务技能转变促数据质量提升。按照《宣恩县计划生育基层基础建设年活动实施方案》，万寨乡开展计划生育基层基础示范村创建活动并通过评审。在256个行政村开展“红灯笼”推进计划，实施面达90.14%；开展生育标兵户和示范户“十佳优秀女生”“好婆婆、好媳妇”“十佳优秀女青年”“十佳独生子女及双女户致富家庭”等评选活动，幸福家庭示范户达到28%。阳光计生“三公开”覆盖面达100%。开展计划生育文明示范村创建活动，创建州级生育文明示范村3个，分别为高罗乡埃山村、晓关侗族乡大岩坝村、椒园镇黄坪村。文化桩70个，宣传栏4个，25米宣传墙四面，悬挂宣传展板100余块，悬挂红灯笼300对，评选出生育文明发展标兵23户、好婆婆10户、好妯娌10户、好媳妇10户、好儿女10户、好女婿10户、示范户150户。

开展计划生育宣传教育，转变群众的生育观念。2014年在省计划生育宣教中心订购进村入户资料4.96万份。印制宣传折页6.5万张，宣传挂图10份，健康促进宣传展板1套，卫生计生农历2万本，全部发放给服务对象，人平达到0.13元，宣传品进村入户率达98.6%。全县开展大型宣传活动4次，广泛宣传人口计生政策。全年被州级以上新闻单位采用稿件共62篇，其中，国家级新闻用稿4篇（其中《中国人口报》3篇），省级新闻单位用稿13篇（其中《湖北日报》5篇，《湖北人口》8篇），州级新闻单位用稿45篇（其中《恩施日报》40篇）。

【计划生育技术服务】 全县共2053人参加免费孕前优生健康检查，1930人参加免费婚前医学检查。开展计划生育手术并发症及病残儿医学鉴定工作，完成4名儿童病残儿医学鉴定资料申报和4名儿童鉴定结果反馈，2014年末，10名手术并发症鉴定处于鉴定阶段。规范避孕药具管理工作，开展避孕宣传、指导、管理副反应监测、质量控制等工作。

开展“优质服务月”及“计生数据再清理”活动，7月定为全县计划生育“优质服务月”。全县清理在孕人员888例，其中政策外怀孕51例，落实人流引产36例；清理41岁以下无措施婚育妇女7804人，落实长效节育措施人数313例；清理摸底统计计划怀孕夫妇1366人；随访服务7603人。开展以“两癌”检查为重点的妇女健康行动，全县已检查12022人，查出妇科病2760例，均已实施治疗；确诊宫颈癌3例，阴道上皮癌1例，乳腺癌6例。

【计划生育利益导向机制落实】 2014年，全县审核通过新增农村奖扶对象420人，特别扶助9人；符合奖扶奖励条件的企业退休职工85人，奖励资金29.75万元；国家机关和事业单位退休职工计划生育奖励加发工资符合条件29人；农村独生女高考加分符合条件7名；农村独生女、“双女户”女孩中考加分符合条件392人；年满14周岁的独生子女保健费家庭212户，兑现8.765万元。农村居民、城镇无业居民中一孩和双女户夫妻依法生育子女后，自愿在规定时间内采取女性绝育措施享受一次性奖励2000元的政策符合条件16人，奖励资金3.2万元；考取二本以上院校符合奖励条件48人，其中考取一本院校20人，每人奖励资金2000元，二本院校28人，每人奖励1000元，共兑现奖励资金6.8万元；在实施新型农村合作医疗中，参合农村独生子女及其父母、失独家庭人员在定点医疗机构住院治疗费用实行零起付线并提高5个百分点报销比例制度，全年共落实230人次6.35万元。在实施计划生育家庭意外伤害保险工作中，各村为评选出来的示范户和“十星级”文明户送上一份平安险，每户投入保险费30元。

民政部门将35户计生后遗症对象、双女困难户家庭及时纳入救助、救济范围，其中，纳入低保19户，大病医疗救助9户，临时救助7户。住建部门在廉租房分配中落实独生子女家庭265户，双女户12户，廉租住房租赁补贴落实独生子女家庭150户，双女户6户，农村危房改造落实独生子女家庭92户，双女户114户。人社部门为独生子女和双女户开发公益性岗位20个，公共就业服务机构接受免费职业介绍的390人中，独生子女和双女户160人，推荐独生子女和双女户外出就业400人。

【流动人口服务管理】 2014年全县流出已婚育龄妇女33729人，有效联系32975人，联系率97.76%，流动人口跟踪管理到位率为97.13%。重视流动人口信息化建设，通过PADIS流动人口子系统和省对接平台，全县流动人口信息核查反馈率达100%。与16个流动人口相对集中的县市签订《流动人口计划生育服务管理双向协作书》，实现流动人口双向管理。根据《宣恩县2014年基本公共卫生服务项目实施方案》要求，开展流动人口均等化服务工作，服务到位率达94.61%。做好珠山镇白鹤井、工农街两个社区居委会人口监测指导工作，确保被国家卫生计生委作为首批流动人口监测样本点的相关指标达标。

【红十字会事业】 2014年，县红十字会开展“红十字博爱送万家”活动，慰问部分特困户、老党员，发放大米、食用油、衣物等慰问物资，共计价值1.2万元。组织医疗专家到高罗乡麻阳寨开展义诊活动，活动接待群众400余人次，免费发放常规药品价值0.2万元。六一儿童节，到宣恩县荧屏特殊教育学校为学生捐赠衣物200余件，食用油10桶；县民族医院专家免费为学生进行健康体检。

·新型农村合作医疗·

【概况】 2014年全县305608人参加新型农村合作医疗，参合率99.01%。全年新型农村合作医疗补偿72.3万人次、1.11亿元。

【基金筹集】 2014年，新型农村合作医疗筹资标准为404元/人，其中：中央和地方各级财政对新型农村合作医疗的补助标准为344元/人，参合农民个人缴费标准为60元/人。全县305608人实际筹集新型农村合作医疗基金12356万元。其中：各级财政补助10383万元（中央财政6723万元，省级财政2511万元，县级财政1149万元），农民个人参合缴费筹集1834万元；利息收入139万元。另上年结转5777.2万元（含风险基金872.5万元）。

【基金补偿与参合农民受益情况】 全年共有723352人次参合农民得到新农合补偿，实际补偿医药费用11202.5万元（不含大病保险理赔）。基金共支出11739.85万元（含上缴州级大病保险统筹基金611.22万元），基金使用率达97.14%。其中一般住院补偿44298人次，补偿医药费用9274.7万元，实际补偿比（含大病保险）为60.9%，县内实际补偿比为67.2%，政策范围内住院费用补偿率为76.1%；门诊统筹共补偿676327人次，实际补偿医药费用1765.4万元。门诊统筹补偿率为75.2%；

全县共纳入重大疾病保障补偿181人，新农合补偿233.17万元，实际补偿率70.5%；住院分娩定额补偿2054人，补偿基金41.08万元；门诊慢性病补偿673人次，共计补偿医疗费用72.67万元；全年共有1289人获得大病保险理赔，共计补偿619.72万元。

【调整优化统筹补偿方案】 4月11日，印发《2014年宣恩县新型农村合作医疗统筹补偿实施方案》（宣政发〔2014〕17号）。个人住院治疗费用补偿年封顶线为10万元；本县乡镇卫生院起付线为200元，县二级定点医疗机构起付线为500元，其他按照县级管理的定点医疗机构起付线为400元，州级三级定点医疗机构起付线为1000元，省级定点医疗机构起付线为1200元。参合农民患同一种疾病连续转院治疗的，不重复计算起付线，只按照最高级别医疗机构起付线计算。一般疾病门诊统筹定点医疗机构发生的门诊医药费按50%的比例给予补偿，在定点药店发生的门诊医药费按25%的比例给予补偿，门诊补偿不设立起付线。参合农民每年每人门诊医药费补偿封顶线为250元。日封顶线，参合农民每户每日门诊医药费补偿封顶线为15元、药店为5元，超过封顶线的金额由患者负担。门诊重症补偿符合26种门诊重症病种的参合患者门诊诊疗费按照60%进行补偿，实行年度补偿限额管理。全县重大疾病保障病种为22种，门诊重症慢性病保障病种扩大到26种。

【定点医疗机构监管】 2014年共对违规的两家医院实行新型农村合作医疗定点医疗机构处留点查看6个月的处罚，追回违规补偿基金5139.5元，并全额进入基金专户。

【爱国卫生运动暨“省级卫生县城创建”活动】 结合“省级卫生县城创建”活动，开展爱国卫生运动。2012年以来，县委、县政府高度重视省级卫生县城创建工作，成立创建工作领导小组，有序推进各项工作。2012年6月29日全县召开“三城同创”暨“两违”整治动员大会后，先后三次邀请省爱卫办专家到宣恩县进行业务培训和检查指导创建工作。2014年初，县创卫办将创建省级卫生县城目标任务逐项分解到26个爱卫会成员单位，并指派联络员。在春季“除四害(苍蝇、蚊子、老鼠、蟑螂)”工作中,县创卫办采购灭鼠毒饵站1000余个、灭鼠灭蟑药物6.85吨,灭鼠毒饵站于4月15日前布放到各单位、各社区室外,4月22日县创卫办向86个城区单位、2个行业管理单位和5个社区居委会发放灭鼠灭蟑药物,4月23日至29日全城统一时间、统一行动投放药物。县疾控中心组建5个工作专班分别到各社区开展“除四害”工作技术指导,先后完成“除四害”前后密度监测。5月24日至27日,县政府督查室组织5个专班对全城重点单位、重点行业开展“除四害”工作督办,各重点单位、重点场所均添置防鼠、防蚊蝇设施。5月28日至30日,湖北省爱国卫生技术指导专家委员会对“除四害”工作进行检查验收,宣恩县通过“创灭鼠、灭蟑先进城区”验收。

2014年6月和11月在全县广泛开展以预防夏秋季和冬春季传染病为主的全民爱国卫生运动。12月,宣恩县“卫生县城创建”工作通过终审,2015年1月10日,《省爱卫会关于命名湖北省卫生先进单位、卫生村、卫生社区的决定》(鄂爱卫〔2015〕4号)命名宣恩县11个单位(宣恩县沙道沟镇人民政府、县档案局、县环保局、县畜牧兽医局、县旅游局、县农业局、县电力公司、县水利水产局、县人力资源和社会保障局、县科技局、县质量技术监督局)为湖北省卫生先进单位,27个村(沙道沟镇水田坝村、龙潭村、松坪村、上洞坪村、当阳坪村、栏杆坪村、响龙村、班大湖村、街上村、桃子岔村;李家河镇二虎寨村、凤山村;高罗乡九间店村、光荣桥村;珠山镇双龙湖社区;长潭河侗族乡诺西村、猫子庄村、中间河村;椿木营乡沙坨村、长槽村;万寨乡大河坝村、罗针田村;椒园镇红岩卡村;晓关侗族乡黄河村、古路槽村、倒洞塘村、大岩坝村)为湖北省卫生村。2015年1月18日,宣恩县被湖北省爱国卫生委员会正式命名为“省级卫生县城”。

(全昌龙)

·宣恩县人民医院·

【概况】 宣恩县人民医院位于宣恩县珠山镇建设路4号,是一所集医疗、科研、教学、康复和急救为一体的县级综合性非营利性二级甲等综合医院。全院占地1.9公顷,建筑面积3.23万平方米,医疗业务用房2.4万平方米,总资产1.3亿元。开放病床400张,内设15个行政职能科室和17个临床医技科室。共建成15个州级临床重点专科,1个省级临床重点专科(临床护理)。在省新华医院、荆州市中心医院等其他上级医院的支持下,引进和开展新业务新技术50多项。投入500万元建设层流重症监护室(ICU)正式投入使用。普外科能开展全胃切除术,肝叶、胰腺、十二指肠部分切除术,胆管成型胆总管空肠吻合术,结肠、直肠、乳腺癌根治术等;脑外科能开展脑肿瘤(脑膜)切除术、高血压脑出血微创清除血肿术、脑积水脑室腹腔分流术、肺、食管上段、纵膈肿瘤切除、胸腔镜手术等;骨外科能开展骨盆骨折前后路切开复位内固定、全髋置换术等;泌尿外科能开展腹腔镜下肾上腺肿瘤切除、肾或肾部分切除、肾盂输尿管连接部分狭窄整形术、经尿道前列腺汽化电切术、经尿道腔镜浅表肿瘤电切、经皮肾输尿管镜气压弹道碎石、后腹腔镜输尿管切开取石等;妇产科能开展腹腔镜下子宫肌瘤切除术和全子宫切除术、宫颈癌根治术、阴式子宫切除等;五官科能开展小切口白内障囊外切除+人工晶体植入、翼状胬肉切除联合角膜缘干细胞移植术、泪囊鼻腔吻合术、功能性鼻内窥手术等;内科能开展心脏临时起搏器、消化内镜下治疗、脑梗死及心肌梗死的溶栓治疗等业务。

2014年末,全院职工总人数495人。正高级职称6人,副高职称35人,中级职称97人。卫技人员352人,占职工总数88%。党员总数72人,预备党员2人,共占职工总数的14.5%。

2014年全年门诊诊疗268510人次,同比增长1.9%;入院19801次(其中农合病人13680人次,医保病人16553人次),同比增长13.3%;出院19856人次,同比增长14.4%;三日确诊率99.19%,治愈率32.01%,好转率55.13%,死亡率0.44%;病床使用率106.62%;出院者平均住院日7.75日。全年完成总收入9910万元,其中业务收入9586万元,同比增长17%。针对残疾人、低保户人群等弱势群体,医院实施医疗费用优惠政策,合计减免医疗费用8.3万元。

【重大项目建设】 2013年8月21日,县人民医院医技楼及县急救中心扩建项目正式开工建设，总投资2200元，总建筑面积8000平方米。其中县急救中心建设项目210万元属国债投资项目，建筑面积600平方米。2014年7月，完成主体及主体砌体工程施工，并通过验收。到2014年12月31日，完成主体工程施工层面、地面及楼面施工，完成部分内墙面施工，安装工程完成强弱电布线及设备安装，给排水管道安装，中央空调管道安装及末端设备安装，消防管道安装、布线、部分消防设施安装，电梯安装、供应室装饰及设备安装工程。总投资1299万元，其中：前期费用及规费等82万元，工程投资1217万元。

【人才建设】 2014年启动人才和学科建设规划，采取内培外引相结合的方式共组织33次院内业务学习讲座、4次季度考试，合格率100%；开展试用期护理人员业务考试16次。选送21名医护人员到上级医院进修，组织46名相关医护人员参加各类知识培训班。

2014年新招聘专业技术人员36名，其中医生8名，护士24名，财务人员2名，办公室人员1名，药剂人员1名；高校专项招聘进编8人，公开招考进编2人。2014年9月，启动支助中心，提供24小时的支助服务，为临床提供陪送陪检、标本送检、急诊取药送血等服务，减轻临床护理工作的压力，提高患者的满意度。

【突发公共卫生事件应急处理】 2014年共上报和处置艾滋病病人4例；发热病人筛查223人；参与李家河镇伤寒疫情处置，共选派专家4人参与现场处置，对收治入院的伤寒（副伤寒）患者共35例进行隔离治疗。上报食品中毒事件22起共65人，不明原因发热1起共6人；上报处置输入恶性疟疾1起共1人。

（魏耀秀）

·宣恩县民族医院·

【概况】 宣恩县民族医院位于珠山镇民族一路6号，是一所集医疗、急救、科研、教学、预防为一体的二级甲等中医医院，属国家非营利性公立医院。国家重点专科建设单位，湖北省重点专科建设单位，国家特色专科建设单位。2014年末有在岗职180人，高级职称18人，中级职称62人，编制床位200张，实际开放床位121张。设有内科（老年病科）、血液透析中心、骨伤一科、骨伤二科、外科（含五官科）、妇产科、康复科、急诊科、门诊部、手术室、麻醉科、放射科（含CT、DR、碎石、钼靶、CR）、功能科（含彩超、心电图、脑超）、检验科、内镜室等科室。医院始终贯彻科技兴院战略，积极发展具有中医特色专科，其中骨伤科、康复科为国家级重点专科，老年病科为省级重点专科。

县民族医院先后引进美国史塞克腹腔镜、等离子双极电切系统、乳腺摄片系统和飞利浦双排螺旋CT、高频X线摄片机、日本富士CR、DR、飞利浦C型臂、西门子彩超、麻醉机、飞利浦呼吸机、碎石机、德国美普康除颤仪、日本东芝800全自动生化分析仪、美国贝克曼免疫分析仪、美国贝克曼全自动五分类血球仪，德国贝朗血透仪、飞利浦24小时动态血压监测仪、24小时心电监测仪、心脑血管病治疗仪、智能四肢康复治疗机、四维牵引床、多功能全身熏蒸机、重症监护设备、日本奥林巴斯胃镜等大型医疗设备，使医院诊断治疗水平得到了长足发展。能相应开展腹腔镜下的胆囊摘除、阑尾切除、宫外孕等各项外、妇科微创手术，腔镜前列腺等离子刀切除术、血液透析术、乳腺癌根治术、宫颈癌根治术，颅骨缺损修补术、脊柱、大关节等复杂骨折修复手术，同时还能进行急性心肌梗塞静脉溶栓治疗、蛛网膜下腔出血脑积液等渗置换治疗等高精尖技术。

2014年完成总收入3119.7万元，同比增长50%，其中业务收入3021.2万元，同比增长51.76%，药品收入882.8万元，占业务收入29.2%。完成门急诊诊疗41606人次，比去年上升24%，入院人数6511人次，同比增长1621人；患者治愈、好转率98%，手术1300例，出院者平均住院9.3天，出入院诊断符合率99%，病床使用率145%。

【业务管理工作】 组织医护人员学习有关法律法规、规章制度，落实质量安全问责制、科主任负责制、首诊负责制、重大医疗事故责任追究制、医疗安全一票否决制；完善三级查房制度、坚持急、危、重病例会诊讨论制、重大手术审批制、护士长值班制等，增强依法执业意识，严格医疗程序；定期开展法律法规知识培训和考核，合格率达100%，全院做到无违规执业、无科室租赁、承包。医务科建立健全各项制度和院科二级质量管理组织，每月进行一次质量管理工作检查、考核、评价，对医院规章制度、技术操作规范、医疗核心制度的落实情况进行实时监控管理，提高医疗安全，降低医疗纠纷发生率。

文明行医，实行首问、首诊、首接负责制；发扬救死扶伤的人道主义精神，尊重、关心、体贴患者；实行病人选医护制度，在各医疗科室成立了若干医疗专业组，由患者自主选择医生、护士，让患者满意；公示各类项目及药品价格，认真执行“一日清单制”，方便患者了解自己的花费情况；认真落实病人知情同意制度，实行“病人授权委托书”，由受委托的病人家属和医生进行病情沟通。实行病情提前告知，让病人及家属知晓病情、发展及预后，早作思想准备，增强医患之间的信任和理解。

推行院务公开。制定和完善院务公开制度，将医疗服务、医疗价格、政风行风建设等向社会公开；将医院的重大决策、重要人事任免、重大项目安排、大额资金使用、大额设备和药品采购、岗位设置、绩效工资分配、年度财务预决算等情况向医院职工公开。

规范招标采购和收费行为。严格执行有关招标采购法规，药品、设备、耗材全部按照上级制订的标准实行招标采购。开展医疗服务价格大检查活动，加大督查力度，规范医生用药，减轻患者经济负担，杜绝“开单提成”和“大处方”现象的发生。

各科按要求严格执行院感管理规范，按时做好院感监测工作，并按规定及时上报传染病疫情，全年共报告疫情116人次，有效防控医院感染。完善院感监测制度，院感监测515件次，全员各层次培训合格率达100%。加强合理用药监管及医疗废物、消毒药械及一次性医疗用品的全程管理。加大医院感染全面监测，为质量持续改进提供可靠依据，对住院部重点单元进行细菌学监测，医院感染率、传染病漏报率较上年同期明显下降。

【重点专科、特色专科建设】 扶持国家级重点专科骨伤科、针灸理疗科和省级重点专科老年病科，加强专科专病建设，确定颈椎病、腰椎间盘突出症、骨性关节炎、骨折等具有中医特色优势的病种，制定详细的重点病种的中医药治疗方案，应用于临床工作中，同时开展大量的中医特色疗法，并取得很好的疗效，形成民族医院的中医药特色。2014年12月，国家中医药管理局组织的专家评审组对国家重点专科骨伤科和康复科的中期评审顺利通过。

【人才建设】 全年派出10名业务骨干到省、州级医院深造学习；为医护人员吸收新知识、新理论、掌握新技术、新方法创造条件，提升医务人员的整体水平；组织院内业务讲课20个课题，授课80次，邀请上级医院专家、教授到院查房、讲课、指导手术30余次，参加学历教育18人。

开展“西学中”教学，50岁以下的西医医护人员必须参加学习，鼓励各科室开展中医中药业务。2014年招聘4名中医、中西医结合、中药相关专业的业务人员，提高中医药业务人员的比例。

鼓励业务骨干开展各种形式的学术交流，积极钻研新业务、新技术，全年共撰写并发表论文12篇，开展新技术、新业务11项。县民族医院主持研究的“带血管蒂腓骨移植配合活血接骨膏治疗长骨大段骨缺损的临床应用”科研课题，2014年度被恩施州人民政府授予“科技进步二等奖”。

【医院整体搬迁工程】 县民族医院整体搬迁于2013年启动，2014年已划拨土地8公顷，完成总规设计；住房和城乡建设部门已出具建设项目选址意见书，建设用地规划许可证，用地面积为7.9公顷，国土部门对所有征用土地完成边界丈量画线，已发放土地使用证。

（张勤）

教　育

【概况】 2014年全县共有各类学校106所，其中幼儿园39所，小学51所（含教学点），普通中学14所，职业高中1所，特校1所。在校学生总数35406人，其中小学生20888人，普通中学学生13253人，职业高中学生1186人，特校79人。专任教师总数2002人，其中小学1042人，普通中学876人，职业高中69人，特校15人。

【教师队伍】 2014年全县专项招聘教师12名，面向社会公开招聘教师3名，按“国标、省招、县聘、校用”方式，招聘农村义务学校新机制教师52名。

组织中小学教师2100余人次参加国家“卓越工程”校长教师培训、“国培计划”培训、“湖北省农村教师素质提高工程”培训。其中，60人参加新进编教师进行岗前上岗培训；1200余人参加以学校为单位举办中小学教师信息技术培训；160余人信息技术骨干通过国家远程培训平台培训；99人参加国家培训计划培训；145人参加湖北省农村教师素质提高工程；11人参加省外高端培训；27人参加州教育局组织校长培训；200余人到武汉培训机构参加培训，160人参加远程培训，100余人参加校本研究活动培训。

【教学教研】 从2013年秋季起，多次调研李家河镇“535高效课堂教学”范式，对该教学模式作跟踪分析与总结。将晓关中学确立为课程改革基地学校，3月5日，县教研室到校指导课程改革启动工作。4至5月，两次到校进行课程改革跟踪调研与过程指导。全体教研员均联系指定学校开展“分科蹲校，定点研修”工作，推进学科建设及学校教研的可持续发展。

加强教学整体视导，强化复习备考指导。把到各学校进行教学常规及复习备考视导为工作常规，视导覆盖全部初中、乡镇中心小学和部分村、点学校，在春秋两季的视导中，教研员共听评课600余节，举办学科座谈会150余科次。通过视导活动，准确地掌握当前全县中小学的教学现状及教学需求，为针对性采取有效措施、提高质量，提出大量指导性意见。

开展送教下校、同课异构等活动。春季学期4月至5月，组织名师、学科带头人、骨干教师到各乡镇学校上示范课25节。12月10日，在沙道中学举办南三乡镇初中学校“同课异构”主题教研活动，120余名教师到会学习观摩，活动涉及初中语文、数学等8大学科，承办学校教师与送课下校的名师、学科带头人、骨干教师同课异构。到晓关中学、和平中小学等校进行小组合作教学、导学案编写、集体备课等工作的指导。

组织开展教学评比竞赛。2014年9月24日至26日，承办全州小学科学赛课及实验操作比赛；2014年10月22日至23日，承办全州初中物理优质课评选活动。组织县内中青年教师积极参与各级教研部门组织的教学评比活动，刘红学、王久香、梁平等9人的教学课例获省一等奖，蒙敏的说课获省一等奖，朱汉生的技能竞赛获省一等奖。

规范质量评价工作，修订完善考试评价制度。投入30万元采购网上阅卷设备，并组织统一考试及网上阅卷工作，使教学评估更加科学、精准、便捷。建立质量监测通报制度，合理地将教学业绩用于绩效评估、职务晋升、年度考核之中，突出教学实绩在各项评估中应有的作用，促进教学工作的良性发展。

注重学科培训学习。全县中小学教师共1000余人次参与省、州、县举办的各种教学教研学习培训活动，如“国培计划培训”“班班通资源应用以赛代训活动”“农村教师素质提高工程培训”“教研员信息技术培训”“教研员及部分中小学校长赴宜昌天问小学、黄梅育才实验学校课改学习考察”“宣恩县中小学教师暑期集中培训”“新教材教法培训”等。另外，各中小学还积极参与各级举办的学科教学展评观摩活动等。通过多形式的培训学习，提高广大教师的业务素质，提升教学质量。

【教育装备】 2014年，全县教育装备工作以服务全县中小学教育教学为中心，重点放在推进教育信息化建设、“班班通”以赛代训、中考理科实验技能考试、“改薄”工程数据填报等方面。

开展视频同步课堂试点。投资30余万元，将城区县民族实验小学、珠山镇宝塔小学优质教育资源通过视频同步课堂的方式，传送给李家河镇青龙嘴小学、椒园镇龙井小学、珠山镇茅坝塘小学，实现异地同步课堂教学，解决农村村级小学音乐、美术、英语等学科师资短缺的问题。

组织举办3期“班班通”设备及优课资源“以赛代训”应用培训，1期“教学点数字教学资源全覆盖”设备应用赛课活动。培训各乡镇装备专干、专（兼）职电教员、中小学分管教学副校长、教务主任、教科室主任、全县各级各类学校骨干教师300人次。4月22日，《中国教育报》第八版以《侗乡孩子享受快乐高效课堂——湖北宣恩24012名学生受益“班班通”》为题报道宣恩县教育信息化建设、管理、应用工作，“湖北教育信息网”《恩施日报》《恩施晚报》、“恩施州教育信息网”“宣恩新闻网”也先后报道宣恩县教育信息化工作。

根据《州教育局关于开展中小学实验教学“三开”工作专项督导检查的通知》（恩施州教办发〔2014〕11号）要求，推进中小学实验教学“三开”工作。3月27日、10月27日两次召开全县各乡镇中心学校、县直学校装备专干会议，落实州教育局精神。10月13日至22日，县人民政府教育督导室会同县装备站组成评估工作组，到全县乡镇及县直学校，参照《恩施自治州中小学实验教学评估细则》（试行）认真开展自查评估工作。11月11日至13日，接受州“三开”工作检查组的专项检查。县民族实验中学、椒园镇中学、李家河镇中学、晓关侗族乡中学、县实小、珠山镇宝塔小学被评为实验教学工作先进单位，张爱国、刘红平、罗昌华、陈光同、李红利、罗孝军、向才忠、朱立新、黄金银、倪先华、王通刚、熊书生12位老师被评为实验教学先进个人。

【教育中心建设】 县教育中心规划面积48公顷。其中高中部18.87公顷，初中部9.8公顷，公共部及绿化区19.33公顷。总建筑面积约16万平方米，总投资约4亿元人民币。教育中心建设项目包括整体迁建60班规模的高中1所（宣恩一中），在校学生3600—4000人；新建60班初中1所，在校学生3000人；扩建1000人规模的小学1所并附设幼儿园。

截至2014年底，实际完成总投资14559万元。A4＃教学楼、A5＃办公楼完成主体5层框架。生活区A8＃、A9＃、A10＃女生楼主体框架均已修建三层以上，A11＃、A12＃、A13＃男生楼主体框架均已修建四层以上，A2＃教学楼、A3＃教学楼、A7＃食堂在进行基础施工。初中部处于河道治理及公共部主入口山体开挖施工阶段。

【乡镇中心幼儿园建设】 2014年建设乡镇中心幼儿园共5所，中央投资1008万元，建筑面积8100平方米。珠山镇宝塔幼儿园、万寨乡中心幼儿园、晓关乡中心幼儿园、李家河乡中心幼儿园已投入使用，椿木营乡中心幼儿园已竣工验收。

【学校后勤】 2014年全县实施营养改善计划的学校98所，学生26321人，采取学校食堂供餐模式。每周一、三、五学校提供价值2.08元200毫升学生饮用牛奶1盒。每周二、四学校食堂加工提供4.38元/餐的完整营养午餐。6至7月，省审计厅在对全县营养餐的审计工作中指出：“宣恩县营养改善计划构建了合理的供餐模式，实施营养改善计划没有发生任何食品安全问题，改善了学生尤其是贫困山区的学生健康状况，得到了社会、教师、家长的好评。”

根据国家实施的全面改善农村义务教育学校基本办学条件建设规划工作，制订全县农村中小学洁净温暖工程实施规划。规划总投资2038.34万元。其中：厕所建设投资863.82万元、浴室建设投资504.11万元、洗浴设备购置投资472.67万元、饮水设备购置投资197.74万元。决定从2014年开始，经过2年时间的努力，全面解决学生喝开水、洗热水澡和冬季取暖问题，全面推进学校改厕治污，彻底解决学校脏乱差的问题，切实保障师生身体健康和生命安全。截至2014年底，完成项目规划、资金筹措及前期准备工作。

2014年纳入"十有八配套"建设的学校有：长潭河侗族乡诺西小学、万寨乡初级中学、沙道沟镇乐坪小学3所学校，共计投资500余万元对这3所学校进行配套设施标准化建设，改善寄宿制中小学生活条件，均已完工。

【教育管理】 通过不定时检查和随堂听课等方式落实《宣恩县教育教学条例(试行)》《宣恩县教育局进一步加强教育教学质量管理的规定》要求，依据《宣恩县中小学教学常规评价细则》，对学校的常规教学进行评估和指导，规范教学行为，落实教学常规工作。

学校校长必须代课，深入课堂听课，狠抓教学常规工作，以提高教学质量为目标，进行"深入开展新课程改革，着力提高课堂教学效率"探索，结合常态化的"课内比教学活动"，不断转变教师教学观念，锤炼教学基本功，致力于提高单位时间内课堂教学的有效性。

严肃考风，严格程序，维护考试信誉。2014年参加高考人数为1332人(比上年增加34人)，一本上线35人，其中应届生32人，二本上线156人，三本上线269人。全县参加中考总人数2577人，县一中指令性计划录取控制分数线495分。普通高考、中考成立向建强为组长的考试领导小组，教育、公安、保密、纪检监察、人事、工商、卫生、交通、电力、通信、城建等11个部门负责人为成员，明确各相关部门工作职责。普通高考还成立以教育局长刘军为主考的考点领导小组，下设考务组、试卷保管组、宣传组、安全保卫组、督察纪检组、英语听力组、考生联络组、后勤医疗组等8个工作小组。各乡镇中考也成立相应机构。考区负责人与主考签订责任状。教育局与各高中、各中心学校校长签订的责任状，主考与监考人员签订责任状，教育局与各巡视员签订责任状，考生与学校签订承诺书。由于宣传教育、培训、试卷保密措施、职责落实等各项工作到位，高、中考安全、平稳、顺利。

(向广敏)

重点学校

·宣恩县第一中学·

【概况】 2014年，宣恩县第一中学(以下简称宣恩一中)开设高中一、二、三年级，教学班43个，学生2687人，春季学期毕业809人，秋季学期招收高一新生900人。2014年在编在岗职工167人，在150名专职教师中有高级教师32人，中级教师49人。学校有县教学精英人才20人，省、州、县学科带头人、骨干教师40人。自2012年秋季学期开始，学校开设日语班，有6个日语班，日语教师5名(含日本外教1名)，日语班学生262名(含3名去日本交流的学生)。

【第五届教职工代表大会第三次会议】 2014年9月29日，宣恩一中第五届教职工代表大会第三次全体会议在学校大会议室召开，由各教研组推选的56名正式代表及6名列席代表出席，会上重点就《宣恩一中教职工坐班制度》(草案)与《宣恩一中教育教学过程奖励方案》(讨论稿)进行征求意见并表决，经过分组讨论最终通过《宣恩一中教职工坐班制度》与《宣恩一中教育教学过程奖励方案》，进一步完善学校相关管理制度。

【教育教学质量】 2014年高考，宣恩一中应届考生809人，应届文化生原始分上一本(硬)线32人，二本(硬)线163人，二本以上实际录取290人，二本上线率达36%，三本文化原始分(硬)上线451人，加上艺术体育本科上线521人，本科上线率达65%。其中第一届组建的日语班原始分上一本(硬)线3人。2014年高考成绩在全州各县市一中综合评价中排名第四，并被州教育局授予"高考进步奖"。培养高一、高二年级学生特长，拓展学生成才的空间。注重发掘学生艺术、体育的学习潜能，搭建张扬特长的平台，与日本富士国际语学院合作办学，2012 年首次开设日语班，2014 年学校继续开设日语班，学校共有日语班 6 个，日语教师 5 名，其中日籍教师 1 名。

【教师队伍建设】 2014 年，学校公开招聘教师 10 名，充实宣恩一中教师队伍，并组织新进教师培训。8 月 11 日，宣恩一中教研处组织各科部分教师到福建省福安一中交流学习，观摩新课改成果，学习先进教学经验。继续加强师德师风建设，建设师德高尚、业务精湛、充满活力的教师队伍，李绍璜和罗家兴 2 人被评为恩施州名师。

【高效课堂优质课竞赛】 2014 年春季学期，宣恩一中高效课堂进入全面铺开阶段，通过不断的实践，老师们对高效课堂的理念有了清晰的认识，课堂模式基本建立。2014 年秋季，宣恩一中继续开展“三课活动”（精英人才、骨干教师的示范课，青年教师的竞赛课，新进教师的汇报课），在活动中，老师们的授课充分落实学校的教改思想，熟练运用高效课堂模式。在 2014 年 12 月 18 日、19 日举办的青年教师优质课竞赛中，文科组卢静、明萌，理科组徐生琼、鄢梅芳 4 名老师获一等奖。

【宣恩一中第 48 届田径运动会】 11 月 12 日至 14 日，宣恩一中举办第 48 届田径运动会，距宣恩一中第 47 届田径运动会 13 年。运动会设置 100 米、400 米、800 米、1500 米、4×100 米接力、跳高、跳远、三级跳远、铅球等比赛项目，全校 43 个班级，1049 名运动员参加比赛。高三年级的罗齐景以 14 秒 25 的成绩打破宣恩一中女子 100 米短跑记录。

【基础设施建设】 县教育中心高中部办学规模 4000 人。2014 年 7 月 23 日，高中部建设项目正式开工，学校后勤处积极做好学校整体搬迁的相关准备工作。

【“616”帮扶工程】 5 月 10 日，武汉市水果湖中学宋建潮、龚小林等 4 名优秀教师到宣恩一中开展帮扶活动。4 位老师听了县一中老师的三节课，分别是高三年级张远华老师的语文课、张银娥老师的地理课以及黄江华老师的物理课。水果湖中学的宋建潮老师给高三年级讲了一节地理二轮复习示范课。课后，水果湖中学的老师与学校相应学科教师开展座谈交流，座谈中，水果湖中学的老师们对他们有关说课、备课、观课、评课等课改方面，以及如何进行教学反思，撰写教学叙事、教改论文等教研方面作详细介绍。

（叶映菊）

·宣恩县中等职业技术学校·

【概况】 宣恩县中等职业技术学校位于宣恩县珠山镇莲花坝三河沟，占地面积 7.93 公顷，校舍建筑面积 17000 平方米，实习基地面积 20 公顷（铁厂坡原第一职业高级中学校区）。2014 年 9 月，被省教育厅评为省级示范中等职校（鄂教职成〔2014〕4 号）。

2014 年学校有在编教职工 72 人，外聘人员 24 人；开设有电子电工、计算机应用、学前教育、旅游服务与管理、现代农艺、国防教育等专业。在籍学生总数 1834 人。其中，在籍中职学生 1186 人，电大远程学历教育（涵盖自然科学和社会科学本、专科 28 个专业）本、专科学生 648 人，学校有 3 个计算机应用网络教室，教学计算机 400 台；3 个电子电工实验实训室，强弱电实训设备 200 台（套）；另有琴房（有电子钢琴 50 台、钢琴 2 台）、舞蹈房、美术室、旅游实验室各 1 个。

学校采取多元化办学，实行学历教育与短期培训相结合，校企联合，校校联合等模式，先后与湖北大学、湖北经济管理干部学院、恩施职高、湖北民族学院、恩施广播电视大学、华中师范大学、江汉艺术职业学院、LG 电子、深圳飞利浦集团、恒信集团、恩斯迈电子厂、上海江镇丝绸时装厂等高校和企业集团建立联合办学伙伴关系，拓展办学渠道，增强办学活力，开通就业“绿色通道”，毕业生就业率达到 98%；同时，也有部分学生进入高等学校继续学习。

【教育教学与教育科学研究】 2014 年度学校围绕教师发展和学生发展，推行精细化管理。2014 年 4 月 24 日至 26 日成功承办全州中职数学、德育课堂教学展评活动，参加学校为全州 12 所中职学校，县中等职业技术学校 4 名教师参赛，刘远平、刘叶红二位教师获一等奖。积极组织引导校本教研工作，编撰 2014 年度教师教研论文集(第三卷),共收集教师撰写教育科学研究论文 26 篇。其中曾凡富所撰论文《论中职学前教育专业人才培养模式与课程建构》等 5 篇在全国第八届教师教学设计大赛中获奖获一等奖。成功申报并获准立项省级教育科研课题"中等职业学校数学课程建设与改革研究"(立项号 z20140014)。完成省级示范校的申报材料和新增专业——旅游管理和社会文化艺术专业的申报工作。全校 52 人参加部分高职单招考试,50 人被录取。高职统考、技能高考本科自然上线 19 人,上线率 17.5%,高职高专(一)上线 85 人,上线率达98.3%。

【招生、培训、就业、电大远程教育】 2014 秋季学期登记注册中职新生 556 人。

4 月,启动 2014 年雨露计划项目培训工作,共完成 325 人培训任务,培训专业内容涉及电子电器应用与维修、市场营销、旅游服务、酒店管理、农副产品加工与销售、茶果营销等。

8 月,建立创业就业成功校友信息平台,学生就业创业搭建立交桥。打通幼儿师范、电子电工、计算机应用等各专业毕业生就业的绿色通道,提高学生的就业质量。

电大远程教育共开设 28 个专业,在籍学员 648 人,其中本科 155 人,专科 493 人,2014 年招生 107 人,毕业 77 人。7 月,在州电大组织的第三次"奖学评优"活动中,2 名学员获中央电大 1000 元奖学金,1 人获得 500 元奖学金。

(林宏勋)

滚龙连厢

滚龙连厢,是分布在宣恩县境内的一种独具地域特色的民间舞蹈,因"滚"而得名,因"滚"而著称,是民间艺人把传统的连厢、莲花落和演唱巧妙地融于一体,并吸收部分民间杂耍和地方戏剧中的武功精华,加工提炼而形成的连厢新舞种,使民间古老的连厢更加臻于完美。

连厢,又叫打连厢、舞花棍或称霸王鞭,历史悠久,在我国民间许多地方都曾有广泛流传。它的表现形式多样,仅宣恩而言就有连厢、肉连厢等。而滚龙连厢则是宣恩连厢优秀传承人、恩施州民间艺术大师周树庭在连厢古树盘根、犀牛望月等传统动作基础上,融进了鹞鹰展翅、睡龙翻滚等一整套新创的高难度动作,经过 20 多年的反复加工打磨而成,具有很高的健身娱乐功能和艺术审美价值。

1957 年,周树庭曾带着他的滚龙连厢进京,受到党和国家领导人及观众的好评。1977 年,滚龙连厢由湖北电影制片厂拍入电影《山花烂漫》艺术片。此后,滚龙连厢多次参加全国性文艺汇演并获奖。

劳动与就业

【概况】 2014年城镇新增就业5801人，比上年增加1325人，城镇登记失业率控制在3.8%以内。农村在本乡镇从业人员99853人，外出从业人员89769人。

2月21日，湖北巴楚风包装印务有限公司、湖北土家爱食品开发有限公司侯令谦、高罗乡艺童幼儿园副院长梁菲被州人民政府分别授予“就业创业明星企业”“创业明星”“大学生就业创业明星”称号。

【城乡就业及劳动力资源开发】 2014年全县城镇新增就业5801人，完成任务的165.7%；其中城镇失业人员再就业691人，就业困难人员再就业421人；城镇登记失业率为3.8%。农村富余劳动力内转外输步伐加快，全县农村劳动力转移就业90852人，其中出省75502人，主要集中在长三角和珠三角地区，省内县外就业7879人，县内就业7471人。

全县城乡劳动者就业创业培训2600人，完成任务的216.7%；其中创业培训676人。通过培训，实现成功创业和自谋职业330人，带动就业1650人。推进创业促就业工作，全县小额担保贷款资金扶持创业714户，带动就业3229人。

征收失业保险金488万元，发放失业保险金60万元。着重发挥失业保险“促进就业”的功能作用，发放职工培训稳定就业岗位补贴，支持用人单位开展职工培训，对符合政策要求的珠山镇粮食购销公司等19家单位给予稳岗援助，落实补贴82.75万元，稳定岗位1751人。

坚持开展就业专项活动，做好农村劳动力转移就业。确定每月20日为招聘日，先后开展春风行动、就业援助月活动、2014年校园招聘会等多项就业服务专项行动和专场招聘会，现场设立就业服务咨询台，提供政策咨询、职业介绍、职业培训、创业指导等一系列就业服务。在春风行动期间，收集县内外就业信息8000余条，并印成宣传单，发放到全县所有农户家庭；通过宣恩县驻外(浙江瑞安)劳务工作机构发放县工业园区企业岗位信息小册子，做好就业创业“回归工程”。全年共开展现场招聘16次，促成2952人达成就业意向，发放各种宣传资料近10万份。

继续加强指导各乡镇、社区做好就业援助工作，采取职业培训促进就业、送岗位推荐就业、社保补贴稳定就业三大方式，做好安置困难群体就业工作。全年实现就业的就业困难人员共421人，其中公益性岗位安置109人，零就业家庭继续保持动态清零；发放公益性岗位补贴164.81万元，社会保险补贴333.65万元，其中灵活就业补贴137.33万元。

【服务企业发展】 1月17日，成立工业园区就业服务中心，设立“工业园区专用服务窗口”，开辟园区企业“就业服务绿色通道”。5月20日，启动民营企业招聘周活动，组织土家爱食品有限公司、巴楚风包装印务有限公司、亚麦食品有限公司、泛得矿业有限公司等园区企业利用湖北民族学院、恩施职业技术学院招聘会和各乡镇人流密集处逢场赶集日，分别举办中小型招聘活动，为园区企业招聘近千名员工。全年开展4次全县规模以上企业用工情况调查，收集34家企业用工信息，各类用工工种402个，岗位2730个。

【全民创业】 落实就业创业促进

工程项目，针对有创业意愿的高校毕业生、失业人员、农民工等各类群体，实行“一对一”创业指导，提供项目推介、税费减免、法律维权、开业指导等服务。搭建创业服务便捷渠道，在人力资源市场、乡镇、社区开通创业“绿色通道”，开办2个就业创业服务网站，设立创业服务窗口15个，设立服务宣传专栏15个，设立服务电话30个。将创业担保贷款范围，扩大到全县所有符合条件的城乡创业者，并建立起创业培训项目管理、开业指导、小额贷款、税收优惠相结合的“一条龙”工作机制。在办理放贷业务时，实行“一站式”服务，简化办理流程，实行限时办结、一次性告知和零收费服务。全年共发放小额担保贷款2188万元，新增创业714户，带动3229人就业。

【就业信息服务平台建设】 “616”对口帮扶工程援助的人民广场公共就业服务电子显示屏投入使用。全年利用宣恩县电视台、门户网站、人社局信息网站以及人力资源市场电子屏等发布企业用工信息，并根据企业用工需求及时更新信息，共发布供求信息万余条。推行湖北省公共就业人才服务信息网络，完善“就业地图”服务功能。加强全县9个乡镇和城内5个社区基层就业服务平台建设，使就业信息局域网覆盖全县。

【职业技能培训】 职业技能培训依托三个平台（即企业平台、培训基地平台、就业服务平台），坚持“三个结合”（即长期培训和短期培训相结合、用人单位和培训机构相结合、减免费用与培训补贴相结合），围绕三大产业，全年完成城乡劳动者就业创业培训2600人，完成目标任务1200人的216.7%；其中创业培训676人，完成目标任务400人的169%，成功创业和自谋职业330人，带动就业1650人。实现培训专业与产业发展、培训与就业、培训与创业、培训与职业技能鉴定“四对接”。

围绕县域特色产业，开展实用技能培训，全年开展茶叶加工、白柚种植、黄金梨种植、沼气工等农村实用技能培训10余次，完成茶叶加工培训141人，沼气物管员培训106人，白柚种植培训300人，开办“千户土家”农家乐技能提升培训班，共培训厨师83人、宾馆服务员120人，导游员49人。

围绕工业园区建设、开展企业技能培训，为巴楚风包装印务有限公司公司、金网通电子商务公司等园区内企业培训包装印刷工83人、食品加工46人、机电工33人、花木种植40人、电子商务55人、韩式泡菜加工40人。

围绕城镇化、新农村建设，开展“星级文明户”“退伍军人”等专项技能培训，培训“星级文明户”家庭成员33人，退伍军人74人，落实培训补贴18.4万元。

（黄畅）

劳动关系调整

【劳动监察】 采取电视媒体、张贴标语、印发资料、深入企业、工业园区等形式广泛宣传《劳动法》《劳动合同法》《社会保险法》《劳动保障监察条例》等劳动保障法律法规，共印发各种宣传资料6000份（其中人力资源社会保障法律法规知识宣传手册1000份，劳动合同文本5000份）。制定《宣恩县开展“劳动关系和谐企业”创建活动实施方案》，印发《宣恩县劳动关系和谐企业考核评价标准》，全县30%以上的企业参加创建活动。省表彰劳动关系和谐企业1家，州政府表彰劳动关系和谐企业10家。

开展日常巡查、举报投诉专查、应急处理突发事件，全年劳动监察大队共接待群众来访咨询276人次，监察检查用人单位51家，涉及劳动者人数6518人；接受投诉数22件，投诉立案22件，投诉案件结案率100%（其中支付工资案件20件，参加社会保险和缴纳社会保险费2件）；处理信访件1件。开展用人单位劳动保障书面审查工作，审查97户用人单位报送的书面材料，涉及劳动者人数2076人；单位补签劳动合同3443份。

以法讨薪，推进农民工工资支付工作。1月17日，恩黔高速公路第五标段辽宁路桥项目部作业单位十堰市金凯利实业有限公司在k45＋800至k47＋100段晓关互通的路基土石方工程施工中，拖欠农民工罗昌龙等41人工资，引发群体事件，县人社局依照法律程序，向公安机关立案查处，追讨农民工工资69.07万元。1月21日，第一标段中铁十三局项目部三工区的施工作业队重庆星凯路桥建设工程有限公司在王家堡隧道施工中，拖欠农民工工资，导致民工打横幅到椒园派出所讨要工资，县高路办、椒园镇、县人社局与中铁十三局项目部协调，为民工及时支付工资35.78万元。

全年共为302名农民工追讨工资285.064万元；督促参保缴费涉及劳动者人数2人，涉及金额7.27万元；收取欠薪保障金407.4万元。

根据州人力资源和社会保障局、州公安局、州工商行政管理局《关于开展清理整顿人力资源市场秩序专项行动的通知》（恩施州人社函〔2014〕66号），制定清理整顿人力资源市场秩序专项行动实施方案（宣人社文〔2014〕27号），成立清理整顿人力资源市场秩序专项检查行动领导小组，全县组成以人社、公安、工商为主的3个工作专班，到全县9个乡镇，将工商企业密集区、流动人口集散地、职业中介机构和自发形成的人力资源交易场所作为重点检查区域，有针对性地进行一次拉网式检查。全县共参加专项行动检查36人次，共检查职业中介机构2个，用人单位95家，没有发现违反就业管理相关规定的违法案件。

在全县范围内组织开展2013年度用人单位遵守劳动保障法律法规情况年检工作，审查97户用人单位报送的书面材料，涉及劳动者人数2076人；全县95%以上的用人单位参加劳动保障年检。

贯彻落实新修订的《劳动合同法》和《劳务派遣暂行规定》，进一步规范劳务派遣用工行为。根据恩施州人社局《关于开展全州劳务派遣专项检查的通知》（恩施州人社办〔2014〕23号），5月下旬，组织开展劳务派遣用工专项检查，全县有劳务派遣公司1家，劳务派遣员工65人，公司与劳动者签订劳动合同，参加社会保险，按月发放工资。加快推进全县实施集体合同制度，县人社局、县总工会、县工商联对全县企业，工业园区企业进行劳动用工专项检查，全县劳动合同签订率达95%，集体合同签订率达84%。

【仲裁调解】 2014年县人事劳动争议仲裁院共收到劳动争议案件101件，其中不予受理10件，立案受理91件，用人单位完全胜诉的案件15件，劳动者完全胜诉的案件29件，劳动者胜诉率较低的主要原因为证据不充分，虚高仲裁请求数额，仲裁不收费，部分劳动者心存侥幸，为案件调解预留讨价还价的余地。劳动报酬争议23件，工伤待遇争议15件，解除劳动合同争议20件，确认劳动关系10件，社会保险23件，涉案标的额219万元。受理91件案件中，38件案件以双方协商方式结案。

2014年为高速公路建设末期，劳动者因工受伤案件较多，全年受理15件工伤待遇纠纷。主要是部分企业安全意识淡薄，不重视岗前培训、不缴纳工伤保险费，不完善安全措施，发生工伤事故易引发争议。11月14日受理一起11名劳动者在恩来恩黔高速公路黄家坪隧道工程务工完工后被扣工资案件，涉案金额达5万元。县人事劳动争议仲裁院收悉申请书后迅速立案，以邮政特快专递方式对用人单位进行文书送达，用人单位拒收相关文书。县人事劳动争议仲裁院通过中国劳动保障报对用人单位进行公告送达。法定公告送达期为60日，则开庭日为2015年2月12日，最终在开庭前，召集双方当事人进行协商，以调解的方式结案，双方当事人均表示满意。

（蒋华云）

社会保障与公益事业

社会保险

【概况】 2014年社会保险实际参保人数83540人，核定征收社保费14882万元，支出保险基金总额24668万元。城镇医疗保险住院综合报销比例不断提高，其中城镇职工医保报销比例从72%提高到84%，城镇居民医保报销比例从60%提高到70%。

【社会保险费征缴】 2014年社会保险实际参保人数83540人，完成年计划的103.6%，核定征收社保费14882万元，完成全年核定征收任务的131.2%。其中：企业养老保险完成参保人数20879人，完成全年计划参保人数102.3%，核定征收8065万元，完成全年征收任务135.5%；机关事业养老保险完成参保人数2465人，完成全年计划参保人数101.4%，核定征收1458万元，完成全年征收任务126.7%；城镇职工基本医疗保险完成参保人数17182人，完成全年计划参保人数103.2%，核定征收4359万元，完成全年征收任务117.8%；失业保险完成参保人数6670人，完成全年计划参保人数111.17%，核定征收488万元，完成全年征收任务162.67%；工伤保险完成参保人数9927人，完成全年计划参保人数101.3%，核定征收293万元，完成全年征收任务127.4%；生育保险完成参保人数4057人，完成全年计划参保人数119.3%，核定征收92万元，完成全年征收任务122.7%；城镇居民医疗保险参保人数已达22360人，完成全年计划参保人数101.8%，核定征收城镇居民医保费127万元。

【社会保险基金支出】 2014年共计支出保险基金总额24668万元，惠及参保对象83540人次，其中，企业养老保险累计支出14922万元，机关事业单位养老保险累计支出3099万元，基本医疗保险待遇累计支出5750万元，失业保险累计支出573万元，工伤保险累计支出297万元，生育保险累计支出27万元。

【社保转移接续】 按照人社部颁布的《城乡养老保险制度衔接暂行办法》（人社部发〔2014〕17号）及湖北省人社厅印发的《城乡养老保险制度衔接经办规程》（鄂人社厅发〔2014〕25号）规程操作，加强与接续单位的沟通与协作，做到数据及时传送、资料完整齐全、转移接续及时办理。同时，以农民工、转业军人等群体为重点，对转移接续相关政策进行广泛宣传，并在社保服务大厅专门设置咨询台并安排专人负责答疑解惑，指导参保对象按照规定程序办理相关手续。全年共办理转移接续281人，其中转入259人，转出22人。

【退休人员服务管理】 4至5月，例行开展对全县离退休人员的生存信息年检工作，年检继续利用人像识别系统，使身份识别更加准确，操作简便。按照国家的相关政策，县社会保险管理局连续第十年对所有企业退休人员的待遇进行调整，涉及全县9175人，人均增资170元/月。

【工伤保险管理】 7月3日，县社保局组织召开“关于建立宣恩县工伤保险工作联席会议制度”会议，县财政局、县环保局、县招投标中心、县住建局、县安监局、县水利水产局、县交通运输局、县国土资源局、县审计局等部门参加，落实一系列推进工伤保险工作的具体措施。7月29日，印发《关于建立宣恩县工伤保险工作联席会议制度的通知》(宣政办发〔2014〕25号)。县招投标中心在编制工程建设项目招标文件时，应将参加工伤保险作为投标企业必须履行的义务之一，并要求投标企业办理《参加工伤保险承诺书》，对不参加工伤保险的建筑企业，不得同意其参加建设项目的投标，中标企业在缴纳中标工程的工伤保险费后，招投标中心方可退还中标企业的投标保证金；县住建局对未参加工伤保险的建筑工程，不得发放“工程建设施工许可证”，不得签发开工令；县安监局在发放“安全生产许可证”时，严格审查申请单位工伤保险登记、缴费情况，对未参加工伤保险或缴费不足的，不予发放，已获“安全生产许可证”的企业，县安监局要督促其参加工伤保险，拒不参加工伤保险或中断工伤保险的，要依法暂扣或吊销许可证；县审计局将工伤保险工作纳入对有关部门审计监督的重要内容，对未参加工伤保险的建筑工程，不予出具《工程结算审计报告》。

【社保服务大厅建设】 2014年，县社保服务大厅实行无差别化岗位服务，参保人员在任何一个窗口都可接受五险登记核定服务。投入近20万元，改善社保服务大厅工作环境，在服务大厅设置咨询台，增设叫号系统，配备专职的引导员，进行咨询服务和办事引导。

医疗保障

【医疗保险征缴】 2014年城镇职工基本医疗保险参保人数17182人，核定征收医疗保险费4359万元；城镇居民医疗保险参保人数22360人，完成核定征收城镇居民医疗保险费127万元。全年医疗保险财政配套资金1906万元，其他征缴2453万元。自2014年1月起，全县医疗保险实行总额付费管理机制，在县内一级医疗机构住院，城镇职工医疗保险例均费用由之前的2800元下降到2500元左右，城镇居民医疗保险例均费用由2300元下降到2000元左右。

【医疗保险支出】 截至2014年12月底，全县基本医疗保险待遇累计支出5750万元。其中，统筹基金支付4192万元，个人账户支付1558万元。城镇职工综合报销比例达到77.2%，政策范围内报销比例达到85.7%；城镇居民综合报销比例达到65.6%，政策范围内报销比例达到71.4%。从医疗机构等级上看：一级医院住院报销比例达88.9%，二级医院住院报销比例达到71.5%，三级医院住院报销比例达到66.1%。一、二、三级医院住院例均费用城镇职工分别达到2484元、8955元、13154元；城镇居民分别达到2087元、4019元、12594元。

【大额医疗费用补偿】 按照《恩施自治州城乡居民大病保险实施细则》(恩施州人社发〔2013〕195号)、《恩施州城镇医疗保险大额医疗费用补偿办法》(恩施州人社发〔2014〕107号)等文件精神，将参加城镇居民医疗保险和城镇职工医疗保险的参保对象全部纳入大病医疗保险范围。大病医疗保险中，报销费用比较高，患者得到实惠的案例：大病医疗保险参保对象李某，2014年被诊断为脑白质病变，共发生住院费用194263.81元，基本医疗保险报销5万元，大病医疗保险报销116014.39元，个人还自付28240.60元，通过大额费用补偿政策获得补偿9316.56元，报销比例提高了16%，个人仅自付14%的医疗费用。

【严重慢性疾病评审】 2014年对严重慢性疾病评审继续采用“盲评”方式进行。“盲评”通过随机抽选评委、密封申请人个人信息、纪检部门全程监督的方式进行，让评委和申请人互不知晓对方身份，坚决杜绝暗箱操作和人为因素，防止医保基金的流失。

根据基本医疗保险门诊严重慢性疾病盲评操作规程，盲评评委由3名医生、1名人社局分管领导、1名纪委干部、1名医疗保险经办机构领导、1名医疗保险管理股人员共7人组成，其中人社局领导任评审主任，纪委人员为监督负责人，医生为评审专家，其他人员为评委成员。县人社局领导对现场的盲评工作负总责。医生负责结合病人所提交的诊断证明、检查报告单、住院记录等资料，按照恩施州人社发〔2013〕21号文件要求和省、州基本医疗保险门诊特殊慢性病准入标准进行严格评审，提出初步评审意见。纪委人员负责对盲评过程进行全程监督，重点监督评审过程中是否严格做到盲评，是否始终坚持客观的评审标准，有无明显提高或降低评审标准的问题。全体评委参与评审，结合医疗专家初步评审意见采取无记名投票方式实行民主决策。盲评结果由县社保局进行7天公示，公示期满无异议的由社保局签署通过评审意见并加盖公章，作为基本医疗保险严重慢性病门诊费用报销根本依据。评审通过者可享受范围内的严重慢性疾病门诊报销，最高报销比例达70%。根据《关于加强基本医疗保险门诊特殊慢性病规范管理的意见》(鄂人社发〔2013〕60号)文件规定，可申请严重慢性病门诊报销待遇的病种包括慢性肾功能衰竭、恶性肿瘤、系统性红斑狼疮、糖尿病、重性精神病等14大类。11月，县社保局组织专家对提交严重慢性病申请的289名参保人员进行盲评，最终280人通过，通过的参保人员按政策享受相应待遇。

【“两定”机构管理】 “两定”机构即定点药店和定点医疗机构。通过加大稽核力度，加强对全县医疗保险“两定”机构的管理，维护医疗保险基金的有效使用，保证社保基金的安全。3月17日，县社保局召开全县医疗保险工作会议，对上年度定点医疗机构、定点药店先进单位和先进个人进行表扬，确定全县定点药店2014年的信用等级，并宣布2014年医疗保险总额控制付费办法。采取与“两定”机构签订服务协议、不定期查房、总额控制付费、信用等级评定等措施对“两定”医疗机构进行管理，加大对“两定”机构的监管，有问题及早发现，有违规行为及时纠正。全年无严重违规情况发生。

【医保定点民营医院】 根据《国务院办公厅转发发展改革委卫生部等部门关于进一步鼓励和引导社会资本举办医疗机构意见的通知》(国办发〔2010〕58号)、《国务院关于促进健康服务业发展的若干意见》(国发〔2013〕40号)，坚持公立医疗机构为主导、非公立医疗机构共同发展，加快形成多元化办医格局。完善和落实优惠政策，消除阻碍非公立医疗机构发展的政策障碍，确保非公立医疗机构在准入、执业等方面与公立医疗机构享受同等待遇方面，宣恩县在医疗保险的运行过程中，始终把民营医院与公立医院同等对待。

2002年7月，宣恩县城镇职工医疗保险正式启动，宣恩县武陵医院和白求恩医院与公立医院一并纳入医疗保险定点医疗机构。其中位于沙道沟镇的武陵医院为一级医院，位于县城的白求恩医院按照卫生部门的核定批准，先后享受二级医院和一级医院定点医疗机构标准。2005年，民营医院仁爱医院(民营医院)也被纳入医保定点机构。截至2014年底，全县共有3家民营医院被纳入医保定点医疗机构，均为一级医院。接诊医保病人总数占公立医院接诊病人总数的28%。

(冯英)

【医疗救助工作】 大病救助政策根据恩施州政规〔2011〕4号文件进行适当调整，对民政对象加大救助比例和救助范围，民政对象的住院救助比例达到65%左右。全年共救助10915人，救助金额723万元。

城乡居民生活保障

【概况】 2014年，全县城乡居民社会养老保险参保人数142165人，参保率100%。适龄人员缴费97915人；60周岁以上享受养老金待遇发放率100%。

【政策宣传】 免费向城乡居民发放政策宣传手册、宣传资料袋等；编印5期工作简报推介城乡居民养老保险工作经验；通过报刊、网络等新闻媒体对外宣传城乡居民养老保险工作；在交通要道显眼位置制作固定性宣传标语20条、政策宣传展板30块；制作城乡居民社会养老保险工作宣传汇报片。9月17日，在高罗乡板寮村举行宣恩县城乡居民养老保险社保卡首发式。通过采取形式多样的宣传途径，让城乡居民了解、懂得城乡居民养老保险政策，提高城乡居民的参保意识。

【待遇发放】 2014年严格规范待遇审批流程，建立和完善参保登记、待遇审批、待遇支付业务流程，规范城乡居民社会养老保险待遇审核流程。全年享受养老保险待遇47286人，养老金发放率100%，发放城乡居民社会养老保险金

3226.47万元。按照村(社区)收集待遇人员资料,乡镇劳动和社会保障中心按规定审核,县每月审核认定的工作程序,对符合待遇领取条件的人员进行认真审查,确保到龄符合条件人员及时享受到养老金待遇,全年新审批领取待遇人员6591人。

【基金管理】 保险基金实行收支两条线管理,保险费收入日清月结,专户储存。全年城乡居民养老保险基金收入4615.28万元,其中,城乡居民个人缴费收入1104.65万元,中央财政补助2830万元,省级财政补贴322万元,县级财政补贴298万元,利息收入60.63万元;基金支出3299.10万元,其中发放养老金3226.47万元,丧葬费支出70.52万元,转移支出2.11万元。基金累计结余7168.50万元,其中个人账户结余6031.81万元(上解省级统一管理4081万元)。被征地农民保险基金收入495.15万元,发放养老金81.45万元。

【经办服务】 在"三坝两寨"新农村建设示范点和国省道干线共7个行政村开展参保登记、个人缴费、待遇领取、权益查询不出村示范点创建工作,为参保对象提供优质、高效、便捷的服务。坚持统一信息网络、统一设施设备、统一服务项目、统一服务流程、统一监督评价,每个村级平台设置专门的服务大厅;配备电脑、打印机、身份证阅读器、档案柜等设备;安装指纹和人脸识别生存认证终端设备;合作的金融机构在服务大厅铺设转账电话机、POS机等,方便村民缴费、领取待遇。

【社会保障卡】 按照参保对象人人持有社保卡的目标,加强社保卡应用宣传、推广,引导参保人持卡领取待遇、缴纳保险费、查询信息,逐步实现凭卡办理业务。9月在高罗乡板寮村举行全县城乡居民养老保险社保卡首发式后,陆续在各乡镇村进行社会保障卡的发放,已发放城乡居民社会保障卡116147张。完成第二批城乡居民社会保障卡信息采集工作。

【稽核认证】 做好享受待遇人员生存认证工作。以村(居委会)为单位对享受待遇人员进行公示;由乡镇、村经办人员通过查验享受待遇人员相关证、卡,面对面进行认证;实行参保人员死亡月零报告制;开发了养老保险生存认证系统,利用信息技术手段进行认证,在椒园镇水田坝等7个示范点安装和使用认证系统进行生存状况认证。组织开展城乡居民养老保险与职工基本养老保险重复领取待遇疑点信息比对核查,经核查排除1人,重复领取3人,涉及金额3586.97元。与城镇职工养老保险经办机构联系,经比对,领取城乡居民养老保险待遇后办理城镇职工养老保险待遇94人。

【城乡养老保险制度衔接】 全面完成村主职干部养老保险数据清理,将村主职干部参加养老保险的308人历史数据导入省系统。做好与城镇职工养老保险衔接工作,自7月1日《城乡养老保险制度衔接暂行办法》实施后,办理与城镇职工养老保险衔接手续189人。划转52人个人账户资金2.11万元到城镇职工养老保险经办机构;已享受城乡居民养老保险待遇的89人申请转入城镇职工养老保险,退还基础养老金14.88万元。

【被征地农民社会保障】 2011年开始在县城规划区内实施被征地农民养老保险工作,至2014年县城区规划区内被征地农民养老保险参保缴费373人,享受待遇219人,月领取待遇336元。为便于被征地农民社会保障业务经办工作,开发了被征地农民参加养老保险信息管理系统。

(杨海清)

住房保障

【保障性住房建设】 2014年,新建保障性住房任务897套,开工建设897套,基本建成240套。2000户棚户区改造任务均落实项目地块,开工2000套。

(汪盛华)

社会福利与社会救济

【城乡低保工作】 根据《州人民政府办公室关于调整制定全州城乡居民最低生活保障标准和农村五保供养标准的通知》(恩施州政办发〔2014〕45号),调整城乡居民最低生活保障和农村五保供养标准,城市居民最低生活保障标准由原来的人月平 330 元调整为人月平 370 元;农村居民最低生活保障标准由原来的年人均 1580 元调整为 1900 元。

组织 2 个专班,对全县 9 个乡镇低保情况进行低保核查,取消不符合低保条件的"人情保、关系保、错保、漏保"对象 52 户;清退不符合条件的城乡低保对象 4565 人(其中城市低保 59 人,农村低保 4506 人),新增城乡低保 4865 人(其中城市 19 人,农村 4846 人),总体保障规模与上年比增加 179 人。配合开展精准扶贫救助工作,将低保政策与精准扶贫政策有效对接,将低保一、二类对象重新认定,认定后,一、二类低保对象由原来的 19019 人降到 11311 人。低保核查过程中,严格执行审核审批两榜公示制度,村(居)民委员会对享受低保家庭进行常年公示,并制作固定的公示牌。

2014 年发放城乡低保资金 3883.95 万元,其中城市居民低保 4561 人、1127.99 万元,农村居民低保 29754 人、2755.96 万元。

【农村五保工作】 2014 年全县五保集中供养标准由 3086 元/人·年调整到 3684 元/人·年,分散供养标准由 2160 元/人·年调整到 2580 元/人·年,高于《州人民政府办公室关于调整制定全州城乡居民最低生活保障标准和农村五保供养标准的通知》(恩施州政办发〔2014〕45 号)中的标准。农村五保集中和分散供养对象准确率达到 100%。全县农村福利院管理人员和工作人员共 37 名,达到院民和工作人员 10∶1 的比例要求。县级财政预算农村福利院工作经费 27 万元,农村福利院平均经费达 3 万元。

【临时救助工作】 2014 年临时救助工作纳入系统信息化管理,救助一例,录入一例,审批一例,做到系统台账与实际救助一致。全年共实施临时救助 546 人次,救助资金 51.8 万元。

【防灾减灾救灾】 在 5 月 12 日防灾减灾日开展以"城镇化与减灾"为主题的宣传教育活动,各减灾委成员单位、学校、社区积极参与,发放资料 2.5 万份,书籍 986 本,做宣传展板 320 平方米。6 月,在应对突发事件及安全教育宣传月期间,在县城人民广场开展应急知识咨询,发放资料 1.1 万份,做展板 380 平方米,制作公益广告 25 个,减灾委成员单位制作防灾减灾知识光碟 22 块,在广场 LED 视屏上滚动播出 65 次,发布短信 23000 条。10 月 30 日,县应急办组织减灾委各单位开展应急集结演练,县民政局作为物资保障单位,在做好物资集中的基础上,应急队伍在 8 分钟内按要求赶到事发地点,所有单位均在 15 分钟完成集结。全年全县各级各部门组织的演练达 19 次。

建立灾情日报制度、24 小时值班制度、领导带班制度、重大灾情 2 小时必报制度等。2014 年全县遭受 4 次暴雨袭击,经济损失严重。其中 9 月 2 日暴雨洪涝灾害,万寨乡中台村 6 组一村民遭雷击身亡。据统计,全县受灾人口达 75621 人,农作物受灾面积 5432 公顷,损坏及倒塌房屋 345 间,其中倒塌居民住房 19 户 85 间,基础设施损毁严重,因灾直接经济损失 3619.5 万元,其中农业直接经济损失 2047.5 万元。灾情发生后,及时指导开展救灾核灾工作,组织发放救灾款物,全年共发放救灾棉被 1227 床,衣物 4000 余件价值 120 余万元,下拨救灾资金 345 万元,受灾群众生活得到妥善安排。

结合多年来救灾工作实际情况,2014 年 7 月 28 日,制订《宣恩县自然灾害生活救助资金救精细化管理办法(试行)》(宣财社发〔2014〕82 号)。

及时安排冬春困难群众生产生活。经过反复摸排核实,2014 年全县缺粮人口近 7000 户 28007 人,缺粮 1000 余吨,缺衣被人口 2500 人,缺燃料取暖人口 2600 人,需其他生活救助人口 9449 人。建立《冬春困难群众花名册》,制订《宣恩县冬春困难群众生活救济实施方案》,在晓关乡堰塘坪村、中坝村村办救灾资金精细化管理试点,之后全面推开。按照"突出重点、分类指导、统筹安排、分步实施"的原则,区别救助。县民政、财政、粮食、审计、监察等部门成立联合检查组对各乡镇的救灾款、冬令春荒口粮到位情况和各项救灾措施落实情况进行抽查。各乡镇严格救灾款物发放程序,对灾民救助全面实行"灾民救助卡"管理,接受群众和社会舆论监督,全年下拨冬春荒生活困难补助资金 625 万元。

2014 年全县计划恢复重建倒损民房 94 户 302 间。截至 11 月 20 日,全县倒房恢复重建民房主体工程已全部竣工,共恢复重建倒损民房 94 户 302 间。

县级财政投入 35 万元,对全县 8 万余户农房实施农房统保,最大限度提高农户抵御自然灾害的能力。推进综合减灾示范社区建设,指导社区按照综合减灾示范社区建设要求,做好省级和国家级的减灾示范社区创建。2014 年 8 月 7 日,省减灾委员会、省民政厅命名珠山镇工农街社区为全省综合减灾示范社区(鄂民政发〔2014〕45 号)。

【社会养老服务】 2014 年末全县有养老机构 12 个,床位数 1219 张(全县养老服务机构床位数 1177 张,城市居家养老服务床位数 12 个,农村互助照料活动中心床位数 30 张,全县有 60 岁以上老人 52920 人,每千名老人有 23 张床位。建成 1 个城市居家养老服务中心和 3 个农村互助照料活动中心,并投入使用,至 2014 年底有城市居家养老服务中心 4 个,覆盖率 80%,农村互助照料活动中心 10 个,覆盖率 3.5%。

养老服务机构对入住的城市“三无”老人、孤寡优抚老人和社会代养老人,采取“自愿入院,自愿出院”的原则,对无子女的集中供养人员入院时与其本人或直系亲属、村委会(社区居委会)签订供养协议和安葬协议;对于社会代养人员入住时与其子女或代理人签订代养协议,按协议提供相关护理服务。老人入院时要建立个人健康档案,主要记录现病史、既往史、个人史、过敏史、家族史,必要的辅助检查以及疾病诊断等内容。各养老服务机构根据实际情况制定消防等三项应急预案台,建立和完善安全管理、消防管理、卫生防疫、财务管理、档案管理等规章制度,并制定岗位责任制,签订目标岗位责任书,实行目标管理,定岗定责,做到分工明确,责任到人。

【社会组织管理】 2014 年开展规范和清理国家公职人员在社会团体的兼职工作,《关于开展市场中介领域突出问题专项治理督促整改的工作方案》(宣民政发〔2014〕16 号)《关于开展清理国家公职人员在社会团体兼职的函》(宣民政函〔2014〕36 号)等文件,对各社团进行清理。经清理,全县有 85 位国家公职人员在社团兼职,对在社团兼职的人员不符合兼职条件的,由社团业务主管单位牵头,组织社团严格按照法律、法规和文件要求进行改选;对符合兼职条件的人员,严格按照干部管理权限,实行先报干部管理部门批准,通过后进行选举,最后由登记管理机关对社团变更情况进行审批。

2014 年度登记(成立、变更、注销)社会组织 45 家,其中直接登记社会组织 1 家,登记合格率 100%,社区社会组织备案登记 2 家。累计登记成立社会组织 186 家,参加 2013 年度年检社会组织 132 家,参检率 71%,合格率 100%,网络年检率 100%;开展社会组织执法监察工作,没有出现社会组织乱摊派、乱收费、乱罚款及国家公职人员在社团兼职取酬情况。

【婚姻、收养登记】 2014 年,县婚姻登记处共办理婚姻登记手续 3653 对(办理结婚登记 2262 对,办理离婚登记 713 对;补领结婚登记 662 对,补领离婚登记 16 对),出具婚姻登记证明 1157 份。按照收养程序办理收养登记 4 件,登记合格率 100%。

【孤儿及流浪救助】 开展城镇“三无”和孤儿核查工作。全县孤儿保障对象 312 人(艾滋病感染儿童 1 人),其中集中供养 14 人,社会散居 298 人。按照规定的标准(集中供养每人每月 1000 元,分散供养每人每月 600 元)发放基本生活费,共发放 231.36 万元。

全年接待救助人员 458 人,其中,成年人 441 人,未成年人 17 人;精神病人 48 人,危重病人 5 人。基本实现城乡街道无流浪未成年人的目标。

【退役士兵安置】 全年退役士兵 117 人,对所有退役士兵进行教育培训和政策宣传,做到知晓率达 100%;自主就业 106 人,发放一次性经济补助 143.19 万元。自主就业退役士兵参训率达 82%;参加培训的 87 人,获得职业资格证书的 77 人;自主就业士兵推荐就业 92 人,推荐率 87%。

2014 年符合安排工作条件退役士兵 11 人,异地安置 1 人,本地安置 10 人。8 月,一次性对本地符合安排工作条件 10 人进行安排,9 月上岗工作,安置率 100%。

【优抚保障】 根据省民政厅精神,对优抚对象数据进行动态化管理,严格审核符合政策的新增人员,完成优抚对象二代身份证信息采集认证工作,认证率达 93%。

严格优抚资金的管理使用,上级拨付和县级财政预算的资金专款专用。从 2014 年 10 月 1 日起,按照民发〔2014〕205 号和鄂民政发〔2014〕59 号文件规定的时间和标准，提高残疾军人(含伤残人民警察、伤残国家机关工作人员、伤残民兵民工)的残疾抚恤金、烈属(含因公牺牲军人遗属、病故军人遗属)的定期抚恤金、在乡退伍红军老战士(含在乡西路军红军老战士、红军失散人员)的生活补助水平。调整提高在乡老复员军人生活补助标准，抗日战争时期入伍的每人每月815元，解放战争时期和建国后入伍的每人每月775元。中央财政、省级财政、县级财政对抗日战争时期入伍的补助标准分别调整为每人每月585元、196元、34元，对解放战争时期和建国后入伍的补助标准分别调整为每人每月555元、186元、34元。调整提高带病回乡退伍军人的生活补助标准，达到每人每月365元。中央财政、省级财政、县级财政补助标准分别调整为每人每月216元、64元、85元。调整提高在农村的和城镇无工作单位且家庭生活困难的参战退役人员生活补助标准，达到每人每月360元。中央财政、省级财政、县级财政补助标准分别调整为每人每月216元、92元、52元。调整提高不符合评残和享受带病回乡退伍军人生活补助条件，但患病或生活困难的农村和城镇无工作单位的原8023部队退役人员、以及其他参加核试验军队退役人员(含参与铀矿开采军队退役人员)生活补助标准，达到每人每月360元。中央财政、省级财政、县级财政补助标准分别调整为每人每月216元、92元、52元。调整提高居住在农村和城镇无工作单位、18周岁之前没有享受过定期抚恤金待遇且年满60周岁的烈士子女(含建国前错杀后被平反人员的子女)生活补助标准，达到每人每月200元。调整生活补助标准所需资金由中央财政负担。调整提高从1954年11月1日试行义务兵役制后至《退役士兵安置条例》实施前入伍、年龄在60周岁以上(含60周岁)、未享受到国家定期抚恤补助的农村籍退役士兵老年生活补助标准，达到每服一年义务兵役每人每月补助15元。调整生活补助标准所需资金由中央财政负担。调整提高建国前加入中国共产党的农村老党员和未享受离退休待遇的城镇老党员生活补贴标准。其中，1937年7月6日前入党的，达到每人每月530元；1937年7月7日至1945年9月2日入党的，达到每人每月470元；1945年9月3日至1949年9月30日入党的，达到每人每月390元。已享受优抚对象的老党员，不执行上述补贴标准，仍按每人每月50元标准发给生活补贴。调整老党员生活补贴标准所需资金由中央和省级财政按比例负担。2014年全年优抚资金发放457.82万元。

【烈士褒扬】 在全县范围内大力弘扬烈士精神，积极宣传烈士事迹，在首个烈士纪念日组织全县干部群众、部队官兵800余名到烈士陵园开展烈士公祭活动。按照政策，严格审核受理，做好符合条件的烈士申报工作。2014年9月20日，刘习军被批准为烈士。加强对县革命烈士陵园的管理，健全各种内部管理制度和工作规范，使烈士陵园形成庄严、肃穆、优美的环境和氛围，为全县干部群众提供良好的瞻仰和教育场所。按照以人为本，尊重习俗的原则，稳步推进零散烈士纪念设施抢救保护工作，全面完成63座散葬烈士墓的维修改造和迁葬任务。

【双拥工作】 强化领导和工作力度，进一步落实职责，健全双拥工作制度。加强双拥宣传，营造良好氛围。把双拥教育纳入地方全民教育和部队政治教育计划，建立一批爱国主义教育基地，广泛开展以爱国主义为核心的国防和双拥宣传教育，强化全民双拥意识、国防意识。进一步规范全县服务窗口的"军人优先"标志牌。在春节、"八一"、国庆期间，对县人武部、驻宣部队、县光荣院和军队离退休干部、困难优抚对象进行走访慰问，发放慰问金和慰问品共10.5万元；对当年入伍新兵军属进行慰问活动，发放慰问品折合人民币2.95万元。在中国人民解放军建军87周年之际，开展送文化进军营、送健康进军营的"双送"活动，进一步推动全县拥军活动的开展，丰富驻宣官兵精神文化生活。认真贯彻落实上级精神，抓实义务兵优待金的兑现工作，把义务兵家属优待金全部列入财政预算，并形成自然增长机制，2014年农村义务兵家属优待金达到5173元、城镇义务兵家属优待金达到7987元，并确保及时足额发放。严格落实《宣恩县优抚对象医疗保障实施细则》，进一步规范优抚对象医疗"一站式"服务平台。开展"关爱革命功臣，情系基层官兵"活动，整合各项社会资源，切实解决优抚对象的实际困难和为驻地部队办实事。一年来为生活、医疗、住房困难优抚对象解决资金10万元，将身体条件较差的29名重点优抚对象，分5批分别送到省荣军医院、州优抚医院进行疗养。推动优抚精细化服务管理机制创新，构建优抚精细化服务保障平台，畅通优抚对象利益诉求表达渠道和情感沟通渠道，在珠山镇、高罗乡、椒园镇成立3个优抚对象服务中心。落实军休干部的“两个待遇”。春节、“八一”期间，县委、政府领导对其进行了走访慰问，县里组织的重大政治活动也邀请退休干部参加；其他待遇也按上级文件精神得到了落实；组织参加全州军休干部运动会，丰富军休干部的精神文化生活。热情接待优抚对象来信来访，耐心细致地做优抚对象思想工作，处理及时。一年来共受理接待来信来访10件次，办理结案率达100%。开展军地共建活动；整合地方资源，切实解决驻军困难，经常开展各项双拥活动，融洽军民关系，全年开展各类慰问活动30余次，慰问金额达10余万元。

【村民委员会换届选举】 5月13日，在椒园镇黄坪村启动全省第九届村民委员会换届选举试点工作。6月20日，全省第九届村民委员会换届选举首个试点在椒园镇黄坪村举行。黄坪村556户，村民2084人，全村一半人外出务工。经选举委员会现场清查，全村2084人，登记选民1084人，现场参加投票的842人，委托投票的242人，投票选举产生姚元翔等5名村委会委员班子成员。10月13日，全县第九届村民委员会换届选举工作正式启动，选举日确定为2014年12月1日，明确12月8日全面完成村民委员会换届选举任务。11月27日，州委政法委副书记覃力及村“两委”换届选举工作督导组到宣恩县检查督导村“两委”换届选举工作，王冕及县委组织部、县民政局相关负责人陪同检查。全县共279个村民委员会，一次性选举成功的村有267个，选举产生村委会主任279个，副主任、委员716人。

【城乡社区自治服务】 2014年社区公共服务站建设继续纳入州、县政府“十件实事”工程，完成申报城乡社区公共服务站项目建设6个，在建2个（沙道沟镇街上社区公共服务站、高罗乡龙河社区公共服务站），完工4个（椒园镇庆阳坝社区公共服务站、椒园镇黄坪村社区公共服务站、万寨乡中台村社区公共服务站、晓关侗族乡桐子营社区公共服务站）。累计投入资金340万元（含省下拨资金90万元），社区公共服务站建设达标率100%。

结合全县办事不出村系统平台，全面建立和完善社区公共服务综合信息平台。县、乡（镇）分别成立城乡社区领导协调机构，社区居委会组织体系健全，社区社会组织不断发展壮大，每个社区均有5个以上社会组织。城市社区居民委员会的工作经费、培训经费、人员报酬、服务设施以及社区信息化建设经费等纳入同级财政预算，并建有与当地经济发展水平相适应的增长机制。政府部门委托社区承办（协助）的事项“权随责走，费随事转”落实到位。社区居民委员会成员、网格管理员等其他专职工作人员的报酬，按照不低于上年度当地职工平均工资的标准统筹解决，并参加基本养老、失业、基本医疗、生育、工伤保险。

将落实村务公开民主管理情况列入党政部门和乡镇领导班子综合目标考核内容。全县制定统一的《村务公开目录》，并按照要求实现村务公开全覆盖，村务公开做到及时有效、程序规范。

【福彩慈善服务事业】 经过省慈善总会牵线搭桥，向中华慈善总会宝马爱心基金申报助学金，共资助大学生5人2.5万元。开展慈善助学活动，共资助大学生21人5.3万元。小儿先天性心脏病筛排查及救助共救助3人6万元。接收定向捐赠资金29.9万元，用于救治烧伤儿童吴忠俊。为全县瘫痪及不能行走残疾人发放轮椅25辆。

进一步规范福彩发行销售、市场管理、营销宣传、队伍建设、资金管理等工作，福彩发行安全运行，全年无安全事故发生。2014年共销售福利彩票2070万元，完成任务2400万元的86%。7月10日，福彩双色球2014078期开奖，珠山镇莲花坝42246012号投注站售出的以一张4元单式票获一注一等奖，奖金额6628498元，中奖号为：02、03、05、06、09、17+07。

【殡葬服务管理】 9月17日，张频、黄玉贤及部分政协委员对殡葬管理工作进行专题视察。实地察看珠山公墓（和平新区）和殡仪馆（和平新区），详细了解新殡仪馆建设和公墓选址的相关情况，并从配套设施、环境保护、收费标准、人员配备、优质服务等方面提出意见或建议。12月15日，黄玉贤主持召开协商座谈会，征求县城区10余名政协委员对《宣恩县殡葬管理暂行办法(征求意见稿)》的意见建议,县政府办公室、县政协人资环委负责人参加会议。12月30日,珠山公墓(新区)和殡仪馆(新区)建设项目完工并正式投入运营。

贯彻落实《关于免除城乡低保等特殊对象基本殡葬服务费用的通知》精神(鄂民政发〔2011〕7号),对符合条件的城乡低保对象、农村"五保"对象、城镇"三无"人员、重点优抚对象,按标准免遗体接送运费200元、灵堂停放费1000元等殡仪服务项目。

殡葬服务管理逐步完善,公开收费标准,制作公示牌和价格表,按照物价部门核定的内容、标准进行公示;完善老殡仪馆的服务配套设施,按照吊唁厅的配置要求,配齐遮雨布、饮水机、桌椅、火盆、风扇等设施,免费提供给丧户使用。通过组织发放宣传单、张贴殡葬改革通告及制作宣传栏、悬挂横幅标语等多种形式,并利用广播、电视、报纸等媒体,在群众中着力宣扬"厚养薄葬"的思想,倡导健康、节俭、文明办丧事,宣传文明殡葬法规政策,引导群众积极配合整治乱建坟墓工作,积极倡导文明殡葬行为,提倡节俭办丧事新风尚,树立健康、文明、节俭的丧葬行为,反对铺张浪费和封建迷信。党员、干部带头移风易俗,模范遵守殡葬管理有关规定。

清明节期间,开展以"清明树新风"为主题的宣传活动,积极引导群众参加集体共祭、踏青遥祭、鲜花扫祭、家庭追思等现代文明祭扫活动,加强清明节期间文明祭扫活动管理,营造文明科学的丧葬风尚,防止因燃放鞭炮、焚香烧纸引发的火灾隐患和环境污染,引导群众自觉抵制低俗的丧葬陋习。建立24小时值班,每天安排人员值班,及时处置问题。殡葬执法人员全天上路巡查,重点监测清明节期间的乱建现象。做好安全保障工作。县民政局成立清明节安全应急事件处置工作小组,加强对公墓、殡仪馆等群众集中祭扫场所的安全检查,清明节期间未发生因祭扫活动引发的安全事故。

【区划地名管理】 2月20日,高罗乡人民政府向县人民政府提出高罗乡撤乡建镇的请示(高政文〔2014〕号)。随后开展关于撤乡建镇的调研,并按程序逐级上报申报材料。

9月25日,组建成立宣恩县第二次全国地名普查领导小组。11月15日,县第二次全国地名普查领导小组印发《宣恩县第二次全国地名普查实施方案》(宣地名普查组发〔2014〕1号)。2014年县级财政安排第二次全国地名普查开办经费5万元,用于地名普查工作的启动和普查表格的印制等。

按照宣恩县、恩施市、咸丰县、鹤峰县《关于开展第三轮县级行政区域界线联合检查的实施方案》,9月1日至5日,宣恩、恩施、来凤、鹤峰四县市民政局联合完成第三轮县级行政区域界线联合检查,并完善相关成果资料及向州民政局的资料上报工作。

【民政信访】 2014年县民政局依法处理各类信访、行政诉讼案件,共处理信访案件36件86人次,其中来信24件24人次,来访12件62人次,集体上访案件1件51人次,被申请复议案件2件2人次,均进行及时调查处理,并将处理意见告知申请对象。

【"5·12"防灾减灾日宣传活动】 5月12日,全县开展以"城镇化与减灾"为主题的"5·12"防灾减灾日宣传活动。县农业局、县环保局、县消防大队等相关单位向市民现场发放相关宣传资料,并提供咨询服务。共发放防灾减灾宣传资料0.3万份,"防灾减灾日"主题宣传环保袋0.1万个。在5月10日至16日防灾减灾宣传周期间,各单位建立和完善防灾减灾工作机制,修订完善自然灾害应急预案,利用电子显示屏,制作"防灾减灾"公益广告滚动宣传。社区组织"防灾减灾"知识活动宣传,通过普及防灾减灾知识,提高全社会防灾减灾意识,增强群众应急避险和自救互救能力。

【宣恩县义工协会】 2014年8月6日,宣恩县义工协会在宣恩县民政局登记成立(宣社证字第2014—005号)。证书所载业务范围:宣扬义工精神,实施推广义务工作;住所:珠山镇星光大道8号特1号2楼;法定代表人:余万都;活动地域:宣恩县;注册资金:3万元。

2014年10月20日,经协会研究决定,特聘杨东为协会名誉会长,余万都为会长,张琼(女)为执行会长,岳朝庆、曾玺、阳平为副会长,朱晓玲(女)为秘书长,协会下设会员部、项目部、财务部、文宣部、文艺部、法律部,分别由谢海珍(女)、徐兆海、陈杨景、黄世平、袁红亚、向莲花(女)任部长。

2014年共发展会员92人，预备会员199人；筹集资金15万元，救助大病儿童1名；救助万寨乡特殊困难家庭1户3口，为其募集物资10万余元，捐建住房及附属设施约220平方米。

【省民政厅老龄办调研】 7月7日至9日，省民政厅党组成员、省老龄办党组书记、主任刘长斗一行由州、县民政部门相关负责人陪同，到宣恩县开展贫困地区老年人生存状况调研活动，了解老年人口及老年服务设施现状和社会福利政策执行情况及主要经验做法。调研组通过召开座谈会、实地走访、个体访谈相结合的方式，先后到椒园镇、万寨乡及珠山镇的相关村组开展调研活动。县政协党组成员孟成福参加汇报会。

【烈士纪念日活动】 9月30日，是全国首个烈士纪念日，县民政局组织中小学生、干部职工、驻宣部队官兵、企业代表和烈属、老战士代表在县烈士陵园纪念集会，祭奠为新中国建设而英勇献身的革命烈士。活动由县政府党组成员、县政府办公室主任胡晓洪主持。全体人员向革命烈士默哀三分钟，200名中小学生代表，在纪念碑前合唱《我们是共产主义接班人》，12名代表向烈士纪念碑敬献花篮，岳东参加活动并讲话。

（郑海艳）

人民生活

【概况】 据城乡一体化住户调查，2014年宣恩县全体居民人均可支配收入10079元，同比增加1035元，增长11.4%。其中，城镇常住居民人均可支配收入18870元，同比增加1776元，增长10.4%；农村常住居民人均可支配收入7048元，同比增加779元，增长12.4%。全体居民人均消费支出7478元，同比增加708元，增长10.5%，城镇常住居民人均生活消费支出12946元，同比增加1129元，增长9.6%，农村常住居民人均生活消费支出5591元，同比增加563元，增长11.2%。

2014年居民生活消费呈现两大特点：一是生活消费支出增速与收入基本同步。2014年全体居民、城镇常住居民、农村常住居民人均生活消费支出分别比上年增长10.5%、9.6%、11.2%，增速与可支配收入基本保持同步增长。二是农村居民生活消费支出增速高于城镇。2014年农村常住居民人均生活消费支出增长11.2%，高于城镇1.6个百分点。主要是农村城镇化速度加快，农村基础设施不断完善，农村居民消费条件得到改善，生活水平与收入水平同步提高。

（向家义）

乡镇概况

珠山镇

【概况】 珠山，1983年全国规范县城名称时，取因“宣恩八景”中“珠山晓翠”的明珠山而名。本施南土司故基地，自设立宣恩县治始建县署，或称县邑、城关等。

元至正二年(1342)，属施南宣抚司覃氏土司辖。明末，施南宣抚司治所迁入城关镇城区文庙所在地。清雍正十三年(1735)改土归流设宣恩县，属东乡里(治所设长潭河)和施南里(治所设县城)。乾隆元年(1736)在施南土司故基设县署，次年新建。民国30年(1941)，实行新县制，全县设13个乡，县城区属城关乡。1949年11月10日宣恩县城解放，1950年1月，全县划为5个区13个乡，城关乡属城关区。1951年3月，全县地名区改数字区，城关区属第一区。1961年10月11日，城关镇从城关区划出，属县辖镇。1968年6月，属城关区革命委员会。1975年10月，撤销城关区，建立椒园公社与和平公社，椒园公社辖桂花、庆阳坝、水田坝、椒园、中坝、双龙、宝塔等7个片，公社驻城关；和平公社辖茅坝塘、干沟塘、狮子关等3个片，公社驻干沟塘集镇。1983年6月，城关镇更名为珠山镇。1984年5月，撤销椒园、和平公社，合并设椒园区，辖桂花、庆阳坝、水田、椒园、中坝、和平、铁厂坡、茅坝塘、狮子关等9个乡。1987年6月，撤销铁厂坡乡，并入和平乡。1995年10月，椒园区分为椒园区(辖椒园、中坝、庆阳坝、桂花4个乡)、和平区(辖和平、茅坝塘、狮子关3乡)。1996年11月，撤和平区建和平乡。2001年3月18日，和平乡并入珠山镇。

珠山镇地处鄂西南边陲，位于宣恩县北部贡水河中游，为中共宣恩县委、宣恩县人民政府驻地。东连长潭河侗族乡，南与高罗乡毗邻，西与椒园镇、晓关侗族乡接壤，东北接万寨乡。地处北纬29°49′06″-30°03′49″，东经109°25′39″-109°35′23″。东西最大横距9.145千米，南北最大纵距17.405千米。北距恩施州府45千米，距省府武汉市729千米，南距湖南张家界火车站329千米，西至重庆万州港292千米。

全镇国土总面积163.77平方千米，年末常用耕地1616公顷。辖工农街、白鹤井、上湖塘、兴隆街、双龙湖5个社区居民委员会，莲花坝、猫儿堡、宝塔、七里桥、岩堡、干溪、大坝沟、芭蕉坨、封口坝、卸甲坝、咸池沟、铁厂坡、东门关、土鱼河、茅坝塘、界直岭、狮子关、五里牌、天井堡等19个村民委员会，193个村(居)民小组，17040户，46160人，其中乡村人口22555人。

2014年全镇经济总收入5.1亿元，比上年增加5600万元，增长12.33%；实现工业产值1.5亿元，比上年增加1400万元，增长10.29%；农村居民人均可支配收入6680元，比上年增加976元，增长17.11%；城镇居民人均可支配收入18870元，比上年增加3120元，同比增长19.81%；公共财政收入10843万元；完成招商引资3000万元，同比增长20%。

【产业建设】 全年落实烟叶种植233.13公顷，烟农收入660万元，实现税收145万元；新造茶园200公顷，管理幼龄茶园1333.33公顷，茶叶生产综合效益达6000万元；全年推广发展“4450”生猪养殖大户41户，年出栏5.53万头生猪；发展城郊精细蔬菜213.33公顷，实现经济效益900万元；新成立农村合作经济组织10家(宣恩县硒源八月瓜专业合作社、宣恩县虹腾养殖专业合作社、宣恩县丰盈林业专业合作社、宣恩县宗良中药材专业合作社、宣恩县华城林业专业合作社、宣恩县名泉蜂业专业合作社、宣恩县青山绿水茶叶专业合作社、宣恩县封口坝金舟磨坊油业专业合作社、宣恩县利民农机专业合作社、宣恩县援农农业服务专业合作社)，盛源茶叶、志龙辣椒等专业合作社逐步壮大。

全年新增工业企业6家(湖北鹏博生态农业有限公司、湖北龙鑫厨具有限公司、宣恩联华食品有限公司、湖北联华工艺制品有限公司、湖北联华汽配有限公司、宣恩鑫隆水泥制品有限公司)，新增规模以上工业企业2家(宣恩联华玻璃有限公司、宣恩兴龙工具有限公司)，工业企业总数达到229家，其中规模以上企业9家，实现全口径工业总产值1.55亿元，其中规模以上工业总产值为2150万元，完成全年计划的102%；招商引资签约项目5个，到位资金7150万元，完成全年计划的238%。

新增各类商贸流通服务企业及个体工商户651家，总数达4246家，其中限额以上79家，行业经营收入达8.49亿元。全年接待游客

26万人次，实现综合经济效益1.7亿元。

【城镇建设】 全年共完成征地18.87公顷，拆迁房屋24栋，搬迁坟墓35座，调处各类建设矛盾纠纷127起，推进黄河沟流域治理、高速路连接线、武陵商贸城、县文体中心、三桥湿地公园、龙狮风景区、老城改造、“干长”公路加宽等56个重点项目建设。全年共向县“两违”办报告“两违”情况167起，查处违搭乱建31起，协调违建纠纷23件。

【基础设施建设】 全年共投入650万元，新修水池15口，铺设管道26千米，实施和平水厂管网延伸工程，解决卸甲坝、封口坝、干溪等村1万余人的安全饮水问题。投入700万元，完成天井堡、咸池沟、界直岭等村23千米村级公路硬化，路网建设进一步完善。投入500万元，实施完成天井堡扶贫开发整村推进工程。全镇累计投入1500万元，启动实施生态居住区建设项目1个(封口坝村玉龙湾小区)，改造特色民居50户、农村危房37户。

【社会保障】 全镇城乡居民养老保险续保人数达10039人，收缴资金123.79万元，完成县下达任务的104%；农村新型合作医疗参合率达100%；低收入人群保障水平不断提升，全年为6982名城乡低保对象发放保障金1304万元；困难群众医疗救助工作进一步加强，对残疾、低保、五保、贫困户和优抚对象进行重点救助，全年共救助2079人，发放医疗救助资金151.4万元。

【社会事业】 2014年考核年度内出生485人，政策外生育26人，出生人口符合政策生育率94.64%，综合节育措施率75.36%，村居在线服务平台建设完成100%。流出人口办证率99.9%，流出重点育龄妇女有效联系率86.02%，流入已婚育龄妇女255人，流动人口均等化服务到位率85.88%。

安全生产工作推行“1234”工作法，对重点项目、重点领域每月检查和督办一次以上，实行一月一督查，一月一通报。对全镇650余名农村驾驶员进行道路安全知识培训，签订“四方一责”道路交通安全责任书2259份，开展安全生产检查240余次，下发隐患整改通知书430余份。5月，成立珠山食品药品监督管理所，全年出动执法260余次，联合县食品药品监督管理局执法大队开展专项整治活动12次，向县移交案源8件。

全镇适龄儿童入学率100%，在校学生巩固率100%。2月24日，湖南卫视新闻大求真“求真科学秀”栏目组一行8人到珠山镇茅坝塘小学，把科学试验带进校园，给这所高寒山区“微小学”的孩子们送去知识和欢乐。举办“我爱贡水河”等健身长跑活动8次，参与人数达7500余人次。建设大坝沟村、茅坝塘村、天井堡村、莲花坝村等4个标准化村级卫生室。4月，工农街社区、上湖塘社区被州文明办、州科协命名为“全州科普示范文明社区”。

【群团工作】 全年办理、发放工会会员服务卡763张；完成全镇“三留守”对象信息采集工作，登记留守老人524人、留守妇女279人、留守儿童368人，调解妇女维权案件2起；开展珠山“大团委”建设信息采集工作，创办珠山“青年讲堂”，提升年轻干部综合能力。

【社会管理综合治理】 2014年共成功化解矛盾纠纷220起，成功调解率89%；全年共受理群众来访215批次435人次，接信12件，按期办结率为100%；全年社会治安管理接警640起，受理行政案件296起，抓获网上逃犯8人；共排查涉邪人员20人，累计发放、张贴反邪防邪明白卡等各种宣传资料1万余份。2014年6月，珠山镇被评为湖北省首批法治创建活动示范单位。

【村委会、村支部换届】 选举村支部委员61名、村委会委员62名，其中村“两委”交叉任职35名，女委员29名，村“两委”主职干部“一肩挑”全覆盖。

(周庆)

沙道沟镇

【概况】 沙道沟原名畲刀沟，谐音取嘉义为沙道沟，旧时属忠峒土司，设有集场。改土归流为宣恩县忠峒里(治所设沙道沟)。民国时名沙道乡。1949年11月解放后，1951年1月，更名沙道区，辖沙道乡、乐坪乡、凤山乡3个乡，区人民政府驻沙道沟。1951 年 3 月，全县地名区改数字区，属第四区，辖双坪、当阳坪、乐坪、两河、二坪、龙潭、茶园、黄泥塘、沙坪、槽铺、寮叶、官庄、药铺、白水河。1958 年 10 月，建立红旗（沙道）、红色（沙坪）、高照（八大公山）3 个人民公社。1959 年 1 月，合并为沙道人民公社。1961 年 5 月，更名为沙道区。1968 年 3 月，成立沙道区革命委员会。1975 年 10 月，撤沙道区建沙道、龙潭、沙坪 3 个人民公社。沙道公社辖乐坪、当阳坪、黄泥塘、上洞坪、松坪 5 个管理区；龙潭公社辖茶园、龙潭、二坪、两河 4 个管理区；沙坪公社辖沙坪、药铺、白水河、老岔、槽铺、官庄 6 个管理区。1984 年 5 月，撤沙道、龙潭、沙坪公社，建沙道区、沙坪区和县辖沙道沟镇。1984 年 9 月，沙道沟镇由县辖镇降为区辖镇，划归沙道区管辖。1995 年 5 月，沙道区划归来凤县代管。1996 年 12 月，沙道区更名为沙道沟镇，并将雪落寨乡撤销并入沙道沟镇；沙坪区更名为沙坪乡。1998 年 2 月，划回宣恩管辖。2001 年 3 月，撤销沙坪乡，并入沙道沟镇。

沙道沟镇地处宣恩县东南部，国道 209、省道 325 恩来高速公路入境而过，位于北纬 29°35′36″-29°59′05″，东经 109°29′35″-109°49′45″，东与鹤峰县接壤，东南与湖南省龙山县交界，西及西南与李家河镇、高罗乡相邻，北与椿木营乡接壤，镇人民政府驻地为建设路 74 号，归松坪村委会管辖。沿 325 省道东行距鹤峰县城 63 千米，沿 209 国道向西行至来凤县城 30 千米，北行距宣恩县城 68 千米。

沙道沟是国家 500 个小城镇试点镇、湖北省 100 个重点镇和恩施州 30 个重点建设镇之一，也是宣南经济中心及宣恩、鹤峰、来凤、龙山、桑植 5 县边邻的物资集散地。集镇面积 3.5 平方千米，常住人口 1.8 万人。集镇有老司街、四道坝街、平安路、建设路、响龙大街 5 条主要街道，街道总长度为 6.5 千米。

境内大部为二高山，地势为北高南低，最高点八大公山主峰，海拔 1890.4 米，最低点龚家桥海拔 530 米。镇内属亚热带季风气候，四季分明，地理、地貌奇特，森林覆盖率达 70%，气候形态多样化。境内属酉水河流域，共有大小河流 6 条。主要河流酉水河自北部马桑溪村入境，由北而南，与车洞河在栏杆坪村交汇，经来凤、龙山等县，流进沅江，汇入洞庭湖。全镇矿物资源分布广泛，硅、铜、煤、紫砂陶土、灰质页岩、生物化石等矿产资源丰富。

沙道沟镇民族文化活跃，民族风情浓郁。当地流传着薅草锣鼓、八宝铜铃舞、摆手舞等原生态民间舞蹈，其中薅草锣鼓被列为国家级非物质文化遗产。彭家寨被誉为“土家吊脚楼的典藏”，中国古建筑专家张良皋先生曾歌咏赞叹彭家寨：“未了武陵今世缘，贫年策杖觅桃源，人间幸有彭家寨，楼阁峥嵘住地仙。”两河口县苏维埃政府旧址于 1986 年 5 月被列为县级文物保护单位。2009 年，两河村被国家确定为第四批“中国历史文化名村”。2013 年 3 月 5 日，国务院公布彭家寨古建筑群为全国第七批重点文物保护单位（国发〔2013〕13 号）。2014 年 9 月 23 日，国家民委命名沙道沟彭家寨为首批“中国少数民族特色村寨（民委发〔2014〕190 号）”。

全镇国土面积 649.95 平方千米，其中东西最大距离 25.8 千米，南北最大距离 25.1 千米。年末常用耕地 4324 公顷。辖水田坝、松坪、苦溪、上洞、补溪、咸池、响龙、桃子岔、街上、乐坪、核桃湾、中坝坪、洗白溪、沙河溪、当阳坪、栏杆坪、班大湖、黄泥塘、麻柳、小白溪、龙潭、布袋溪、鱼泉、野溪、茶园、林业（含林场、药材场）、四道、红旗坪、两河、玛瑙、红石、二坪、金盆、庙垭、大白溪、芦茅塆、官庄、白水、棕溪、马桑溪、高荒坪、药铺、潭子洞、赵家坝、木笼寨、二台坪、老岔、辽叶、大垭 49 个村，522 个村民小组，23287 户，68122 人，其中乡村人口 63216 人，以土家族、苗族为主的少数民族占 52%。

2014 年实现农村经济总收入 6.01 亿元，比上年增加 4100 万元，增长 7.32%；工业经济总产值 3.7 亿元，比上年增加 6000 万元，增长 19.35%；农村居民人均可支配收入 5734 元，比上年增长 1011 元，增长 21.4%；公共财政收入 598 万元。

【农业经济】 2014 年完成贡水白柚管护 2133.33 公顷，全镇白柚挂果面积 2013.33 公顷，新建白柚基地 200 公顷。新建优质桃园基地、百合基地和茶叶基地各 33.33 公顷，干果基地 66.67 公顷，百合种植面积达 1200 公顷。全镇 2014 年新增龙潭、班大湖规模两个养殖小区，新增畜牧专业合作社 1 个

(宣恩酉水源生猪养殖专业合作社),新增"4450"模式养猪户26户,新增培植年出栏猪500头以上大户15户,新培植龙潭村为出栏生猪1万头以上专业养殖大村,全镇实现年末出栏肥猪41994头。全镇共有18个烟叶生产重点村、300户烟农,种植烟叶280公顷,全年收购烟叶360吨,完成年度收购任务的80%,千克均价22.12元。

【工业经济】 2014年全镇有年产值2000万元以上规模企业2家(沙道粮油收储公司、德和新型能源有限公司),年产值500至2000万元规模企业10家(沙坪酒厂、中能水电开发公司、佑水公司、武陵药材、彭师傅油茶、星原茶叶、天鸿公司、苗仙聚酒业有限公司、鑫家源木业公司、宣恩县宏盛木业有限责任公司),年产值500万元以下企业12家。继续做好沙道沟小微企业创业园的创建和项目争取工作,扶持苗仙聚酒业进入年产值2000万元规模以上企业,粮食加工厂、沙坪白酒厂、佳利建筑建材公司、宏盛家具建材公司等企业继续发展壮大;响龙大道南端综合项目开发项目,进入征地补偿的最后攻坚阶段;继续搞好宣恩县佳威畜牧发展有限公司养殖基地建设。

【集镇建设】 2014年实施集镇环境综合整治,成立工作专班,围绕"扫干净、摆整齐、保畅通"的目标,理顺交通秩序,按照星级示范街的管理理念,规范农贸市场,净化集镇环境。

健全"规划一张图、审批一支笔、建设一盘棋"制度。进一步完善《沙道沟镇城镇总体规划》和《控制性详规》,聘请恩施州宏图公司对沙道沟镇集镇的总体规划进行修编,4月15日上报县规划委员会,并完成评审。在响龙大道、四道坝街等道路污水管网建设的规划设计基础上完成集镇12千米的污水管网初步设计。至2014年底,投资8000余万元的"酉水商都"4号、5号楼主体工程完工,高25层的1号、2号主体楼封顶,开放性广场与农贸市场进行后续完善工作;投资2840万元的白水河流域治理项目沙道沟集镇段已竣工验收;325省道绕集镇线项目进入补偿兑现阶段,响龙大道南端开发项目进入兑现和报批程序;三级客运站项目通过省级专家评审,400万元的项目资金已获批复。1月16日,沙道沟集镇新水厂正式建成供水,集镇及周边村民将彻底告别饮用水难的历史。

【乡村建设】 按照"特色民居先行,基础设施跟进,产业配套发展"的工作思路和总体要求,集中建设以"彭家寨"为中心,辐射罗家寨、曾家寨、板栗坪、刘家湾和彭家寨公路沿线的特色民居观光带,全年完成特色民居改造60户,有线电视、网络全覆盖工程180户;新发展农家乐5家;完成66.67公顷白柚园的管护工作,新建13.33公顷白柚基地(曾家寨);管护和发展100公顷百合基地、6.67公顷(桃树)庭院经济和13.33公顷核桃基地(唐家坪)建设,绿化植苗5万株(灯笼树、白果树、樟木等),造林33.33公顷(杉木);挖掘民俗文化,以寨子为单位,聘请非物质文化遗产传承人指导排练传统展演节目,举办龙潭第二届民间非物质文化艺术节。7月29日,沙道沟彭家寨入围首批中国少数民族特色村寨名录。8月4日,沙道沟镇被国家住建部公布为全国重点镇。9月9日,彭家寨纳入农村环境连片综合治理范围,实施人工湿地项目,投资60余万元,建成后日处理污水50吨,可以解决200多人的生活污水生物化处理;实施农村饮水安全管网延伸工程,解决上洞坪、当阳坪、栏杆坪、响龙坪、街上村等10个村的3万余名农村群众、集镇居民、在校师生的饮水安全问题。

【社会事业】 不断改善办学条件,全镇10所完小配置电子白板,9所点小实现数字化教学全覆盖。上重点学校121人,其中沙道民族中学109人,沙坪中小学12人。小学适龄儿童入学率、巩固率达100%,1157名学生享受到"两免一补"政策,沙道民族中学教师经济适用房进入招投标阶段,沙道小学学生宿舍、营养餐厅等工程投入使用。

人口与计划生育工作考核年度内出生789人,出生率为11.14‰,出生人口性别比为113,同比下降0.81个百分点,累计落实避孕措施649人,综合节育率为76.28%;全年开展2次大型育龄妇女"三查"优质服务活动,累计服务3000人次。

全镇有沼气池4207口,沼气池普查维修工作全面完成,改造升级和维修1089口。全镇参加义务植树人数累计达1000人次，累计植树1.5万株。从2014年1月1日起，沙道沟镇镇域范围内实施河道禁渔工作，建立健全完善的河道禁渔长效管理机制。

以维护社会稳定为重点，全镇开展各项检查29次，召开专题工作会12次，排查隐患171处，整改落实161处；共受理群众来信来访41批56人次，排查各类纠纷223件，稳控化解200件。全镇49个网格管理站共采集20715户信息，于6月全部完成信息录入。

【党的建设】 开展党的群众路线教育实践活动。镇党委按照“112233”学习计划，开展集中夜学和自学，学习新《党章》、党纪法规，习近平总书记系列重要讲话精神。全镇组织学习会138场，其中夜学53次，5000余人次参加，累计发放学习资料2368本(份)，撰写学习心得体会80余篇。镇党委班子成员为基层党组织上党课、作辅导报告71次，发掘、推介身边“好党员、好干部”典型3人，观看电影《焦裕禄》等教育视频90场次，组织“假如我是服务对象”大讨论活动1次，13名各行业党员代表发言。聚焦“四风”问题，广泛征求意见，罗列问题清单，召开专题民主生活会，开展反批评与自我批评，8月6日召开镇党委班子民主生活会，全镇各党(总)支部的组织生活会相继进行，于8月26日全面结束。针对查找出来存在的问题和征求到的建议意见，镇党委制定《沙道沟镇党委班子党的群众路线教育实践活动整改方案》和《沙道沟镇“四风”问题专项整治工作方案》，每名党委班子成员根据自身查找出来的问题，制定个人整改措施；各党(总)支部也相继撰写支部班子的整改方案，党员干部填写问题整改清单。为确保整改落到实处，镇党委编印《沙道沟镇党委班子党的群众路线教育实践活动制度建设计划》，着重从作风建设、服务群众、学习教育、后勤管理、干部管理等方面，建立健全16项规章制度。为巩固整改效果，全镇各级党组织还组织开展党员民主评议等活动，1100多名党员参与评议活动。在教育实践活动中，镇党委将解决服务群众“最后一公里”的问题作为重点问题予以整改。结合全镇实际，镇党委着眼于解决好民生领域的突出问题，着力解决“四难”问题：维修沼气池，解决“用气难”问题；实施通畅工程，解决百姓“出行难”问题；实施饮水网管延伸项目，解决群众“饮水难”问题；加大白柚管护力度，解决白柚“管护难”问题。

落实党委主体责任和纪委监督责任，开展党风廉政建设，落实“一岗双责”，对在责任监督范围出现的违纪违规案件相应追责。全年立案12件，处分涉案党员12人。查办案件数比2013年增加300%。镇纪委共接到来信来访103件次，转立案12件；为反映失实的6名干部澄清是非；整治“四风”现象，开展明察暗访14次。

【领导到沙道沟镇调研】 6月30日，州委常委、副州长马尚云到沙道沟镇调研彭家寨历史文化名村开发与保护及精准扶贫工作。

7月2日至3日，习覃到沙道沟沙坪片区调研并走访慰问困难党员和群众。

8月5日，省长王国生到沙道沟镇调研、指导工作，并与基层干部座谈。

8月13日，州长杨天然到沙道沟镇观音坪电站、沙坪集镇调研。

11月20日至21日，习覃到沙道沟镇当阳、龙潭片区调研村“两委”换届工作、农民办事不出村项目建设，察看白柚、茶叶基地建设情况。

【村委会、村支部换届】 10月14日，沙道沟镇召开2014年村“两委”换届选举工作会议，安排部署2014年村“两委”换届选举工作，2014年村级班子换届选举正式启动。至10月31日，全镇49个村支委换届选举工作顺利完成。12月1日，沙道沟镇完成村委会换届选举工作。换届选举产生两委成员175人，其中女委员44人，增幅达33%；新当选支部书记23人。同时，年龄、文化、队伍结构进一步优化，平均年龄为44.7岁，较上届下降5.5岁；高中及大中专生文化程度68人，提高66%；共有转业军人18人、村医8人、返乡大中专生5人、特色产业大户及部分电工和兽医等39人选进支部班子或当上新一届的村级带头人。

【沙道沟镇遭受暴雨袭击】 7月8日晚10时至9日凌晨3时许，沙道沟镇遭受暴雨袭击，因持续暴雨引发的洪涝灾害带来直接经济损失1300万元。暴雨引发的洪涝灾害造成红旗坪、二坪、鱼泉、野溪4

个村56个村民小组,1226户4751人受灾严重。据统计,灾害导致农作物受灾面积80.67公顷,洪水冲走生猪37头,倒塌或损毁供电线杆40根,冲毁桥梁5座,公路受损40千米,大小涵管受损15处,损毁供水管网、堰沟15千米;交通、通信、电力全部中断,现场转移群众500余名,所幸无人员伤亡。

(赵恩)

椒园镇

【概况】 椒园,因地势而名。楚词注,土高四堕曰椒丘,又山顶曰椒。古汉语中,园即某事物聚集,丛生之地,释义为山堡丛生聚集的地方。清朝在椒园设有集场、塘汛、铺递。

改土归流前属施南土司地,雍正十三年(1735)置宣恩县后,属施南里。1950年1月,全县划为5个区,属城关区。1951年3月,全县地名区改数字后属第一区。1958年10月,属城关人民公社。1961年5月,属城关区。1968年6月,属城关区革命委员会。1975年10月,撤销城关区,建立椒园公社与和平公社,椒园公社辖桂花、庆阳坝、水田坝、椒园、中坝、双龙、宝塔等7个片,公社驻城关。1984年5月,撤销椒园、和平公社,合并设椒园区,辖桂花、庆阳坝、水田、椒园、中坝、和平、铁厂坡、茅坝塘、狮子关等9个乡。1995年10月,椒园区分为椒园区(辖桂花、庆阳坝、椒园、中坝4个乡)、和平区(辖和平、铁厂坡、茅坝塘3个乡),椒园区公所由县城迁至椒园集镇(椒石路58号)。1996年11月,撤销椒园区建制设椒园镇。

椒园镇位于宣恩县西北部,209国道、232省道穿境而过,地处北纬29°55′29″-30°05′24″,东经109°17′29″-109°31′37″,西北与恩施市毗邻,西南与晓关侗族乡相连,东北与万寨乡接壤,东南与珠山镇交界。镇人民政府位于省道232椒石线东端起点与209国道交汇处椒石路58号,紧靠恩来恩黔高速公路宣恩入口,归椒园村委会管辖。距县城7千米,恩施州府38千米。椒园镇先后获得“全国生态建设示范乡镇”“全国重点镇”“全国第二批标准化气象为农服务乡镇”等国家级荣誉称号。5月,黄坪村被确定为恩施州金融支持扶贫试点;6月13日,环境保护部《关于国家级生态乡镇的公告》(2014年第44号)授予宣恩县椒园镇等829个乡镇“2012－2013年国家级生态乡镇”称号;6月20日,黄坪村作为全省村支两委换届选举试点,其经验和做法在全省推广;8月,椒园镇被确立为恩施州“四化同步”及新型城镇化建设示范乡镇。

全镇国土面积175.97平方千米,年末常用耕地1477公顷。辖椒园、黄坪、白泥坝、龙洞、锣圈岩、凉风洞、水井坳、荆竹坪、龙潭溪、洗草坝、水田坝、庆阳坝、老寨溪、店子坪、红岩卡、香树林、三河沟、新茶园、石马、石家沟、土皇坪21个村,188个村民小组,8683户,25808人,其中乡村人口24393人。

2014年农村居民可支配收入6585元,同比增长18%;公共财政收入1537万元。

【农业经济】 2014年全镇创建238.67公顷有机茶。种植烟叶410公顷,完成烟叶收购任务565吨,烟农总收入1287万元,实现烟叶税收283万元。有黄金梨120公顷,新创建33.33公顷黄金梨示范基地。创新销售方式,实现“传统销售＋网上销售”相结合方式,黄金梨产量超过500吨,产值达到300万元。

建成“4450”生猪养殖户45户,面积达4400平方米,实现生猪存栏2.95万头,出栏4.18万头,肉羊存栏0.18万头,出栏0.17万头;家禽存笼15.68万只,出笼9.7万只。

【工业经济】 2014年末,宣恩工业园区椒园生态产业已入驻企业38家,解决1550人的就业,年产值过2000万元的企业1家,产值过500万元的企业2家,新增500万元以下的企业2家,招商引资完成3000万元。

【旅游产业】 2014年椒园镇旅游产业以“一体两翼”为总体布局,建设以特色旅游、特色文化、特色饮食为重点的“三特”旅游品牌,以水田坝、锣圈岩、洗草坝、白玉洞、落水洞等为重点建设区域。10月18日,举办第二届全国山地自行车比赛及宣恩县第二届厨艺大赛,水田坝千户土家等地成为旅游观光、休闲体验的新目的地。

【村镇建设】 根据集镇发展趋势,开展集镇规划编制,规划面积扩展到13平方千米，设计承载人口3万人以上。规范农村宅基地审批程序，全年共登记农村村民建房250户，发放国有、集体土地使用证135本。投资5833万元改善农村基础设施，改扩建公路40千米，硬化村组公路30余千米，完成新农村改造160户，建垃圾池34个，人工湿地5个。投资300万元对庆阳老街进行百年来的首次大修。

完善基础设施，投资1900万元，完成椒园至荆竹坪18.5千米改扩建工程；投资500万元，对黄坪、椒园、店子坪、白泥坝、香树林、庆阳坝等村委会办公场所；投资近200万元，完成水田坝风雨桥、联户路、休闲广场建设。

【社会事业】 为21个村配备手机版村居在线平台，办结行政处罚案件45起，征收社会抚养费6.55万元。九年义务教育入学率达100%；全年发放各类救灾救急资金300余万元，农村合作医疗及城乡居民养老保险参保率达到104%。全年共排查矛盾纠纷160件。

【黄坪黄金梨】 宣恩种梨历史悠久，《宣恩县志》(清同治二年版)记载"果属具有"，说明在清朝时期县境内就有梨这种水果。《宣恩县志(1863－1985)》记载：瓜果类有柑橘、梨、苹果、桃、李……1972年全县发展梨园267公顷，苹果园67公顷，桃园7公顷。1975年产梨750吨。1981年大队、生产队办的果场随落实生产责任制分下农户，部分地方将果园改种粮食，面积急剧下降，1982年仅产梨10吨。1984年县特产部门对梨、桃、苹果等生产推广先进生产技术，实施科学管理措施，1985年梨园面积又恢复到122公顷，产量364吨。到2000年全县有梨125公顷，产量1633吨。2001年宣恩县多种经济办公室从中国农业科学院引进黄金梨(5年苗)12株，试种在椒园镇椒园村，全部成活。2002年再次引进660株，继续在椒园村试种0.7公顷；2001年试种的12株苗开始挂果，试种成功。2003年在椒园镇黄坪村推广种植53公顷，2004年至2006年全县发展667公顷。至2014年黄坪村有黄金梨123公顷，实现年产值600万元。

2003年椒园村试种的黄金梨被省农业厅评审为"湖北省优质梨"。2006年8月8日，黄坪村黄金梨被中国绿色食品发展中心审核认定为绿色食品A级产品。2007年8月29日获得欧盟有机认证，黄坪黄金梨因此得名。2007年成立宣恩县椒园镇黄坪村黄金梨专业合作社，2013年合作社获"湖北省示范社"称号。2011年注册黄金梨"沃地娃"商标。多次参加国内展示展销，获多种奖项。"沃地娃"黄金梨在武汉第十、十一届农博会上获"金奖农产品"。2015年参加第十二届中国武汉农业博览会获"金奖农产品"和"畅销农产品"。

【各级领导到椒园检查工作】 1月20日，覃遵国、朱鹏程、覃国锋陪州委常委马尚云到椒园镇水田坝村调研产业发展和新农村建设。

3月7日，曾德权、习覃、周志斌陪省民政厅厅长彭军、纪检组长黄贵新到椒园镇黄坪村调研，确定黄坪村为全省第九届村民委员会换届选举试点村。

3月28日，州委书记、州人大常委会主任王海涛到椒园镇庆阳坝村，走访民情，体验农事，了解春茶生产、销售及劳动力情况，并到茶园与茶农一起采摘春茶，曾德权及椒园镇主要负责人陪同。

3月31日至4月1日，州委书记、州人大常委会主任王海涛，州委常委、州委秘书长孔祥恩，州委常委、州政法委书记沙玉山陪同以省人大常委、省记协主席文成国为组长的省委第五督导组到椒园镇水田坝村、庆阳坝村、椒园生态产业园，调研指导党的群众路线教育实践活动，曾德权、习覃、覃遵国、杨安明参加调研。

4月17日至18日，省委第五督导组副组长陈邦强一行到椒园镇水田坝村调研指导党的群众路线教育实践活动，曾德权、习覃、范涌、覃国锋陪同调研。

4月22日，中央党建工作领导小组秘书组处长周新群及调研组到椒园镇黄坪村座谈，调研村医、村教进村"两委"班子工作实施情况及进村"两委"班子的具体程序，曾德权参加座谈会；省残联副理事长朱志斌等到椒园镇水田坝村与村干部和残疾人进行座谈，督导调研残情大调研工作，周志斌陪同调研。岳东陪同州委常委乔俊杰到椒园镇参观庆阳古街和水田坝"千户土家"，调研民族文化保护工作。

4月30日，省发展和改革委员会副主任肖安民、书画名家彭祖华一行到椒园镇庆阳坝考察民族文化建设工作及水田坝有机茶园。曾德权、习覃、朱鹏程、向建强陪同。

5月8日，习覃、朱鹏程、向子明、覃国锋及县直相关部门负责人到椒园镇白泥坝村、椒园生态产业园检查环境保护工作。

5月20日，全国政协副主席、农工党中央常务副主席刘晓峰及调研组，在省政协副主席、农工党湖北省委会主委吕忠梅，省政协办公厅副巡视员张惠勋等陪同下，到椒园镇庆阳坝村卫生室调研农村基层卫生情况。州政协主席甘方谦、州人大常委会副主任刘青、州政协副主席陈卫平及曾德权、习覃、张频陪同。

5月23日，湖北省烟草公司副经理黄树立到椒园镇锣圈岩“四位一体”建设工地、集中展示点查看烟叶生产，周志斌以及州、县烟草公司相关人员陪同。

5月29日，宜都市人民政府市长罗联峰一行到椒园镇水田坝考察新农村建设及旅游工作，习覃、向建强陪同。

6月12日，省供销总社主任赵东风、副主任黄实海、副巡视员(湖北宜红茶叶公司董事长)熊治海、SKC&C(中国)总裁李南方到椒园镇，开展“振兴县级供销社”主题调研活动，副州长陈晓燕、州供销社主任谢俊泽参加调研，曾德权、习覃、李世祥陪同。

6月14日，省农业厅副巡视员耿显连到椒园镇白泥坝村查看玉米高产创建样板基地，尹建华及县农业局相关领导陪同。

6月20日，全省第九届村民委员会换届选举首个试点在椒园镇黄坪村举行。

6月30日，州委常委、副州长马尚云到椒园镇调研精准扶贫及2014年整村推进、产业扶贫等工作情况，习覃、周志斌及相关部门负责人陪同。

7月14日，省人大常委会常务副主任李春明及调研组由州人大常委会副主任瞿赫之陪同到椒园镇，调研基层人大代表履职以及《代表法》贯彻和落实等情况，曾德权、习覃、杨安明、史红珍陪同。

7月18日，岳东陪同省农业厅党组成员、省农机局局长刘长华等到椒园镇庆阳坝、水田坝新农村示范点、石家沟村神农茶叶专业合作社检查农机管理体制工作。

8月12日至13日，覃遵国、王冕、钟昌泽陪同以徐共和为组长的湖北省农产品出口协调领导小组检查组到椒园镇金友农资经营门市部，检查椒园镇创建国家级出口茶叶质量安全示范区筹备工作。

10月19日，州委书记、州人大常委会主任王海涛，带领州委办公室、州委政法委、州委组织部、州农业局、州环保局、州水利局等部门负责人到椒园镇，就生态文明建设、村医村教进村支“两委”班子情况进行调研，曾德权、朱鹏程、黄同元参加调研。

【陈丰为洗草坝小学捐款】 7月30日，旅居意大利的温州籍商人陈丰为椒园镇洗草坝小学捐款10万元。洗草坝小学是一所农村贫困小学，主要有洗草坝村及石家沟、龙潭溪、石马等周边村的120余名学生就读，由于学校基础设施薄弱，办学条件落后，教师办公及学生学习、生活条件艰苦。一次偶然的机会，陈丰了解到洗草坝小学的现状后，通过朋友找到学校联系方式，借从意大利回国办事之机专程到宣恩，向学校捐赠10万元，用于帮助学校改善办学条件。

(杨朋)

李家河镇

【概况】 清朝时期，有一外地李姓富商来此经商，后又设庄园，有一条小河流经李家庄园，故名李家河。集镇亦因河得名，沿用至今。

改土归流前分置忠建土司和木册土司，雍正十三年(1735)改设忠建里(治所设凤山)、木册里(治所设板栗园)。民国时期为凤山乡、板栗园乡。解放初属沙道区辖。1950年1月，全县划5个区，其中凤山乡属沙道区管辖，板栗园乡属高罗区管辖。1951年3月，沙道区分出凤山乡、高罗区分出板栗园乡，两乡合并组建李家河区，地名区改数字区，李家河区改为第五区，辖上洞坪、司城、板栗园、冉大河、幺店、青龙背、二虎寨、金陵寨，区公所设李家河凤山村。1958年10月，设乐园(李家河)、五星(板栗园)人民公社。1959年1月，乐园和五星公社合并为李家河人民公社。1961年5月，撤李家河人民公社建李家河区，辖上洞坪、司城、板栗园、冉大河、幺店、青龙背、二虎寨、金陵寨8个人民公社。1975年10月，撤李家河区建李家河人民公社(辖二虎寨、幺店、青龙背、金陵寨4个管理区)、板栗园人民公社(辖上洞坪、回龙、司城、板栗园、冉大河5个管理区)。1984年5月,撤李家河、板栗园人民公社,建李家河区,辖李家河、上洞坪、板栗园、冉大河、金陵寨、青龙嘴6个乡(镇)。1995年5月,李家河区划为来凤县代管。1996年12月,撤李家河区建李家河乡,原乡镇改称为管理区。1998年2月,李家河乡划回宣恩县管辖,辖李家河、上洞坪、板栗园、冉大河、金陵寨、青龙嘴6个管理区。2013年11月25日,经省人民政府批准撤销李家河乡,设立李家河镇,以原李家河乡的行政区域为李家河镇的行政区域,镇人民政府驻凤山。

全镇国土面积216.79平方千米,地处北纬29°32′46″-29°47′0″,东经109°17′52″-109°31′16″。年末常用耕地面积3226公顷。全镇辖凤山、二虎寨、老司城、八洲坝、波螺河、塘坊、川大河、车子口、贾家沟、金陵寨、烂泥沟、燕子溪、青龙嘴、麻阳、茅坝、干坝、歪尖坡、汤塆、冉大河、高桥、老师沟、茅坡、箭竹坪、中大塆、板栗园、利福田、司城、头庄坪、楠木园、车道塆、长塆、柏子坳、郭家坡、上洞坪、下洞坪、关洞坪、田幺坪、黄柏园、回龙、冷草沟40个村,352个村民小组,15151户,52420人,其中乡村人口48068人。

李家河镇位于宣恩县最南部,处于两省(湖南、湖北)四县(宣恩、咸丰、来凤、湖南龙山)的交界之地,有“一脚踏两省、鸡鸣闻四县”之说。镇政府驻地为李家河集镇龙虎路279号,归凤山村委会管辖,距宣恩县城80千米。距世界自然遗产风景区张家界90千米。“恩来高速”由东向西穿过李家河镇11个村。李家河镇是“塘坊早”蜜橘和宣恩“贡水白柚”的原产地和主产区。

2014年,全乡经济总收入3.4亿元,公共财政收入547万元,农村人均纯收入5952元。

【党的群众路线教育实践活动】 3月7日,李家河镇召开党的群众路线教育实践活动动员大会,传达学习中央、省、州、县党的群众路线教育实践活动相关会议文件精神,安排部署2014党的群众路线教育实践活动具体实施工作。3月28日起,包括党政班子成员在内的近200名干部组成40个工作组,共走访村40个、机关事业单位25个、企业8家、走访群众233户,召开院落会32次,收集民情民意145条。镇直单位到26个村送技术、物资等,帮助困难群众58户,解决矛盾纠纷8件,召开烟叶、核桃管理等现场培训会10次。制订《李家河镇干部作风纪律“四项规定”》,提出“三个不准”(即不准参与赌博、嫖娼和邪教及封建迷信活动;不准利用公款大吃大喝、挥霍浪费;不准搞小团体主义、拉帮结派、团团伙伙),并严格执行,经济处罚25人次,全镇通报批评5个单位。

【农业农村工作】 开展“万名干部进万村惠万民”活动,结合做好政策宣传、慰问2至5户困难户、奉献一份爱心、帮助村或贫困户制定一个帮扶计划、在沼气池维修、水果冬管、环境整治、公路维修等方面办好3至5件实事、了解村级班子建设运转情况、推进网格化管理创新、征集社情民意等“八项工作”,同时与州县工作组搞好工作对接。全镇共发放宣传手册3000余份,张贴白柚管理宣传画册4000份,“三万”活动村规民约4000份;发放慰问资金2万余元,春节慰问物资大米100袋,食用油100桶;为2000余户制订帮扶计划;发放《社情民意征集表》,收集群众意见和建议800余条;整修公路39千米,新修公路2.8千米;新修水池11口,解决1500余人饮水困难。

坚持区域化布局、规模化种养、标准化管理、市场化经营,推进“果、烟、畜、菜、油茶”五大主导产业发展。以创建全国有机农业示范县契机,围绕“有机果品之镇”建设,按照有机农业标准和全县发展规划,以发展专业村、专业户为主攻方向,坚持发展、管理并重,全面启动贡水白柚示范基地管理各项工作,制订《李家河镇白柚示范基地管理实施方案》,创建青龙嘴、贾家沟、金陵寨、二虎寨、波螺河4个专业示范村(面积33.33公顷以上),创建有机农业示范样板点3个(面积13.33公顷以上),新发展贡水白柚100公顷,改造老橘园66.67公顷。利用春管时机,举办各类科技培训3200人次。2014年全镇种植烟叶面积273.33公顷,烟农烟叶收入850万元,实现烟叶税收156万元。推广“4450”养殖模式,新发展65户“4450”生猪养殖户,制定优惠政策支持发扬养殖专业合作社、洪坤生态养殖有限责任公司两个生猪养殖企业规模化发展；全镇春防率达到100%。发挥城郊区位优势和企业的拉动作用，发展立体种植，引导农民科学套种，引进蔬菜企业，发展订单农业，继续支持西源蔬菜专业合作社发展壮大，湖北绿盟农贸有限公司等在头庄坪、郭家坡、上洞坪等村发展辣椒为主的蔬菜基地133.33公顷。利用取得生产许可证的武陵茶油公司，新发展油茶133.33公顷，落实发展面积58.66公顷。

按照"青瓦白墙、飞檐翘角、木门木窗、栏杆跺脊"的统一风格样式，开展特色民居建设。成立由5人组成的工作专班具体落实，并依据县政府关于特色民居建设的有关规定，制订《李家河镇新建房控制建设管理协议书》《李家河镇农户建设特色民居协议书》《李家河镇特色民居新建房控制建设审批管理办法》等，保证建设进度和质量。全镇2014年建设总任务50户，已开工50户，竣工48户。

全镇共整合资金500万元，在柏子坳村、长塆村、歪尖坡村开展新农村建设，新修公路6.2千米，拓宽公路3千米；新建集办公室、会议室、便民中心、卫生室等为一体的党员群众服务中心一栋；建设文化广场188平方米，并安装一套全民路径建设工程；实施扶贫搬迁30户；发展"4450"养殖模式15户；修建4口蓄水池，解决650余人饮水难问题；连片推广种植核桃106.67公顷；当年受益马铃薯40公顷。

实施歪尖坡整村推进和郭家坡老区建设等扶贫项目。歪尖坡9.3千米通畅工程进展顺利，已硬化4.5千米；党员群众服务中心、文化广场已竣工；新发展核桃产业33.47公顷；扶贫搬迁10户；科技培训210人次；实施"4450"养殖模式10户；新修4口人畜饮水池，解决300群众饮水困难。郭家坡5.5千米道路硬化工程开始动工；党员群众服务中心完成主体；科技培训181人次；发展核桃产业25.33公顷；实施"4450"养殖模式20户；新修1口人畜饮水池，解决100余群众饮水困难。

【项目工作】 集镇新水厂：投资680万元，于2013年8月动工，2014年9月交付使用，解决集镇及周边村3万群众安全饮水。凤山小流域治理工程：投资260万元，2013年5月25日动工，2014年5月21日全部完工。集镇新街一期工程：3.8万平方米公益性服务大楼及商居开发主体，总投资3500万元，2013年11月13日动工，2014年12月1日全部完工。10月，湖北童话礼品有限公司厂房建设完工。仙佛寺核心景区征地完成8.67公顷；投入过亿元的满天星休闲旅游及四方寨观光农业生态园项目完成规划设计。

【人口与计划生育】 2014年考核年度内出生人口670人，符合政策生育率93.56%，政策外多孩率3.38%，两年生育对象长效节育措施落实率57.14%，孕优完成率45.11%，综合节育率76.53%，二孩及以上孕情登记及时率52.77%，性别比102.28，上解社会抚养费43万元，辖区内没有涉及"两非"案件发生。

【平安镇创建】 针对镇内"礼尚往来"传统习俗的恶性演变，由镇纪委牵头，继续开展治理"整酒"风活动，采取明察与暗访相结合的方式，发现一起、处理一起、曝光一起，全年婚丧嫁娶备案151例，劝退违规整酒户102户，劝退参与违规吃酒1258人次。

镇党委、政府将信访综治维稳工作以10分的分值纳入全年对各村的综合目标百分制考评，7分以下的，实行一票否决；对重点信访问题，实行包案负责制，明确包案人。采取多种措施和有效办法对待省州交办的信访积案，各村开展矛盾纠纷排查，加强与信访对象上访和下访的真情互动，全年没有出现群体性上访和恶性上访事件。安全生产上注重抓平时教育管理和突击检查相结合，全年无重大安全事故发生。

【社会事业】 开展多形式的群众文体活动，组织参加"农信杯"篮球赛，参加省州县群众广场舞大赛，6月30日，滚龙连厢在湖北省群众广场舞大赛宣恩赛区获比赛第一名，并将代表宣恩参加全州广场舞大赛。10月19日，滚龙连厢传承人侯安星带领其弟子代表湖北省到北京参加少数民族文艺调演。

发展公共卫生事业，加强公共卫生体系建设，改善医疗条件，提高医疗水平。全面落实"新农合""新农保"等保障性民生工程；做好城镇低保核查、农村低保和农村"五保户"集中供养工作，农保征收完成任务的101%，做好大病救助、残疾人救助和农村低收入家庭住房困难救助。

【李家河镇第一届人民代表大会第一次会议】 2月25日，李家河镇第一届人民代表大会第一次会议召开，大会通过《李家河集镇关于禁止燃放烟花爆竹的规定》，决定从5月1日起，集镇全面禁止燃放烟花爆竹。同日上午11时，举行撤乡建镇揭牌仪式，县委常委、宣传统战部长岳东，副县长周志斌为李家河镇党委、镇政府揭牌。

【领导到李家河镇检查工作】 4月22日，习覃在李家河调研"双轮驱动"战略推进情况。先后到集镇新区、富源农业公司、博诚钢化玻璃厂、童话玩具厂了解情况；岳东在李家河镇郭家坡调研整村推进。

5月3日，曾德权到集镇新街调研城镇化建设推进情况，针对街道较窄的实际，对开发二期提出修改规划建议。

5月4日，州委副书记、州长杨天然到李家河镇调研产业化、城镇化战略实施情况。

6月14日，副州长庞红艳由习覃陪同，到李家河镇指导李家河民族中学甲型副伤寒防控工作，镇党委书记唐刚汇报舆情防控工作开展情况。

7月16日，曾德权、朱瑾、岳东到李家河镇指导党的群众路线教育实践活动。

7月18日，杨安明、李明山、姚元文、唐斌、覃正彪、史红珍及人大视察组到李家河镇，对集镇建设与宣南新城建设进行考察调研。

（邓国君）

高罗乡

【概况】 高罗，史称歌乐、歌罗，清朝时设有塘汛、铺递。元置石溪洞长官司，后改为高罗寨长官司，寻升宣抚司，明玉珍改安抚司，明仍为安抚司，清雍正十三年(1735)改土归流为宣恩县高罗里(治所设高罗)。民国时期为高罗乡、新安乡。

1950年1月，设高罗区，辖高罗乡、新安乡、板栗园乡3个乡，区人民政府驻高罗。1951年3月，全县改地名区为数字区，高罗区为第七区，辖龙潭河、马家寨、下坝、光荣、干溪、龙河、九间店、蜡树园、团结、板寮10个乡。1958年10月，实行人民公社建制，改高歌人民公社。1959年1月，改高罗人民公社。1961年5月，撤高罗人民公社建高罗区，辖龙潭河、马家寨、下坝、光荣、龙河、干溪、蜡树园、团结、板寮、九间店10个人民公社。1975年10月，撤高罗区建高罗公社，辖龙潭河、马家寨、下坝、光荣、龙河、干溪、蜡树园、团结、板寮、九间店10个管理区。1984年5月，撤高罗公社建高罗区，辖高罗、马家寨、麻阳寨、团结、板寮5个乡(镇)。1995年5月，高罗区由来凤县代管。1996年12月，撤高罗区建高罗乡，原乡镇改称为管理区。1998年2月，取消来凤县代管，划宣恩县管辖。

高罗乡是全省文明乡镇，全省特色乡镇，荆楚诗词之乡，是中国贡水白柚之乡。地处宣恩县中南部，地处北纬29°38′13″-30°38′13″，东经109°20′52″-109°36′47″，北毗邻珠山镇、长潭河侗族乡，西北接晓关侗族乡，西及西南与李家河镇接壤，东、南与沙道沟镇相邻，是宣恩县唯一乡界和县界无重叠的乡。距宣恩县城54千米。高罗地处武陵山区，乡域地势平坦，土地肥沃，气候温和，雨量充沛，物产丰富，平均海拔在700米左右，属于亚热带气候，是发展水果的最佳地区。高罗境内物产丰饶，资源丰富，已探明的铅锌矿、硅铁矿、生物大理石、白云石、紫砂陶等矿产多达30余种。高罗民风淳朴，民族文化风情十分浓郁。土家族和苗族人民在这里世代集居、劳作和生活，留下众多的历史文化遗产，素有"苗文化活化石"之称的小茅坡营民俗村，是湖北省唯一一座保存苗族语言的苗族集居村；省级文物保护单位观音堂，可谓土家族天井式建筑的瑰宝。宣恩古八景中高罗有"东关飞瀑""李溪层石"。清水塘曲径通幽，山水如画，五千米长廊上镶嵌着18座石拱桥。高罗是第二次国内战争时期的老苏区，1935年夏建立高罗苏维埃政府。

全乡国土面积287.18平方千米，年末常用耕地2652公顷。辖龙河、苗寨、马料坡、干溪、麻柳塘、盘古庙、腊树园、九间店、埃山、黄家河、熊洞、大坪、光荣桥、七把刀、龙潭河、麻阳寨、下坝、磨子沟、小河、马家寨、清水塘、车道湖、水塘、板寮、倒流水、岩缝溪、向家坪、火烧营、团结、小茅坡营、大茅坡营、漫粘牛32个村，313个村民小组，15127户，45766人，其中乡村人口42110人。

2014年实现农村经济总收入

4.3亿元，比上年增加7300万元，增长20.45%；农村居民人均可支配收入6248元，比上年增加960元，增长8.15%；公共财政收入490万元。烟叶实现收购额313万元、税收68.8万元；新发展白柚200公顷，完成有机果园复查认证103.33公顷；完成招商引资3100万元，新增工业企业4家；人口自然增长率控制在4.7‰，符合政策生育率为94.8%；安全生产重点监管行业"零事故""零死亡"，社会平安和谐。

【特色产业】 发展白柚产业，重点建设209国道贡水白柚产业带，进行白柚区域连片开发、无缝隙建园，初步形成百里贡水白柚经济走廊；组建白柚产业专班，完成新造园200公顷，全乡白柚面积达到2800公顷，其中挂果面积1666.67公顷，产量3.1万吨，柚农收入1.5亿元；通过有机白柚认证103.33公顷，全乡有机白柚面积达到156.67公顷；9月1日启动以贡水白柚为主的集收储、交易、批发、转运为一体的营销市场建设；培植1家"521"示范合作社（正兴白柚专业合作社），新增1家年产值2000万元以上的白柚深加工企业（湖北亦禾生态农业有限公司）；11月24日举办第二届白柚"采摘节"，与6家客商签约3.8亿元的白柚销售合同。

全乡烟叶种植分布在9个村42个种烟小组，89户烟农种植烟叶86.33公顷，共收购烟叶130.22吨，均价24.02元/千克，烟农收入达到313万元，实现税收68.8万元。

全乡生猪出栏7.44万头，大牲畜出栏1823头，羊出栏4531只，家禽出笼15.31万羽，实现肉产量6571.6吨，禽蛋产量422.5吨。新发展"4450"生猪模式养殖户69户，累计培植358户。全乡有板寮村、倒流水村、熊洞村、火烧营村、麻阳寨村等5个畜牧养殖专业合作社。新建年出栏万头生猪的大村1个（下坝村），新培植年出栏3000头的生猪养殖小区3个（板寮、龙河、熊洞），新建生猪养殖专业合作社3个（熊洞向忠阳生猪养殖专业合作社、绿康源生态养殖专业合作社、板寮生猪养殖专业合作社）。

在麻阳寨创建水稻机耕机插机收示范区66.67公顷；组建6台插秧机、4台耕整机的机耕服务队，为全乡粮油生产提供服务；与湖北土家爱食品开发有限公司合作，在水塘、马家寨、向家坪等村建立黄豆生产基地33.33公顷；全乡发展科技示范户140户，其中果业90户，水稻20户，苞谷20户，特产10户。全年推广各种新机具525台/套，完成农技、农机技术咨询1250人/次，农民农机具购置补贴25万元。

【工业发展】 2014年完成招商引资任务3100万元，完成率达140.8%。签约落地招商引资项目3个，合同金额2亿元。新增工业企业4家（宣恩县瑾丰纸业有限公司、宣恩县凯盛矿业有限公司、宣恩县裕航花木有限公司、宣恩县长飞现代农业发展有限公司），其中宣恩长飞现代农业发展有限公司为500万元以上规模企业。成功申报零售品销售"三上"企业1家（高乐福商贸有限公司）。新发展个体工商户109户，换照289户，验照496户，全乡个体工商户累计达621户。

【集镇建设】 投入15万元，新购置一批垃圾桶和1台垃圾清运车，确保集镇垃圾及时清运归总。投入2万元，为集镇街道管理人员与街道清扫人员添置服装。投入8万元，突击性清理河道垃圾；投入20万元，用于日常的河道管理。投入25万元，将高罗集镇日常垃圾清运工作承包给宣恩四方造林公司。投资150万元，对集镇1.9千米街道路面、排水沟进行整修，预埋弱电入地管网，年末整个工程量已完成60%；投资38万元，置换1.2千米主街道的LED路灯，已完成灯座、线管安装等基础性工作。投资近50万元，铺设安装1.2千米主街道的青石板人行路，完成招投标等前期工作。投资近30万元，对集镇的叉街小巷进行整修。从2013年底，相继投入150万元对叉街小巷的排水沟、路面进行整修以及黑色化，工程已全面完成。2月至5月，完成高罗邮政支局背后1.33公顷土地的实物调查、协议签订和补偿兑现。5至12月，完成周家堡5.33公顷的实物锁定，110户有99户签订协议。8至12月，完成王家湾1.33公顷的实物锁定工作。

固定资产投资1000万元以上的项目（集镇商居楼），已完成前期实物锁定工作；6月开工建设白柚和农产品批发市场，7月完成宣恩二中至周家堡一线土地征收工作。

初步完成菜园子至董家湾公路桥工程建设。

全年对集镇开展28次集中整治，查处违章车辆102台次，处理摊点占道经营123人次，取缔小摊车流动经营行为，查处建筑材料、建筑垃圾占道6处，查处违规建设、乱搭乱建2起，拆除违章建筑面积100平方米，共查处违法建设5起，强制拆除1处。

【特色民居建设】 2014年特色民居动工282户，完工282户。其中新建135户，砖改19户，木质改建128户，木质新建1户。完成谭家坝片区（沙刀湾至黄家河）特色民居改造工作，启动水岸苗家黄家河一期建设。

【特色旅游】 按照“建设中心村、培植特色村、保护历史文化村”的工作思路，建设“美丽苗乡·特色高罗”，努力把谭家坝建成“水岸苗乡体验休闲区”。3月，与今大集团就板寮村整体开发达成初步意向；4月，与四季春旅游开发公司就埃山生态农庄签订意向性协议；10月，与天赐公司就麻阳寨观光农业项目签订土地租赁协议。

【社会管理】 把平安建设、社会管理创新纳入全乡经济社会发展的总体布局，与经济发展、党的建设同步安排部署、同步督促检查、同步考核验收。全年研究平安建设工作8次，召开大型会议4次，先后检查平安创建工作11次，解决重点问题11个；落实月、季度检查检查督导制度，先后开展22次检查督导。

按照制度化、规范化、标准化的要求，进一步加强乡、村综治工作中心建设。先后投入10多万元，添置巡防器材、统一制作相关宣传栏，实现综治工作的规范化建设。强化32个行政村的综治工作站建设，各村有一办（综治工作办公室）、一站（网格管理工作站）、一队（治安义务巡逻队）、一会（和事佬协会）。健全调解网络，全乡共有33个调委会，323个调解小组，纠纷信息员485人，法律明白人1万余人。全年接待群众来信来访45起，其中来信4件，办结4件；来访41件，答复41件；县交办件4件，办结4件，办结答复率100%；成功化解2件信访积案；排查调处矛盾纠纷63件，其中土地纠纷45件，婚姻家庭纠纷12件，根据受害人或受害人家属的申请调解人身伤害赔偿纠纷2件，其他纠纷4件，成功调解61件，调解成功率96%，无一例因矛盾纠纷未调解而引发刑事案件。

【卫生与计划生育】 6月28日，“四化”乡镇卫生院创建工作通过州验收。全年举办各类知识讲座和健康咨询活动6次，发放各类宣传材料4000余份，办宣传栏5期，改造村卫生室2个（小河村、九间店村）。

考核年度出生492人，其中男孩247人，女孩245人，性别比100.8，出生人口符合政策生育率为94.8%，长效节育措施落实率为75.6%，孕优项目参验率为88%，征收社会抚养费25万元。新创建生育文明示范村2个（板寮村、埃山村），板寮村和埃山村分别建2个人口文化大院，评选出生育文明发展标兵户23户，好婆婆10户、好媳妇10户、好妯娌10户、好女婿10户、示范户150户。

【安全生产】 3月1日，调整安全生产领导小组，由乡党委书记曾伟任组长，其他班子成员任副组长，下设安全生产办公室，明确相关职能单位责任，乡政府按期对职能部门督查，职能部门对其辖管企业、生产经营单位进行安全检查，各生企业、生产经营单位自查。聘用村级安全协管员，发挥村级安全协管员作用。开展全面治理活动，查处治理交通安全隐患220次，整改各类重点安全隐患40处，登记三轮以上机动车398辆，并对辖区内8家烟花爆竹企业进行安全经营标准规范化建设。

【党风廉政建设】 乡党委成立以曾伟为组长，其他班子成员为副组长的党风廉政建设领导小组，落实党风廉政建设主体责任。实行“一岗双责”责任制，与各单位主要负责人签订《党风廉政建设责任状》，机关党员签订《廉政承诺书》。制定党风廉政建设责任制实施方案，明确责任主体和班子成员责任分工，对责任内容进行细化，各分管领导分别划定党风廉政建设责任区，实行分管领导负责制。同时组建工作专班，配备1名专职纪检人员具体负责党风廉政建设日常工作。制定学习教育计划并认真落实，全年共组织集中学习12次，制订《高罗乡纪检工作要点》，明确工作的重点和工作安排，布置党风廉政建设宣传教育、监督检查、责任

长潭河乡两溪河村

第三批中国传统村落

晓关乡野椒园村

2014年7月1日，检察长李美福讲“三严三实”党课

2014年6月17日，湖北民族学院法学院副教授司马俊莲到宣恩县检察院讲座

宣恩县人民检察院

2014年7月9日，县人大常委会到县检察院驻所检察室视察《刑事诉讼法》实施情况

2014年4月14日，县检察院党组成员、反渎局局长黄正华为县工商局干部职工授课

2014年11月7日，县检察院公诉科干警到县中等职业技术学校进行法制宣传

2014年6月19日，县检察院党员义工服务队到椿木营乡干竹坪村整修公路

2014年2月26日，宣恩县检察院召开党的群众路线教育实践活动动员大会

2014年3月24日，李美福到万寨乡板场村调研党的群众路线教育实践活动

2014年3月25日，检察巡回服务组走进农家大院开展“普法大讲堂”

2014年5月8日，县检察院为万寨乡白果坝村扶贫户送肥料

2014年7月13日，宣恩县检察院公诉科长、专职委员刘菊萍为人民监督员开展新刑诉法培训

2014年11月13日，宣恩县检察院开展“百案监督”案件评查活动

宣恩县人民检察院成立于1956年2月，1978年8月恢复重建，驻珠山镇建设路白鹤巷。2005年1月迁至珠山镇兴隆大道128号办公。2014年底全院有在编政法干警48人，内设机构14个。

2014年，宣恩县检察院坚持高起点定位，高标准谋划，高效率推进，认真落实各项工作部署，奋力争先，在履行检察职能，开展党的群众路线教育实践活动、“正风肃纪争做好干警”活动，落实党风廉政建设等方面取得了一定成效。连续4年被省委、省政府命名为省级文明单位，2014年，县检察院被省委政法委表彰“正风肃纪，争做好干警”活动先进单位，被恩施州检察院表彰为全州先进检察院，被中共宣恩县委表彰为“党风廉政建设先进单位”，反贪局被授予恩施州检察机关集体三等功，有2名同志被授予恩施州检察机关个人三等功。在2014年恩施州人民检察院对县市院考核评价中获第一名，在全县综合目标考核中，位列一类单位。

大队长向守成（左）、教导员成祖红（右）

宣恩县公安局交通警察大队

2014年2月8日，县长习覃（左一）、副县长向子明（左二）到雪落寨检查春运值班备勤情况

“酒驾”检查

2014年5月10日，在当阳坪开展校车安全教育培训

2014年7月7日，给乡镇派出所发放农村危险道路交通警示牌

2014年11月4日，州公安交管局政委杨立勇（左二）查看业务技术用房建设情况

2014年11月19日，教导员成祖红（左二）带队到县实验小学看望帮扶学生

2014年8月26日，成祖红在全县中小学、幼儿园安全卫生大会上讲交通安全课

巡逻执法

2014年宣恩县公安局交通警察大队有正式民警21名，协警29名，中共党员19名。内设3个科室，2个直属中队。

被湖北省公安交通管理局评为“2014年交通管理工作先进大队”。

宣恩县供电公司领导班子（左起：崔安明、文丕锋、潘宗俊、郑传斌、朱华章、韩仕富）

国家电网公司
STATE GRID
CORPORATION OF CHINA

国网宣恩县供电公司

2014年2月13日，供电公司员工在椿木营开展“抗冰保电”行动

2014年3月17日，公司召开党的群众路线教育实践活动工作会议

2014年4月3日，公司党委书记潘宗俊回访困难学生李智慧家庭情况

2014年6月27日，公司举行“强化红线意识，促进安全发展”演讲比赛

2014年8月1日，供电员工在35千伏长茅岭变电站实施变电站改造，解决主网供电卡口问题

2014年8月11日，低电压台区改造受益者珠山镇猫儿堡村一组村民杨再红送锦旗谢真情

调控员调度电网运行

调控中心值班室

2014年3月15日，电网改造助力莲花坝公租房建设

宣恩县妇幼保健计划生育服务中心

2014年12月25日，院长黄腾（右一）带三万活动组到沙道沟镇红石村勘查村级公路

2014年5月10日，规范洗手操作比赛

2014年8月15日，州卫计委副主任冯国慧（前排中）到宣恩指导妇幼健康工作

2014年6月30日，宣恩县妇幼保健计划生育服务中心成立大会

2014年3月15日，召开全县妇幼健康服务管理工作会议

2014年5月20日，母乳喂养日培训

参加社区共建清扫活动

开展送知识、送健康、送温暖义诊活动

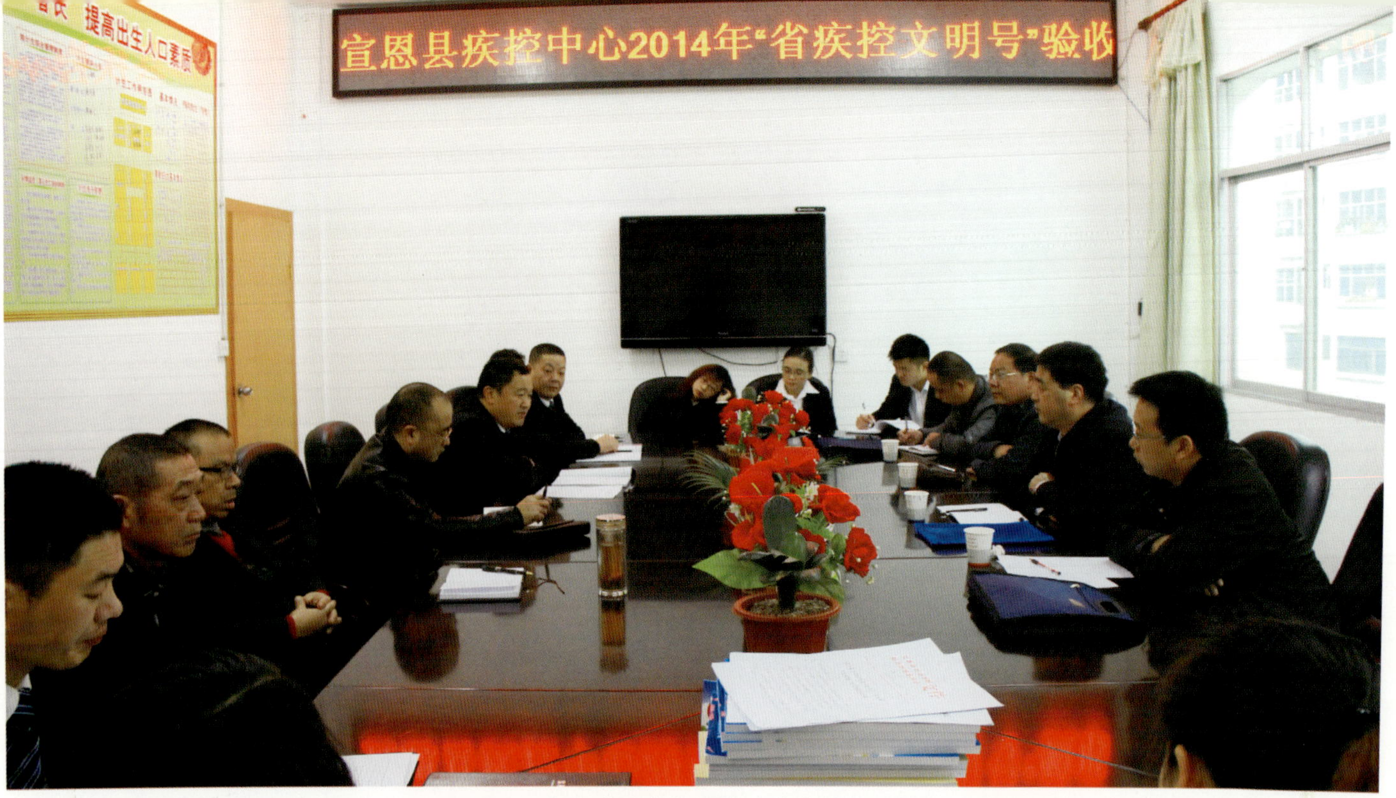

2014年11月15日，省卫计委专家验收“省疾控文明号”创建工作

宣恩县疾病预防控制中心

2014年7月2日，州卫计委、疾控中心及县领导检查指导疾控工作

2014年6月12日，在李家河镇中学现场处置甲型副伤寒疫情

2014年9月23日，在沙道沟镇村卫生室督导检查基本公共卫生服务疾控项目工作

2014年4月29日，为结核病患者捐赠营养奶粉

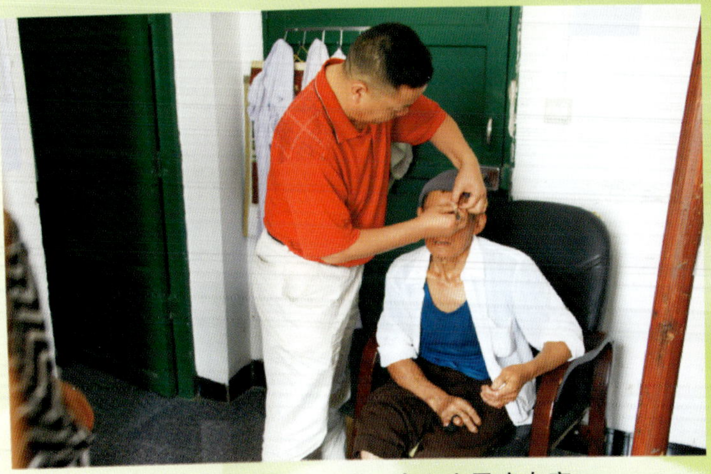

2014年8月21日，中心麻风病专家
黄泽康在沙道沟镇诊疗麻风病

2014年2月25日，中心检验人员在县直
机关幼儿园进行疫情监测采样

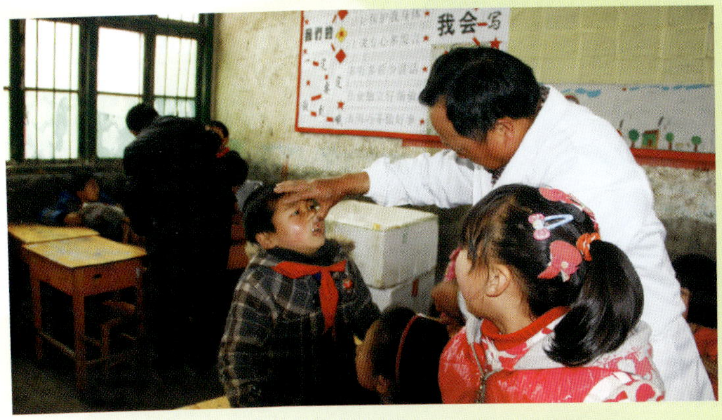

2014年3月18日，在椿木营乡开展地氟病调查

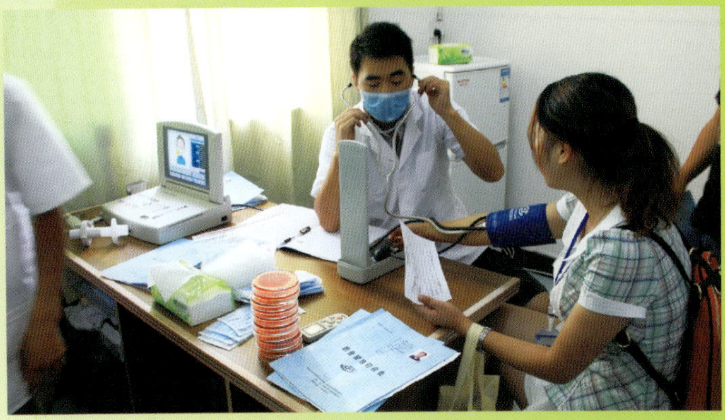

职业病健康体检现场

2014年4月23日，在县城河滨广场开展
“全国预防接种日”主题宣传活动

2014年12月24日，开展单位内部绩效考核工作

宣恩县疾病预防控制中心前身为宣恩县卫生防疫站。1953年县卫生院设立卫生防疫股，1960年将卫生防疫股改为县卫生防疫站。1985年3月，县妇幼保健所、县卫生防疫站合并为“宣恩县卫生防疫保健中心”。1991年夏机构调整改为“宣恩县卫生防疫站”并迁址宣恩县珠山镇民族路56号（后更为37号）。2005年10月，根据宣编发【2005】33号文件批准，组建宣恩县疾病预防控制中心和宣恩县卫生监督局。2011年2月，宣编发【2011】6号文件批准，原恩施州宣恩县皮防院正式并入县疾控中心，属财政全额拨款的副科级卫生事业单位。

2014年6月12日，省委副秘书长、省烟办主任章兴国（前排左二）在省烟草公司副总经理黄树立（前排左三）的陪同下到椒园检查全省现代烟草农业暨烟区新农村建设现场会筹备工作

2014年4月27日，省烟草专卖局（公司）局长（总经理）赵全意（左二）在椒园查看土地整理项目

2014年6月16日，副州长庞红艳（后排中）调研宣恩县烟叶生产工作

2014年8月18日，县长习覃（左二）在晓关乡古路槽调研全县烟叶生产工作

宣恩县烟叶分公司

晓关古路槽烟田整理项目

党组书记、经理
陈培华

党组成员、副经理
孟建刚

党组成员、副经理
田煜利

党组成员、副经理
李占杰

党组成员、副经理
王兴斌

2014年10月13日，州烟草专卖局（公司）局长（经理）谭志平（中）在晓关基地单元调研宣恩烟叶收购工作

2014年8月26日，全省现代烟草农业暨烟区新农村建设现场会在晓关召开

宣恩县烟草公司成立于1984年4月，与宣恩县烟草专卖局合署办公，实行两块牌子一套班子。2004年2月25日，烟叶、卷烟机构分设，各自成为自主经营、自负盈亏的独立法人实体。2005年1月18日被取消法人资格，更名为恩施州烟草公司宣恩烟叶产销经营部，2007年4月9日更名为恩施州烟草公司宣恩县烟叶分公司。内设7个科（室），下辖4个基地单元，共27个收购组。2014年末有在岗员工208人。

宣恩烟叶以“桔黄色浓、香气质佳、配伍性强、可用性好”在国内一直享有盛誉，深受国内重点卷烟企业的青睐。2006年，宣恩被湖北中烟确定为全省唯一的全等级调拨基地县。全县常年种植烟叶6万余亩、收购烟叶15万担左右，年综合纳税6500万元以上，烟农现金收入1.8亿元以上，烟叶已成为全县财政收入和经济建设的支柱产业。2005年以来，累计投入资金近2.28亿元，用于烟水、烟路、烟田、烤房、育苗大棚等基础设施建设，极大地改善了烟区生产生活条件。公司先后获得“省级文明单位”“全省烟叶标准化生产先进单位”“全州烟叶生产收购工作先进单位”“全州烟叶生产基础设施建设先进单位”等多项荣誉，连续多年被县委、县政府授予“突出贡献企业”“纳税大户”等荣誉称号。

珠山镇铁厂坡千亩烟叶基地

2014年10月21日，恩施农商行董事长张泽武（右一）
检查信贷支农、支小工作

宣恩农村商业银行党委书记、
董事长 杨万元

宣恩农村商业银行
Xuan en Rural Commercial Bank

2014年12月20日，宣恩农商行工会在全行评选“平安家庭”

2014年12月25日，宣恩农商行“三万”工作队慰问驻点困难户

2014年10月5日，宣恩农商行基层支行客户经理，进村入户了解百姓金融服务需求

2014年2月27日，电子银行部到庆阳坝村指导“卡乐付”村村通便民点服务工作

2014年9月8日，宣恩农商行到宣恩县第二中学开展“双节谢师恩，金融服务进校园”活动

2014年5月17日，员工参加恩施村镇银行总行组织的清水走廊徒步活动

恩施村镇银行宣恩支行小额贷款中心全体成员

ECCB 恩施村镇银行
ENSHICHUNZHEN YINHANG XUANEN ZHIHANG
宣恩支行

宣恩支行支持发展的企业——湖北兴龙工具有限公司

行长 田远泽

行长助理 马琨

2014年8月21日，恩施州委常委、副州长马尚云（中）到恩施村镇银行调研

反假币宣传

志愿者服务站

2014年4月24日，宣恩支行组织行内员工演讲比赛

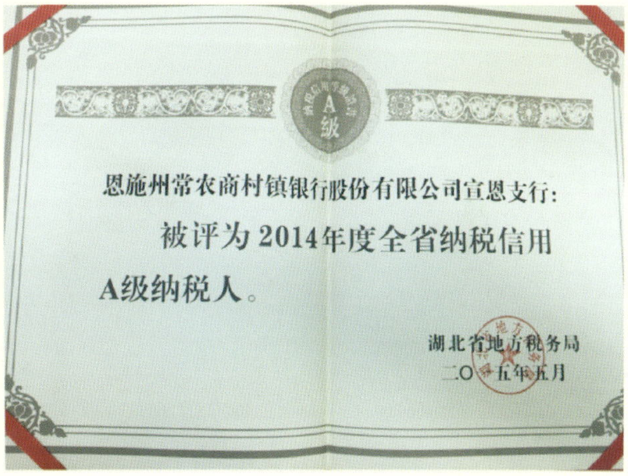

恩施村镇银行宣恩支行以发展地方经济为己任，坚持服务中小企业、服务“三农”市场定位，有效推进各项业务平稳健康发展。得到县委、县政府的一致好评，在全州村镇银行综合评比中位于前列。截至2014年末，恩施村镇银行宣恩支行各项存款余额达15012万元，比年初增长2491万元；各项贷款余额达10926万元，比年初增长4706万元，全年累计放贷款10300万元，其中累放中小企业贷款3620万元，累放涉农贷款5400万元，存贷比72.7%，全年实现各项收入1154万元，保持不良贷款率为0。

学校领导班子（左起：李 顺 谭德浩 易继勇 吴 渊）

宣恩县中等职业技术学校

2014年12月9日，县长习覃（中）在职校调研时参与旅游专业实训课互动

2014年10月24日，县政协主席张频（右一）到职校调研

2014年4月18日，全州职教研讨会暨数学德育课展评活动在宣恩举行，谭家宏（右一）获三等奖，刘远平（左四）获一等奖

党员集中学习

电子电工学生实训操作

计算机专业上实训课

旅游与酒店管理专业实训课堂

旅游专业学生礼仪训练课

农业专业学生技能操作考试现场

农业专业学生在伍家台茶厂见习

宣恩县中等职业技术学校自2013年5月中旬由铁厂坡整体搬迁至珠山镇三河沟以后，相继获得“湖北省重点中等职业技术学校”“湖北省示范中等职业技术学校”称号。学校占地面积8.67万平方米，校舍面积2.1万平方米（含公租房）；绿化面积3.18万平方米，现有在编教职工72人，外聘教师3人，其中专任教师68人，高级教师15人，“双师型”教师20人。在籍中职学生1204人，26个教学班；电大本、专科学员473人。开设有计算机应用技术、电子电器应用与维修、旅游服务与管理、现代农艺技术、会计、物流管理与服务、社会文化艺术、安防技术等8个专业。建有各类实训室26个。计算机总量达480余台，图书藏量达10万余册，学校秉持“文明治校、雅静育人”的办学理念，践行“外树形象、内强素质”的办学宗旨，以“培养高素质的劳动者、培养高素质的管理者和培养高素质的创业者”为办学目标，以“厚德、重技、励志、尚美”为校训，以“文明、创新，诚信，纪律和谐”为校风，遵循“成人、成才、成功”的办学思路。竭力打造中职人才培养立交桥，实行升学和就业两条腿走路战略。一手抓技能高考，为高职院校培养合格新生；一手抓学生综合职业能力的提升，为社会培养高素质建设者。2014年对口高考上线率达24.5%，学生专业对口就业率达96%。

滚龙连厢

三棒鼓

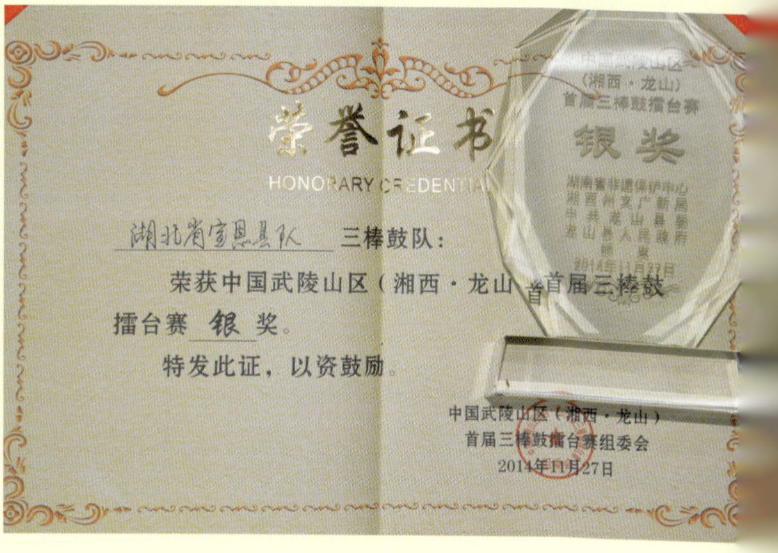

荣誉证书

HONORARY CREDENTIAL

湖北省宣恩县队 三棒鼓队：

荣获中国武陵山区（湘西·龙山）首届三棒鼓擂台赛 银 奖。

特发此证，以资鼓励。

中国武陵山区（湘西·龙山）

首届三棒鼓擂台赛组委会

2014年11月27日

制定、自我查处、自身建设等各方面的工作目标。

2014年共接待信访群众30余人次，化解信访案件12起，对重大信访事件，坚持一把手阅批制，实行一个领导带一个专班，制定一套措施解决一个疑难信访案件，确保社会稳定，分管领导具体督办信访案件，确保件件有方案，件件有回音，件件有结论。

【民生工程】 2014年度，共发放惠农补贴560.56万元。其中，粮食直补24.65万元，农资综合补贴265.15万元，油菜补贴2.48万元，退耕还林补贴167.57万元，公益林补偿基金100.71万元。

启动各类扶贫项目建设54个，扶贫资金投入295万元。配套新建沼气池230口，安装太阳能100台、生物质半汽化炉100台；修建村级公路7千米，硬化公路13千米；解决800人安全饮水，实施土地整理33.33公顷，低丘岗改造53.33公顷，茶叶造园66.67公顷。对全乡2859户(口)沼气池进行全面检查，完成维修32口，排除隐患10余处，实现沼气使用零事故；启动"三改户"提档升级28户。

全乡44000人参加新型农村合作医疗，参合率达95.17%，农民个人筹集新农合基金240.468万元；9万余人次享受农村合作医疗补助1000万元。

组织830人参加县就业局举办的工业园区企业用工招聘会，124人达成用工协议。组织劳动力转移输出1832人，缓解本地劳动力就业和企业用工的压力；征收城乡居民养老保险费127.8万元，缴费人数11920人。

全乡完成植树造林133.33公顷，补植树苗25万株，封山育林666.67公顷，退耕还林后续产业建设173.33公顷；加大森林防火工作力度，出动宣传车20余台次，张贴宣传资料1000余份，签订森林防火责任状50余份；清理整顿木材加工厂4家，处理涉林案件4起，解决林权纠纷12起，补办林权证30余份，审批林木采伐证500余份，森林管护率达100%。

【党的基层组织建设】 3至9月开展党的群众路线教育实践活动。着力解决理想信念、"四风"、与民争利、五个"管理不规范"、服务群众"最后一公里问题"等五个问题。全乡共召开相关会议132场次，设立宣传专栏40个，张贴宣传资料350余份，邮寄学习资料289份，编发活动简报9期，向上报送信息、简报65篇，(其中县简报采用2期，宣恩网采用信息21条，宣恩电视台新闻2条)组织群众文艺宣传队6支，开展巡回宣传120余场次，通过快板、小品、三句半等群众喜闻乐见的形式进行宣传，受教育的党员干部和群众超过2.3万人次。

巩固和扩大"百村示范工程"成果，以209国省沿线村为重点，创建基层党建示范点。6月，火烧营村党员群众服务中心投入使用；8月，干溪村党员群众服务中心完工；10月，水塘村党员群众服务中心动工建设。

推行干部"岗位在村、重在服务、责在联心"工作机制。开展"三关爱六服务"活动，关爱老党员、困难群众和留守家庭。全年开展党员义工服务活动38次。加强村级领导班子建设，32个村全部完成"两委"换届选举工作。全乡共选配德才兼备村支两委干部198人，其中两委班子成员中，女性63名，占31.8%，中专以上文化程度的74名，占37.4%。主职干部平均年龄44岁，其中女性12人，占37.5%。21个村有28名村医村、兽医、电工、法律工作者进两委班子，占65.6%。"一肩挑"32人，实现了100%全覆盖。

11月22日，成功举办第二届贡水白柚采摘节和第六届南三乡镇文艺汇演。全年在《湖北日报》刊登新闻1条，《恩施日报》60条，《恩施新闻联播》头条2条、栏目4期，《宣恩网》150条，宣恩电视台130条。

【各级领导考察调研】 3月5日，州人大常委会常务副主任瞿赫之到高罗乡水塘村白柚基地、埃山村检查指导工作，杨安明、李明山、周志斌参加；13日，省民宗委副主任邓汉光到高罗乡板寮村调研；17日至18日，范涌就党的群众教育实践活动到高罗乡调研。

4月12日，州委副书记、常务副州长董永祥，州政府副州长张宇由曾德权陪同到高罗乡板寮村调研；22日，恩施州委常委乔俊杰、州政府办主任孙涛一行到高罗乡板寮村调研整村推进工作，李海涛陪同。

5月6日，王冕到高罗调研教育教学工作；29日，张频、王仕高陪同省政协调研组到高罗乡谭家坝考察新农村建设。

6月8日，朱鹏程、周志斌等陪同省委财经办（农办）正处级调研员陈君毅，荆门市委农办副主任翁德政，仙桃市委农办副科长郑柯到高罗乡检查三农发展考评指标数据；15日，张频陪同省政协副主席刘善桥，省政协副秘书长黄立国，省政协常委、社会和法制委员会主任尚武，省民政厅副厅长杨昌斌到高罗乡板寮村、埃山村视察农村社区建设工作；27日，向建强陪同州农业局副局长田代华，州水利水产局农村水利科科长陶辉，州档案局教育法规科科长冯梅，州人行货币信贷管理科副科长朱峰到高罗乡板寮村调研。

7月9日，州老促会会长张泽州、秘书长傅瑞满、办公室李应全在县老促会会长唐松林的陪同下到高罗乡水塘村调研2014年度思源工程项目。

8月7日，州委常委、组织部长周静一行到高罗乡板寮村调研生态文明建设情况。

11月11日，州委书记、州人大常委会主任王海涛，州委副书记、州长杨天然，州委副书记、常务副州长董永祥，州人大常委会副主任涂元玲，州人民政府副州长庞红艳，州政协副主席刘志兵陪同省政府副秘书长李元江，省卫生计生委主任杨云彦，省政府办公厅秘书一处调研员王赤红，省审计厅派出教科卫审计处副处长姚倩（女），省人社厅（公务员局）综合处副调研员高利（女），省工商局注册分局副局长毛平，团省委宣传部副部长谢明敏（女），省卫生计生委科教处处长林俊杰，省卫生计生委体制改革处副处长龚海涛一行在到高罗乡考察人口与计划生育相关工作。

12月17日，岳东陪同省文明办第四届全国文明村镇、文明单位检查组在一行到高罗乡，对文明乡镇创建工作开展情况进行检查考核。

【百家宴】 1月26日，高罗乡板寮村民在板寮老街社区举行百家宴。板寮村为全国“美丽乡村”创建试点乡村、湖北省“宜居村庄”。为充分展示新农村建设成果、增进邻里情谊、树立良好的文明新风，按照“节俭、喜庆、安全、和谐”的原则，自2012年春节开始，板寮村每年举办“百家宴·迎新年”活动。下午3时，百家宴在进行舞龙表演、书法展览等活动后正式开始，100余户村民将各自事先在家精心准备好的炖猪蹄、红烧肉、清蒸鱼等200多道各式火锅、特色菜等端至临时搭建的长条桌上。800余名村民欢聚一堂，一边共享美味佳肴，一边亲切交流聊天，尽情体味温馨的邻里情谊，共迎新年到来。

【第二届贡水白柚采摘节】 11月22日，宣恩县第二届贡水白柚采摘节在高罗乡九间店村贡水白柚示范基地举行，当地村民和游客游柚园、采柚果、品白柚。11个参赛队参加摘白柚、剥柚皮、吃柚子三个环节的比赛，九间店村代表队获第二届贡水白柚采摘节趣味比赛总分第一名。签约仪式上，23家企业与正兴、亦禾等白柚专业合作社、加工企业，现场签订产销合同，金额达3.8亿元。采摘节受到凤凰网、湖北日报、湖北电视台垄上频道等10家媒体关注。岳东、覃正彪、史红珍、向建强、周志斌、钟昌泽、陈浩、曾凡忠及州农业局果品办相关负责人出席签约仪式。

（王勇）

晓关侗族乡

【概况】 晓关，古称筱关，原名小关，清同治版《宣恩县志》载，因有小关山得名。清朝乾隆年间，为石虎里治所，设有关隘、集场。抗日战争时期，湖北省国民政府由武汉迁至施南（恩施），改称晓关，取光明吉祥之意。

改土归流前属施南土司，改土归流建县后属宣恩县石虎里。民国为晓关乡和西坪乡。1950年1月，设晓关区，辖晓关乡、卧西坪乡，区公所驻黄河村。1951年3月，全县地名区改数字区，晓关为第六区，辖晓关、高桥、坪地、张官、草坝、猫山、倒洞塘、覃家坪、桐子营、八台、卧西坪、大山坪。1958年10月，实行人民公社建制，成立东风（晓关）、钢火（大山坪）人民公社。1968年3月，成立晓关区革命委员会。1975年10月，撤区并社，建晓关公社（辖晓关、高桥、坪地、张官、草坝、猫山6个管理区）和桐子营公社（辖倒洞塘、覃家坪、桐子营、八台、卧西坪、大山坪6个管理区）。1984年5月，撤晓关、桐子营公社，建晓关区，辖晓关、草坝、猫山、张官、大岩坝、坪地、高桥、桐子营、倒洞塘、覃家坪、八台、大山坪、西坪13个乡（镇）。1986年7月，设立晓关、猫山、张官、桐子营、八台5个侗族乡(镇)。1987年6月,撤销大岩坝、坪地、高桥3个乡,并入晓关侗族镇;撤销倒洞塘乡,并入桐子营乡。1995年10月,晓关区分为晓关区和桐子营区,晓关区下辖晓关侗族镇、张官侗族乡、猫山侗族乡;桐子营区下辖桐子营侗族乡、覃家坪乡、西坪乡、八台侗族乡、大山坪乡。1996年11月,撤销晓关区、桐子营区,建立晓关侗族乡、桐子营侗族乡,原乡镇改称管理区。2001年3月,撤销桐子营侗族乡,并入晓关侗族乡。至此,晓关侗族乡下辖晓关、张官、猫山、桐子营、覃家坪、西坪、八台、大山坪8个片区工作队。

晓关侗族乡位于宣恩县西南部,地处北纬29°45′07″-29°58′21″,东经109°10′50″-109°30′29″。是湖北省12个少数民族乡镇之一,也是全州3个侗族乡镇之一。东邻珠山镇,南与咸丰县高乐山镇、宣恩县高罗乡、李家河镇交界,西与恩施市盛家坝乡毗邻,北连宣恩县椒园镇。乡政府驻地为晓关集镇,位于晓关侗族乡黄河村55号,距县城29千米。

全乡国土面积421.38平方千米,其中林地2.6万公顷,森林覆盖率为64.7%;年末常用耕地4206公顷。辖黄河、岩狮、古路槽、大岩坝、宋家沟、蚂蚁洞、野椒园、高桥、坪地坝、白沙溪、张官、黄草坝、猫山、牛场、草坝、小溪、覃家坪、马泥光、茅坡田、山尖坳、七将营、沙水田、大咸、八台、匠科、桐子营、中村坝、干家坝、桥塘、长坳、倒洞塘、堰塘坪、卧西坪、铜锣坪、杉木岭、骡马洞、大山坪、尖山坪、姚家坪、小高锣40个村民委员会,441个村民小组,15731户,43062人,其中常住人口34272人;侗族人口约占75%。

2014年全乡农业总产值达到4.67亿元,同比增加6500万元,增长16.17%;农村常住居民人均可支配收入6607元,同比增加968元,增长17.16%。公共财政收入905万元。

【支柱产业】 2014年全乡有23个村,种植烟叶1246.67公顷,收购烟叶2500吨,实现烟叶收入3183.53万元,税收700万元。

到2014年全乡有植茶叶2866.67公顷,完成有机茶创建200.65公顷,实现茶叶收入1.5亿元以上。

全年出栏生猪6.33万头,发展"4450"模式养殖户86户。

【工业经济】 2014年,新增注册资金500万元以上的工业企业2家(宣恩县乔森套装门有限公司、宣恩县茗华茶业有限责任公司),新增注册资金150万元的企业1家(宣恩县凯欣茶业有限责任公司),建成"521"农民专业合作社示范社1家(宣恩县欣馨有机茶业专业合作社)。

招商引资到位资金3048万元。12月宣恩县硒浪饮品有限公司与晓关侗族乡政府签订正式协议。加大商贸和重点服务业企业发展工作,完成重点服务业企业1家(宣恩县晓关基地单元现代烟草专业合作社)。德合商贸有限公司完成33.33公顷枇杷基地建设,开展加工厂房建设的前期工作。

【旅游开发】 根据全县的旅游布局,以高速公路和232省道为主线,结合特色观光农业,大力发展侗乡特色民居(古寨)、休闲垂钓、侗乡美食园为主要内容的乡村旅游。2014年完成野椒园张家寨的保护维修工作,开展野椒园古侗寨民俗旅游度假区总体规划和详细规划编制工作,且通过了评审。

【基础设施建设】 6月初,完成集镇规划修编的外围作业和规划初稿;9月初,农村综合市场开工建设;10月15日,启动特色一条街建设;10月底,侗乡便民综合服务中心完成主体工程,进入内部装修施工阶段;12月初,干部公租房全面竣工。利用232省道大修机遇,实施晓关集镇管网改造、弱电入地、步行道建设和集镇亮化改造工程;侗乡(人福)民族文化活动中心完成40%工程量。在加快建设的同时,加强集镇管理,全年晓关、桐子营两个集镇管理经费投入超过40万元,人员配备和设备配备到位,集镇基本实现"扫干净、摆整齐、保畅通"的目标。

8月,232省道大修全面完工;倒洞塘至古路槽6.2千米产业循环路建设完成;西坪至下坝通乡油路建设完成。9月,黄草坝、大岩坝等组级道路硬化;高速公路施工便道复建工程全面启动,晓张线、堰桐线、桐覃线、小将线复建基本完成,其余便道复建工程已进入招投标程序。12月初,草坝、黄河等农村公路硬化工程启动实施;截至12月,七将营、蚂蚁洞、桥塘、坪地坝4条23千米通畅公路硬化工程完工;维修村级主干道35千米;利用“一事一议”硬化小溪、倒洞塘、黄草坝、桐子营、黄河5条组级公路8千米。

全乡实施国土治理项目5个,治理土地166.67公顷,新修沟渠5千米,耕作道7千米,河堤6千米。7个村实施安全饮水工程项项目,集镇水厂已经完工,投资630万元的西坪排涝隧道处于建设阶段。新建沼气池200口,三改提档升级307口,发放生物质炉灶100口。实施蚂蚁洞村、桥塘村整村推进扶贫开发工作,维修公路25千米,硬化公路14.2千米,硬化旅游停车场坝1200平方米。实施“四位一体”村级办公场所建设,新修桥塘、大岩坝、堰塘坪3个村委会办公楼,维修草坝、长坳、倒洞村、黄河村4个村委会办公楼,新建大岩坝、桐子营2个农村文化广场,堰塘坪村、大岩坝村、桥塘村村级办公场所全面完工并投入使用。

按照全县“三坝两寨”建设要求,晓关侗族乡着重从特色民居、基础设施、产业发展等方面加大对大岩坝村的建设力度,已建成(改造)特色民居110栋,完成道路硬化2.8千米,新修组级公路580米,修建河堤1.96千米,建设旅游步道400米,建成茶叶管理示范茶园66.67公顷。

【社会事业发展】 全乡有初级中学2所,小学15所,教学点8处,幼儿园4所,适龄儿童入学率100%,初中适龄人口入学率达99.12%,初中升学率达70%,晓关民族中学在办学条件上成为全州的示范中学。

全乡有中心卫生院1所,30个村卫生室,乡村医生35人,2014年新建大岩坝、长坳、桥塘、堰塘坪4所标准化村卫生室。全乡38741人参加新型农村合作医疗,涉及12190户,参合率达95%。10月25日,印发《关于进一步加强人口与计划生育工作的工作方案》,明确各级干部责任,建立党政领导齐抓共管、队村干部协力推进的工作机制,2014年考核年度内出生人口511人,符合政策生育率97%、政策外多孩率2.90%、两年长效节育措施落实率55.75%。

城乡居民养老保险完成县定任务的102.68%,发放社会保障卡16150张。2014年农村居民12690人参保,筹集社保基金137.7万元。享受待遇的有6193人,发放553.49万元。进一步规范低保评审核查程序,全乡有2593户、3702人享受农村低保救助,有87户、114人享受城市低保救济,67户农村低保户纳入低保特困救助,全年发放农村低保救助金399.64万元,城市低保救助金33.64万元;1463人次获大病救助,救济资金84.61万元;78户、265人获临时救助,救助资金8.07万元;发放抚恤金45.96万元,军属优待金36.79万元。全乡共有散居孤儿11人,五保老人162人,其中集中供养26人,分散供养136人。

支持扶持农村文艺队发展,全乡有中村坝村和黄河村2支文艺宣传队,常年坚持开展有益的文体活动。

各项惠农政策得到全面落实,退耕还林补助资金、粮食直补、综合直补、良种补贴等各类惠农资金及时直达农户。2014年兑付惠农补贴资金811.71万元,全部通过“一卡通”发放。其中:综合直补10877户、392.95万元;粮食直补10877户、36.53万元;水稻良种补贴10877户、36.19万元;玉米良种补贴10877户、37.58万元;油菜补贴598户、1.18万元;退耕还林补贴4735户、158.69万元;公益林补偿5584户、148.59万元。

【社会管理综合治理】 2014年全乡没有发生重特大治安刑事案件、重特大安全责任事故、群体性上访和个体缠访,全乡社会稳定,人民安居乐业,群众对安全的满意度达到95%以上。

把高速公路建设矛盾纠纷调解作为全年的重点、难点工作,全面完成红线外补征地,配合搞好改水、改电、改路的“三改”工程,12月全乡境内高速公路45千米已建成通车,修建过程中的矛盾基本在乡内得到化解。全年共接待群众来访120余次,办理上级交办信访案件15件,办结15件,执行信访接待、登记处理制度,接待礼貌周到,做到件件有登记,事事有回音,结案率达到100%。

开展“平安创建”活动,全年共排查出不稳定因素287起,化解274起;刑事案件86起,移送起诉14起;治安案件138起,行政处罚113人,治安拘留53人,抓获网上逃犯7人。

实行安全生产重大隐患月查

月报制，开展各种形式的安全生产宣传教育活动和道路交通、校园安全、食品安全及烟花爆竹、危险化学品、非煤矿山等专项整治行动，全年开展专项检查8次，排查安全隐患30余处，下达检查整改通知240余份，有效预防重特大安全事故的发生。

【南河口民营电站发电】 1月15日，位于晓关侗族乡大咸村的南河口民营电站第一台机组开始发电且并入电网。由宣恩县满天星水电开发公司投资230万元建成的、二台机组共375千瓦的南河口电站，是无移民搬迁、无淹没损失、无农田灌溉、无涉及人畜饮水的“四无”电站。

【七眼泉大桥通车】 7月17日上午，建设工期18个月，总投资1340万元的七眼泉大桥正式建成通车。七眼泉大桥是连接晓关侗族乡干家坝村和桥塘村、跨桐子营电站库区的大桥，也是连接晓关侗族乡集镇和桐子营片区7个村（桐子营、干家坝、中村坝、桥塘、长坳、将科、八台）的乡村主要支线公路主要控制性工程。全长118.2米，桥头接线工程全长868.292米，桥面宽8米，设计荷载为公路Ⅱ级，公路等级为四级，通航等级为Ⅵ级。桥型方案上构采用净跨100米钢筋混凝土刚架拱，桥台型为U形桥台。于2012年12月30日开工建设，2013年12月9日大桥拱圈转体合龙。

（张新欣）

万寨乡

【概况】 万寨，明清时期，白莲教抗暴发展迅速，在本地安营扎寨，设有千师营、大营、小营、暗营、新营、二寨、大公寨、罗家寨、马家寨等多个营寨，号称“万寨”，以其虚实不定吓阻清兵。“万寨”就此得名，设有集场、塘汛。

清雍正十三年（1735）建县前属东乡土司。1950年1月，万寨属城关区管辖。1951年1月，万寨乡属城关区；1951年3月，万寨乡从城关区分出，建立第二区，辖白果坝、板马、凉风、大河坝、向家、中间河、中间坪、大卧龙8个乡，区公所设万寨。1958年10月，设东升公社。1959年1月，改万寨公社。1961年5月，改万寨区，辖白果坝、板马、凉风、大河坝、向家、中间河、中间坪、大卧龙8个人民公社。1975年10月，撤万寨区建板场公社（辖板场管理区）、万寨公社（辖白果坝、向家、大河坝3个管理区）、中间河公社（辖中间河、中间坪、大卧龙3个管理区）。1984年5月，撤万寨公社，建万寨区，辖大河坝、板场、白果、向家4个乡。1996年12月，撤区建乡，万寨区更名贡茶乡。2001年3月，贡茶乡更名为万寨乡。

万寨乡位于宣恩县域东北角，宣恩与恩施交界处。地处北纬29°59′25″-30°13′36″，东经109°29′51″-109°38′59″。东及东南与长潭河侗族乡和恩施市双河乡相毗邻，西南与椒园镇、珠山镇接壤，西连恩施市芭蕉侗族乡，北抵石心河与恩施市三岔乡隔河相望。乡人民政府驻万寨集镇和平路132号，距宣恩县城29千米。

万寨乡属典型的亚热带季风气候，地形起伏、气候温和、雨量充沛，山水奇特秀丽，群山云雾缭绕，生物资源丰富，粮食作物以水稻、玉米、小麦、薯类为主，经济作物有茶叶、烟叶、油菜、柑橘、花生等。土壤以酸性紫砂泥为主，富含硒等稀有微量元素，pH值在4.5～6.5之间，适宜茶叶生长发育。P258清朝伍昌臣在种植蓝靛开垦花栎树时，发现有几十棵野生茶苗，便将这些野生茶苗精心培育发展成茶园。这块茶园制出的茶叶非同一般，独具特色：味甘，汤色清绿明亮，有熟栗香味。泡头杯茶，汤清色绿，甘醇初露；泡二杯茶，茶色于深绿中透淡黄，熟栗香郁；泡三杯茶，汤碧泛青，芳馥横溢。饮此茶后，气爽神清，香味久长。他在加工此茶时，将鲜叶摘下入锅杀青，取出用手搓揉成条状，再放回锅中，进行炒制，反复炒制三、四回直至呈灰白色，称之“白尖子”或白茶。在储藏茶叶上，他将春茶密封在陶坛内，等次年取出饮用，其色、香、味、形不变，仍具新茶一切特点。于是伍家台之茶逐渐远近闻名，人称“伍家台茶”。乾隆四十九年（1784），乾隆皇帝南巡江南时，“伍家台茶”被地方官员作为贡品进献，得到乾隆皇帝赞赏，御赐“皇恩宠锡”牌匾。万寨乡是湖北省十大茶叶名乡之一，伍家台贡茶的发源地，是恩施州茶叶主产区，所产干茶其色青翠绿润，其香清幽淡雅，其味甘醇可口，富含硒、铁、钙、维生素C等微量元素，有清肺止涩、抗癌阻痈、防病健身的功效。茶叶品种多样，境内拥有鄂茶10号、龙井43号、乌牛早、福鼎大白和浙农117号等优良品种。所采鲜叶可加工制作绿茶、红茶、乌龙茶、砖茶等各大类茶叶产品。

万寨乡旅游资源有：中国贡茶第一村（伍家台村）、清江画廊西入口（石心河深水港）、地下发电厂房（洞坪水电站）、中华油麻第一藤（常青油麻藤），位于万寨乡的伍家台村是全省八大农村党员干部培训示范基地之一，也是全州唯一一个省级培训示范基地（湖北省农村党员培训示范基地）。

全乡国土面积183.58平方千米，年末常用耕地面积2270公顷，总耕地面积3333.33公顷，林地面积3475公顷。辖千师营、石心河、小姑珠、后坪、芷药坪、白果坝、长沙河、六堰塘、长堰沟、梭龙坝、向家村、大河坝、铁厂沟、大明山、网台、罗针田、中台、芋荷坪、凉风、伍家台、板场、马鞍山、白虎山、金龙坪24个村，244个村民小组，10057户，30586人，其中乡村人口29098人。

2014年，全乡实现农村经济总收入4.56亿元，同比增长15%；实现工业总产值5.9亿元，同比增长17%，农民人均纯收入达到6633元，同比增长12%。公共财政收入166万元。

【特色产业】 2014年，万寨乡继续围绕创建“全省有机茶叶示范乡”目标，采取“政府引导、企业主导、协会主办、茶农主建”的产业化经营模式，引导茶叶产业向专业化、组织化方向转变。有机茶基地规模进一步扩大，全乡新造茶园200公顷，茶叶基地达到3234公顷，其中有机茶叶基地达到900公顷。鼓励大中型企业实施产品梯度开发，加快推进茶叶产业链的拓展，研制出系列茶食品，开辟茶园生态观光旅游。5月5日，伍家台作为全省县域经济工作现场会现场之一，接待与会人员参观考察。12月19日，汉口至成都东D2259次动车正式冠名为“恩施硒茶？宣恩伍家台贡茶号”。12月30日，伍家台富硒贡茶有限责任公司的“皇恩宠锡”品牌被湖北省商务厅评选为“湖北老字号”。12月31日，伍家台贡茶获评全国驰名商标。

稳定烟叶种植面积，全乡完成烟叶种植面积233.33公顷，收购烟叶283吨，烟叶均价22.04元/千克，烟农收入650.5万元，实现税收124.7万元。

继续推广“4450”生猪养殖模式，新增生猪养殖户52户，培育生猪养殖大户10户，新建畜牧养殖专业合作社1家（宣恩县众鑫养殖专业合作社），梭龙坝村、白果坝村培植成年出栏万头生猪养殖村，白果片区建成生猪养殖示范区，巩固芷药坪村生猪养殖专业村建设成果，全乡年出栏生猪6.05万头。

【工业经济】 2014年全口径工业总产值达到5.9亿元，同比增长17%；新增规模以上企业1家（九九茶业有限公司），达到7家；新注册茶叶企业6家（博硒茶业有限公司、贡宇茶业有限公司、沁欣茶业有限公司、宇蕊茶业有限公司、春雷茶业有限公司、宏发茶业有限公司）。伍家台昌臣茶业有限公司完成2万平方米的厂房改扩建，皇贡茶业有限公司完成2千平方米厂房的改扩建，绿可生态茶业有限公司完成1000平方米品茶楼建设。

【党风廉政建设】 乡纪委切实履行监督职责，加大正风肃纪和案件查处力度。2014年共查处党员违纪案件3起，处理违纪党员3人，处理纪检信访问题26件（其中上级交办件11件）。

【基层组织建设】 整合各部门资金新建或改造伍家台、板场、芋荷坪、罗针田、大河坝、梭龙坝、白果坝等一批村委会。在施工过程中严格工程监管，由村民代表和党员代表全程参与、全程监督，对党员群众服务中心建设成为“廉政工程”和“群众满意工程”。对党员群众服务中心实行合理功能分区，达到“十有”标准，实施敞开型服务、窗口式办公、规范化管理，把组织、服务、联系、宣传、致富群众的功能全部整合到党员群众服务中心上来，便于服务，利于管理。

2月28日，万寨乡第一次组织公开选拔村级后备干部笔试考试，公开选拔的村级后备干部为“村级组织特设岗位”人员，系非村主职干部身份。村后备干部试用期为半年，试用期满后，对综合素质好、符合村干部任职条件的人员直接安排到村任职，并将根据村级组织班子建设实际需要，推荐作为村支“两委”班子候选人参加换届选举。2014年村支“两委”班子换届中，按照书记、主任一肩挑的原则，通过“公推直选”和“两推一选”

的方式产生137名村两委干部，其中：女性34名，占25%；乡村医生13名，占9.5%；回乡大中专毕业生9人，占6.6%；村支部书记（主任）平均年龄46.6岁，高中及以上文化程度13名，占54.2%。

构建便民利民服务网络，各党支部通过公开服务项目、服务流程及联系方式，为群众办理困难救助、计生服务、矛盾调处等事项，形成“群众动嘴，干部跑腿”的为民服务机制。

健全老党员荣誉制度，在伍家台贡茶产业型党建示范带上开展荣誉老党员临终告慰活动，对荣誉老党员去世，以村党支部名义送花圈，由村党支部派人慰问党员家属，不断增强广大党员的身份意识。开展一名领导班子成员带领两个联系单位帮扶多名困难群众的“1＋2＋X”关爱帮扶活动。调动青年志愿者、党员义工、党员示范户的积极性，通过大力宣传，营造奉献、互助互爱的浓厚氛围，整合资源，组织人力物力，为群众排忧解难。

【社会事业发展】 全乡小学适龄儿童入学率达到100%，初中阶段入学率达到95%以上，适龄残疾儿童、少年入学率达到65%以上。

加强计划生育工作，稳定低生育水平，促进人的全面发展。2014年计划生育生育符合政策率达99.39%，流动人口登记建档率达100%，重点对象“三查”优质服务到位率达100%。全乡新型农村合作医疗基金征收165.88万元，参合率达到95%。健康教育、预防接种、传染病防治、儿童保健等基本公共卫生服务项目完成全年责任目标。实施积极的就业再就业政策，促进创业带动就业，提供6000余个就业岗位。扩大社会保险覆盖面，城乡居民综合参保率达93%，基本实现应保尽保。推进“六五”普法，提高全民法律素质。加大安全生产责任制落实力度，从严监管食品药品安全，无重特大安全事故发生。

【社会管理综合治理】 2014年，全乡加强社会管理综合治理，完善群防群控网络，严厉打击各类违法犯罪。重视信访工作，切实解决群众的合理诉求，严格落实信访责任。建立健全社会预警、突发事件应急和社会动员机制，着力防范群体性事件，确保社会大局稳定。2014年，万寨乡创建平安单位24个，平安示范村24个，平安校园5个；排查各类矛盾纠纷93起，有效化解93起，调解成功率100%；排查安全隐患54起，整改到位54起，整改成功率达100%；刑事案件同比下降29%，盗窃案件同比下降35%。

【伍家台生态农业观光体验区】 3月29日，万寨乡伍家台村伍家台贡茶科技产业园主体工程完工。产业园属“伍家台生态农业观光体验区”建设内容之一，着重展示贡茶文化和贡茶产业，总投资3000万元。产业园区建有1.2万平方米的贡茶文化广场和1.1万平方米的多功能展示厅。展示厅设有机茶生产车间，安装红茶、绿茶生产线；设置茶文化展示室，以实物、图片、影像等形式展示贡茶历史和发展变化，讲述贡茶文化；开辟休闲体验室，供游客体验贡茶传统加工工艺、品评贡茶等。

【大河坝排水隧道】 4月16日，万寨乡大河坝排水隧道全线贯通。排水隧道设计全长684.69米，工程于2013年5月28日开工。大河坝排洪项目的实施惠及17个村民小组和万寨集镇1174户，3885人，使得145.8公顷耕地从此免遭洪涝灾害。

【农贸市场】 11月15日，万寨乡新建农贸市场投入使用。农贸市场建筑面积3500平方米，属钢构大棚式结构，由物业公司统一集中管理。市场内设88个固定摊位和180个零散摊位。摊位管理实行分区管理，分为蔬菜果类区、肉食品区、农副产品粮油杂货区、服装鞋帽袜区。

【郑时兵被确定为伍家台贡茶制作技艺项目代表性传承人】 9月28日，省文化厅公布第四批省级非物质文化遗产项目代表性传承人，宣恩县伍台昌臣茶业有限公司总经理郑时兵被确定为绿茶制作技艺（宣恩伍家台贡茶制作技艺）项目代表性传承人。

郑时兵，1975年10月1日出生于万寨乡伍家台村，中共党员，大专文化，农艺师，万寨乡伍家台村支部书记、宣恩县贡茶专业合作社理事长兼宣恩县伍台昌臣茶业有限公司执行董事、总经理。1994年6月至2003年3月，任宣恩县伍家台贡茶总厂收购员、制茶技师、车间主任；2003年4月至2006

年7月，任宣恩县万寨乡伍家台村茶厂厂长；2006年8月，任宣恩县伍台昌臣茶业有限公司执行董事兼总经理、宣恩县贡茶专业合作社理事长、技术总负责人。郑时兵多年从事茶叶种植、生产、加工、销售及相关管理工作，为抢救和保护伍家台贡茶制作传统手艺，在宣恩县伍台昌臣茶业有限公司设立手工制茶车间，每年坚持制作400千克左右手工茶，带领一批手工制茶师傅收徒传艺，传授鲜叶采摘、处理、杀青、揉捻、烘干、做形、精选、储存等每道工序独到的技术诀窍，并在长期的实践中形成了一套完整、精湛的贡茶制作技艺，所制作的茶叶既保全了贡茶的内在品质，又色、香、味、形俱佳。

【伍家台村获"荆楚最美乡村"最佳景观奖】 11月24日，伍家台村获首届"荆楚最美村镇"评选活动"荆楚最美乡村"单项奖中的"最佳景观奖"。评选活动由省发改委、省住建厅、省旅游局、省档案局等单位共同主办，评选共收到全省113个乡村、68个乡镇的报名材料，最终评出50个获奖村镇，其中包括"十大最美乡村""十大最美乡镇"及提名奖20个，"荆楚最美乡村""荆楚最美乡镇"单项奖各5个。伍家台村距宣恩县城、万寨集镇各15千米，属武陵山余脉，环境优美，森林覆盖率达到80%。

【各级领导到万寨检查指导工作】

1月28日，岳东、尹建华及县文明办、县教育局、县广电局相关负责人和县人民医院医生，到大河坝村看望慰问全国"最美孝心少年"林章羽、何秀巡姐弟。

5月5日，副省长许克振带领参加全省县域经济工作会的省直有关部门负责人、各市州及各县市区主要负责人，到万寨乡伍家台全国富硒有机茶示范园基地、湖北伍家台贡茶有限公司参观考察，了解全县县域经济发展情况。

5月15日，习覃一行到万寨乡石心河村调研，查看石心河码头建设进展情况。

5月21日，州委副书记、常务副州长董永祥及参加全州县域经济工作会议的州直有关部门负责人、各县市主要负责人等参观伍家台全国富硒有机茶示范园基地、湖北伍家台贡茶有限公司等地。

5月29日，宜都市人民政府市长罗联峰到万寨乡参观伍家台贡茶基地。

6月10日，习覃到万寨调研工业经济工作，视察康乐食品公司、伍贡茶叶公司、皇贡茶叶公司、皇邦茶叶公司和绿可茶叶公司等企业。

6月11日，省供销总社党组书记、主任赵东风一行到万寨调研。

6月30日，州委常委、副州长马尚云到万寨伍家台贡茶公司调研茶叶特色产业建设工作情况。

9月24日，湘西州委常委、州人民政府副州长、农业部武陵山区扶贫联络工作组组长贾广东一行到万寨伍家台昌臣茶叶有限公司基地调研考察。

10月16日，钟昌泽及提案督办组一行察看伍家台贡茶观光园建设情况，了解景区规划、配套建设、产业基础、乡村旅游发展等情况，以及提案提出的人工湿地与生态景观建设、农村环境综合整治等相关工作；湖南省永顺县政府考察组到万寨乡伍家台村考察。

10月19日，州委书记、州人大常委会主任王海涛到万寨乡调研，要求将"美丽恩施"建设融入到产业发展、城乡建设、基层治理体系创新等方面，把推进生态文明贯穿经济社会发展全过程。

（刘柄均）

长潭河侗族乡

【概况】 长潭河，原名长滩河，清朝时期设有集场。

清朝改土归流前属东乡宣抚司，雍正十三年(1735)改土归流建县后属东乡里(治所设长潭河)。民国属长潭河乡。1949年11月，属狮长区。1951年3月，撤销狮长区，设一区和第二区，长潭河为第二区，辖苦草坪、万岭山、施铁坪、龙马山、洗马坪、细沙、兴隆、会口，区公所设长潭河。1958年10月，实行人民公社制，设东方红公社。1959年1月，改为长潭河公社。1961年5月，恢复区建制，将管理区改称人民公社，长潭河人民公社更名为长潭河区，辖苦草坪、大湾、东乡、施铁坪、龙马山、洗马坪、细沙、兴隆、会口9个人民公社。1975年10月，撤区并社，撤销长潭河区，将8个小公社合并为长潭河、会口2个大公社，原万寨区所辖的中间河、中间坪、大卧龙等3个小公社合并组建中间河人民公社。1978年12月，在小公社的基础上建管理区，长潭河公社辖细沙、兴隆、芭叶槽、东乡4个管理区；中间河公社辖中间河、中间坪、大卧龙3个管理区；会口公社辖苦草坪、洗马坪、马虎坪3个管理区。1984年5月，撤销长潭河、会口、中间河3个人民公社，合并设立长潭河区，原管理区改为乡（镇），辖长潭镇、兴隆乡、龙马山乡、中间河乡、大卧龙乡、诺西乡、施铁坪乡、东乡乡、会口乡、苦草坪乡、洗马坪乡等11个乡镇。1986年7月，设立会口侗族乡（原会口乡管辖范围）。1987年6月，撤销细沙乡、兴隆乡、龙马山乡，并入长潭河镇；撤销苦草坪乡，并入会口侗族乡；撤销施铁坪乡，并入诺西乡。1995年10月，长潭河区分为长潭河区、会口区。长潭河区辖长潭河镇、中间河乡、大卧龙乡、诺西乡、东乡乡。会口区辖会口侗族乡、洗马坪乡。1996年12月，撤区建乡，原来的区辖乡（镇）改称为管理区，属乡管辖。会口区更名为会口侗族乡，辖会口、洗马坪2个管理区，长潭河区更名为长潭河乡，辖长潭河、东乡、诺西、中间河、大卧龙5个管理区。1997年1月，长潭河乡的中间河、大卧龙、诺西3个管理区划出，设置中间河镇。2001年3月，长潭河乡、会口侗族乡、中间河镇合并，成立长潭河侗族乡，辖长潭河、东乡、诺西、中间河、大卧龙、会口、洗马等7个管理区。

长潭河侗族乡位于宣恩县东北部，地处北纬29°50′15″-30°09′53″，东经109°32′28″-109°47′45″，东与椿木营乡、沙道沟镇交界，南与高罗乡相连，西与珠山镇、万寨乡相望，北与恩施市新塘乡毗邻。乡政府驻地为长潭河集镇，属甘露村，沿王椿线西行，距县城34千米。

长潭河侗族乡有植物1500余种，境内的七姊妹山国家级自然保护区内有珙桐、马铃光等国家一、二级保护植物20余种和大鲵、黑熊、麝獐、水獭等国家珍稀保护动物10余种。可供开发的水能资源装机容量达5万千瓦。境内有煤、铁、天然气、高能土等矿产资源20余种，其中铁矿蕴藏较为丰富，贮藏量达1.6亿吨。全乡有七姊妹山、仙女池、仙人洞、中武当等风景名胜，有“十姊妹陪新人”“拉船号子”等独具民族特色的侗乡文化。

全乡国土面积432.71平方千米，年末常用耕地面积3639公顷。辖甘露、小卧龙、细沙坝、后河、兴隆、两溪河（两河）、龙潭、龙马山、中坝、小坝、万岭山、易家坪、马虎坪、大坨、会口、黄田、陈家台、苦草坪、田坪、土鱼河、洗马坪、九坝、大湾、白果、中间河、杨柳池、中间坪、猫村子、大卧龙、王家山、猫子庄、客家营、诺西、杉木树、芭叶槽、施铁坪、律侣坝、涌洞河、梨子坪39个村，361个村民小组，14362户，38533人，其中乡村人口36620人。居住着侗族、土家族、苗族、壮族等6个少数民族，侗族人口2.3万人，占60%。

2014年全乡农村经济总收入42288.18万元，同比增加4965.65万元，增长13.2%。农村居民人均可支配收入5959元，同比增加699元，增长13.2%。公共财政收入392万元。

【农业】 2014年全乡发展茶叶200公顷，完成有机茶转换面积633.33公顷，有机茶认证85.33公顷。重点建设诺西、施铁坪、猫村子三条线，构建“万亩茶叶产业经济带”。新发展中药材基地80公顷，速生丰产林133.33公顷，年末全乡有26家茶叶加工企业，其中标准化茶叶加工厂企业2家（七姊妹山茶厂、调阳茶叶有限公司）。

全乡种植烟叶446.67公顷，新修烤房群70栋，完成普改密烤房65栋，收购烟叶575吨，实现税收276.48万元，收购均价25元/千克。

培植易家坪村生猪养殖小区、细沙村示范点、洗马坪养殖专业村推行“4450”模式，带动“4450”养殖模式84户，全乡出栏生猪10.1万头。

【第二、三产业】 全年培植后备规模企业1家（清江源茶叶有限公司），新增工业企业4家（胜斌茶叶有限公司、嘉鸿茶叶有限公司、光亿茶叶有限公司、康源茶叶有限公司），其中产值500万元以上1家（光亿茶叶有限公司），产值1000万元以上1家（康源茶叶有限公司）。全乡工业产值达到15300万元，招商引资完成2075万元，完成全年任务的103.75%。

对山水风光、特色产业、特色村寨、人文地理等进行实地踏勘、考证，编制长潭河侗族乡旅游发展规划，以两溪河村、洗马坪村宜居村庄试点，组建两溪河村特色村寨“逛氧吧”旅游公司。

【公路建设】 全乡境内无国道，且县乡道路路况较差，交通不便。全乡公路总里程879千米，未通四级以上公路行政村7个，未通硬化道路村5个。2014年投资1720万元，完成通畅工程建设42千米，村组公路建设54千米，解决6个村6000余人出行难的问题。

【社会管理】 全面落实社会治安综合治理责任制，把道路交通安全、库区移民和土地林权纠纷调解工作作为全年的重点工作，同步建立5个云视频会议室，启动10个办事不出村试点，开展平安创建活动，没有发生重特大治安刑事案件、重特大安全责任事故、非正常群体性上访，全乡社会稳定，人民安居乐业。全年共处理群众来信来访、民生通道等信访件52件，受理和调处各类矛盾纠纷52宗，调处成功率97%，完成领导信访包案36宗，调处重大纠纷4起，调处成功率100%。

【民生工程】 修建、维修水池52口，渠道7处，管网工程2处，解决62个小组、2132户、7355人的饮水困难和7个小组、48公顷水田的灌溉困难；人畜安全饮水覆盖率为74.8%。全年建成沼气池440口，安装太阳能80台，生物质半汽化炉230台。清理供电线路640千米，实现供电量439.6万千瓦时。落实"规划到户，责任到人"的扶贫工作。完善增强集镇功能，建设集镇新区，打造新区走廊。启动集镇便民服务大厅建设。完成集镇电网改造建设，实施集镇亮化、绿化、净化等市政设施建设工程。

【中小学教育】 全乡共有学校12所，其中，小学11所，中学1所；学生2815人，其中，小学1893人，中学922人；小学升学率100%，中学升学率98%；学校建筑总面积14163平方米，核定编制158名，实有教师155人。改善办学条件，为2所学校（长潭河民族中学、长潭河小学）添置图书1.2万册，建成标准化实验室并投入使用；各种教学仪器及设备完好率、实验开出率均达到95%以上；完成长潭中学操场建设，长潭小学厕所、洗马坪小学多功能餐厅、大卧龙小学学生餐厅投入使用。

【乡村文化】 进一步完善乡文化活动广场和各村文化室的配套设施；开展文艺创作，组织"薅草锣鼓""廉政文化"等文体活动，推介《十姊妹培新人》《螃蟹歌》《大治整酒风》《反腐见成效》等文艺节目。宣传民兵武装《国防兵役法》，全乡共发放宣传册800余张，张贴标语30余条，挂横幅5条，张贴宣传画20张，利用宣传车到各村进行宣传。

【医疗卫生】 全乡有医务人员52人，村级医生31人，副主任医师或副高职称以上医护人员1名，医院全年门诊19763人次；医院病床53个，未设卫生室村9个；农村合作医疗参合人数34752人，参合率占97%；全年累计为农民报销医疗费用782万元。新建健康档案5318人，建档合格率94%，65岁以上重点人群免费体检2078人。

【社会保障】 全乡农村最低生活保障3459人，发放低保金347万元。城乡居民养老保险参保16823人，参保率达到100%。全年输出劳动力586人。

发放惠农补贴599.45万元，其中粮食直补30.75万元、综合直补330.67、良种补贴70.42万元、生态公益林补贴102.35万元、繁母猪补贴65.26万元，所有补贴资金全部实行"一折通"社会化发放，无一例截留、抵扣、挪用惠农资金情况发生。农村五保158人，其中集中供养124人。全年共发放临时医疗救助、自然灾害、房屋倒塌等救济2846人次，累计发放资金36.5万元。团乡委发放6500元，用于资助贫困大学生入学。

【人口与计划生育】 坚持和完善班子成员包片，国家干部包村、村干部包组的工作体制，开展计划生育综合治理和利益导向机制的落实。考核年度内全乡人口出生367人，人口出生率8.92‰，出生人口符合政策生育率96.31%，人口自然增长率3.02‰，出生人口性别比为108.28，流动人口登记率达到99%，新婚对象免费婚检率达到100%，优质服务比例达到98%，奖励政策落实到位率达到100%。

【《神秘侗乡·秀美长潭》出版】 1月7日，长潭河侗族乡旅游风光画册——《神秘侗乡·秀美长潭》正式出版。画册集侗乡特色产业、风光旅游、民间技艺、侗族文化于一体，收录照片99张。主要有七姊妹山大峡谷、中武当等自然风光照，十姊妹陪新人、哭嫁、建造技艺等侗族风俗，烟叶、茶叶、畜牧等特色产业，吊脚楼、特色民居、风雨桥等侗乡建筑，赶集、交易等集镇特色，种植、灌溉等日常生活，篾匠、腾匠等能工巧匠几大部分。

【长潭河侗族乡第三届人民代表大会第四次会议】 3月15日，长潭河侗族乡在文化中心礼堂召开长潭河侗族乡第三届人民代表大会第四次会议，会议听取乡长谢迭胜作政府工作报告、乡人大副主席宋赟作人大主席团工作报告，并对长潭河侗族乡人大议案进行讨论。同日，召开全乡经济工作会议，并对村主职干部进行党建、计生、综治维稳等工作业务培训。

【宣恩县第九届中学生民族体育运动会】 11月8日至10日，由长潭河侗族乡人民政府、县教育局、县民宗局、县文体局主办，长潭河侗族乡民族中学承办，长潭河侗族乡中心小学协办的宣恩县第九届中学生民族体育运动会在长潭河侗族乡民族中学举行。岳东、向建强、史红珍、陈浩出席开幕式。全县15支代表队的386名运动员参加，共设长跑、短跑、篮球、跳远等28个比赛项目，其中晓关民族中学刘桦以11.8秒新创男子100米短跑记录。

【领导调研】 3月19日，全国人大民族委员会副主任委员吴仕民、委员苏晓云和国家民委政法司司长杨正根，省人大民宗侨外委员会副主任委员陈亚平、州人大常委会副主任陈学明等到长潭河侗族乡两溪河村调研民族宗教工作。

4月1日，州委书记、州人大常务会主任王海涛到长潭河侗族乡甘露村、两溪河村调研集镇建设，并看望慰问基层干部群众，曾德权、习覃陪同。

4月23日，恩施军分区政委李频到长潭河侗族乡检查民兵整组、民兵应急点练工作，赖以健、雷天兵陪同。

5月23日，习覃到长潭河侗族乡中武当调研旅游开发情况。

5月25日，州委常委、州委组织部长周静到长潭河侗族乡大坨村，对基层党组织建设情况、党的群众路线教育实践活动开展情况及村级经济发展情况进行调研，范涌陪同。

5月28日，朱鹏程到长潭河侗族乡大卧龙村调研涣散党支部建设工作及王家山村扶贫开发工作，晚上参加长潭河侗族乡党委中心组群众路线教育实践夜学活动。

5月28日，王冕到长潭河侗族乡龙马山村调研党的群众路线教育实践活动。

6月12日，李海涛、尹建华到长潭河侗族乡中间河村、大坨村等村调研旅游产业、民族文化传承工作。

6月18日，恩施军分区司令员江明辉一行到长潭河侗族乡调研民兵整组及征兵工作开展情况，赖以健陪同。

11月18日，州委常委、组织部长周静到诺西村调研党的基层组织建设、驻村扶贫工作，乡党委书记涂先绪、常务副乡长谢迭胜陪同。

（左航瑞）

椿木营乡

【概况】 椿木营改土归流时，部分属宣恩县东乡里，部分属恩施市，部分属鹤峰县。

1950年1月，属狮长区(第三区)管辖。1953年10月，经恩施行政专署批准，将恩施县双河(济安)区管辖的粟谷湾、挖断山、头棚、长坪，鹤峰县中营区管辖的川东(椿木营后坝)等地划归宣恩县管辖；椿木营从第三区分出，建立第八区，下辖椿木营、后坝、粟谷、长坪，区公所设椿木营。1955年4月，第八区撤销，并入第三区。1956年7月，又从第三区划出，恢复第八区。1958年10月，实行人民公社建制，撤第八区，建立高原人民公社，下辖乡为管理区。1959年1月，改称椿木营人民公社。1961年5月，撤椿木营人民公社建椿木营区，原管辖范围不变，下辖管理区改为人民公社。1968年5月，成立椿木营区革命委员会，下辖椿木营、后坝、粟谷、长坪4个公社革命委员会。1975年10月，撤椿木营区建椿木营人民公社，其管辖范围不变。1978年12月，公社所辖片改为管理区，辖椿木营、后坝、粟谷、长坪4个管理区。1984年5月，撤椿木营人民公社建椿木营区，下辖椿木营、后坝、粟谷、长坪4个乡。1996年12月，撤椿木营区建椿木营乡，下设椿木营、后坝、粟谷、长坪4个管理区。2001年8月，撤销管理区。2003年10月，巴山坪村并入长槽村。

椿木营乡位于宣(恩)、恩

(施)、鹤(峰)三县交界处,位于宣恩县东北高山地带,地处北纬29°56′19″-30°08′20″,东经109°42′19″-109°55′52″,乡人民政府位于集镇国知街29号,属长槽村委会管辖,距宣恩县城80千米,鹤峰县城76千米,恩施州城110千米。椿木营是贺龙领导的红二军团创建恩(施)宣(恩)鹤(峰)边防司令部、建立苏维埃政府之地,是全国优秀基层干部、“为民模范”周国知和省级劳动模范王贵清的故乡。

全乡国土面积213.3平方千米,年末常用耕地面积1319公顷。辖白果坪、长槽(含巴山坪)、干竹坪、黄家坪、勾腰坝、木营、十家坪、杨柳坨(含晒坪林药厂)、锣鼓圈、范家坪、挖断山、杉坨、深湾、莲花台、白岩溪15个村,84个村民小组,4641户,12680人,其中乡村人口12324人。

全乡林地面积16121公顷,森林覆盖率为73%。境内有煤矿、铁矿、硫矿等矿产资源,特别是硒资源十分丰富,尤以杉坨村为最高,矿层含量高达109～188PPm,硒含量超出工业规定品位100～150倍。椿木营地处武陵山区椿木营高原(指宣恩椿木营、恩施石灰窑、鹤峰中营毗邻地区大高原一部分),平均海拔1680米,被称为“恩施屋脊”“宣恩之巅”。最高点长槽村火烧堡海拔2014.5米,最低处杉坨村5组海拔1100米。属夏凉冬寒的典型高山气候,夏短冬长,气候凉爽,易涝少旱。年平均气温8.9℃,无霜期189天。鸡笼洞河发源于椿木营乡长槽村,向北流入恩施市,属清江支流马尾沟水系。酉水河源头位于杨柳坨村以南约1.5千米外的山坳上(北纬30°01′02″,东经109°45′20″),海拔1892米。

2014年全乡农业总产值1.18亿元,农村居民人均可支配收入6244元;公共财政总收入416万元。

【支柱产业】 2014年发展烟叶产业,推广双膜双架、井窖式移栽、三段式烘烤等实用技术,实际种植优质烤烟826.66公顷,完成烟叶收购830.3吨,烟叶均价达到22.16元/千克,烟叶收入1840万元。

培育安全、营养、卫生的高山错季节蔬菜,重点建设干竹坪、挖断山、杨柳坨各13.33公顷、白果坪6.67公顷有机蔬菜基地,推广绿色无公害蔬菜面积666.67公顷。

继续做好七姊妹山旅游开发前期准备工作。3月,启动黄柏营、火烧堡旅游公路以及七姊妹山花林观赏游步道建设,构建七姊妹山旅游循环网路。以湖北华蔚实业公司为平台,筹措资金,争取项目,开展岩板坪“五场一中心”旅游基地建设。举办椿木营乡第二届露营节,实现“以节促旅”。向外推广高山湿地、七姊妹山等旅游资源。

与州药办、州药科所等单位协作,整合资源,采取以奖代补等措施,宜果则果,宜药则药,宜畜则畜,发展黄连、牛膝等中药材,新增道地中药材6.67公顷,新培植“4450”生猪养殖模式户20户,全年出栏生猪2.85万头。

【基础设施建设】 按照“发展小集镇、带动大农村”的思路,加快乡集镇改造,推进新农村建设,加快推进集镇道路及排水管网改建工程。3月,集镇入口长槽垮至黄柏营4.6千米公路完工验收并交付使用;5月,烂泥坝至火烧堡5.2千米游览公路完工验收并交付使用;6月,集镇至干竹坪村、黄家坪村、杉坨村的5千米村级公路整修完工;9月19日,投资规模5000万元的集镇新区建设正式动工;8月管网改造、电网改造全面启动前期工程;10月,木营村通畅工程14千米扫尾路段完工,十家坪村通畅工程完成12千米水泥路面浇筑;12月,集镇道路黑色化工程全面完工。

提高农村公路的养护管理水平,全年共完成89千米公路养护。按照“以点带面,无缝衔接、全面推进”的要求,加快特色民居建设步伐,完成37户特色民居改造。加大扶贫开发力度,完成勾腰坝村整村推进扶贫开发,启动干竹坪村老区建设。开展“美丽乡村”“家庭环境卫生美好示范户”创建活动,开展环境卫生整治,营造“爱我家园,爱护环境”的浓厚氛围。加强生态能源建设,全年新建沼气池200口,安装太阳能热水器90台,发放生物质炉100台。

【社会事业】 2014年78人参加中考,3人达到恩施高中分数线,24人达到宣恩一中公费线。9月,投资240万元的乡直机关幼儿园和民族中小学餐厅建设项目投入使用。

2014年全乡11104人参加新型农村合作医疗,筹集农村合作医疗资金99.94万元,农村合作医疗参合率达到95%,全年累计报销

43589人次，330.8万元。4月，投资24万元的乡卫生院场地硬化工程启动。12月，投资136万元乡卫生院医技楼建成。

实施文化惠民工程，开展各类文体活动，丰富群众文化生活。7月，组织篮球赛、趣味运动赛，全乡干部职工及集镇周边群众积极参与。

加强计生基层基础工作，提高计划生育优质服务水平，考核年度内全乡出生人口124人，出生人口符合政策生育率95.16%，人口出生率9.61‰，人口自然增长率8.14‰。

完善以最低生活保障为基础，以灾民救助、五保供养、医疗救助为重要内容，覆盖全体居民的社会救助体系。全乡有城镇居民低保户36户45人，全年发放低保金14万元；有农村居民低保户678户1238人，全年发放低保金117.4万元。组织城乡居民参加社会养老保险，城乡居民养老保险基金收入45.2万元，发放城乡居民社会养老保险金134.6万元，享受养老金人员发放率达100%。全年实施大病救助59户；全年发放春荒资金8万元（191户608人）、冬令资金25万元（417户1213人）、临时救助资金8万元（41户79人）。9月，全面启动乡福利院搬迁工程和人社服务中心建设项目。

【社会管理】 以“一站三联”为基础，在全乡15个行政村全面实施“网格化”管理，明确83名网格信息员和16名网格管理员，网格信息采集率和信息录入率均达100%。

继续巩固治理“整酒风”成果，防止违规整酒反弹，全年整酒备案108起，先后劝退违规整酒23起。加强社会矛盾纠纷调解，全年共排查矛盾纠纷106件，有效化解91件；受理信访案件16起，办理完结15起，办结上级信访交办件8件。整治社会治安环境，治理赌博等不良社会风气，定期在重点场所进行巡查，对重点人员及时训诫。全年共发生刑事案件13起，破案9起；治安案件51起，全部处理完毕；治安拘留17人，刑事打击处理5人。

加大安全隐患排查和整改力度，强化食品药品安全和森林防火工作，全年共组织各类安全检查31次，涉及领域和部位10余个，排查出安全隐患253起，整改220起，2014年底有23起处于整改之中。全乡的总体态势平稳，无重大刑事治安案件、非法上访事件和群体性事件，无安全生产事故发生。

【基层组织建设】 建立健全党风廉政建设责任制，乡党委与村干部签订廉政责任书，严格落实一岗双责，乡党委为24名村主职党员干部建立诚信档案，诚信档案涵盖村级党员干部个人基本情况、家庭成员与主要社会关系情况、执行与落实上级决策情况、兑现群众承诺情况、服务村级发展情况、共性工作开展情况、民主评议情况、遵纪守法情况、道德诚信情况、奖惩情况等10个方面的内容。同时，还建立诚信评价体系，严格奖惩措施，把诚信档案纳入村级党员干部年终考核和评先表模以及村级班子换届选拔任用的重要依据。由乡党委对村级党员干部诚信情况不定期进行明察暗访和监督考评，把失信行为记录在案，实行常态化管理，动态跟踪整改。以案施教，加大对党员违纪案件惩办力度。全年因干部作风建设问题诫勉谈话3人，因重点工作开展不力和突发事件处理不及时通报批评2人，因自律不严责任追究1人，立案查处2起，对十家坪村违规整酒和参与违规整酒的2名党员，分别给予党内严重警告和警告处分。

开展无职党员设岗定责活动，全乡90%的党员干部结合实际设定岗位落实责任，并实行党员承诺。对全乡党员、流动党员、留守儿童、空巢老人建档建卡，在家党员与流动党员、留守儿童、空巢老人相互结对子，加强联系与帮扶。结合“三关爱六服务”活动，开展“五个一”结对帮扶活动，即以行政村为单元，具体帮扶1户贫困户，联系1户示范户，关爱1名留守儿童，关照1位留守老人，关心1名农村困难党员，开展一对一、面对面帮扶、沟通，达到结对子、连民心、接地气的目的。全乡建成12个示范型农村党员群众活动中心，建立22个干群联系点、22个征求意见箱、发放655份征求意见表，收集到涉及群众吃水难、出行难、就医难和产业发展等方面的意见251条，把其中143条群众的实际需求和强烈呼声作为重点进行整改落实，解决实际问题120条。全年开展党员义工“温暖到家”“技术到家”“清洁到家”等服务活动，全年开展相关活动12次，党员干部参加300余人次。针对连接集镇至干竹坪村、黄家坪村、杉坨村11千米的主干道损坏严重，6月19日，乡政府与县检察院拨付专项资金4万余元，组织干部职工和群众义工200余人对此条主干道进行整修，清理涵洞5个、清理边沟4千米、整修路面8千米，方便了三个村群众出行。

改善村党组织办公和党员活动条件，筹措资金50万元，对干竹坪、勾腰坝村办公场所进行改扩建及整修。对全乡5个终端站点和2个电信模式站点请专业人员进行检查维修，每个站点都能正常运行。

坚持党建带团建，加大年轻干部培养力度，在五四青年节期间，召开年轻干部座谈会，为年轻干部赠送书籍补充能量。10月，组织全乡35岁以下干部就当前村支两委换届选举工作进行论文写作。注重退休老干部的管理和服务，发挥老干部的作用，每个季度或重大节日，乡党委邀请老干部聚会或是到老干部家中，通报工作情况，慰问老干部。

【领导到椿木营乡调研】 1月13日，李明山及县纪委、县政协、县检察院相关负责人到椿木营乡慰问困难群众。

1月20日，吴卫平到椿木营乡深湾村慰问“宣恩好人”罗耀庭和勾腰坝村部分困难群众。

3月19日至21日，吴卫平到椿木营乡调研党的群众路线教育实践活动。

4月1日，王海涛到椿木营乡调研城镇建设、产业发展，看望慰问困难群众，指导党的群众路线教育实践活动。

5月25日，州委常委、州委组织部长周静到椿木营乡，调研农村基层组织建设及经济社会发展情况，了解基层党组织建设情况、党的群众路线教育实践活动开展及村级经济发展情况，范涌陪同。

8月14日，州委副书记、州长杨天然到椿木营乡，了解集镇规划、建设等情况。

9月17日，朱鹏程到椿木营乡，调研生态旅游产业发展情况。

10月23日，习覃一行到椿木营民族中小学调研。

11月5日，曾德权、覃国锋一行到椿木营乡，调研公路管养、产业发展、城镇建设、教育教学等工作。

【第二届“露营节”】 8月18日，宣恩县第二届高山露营节在椿木营乡勾腰坝村岩板坪举行，活动以“相约七姊妹、共享高山清凉，感受原生态、浏览绿色海洋”为主题，有重庆、四川、湖南以及恩施本地的近3000名驴友、自驾爱好者参加。活动期间上演了策马奔腾、真人CS、K歌畅饮等户外节目。

（黄海星）

机构人物

宣恩县组织机构领导名录

(一)党政军县处级领导机关

中国共产党宣恩县委员会

中国共产党宣恩县委员会，规范简称中共宣恩县委或县委，是中共宣恩地方组织，县(处)级。县委下设县委办、组织部、宣传部、统战部、政法委，直接领导和管理的机构有：信访局、机关工委、编办、党校、档案局、史志办等单位，下辖工业园区、公安、县一中、工商、国税、地税6个县直党委和9个乡镇党委。

书　记：曾德权(2014.1—12)
副书记：习　覃(女 2014.1—12)
　　　　覃遵国(2014.1—9)
　　　　朱鹏程(2014.10—12)
常　委：吴卫平(2014.1—12)
　　　　朱　瑾(女 2014.1—12)
　　　　朱鹏程(2014.1—12)
　　　　范　涌(2014.1—12)
　　　　黄同元(2014.1—12)
　　　　龙志刚(2014.9—12)
　　　　岳　东(2014.1—12)
　　　　张付松(2014.1—3)
　　　　雷天兵(2014.3—12)
　　　　李海涛(挂职 2014.1—12)
　　　　王　冕(挂职 2014.1—12)

宣恩县人民代表大会常务委员

宣恩县人民代表大会是宣恩地方国家权力机关，宣恩县人民代表大会常务委员会是其常设机关，县(处)级，设内务司法工作委员会、财政经济工作委员会、环境资源保护工作委员会、农村农业民族工作委员会、教育科学文化卫生工作委员会、代表选举工作委员会、办公室等7个工作和办事机构。

核定宣恩县人大常委会机关行政编制21名，工勤编制3名，2014年末，实有在职行政人员21人，工勤人员2人，合同用工3人。

主　任：杨安明(2014.1—12)
副主任：李明山(2014.1—12)
　　　　姚元文(2014.1—12)
　　　　唐　斌(2014.1—12)
　　　　覃正彪(2014.1—12)
　　　　史红珍(女 2014.1—12)
　　　　乾维德(2014.1—12)

宣恩县人民政府

宣恩县人民政府是宣恩县级地方行政机关，县(处)级。县人民政府下设23个工作部门，6个直属事业单位。

县　　长：习　覃(女 2014.1—12)
常务副县长：朱鹏程(2014.1—12)
副 县 长：王　冕(挂职 2014.1—12)
　　　　　李海涛(挂职 2014.1—12)
　　　　　向建强(2014.1—12)
　　　　　向子明(2014.1—12)
　　　　　周志斌(2014.1—12)
　　　　　李世祥(2014.1—12)
　　　　　张友刚(2014.1—12)
　　　　　尹建华(女 挂职 2014.1—12)
　　　　　郭建华(2014.1—12)
　　　　　胡　炜(2014.11—12)

中国人民政治协商会议宣恩县委员会

中国人民政治协商会议宣恩县委员会，简称政协宣恩县委会或宣恩县政协，设办公室及提案、经济、人口资源环境、民族宗教法制联谊、科教文卫体、文史资料等6个专门委员会。核定行政编制17名，工勤编制2名，挂职锻炼1人。2014年底，机关实有在职人员20人。

主　席：张　频(2014.1—12)
副主席：王仕高(2014.1—12)
　　　　王此权(2014.1—12)
　　　　黄玉贤(2014.1—12)
　　　　钟昌泽(2014.1—12)
　　　　陈　浩(女 2014.1—12)

秘书长：屈代金(2014.1—12)

县人武部

中国人民解放军湖北省宣恩县人民武装部，简称县人武部，内设军事科、政工科、后勤科、国防动员办公室。人员编制21名(其中现役干部8名，县编干部10名，省编职工3名)。2014年实有干部职工20人，全县设9个乡镇武装部，应配专武干部18人，实配18人，其中部长9人，副部长6人，干事3人。

部　　长：张付松(2014.1—2)
　　　　　赖以健(2014.2—12)
政治委员：赖以健(2014.1—2)
　　　　　雷天兵(2014.2—12)
副 部 长：刘友权(兼军事科长2014.1—12)

政工科

科　　长：廖中才(2014.1—12)

后勤科

科　长：赵新民(2014.1—12)

国防动员综合办公室

常务副主任：向裕华(2014.1—12)
副　主　任：尹绍亮(2014.1—8)
　　　　　　张富亮(2014.1—12)

㈡县直各职能机构

县纪委(监察局)

2014年10月22日，县纪委(监察局)内设机构调整(编发〔2014〕21号)为：办公室、组织部、宣传部、党风政风监督室、纪检监察一室、纪检监察二室、纪检监察三室、案件审理室、案件监督管理室、信访室。

派出机构：中共宣恩县纪委(宣恩县监察局)派出第一纪工委(监察分局)，中共宣恩县纪委(宣恩县监察局)派出第二纪工委(监察分局)，中共宣恩县纪委(宣恩县监察局)派出第三纪工委(监察分局)。

核定县纪委(监察局)编制26名(行政编制23名，工勤编制3名)；派出机构编制21名。2014年实有31人，其中县纪委(监察局)机关实有19人，派出纪工委(监察分局)12人。

书　记：吴卫平(2014.1—12)
副书记：谭建军(2014.1—12)
　　　　谢昌勇(2014.1—12)
常　委：龙昌明(2014.1—12)
　　　　刘　敏(女2014.1—12)
　　　　李华登(2014.1—12)
　　　　杨丽中(女2014.1—12)

县监察局

局　长：谭建军(2014.1—12)
副局长：李华登(2014.1—12)
　　　　杨丽中(女2014.1—12)
　　　　赵海燕(女2014.1—12)

派出第一纪工委(监察分局)

书　记(局　长)：魏代军(2014.1—12)
副书记(副局长)：杨亨祥(2014.1—12)
　　　　　　　　李　原(女2014.1—12)

派出第二纪工委(监察分局)

书　记(局　长)：曹绪文(2014.1—12)
副书记(副局长)：晏大鹏(2014.1—12)
　　　　　　　　谢金花(女2014.1—12)

派出第三纪工委(监察分局)

书　记(局　长)：段立新(2014.1—12)
副书记(副局长)：李昌荣(2014.1—12)
　　　　　　　　张　婵(女2014.1—12)

县委办公室

县委办公室内设县委政研室、县委督查室、县委机要局(密码管理局)、县委保密办公室(国家保密局)、县委防范和处理邪教问题办公室(挂靠)、县委总值班室、秘书科、文书科、信息科、政工科、行政科。行政编制29名，工勤编制9名。2014年末实有公务员26人，工勤人员8人

主　任：朱　瑾(女2014.1—12)
副主任：刘玉书(2014.1—7)
　　　　喻以锋(2014.4—12)

熊茂平(2014.1—12)
陈　涛(2014.1—12)
吕桂花(女 2014.1—12)

县委组织部

县委组织部内设办公室、组织科(加挂县委组织员办公室牌子)、干部科、干部监督科(加挂干部监督举报中心牌子)、调研科、信息管理科、人才科(加挂干部教育科牌子)、党建办公室、党代表联系办公室。隶属事业单位;党员电化教育中心(远程教育办公室)。核定县委组织部行政编制13名,工勤编制1名;隶属事业机构事业编制5名。2014年末实有在职公务员12人,工勤人员1人,事业人员3人。

部　　长:范　涌(2014.1—12)
常务副部长:钟仁义(2014.1—12)
副 部 长:陈　勇(兼 2014.1—12)
张金龙(2014.1—12)
向海艳(女 2014.1—12)
贵用奎(兼 2014.1—12)

县委老干部局

县老干部局核定行政编制3名,2014年末实有2人。2011年2月15日,设立宣恩县老干部活动中心和县老年大学(宣编发〔2011〕11号),与宣恩县休干所合署办公,一套班子,三块牌子)属老干部局管理的参公事业单位,核定参公事业编制3名,2014年末实有1人。

局　长:贵用奎(2014.1—12)
副局长:田海云(女 2014.1—12)

县委宣传部

县委宣传部内设办公室、新闻宣传科、理论教育科、文化艺术科、精神文明建设委员会办公室、县委对外宣传领导小组办公室。隶属管理的事业单位:宣恩县新闻信息中心(《恩施日报》社驻宣恩记者站)、中共宣恩县委理论信息中心。核定县委宣传部行政编制11名,2014年末实有6人。核定县委理论信息中心,事业编制3名,实有3人。

部　　长:岳　东(2014.1—12)
常务副部长:黄世平(2014.1—12)
副 部 长:卢昌群(2014.1—12)
王　燕(女　县文明办主任 2014.1—12)
宋　文(兼 2014.1—12)
县委外宣办主任:戴　虎(2014.10—12)

县新闻信息中心

核定县新闻信息中心编制11名,2014年末实有11人。

主　任:宋　文(2014.1—12)
副主任:阳　平(2014.1—12)
李以国(2014.1—12)

县委统战部(县台办)

县委统战部(县台办)内设办公室、干部科(民族宗教科)、工商科(台湾工作科),县台办与县委统战部合署办公,核定行政编制6名;工勤编制1名,2014年末实有职工9人,在编公务员7人,行政工勤人员1人,“三支一扶”人员1人。

部　　长:岳　东(2014.1—12)
常务副部长:罗　宣(2014.1—12)
副 部 长:周和军(2014.1—12)
田代国(2014.1—12)
赵厚勇(兼 2014.1—12)
县台办副主任:汤月如(2014.1—12)

县委政法委

县委政法委内设办公室、政工科、县社会治安综合治理委员会办公室、县维护社会稳定领导小组办公室。核定行政编制8名,工勤编制1名,2014年末实有公务员10人;管理的事业单位:县社会管理应急调度指挥中心,核定编制2名,2014年末实有2人。

书　　记:黄同元(2014.1—12)
常务副书记:刘应县(2014.1—12)
副 书 记:夏国斌(2014.1—12)

县社会治安综合管理委员会办公室

主　任：夏国斌(兼 2014.1—12)

副主任：杨尔智(2014.1—12)

　　　　龚伦志(2014.3—12)

县维护社会稳定领导小组办公室

主　任：卢　曙(2014.1—12)

县委群众工作部(县信访局)

县委群众工作部(县信访局)内设办公室、群众接访中心(接访科)、办信(网上信访)科、督查科。核定行政编制7名,机关后勤编制1名,2014年末实有在编公务员7人,行政工勤1人;挂职干部1人,公益性岗位人员1人。

部　长：朱　瑾(女　兼 2014.1—12)

局　长：彭家安(县委群众工作部常务副部长 2014.1—12)

副局长：明官宇(县委群众工作部副部长 2014.1—12)

　　　　胡启刚(县委群众工作部副部长 2014.1—12)

县法院

2014年12月16日,县编委批准宣恩县人民法院增设信息化办公室为内设机构,并增设内设机构负责人职数1名(宣编发〔2014〕24号)。至此,县法院内设机构为15个:办公室、政治处、立案庭、刑事审判庭、民事审判第一庭、民事审判第二庭、行政审判庭、审判监督庭、执行局(加挂执行庭牌子)、监察室、司法警察大队、司法行政科、司法鉴定科、审判管理办公室、信息化办公室;派出法庭9个:沙道沟、长潭河、李家河、高罗、沙坪、椒园、万寨、晓关、椿木营等人民法庭。核定中央行政编制85名,2014年实有干警65人。

院　　长：郑向东(2014.1—12)

副 院 长：喻家安(2014.1—12)

　　　　　罗　军(2014.1—12)

　　　　　林宏宇(2014.1—12)

纪检组长：段绍罡(2014.1—12)

党组成员：丁　梅(女　政治处主任 2014.1—12)

　　　　　刘永红(执行局局长 2014.1—12)

县检察院

县检察院内设办公室、政治处、反贪污贿赂局、反渎职侵权局、侦查监督科、公诉科、监所检察科、民事行政检察科、控告申诉检察科、行政装备检察科、检察技术科、司法警察大队、人民监督员办公室、案件管理办公室;核定县检察院政法专项编制53名,2014年底实有干警48人。

检 察 长：李美福(2014.1—12)

副检察长：苏伍云(2014.1—12)

　　　　　陈　杰(2014.1—12)

　　　　　李维汉(2014.1—12)

　　　　　张德志(州检察院下派 2014.1—12)

纪检组长：杨秀军(2014.1—12)

党组成员：黄正华(反渎职侵权局局长 2014.1—12)

　　　　　向晓东(女　政治处主任 2014.1—12)

专职检察委员会委员：刘菊平(女 2014.1—12)

　　　　　　　　　　李华秋(女 2014.1—12)

湖北七姊妹山国家级自然保护区管理局

湖北七姊妹山国家级自然保护区管理局内设办公室、计划财务科、保护管理科、科研宣教科、社区事务科5个正科级职能科室和恩施自治州森林公安局七姊妹山自然保护区分局(加挂保护区护林防火办公室牌子),下设长潭、椿木、沙坪、龙谭、雪落寨5个管理站和8个管护点。2014年4月,州政府将管理局作为州林业局所属正县级财政拨款事业单位纳入州直单位管理,核定省财政拨款事业编制49名;州财政拨款事业编制10名,与此同时将州森林公安局七姊妹山自然保护区分局5名政法专项编制人员连人带编整体划归州管,人员经费由州财政负担(恩施州机编发〔2014〕50号)。2014年末湖北七姊妹山国家级自然保护区管理局有正式职工33人,退休1人。

局　长：熊坤赤(2014.1—12)

副局长：宋春禄(2014.1—12)

　　　　曾凡忠(2014.9—12)

宣恩工业园区管委会

宣恩工业园区管委会为隶属县人民政府管理的

副县级行政机构，内设办公室、财政分局、国土建设分局三个正科级机构以及正科级全额拨款事业单位“宣恩县招商引资服务中心”。核定行政编制11名，隶属事业机构编制8名。2014年末实有在职在编行政人员11人，事业编制人员4人。

主　　任：覃国锋(2014.1—12)
副 主 任：杨介明(2014.1—12)
　　　　　尹超文(2014.1—2)
　　　　　田光明(2014.2—12)
　　　　　石　刚(2014.1—12)
　　　　　康纪全(2014.1—12)
　　　　　舒　蓉(女　2014.1—12)
纪委书记：汪红兵(2014.1—12)
国土建设分局局长：谢应富(兼 2014.1—2)
财政分局局长：李宏(兼 2014.1—12)
办公室副主任：吴　兵(2014.1—12)
县招商引资服务中心副主任：杨　胜(女 2014.1—12)

县人大常委会机关

县人大办公室

主　任：周　斌(2014.1—12)
副主任：黄　俊(2014.1—12)
　　　　徐成艳(女 2014.3—12)

内务司法工作委员会

主　任：杨月轩(2014.1—12)

财政经济工作委员会

主　任：匡运吉(2014.1—12)

环境资源保护工作委员会

主　任：莫代富(2014.1—12)

农村农业民族工作委员会

主　任：谭柏生(2014.1—12)

教育科学文化卫生工作委员会

主　任：谭元照(2014.1—12)

代表选举工作委员会

主　任：覃国瑜(女 2014.1—12)

县政府办公室

县政府办公室内设县政府应急管理办公室、总值班室、秘书一科、秘书二科、秘书三科、秘书四科、秘书五科、秘书六科、文书科、县政府政务督查室、县政府法制办公室、县政府研究室、县政府电子政务办公室、县政府金融办公室、人事科、行政科、机关车队等17个科室，专设县政府外事侨务办公室。核定行政编制37名，工勤编制10名；2014年末，实有在编在职人员44人，其中公务员35人，工勤人员9人。

主　　任：胡晓洪(2014.1—12)
副 主 任：郭长卿(2014.1—12)
　　　　　黄舜卿(2014.1—8)
　　　　　赵诗学(行政服务中心主任 2014.1—12)
　　　　　宋理兵(机关事务局局长 2014.1—2)
　　　　　徐　忠(机关事务局局长 2014.2—12)
　　　　　张亚丹(2014.1—12)
　　　　　郭祥林(2014.1—12)
　　　　　吴　波(2014.1—12)
　　　　　罗文政(2014.1—12)
　　　　　田明贵(2014.1—12)
党组成员：黄燎原(县招投标中心主任 2014.1—12)
　　　　　杨世军(2014.1—12)
　　　　　马　忠(2014.1—12)

县政协机关

县政协办公室

主　任：屈代金(兼 2014.1—12)
副主任：赵　林(2014.1—12)

提案委员会

主　任：尹　红(女 2014.1—12)

经济委员会

主　任：田长锐(2014.1—12)

人口资源环境委员会

主　任：田　松(女 2014.1—12)

科教文卫体委员会

主　任：卢　阳(2014.1—12)

民族宗教法制联谊委员会

主　任：汪盛轩(2014.1—12)

文史资料委员会

主　任：刘建中(2014.1—12)

县直机关工委

县委县直机关工作委员会内设县直机关纪工委、办公室(宣传调研科)、组织科，核定编制4名，2014年末实有4人。

书　　记：范　涌(兼2014.1—12)
常务副书记：徐　忠(2014.1—2)
　　　　　尹超文(2014.2—12)
副　书　记：聂蜀露(女2014.1—12)

县机构编制委员会办公室

县机构编制委员会办公室内设综合科、机构编制科和监督检查科(县机构编制委员会督查室)，管理的事业单位县事业单位登记管理局。核定行政编制5名、工勤编制1名，2014年末实有5人；事业单位登记管理局编制3名，实有1人。

主　任：杨岱书(2014.1—12)
副主任：雷　斌(2014.1—12)

事业单位登记管理局

局　长：杨立新(2014.1—12)

县委党校(行政学校)

县委党校与行政学校合署办公，内设办公室、政工科、组教科、公务员培训办公室、社会培训科、科研室、行政科等7个科室，核定编制30名，2014年末实有在岗教职工19人(其中参照公务员管理10人，专技人员7，工勤人员2人)。

党 校 校 长：覃遵国(兼2014.1—12)
　　　　　　朱鹏程(兼2014.12—12)
行政学校校长：朱鹏程(兼2014.1—12)
常 务 副 校 长：周玉和(2014.1—12)
副　　校　　长：娄佰才(2014.1—12)
　　　　　　宋理俊(2014.4—12)
　　　　　　胡　红(女2014.4—12)

县党史县志征集编纂委员会办公室

县党史县志征集编纂委员会办公室(简称县史志办公室)内设综合科、总编室，核定编制4名，2014年末实有在编4人；退休职工5人。

主　任：杨和平(2014.1—12)
副主任：江安鸣(女2014.1—12)

县档案局(馆)

县档案局(馆)内设办公室、档案管理编研股、档案教育法规股、档案业务指导股、现行文件服务中心、爱国主义教育基地。核定编制13名，2014年末实有12人。

局　(馆)长：颜学龙(2014.1—12)
副局(馆)长：张华蓉(女2014.1—12)
　　　　　　彭泽华(2014.1—12)

县工商联(总商会　中共宣恩县非公有制经济工作委员会)

县工商业联合会(总商会)挂“中共宣恩县非公有制经济工作委员会“牌子，内设综合办公室，核定行政编制5名，2014年末实有6人。

主　　　席：王　维(2014.1—12)
第一副主席：周和军(2014.1—12)
副　主　席：陈开梅(女　2014.1—12)
　　　　　　田世进(2014.1—12)
　　　　　　李红光(不驻会　2014.1—12)
　　　　　　王和清(不驻会　2014.1—12)
　　　　　　蔡昌和(不驻会　2014.1—12)
　　　　　　段　辉(不驻会　2014.1—12)
　　　　　　奚泽登(不驻会　2014.1—12)
　　　　　　崔江华(不驻会　2014.1—12)
　　　　　　张安英(女　不驻会　2014.1—12)

王会雄(女　不驻会　2014.1—12)
黄　平(不驻会　2014.1—12)
吴乐坤(不驻会　2014.1—12)
谢文林(不驻会　2014.1—12)
杨胜超(不驻会　2014.1—12)
熊金华(不驻会　2014.1—12)
邱　恩(不驻会　2014.1—12)
李忠梅(女　不驻会　2014.1—12)
雷志恩(不驻会　2014.1—12)
苏世武(不驻会　2014.21—12)
陈国林(不驻会　2014.1—12)

中共宣恩县非公有制经济工作委员会

书　记：陈开梅(女 2014.1—12)
副书记：田世进(2014.1—12)

县总工会

县总工会内设办公室、组宣部、生产生活部、女工部、财务部等机构，事业单位：困难职工帮扶中心。核定行政编制 6 名(其中工勤编制 1 名)，事业机构编制 1 名，2014 年末实有 7 人，公务员 5 人，工勤人员 1 人，事业人员 1 人。

主　　席：朱　瑾(女　兼 2014.1—12)
常务副主席：李华生(2014.1—12)
副 主 席：王银平(女　2014.1—12)
向隆章(不驻会　2014.1—12)

团县委

团县委内设综合办公室，核定机关行政编制 3 名，2014 年底实有 3 人(含西部计划志愿者 1 人)。

书　记：徐兆海(2014.1—12)
副书记：陈祥恩(2014.1—12)
杨胜涛(不占编制 2014.1—12)
莫长锐(不占编制 2014.1—12)

县妇联

县妇联内设综合办公室。核定编制 3 名，2014 年末实有在职在编人员 2 人，借调 1 人；离退休干部 4 人。

主　席：向莲花(女 2014.1—12)
副主席：郭　静(女 2014.1—12)
段　利(女 2014.10—12)

县科学技术协会

县科学技术协会承担“宣恩县全民科学素质工作领导小组办公室”职责，内设综合办公室，核定行政编制 4 名，2014 年末实有在编人员 4 人，西部计划志愿者 1 人。下设事业单位：民族科技馆，核定事业编制 11 名，实有 1 人。

主　席：高应坤(2014.1—12)
副主席：刘永红(2014.1—12)
尹绍亮(2014.9—12)
胡昌高(不驻会 2014.1—12)
商克超(不驻会 2014.1—12)
李森权(不驻会 2014.1—12)
张　婵(不驻会 2014.1—12)

县残疾人联合会

县残疾人联合会(简称县残联)内设综合办公室，下设残疾人康复中心和残疾人劳动就业服务所 2 个事业单位。核定县残联机关编制 5 名，2014 年末实有人员 6 人(其中聘用人员 1 人)；县残疾人劳动就业所编制 3 名，实有人员 3 人；残疾人康复中心编制 2 名，实有人员 2 人。

理 事 长：郑大好(2014.1—12)
副理事长：刘厚贤(2014.1—12)

县老区建设促进会

会　长：唐松林(2014.1—12)
副会长：张儒前(常务 2014.1—12)
刘红武(2014.1—12)
程忠禄(2014.1—12)
夏珍香(女 2014.1—12)
秘书长：刘需群(2014.1—12)

县人民政府机关事务局

县机关事务管理局内设办公室、技术保障股、综合服务股、安全保卫股、节能办公室。核定事业编制15名。2014年末实有11人(其中县政府办占编1人,县档案局占编1人),聘用服务人员43人。

局　长：宋理兵(2014.1—2)
　　　　徐　忠(2014.2—12)
副局长：黄新枝(女 2014.1—5)
　　　　蔡　平(2014.11—12)

县接待办公室

县接待办公室内设综合科,核定编制4名,2014年末实有4人。

主　任：田聂卉(女 2014.1—3)
　　　　黄新枝(女 2014.6—12)
副主任：樊友艺(2014.1—12)

县扶贫开发办公室

县扶贫开发办公室内设综合股、扶贫股、老区建设股、财务股、培训股。核定行政编制10名;工勤编制1名,2014年末实有11人,另有"三支一扶"人员2人,聘请人员2人,借调人员2人。隶属事业机构:县扶贫开发中心,核定编制2名。

主　任：夏珍香(女 2014.1—12)
副主任：李　新(2014.1—12)
　　　　谭发兴(2014.1—8)
　　　　阳　源(2014.1—12)

县人力资源和社会保障局

县人力资源和社会保障局内设办公室、公务员管理与人才流动调配股(挂军队转业干部安置办公室牌子)、工资福利与退休管理股、社会保险管理股、就业促进股、国家职业技能鉴定所、事业单位人事管理股、政策法规股、基金监督与规划财务股、信息统计股等9个股室。

隶属管理的二级单位8个:县社会保险管理局、县劳动就业管理局、县城乡居民社会养老保险管理局、县劳动监察大队、劳动人事争议仲裁院、县人才交流中心、县自主择业军队转业干部管理办公室、县人社局信息中心;另辖9个乡镇劳动和社会保障服务中心。

核定县人力资源和社会保障局编制40名,2014年末实有42人,其中,公务员编制16名,2014年末实有19人;参照公务员法管理编制13名,实有10人;事业单位编制10名,实有10人;工勤编制1名,实有1人;临时人员2人。

局　　　长：陈　勇(2014.1—12)
副　局　长：向隆章(2014.1—12)
　　　　　　黄珍华(2014.1—12)
　　　　　　郭宪立(2014.1—12)
　　　　　　胡昌高(2014.1—12)
党 组 成 员：王家金(2014.1—12)
　　　　　　刘　耀(2014.1—12)
　　　　　　曾　莉(女 2014.6—12)
总 会 计 师：张　琰(女 2014.1—12)
军转办主任：王胜维(2014.1—12)
人才交流中心主任：肖桂琼(女 2014.1—12)

县城乡居民社会养老保险管理局

县城乡居民社会养老保险管理局是县人力资源和社会保障局下属的副科级全额拨款事业单位,内设办公室、统筹股、稽核股、退管服务股、基金财务股、信息统计股。

核定全额拨款事业编制11名,2014年末实有11人;"三支一扶"人员2人;临时聘用人员3名;退休干部1人。

局　长：曾　莉(女 2014.1—12)
副局长：谭　明(2014.1—12)
　　　　黄克珲(女 2014.1—12)

县社会保险管理局

县社会保险管理局是县人力资源和社会保障局下属的正科级参照公务员法管理事业单位,内设办公室、登记核定股、基金财务股、信息统计股、离退休人员管理服务股、基金结算股、稽核股、医疗工伤生育保险管理股等 8 个职能股室。

核定编制 29 名，2014 年末实有在编人员 26 人，借调人员 4，临时人员 10 人。

局　长：王家金（2014.1—12）

副局长：黄祥林（2014.1—12）

　　　　胡　勇（2014.1—12）

县劳动就业管理局

县劳动就业管理局是隶属于县人力资源和社会保障局的副科级事业单位，内设办公室、财务股、职工失业保险股、信息统计股。与县再就业服务指导中心、县人力资源服务中心、县培训中心和县创业指导服务中心合署办公。核定全额拨款事业编制 17 名，2014 年末实有 16 人，其中管理岗位 7 人，专业技术岗位 7 人（人力资源经济师 5 人），试用期人员 2 人。

局　长：刘　耀（2014.1—12）

副局长：龙自臻（2014.1—12）

　　　　陈光耀（2014.1—12）

县发展和改革局（县物价局）

县发展和改革局（县物价局）内设办公室（人事股）、国民经济综合股（发展规划股、资源节约和环境保护股、县国民经济动员办公室、政策法规股）、固定资产投资股、农村经济股（地区经济股、农业区划办）、工业交通能源股（县交通战备办公室、高新技术产业股、开发区管理股）、经济体制综合改革股（服务业发展股、对外经济股、财金贸易股）、社会发展股（就业和收入分配股）、价格股、收费股等股室，专设县西部开发领导小组办公室、县重点项目建设领导小组办公室、县生态文化旅游圈建设领导小组办公室，管理县价格监督检查分局（县成本调查监审分局），下辖县价格认证中心（全额拨款）、县计划投资管理中心（自收自支）2 个部门管理的事业单位。

核定县发展和改革局机关行政编制 16 名，工勤编制 1 名，2014 年末实有公务员 15 人，工勤人员 1 人；核定县价格监督检查分局行政编制 6 名，工勤 1 名，实有公务员 4 人；核定县价格认证中心编制 5 名，实有 5 人；县计划投资管理中心编制 5 名，实有人员 3 人。

党组书记：胡美玉（女 2014.1—12）

局　　长：陆祥忠（2014.1—12）

副 局 长：尹进华（物价局长 2014.1—12）

　　　　　姜绍义（2014.1—12）

　　　　　刘　川（2014.1—12）

县重点项目建设领导小组办公室

主　任：贺声映（2014.1—12）

县生态文化旅游圈建设领导小组办公室

主　任：夏吉政（2014.1—12）

县教育局（县政府教育督导室）

县教育局与县人民政府教育督导室合署办公，内设办公室、计划财务股（审计股）、教育股（成职教育股）、人事股（教师管理股）、学校安全管理股、县教育督导室办公室、招生考试办公室 7 个股室。

下辖县教研室、县学校后勤管理办公室、县教育经费管理中心、县青少年校外活动中心、县电教装备站、县学生资助管理中心、县第一中学、县中等职业技术学校、县第二中学、县民族实验中学、县民族实验小学、县荥屏特殊教育学校、县直机关幼儿园、县民族幼儿园。

核定县教育局机关行政编制 15 名，其中工勤编制 1 名，2014 年末实有 9 人。

局　长：刘　军（县政府教育督导室主任 2014.1—12）

副局长：喻　明（正科级督学 2014.1—12）

　　　　杨仕荣（2014.1—12）

　　　　商克超（2014.1—12）

县第一中学

县第一中学内设机构 10 个，分别是：办公室、教务处、教研处、德育处、信息技术处、后勤处、勤工俭学办公室、资助中心、心理咨询处、教师培训处。核定事业编制 193 名，其中全额拨款事业编制 181 名，自收自支事业编制 12 名，2014 年末实有在编在岗教职工

162人(其中自收自支11人);退休教职工60人(全额拨款47人,社保7人,自收自支6人)。

校　长:龚光太(2014.1—12)

副校长:刘世兵(2014.1—12)

李绍璜(2014.1—12)

王海燕(女2014.1—12)

张　强(2014.1—12)

县中等职业技术学校

县中等职业技术学校内设10个处室,分别是办公室、教务处、教研处、政教处、安全处、总务处、培训部、电大分校办公室、招生及生产实习和就业指导办公室、团委。核定编制85名,2014年末实有74人。

校　长:黄文清(2014.1—12)

副校长:易继勇(2014.1—12)

黄仕清(2014.1—12)

李　顺(2014.1—12)

县科学技术局

县科学技术局内设办公室(人事股、监察室)、科技成果与计划股(行政审批股)、高新技术股(县国防动员委员会科技动员办公室)、农村科技与社会发展股、知识产权局。所属的事业单位1个:县科技开发服务中心。核定机关行政公务员编制5名,工勤编制1名。2014年末实有11人,其中公务员10人,工勤人员1人。事业机构编制2名,实有1人。

局　长:杨秀全(2014.1—12)

副局长:满金山(2014.1—12)

郭秀红(2014.1—12)

县民族宗教事务局

县民族宗教事务局内设办公室、政策法规宣传与社会发展股(监督检查股)、经济发展股(电脑农业办公室)和宗教股。所属的事业单位1个:县民族研究所。核定机关行政编制6名,工勤编制1名。2014年末机关实有职工13人(公务员11人,工勤人员2人),事业机构编制2名,实有职工1人,公益性岗位1人;退休干部8人。

局　　长:赵厚勇(2014.1—12)

副 局 长:王　恒(2014.1—12)

张　瑾(女2014.1—12)

党组成员:杨　华(女2014.1—12)

县民政局

县民政局设办公室、优抚股、复员退伍军人安置股、救灾股、基政区划和民间组织股、社会福利和社会事务股、计划财务内审股、老龄委办公室、社会救助局(副科级)9个内设机构。

直属8个事业单位:县光荣院、县福利院、县殡葬管理所、县烈士陵园管理所、县军队离退休干部服务管理办公室、县殡葬执法大队、县婚姻登记处、县流浪乞讨救助站。

核定县民政局机关行政编制14名,2014年末实有13人;核定8个事业单位编制29名,年末实有在编干部职工26人,公益性岗位11人。

局　　长:甘清朗(2014.1—12)

副 局 长:郑大庆(2014.1—12)

周国友(2014.1—12)

王顺钊(2014.1—12)

党组成员:李德平(县社会救助局局长2014.1—12)

县财政局

县财政局(县政府国有资产管理局)设12个内设机构:办公室(法规税政股、财政信息中心、行政审批股)、综合股、预算股(预算绩效管理股)、国库股、行政政法股、教科文股、经济建设股、农财股、社会保障股、企业股(商贸股、国有资产管理股)、债务金融股(世行办公室)、人事股。另设有工会、党务办、文明办。

隶属副科级事业单位6个。其中参照公务员法管理的事业单位5个:县非税收入征收管理局、县会计事务管理局、县农业综合开发办公室、县政府采购办公室、县农村财政管理局;全额拨款的事业单位1个:县财政监督局。

2014年2月25日,乡镇财经所统一划转为县财政局派出单位，统一称宣恩县财政局××财政所，全县共有9个财政所，并加挂农村经营管理站牌子。

核定县财政局机关编制18名，其中行政编制17名，2014年末实有14人；工勤编制1名，年末实有1人。核定5个参照公务员法管理事业单位编制52名，年末实有38人，有占编不具参管身份的5人。核定隶属全额拨款事业单位财政监督局编制15名，年末实有13人。局机关有未进编制的合同工5人，借用人员6人。核定派出财政所事业编制153名，2014年末实有135人。

局　　长：李　川(2014.1—12)

副 局 长：黄长德(2014.1—12)

李　宏(2014.1—12)

孙宏洲(兼会计事务管理局局长2014.1—12)

总会计师：成　涛(2014.1—12)

县政府采购办公室主任：卓贤文(2014.1—12)

县农业综合开发办公室主任：康　伟(2014.1—12)

县非税收入征收管理局局长：蔡章辉(2014.1—12)

县农村财政管理局局长：叶元华(2014.1—12)

县财政监督局局长：刘申法(2014.1—12)

县农业局(县委农办)

县农业局与中共宣恩县委农办合署办公，内设10个职能股室，分别是：办公室、人事股(老干部工作股)、发展计划与财务股、科技与教育股、新农村建设办公室(调研股、经济发展指导股)、种植业股、经济作物(县果茶生产办公室)、农业产业化股、法规股(农产品质量监督管理办公室、县农业行政执法支队)、县农机化管理办公室。

直属二级事业单位13个：县土肥站、县植物保护站、县蔬菜技术推广站、湖北省农业广播电视学校宣恩分校、县种子管理局、县农产品质量安全监督检验站、县劳动力转移培训阳光工程办公室、县生态能源局、县农机安全监理站、县农业机械学校、县农业技术推广中心、县特产技术推广服务中心、县“宣恩早”蜜柑无病毒苗木繁育中心站。

归口管理正科级事业单位2个：县农业利用外资办公室、县农村经济管理局。

核定县农业局机关行政编制16名，2014年末实有20人；二级单位事业编制75名，实有53人。

局长(主任)：龚家邦(2014.1—12)

副　局　长：杨炳南(2014.1—12)

陈文金(2014.1—12)

黄红林(农办副主任2014.1—12)

向　奋(2014.1—12)

党 组 成 员：田凤文(2014.1—12)

杨年红(2014.1—12)

刘春生(2014.1—2)

县公安局

2014年12月16日，县编委批准县公安局设立内保大队(宣编发〔2014〕23号)。至此，县公安局内设机构为16个。其中，执法勤务机构12个：国内安全保卫大队、刑事侦查大队、交通警察大队、治安管理大队、缉毒大队(县禁毒委员会办公室)、经济犯罪侦查大队、公共信息网络安全监察大队、出入境管理大队、法制控申大队(行政复议办公室)、看守所、治安拘留所、内保大队；综合管理机构4个：指挥中心、政治处、警务保障室、警务督察大队。公安派出所10个：珠山派出所、椒园派出所、沙道沟派出所、晓关派出所、长潭河派出所、万寨派出所、椿木营派出所、高罗派出所、李家河派出所、龙洞派出所。

核定全县公安系统政法专项编制218名，2014年末实有人员187人(其中工人1人)。

局　　长：张友刚(2014.1—12)

政　　委：陈鲜艳(2014.1—12)

副 政 委：王海涛(2014.1—12)

副 局 长：徐志刚(2014.1—12)

朱宗明(2014.1—12)

刘　瑜(2014.1—12)

黄兴祥(2014.1—12)

陈文清(2014.1—12)

向守成(2014.1—12)

纪委书记、政治处主任：向银祥(2014.1—12)

党委成员：张　勇(2014.1—12)

吴德芳(2014.1—12)

贺旭峰(2014.1—12)

县司法局

县司法局内设办公室、人事股、法制宣传股、基层工作股、律师公证管理股（司法鉴定管理股）、法律援助中心、法规股、社区矫正工作办公室；

派出机构9个：珠山司法所、椒园司法所、晓关司法所、万寨司法所、长潭河司法所、椿木营司法所、高罗司法所、李家河司法所、沙道沟司法所；

直属公证机关：宣恩县公证处；

隶属管理的直属事业单位：湖北洪渊律师事务所。

核定全县司法行政系统政法专项编制41名，其中，县司法局机关21名（含县公证处3名），9个派出基层司法所20名；湖北洪渊律师事务所全额拨款事业编制5名。2014年末实有43人，其中局机关22人，9个基层司法所18人，湖北洪渊律师事务所3人。

局　长：肖　鸿（2014.1—12）

副局长：李先军（2014.1—12）

谭云书（2014.1—12）

谭　斌（2014.1—12）

刘　嫔（女 2014.1—12）

纪检组长：何树蓝（2014.1—12）

县依法治县工作领导小组办公室副主任：杨长远（2014.1—12）

县国土资源局

县国土资源局内设办公室（人事股、财务股）、征地利用股、耕保股、地籍股、地质环境股（地震股）、矿管股、法规监察股、国土资源信息中心。

直属事业单位14个：县国土资源执法监察大队、县国土资源收购储备交易中心、县土地整理开发中心、县地质灾害监测防治中心、县土地利用规划队和9个派出国土资源所。

核定县国土资源局机关行政编制12名，事业机构编制83名（其中派驻乡镇国土资源所事业编制36名），2014年末，全县国土资源系统实有在职职工83人。

局　长：戴恩高（2014.1—12）

副局长：吴长安（2014.1—12）

杨德志（兼纪检组长 2014.1—12）

杨少雄（2014.1—12）

县地质灾害监测防治中心主任：向明（2014.1—12）

县国土资源执法监察大队大队长：张善明（2014.1—12）

县国土资源收购储备交易中心主任：王　坤（2014.1—12）

县住房和城乡建设局（县人民防空委员会办公室）

县住房和城乡建设局加挂县人民防空委员会办公室、县测绘局牌子，内设办公室（人事财务股、人防管理股）、住房保障股、房产管理股、建筑工程管理股、村镇建设股、装饰装修（建材行业）管理股、燃气办。核定县住房和城乡建设局行政编制12名，工勤编制1名，2014年末实有行政人员14人，工勤人员1人。

隶属管理的事业单位10个：县城市规划管理局（副科级，定编7名，年末实有6人）、县燃气执法大队（定编3名，年末实有3人）、县建设工程安全生产监督管理站（定编3名，年末实有3人）、县建设工程劳动造价定额管理站（定编2名，年末实有1人）、县建设工程质量监督站（定编5名，年末实有3人）、县房产登记中心（由县房产交易中心更名，定编8名，年末实有7人）、县房屋安全鉴定办公室（白蚁防治中心，定编3名，年末实有3人）、县国有土地上房屋征收管理办公室（定编4名，实有2人）、县城乡规划设计室（自收自支，定编3名）、县建筑设计室（自收自支，定编4名）。

局　长：张文孟（2014.1—12）

副局长：黄明仕（2014.1—12）

张能珏（2014.1—12）

邓正斌（2014.1—12）

总工程师：张海波（2014.1—12）

党组成员：黄文重（2014.1—12）

县交通运输局

县交通运输局内设办公室（人事股）、工程计划股（交通战备办公室）、财务审计股和运输安全股（应急办公室、法制监督股）。

直属二级事业单位10个：县公路管理局（正科级）、县高速公路办公室（正科级）、县道路运输管理所

(副科级)、县交通物流发展局(副科级)、县地方海事处、县城市公共客运管理办公室、县交通测量设计室、县交通基本建设工程质量监督站、椒园交通管理站、当阳坪交通管理站。

核定县交通运输局机关行政编制 11 名,工勤编制 1 名,2014 年末实有干部职工 16 人;县道路运输管理所编制 26 名,年末实有在编在岗 23 人;县地方海事处编制 4 名,实有在编在岗 4 人;县城市客运管理办公室编制 3 名,实有在编在岗 1 人;县交通基本建设工程质量监督站编制 3 名,实有在编在岗 3 人;县交通测量设计室编制 2 名,实有在编在岗 1 人;椒园交通管理站和当阳坪交通管理站为自收自支的事业单位,核定编制 16 名,实有在编在岗 1 人。

党组书记: 洪学文(2014.1—12)
局　　长: 姚　敏(2014.1—12)
副 局 长: 杨友国(2014.1—12)
余志成(2014.1—12)
孙京保(2014.1—12)
谭家庆(2014.1—12)
谢应富(2014.1—12)
党组成员: 李立发(2014.1—12)
屈代慧(女 2014.1—12)
总工程师: 李艳生(2014.1—12)

县公路局

县公路管理局内设办公室、政工股、财务股、工程股、养护股(养护中心)、路政股(路政大队),下辖县公路养护中心(自收自支二级事业法人)、宣恩县恒通路桥公司(企业法人)。核定编制 108 名,年末实有干部职工 119 名(在编 59 人,编外 60 人)。

局　　长: 孙京保(2014.1—12)
副 局 长: 李纪德(2014.1—12)
陈　峰(2014.1—12)
侯龙江(2014.1—12)
总工程师: 张云山(2014.1—12)

县高速公路建设办公室

县高速公路办公室为县交通运输局管理的正科级事业单位,内设建设管理综合科、征迁科、财务科。核定编制 5 名,2014 年末实有 9 人。

主　任: 谢应富(2014.2—12)
副主任: 张　斌(2014.1—12)

县交通物流发展局

县交通物流发展局为全额拨款的事业单位,隶属县交通运输局,业务由恩施州交通物流发展局归口管理。内设办公室、财审股、物流发展股、规划建设股和科技信息股。核定编制 8 名,2014 年末实有在编在岗 4 人(另有临时工 1 人,公益性岗位 1 人)。

局　长: 谭家庆(2014.1—12)
副局长: 王文学(2014.1—12)

县水利水产局(防汛抗旱指挥部办公室)

县水利水产局内设办公室(政工股)、计划财务股、水利股(建设及水库基建股)、地方电力股、水政水产水资源股、防汛抗旱指挥部办公室。下属二级事业单位 4 个:县水土保持局、县水利电力勘察设计室、县水政监察执法队、县水利规费征管站(自收自支)。"以钱养事"的县水务服务中心,由县水利水产局负责管理。核定县水利水产局机关行政编制 13 名,2014 年末实有 7 人;隶属事业机构编制 30 名,实有 17 人。

局　长: 朱清华(2014.1—12)
副局长: 倪衡山(2014.1—12)
查良军(2014.1—12)
田光胜(总工程师 2014.1—12)
水土保持局局长: 卓发东(2014.1—12)

县商务局

县商务局(加挂县招商局牌子)内设办公室(政工股)、政策法规股、行业管理股、市场体系和外经外贸股、招商股。核定行政编制 10 名,工勤编制 1 名,2014 年末实有在职职工 15 人(公务员 14 人,工勤人员 1 人),离退休职工 18 人。

局　　长: 杨仕祥(2014.1—12)
副 局 长: 杨秋生(2014.1—12)

宋　波(2014.1—12)

党组成员：刘元喜(2014.1—12)

舒　蓉(女　县招商局局长 2014.1—12)

姜绍勇(县招商局副局长 2014.1—12)

县文化体育局(新闻出版局、文联)

县文化体育局(新闻出版局、文联)内设办公室(人事股)、新闻出版股(市场管理股、版权股、县“扫黄打非”领导小组办公室)、文化艺术股、文联工作股(县非物质文化遗产保护办公室、民族艺术创作研究室)、体育事业股。

隶属管理的事业单位6个:县群众文化馆、县图书馆、县文物事业管理局(县民族博物馆)、县文工团、县民族体育运动学校、县文化市场稽查队;协管湖北省新华书店集团宣恩分店,直管全县9个乡镇文化体育服务中心,监管沙道沟传统体育项目学校。

核定局机关行政编制7名,2014年末实有5人。

局　　长：谢庆慧(新闻出版局局长 2014.1—12)

副 局 长：季建华(女 2014.1—12)

袁红亚(2014.1—12)

党组成员：田　词(文联主席 2014.1—12)

县卫生和计划生育局

2014年1月28日,召开计生、卫生生育部门整合工作会议,撤销县卫生局、县人口和计划生育局,正式成立宣恩县卫生和计划生育局。

按照县人民政府办公室关于印发《宣恩县卫生和计划生育局主要职责内设机构和人员》的通知要求,县卫生和计划生育局设12个内设机构:办公室、人事股(监察室)、财务股(审计股)、政策法规股(行政审批股)、疾病预防控制股(县委、县政府地方病防治工作领导小组办公室、县爱国卫生运动委员会办公室)、医政与中医药管理股(县国防动员委员会医疗卫生办公室、县深化医药卫生体制改革工作领导小组办公室)、规划与信息股、应急办公室、基层卫生与妇幼保健股、计划生育指导股、宣传科教股、计划生育家庭发展股。

二级单位18个,其中,县直二级单位8个(全额拨款事业单位6个:县妇幼保健计划生育服务中心、县卫生计生综合监督执法局、县疾病预防控制中心、县新型农村合作医疗管理委员会办公室、县红十字会办公室、县卫生财务管理中心;差额拨款事业单位2个:县人民医院、县民族医院);乡镇卫生院9所(中心卫生院3所:长潭河侗族乡中心卫生院、沙道沟镇中心卫生院、晓关侗族乡中心卫生院;一般卫生院6所:椒园镇卫生院、万寨乡卫生院、椿木营乡卫生院、李家河乡卫生院、高罗乡卫生院、珠山镇卫生院),均为差额拨款事业单位;社区卫生服务中心1个:珠山镇工农街社区卫生服务中心。

2014年末,全县卫生系统总编制1006名,其中局机关行政编制18名(公务员17名,工勤人员1名),隶属机构全额拨款事业单位编制133名,差额拨款事业单位制853名,自收自支2名;2014年末实有1520人(其中局机关有公务员18人,工勤员1人)。

局　　长：潘言培(2014.1—12)

副 局 长：向远杰(2014.1—12)

符　俊(2014.1—12)

陈　恩(2014.1—12)

聂　耘(2014.1—12)

李昌田(2014.1—12)

孟贤才(2014.1—12)

吴　彦(女 2014.10—12)

党组成员：黄　腾(2014.1—12)

罗光清(2014.1—12)

县卫生计生综合监督执法局

2014年6月27日,县编委《关于优化整合妇幼保健计划生育技术服务及卫生计生综合监督执法机构与职责的通知》(宣编发〔2014〕12号),宣恩县卫生局卫生监督局和宣恩县计划生育执法大队合并为宣恩县卫生计生综合监督执法局,为县卫生计生局管理的副科级全额拨款事业单位,内设办公室、稽查科、环境卫生科、医疗卫生科、学校卫生科、财务科6个职能科室。核定事业编制17名,2014年末实有12人。

局　长：王　俊(2014.1—12)

副局长：饶　俊(2014.1—12)

李传弘(2014.1—12)

县人民医院

县人民医院内设外一科、外二科、外三科、五官科、内一科、内二科、中医康复科、妇产科、儿科、重症医学科(ICU)、手术麻醉科、门急诊科、感染科、医学检验科、放射科、功能科、药剂科、院行政办公室、医务科、公共卫生科、人事科、护理部、院感办、宣传信息科、审计科、财务科、医合科、基建科、总务科、设备科、供应室、支助中心等32个行政职能和临床医技科室。

核定编制310名,实际使用编制200名,在编在岗187人。2014年末实有在岗职工398人(在编职工187人,聘用职工211人);另有离退休人员97人。

院　长:乾维德(2014.1—12)
副院长:李森权(2014.1—12)
　　　　张发林(2014.1—12)
　　　　杨　骏(2014.1—12)
　　　　黄向东(2014.1—12)

县民族医院

县民族医院内设办公室、人事科、总务科、设备科、财务科、医务科、护理部、院感办、基建科、医管科、药剂科、内儿科、骨伤一科、骨伤二科、外科、五官科、妇产科、急诊科、门诊部、麻醉科、针灸理疗康复科、检验科、B超室、放射科、CT室、碎石中心等26个科室。

核定事业编制70名,2014年末实有在岗职工180人,其中:专业技术人员160人,高级职称18人,中级职称62人。

院　长:李劲松(2014.1—12)
副院长:周兴明(2014.1—12)
　　　　胡世培(2014.1—12)
　　　　裴达进(2014.1—12)

县妇幼保健计划生育服务中心(县妇幼保健院)

2014年6月27日,县编委《关于优化整合妇幼保健计划生育技术服务及卫生计生综合监督执法机构与职责的通知》(宣编发〔2014〕12号),宣恩县计划生育服务中心与宣恩县妇幼保健院正式合并为宣恩县妇幼保健计划生育服务中心,同时保留县妇幼保健院机构牌子。2014年末县妇幼保健计划生育服务中心有职工95人,专业技术人员81人,其中卫生专业技术人员76人,副高级以上职称8人,中级职称25人。

主　任(院　长):黄　腾(2014.1—12)
副主任(副院长):刘清明(女 2014.1—12)
　　　　　　　　李世念(2014.1—12)
　　　　　　　　蔡文菊(女 2014.1—12)
　　　　　　　　谭家鹏(2014.1—12)
　　　　　　　　郭孝红(2014.1—12)
　　　　　　　　孟才忠(2014.1—12)
　　　　　　　　冯本周(2014.1—12)

县疾病预防控制中心

县疾病预防控制中心内设办公室、检验科、财务科、慢病科、健康教育促进科、免疫规划科、预防接种门诊、艾滋病防治科、急传科、质管科、信息与网络管理科、总务科、结核病防治科、结核病专科门诊、麻风病防治科、皮肤病专科门诊及卫生监测科等17个职能科室。核定事业编制38名,2014年末实有专业技术人员54人。

主　任:易继宽(2014.1—12)
副主任:陈　朴(2014.1—12)
　　　　文建华(2014.1—12)
　　　　黄泽康(2014.1—12)

县新型农村合作医疗管理委员会办公室

县新型农村合作医疗管理委员会办公室(简称县合管办)内设财务股、综合股、网络信息股、审核股、就医管理股、稽查监督股、参合管理股,下辖9个乡镇合管站;核定编制24名,2015年末实有25人(其中“三支一扶”人员2人)。

主　任:吴　彦(女 2014.1—7)
　　　　江红英(女 2014.8—12)
副主任:郭　宏(2014.1—12)
　　　　卢秀斌(2014.8—12)

县统计局

县统计局内设办公室（人事股）、政策法规股、国民经济综合和核算统计股（社情民意调查中心）、企业统计股、人口与社会科技统计股、能源统计股（服务业统计股）。管理省属参公事业单位农村社会经济调查队、县属参公事业单位城镇抽样调查队和全额拨款事业单位普查中心。核定县统计局编制11名，其中行政编制10名，后勤编制1名，2014年末实有9人；核定农村社会经济调查队编制5名，年末实有3人；核定县城镇抽样调查队编制3名，年末实有2人；核定普查中心全额拨款事业编制2名，年末实有2人。

局　　长：黄启华（2014.1—12）

副 局 长：王绍文（2014.1—12）

　　　　　傅吉绪（2014.1—12）

总统计师：覃正辉（2014.1—12）

党组成员：向家义（2014.6—12）

县审计局

县审计局内设办公室、综合与法规股、财政金融审计股、行政事业与社会保障审计股、经贸农林与资源环保审计股、固定资产投资审计股等6个股室。专设机构1个：县经济责任审计局；直属管理全额拨款事业单位1个：县国家建设项目审计中心。核定县审计局行政编制16名，工勤编制1名；隶属事业机构编制3名。2014年末实有人员18人（公务员14人，工勤人员1人，事业人员3人）。

党组书记：杨洪明（2014.1—12）

局　　长：黄光华（2014.1—12）

副 局 长：覃道斌（2014.1—12）

　　　　　阮春庭（2014.1—12）

　　　　　向厚勇（2014.1—12）

经济责任审计局局长：杨长安（2014.1—12）

县林业局

7月3日，县林业局申请成立行政审批股；7月9日，县机构编制委员会行文批复（宣编发〔2014〕42号）。县林业局内设6个股室：办公室、发展规划与资金管理股、行政审批股、森林资源管理股（政策法规股）、造林绿化管理股（县绿化委员会办公室、科技股）、天然林资源保护工程实施办公室（林业产业股）。核定县林业局机关行政编制10名，2014年末实有7人。

管理事业单位12个，核定编制49名，2014年末实有41人（其中全额拨款事业单位10个，核定编制43名，2014年末实有36人；自收自支事业单位2个，核定编制6名，实有人员5人）；延伸派驻机构（林业管理站）9个，核定编制54名，实有人员51人；部门管理的行政机构1个（县森林公安局），核定公安编制17名，实有公安民警14人。

林业系统实有职工277人，其中在职人员168人（在编职工113人，聘用人员55名）、离退休人员109人。林业综合行政执法人员50人；专业技术人员93人，其中高级职称1人，中级职称（含会计专业）27人，初级职称（含其他专业）53人，技术员12人。

局　　长：曾凡忠（2014.1—12）

副 局 长：陈业洲（2014.1—12）

　　　　　杨　峻（2014.1—12）

党组成员：舒国胜（2014.1—12）

　　　　　熊龙享（2014.1—12）

总工程师：刘发松（2014.1—12）

县森林公安局

局　　长：舒国胜（2014.1—12）

政　　委：熊龙享（2014.1—12）

县贸易促进委员会

县贸易促进委员会内设办公室、政工财务部，对外联络部、企业服务部、会务信息部。核定编制17名，2014年末实有在职人员17人。

会　长：叶元新（2014.1—12）

副会长：赵子成（2014.1—12）

　　　　谢远成（2014.1—12）

县农业利用外资办公室

县农业利用外资办公室（简称县外资办）内设综

合科、对外经济合作科、蔬菜产业科，核定编制11名，2014年末实有9人。

主　任：田粤兵(2014.1—12)

县粮食局

县粮食局内设办公室、财务审计股、调控股、产业发展股、仓储股。核定县粮食局编制11名，2014年末在职在编人员11人(其中工勤人员3人)。直属事业单位县粮食执法大队，核定编制3名，2014年末实有3人；粮食局国有资产管理中心，编制1名；下辖沙道、珠山两个国有粮食购销企业，聘用员工38人。

局　长：黄前胜(2014.1—12)

副局长：谭云峰(2014.1—12)

　　　　葛立森(2014.1—12)

县广播电影电视局

县广播电影电视局内设办公室、政工股、宣传音像股、事业技术股、电影管理股、计划财务股。隶属管理事业单位4个：县广播电视台、县地面接收站、县音像制品管理发行站、县广播电视服务公司，管辖9个乡镇广播电视网络服务中心，在岗服务人员35人。核定县广播电影电视局编制15名，2014年末实有13人，劳务派遣人员30人。县广播电视台编制25名，实有22人；县卫星地面接收站编制4名，实有4人；县音像制品管理发行站编制2名；县广播电视服务公司编制2名。

局　　长：蒋照国(2014.1—12)

副 局 长：黄智东(兼纪检组长2014.1—12)

　　　　　汤　俊(女2014.1—12)

　　　　　向邦文(2014.1—12)

党组成员：杨　钧(总工程师2014.1—12)

　　　　　孟希承(总编辑2014.1—12)

湖北省楚天视讯网络有限公司恩施分公司宣恩支公司

2014年7月18日，成立湖北省楚天视讯网络有限公司恩施分公司宣恩支公司(鄂楚视网发〔2014〕27号)，内设综合办公室、计划财务部、工程技术部、市场营销部、运行维护部，另设9个乡镇经营部，1个城区经营部；2014年末公司在册人员53人，承包合同人员9人。

经　　理：杨　钧(2014.7—12)

副 经 理：向邦文(2014.7—12)

财务总监：胡晓月(女2014.7—12)

县畜牧兽医局

县畜牧兽医局加挂县防治重大动物疫病指挥部办公室牌子，内设6个股室：办公室、人事股、畜牧股、医政药政股、重大动物疫病防控股、生猪定点屠宰管理办公室，核定县畜牧兽医局机关编制16名，2014年末实有11人。

隶属管理的二级事业单位3个：县动物卫生监督所(加挂县动物检疫站牌子和县畜牧兽医综合执法大队牌子)，核定编制33名，2014年末实有30人；县畜牧技术推广站(加挂县草原监督管理站牌子)，核定编5名，实有5人；县动物疫病预防控制中心，核定编制6名，实有4人。3个二级事业单位共核定编制44名，实有39人。

局　　长：邓友富(2014.1—12)

副 局 长：李章鸣(2014.1—12)

　　　　　夏国志(2014.1—12)

纪检组长：吴联平(2014.1—1)

总畜牧师：姚良明(2014.1—12)

县经济和信息化局

县经济和信息化局内设办公室(人事股)、政策法规股(县治理“三乱”减轻企业负担领导小组办公室)、经济运行股(县域经济股、中小企业股)、科技技改股(规划投资股)、行业管理股(信息产业股)，核定行政编制9名，2014年末实有9人。下辖宣恩县中小企业培训中心(事业单位，编制2名，实有2人)，

局　长：万才能(2014.1—12)

副局长：万成凤(2014.1—12)

　　　　杨　林(2014.1—12)

　　　　张秀军(2014.1—12)

县食品药品监督管理局

2014年4月30日，县政府办公室印发《宣恩县食品药品监督管理局主要职责内设机构和人员编制规定》(宣政办发〔2014〕19号)，县食品药品监督管理局设置7个内设机构：办公室、综合股(应急管理办公室、食品药品投诉举报中心)、行政审批股、食品监管股、药品化妆品监管股、人事教育财务股、法制宣传股。核定县食品药品监督管理局(县食品安全委员会办公室、县酒类流通管理局)机关行政编制12名，工勤编制1名。在全县9个乡镇设食品药品监督管理所，为县食品药品监督管理局的副科级派出行政机构，9个乡镇食品药品监督管理所共核定行政编制45名。直属事业单位2个：食品药品稽查大队，核定编制11名；县药品与医疗器械不良反应监测中心，核定编制3名。2014年末实有44人，其中，在职在编公务员32人(局机关9人，乡镇食品药品监督管理所23人)，事业人员工11人(县食品药品综合执法大队8人，县药品与医疗器械不良反应监测中心3人)，长期合同工(司机)1人。

局　　长：覃正碧(女 2014.1—8)

　　　　　黄舜卿(2014.8—12)

副 局 长：蒙　玲(女 2014.1—12)

　　　　　周世宪(2014.1—12)

总工程师：杨成刚(2014.10—12)

县安全生产监督管理局

县安全生产监督管理局内设办公室、政策法规宣传教育股、综合安全监督管理股、危险化学品安全监督管理股、矿山安全监督管理股、职业卫生监督管理股、安全生产应急救援与统计股等7个股室；内设二级事业单位1个(县安全生产执法监察大队)。核定县安全生产监督管理局行政编制12名，工勤编制1名；核定县安全生产执法监察大队事业编制3名。2014年末实有15人(其中行政人员12人，工勤人员1人，“三支一扶”人员1人，临时聘用人员1人)。

局　　长：李明然(2014.1—12)

副 局 长：张家义(2014.1—12)

　　　　　段　勇(2014.1—12)

　　　　　张祖强(2014.4—12)

总工程师：乐三宝(2014.1—12)

县环境保护局

县环境保护局内设办公室(法规宣教股)、自然生态与农村环保股(科技与环评股)、污染物排放总量控制股(污染防治股)、辐射环境管理股(环境监测管理股)。隶属二级事业单位2个：县环境监察大队、县环境监测站。核定县环保局机关行政编制6名，工勤编制1名；隶属事业机构编制20名。2014年末实有22人，其中行政人员6人，工勤人员1人，事业人员13人，临时工2人。

局　长：周　平(2014.1—12)

副局长：张宗宪(2014.1—12)

　　　　向广华(2014.1—12)

县移民局

县移民局内设办公室、规划安置股、计划财务股、信访接待股、后期扶持股。核定编制11名，2014年末实有7人。

局　长：唐辉树(2014.1—12)

副局长：田长柱(2014.1—12)

　　　　黄长喜(2014.1—12)

　　　　任雪琴(女 2014.1—12)

县旅游局

县旅游局内设办公室、发展规划与财务股、质量规范与管理股、市场促进与联络股，核定事业编制11名，2014年末实有在编人员9人。

局　长：黄启紫(2014.1—1)

　　　　罗文恒(2014.1—12)

副局长：孙　弘(2014.1—12)

　　　　康彦芳(女 2014.1—12)

县城市管理局

县城市管理局内设办公室、财务股、人事股、法制股、公共管理股、行政许可股。下设二级单位3个：县城市管理执法大队、县环境卫生管理局、县园林局。核定县城市管理局机关编制21名，实有19人；县城管执法大队编制15名，实有12人，聘用协管员36人；园林局编制7名，实有3人，聘用协管员6人；县环卫局编制7名，实有4人，聘用协管员30人（含环卫监察岗位9人），环卫工人157人。

局　长：谭大定（2014.2—12）

副局长：田光明（2014.1—1主持县城管局全面工作）

　　　　唐　勇（2014.1—12）

　　　　覃遵江（2014.1—9）

　　　　赵　涛（2014.10—12）

县农村经济管理局（农村经济审计局）

县农村经济管理局（农村经济审计局）内设办公室、农民负担监督管理股、农村土地承包经营管理股（行政审批股）、农村财务监督管理股、农经统计调研股、农民专业合作社管理办公室。专设机构4个：县农民负担监督管理领导小组办公室、县培育和发展农村专业合作经济领导小组办公室、县农村土地承包仲裁委员会、县全国农村固定观察点办公室。核定全额拨款事业编制11名，2014年末实有9人。

局　长：郑　强（2014.1—12）

副局长：黄泽林（2014.1—12）

　　　　陈艳平（女 2014.1—12）

县供销社

县供销合作社联合社（简称县供销社）内设办公室、合作指导股、财务政工股。直属企业3个（新宇烟花爆竹有限公司、兴华商贸公司、资产管理中心），股份制企业1个（宣恩县宜红贡茶有限公司）。核定县供销社编制6名，2014年末实有17人（财政编制人员5人，机关其他人员4人，新宇烟花爆竹有限公司8人）。

主　任：华青山（2014.1—12）

副主任：向继平（2014.1—12）

县工商局

县工商行政管理局（简称县工商局）内设机构10个，分别为：办公室、人事股、法规股、市场（合同）规范管理股、商标广告监督管理股、财务审计股、机关党办、工商工会、监察室、离退休干部股；直属机构（副科级）5个，分别为：登记注册分局、公平交易分局、消费者权益保护分局（加挂12315申诉举报指挥中心牌子）、经济检查大队、督察队；派出机构（副科级）5个，分别为：珠山工商所、沙道工商所、晓关工商所、李家河工商所、长潭河工商所，工商所都加挂经济检查中队牌子。2014年末实有编制人员82人，其中行政编制（公务员）66人，事业机构编制人员8人，工勤编制人员8人。

局　　长：田远波（2014.1—12）

副 局 长：赵明金（2014.1—12）

　　　　　熊　琼（2014.1—12）

纪检组长：王和清（2014.1—12）

党组成员：欧阳文平（2014.1—12）

县国税局

县国税局内设办公室、人事教育科、监察室、计划统计科、征收管理科、税政管理科、纳税评估科、政策法规科、票证中心、核算中心、机关党办、纳税服务科；直属机构：稽查局；事业机构：信息中心；派出管理机构2个：珠山国税分局、沙道国税分局。核定县国税局编制125名，2014年末实有在职职工87人，另有退休人员50人。

局　　长：陈　杰（2014.1—12）

副 局 长：杨建平（2014.1—12）

　　　　　胡晓波（2014.1—12）

　　　　　张光明（2014.1—12）

纪检组长：郑景军（2014.1—12）

县地税局

县地税局内设办公室、政策法规科、人事教育科、监察室4个科室；辖规划财务局、征管信息局、稽查局、税费服务局4个副科级直属机构；副科级派出机构2个:税源管理一分局、税源管理二分局。核定行政编制67名(其中工勤编制2名),2014年末有在职职工67人(其中工勤人员2人),劳务派遣人员2人,因残退岗1人;退休职工29人。

局　长:刘兴铸(2014.1—12)
副局长:刘　杰(2014.1—12)
　　　　左成竹(2014.1—12)
纪检组长:高荣华(2014.3—12)

县质监局

县质量技术监督局(简称质监局)内设办公室、质量管理科、产品质量监督科、标准化科、计量科、特种设备安全监察科、人事科;下设直属二级事业单位2个:县质量监督技术检测中心、县质量技术监督局稽查分局。核定编制26名,其中行政编制11名,机关工勤编制1名,参照公务员法管理事业编制8名,事业机构编制6名;2014年末实有在编14人,其中公务员10人,参公人员4人;另有劳务派遣人员1人。

局　长:向　伟(2014.1—12)
副局长:谭代威(2014.1—12)
　　　　熊国庆(2014.1—12)
　　　　张　阳(2014.1—12)
纪检组长:郭　旭(2014.1—12)

县气象局

县气象局内设机构:综合办公室、气象台、科技服务中心、人工影响天气办公室、防雷中心,核定编制7名,2014年末实有10人。

局　长:骆亚军(2014.3—12)
副局长:张岸奎(2014.1—12)
　　　　向晓琴(女 2014.1—12)

县邮政局

县邮政局内设2个职能部室:综合办公室、市场经营部;下设4个专业分局:金融保险局、分销电商局、函件集邮分局、分拣转运分局;下辖1个城区支局(建设路支局)和8个农村支局(椒园支局、万寨支局、长潭河支局、晓关支局、椿木营支局、高罗支局、沙道沟支局、李家河支局)。2014年末实有职工174人(其中在职111人,离退休、退养63人)。

局　长:谭　莉(女 2014.1—12)
副局长:胡　斌(2014.1—12)

国网宣恩县供电公司

2014年5月29日,国网宣恩县供电公司增设党群工作部和安全监察质量(保卫)部(宣恩供电发〔2014〕6号文件),至此国网宣恩县供电公司机关设置7个部门:办公室、人力资源部、党群工作部、发展建设部、财务资产部、安全监察质量(保卫)部和电力调度控制分中心。业务支撑和实施机构(简称"支撑实施机构")共设置2个:运维检修部(检修〈建设〉工区)、营销部(客户服务中心)。运维检修部与检修〈建设〉工区合署。下辖8个供电所(椒园供电所、晓关供电所、万寨供电所、长潭河供电所、椿木营供电所、高罗供电所、沙道沟供电所、李家河供电所)。2014年末在册职工365人,其中正式工278人,农电工87人。

总经理:郑传斌(党委副书记 2014.1—12)
副总经理:潘宗俊(党委书记 2014.1—12)
　　　　　崔安明(党委委员纪委书记工会主席 2014.1—12)
　　　　　文丕锋(党委委员 2014.1—12)
　　　　　韩仕富(党委委员 2014.1—12)
总工程师:施照军(2014.1—12)

国电恩施水电开发有限公司宣恩县管理处

国电恩施水电开发有限公司宣恩县管理处下设4室1组3站共8个二级单位,分别是安全生产办公室、综合办公室、财务室、多产业办公室、水工电气检修组、河源电站、龙头沟电站、岩底河电站。2014年末实有职工69人。

副经理:燕维常(主持工作 2014.1—12)

宣恩电信公司

中国电信股份有限公司宣恩分公司(简称中国宣恩电信公司)内设办公室、宽带电视事业部、移动业务销售部、政企客户部4个内部管理机构,沙道沟、李家河、高罗、沙坪、长潭河、椿木营、和平、晓关、椒园、万寨、桐子营等11个电信营业厅,在县城贡水路设中心营业厅。

2014年末实有在编合同制企业员工38人,内部退养员工14人,离休干部1人,退休职工51人。

总 经 理:郭　敏(2014.1—11)

　　　　　任　锋(2014.11—12)

副总经理:陈光来(2014.1—12)

　　　　　徐　林(2014.1—12)

宣恩移动公司

2014年1月,集团客户中心改称政企客户中心,宣恩移动分公司设有综合部、市场部、政企客户中心、技术支持中心及一个中心营业厅;下辖一个城区(珠山)区域和七个乡镇区域(椒园区域、万寨区域、晓关区域、长潭椿木营区域、高罗区域、沙道区域、李家河区域)。

2014年末有员工53人(其中正式员工24人,劳务派遣人员29人)。

总经理:丁孝武(2014.1—12)

宣恩联通公司

中国联合通信公司宣恩分公司内设综合财务部、市场营销中心、集团营销中心、宽带营销中心、客户服务营销中心、建维中心,2014年末实有员工34人。

总经理:刘　镠(2014.1—12)

县石油公司

县石油分公司内设综合办公室、财务股、数质量管理部,机关编制6名。2014年末,宣恩石油分公司实有在岗员46人(正式工4人,劳务派遣人员42人),离退休15人。

经　理:张胜元(2014.1—12)

副经理:伍　玮(2014.1—12)

县烟叶分公司

2014年7月9日,宣恩县烟叶分公司的基础设施建设办公室撤并到现代烟草农业办公室,站点建设办公室撤并到综合管理办公室(宣烟叶人〔2014〕5号)。内设7个机关科室:综合办公室、财务管理办公室、纪检监察审计办公室、生产管理办公室、技术质检办公室、现代烟草农业办公室、烟叶技术服务站,下设晓关、椒园、椿木营、沙道4个基地单元,9个烟草站(晓关基地单元含晓关烟草站,椒园基地单元含椒园、珠山、万寨3个烟草站,椿木营基地单元含椿木营、长潭站2个烟草站,沙道基地单元含沙道、高罗、李家河3个烟草站),27个收购组。2014年末共有职工248人,其中在岗职工208人,内退6人,离退休34人。

经　理:陈培华(2014.1—12)

副经理:孟建刚(2014.1—12)

　　　　李占杰(2014.1—12)

　　　　王兴斌(2014.1—12)

县烟草专卖局

县烟草专卖局(卷烟营销部)下设城区(辖珠山、长潭、椿木营)、椒园(辖椒园、万寨、晓关)、李家河(辖李家河、高罗、沙道)3个专卖所和市场部,1个稽查大队,共计7个基层部门;内设综合办、客户中心、财务办、专卖办4个机关科室,2014年末实有在岗职工52人,内退、退休职工17人。

局　长(经　理):符继辉(2014.1—12)

副局长(副经理):张昱辉(2014.1—12)

　　　　　　　　刘登武(2014.1—12)

　　　　　　　　申志华(兼纪检组长2014.1—12)

盐业公司

经　理:孟　涛(2014.1—12)

恩施土家族苗族自治州住房公积金管理中心宣恩县办事处

恩施土家族苗族自治州住房公积金管理中心宣恩县办事处核定编制8名，2014年实有8人。

主　任：吴言初(2014.1—12)

中国人民武装警察部队宣恩县中队

中　队　长：周　虎(2014.1—12)

政治指导员：高丹君(2014.1—12)

县消防大队

中国人民武装警察部队宣恩县消防大队(简称县消防大队)内设消防业务受理中心、消防监督办公室和一个中队。

大队长：黄　谦(2014.1—7)

　　　　罗俊峰(2014.7—12)

教导员：贺旭峰(2014.7—12)

　　　　高鹏程(2014.1—7)

人民银行宣恩支行

中国人民银行宣恩县支行内设综合业务办公室、监督管理股、会计国库股。核定编制19名，2014年末实有18人，其中聘请人员4人。

行　长：易继滨(2014.1—12)

副行长：张孝忠(兼纪检组长，2014.1—12)

　　　　覃志宪(2014.1—12)

建设银行宣恩支行

中国建设银行股份有限公司宣恩支行内设办公室、业务部、营业室，2014年末实有在编合同制员工20人。

行　长：黎　伟(2014.1—12)

副行长：熊志勇(2014.1—12)

　　　　刘　正(2014.1—6)

工商银行宣恩支行

中国工商银行宣恩支行内设综合办公室、营业室、业务部及贵宾理财中心。2014年末实有员工14人，其中正式员工13人，劳务派遣人员1人。

行　长：李伦志(2014.1—8)

　　　　赵明宏(2014.8—12)

副行长：方　勇(2014.1—12)

农业银行宣恩支行

中国农业银行宣恩支行内设综合管理部、客户部、个人信贷部，下设营业网点2个(支行营业部、贡水支行)，2014年末在岗正式员工45人。

行　长：穆世科(2014.1—12)

副行长：张　涛(2014.1—12)

农业发展银行宣恩支行

中国农业发展银行宣恩支行内设客户业务部、会计结算部、综合办公室。2014年末在岗正式职工11人，计划外社会化临时用工3人。

行　长：侯玉魁(2014.1—12)

副行长：覃　磊(2014.1—12)

宣恩农村商业银行

湖北宣恩农村商业银行股份有限公司(简称宣恩农村商业银行)内设综合人教部、信贷管理部、风险管理部、负债业务部、财会统计部、稽核监审部、安全保卫部、清算中心、电子银行部、营业部，下辖珠山、和平、椒园、晓关、桐子营、万寨、长潭河、椿木营、沙道沟、高罗、李家河11家支行。2014年末全行共有职工253人，其中在岗职工180人，退休职工73人。

董事长：杨万元(2014.1—12)

监事长：陈明春(2014.1—12)

行　长：魏斌武(2014.7—12)

副行长：田启华(2014.1—12)

　　　　龚文军(2014.1—12)

中国邮政储蓄银行股份有限责任公司宣恩县支行

2014年4月，中国邮政储蓄银行股份有限责任公司宣恩县支行(简称宣恩邮储银行)精简管理机构，撤销个人业务部、信贷业务部、公司业务部3个职能部室组建综合业务部，内设机构为综合管理部、综合业务部2个职能部室，下设10个营业网点，其中，一类支行2个，宣恩邮储银行支行营业部(贡水路)、长潭河支行；代理营业网点8个：建设路、沙道沟、高罗、李家河、椿木营、万寨、椒园、晓关营业所。一类支行为宣恩邮储银行自有网点，开办所有银行业务，人财物归口邮储银行。代理网点由邮储宣恩县银行授权委托宣恩县邮政局代为办理储蓄存款业务及其授权业务，人财物归口宣恩县邮政局，宣恩邮储银行只负责其资金风险和内部控制等管理工作。2014年末，宣恩邮储银行实有在岗员工48人，其中在岗合同工28人，劳务工16人；离退职工3人。

行　长：黄良啸(2014.1—12)

副行长：杨吉凤(2014.1—5)

恩施村镇银行宣恩支行

恩施村镇银行宣恩支行内设营业部、客户经理部、小额贷款中心。2014年末实有职工16人。

行　长：田远泽(2014.1—12)

副行长：马　琨(女 2014.1—12)

人保财险宣恩支公司

中国人民财产保险股份有限公司宣恩支公司(简称人保财险宣恩支公司)。内设经理室、综合服务部、理赔服务部。2014年末，有正式员工6人，劳务派遣人员6人。

经　理：秦　川(2014.1—12)

副经理：许　玲(女 2014.1—12)

　　　　尹　磊(2014.1—12)

中国人寿宣恩支公司

中国人寿保险股份有限公司宣恩县支公司(简称中国人寿宣恩支公司)内设经理室、个险销售部(下设城区营销部和8个农村营销服务部)、团体业务部、银行保险部、综合管理部、客户服务中心。农村营销服务部下辖沙道沟、李家河、高罗、长潭河、万寨、椒园、晓关、椿木营等8个营销部。2014年末，实有保险营销员190人，其中个险渠道销售货人员167人，团险销售人员13人，银行保险销售人员10人。

经　理：张世弟(2014.1—12)

副经理：吴昌东(2014.1—12)

太平洋财产保险宣恩支公司

中国太平洋财产保险股份有限公司宣恩支公司内设经理室、办公室、业务科、理赔科，2014年末实有员工9人。

经　理：谭　健(2014.1—12)

中华联合财产保险公司宣恩支公司

中华联合财产保险公司宣恩支公司内设经理室、理赔科、综合科。2014年末有合同制员工4人。

经　理：张美玲(女 2014.1—12)

副经理：田仁刚(2014.1—12)

㈢乡镇党委和政府

珠山镇

珠山镇党委、珠山镇政府内设机构4个：党政综合办公室(加挂防汛抗旱指挥部牌子)、经济发展办公室、社会事务办公室(加挂计划生育办公室牌子)、社会管理综合治理委员会办公室。核定编制51名，2014年末实有51人。

珠山镇党委

书　记：向重臣(2014.1—12)

副书记：戴　青(女 2014.1—12)

　　　　王明刚(2014.1—12)

　　　　吴祖文(挂职 2014.1—12)

徐兆海(挂职 2014.1—5)
高云涛(2014.1—12)
委　员：秦正才(2014.1—12)
江正月(2014.1—12)
杨昌龙(2014.1—12)
周朝顺(2014.1—12)
杨晓英(女　人武部长 2014.1—12)

中共珠山镇纪律检查委员会

书　记：秦正才(2014.1—12)

珠山镇人大主席团

主　　席：向重臣(2014.1—12)
专职副主席：王明刚(2014.1—12)

珠山镇人民政府

镇　长：戴　青(女 2014.1—12)
副镇长：江正月(2014.1—12)
黄　伟(2014.1—12)

椒园镇

椒园镇党委、椒园镇政府内设机构 4 个：党政综合办公室、经济发展办公室(加挂防汛抗旱指挥部牌子)、社会事务办公室(加挂计划生育办公室牌子)、社会管理综合治理委员会办公室。党政综合办公室分设组织人事、纪检、宣传与共青团、工会、妇联；社会事务办公室分设民政办、计生办、信访室、福利院。经济发展办公室分设 2 个工作队(椒园工作队、庆阳工作队)、烟办、扶贫办、集镇改造办。核定编制 36 名，2014 年末实有 39 人(其中借调到县的有 4 人)实有 35 人在岗。

椒园镇党委

书　记：黄　敏(女 2014.1—12)
副书记：袁永灿(2014.1—12)
廖锋(2014.1—12)
谭德浩(2014.1—12)
谭　萍(女　州司法局下派 2014.8—12)
委　员：刘书翰(2014.1—12)
李　晶(女 2014.1—12)
罗兴文(2014.1—12)
刘太文(2014.1—12)
陈延会(人武部长 2014.1—12)

椒园镇纪律检查委员会

书　记：刘书翰(2014.1—12)

椒园镇人大主席团

主　　席：黄　敏(女 2014.1—12)
专职副主席：廖　锋(2014.1—12)

椒园镇人民政府

镇　长：袁永灿(2014.1—12)
副镇长：罗兴文(2014.1—12)
刘太文(2014.1—12)
张明婕(女　州委组织部下派 2014.1—5)
朱　珺(州统计局下派 2014.1—12)

沙道沟镇

沙道沟镇党委、沙道沟镇政府内设机构 4 个：党政综合办公室、经济发展办公室(加挂防汛抗旱指挥部牌子)、社会事务办公室(加挂计划生育办公室牌子)、社会管理综合治理委员会办公室。核定行政编制 81 名，2014 年末实有 88 人，其中公务员 76 人，工勤人员 5 人，大学生村官 6 人，西部计划志愿者 1 人。

沙道沟镇党委

书　记：奚泽辉(2014.1—12)
副书记：朱朝春(2014.1—12)
周国茂(2014.1—12)
宋隆权(2014.1—12)
委　员：刘学宇(2014.1—12)
王开发(2014.1—12)
杨明海(2014.1—12)
罗　军(人武部长 2014.1—12)
肖光辉(2014.1—12)

沙道沟镇纪律检查委员会

书　记：刘学宇(2014.1—12)

沙道沟镇人大主席团

主　　席：奚泽辉(2014.1—12)
专职副主席：周国茂(2014.1—12)

沙道沟镇政府

镇　长：朱朝春(2014.1—12)
副镇长：杨明海(2014.1—12)
　　　　刘红梅(女 2014.1—12)
　　　　肖光辉(2014.1—12)

万寨乡

万寨乡党委、万寨乡政府内设机构4个：党政综合办公室、经济发展办公室、社会事务办公室、社会管理综合治理委员会办公室。核定行政编制40名，2014年末实有公务员36人，工勤人员3人。

万寨乡党委

书　记：肖赋生(2014.1—12)
副书记：张艳丽(女 2014.1—12)
　　　　张继选(2014.1—12)
　　　　黄泽涛(2014.1—12)
委　员：詹德永(2014.1—12　其中1—5月任人武部长)
　　　　杨　彦(2014.1—12)
　　　　许安萍(女 2014.1—12)
　　　　刘　军(2014.1—12　其中6—12月任人武部长)
　　　　孙友亮(2014.1—12)

中共万寨乡纪律检查委员会

书　记：詹德永(2014.6—12)

万寨乡人大主席团

主　　席：肖赋生(2014.1—12)
专职副主席：张继选(2014.11—12)

万寨乡政府

乡　长：张艳丽(女 2014.1—12)
副乡长：许安萍(女 2014.1—12)
　　　　刘　军(2014.1—12)
　　　　孙友亮(2014.1—12)

长潭河侗族乡

长潭河侗族乡党委、长潭河侗族乡政府内设机构4个：党政综合办公室、经济发展办公室(加挂防汛抗旱指挥部牌子)、社会事务办公室(加挂计划生育办公室牌子)、社会管理综合治理委员会办公室，核定编制62名，2014年末实有在编人员57人；另有大学生村官2人，西部计划志愿者1人。

长潭河侗族乡党委

书　记：涂先绪(2014.1—12)
副书记：谢迭胜(2014.1—12)
　　　　宋　赟(2014.1—12)
　　　　滕召强(2014.1—12)
委　员：黄德凌(2014.1—12)
　　　　乐春山(2014.1—12)
　　　　侯宏开(人武部长 2014.1—12)
　　　　谭友弟(2014.1—12)
　　　　梁　杰(女 2014.1—12)

长潭河侗族乡纪律检查委员会

书　记：黄德凌(2014.1—12)

长潭河侗族乡人大主席团

主　　席：涂先绪(2014.3—12)
专职副主席：宋　赟(2014.3—12)

长潭河侗族乡人民政府

乡　长：谢迭胜(2014.3—12)
副乡长：谭友弟(2014.1—12)
　　　　梁　杰(女 2014.1—12)

李家河镇

李家河镇党委、李家河镇政府内设机构4个：党政综合办公室、经济发展办公室(加挂防汛抗旱指挥部牌子）、社会事务办公室（加挂计划生育办公室牌子）、社会管理综合治理委员会办公室，社会事务办公室（下设计生办、综治维稳信访办、安监办、民政办、福利院）、经济发展办公室（下设李家河、板栗园、上洞坪3个工作队，新街办、征地办、交通办、统计办、农办、扶贫开发办）。核定编制41名，2014年末实有41人。

李家河镇党委

书　记：唐　刚（2014.1－12）
副书记：明关祝（2014.1－12）
　　　　蒋秀文（2014.1－12）
委　员：高　武（2014.1－12）
　　　　向国徽（2014.1－12）
　　　　刘正坤（2014.1－12）
　　　　张　勇（人武部部长 2014.1－12）
　　　　张　英（女 2014.1－12）
　　　　覃　兵（2014.1－12）

李家河镇纪律检查委员会

书　记：高　武（2014.1－12）

李家河镇人大主席团

主　　席：唐　刚（2014.1－12）
专职副主席：蒋秀文（2014.1－12）

李家河镇政府

镇　长：明关祝（2014.1－12）
副镇长：刘正坤（2014.1－12）
　　　　张　英（女 2014.1－12）
　　　　覃　兵（2014.1－12）

晓关侗族乡

晓关侗族乡党委、晓关侗族乡政府内设机构4个：党政综合办公室、经济发展办公室、社会事务办公室、社会管理综合治理委员会办公室，核定编制54名，2014年末实有49人。

中共晓关侗族乡委员会

书　记：姚金超（2014.1－12）
副书记：唐　猛（2014.1－12）
　　　　田　忠（2014.1－10）
　　　　朱昌顺（2014.10－12）
委　员：田　波（人武部长 2014.1－12）
　　　　谢炳军（2014.1－12）
　　　　朱永华（2014.1－12）
　　　　涂珍云（女　2014.1－12）
　　　　姜绍来（2014.1－12）

中共晓关侗族乡纪律检查委员会

书　记：谢炳军（2014.1－12）

晓关侗族乡人大主席团

主　席：田　忠（2014.1－12）

晓关侗族乡人民政府

乡　　长：姚金超（2014.1－12）
常务副乡长：唐　猛（2014.1－12）
副　乡　长：朱永华（2014.1－12）
　　　　　　廖祖蜻（2014.1－12）

高罗乡

高罗乡党委、高罗乡政府内设机构4个：党政综合办公室、经济发展办公室（加挂防汛抗旱指挥部牌子）、社会事务办公室（加挂计划生育办公室牌子）、社会管理综合治理委员会办公室，核定编制48名，2014年末实有公务员41人。

高罗乡党委

书　记：曾　伟（2014.1－12）
副书记：彭　超（2014.1－12）
　　　　孟友顺（2014.0－12）
　　　　覃丰收（2014.1－12）
委　员：王代富（2014.1－12）
　　　　吴远高（2014.1－12）
　　　　曾　毅（女 2014.1－12）
　　　　田远海（2014.1－12）
　　　　沈　济（人武部长 2014.1－12）
　　　　任文海（下派挂职 2014.1－12）
　　　　杨俊杰（下派挂职 2014.1－12）

高罗乡纪律检查委员会

书　记：王代富(2014.1—12)

高罗乡人大主席团

主　　席：曾　伟(2014.1—12)
专职副主席：孟友顺(2014.1—12)

高罗乡政府

乡　长：彭　超(2014.1—12)
副乡长：曾　毅(女 2014.1—12)
　　　　田远海(2014.1—12)
　　　　任文海(下派挂职 2014.1—12)
　　　　杨俊杰(下派挂职 2014.1—12)

椿木营乡

椿木营乡党委、椿木营乡政府内设机构4个：党政综合办公室、经济发展办公室(加挂防汛抗旱指挥部牌子)、社会事务办公室(加挂计划生育办公室牌子)、社会管理综合治理委员会办公室，核定编制32名，2014年末实有35人，其中公务员30人，工勤2人，公益性岗位2人，大学生村官1人。

椿木营乡党委

书　记：邓正军(2014.1—12)
副书记：尤　浩(2014.1—12)
　　　　田永成(2014.1—12)
　　　　王绍兵(2014.1—12)
委　员：郑小玲(女　2014.1—12)
　　　　黄　义(2014.1—12)
　　　　汪鼎昱(人武部长 2014.1—12)
　　　　成　勤(2014.1—12)
　　　　姚　罡(2014.4—12)

椿木营乡纪律检查委员会

书　记：黄　义(2014.1—12)

椿木营乡人大主席团

主　　席：邓正军(2014.1—12)
专职副主席：田永成(2014.1—12)

椿木营乡政府

乡　长：尤　浩(2014.1—12)
副乡长：黄　义(2014.1—3)
　　　　成　勤(2014.1—12)
　　　　姚　罡(2014.4—12)

先进模范人物

革命烈士

刘习军　沙道镇两河村2组村民

全国三八红旗手

朱　琳(女)　宣恩县沙道沟镇邮政支局副局长

2014年全国民族团结进步先进个人

张兴红　长潭河侗族乡两溪河村党支部书记

全国模范教师

姜海燕(女)　宣恩县椿木营乡民族中小学副校长

全国孝亲敬老之星

花树祥　宣恩县晓关乡桐子营福利院返聘职工

2014年湖北省“三八红旗手”

朱　琳(女)　宣恩县沙道沟镇邮政支局副局长

湖北省优秀环卫工人

肖安平　宣恩县城市管理局环境卫生所工人

恩施州五四青年奖章

谢海珍(女)　湖北七姊妹山国家级自然保护区管理局科研宣教科副科长

恩施州首届名师

罗家兴　　　县第一中学
李绍璜　　　县第一中学
杨美珍(女)　县民族实验小学
刘若红　　　县民族实验中学
夏彩梅(女)　珠山镇宝塔小学
冯　琼(女)　椒园镇初级中学
万　民(女)　沙道沟镇民族中学
胡连英(女)　李家河镇中心小学
陈开毅　　　高罗乡民族中学
杨白玉(女)　县教研室

宣恩县见义勇为先进个人

刘刁军　　　沙道沟镇两河村2组村民
奚泽为　　　沙道沟镇鱼泉村一组村民
郭代兵　　　万寨乡大河坝村一组村民
向红泽　　　万寨乡长堰沟村五组村民
叶　瑞　　　宣恩县保安公司经理
杨成勇　　　珠山镇上湖塘社区居民
李寿文　　　个体工商户
陈刚军　　　出租车司机
朱　垚　　　个体户职员

新闻人物

2014年“全国最美孝心少年”

熊丰财　　　长潭河侗族乡中心小学

第三届“湖北美德少年”

林章羽(女)　宣恩县第一中学高一(5)班学生
何秀巡　　　万寨乡中心小学六(2)班学生
覃雨平(女)　椒园中学七年级学生

留守童星

梁琼英(女)　沙道中心小学五年级(2)班学生
张祖鹏　　　宝塔小学503班学生
蔡心怡(女)　椒园镇三河沟小学五年级学生
黄　婷(女)　椿木营乡民族中学702班学生
李凌凌(女)　长潭河侗族乡会口小学学生
刘雨欣(女)　李家河乡青龙嘴小学401班学生
刘　倩(女)　高罗乡马家寨小学五年级学生
孟　琴(女)　晓关小学六年级学生
杨棋雯　　　长潭河乡洗马坪小学五年级学生
郭香婷(女)　李家河镇二虎寨小学五年级学生

百岁老人

谢五妹，女，苗族，生于1908年6月28日，居住在沙道沟镇水田坝村8组。

汤友姐，女，土家族，生于1909年8月8日，居住在沙道沟镇棕溪村9组。

陈正朝，男，汉族，生于1912年12月25日，居住在珠山镇兴隆大道198号。

刘先凤，女，汉族，生于1914年3月16日，居住在万寨乡芋荷坪村9组。

钟月香，女，彝族，生于1914年8月13日，居住在晓关侗族乡白沙溪村6组。

（刘华）

附录

统计资料

宣恩县2014年国民经济主要指标(一)

指　　标	单　位	2014年	2013年	±%
全县生产总值(现价)	万元	500584	452753	9.8
第一产业增加值	万元	140298	134502	5.2
第二产业增加值	万元	144031	128520	11.7
其中:工业增加值	万元	111557	101120	10.1
第三产业	万元	216255	189731	12.0
地方财政总收入	万元	36896	31390	17.5
地方公共财政预算收入	万元	25856	21880	18.2
地方公共财政预算支出	万元	201808	174550	15.6
全社会固定资产投资额	万元	375078	310292	20.9
500万元以上项目	万元	284193	265880	6.9
房地产投资	万元	47930	9320	414.3
农村私人投资	万元	42955	35092	22.4
本年新增固定资产	万元	189858	219447	−13.5
本年施工项目	个	80	78	2.6
其中:新开工项目	个	53	44	20.5
招商引资到位资金	万元	171300	131629	30.1
实际利用外资	万美元	500	100	400.0

注:生产总值、增加值增幅按可比价格计算。

宣恩县 2014 年国民经济主要指标(二)

指　　　标	单　位	2014 年	2013 年	±%
农林牧渔业总产值(现价)	万元	247118	236909	5.2
农林牧渔业增加值(现价)	万元	140298	134502	5.2
年末生猪存栏头数	万头	37.64	40.91	−8.0
生猪出栏头数	万头	60.01	56.01	7.1
猪肉产量	万吨	4.92	4.37	12.6
粮食总产量	万吨	13.20	12.90	2.3
工业总产值	万元	247785	207344	19.5
工业销售产值	万元	242871	203411	19.4
工业产品销售率	%	98.02	98.10	−0.08
社会消费品零售总额	万元	152704	134600	13.5
外贸出口总额	万美元	2779.3	2184.2	27.2
金融机构各项存款余额	万元	597154	521545	14.5
城乡居民储蓄存款	万元	386332	328681	17.5
金融机构货款余额	万元	246902	193608	27.5
城镇常住居民人均可支配收入	元	18870.38	17093.97	10.4
农村常住居民人均可支配收入	元	7048.43	6269.33	12.4

注：1.工业指标为年主营业务收入 2000 万元以上企业快报数。

2.工业农业增加值、农林牧渔业总产值增长速度按可比价计算。

宣恩县2014年全社会固定资产投资完成情况

单位:万元

指　　标	2014年	2013年	±%
全社会固定资产投资完成额	375078	310292	20.9
城镇500万元以上项目完成投资	205300	151118	35.9
农村500万元以上项目完成投资	78893	114762	-31.3
房地产开发投资	47930	9320	414.3
农村私人完成投资	42955	35092	22.4
本年新增固定资产	189858	219447	-13.5
本年施工项目个数(个)	80	78	2.6
其中:新开工项目(个)	53	44	20.5
本年投产项目个数(个)	28	50	-44.0
房屋施工面积(平方米)	691891	1052578	-34.3
房屋竣工面积(平方米)	61600	374552	-83.6
商品房销售面积(平方米)	50557	18110	179.2
商品房销售总额	14506	5782	150.9

宣恩县2014年500万元以上项目投资按行业分投资情况

单位:万元

指　　标	总　计	城镇500万元以上	农村500万元以上
投资完成额合计	284193	205300	78893
1.农、林、牧、渔业	4750	1390	3360
2.采矿业	3000	3000	0
3.制造业	86064	52309	33755
4.电力、燃气及水的生产和供应业	5130	5130	0
5、批发和零售业	3150	3150	0
6.交通运输、仓储和邮政业	103798	73732	30066
7.租赁和商务服务业	8000	0	8000
8.水利、环境和公共设施管理业	46783	43071	3712
9.居民服务和其他服务业	1591	1591	0
10.教　育	15339	15339	0
11.卫生和社会工作	1600	1600	0
12.公共管理和社会组织	4988	4988	0

宣恩县2014年重点项目建设完成情况

单位:万元

项目名称	计划总投资	截至2013年底累计投资	2014年计划	2014年实际完成	截至2014年底累计投资
宣恩县五金工具生产项目	10000	500	9500	500	1000
宣恩县20万套防盗门、套装门及系列产品生产销售项目	12000	8000	4000	4100	12100
明恩科技年产500吨茶多酚项目	22600	13000	9600	9600	22600
宣恩县高速公路连接线(宣恩县椒园镇至三河沟段道路工程)	23347	2000	11200	18200	20200
宣恩县境内公路大修工程	10632		9600	10632	10632
鹤来公路宣恩段	49244	13000	10500	17500	30500
宣恩县官千水库及二水厂建设	13000	1000	8000	3000	4000
宣恩县棚户区改造贡水龙庭小区	40000		4000	23018	23018
宣恩县棚户区改造睿山华庭小区	21000		3000	8640	8640
宣恩县天宇物流	25000		5000	19000	19000
宣恩物流园	11000		5000	9000	9000
宣恩县方圆再生资源网络体系建设	5000		5100	5100	5100
施南茗茶茶文化产业园及休闲中心	20000	7000	6650	11750	18750
合　计	346971	63500	107150	163399	226899

宣恩县2014年社会消费品零售总额

单位:万元

指标	2014年	2013年	±%
社会消费品零售总额	152704	134600	13.5
按销售单位所在地分			
城镇	114854	101282	13.4
乡村	37850	33318	13.6
按行业分			
批发零售贸易业	135207	119020	13.6
住宿和餐饮业	17497	15580	12.3
按规模分			
限额以上	39375.8	23193.9	69.8
限额以下	113328.2	111406.1	2.2

宣恩县2014年财政收支情况

单位:万元

	2014年	2013年	±%
一、地方公共财政预算收入	25856	21880	18.2
税收收入	22117	18367	20.4
非税收入	3739	3513	6.4
分部门			
国税	3868	3087	25.3
地税	18249	15280	19.4
财政	3739	3513	6.4
二、地方财政总收入	36896	31390	17.5
国税	11737	10191	15.2
地税	21420	17686	21.1
财政	3739	3513	6.4
三、地方公共财政预算支出	201808	174550	15.6
其中：农林水事务	42243	36728	15.0
教育	32320	27976	15.5
社会保障和就业	22493	19583	14.9
医疗卫生	18114	17513	3.4
四、财政总支出	254351	212849	19.5

宣恩县2014年金融机构各项存贷款余额

单位:万元

	2014年	2013年	±%
金融机构存款余额	597154	521545	14.5
#居民储蓄存款余额	386332	328681	17.5
金融机构贷款余额	246902	193608	27.5
短期贷款	136291	100440	35.7
中长期贷款	110611	93168	18.7
#个人消费贷款	35185	23776	48.0

宣恩县2014年住户调查主要指标

单位:元

指标名称	2014年	2013年	±%
一、人均可支配收入			
全体居民人均可支配收入	10079	9044	11.4
城镇常住居民人均可支配收入	18870	17094	10.4
农村常住居民人均可支配收入	7048	6269	12.4
二、人均生活消费支出			
全体居民人均生活消费支出	7476	6768	10.5
城镇常住居民人均生活消费支出	12946	11817	9.6
农村常住居民人均生活消费支出	5591	5028	11.2

宣恩县2014年规模以上工业生产完成情况

单位：千元

指　标　名　称	2014年	2013年	±%
一、工业总产值(现价)	2477849	2073436	19.5
#轻工业	1914084	1930906	17.4
重工业	563765	442530	27.4
#国有企业	99292	93600	6.1
股份制企业	2119929	1748263	21.3
二、工业增加值增速			11.6
三、工业销售产值(现价)	2428710	2034111	19.4
#轻工业	1888614	1606834	17.5
重工业	540096	427277	26.4
#国有企业	99292	93600	6.1
股份制企业	2070790	1708938	21.2
四、工业产品销售率(%)	98.02	98.10	—0.08
五、工业主要产品产量			
精制茶(吨)	16204	14429	12.3
果汁果菜汁饮料(吨)	11395	10430	9.3
混合饲料(吨)	9040	8367	8.0
鲜、冷藏肉(吨)	46979	43516	7.9
商品混凝土(立方米)	174545	141343	23.5
大米(吨)	25510	19246	32.5
棉混纺布(万米)	64	92	—30.4
棉布(万米)	213	147	44.9
石灰石(吨)	261009	248389	5.1
胶合板(立方米)	46979	43516	7.9

宣恩县2014年规模以上工业生产分行业完成情况

单位：千元

行 业 名 称	工业总产值		±%
	2014年	2013年	
一、农产品加工	195135222	1677468	16.3
(一)农副食品加工业	668431	568295	17.6
谷物磨制	126177	93600	34.8
饲料加工	71718	66643	7.6
屠宰及肉类加工	251000	225120	11.5
蔬菜、水果和坚果加工	103885	66489	56.2
其他农副食品加工	115651	116443	−0.7
(二)食品制造业(焙烤食品制造)	53459	42499	25.8
(三)酒、饮料和精制茶制造业	1071286	930612	15.1
饮料制造	63380	57485	10.3
精制茶加工	10079066	873127	15.4
(四)纺织业(棉纺织及印染精加工)	24863	23285	6.8
(五)木材加工及木、竹、藤、棕、草制品业	82243	73412	12.0
木材加工	28000	23360	19.7
人造板制造	54243	50052	8.4
(六)造纸和纸制品业(纸制品制造)	51070	39365	29.7
二、水电开发	91910	102314	−10.2
三、矿产资源开发	434587	293654	47.9
(一)有色金属矿采选业(常用有色金属矿采选)	28470	23551	20.9
(二)非金属矿采选业(土砂石开采)	90522	84790	6.8
(三)有色金属冶炼和压延加工业	115303	108454	6.3
(四)文教、工美、体育和娱乐用品制造业	44975	26850	67.5
(五)非金属矿物制品业	128453	50009	156.9
石膏、水泥制品及类似制品制造	59000	50009	17.9
砖瓦、石材等建筑材料制造	48302		
玻璃制造	21151		
(六)金属制品业(结构性金属制造)	26864		
合 计	24778499	2073436	19.5

宣恩县2014年规模以上工业企业主要经济指标

单位：千元、人

指 标 名 称	2014年	2013年	±%
年初存货	156560	100180	56.3
流动资产合计	871421	701164	24.3
其中：应收账款	144137	72590	98.6
存 货	177128	154707	14.5
其中：产成品	50888	19331	163.2
资产总计	2995998	2497238	20.0
负债合计	1514281	1228382	23.3
营业收入	2434176	2080222	17.0
主营业务收入	2434176	2067490	17.7
营业成本	2010338	1699139	18.3
主营业务成本	2010338	1684632	19.3
营业税金及附加	25198	13478	87.0
主营业务税金及附加	13194	13438	−1.8
销售费用	104152	104340	−0.2
管理费用	105573	100785	4.8
其中：税金	9539	5403	76.6
财务费用	53808	42668	26.1
其中：利息收入	237	1025	−76.9
利息支出	49257	42562	15.7
营业利润	145230	120572	20.5
利润总额	140938	123378	14.2
亏损企业	2	1	100.0
亏损企业亏损总额	193	8	2312.5
税金总额	54569	57998	−5.9
应交增值税	41375	44560	−7.1
从业人员平均人数	3228	2715	18.9

注：所有指标数据为12月快报数。

宣恩县2014年农业产值情况

单位:万元

指　标　名　称	2014年	2013年	±%
农林牧渔业总产值(现价)	247118	236909	5.2
农业产值	140352	136039	4.3
#粮食作物产值	35406	25532	38.7
烟叶产值	9138	12587	-27.4
蔬菜产值	7310	10123	-27.8
水果产值	14955	14308	4.5
茶叶产值	78363	65030	20.5
药材产值	4057	5319	-23.7
林业产值	4729	4483	4.3
牧业产值	98044	92270	6.9
#生猪产值	83877	76678	9.4
渔业产值	2742	2887	-4.8
农林牧渔服务业产值	1251	1230	0.8
农林牧渔业增加值(现价)	140298	134502	5.2

注:增长速度按可比价计算。

宣恩县2014年农业生产情况(一)

指标名称	单位	2014年	2013年	±%
乡村户数	万户	8.93	8.63	3.5
乡村人口	万人	31.88	31.80	0.3
年末耕地面积	公顷	24729	24753	−0.1
农作物播种面积	公顷	70927	70764	0.2
粮食作物面积	公顷	37739	37801	−0.2
粮食总产量	吨	132001	129045	2.3
夏收粮食面积	公顷	9820	9937	−1.2
夏粮总产量	吨	21385	21343	0.2
#小麦产量	吨	90	101	−10.9
洋芋产量	吨	20952	20893	0.3
秋收粮食面积	公顷	27922	27864	0.2
秋粮总产量	吨	110616	107702	2.7
#稻谷产量	吨	46361	45849	1.1
玉米产量	吨	40104	37763	6.2
大豆产量	吨	3225	3411	−5.5
油料作物面积	公顷	3953	4002	−1.2
油料总产量	吨	5536	6063	−8.7
油菜籽产量	吨	3651	3813	−4.3
烟叶面积	公顷	4125	4886	−15.6

宣恩县2014年农业生产情况(二)

指　标　名　称	单　位	2014年	2013年	±%
烟叶总产量	吨	6677	8484	−21.3
烤烟产量	吨	5849	8408	−30.4
蔬菜面积	公顷	11316	11164	1.4
蔬菜总产量	吨	127171	126699	0.4
茶叶总产量	吨	13500	10801	25.0
水果总产量	吨	99929	91851	8.8
当年造林面积	公顷	4618	5456	−15.4
生猪出栏	万头	60.01	56.01	7.1
生猪存栏	万头	37.64	40.91	−8.0
羊出栏	只	46630	42983	8.5
家禽出笼	万只	120	110.66	8.4
畜禽肉总产量	吨	54847	48974	12.0
猪肉产量	吨	49200	43696	12.6
禽蛋产量	吨	3572	3309	8.0
水产品产量	吨	359	378	−5.0

宣恩县2014年招商引资、外贸出口及旅游

指　　标	单　位	2014年	2013年	±%
外贸出口总额	万美元	2779.3	2184.2	27.2
旅游综合收入	万元	37582	26842	40.0
旅游接待人数	人次	877629	720549	21.8
招商引资到位资金	亿元	17.13	13.16	30.2
实际利用外资	万美元	500	100	400.0

恩施州县市主要经济指标排序(一)

单位:平方千米、万人、万元

县 市	国土面积	位次	年末总人口	位次	常住人口	位次	城镇化率	位次
全 州	24061	—	406.29	—	331.77	—	38.38	—
恩施市	3972	2	82.09	2	76.58	1	50.10	1
利川市	4603	1	91.71	1	65.95	2	37.66	2
建始县	2666	6	51.52	3	41.54	4	34.23	5
巴东县	3354	3	49.86	4	42.44	3	33.27	6
宣恩县	2737	5	36.37	6	30.19	6	31.14	8
咸丰县	2520	7	39.23	5	30.42	5	36.95	3
来凤县	1344	8	33.16	7	24.50	7	35.84	4
鹤峰县	2872	4	22.35	8	20.15	8	31.56	7

恩施州县市主要经济指标排序(二)

单位:万人、万元

县 市	生产总值	位次	增长速度(%)	位次	第一产业增加值	位次	增长速度(%)	位次
全 州	6120078	—	9.5	—	1390278	—	5.2	—
恩施市	1565030	1	9.7	6	255149	2	5.2	1
利川市	904681	2	9.8	5	297577	1	5.2	1
建始县	709908	4	9.9	3	176695	3	5.2	1
巴东县	814511	3	9.4	8	166250	4	5.2	1
宣恩县	500584	7	9.8	4	140298	6	5.2	1
咸丰县	603784	5	9.9	2	145697	5	5.2	1
来凤县	528189	6	10.2	1	113298	7	5.2	1
鹤峰县	435522	8	9.6	7	95315	8	5.2	1

注:因是分级核算,县(市)汇总数不等于恩施州核算数。GDP相关数据为县市初步核算数,若有出入,以州局反馈数为准。

恩施州县市主要经济指标排序(三)

单位:万元

县 市	第二产业增加值	位次	增长速度(%)	位次	全口径工业增加值	位次	增长速度(%)	位次
全 州	2216400	—	10.0	—	1808600	—	10.2	—
恩施市	630420	1	10.6	6	520048	1	10.2	5
利川市	253538	3	15.3	1	205741	3	10.6	4
建始县	239994	4	11.9	2	179942	4	11.2	2
巴东县	340766	2	10.1	7	298890	2	8.9	8
宣恩县	144031	8	11.7	4	111557	8	10.1	7
咸丰县	188097	5	11.6	5	147652	6	12.2	1
来凤县	157743	7	11.9	2	127699	7	11.2	2
鹤峰县	182603	6	10.1	7	159607	5	10.2	5

恩施州县市主要经济指标排序(四)

单位:万元

县 市	第三产业增加值	位次	增长速度(%)	位次	农业总产值	位次	增长速度(%)	位次
全 州	2513400	—	11.6	—	2370092	—	5.2	—
恩施市	679461	1	10.8	7	425577	2	5.3	1
利川市	353565	2	10.6	8	509823	1	5.2	4
建始县	293219	4	11.5	4	303915	3	5.2	4
巴东县	307495	3	11.1	6	285177	4	5.2	4
宣恩县	216255	7	12.0	1	247118	5	5.2	4
咸丰县	269990	5	11.8	2	234536	6	5.3	1
来凤县	257149	6	11.4	5	191880	7	5.2	4
鹤峰县	157604	8	11.7	3	172066	8	5.3	1

恩施州县市主要经济指标排序(五)

单位:万吨、吨

县市	粮食总产量	位次	增长速度(%)	位次	油料总产量	位次	增长速度(%)	位次
全州	164.85	—	1.2	—	102637	—	0.9	—
恩施市	23.39	3	1.3	4	18091	2	2.4	2
利川市	36.96	1	0.7	7	12891	5	−6.5	6
建始县	23.40	2	1.0	6	15849	4	−2.4	5
巴东县	22.59	5	1.7	2	20948	1	1.5	3
宣恩县	13.20	6	2.3	1	5537	7	−8.7	8
咸丰县	23.38	4	1.3	4	17100	3	16.2	1
来凤县	12.79	7	1.5	3	7185	6	0.6	4
鹤峰县	9.14	8	0.4	8	5036	8	−7.5	7

恩施州县市主要经济指标排序(六)

单位:吨

县市	茶叶总产量	位次	增长速度(%)	位次	烟叶总产量	位次	增长速度(%)	位次
全州	75349	—	16.9	—	50075	—	−34.8	—
恩施市	16957	2	17.4	3	10236	2	−37.0	5
利川市	14026	3	12.3	5	11486	1	−28.4	3
建始县	933	7	2.8	7	4430	6	−54.8	8
巴东县	1372	6	16.8	4	6166	4	−37.5	6
宣恩县	13500	4	25.0	1	6677	3	−21.3	2
咸丰县	5746	5	5.0	6	5380	5	−11.9	1
来凤县	488	8	2.7	8	1818	8	−31.9	4
鹤峰县	22327	1	19.5	2	3882	7	−48.6	7

恩施州县市主要经济指标排序(七)

单位:万吨、万头、

县　市	蔬　菜总产量	位次	增长速度(%)	位次	生猪出栏	位次	增长速度(%)	位次
全　州	228.77	—	4.4	—	510.74	—	1.8	—
恩施市	56.92	2	4.5	6	102.07	1	0.9	5
利川市	71.22	1	5.0	2	82.05	2	1.1	4
建始县	18.45	4	4.7	4	70.89	4	3.2	2
巴东县	26.73	3	5.0	2	76.78	3	0.1	6
宣恩县	12.73	8	0.5	8	60.01	6	7.1	1
咸丰县	13.02	6	4.7	4	65.02	5	1.6	3
来凤县	12.86	7	2.1	7	30.58	7	0	7
鹤峰县	16.84	5	5.1	1	23.34	8	0	7

恩施州县市主要经济指标排序(八)

单位:万头、吨

县　市	生猪存栏	位次	增长速度(%)	位次	水产品产量	位次	增长速度(%)	位次
全　州	433.17	—	−8.0	—	7555	—	5.9	—
恩施市	77.55	1	−6.0	2	709	4	20.4	1
利川市	71.76	2	−8.0	4	2792	1	2.6	6
建始县	50.52	5	−9.8	6	450	6	11.7	3
巴东县	70.66	3	−7.9	3	1168	3	9.1	4
宣恩县	37.64	6	−8.0	4	359	7	−5.0	8
咸丰县	66.80	4	−5.9	1	460	5	−3.0	7
来凤县	33.83	7	−10.2	7	1499	2	7.6	5
鹤峰县	24.41	8	−12.9	8	118	8	13.5	2

恩施州县市主要经济指标排序(九)

单位:个、亿元

县　市	工业企业个数	位次	工业企业增加值增长速度(%)	位次	工业总产值	位次	增长速度(%)	位次
全　州	455	—	10.2	—	364.41	—	10.1	—
恩施市	69	1	10.5	6	49.56	4	−2.1	8
利川市	56	4	11.5	4	49.06	5	7.7	6
建始县	66	2	11.6	1	49.96	3	10.3	5
巴东县	55	5	10.0	7	45.13	6	5.0	7
宣恩县	47	8	11.6	1	24.78	8	19.5	1
咸丰县	59	3	11.6	1	57.75	1	18.7	2
来凤县	55	5	11.5	4	36.40	7	11.2	4
鹤峰县	48	7	10.0	7	51.77	2	16.6	3

注:表九到表十三统计口径为辖区内全部年主营业务收入2000万元以上的工业企业。

恩施州县市主要经济指标排序(十)

单位:亿元

县　市	工业销售产值	位次	增长速度(%)	位次	工业产销率	位次	增长(%)	位次
全　州	356.55	—	10.7	—	97.84	—	0.54	—
恩施市	47.77	5	−0.5	8	96.40	8	1.59	1
利川市	48.40	4	8.5	6	98.67	1	0.69	4
建始县	49.12	3	11.3	5	98.33	3	0.83	3
巴东县	44.46	6	5.2	7	98.52	2	0.19	6
宣恩县	24.29	8	19.4	1	98.02	4	−0.09	7
咸丰县	56.47	1	19.2	2	97.77	5	0.35	5
来凤县	35.45	7	12.9	4	97.38	7	1.43	2
鹤峰县	50.58	2	15.4	3	97.71	6	−1.01	8

恩施州县市主要经济指标排序（十一）

单位:亿元

县　市	主营业务收入	位次	增长速度（%）	位次	利润总额	位次	增长速度（%）	位次
全　州	347.29	—	8.7	—	21.99	—	13.2	—
恩施市	47.62	3	−3.4	8	2.67	5	−30.3	8
利川市	47.23	4	6.2	6	2.51	6	21.3	4
建始县	46.33	5	8.3	5	2.74	4	26.9	3
巴东县	42.61	6	4.5	7	3.85	2	87.8	1
宣恩县	24.34	8	17.8	2	1.41	8	14.6	5
咸丰县	56.64	1	18.3	1	3.88	1	30.2	2
来凤县	33.41	7	9.6	4	2.88	3	5.5	6
鹤峰县	49.11	2	13.9	3	2.05	7	−13.5	7

恩施州县市主要经济指标排序（十二）

单位:亿元

县　市	税金总额	位次	增长速度（%）	位次	应收账款	位次	增长速度（%）	位次
全　州	15.18	—	10.9	—	27.02	—	21.7	—
恩施市	2.26	3	−12.1	6	7.35	1	−1.7	8
利川市	1.02	7	21.4	4	3.03	3	31.7	4
建始县	1.95	4	39.3	3	4.48	2	24.8	6
巴东县	3.80	1	40.7	2	2.64	6	43.5	3
宣恩县	0.55	8	−5.2	5	1.44	8	97.3	1
咸丰县	2.49	2	55.6	1	2.39	7	64.8	2
来凤县	1.81	5	−20.6	7	2.86	4	28.8	5
鹤峰县	1.30	6	−24.4	8	2.83	5	8.8	7

恩施州县市主要经济指标排序(十三)

单位:亿元

县市	产成品资金	位次	增长速度(%)	位次	亏损企业亏损额	位次	增长速度(%)	位次
全州	13.99	—	8.3	—	1.74	—	17.6	—
恩施市	3.01	1	−9.6	8	0.85	1	73.5	3
利川市	2.02	3	9.8	3	0.16	4	+	1
建始县	2.26	2	8.7	5	0.07	5	−46.2	7
巴东县	1.09	7	9.0	4	0.33	2	−28.3	6
宣恩县	0.51	8	168.4	1	0.00	8	0.0	5
咸丰县	1.95	4	27.5	2	0.07	5	600.0	2
来凤县	1.67	5	7.1	6	0.03	7	−85.7	8
鹤峰县	1.48	6	6.5	7	0.23	3	27.8	4

恩施州县市主要经济指标排序(十四)

单位:万元

县市	全社会固定资产投资额	位次	增长速度(%)	位次	地方财政总收入	位次	增长速度(%)	位次
全州	6139457	—	20.3	—	1186321	—	11.3	—
恩施市	1366674	1	22.0	4	234974	1	12.3	4
利川市	919882	2	21.8	5	151769	2	10.8	6
建始县	727928	4	22.1	3	84755	3	9.1	7
巴东县	785547	3	21.6	6	77166	4	1.0	8
宣恩县	375078	8	20.9	7	36896	7	17.5	1
咸丰县	527737	5	22.3	2	57656	6	11.4	5
来凤县	513494	6	22.9	1	68596	5	12.5	3
鹤峰县	438534	7	20.1	8	35720	8	15.1	2
州直					438789	—	12.4	—

恩施州县市主要经济指标排序(十五)

单位:万元

县　市	地方公共财政预算收　入	位次	增长速度(%)	位次	税收收入	位次	增长速度(%)	位次
全　州	578235	—	15.5	—	464384	—	14.8	—
恩施市	183348	1	18.0	3	159365	1	17.1	4
利川市	87550	2	13.5	5	66272	2	13.0	6
建始县	46166	4	13.3	6	35711	4	12.3	7
巴东县	54240	3	4.2	8	40479	3	−3.1	8
宣恩县	25856	7	18.2	2	22117	7	20.4	2
咸丰县	34100	5	13.3	6	24469	6	14.3	5
来凤县	31399	6	25.2	1	25589	5	22.1	1
鹤峰县	23591	8	16.7	4	20080	8	18.2	3
州　直	91985	—	18.3	—	70302	—	20.2	—

恩施州县市主要经济指标排序(十六)

单位:万元

县　市	地方公共财政预算支　出	位次	增长速度(%)	位次	社会消费品零售总额	位次	增长速度(%)	位次
全　州	2365174	—	9.1	—	2435500	—	13.4	—
恩施市	438983	1	5.4	6	823445	1	13.5	1
利川市	395000	2	12.1	5	356370	2	13.5	1
建始县	273879	4	12.4	4	230837	4	13.5	1
巴东县	299571	3	5.0	7	269660	3	13.4	5
宣恩县	201808	5	15.6	3	152704	8	13.5	1
咸丰县	161820	8	−12.6	8	221355	5	13.4	5
来凤县	194976	6	17.9	2	192930	6	13.4	5
鹤峰县	191038	7	32.6	1	188199	7	13.4	5
州　直	208099	—	4.1	—				

注:财政支出数为州反馈财政快报数。

恩施州县市主要经济指标排序（十七）

单位：万元

县　市	批　发 零售业	位次	增长 速度 （%）	位次	住　宿 餐饮业	位次	增长 速度 （%）	位次
全　州	2188023	—	16.9	—	247477	—	10.3	—
恩施市	754081	1	13.7	4	69364	1	10.9	4
利川市	318865	2	14.6	1	37505	2	4.7	8
建始县	205405	4	14.2	2	25432	4	7.7	7
巴东县	235022	3	14.1	3	34638	3	8.4	6
宣恩县	135207	8	13.6	6	17497	8	12.3	2
咸丰县	201076	5	13.5	7	20279	6	12.3	2
来凤县	168529	7	12.3	8	24401	5	21.3	1
鹤峰县	169838	6	13.7	4	18361	7	10.2	5

恩施州县市主要经济指标排序（十八）

单位：万元

县　市	按社会消费品零售总额按所在地分	按社会消费品零售总额按限额企业分				
	总计	总计	限额以上	限额以下	城镇	乡村
全　州	2435500	2435500	1193002	1242498	1783463	652037
恩施市	823445	823445	574505	248940	576412	247033
利川市	356370	356370	95836	260534	267603	88767
建始县	230837	230837	88828	142009	163993	66844
巴东县	269660	269660	106392	163268	200160	69500
宣恩县	152704	152704	33596	119108	114854	37850
咸丰县	221355	221355	122037	99318	177084	44271
来凤县	192930	192930	59600	133330	151618	41312
鹤峰县	188199	188199	112208	75991	131739	56460

恩施州县市主要经济指标排序(十九)

单位:元

县 市	全体居民人均可支配收入	位次	增长速度(%)	位次	农村常住居民人均可支配收入	位次	增长速度(%)	位次
全 州	11439.62	—	11.5	—	7193.87	—	13.0	—
恩施市	14025.78	1	11.1	8	7453.34	2	13.2	3
利川市	11258.20	2	11.2	7	7090.98	5	12.6	6
建始县	10460.54	6	12.3	2	7145.22	3	13.9	1
巴东县	10508.93	5	11.7	4	7139.56	4	13.0	4
宣恩县	10078.79	8	11.4	6	7048.43	8	12.4	8
咸丰县	10798.33	4	12.3	1	7076.73	6	13.6	2
来凤县	10099.26	7	11.5	5	7050.44	7	12.6	6
鹤峰县	10819.10	3	11.8	3	7546.43	1	13.0	4

恩施州县市主要经济指标排序(二十)

单位:元、万元

县 市	城镇常住居民人均可支配收入	位次	增长速度(%)	位次	旅游综合收入	位次	增长速度(%)	位次
全 州	20245.00	—	10.5	—	2000126.42	—	35.6	—
恩施市	22141.95	1	10.3	6	761313.29	1	38.9	4
利川市	20092.47	2	10.2	8	385692.74	2	41.3	2
建始县	19017.69	6	10.7	2	313800.37	3	25.1	7
巴东县	19122.70	5	10.5	4	105107.66	5	44.1	1
宣恩县	18870.38	8	10.4	5	37582.09	8	40.0	3
咸丰县	18919.25	7	11.2	1	304336.45	4	31.4	6
来凤县	19397.91	3	10.3	6	49041.06	6	36.0	5
鹤峰县	19231.19	4	10.7	2	43252.76	7	20.1	8

恩施州县市主要经济指标排序(二十一)

单位:万美元、亿元

县 市	外贸出口额	位次	增长速度(%)	位次	招商引资到位资金	位次	增长速度(%)	位次
全 州	45673.7	—	18.5	—	182.83	—	31.1	—
恩施市	12601.2	1	15.2	6	25.89	1	24.7	4
利川市	7201.2	2	14.4	8	25.69	2	14.0	8
建始县	3991.5	6	38.2	1	21.61	5	25.0	3
巴东县	6819.2	3	17.9	4	21.49	6	24.2	5
宣恩县	2779.3	7	27.2	3	17.13	8	30.2	1
咸丰县	4796.5	5	17.3	5	23.5	3	21.0	7
来凤县	2220	8	29.8	2	23.47	4	30.0	2
鹤峰县	5264.8	4	14.9	7	19.02	7	21.4	6
开发区					5.03	—	—25.5	—

恩施州县市主要经济指标排序(二十二)

单位:万美元、万元

县 市	实际利用外资	位次	增长速度(%)	位次	金融机构存款余额	位次	增长速度(%)	位次
全 州	3081	—	31.2	—	9336583	—	12.7	—
恩施市	444	2	21.0	5	3436355	1	13.8	6
利川市	396	4	23.8	4	1568224	2	17.5	2
建始县	402	3	793.3	2	808924	4	20.0	1
巴东县	365	5	14.1	7	1015206	3	13.4	7
宣恩县	500	1	400.0	3	597154	7	14.5	4
咸丰县	340	6	13.3	8	733470	5	13.8	5
来凤县	333	7	18.9	6	637017	6	5.2	8
鹤峰县	301	8	+	1	540233	8	17.0	3

恩施州县市主要经济指标排序(二十三)

单位:万元、万吨千米

县　市	金　融 机构贷 款余额	位次	增长 速度 (%)	位次	客货 运周 转量	位次	增长 速度 (%)	位次
全　州	5549188	—	23.5	—	797497	—	42.7	—
恩施市	2771259	1	20.5	5	283448	1	95.4	1
利川市	733260	2	40.9	2	132151	2	83.7	2
建始县	444404	3	25.5	4	109807	3	20.7	5
巴东县	411690	4	13.9	6	70580	4	33.5	3
宣恩县	246902	8	27.5	3	31453	8	14.4	6
咸丰县	271731	7	10.9	7	61229	6	−19.4	8
来凤县	390812	5	47.7	1	64936	5	31.7	4
鹤峰县	279131	6	9.5	8	43893	7	−2.8	7

恩施州县市主要经济指标排序(二十四)

单位:万千瓦时

县市	全社会用电量	位　次	增长速度 (%)	位　次
全　州	356235	—	6.8	—
恩施市	107912	1	10.5	2
利川市	47184	2	11.1	1
建始县	41473	3	6.8	4
巴东县	34014	4	−2.0	7
宣恩县	19638	8	5.4	5
咸丰县	24212	6	−2.1	8
来凤县	28513	5	7.9	3
鹤峰县	19711	7	3.3	6

2014年县域经济排名(综合排序)

2014年度综合排序	县市区	上届综合排序位次	位次变化情况	2014年度综合指数
1	麻城市	1	0	66.12
2	南漳县	2	0	65.73
3	恩施市	3	0	64.65
4	丹江口市	4	0	63.96
5	保康县	5	0	63.12
6	红安县	6	0	60.01
7	兴山县	7	0	58.94
8	浠水县	8	0	54.67
9	郧阳区	11	2	53.44
10	通城县	10	0	53.28
11	秭归县	9	－2	51.08
12	长阳县	15	3	48.13
13	通山县	12	－1	45.35
14	利川市	14	0	45.19
15	大悟县	16	1	41.11
16	建始县	20	4	40.65
17	来凤县	22	5	40.63
18	罗田县	18	0	39.85
19	咸丰县	24	5	39.37
20	孝昌县	17	－3	37.27
21	房县县	13	－8	36.75
22	鹤峰县	23	1	36.11
23	竹山县	21	－2	35.88
24	巴东县	19	－5	34.57
25	竹溪县	25	0	33.55
26	五峰县	27	1	32.84
27	英山县	26	－1	32.12
28	郧西县	29	1	30.94
29	宣恩县	28	－1	30.62

2014年县域经济排名(经济总量)

县 市 区	排 序	指 数	地方公共财政预算收入（万元）	税收总量（万元）	社会消费品零售额（亿元）	外贸出口（万美元）
麻城市	2	15.96	130265	130963	103.63	4496
南漳县	3	14.50	103714	97020	79.45	9475
恩施市	1	16.92	183348	210991	78.25	12601
丹江口市	4	13.61	115348	136994	65.28	3008
保康县	10	10.71	91311	78300	38.71	4690
红安县	7	12.16	103746	173634	51.50	1523
兴山县	8	11.70	75688	78691	24.66	28517
浠水县	5	12.73	75161	75912	97.08	5317
郧阳区	11	10.62	60018	82666	56.24	6516
通城县	15	8.25	58300	59967	47.75	5238
秭归县	13	9.86	78366	72164	33.34	5971
长阳县	14	8.92	72766	61844	38.71	5552
通山县	19	5.76	58083	55131	41.29	1079
利川市	6	12.40	87550	130490	35.64	7201
大悟县	9	11.16	79257	86782	61.15	1880
建始县	18	7.26	46166	74301	22.98	3992
来凤县	22	4.72	31399	62788	19.67	2220
罗田县	16	7.62	53747	55092	49.23	4878
咸丰县	23	4.65	34100	48024	22.54	4797
孝昌县	12	10.12	80059	70444	45.47	4207
房县县	20	5.39	40186	43588	41.18	3889
鹤峰县	26	2.35	23591	32212	18.87	5265
竹山县	21	5.13	45617	47922	36.93	1928
巴东县	17	7.54	54240	63405	26.86	6819
竹溪县	24	3.35	38000	41077	26.81	1603
五峰县	29	0.52	29119	30407	16.75	926
英山县	27	2.25	33422	35361	25.67	1418
郧西县	25	2.53	30001	32605	37.79	1654
宣恩县	28	1.85	25856	33157	15.08	2779

2014年县域经济排名(人均指标)

县市区	排序	指数	人均地方公共财政预算收入(元)	农村常住居民人均可支配收入(元)	城镇常住居民人均可支配收入(元)
麻城市	5	6.88	1578	9038	21209
南漳县	1	10.33	1923	11351	22160
恩施市	4	7.12	2394	7453	22142
丹江口市	6	6.35	2909	7728	21002
保康县	7	6.02	4095	8376	19817
红安县	13	4.45	1724	8057	19516
兴山县	3	7.14	4434	8757	20552
浠水县	9	5.24	856	9965	20284
郧阳区	16	2.98	1066	7038	20247
通城县	2	7.18	1432	10661	20547
秭归县	10	4.81	2169	7336	19937
长阳县	8	5.28	1885	7448	20580
通山县	15	2.98	1597	8050	18073
利川市	14	3.39	1328	7091	20092
大悟县	11	4.80	1280	7957	20846
建始县	24	1.96	1111	7145	19018
来凤县	19	2.58	1282	7050	19398
罗田县	21	2.47	983	7790	19206
咸丰县	25	1.82	1121	7077	18919
孝昌县	12	4.54	1347	7774	20620
房县县	22	2.40	1019	6878	19888
鹤峰县	17	2.64	1171	7546	19231
竹山县	26	1.61	1105	6900	18894
巴东县	23	2.39	1278	7140	19123
竹溪县	27	1.39	1223	6818	18507
五峰县	18	2.59	1551	7164	18761
英山县	20	2.53	930	8364	18840
郧西县	29	1.10	665	6805	19193
宣恩县	28	1.29	856	7048	18870

2014年县域经济排名(结构指标)

县市	排序	指数	地方财政总收入占GDP比重	升降幅度	地方税收占地方公共财政预算收入比重	升降幅度	工业增加值占GDP比重	农产品加工业产值占农业产值的比例	城乡居民收入比
麻城	7	8.59	7.79	0.42	65.30	—0.49	40.16	185.22	234.66
南漳	5	9.13	6.35	0.46	75.50	—2.35	35.70	108.66	195.22
恩施	3	10.2	15.01	0.22	86.92	—0.64	33.23	156.02	297.07
丹江	11	7.76	10.38	—0.80	69.49	—3.04	44.08	122.21	271.77
保康	8	8.49	12.42	0.64	60.41	—0.97	42.10	105.73	236.60
红安	1	11.82	16.95	1.98	70.08	2.28	41.67	130.41	242.22
兴山	4	9.27	12.29	0.43	63.60	—5.56	54.88	103.17	234.70
浠水	14	7.06	5.56	0.18	65.55	2.51	27.02	99.30	203.55
郧阳	10	8.03	11.89	0.27	73.68	3.68	36.45	95.21	287.68
通城	6	8.66	7.81	1.07	63.78	0.97	40.41	86.34	192.73
秭归	13	7.18	9.62	0.77	68.74	—4.61	33.09	146.53	271.79
长阳	25	4.40	8.22	0.52	60.84	—3.53	26.63	91.38	276.32
通山	9	8.13	8.12	0.29	68.97	0.36	30.32	124.17	224.50
利川	12	7.28	16.78	0.07	75.70	—0.34	22.74	65.55	283.35
大悟	28	4.31	10.73	1.07	60.24	—0.71	20.87	44.61	261.99
建始	18	6.38	11.94	—0.18	77.35	—0.67	25.35	46.00	266.16
来凤	15	7.05	12.99	0.04	81.50	—2.05	24.17	64.21	275.13
罗田	22	5.72	6.94	0.26	66.13	3.84	31.05	60.97	246.55
咸丰	17	6.48	9.55	0.05	71.76	0.64	24.45	97.51	267.34
孝昌	26	4.37	10.47	0.75	60.71	0.65	26.09	27.81	265.24
房县	27	4.34	8.31	—0.62	71.86	—0.69	27.04	58.93	289.15
鹤峰	2	10.39	8.20	0.35	85.12	1.14	36.65	206.61	254.84
竹山	24	5.24	8.19	0.32	71.81	—1.42	32.03	49.28	273.83
巴东	19	6.03	9.47	—0.86	74.63	—5.60	36.70	69.75	267.84
竹溪	20	5.87	8.29	0.71	72.77	2.01	34.05	35.61	271.44
五峰	21	5.76	6.91	0.76	73.29	—0.49	26.59	72.90	261.89
英山	23	5.52	5.77	0.44	70.09	1.70	17.39	72.13	225.25
郧西	29	3.35	6.99	0.41	71.17	0.79	19.73	17.18	282.04
宣恩	16	6.97	7.37	0.44	85.54	1.59	22.29	76.89	267.72

2014年县域经济排名(绿色发展)

县市	排序	指数	高新技术产业增加值占GDP比重	万元GDP能耗降低率	森林覆盖率指标	森林蓄积量指标	单位GDP地耗降低率
麻城	9	5.79	6.06	−7.19	30.70	30.74	9.32
南漳	4	7.32	5.13	−7.21	36.17	31.22	8.99
恩施	21	4.26	1.77	−2.79	35.97	35.38	9.48
丹江	1	8.00	7.27	−10.46	34.51	27.96	9.92
保康	2	7.44	14.32	−7.23	45.41	34.61	9.27
红安	8	5.85	5.39	−6.85	26.35	22.02	8.43
兴山	5	6.98	11.86	−5.67	44.26	28.79	9.69
浠水	16	5.03	5.71	−7.11	24.33	20.36	8.08
郧阳	11	5.69	12.62	−7.18	28.55	23.95	7.50
通城	14	5.38	9.53	−4.03	32.61	27.01	6.74
秭归	3	7.41	10.05	−5.89	39.37	25.06	10.35
长阳	10	5.76	5.01	−5.82	36.67	30.79	10.19
通山	19	4.34	2.85	−4.00	41.04	20.44	9.30
利川	29	1.92	1.23	−3.19	34.34	31.45	5.91
大悟	18	4.57	3.78	−5.76	26.28	16.43	8.12
建始	13	5.48	3.66	−3.98	39.82	30.90	10.66
来凤	22	4.07	1.17	−4.03	32.94	23.49	10.39
罗田	6	6.18	7.48	−6.97	38.46	26.46	6.54
咸丰	26	3.31	0.56	−2.53	38.34	35.80	9.18
孝昌	25	3.47	5.14	−5.70	14.32	14.47	6.88
房县	7	5.98	4.25	−3.54	44.55	64.33	9.38
鹤峰	24	3.95	2.53	−2.63	41.02	32.23	9.14
竹山	15	5.06	3.09	−5.24	33.54	33.14	10.77
巴东	28	2.16	0.32	−2.93	32.82	29.63	7.47
竹溪	17	4.75	3.53	−5.09	41.93	41.24	8.49
五峰	12	5.49	3.08	−5.84	49.13	21.63	7.70
英山	20	4.34	3.32	−4.44	39.05	20.95	8.46
郧西	23	4.04	1.76	−6.71	31.55	24.24	8.89
宣恩	27	2.31	0.26	−3.74	34.85	27.06	7.73

2014 年县域经济排名(速度指标)

县　市	排　序	指　数	规模以上工业企业数量增长速　度	第三产业增加值增长速　度	地方公共财政预算收入增长速　度	固定资产投资(不含农户)增长速　度	农村常住居民人均可支配收入增长速度	城镇常住居民人均可支配收入增长速度	社　会消费品零售总额增长速度	地　方税收收入增长速度
麻城	7	13.22	22.99	12.57	16.61	26.50	11.75	10.05	15.00	15.74
南漳	23	9.51	3.96	12.93	30.06	10.00	12.10	9.62	11.70	26.13
恩施	11	12.71	32.69	10.80	17.96	22.41	13.19	10.32	14.30	17.10
丹江	13	11.98	31.75	11.80	8.90	24.20	14.02	10.76	14.20	4.35
保康	2	14.33	17.65	14.02	25.00	25.92	12.59	9.96	15.20	23.03
红安	1	14.54	33.33	12.39	31.74	21.74	12.26	9.24	14.75	36.17
兴山	5	13.97	57.14	13.05	25.96	23.40	13.72	9.78	13.23	15.83
浠水	15	11.62	11.30	13.15	19.00	23.70	11.93	10.02	13.60	23.74
郧阳	4	14.18	35.64	9.70	20.46	24.25	13.46	10.80	14.10	26.79
通城	18	11.00	11.94	9.06	23.97	21.05	11.98	9.87	13.82	25.88
秭归	8	13.15	23.19	12.95	26.40	23.30	13.43	9.67	13.09	18.45
长阳	3	14.31	31.71	13.02	26.13	23.22	13.35	9.64	14.81	19.21
通山	21	10.57	25.45	10.04	20.53	20.22	12.60	9.64	12.10	21.16
利川	22	9.72	12.00	10.60	13.47	22.20	12.57	10.21	13.24	12.95
大悟	28	5.63	−4.48	7.10	16.29	22.50	9.58	9.14	12.41	14.93
建始	14	11.74	20.00	11.50	13.29	22.64	13.94	10.68	13.20	12.32
来凤	12	12.68	10.00	11.40	25.16	24.27	12.57	10.32	14.10	22.08
罗田	25	8.95	5.80	11.81	20.03	20.30	10.83	9.51	11.45	27.42
咸丰	9	13.10	28.26	11.80	13.29	22.89	13.59	11.23	14.13	14.30
孝昌	29	4.11	−35.16	8.58	13.10	15.50	9.61	9.11	11.36	14.32
房县	27	6.73	13.85	9.74	0.72	4.82	13.13	10.48	13.93	−0.25
鹤峰	16	11.32	11.63	11.70	16.66	18.54	13.02	10.68	13.54	18.24
竹山	19	10.82	9.09	11.28	15.00	23.56	13.30	10.65	12.90	12.77
巴东	26	7.97	3.77	11.15	4.18	22.03	13.02	10.53	13.10	−3.10
竹溪	20	10.70	20.59	11.04	18.38	23.55	13.05	8.89	12.80	21.75
五峰	6	13.63	76.19	11.99	25.02	23.10	13.47	9.63	12.55	24.19
英山	24	9.27	19.30	9.40	18.14	21.30	10.99	9.71	13.00	21.07
郧西	10	13.06	19.35	11.98	19.77	23.10	13.57	10.43	13.62	21.11
宣恩	17	11.06	14.63	12.00	18.17	20.68	12.43	10.39	12.74	20.42

2014年县域经济排名(后劲指标)

单位:万元

县市	排序	指数	固定资产投资(不含农户)	招商引资(含实际利用外资)
麻城市	1	7.22	267.15	46.79
南漳县	2	6.65	172.11	111.81
恩施市	14	3.40	128.81	16.58
丹江口市	4	6.12	159.51	45.28
保康县	3	6.16	126.63	87.48
红安县	10	4.95	143.23	33.80
兴山县	20	2.27	33.77	33.45
浠水县	7	5.36	163.20	33.65
郧阳区	5	6.05	135.92	57.34
通城县	11	4.70	116.54	38.04
秭归县	16	2.90	92.26	20.29
长阳县	17	2.56	71.04	21.72
通山县	6	5.98	133.40	55.74
利川市	18	2.42	82.89	16.32
大悟县	8	5.35	161.64	33.98
建始县	23	1.73	66.11	11.61
来凤县	24	1.54	50.12	14.78
罗田县	15	3.01	139.79	8.63
咸丰县	26	1.22	46.54	12.20
孝昌县	12	4.40	110.53	35.66
房县	9	5.10	112.28	44.78
鹤峰县	27	0.69	37.35	9.78
竹山县	13	3.56	117.77	22.03
巴东县	22	1.89	74.52	11.39
竹溪县	19	2.36	64.95	20.69
五峰县	29	0.50	43.01	5.87
英山县	25	1.22	73.79	4.67
郧西县	21	2.14	62.30	18.45
宣恩县	28	0.61	33.21	10.80

2014 年县域经济排名(社会指标)

县 市	排 序	指 数	城 镇 化 率	互联网宽带接入用户普及率	信 用 环境评价指数	就 业 综 合 指 数	社 会 保险综合指数	生产安全事故死亡人数及较大事故起数
麻城	5	8.46	42.20	7.18	92.06	84.0	91.49	88.50
南漳	6	8.29	38.89	9.07	89.23	58.0	96.57	100.00
恩施	2	10.00	50.10	13.12	94.52	70.0	96.96	79.00
丹江	1	10.13	48.45	11.94	88.13	85.4	92.47	95.50
保康	3	9.97	39.37	9.24	91.67	100.0	91.95	99.50
红安	19	6.24	38.69	6.53	91.40	70.0	85.20	77.00
兴山	11	7.59	43.47	8.22	80.14	70.0	95.70	93.50
浠水	10	7.64	36.78	6.12	84.82	94.7	93.15	88.50
郧阳	22	5.90	36.90	5.13	92.43	76.7	74.46	96.00
通城	7	8.12	39.24	8.32	84.05	100.0	94.28	66.00
秭归	23	5.77	36.53	6.70	85.91	75.0	96.42	36.00
长阳	14	6.89	30.03	6.08	83.93	84.0	95.82	92.00
通山	12	7.59	38.40	8.73	86.70	96.0	83.14	87.00
利川	8	8.06	37.66	7.23	82.91	77.0	96.20	92.00
大悟	24	5.30	41.81	5.37	85.48	60.7	89.61	63.50
建始	20	6.10	34.23	6.50	81.49	70.0	91.58	63.50
来凤	9	7.97	35.84	9.48	86.88	83.0	89.75	77.00
罗田	21	5.91	38.65	5.66	86.50	70.0	86.49	90.50
咸丰	4	8.78	36.95	7.30	84.02	88.0	96.08	95.50
孝昌	18	6.26	37.28	5.66	89.12	69.0	88.81	87.00
房县	15	6.83	36.05	6.86	85.31	70.0	93.57	98.50
鹤峰	26	4.77	31.56	8.09	0.00	70.0	87.21	93.50
竹山	28	4.46	35.82	4.85	86.04	72.0	87.35	46.50
巴东	16	6.59	33.27	5.88	81.31	97.3	88.06	78.50
竹溪	25	5.13	34.23	7.73	88.44	76.0	85.74	47.00
五峰	29	4.35	35.43	6.08	82.31	59.4	83.99	63.50
英山	13	6.99	37.72	6.88	80.12	97.0	84.74	91.00
郧西	27	4.72	34.49	4.51	81.76	100.0	85.76	38.00
宣恩	17	6.53	31.14	5.65	89.44	70.0	89.71	98.00

2014 年武陵山片区 71 个县

省（市）	地（市、州）	县（市、区）	土地面积（平方千米）	总人口（万人）	
				2014 年	增长（%）
湖北省（11 个）	宜昌市（3 个）	秭归县	2427	38.01	0.1
		长阳县	3430	40.25	0.7
		五峰县	2347	20.46	0.8
	恩施州（8 个）	恩施市	3972	82.09	0.7
		利川市	4603	91.71	−0.7
		建始县	2666	51.52	0.1
		巴东县	3354	49.86	0.1
		宣恩县	2730	36.37	0.2
		咸丰县	2520	39.23	0.4
		来凤县	1344	33.16	0.1
		鹤峰县	2872	22.35	−0.0
湖南省（37 个）	邵阳市（8 个）	新邵县	1762	82.35	1.1
		邵阳县	2001	105.73	0.8
		隆回县	2868	122.24	0.3
		洞口县	2179	87.09	0.7
		绥宁县	2917	38.55	0.6
		新宁县	2756	63.17	0.7
		城步县	2588	28.17	1.0
		武冈市	1539	83.66	0.5
	常德市	石门县	3970	67.01	0.6
	张家界市（4 个）	慈利县	3480	70.99	0.1
		桑植县	3464	47.42	0.0
		武陵源区	397	5.59	1.1
		永定区	2169	47.60	1.2
	益阳市	安化县	4945	103.16	0.3
	怀化市（12 个）	鹤城区	665.99	37.42	0.9
		中方县	1479	28.86	0.9
		沅陵县	5853	67.00	0.9
		辰溪县	1990	53.60	0.9
		溆浦县	3440	92.07	0.9
		会同县	2247	36.63	0.9
		麻阳县	1568.2	40.30	0.9
		新晃县	1508	27.58	0.9
		芷江县	2095.5	38.60	0.9
		靖州县	2200.2	27.47	0.9
		通道县	2234.62	24.17	0.9
		洪江市	2215.88	44.46	0.9

(市、区)主要经济指标（一）

常住人口(万人)		生产总值(亿元)		第一产业(亿元)		第二产业(亿元)		其中:工业增加值(亿元)	
2014年	增长(%)	2014年	增长(%)	2014年	增长(%)	2014年	增长(%)	2014年	增长(%)
36.13	0.1	100.53	10.9	21.44	5.2	39.52	10.8	33.26	11.4
38.82	0.0	109.88	11.0	34.14	5.1	33.61	12.7	29.26	14.1
18.77	0.2	55.28	10.0	18.97	5.0	16.14	11.8	14.70	10.2
76.58	0.1	156.50	9.7	25.51	5.2	63.04	10.6	52.00	10.2
65.95	0.1	90.47	9.8	29.76	5.2	25.35	15.3	20.57	10.6
41.54	0.1	70.99	9.9	17.67	5.2	24.00	11.9	17.99	11.2
42.44	0.1	81.45	9.4	16.63	5.2	34.08	10.1	29.89	8.9
30.19	0.1	50.06	9.8	14.03	5.2	14.40	11.7	11.16	10.1
30.42	0.1	60.38	9.9	14.57	5.2	18.81	11.6	14.77	12.2
24.50	0.1	52.82	10.2	11.33	5.2	15.77	11.9	12.77	11.2
20.15	0.0	43.55	9.6	9.53	5.2	18.26	10.1	15.96	10.2
76.01	1.1	106.51	11.1	26.73	4.6	41.42	11.7	35.67	11.2
95.06	0.5	111.35	10.4	30.29	4.6	40.22	9.3	33.37	8.5
109.22	−1.0	126.07	11.2	30.13	5.0	37.24	11.2	28.63	11.7
78.43	0.0	125.68	11.0	43.48	4.8	43.85	12.3	33.98	11.8
35.64	0.6	69.05	10.8	16.30	5.0	32.39	11.2	30.64	11.2
57.26	0.6	74.91	10.5	21.24	4.8	20.03	11.0	15.11	10.6
25.91	0.5	30.15	10.6	8.62	4.8	11.02	11.4	10.11	11.3
75.93	0.5	106.65	10.7	37.52	5.0	22.63	12.5	19.01	11.7
60.50	0.1	193.09	7.2	34.48	3.8	81.76	5.9	73.90	5.5
61.20	0.2	138.00	10.6	23.01	4.8	48.12	9.3	41.54	9.2
38.81	0.4	67.92	10.7	8.79	4.9	15.65	8.1	12.88	7.8
6.05	0.0	40.95	14.0	1.60	4.6	0.70	−1.0	0.20	0.0
45.84	0.4	168.45	10.8	14.45	4.6	37.24	6.9	29.33	6.2
91.31	0.1	162.84	10.6	37.62	4.7	64.76	10.7	61.70	10.8
60.63	2.2	264.01	4.9	8.96	4.5	76.67	2.4	52.94	7.7
24.17	0.7	86.11	5.3	11.29	4.3	51.29	6.3	48.28	5.9
59.14	0.6	163.95	5.5	17.93	4.7	110.52	6.3	103.26	3.0
46.13	0.7	92.53	6.1	14.70	4.4	41.27	6.4	34.79	0.7
75.04	0.5	114.73	−1.0	27.99	4.2	38.98	−5.2	34.87	−6.3
32.98	2.3	55.57	6.5	11.63	4.6	13.49	7.5	12.31	5.1
34.90	0.7	58.03	7.9	14.40	4.3	19.58	5.6	17.29	5.9
24.88	0.7	45.44	7.0	6.52	4.4	23.39	8.5	21.84	5.6
34.60	0.7	83.21	5.1	19.71	4.5	36.14	7.4	35.04	5.4
24.86	0.7	62.01	9.8	12.59	4.6	22.96	11.8	21.20	8.3
21.02	0.5	31.18	4.9	6.72	4.4	10.68	2.4	10.00	−0.5
42.00	0.7	89.14	7.4	17.50	4.3	32.49	8.8	29.85	5.9

2014 年武陵山片区 71 个县

省（市）	地（市、州）	县（市、区）	土地面积（平方千米）	总人口（万人）2014 年	总人口（万人）增长（%）
湖南省（37 个）	娄底市（3 个）	新化县	3619.93	146.60	4.1
		涟源市	1911.79	116.58	−0.7
		冷水江市	437.89	37.03	−3.3
	湘西州（8 个）	吉首市	1077	30.10	0.3
		泸溪县	1566	31.37	0.1
		凤凰县	1738	42.17	1.2
		花垣县	1108	31.09	0.1
		保靖县	1746	31.26	0.1
		古丈县	1286	14.48	0.0
		永顺县	3810	54.07	0.1
		龙山县	3131	59.44	0.1
重庆市（7 个）		丰都县	2896	83.40	−0.2
		石柱县	3013	55.02	0.4
		秀山县	2450	66.46	0.7
		酉阳县	5173	86.04	1.3
		彭水县	3903	70.25	0.8
		黔江区	2402	55.33	0.8
		武隆县	2872	41.54	0.2
贵州省（16 个）	遵义市（6 个）	正安县	2595	64.71	1.2
		道真县	2156	34.56	0.8
		务川县	2773	46.17	2.2
		凤冈县	1883	43.78	1.0
		湄潭县	1845	49.56	0.4
		余庆县	1630	30.39	0.8
	铜仁市（10 个）	碧江区	1012	31.03	1.4
		万山区	840	15.69	1.3
		江口县	1869	24.36	1.8
		玉屏县	516	15.44	0.6
		石阡县	2172	41.59	0.1
		思南县	2231	67.69	0.5
		印江县	1961	44.49	0.9
		德江县	2072	54.08	1.7
		沿河县	2469	66.84	−0.02
		松桃县	2861	71.05	0.3

注：遵义市 6 县城镇化率未核定。

(市、区)主要经济指标(续一)

常住人口(万人)		生产总值(亿元)		第一产业(亿元)		第二产业(亿元)		其中:工业增加值(亿元)	
2014年	增长(%)	2014年	增长(%)	2014年	增长(%)	2014年	增长(%)	2014年	增长(%)
112.71	0.3	186.7	8.9	50.62	4.8	62.01	9.6	46.27	9.9
100.94	0.4	223.13	7.6	45.62	4.8	105.84	8.1	96.18	8.0
33.91	1.1	253.59	7.9	9.00	4.9	175.45	8.0	167.12	7.9
31.13	0.4	111.10	5.9	6.07	4.5	32.93	−0.5	26.00	−2.0
28.51	0.3	52.95	11.2	7.33	4.5	29.09	14.7	27.49	15.2
35.75	0.4	61.67	13.0	7.64	4.3	10.81	13.4	6.02	11.8
29.41	0.2	60.32	3.4	6.18	4.4	36.15	3.7	34.17	3.4
28.61	0.1	39.82	10.7	7.42	4.3	14.41	9.2	12.02	8.5
13.03	0.1	20.21	14.5	4.54	4.6	5.87	22.0	4.21	27.6
44.14	0.4	50.78	7.7	13.92	4.4	13.77	11.4	7.83	14.1
51.47	0.1	61.33	10.0	15.91	4.5	14.37	10.6	8.12	11.2
61.19	−1.4	135.37	10.8	25.91	5.3	63.94	16.6	33.29	12.0
39.21	−1.8	119.95	10.0	21.09	5.1	60.03	12.5	42.80	13.3
49.07	−0.2	126.50	10.8	17.08	5.3	65.69	13.6	53.31	11.7
56.24	−0.2	110.42	7.5	21.82	5.2	51.55	9.6	36.14	13.4
51.59	−1.8	108.80	10.3	20.23	4.8	48.04	17.4	30.93	11.7
45.66	0.8	186.31	10.7	17.37	4.5	105.26	10.6	89.01	10.8
34.81	−0.4	119.98	10.7	17.08	5.1	48.10	10.7	23.00	15.7
38.39	0.2	59.81	17.4	19.11	6.9	13.89	27.5	6.47	17.9
24.47	0.4	39.75	17.8	13.76	7.1	7.49	24.9	4.06	17.7
31.95	0.3	42.99	16.5	15.13	7.2	8.57	30.6	3.83	17.5
31.03	0.2	49.92	16.7	17.03	6.8	11.97	27.2	6.57	17.4
37.71	0.2	66.15	16.7	18.05	6.9	18.72	21.0	13.55	17.0
23.62	0.2	54.92	17.6	13.86	6.9	17.73	22.6	10.28	17.8
30.93	1.3	110.81	17.1	9.10	6.8	42.94	19.0	30.78	16.0
11.48	0.4	31.11	16.6	6.54	6.2	13.91	17.6	10.78	15.3
17.36	0.4	33.42	14.2	8.37	6.9	9.84	15.8	4.97	15.2
11.99	0.5	55.44	15.8	5.87	6.4	31.21	15.9	28.07	15.8
30.47	0.2	47.67	15.0	14.97	6.1	7.21	15.4	4.16	15.4
49.95	0.1	88.20	15.5	23.03	6.4	21.16	16.0	13.81	15.9
28.46	0.2	58.91	16.1	18.82	6.8	12.81	20.0	9.18	16.0
37.05	0.7	73.30	15.5	20.98	6.6	14.91	20.1	9.37	15.7
45.03	0.0	72.60	15.5	19.83	6.3	13.53	15.9	7.61	16.6
48.93	0.5	88.93	15.5	22.16	6.6	29.65	16.9	24.61	15.5

2014 年武陵山片区 71 个县

省 （市）	地 （市、州）	县 （市、区）	第三产业（亿元） 2014 年	第三产业（亿元） 增长（%）	人均 GDP（元） 2014 年	人均 GDP（元） 增长（%）
湖北省	宜昌市（3 个）	秭归县	39.57	12.9	27831	9.7
		长阳县	42.13	13.0	27298	9.2
		五峰县	20.17	12.0	29477	9.1
	恩施州（8 个）	恩施市	67.95	10.8	20454	10.4
		利川市	35.36	10.6	13729	10.1
		建始县	29.32	11.5	17104	10.5
		巴东县	30.75	11.1	19207	9.9
		宣恩县	21.63	12.0	16594	10.4
		咸丰县	27.00	11.8	19864	10.6
		来凤县	25.71	11.4	21581	11.9
		鹤峰县	15.76	11.7	21628	10.0
湖南省 （37 个）	邵阳市（8 个）	新邵县	38.37	14.2	14085	11.2
		邵阳县	40.83	15.0	11739	11.7
		隆回县	58.69	14.2	11486	12.9
		洞口县	38.35	15.1	16024	10.7
		绥宁县	20.36	14.1	19428	10.3
		新宁县	33.64	13.3	13209	11.6
		城步县	10.51	14.4	11663	10.0
		武冈市	46.50	13.8	14135	10.5
	常德市	石门县	76.85	10.6	32161	6.8
	张家界市（4 个）	慈利县	66.87	13.5	22549	10.5
		桑植县	43.47	13.1	17520	10.3
		武陵源区	38.64	14.6	67903	13.1
		永定区	116.76	13.0	36900	9.4
	益阳市	安化县	60.46	13.6	17840	11.0
	怀化市（12 个）	鹤城区	178.37	6.2	44008	2.5
		中方县	23.54	3.5	35754	4.7
		沅陵县	35.51	3.6	27800	5.0
		辰溪县	36.56	6.1	20130	6.2
		溆浦县	47.76	0.4	15324	0.1
		会同县	30.44	6.6	17040	6.3
		麻阳县	24.06	11.7	16689	8.4
		新晃县	15.52	5.5	18328	6.8
		芷江县	27.36	2.6	24136	5.1
		靖州县	26.47	10.1	25036	10.1
		通道县	13.78	7.0	14871	5.3
		洪江市	39.15	7.4	21300	7.8

（市、区）主要经济指标（二）

粮食总产量（万吨）		固定资产投资（亿元）		社会消费品零售总额（亿元）		财政总收入（亿元）		公共财政预算收入（亿元）	
2014年	增长（%）	2014年	增长（%）	2014年	增长（%）	2014年	增长（%）	2014年	增长（%）
9.19	2.8	94.72	23.0	34.13	14.7	9.67	19.7	7.84	26.4
11.03	4.0	71.04	23.2	38.21	14.5	9.03	16.7	7.28	26.1
8.44	1.6	43.61	24.8	17.23	14.0	3.82	22.9	2.91	25.0
23.39	1.3	136.67	22.0	82.34	13.5	23.50	12.3	18.33	18.0
36.96	0.7	91.99	21.8	35.64	13.5	15.18	10.8	8.76	13.5
23.40	1.0	72.79	22.1	23.08	13.5	8.48	9.1	4.62	13.3
22.59	1.7	78.55	21.6	26.97	13.4	7.72	1.0	5.42	4.2
13.20	2.3	37.51	20.9	15.27	13.5	3.69	17.5	2.59	18.2
23.38	1.3	52.77	22.3	22.14	13.4	5.77	11.4	3.41	13.3
12.79	1.5	51.35	22.9	19.29	13.4	6.86	12.5	3.14	25.2
9.14	0.4	43.85	20.1	18.82	13.4	3.57	15.1	2.36	16.7
31.19	3.9	148.89	29.7	37.93	13.1	9.22	12.4	6.61	29.7
45.04	2.0	129.96	27.1	43.88	13.4	7.39	1.1	5.34	6.7
45.69	2.8	155.68	29.5	36.23	13.2	9.05	13.1	6.26	18.3
44.69	3.9	125.95	10.4	41.74	13.6	7.66	17.7	5.29	15.6
14.25	1.9	66.40	30.0	22.59	13.0	4.27	12.9	3.09	15.2
30.59	3.8	54.80	−28.4	18.69	13.3	6.17	0.1	4.71	−3.0
7.77	3.9	34.30	29.7	15.06	12.9	3.52	16.3	2.60	30.7
46.30	2.7	115.34	30.3	44.92	13.5	7.58	16.5	5.84	13.5
26.54	0.3	143.94	1.1	83.87	13.0	10.17	1.7	6.13	1.1
29.63	1.8	65.50	20.0	37.87	11.6	9.01	8.7	6.04	6.4
14.55	2.7	45.09	18.6	22.45	11.8	5.08	13.8	3.20	11.0
1.52	−1.3	21.10	20.3	9.88	11.7	4.92	15.9	3.68	15.0
14.66	2.0	121.34	18.4	68.20	11.6	7.92	17.8	4.87	15.5
24.32	2.6	113.44	22.6	73.63	12.6	11.18	6.1	6.19	15.4
5.37	1.8	148.48	−20.8	140.55	12.7	9.10	−10.2	5.51	−19.9
11.37	2.9	123.36	18.0	13.64	12.5	4.62	−20.2	3.06	−22.5
22.10	2.9	86.46	16.7	39.25	12.0	9.70	−27.4	5.57	−32.4
18.31	2.6	77.05	10.1	32.86	12.3	6.57	−9.6	4.05	−15.9
34.77	2.7	80.73	8.5	43.64	12.2	5.56	−20.1	3.66	−25.5
11.92	3.1	38.44	12.9	13.55	12.1	4.01	−6.5	2.74	−8.5
10.95	2.9	44.69	20.2	20.24	12.5	3.62	4.5	2.50	3.7
7.89	2.9	38.19	30.2	11.21	12.6	3.30	5.1	2.08	3.8
20.97	2.6	44.02	9.4	27.32	12.5	5.87	0.5	4.01	−2.7
12.45	2.5	33.99	18.7	20.67	12.6	3.39	−12.7	2.20	−19.6
8.09	2.9	28.90	33.2	9.59	12.5	2.90	2.9	1.95	4.4
16.06	−4.6	82.21	5.8	22.35	12.7	5.84	0.3	3.93	−6.4

2014 年武陵山片区 71 个县

省（市）	地（市、州）	县（市、区）	第三产业(亿元) 2014 年	第三产业 增长(%)	人均 GDP(元) 2014 年	人均 GDP 增长(%)
湖南省（37 个）	娄底市(3 个)	新化县	74.10	10.6	16620	8.40
		涟源市	71.68	8.2	22145	7.70
		冷水江市	69.14	8.1	75181	6.90
	湘西州(8 个)	吉首市	72.04	9.4	35915	5.6
		泸溪县	16.52	7.7	18257	9.8
		凤凰县	43.22	14.6	17351	12.3
		花垣县	17.99	2.6	20572	2.4
		保靖县	17.98	14.4	13974	9.9
		古丈县	9.80	13.2	15651	4.3
		永顺县	23.09	7.6	11503	8.6
		龙山县	31.05	12.8	11916	11.0
重庆市（7 个）		丰都县	45.52	5.5	21972	12.3
		石柱县	38.83	8.6	30321	12.7
		秀山县	43.73	9.3	25751	11.3
		酉阳县	37.05	5.9	19609	8.1
		彭水县	40.53	5.6	20903	11.8
		黔江区	63.68	12.2	40960	9.7
		武隆县	54.80	12.3	34404	11.0
贵州省（16 个）	遵义市(6 个)	正安县	26.81	19.4	15592	17.0
		道真县	18.50	20.5	16275	17.3
		务川县	19.29	16.6	13473	16.1
		凤冈县	20.92	17.3	16101	16.3
		湄潭县	29.38	18.8	17558	16.3
		余庆县	23.33	19.4	23278	17.2
	铜仁市(10 个)	碧江区	58.77	17.3	36048	
		万山区	10.66	22.4	27149	
		江口县	15.21	17.5	19283	
		玉屏县	18.36	18.8	46353	
		石阡县	25.49	20.5	15655	
		思南县	44.01	20.3	17665	
		印江县	27.28	21.1	20720	
		德江县	37.41	18.9	19850	
		沿河县	39.24	20.5	16122	
		松桃县	37.12	20.0	18224	

注：遵义市 6 县城镇化率未核定。

(市、区)主要经济指标 (续二)

粮食总产量（万吤）		固定资产投资（亿元）		社会消费品零售总额（亿元）		财政总收入（亿元）		公共财政预算收入（亿元）	
2014 年	增长（%）	2014 年	增长（%）	2014 年	增长（%）	2014 年	增长（%）	2014 年	增长（%）
47.79	2.8	114.45	23.4	73.58	12.4	10.61	－3.1	6.85	－0.1
47.55	3.0	157.01	22.9	88.24	12.4	11.31	－16.6	6.66	－19.1
4.55	2.8	165.48	22.3	73.54	12.4	16.42	－21.8	9.03	－21.5
4.84	1.2	80.20	20.1	71.73	12.1	9.07	10.4	6.60	10.4
7.37	2.4	19.19	25.9	11.40	10.0	3.93	17.5	2.65	17.5
12.04	1.4	42.36	26.0	35.40	15.3	7.06	10.8	5.48	10.8
9.09	3.7	16.08	20.7	11.82	9.5	7.46	7.8	4.20	7.8
8.76	1.5	15.83	21.0	9.72	12.0	3.18	17.5	1.85	17.5
3.29	3.5	22.70	20.5	4.54	13.3	2.76	20.0	1.85	20.0
20.98	3.0	47.34	17.7	28.36	11.6	4.05	10.6	2.65	10.6
17.93	1.5	59.28	20.4	30.48	15.0	4.96	25.3	3.21	25.3
33.76	1.2	209.23	12.4	55.90	14.6	24.80	23.7	12.81	8.7
25.79	0.6	144.41	2.8	42.37	15.0	23.10	21.5	11.10	27.2
30.65	1.7	146.14	20.1	50.98	15.1	30.01	27.8	14.15	13.4
37.92	4.4	131.65	14.6	40.41	12.8	18.63	－21.0	13.19	－31.2
31.10	1.1	128.88	11.7	45.75	14.0	24.79	18.8	10.27	18.9
25.06	0.2	236.12	11.4	71.07	13.0	62.45	2.1	20.09	15.6
17.25	2.2	145.46	2.7	40.75	12.9	22.99	－0.1	11.61	18.6
22.5	11.7	47.16	24.9	16.36	13.3	7.80	35.3	4.01	21.9
14.4	11.7	33.42	25.8	10.43	13.4	6.58	39.8	3.17	25.7
17.3	10.8	38.56	27.6	10.51	13.6	6.58	23.1	3.58	23.0
17.7	16.3	33.56	27.8	14.24	13.7	5.49	20.6	2.88	18.2
21.8	16.4	70.05	25.2	21.67	13.6	9.04	27.9	4.89	25.0
16.6	16.1	46.53	29.5	13.52	13.7	6.64	10.4	3.42	15.1
8.25	15.2	191.50	15.5	90.41	103.0	59.81	172.8	89.61	83.6
5.25	8.1	57.67	16.2	4.36	12.8	4.06	34.0	1.51	3.7
6.72	0.4	90.41	16.5	6.73	13.4	2.90	20.0	1.55	28.4
4.08	15.1	102.95	15.4	7.29	12.7	7.11	25.6	3.58	28.8
12.99	9.7	59.81	15.9	7.72	12.7	5.25	24.4	2.89	20.2
22.09	14.8	172.80	16.4	18.17	13.5	8.42	15.8	4.24	26.2
13.62	10.8	89.61	15.9	9.73	12.8	4.93	12.1	2.65	15.5
17.83	33.8	83.56	16.7	12.72	13.7	7.69	28.5	4.24	20.7
19.92	21.9	124.50	15.5	13.64	12.4	7.02	－3.3	3.67	－10.1
23.71	7.9	114.88	23.5	17.40	12.1	10.17	10.5	4.58	－12.7

2014年武陵山片区71个县

省（市）	地（市、州）	县（市、区）	公共财政预算支出（亿元）		城镇居民人均可支配收入（元）	
			2014年	增长（%）	2014年	增长（%）
湖北省	宜昌市（3个）	秭归县	24.21	5.7	19937	9.7
		长阳县	28.49	14.9	20580	9.6
		五峰县	29.17	29.6	18761	9.6
	恩施州（8个）	恩施市	43.90	5.4	22142	10.3
		利川市	39.50	12.1	20092	10.2
		建始县	27.39	12.4	19018	10.7
		巴东县	29.96	5.0	19123	10.5
		宣恩县	20.18	15.6	18870	10.4
		咸丰县	16.18	－12.6	18919	11.2
		来凤县	19.50	17.9	19398	10.3
		鹤峰县	19.10	32.6	19231	10.7
湖南省（37个）	邵阳市（8个）	新邵县	31.16	19.0	18994	9.2
		邵阳县	36.20	18.7	19063	9.3
		隆回县	38.18	15.0	18317	9.5
		洞口县	31.97	11.4	19592	9.0
		绥宁县	20.89	27.3	17522	9.3
		新宁县	24.12	4.8	18069	9.5
		城步县	18.09	29.7	16915	8.8
		武冈市	28.21	6.1	19054	9.9
	常德市	石门县	27.66	10.3	18245	8.8
	张家界市（4个）	慈利县	30.16	19.8	17379	8.8
		桑植县	24.24	19.1	11687	9.3
		武陵源区	8.80	41.0	20826	9.2
		永定区	22.49	21.3	20321	8.7
	益阳市	安化县	38.43	20.4	13092	9.4
	怀化市（12个）	鹤城区	14.76	10.5	23705	8.8
		中方县	13.41	5.2	19973	8.9
		沅陵县	30.67	11.4	16361	8.8
		辰溪县	22.57	15.3	16471	9.4
		溆浦县	31.09	12.9	16856	9.5
		会同县	16.93	16.0	15817	9.6
		麻阳县	17.90	10.8	16658	7.6
		新晃县	14.84	20.3	14582	9.5
		芷江县	19.14	8.9	16990	9.4
		靖州县	14.58	11.2	15910	9.3
		通道县	15.23	20.9	15005	9.4
		洪江市	19.16	20.3	17235	7.8

(市、区)主要经济指标（三）

农村居民人均可支配收入（元）		金融机构存款余额（亿元）		居民存款储蓄（亿元）		金融机构贷款余额（亿元）		城市化率（%）	
2014年	增长（%）	2014年	增长（%）	2014年	增长（%）	2014年	增长（%）	2014年	增减（百分点）
7336	13.4	116.50	15.9	67.48	18.6	99.92	22.6	36.53	1.44
7448	13.4	99.93	13.2	73.87	13.0	59.19	22.5	30.08	1.50
7164	13.5	71.17	27.1	36.67	16.5	23.02	22.1	35.43	1.00
7453	13.2	343.44	13.8	152.63	15.3	277.12	20.5	50.10	2.02
7091	12.6	156.80	17.5	111.08	17.2	73.33	40.9	37.66	2.15
7145	13.9	80.88	20.0	54.18	19.2	44.44	25.5	34.23	2.78
7140	13.0	101.50	13.4	56.21	12.6	41.17	13.9	33.27	2.00
7048	12.4	59.71	14.5	38.63	17.7	24.69	27.5	31.14	2.04
7077	13.6	73.34	17.1	48.93	18.7	27.17	10.9	36.95	2.54
7050	12.6	63.68	11.5	48.93	18.7	39.08	47.7	35.84	3.20
7546	13.0	54.01	20.9	34.59	17.2	27.91	9.5	31.56	2.08
7269	11.7	124.69	12.8	94.70	15.0	68.09	16.2	31.88	0.88
7040	11.5	145.52	14.8	113.96	17.6	38.91	31.1	34.81	2.31
6358	12.8	203.50	17.1	160.27	17.6	60.66	26.8	28.90	2.34
6920	12.0	170.68	16.3	129.00	16.6	62.03	17.1	37.80	2.60
6592	12.5	76.38	16.6	58.51	15.0	24.03	20.2	29.10	2.29
6375	11.4	100.12	16.1	82.33	16.8	36.99	14.7	35.31	1.29
4687	13.2	51.06	22.1	36.08	18.1	18.80	32.8	30.14	2.21
7596	13.0	150.81	13.9	116.76	14.8	57.15	15.9	37.68	2.45
8066	11.1	145.92	13.6	115.00	15.2	58.74	1.6	37.44	1.94
7091	13.5	141.73	14.9	113.16	16.1	75.19	20.5	40.52	1.29
4719	11.7	78.34	18.6	55.34	19.5	41.99	20.4	35.91	0.71
8899	13.2	27.11	10.9	16.56	25.2	47.59	30.4	62.80	0.30
6640	9.7	205.16	16.2	122.20	13.3	172.22	17.3	50.79	0.95
6196	8.3	189.50	12.5	142.00	11.5	61.60	17.6	28.53	1.07
9608	13.0	423.78	8.2	251.53	10.9	325.75	6.0	92.40	0.02
7577	10.9	40.88	37.6	25.26	18.5	31.45	23.5	31.03	0.99
6402	12.7	111.17	13.7	90.37	16.0	30.76	9.1	33.95	0.44
6693	10.9	85.13	11.8	65.29	11.3	40.95	12.0	32.30	0.31
7575	9.1	140.68	17.6	122.36	20.7	73.13	33.6	33.41	1.78
6672	8.9	72.97	7.8	60.64	11.2	22.13	19.5	32.29	2.39
5373	12.1	58.88	12.5	48.36	9.5	32.16	13.3	29.97	0.10
5393	10.7	44.12	20.9	32.84	18.3	21.21	40.4	31.23	0.87
5838	11.9	75.04	8.6	60.41	18.3	30.22	8.2	29.57	1.45
6435	13.2	60.41	10.2	46.10	10.9	19.19	6.6	43.28	0.25
4784	11.9	42.20	9.4	33.20	9.9	13.50	12.2	28.07	0.06
7519	4.5	87.99	8.6	69.25	11.9	63.62	23.5	37.81	0.40

2014年武陵山片区71个县

省（市）	地（市、州）	县（市、区）	公共财政预算支出（亿元） 2014年	增长（%）	城镇居民人均可支配收入（元） 2014年	增长（%）
湖南省（37个）	娄底市（3个）	新化县	47.03	16.3	15117	8.60
		涟源市	38.95	2.7	15837	8.70
		冷水江市	25.09	4.1	25574	8.90
	湘西州（8个）	吉首市	24.85	13.1	21761	8.6
		泸溪县	19.74	18.9	16737	8.4
		凤凰县	24.93	15.5	17557	8.7
		花垣县	19.05	14.1	17537	8.7
		保靖县	17.33	13.9	15786	9.0
		古丈县	12.49	14.8	15480	9.2
		永顺县	26.46	12.9	15683	8.8
		龙山县	26.32	11.6	15600	8.9
重庆市（7个）		丰都县	44.47	12.9	21749	11.0
		石柱县	37.31	10.4	22916	11.0
		秀山县	41.75	12.3	22901	10.7
		酉阳县	50.72	−1.1	18607	10.6
		彭水县	40.99	18.6	20363	11.0
		黔江区	48.92	6.0	22388	11.3
		武隆县	34.65	10.5	24526	11.2
贵州省（16个）	遵义市（6个）	正安县	23.41	1.5	19975	10.5
		道真县	18.09	21.1	19947	10.8
		务川县	20.40	8.7	19898	10.9
		凤冈县	17.83	7.1	20309	9.4
		湄潭县	21.73	12.4	22950	9.1
		余庆县	14.64	12.8	20390	9.7
	铜仁市（10个）	碧江区	24.50	18.2	21957	11.9
		万山区	13.98	2.1	20609	10.8
		江口县	13.14	11.7	20099	10.5
		玉屏县	12.87	18.2	20937	10.2
		石阡县	24.27	22.7	19614	11.7
		思南县	32.89	18.3	19666	11.3
		印江县	22.63	15.4	19530	11.1
		德江县	27.99	6.3	19666	11.6
		沿河县	29.67	13.2	19797	10.9
		松桃县	31.38	5.6	19480	11.0

注：遵义市6县城镇化率未核定。

(市、区)主要经济指标 (续三)

农村居民人均可支配收入(元)		金融机构存款余额(亿元)		居民存款储蓄(亿元)		金融机构贷款余额(亿元)		城市化率(%)	
2014年	增长(%)	2014年	增长(%)	2014年	增长(%)	2014年	增长(%)	2014年	增减(百分点)
5819	12.0	216.42	16.9	170.67	22.4	94.67	15.0	29.89	1.16
6639	11.4	151.41	10.3	108.59	19.4	88.48	10.0	33.08	2.39
16921	9.8	139.43	12.0	98.13	21.2	105.34	1.8	76.70	0.05
7018	11.9	236.95	13.2	123.48	11.2	115.32	24.1	73.24	0.97
5256	11.7	58.00	19.8	43.11	18.8	23.36	29.6	40.44	1.50
6415	11.9	77.70	18.3	53.82	16.6	38.24	19.1	30.71	1.50
5509	12.4	63.73	14.5	50.60	15.9	34.83	11.9	37.37	0.97
6168	12.5	49.52	14.7	35.39	16.5	19.91	16.8	37.22	1.41
4626	12.1	36.65	14.3	20.90	16.4	16.22	42.0	35.23	0.30
4906	12.5	87.20	12.7	61.89	16.1	37.90	24.4	34.89	1.25
6095	11.5	102.98	13.1	77.28	15.8	34.52	32.4	34.12	0.71
8679	13.4	225.07	12.2	172.44	14.0	104.11	12.2	40.66	1.42
8586	13.5	155.29	13.6	108.45	15.3	69.02	18.1	38.36	1.38
7431	14.0	127.72	18.3	84.22	21.3	95.30	16.0	36.01	1.34
6479	13.6	137.45	15.3	102.32	17.1	63.90	9.0	29.66	1.30
7469	13.2	122.20	7.9	90.25	11.8	123.68	10.8	31.19	1.35
7878	13.5	200.09	20.9	107.65	15.5	157.11	24.2	45.12	1.33
8489	13.8	137.21	17.0	84.73	16.0	127.20	12.5	38.70	1.29
6786	13.3	81.87	15.0	60.19	18.9	40.56	44.2		
6785	13.5	64.71	15.6	51.85	20.2	29.51	27.3		
6757	13.8	70.02	13.8	46.06	14.3	35.79	36.0		
7711	12.8	64.68	14.3	47.13	15.2	37.10	50.0		
9144	12.5	98.64	16.3	77.84	21.2	61.81	38.0		
8061	12.9	57.24	11.5	43.52	8.9	44.66	30.6		
8458	14.2	246.78	31.3	112.53	15.1	187.51	38.8	65.25	-5.00
6119	13.4	25.25	19.4	14.26	54.7	13.62	72.8	41.49	8.25
6162	13.7	42.81	-0.7	27.67	10.0	39.52	36.7	36.36	3.61
7921	13.1	32.87	-3.1	23.77	4.9	42.35	17.3	46.28	4.38
6148	13.6	52.75	12.7	38.10	7.4	39.85	29.5	31.21	6.85
5996	14.8	91.98	14.1	67.40	13.5	78.72	15.0	42.14	14.49
6037	14.2	61.63	5.0	42.39	7.6	51.86	22.2	27.30	2.21
5907	15.8	53.42	9.6	39.61	13.6	49.75	32.2	38.93	5.89
5960	13.9	68.49	8.8	50.34	16.1	40.60	19.0	38.06	17.18
5915	14.3	78.16	2.5	60.42	11.0	57.86	12.0	33.65	15.07

文件选编

中共宣恩县委关于加强干部作风建设解决突出问题的决定

（2013年12月31日中共宣恩县委十四届三次全体会议通过）

宣发〔2014〕1号

作风是旗帜、是形象，是推动各项工作顺利进行的保证。为全面贯彻落实上级关于作风建设的有关要求，切实解决当前干部作风方面存在的突出问题，以过硬的作风保障宣恩经济社会更好更快发展，就加强干部作风建设，解决突出问题作出如下决定：

一、充分认识加强作风建设的重要性和紧迫性

加强干部作风建设，是坚持立党为公、执政为民的根本要求，是加强党的执政能力建设和先进性建设的重要内容，是贯彻落实科学发展观、促进宣恩更好更快发展的现实需要。当前，中央决定在全党开展以为民务实清廉为主要内容的党的群众路线教育实践活动，省委决定在全省深入开展“万名干部进万村惠万民”活动，州委决定在全州开展“三纪四德”主题教育活动，核心就是进一步加强和改进干部作风，解决群众反映强烈的突出问题。

全县深入贯彻落实中央关于改进工作作风、密切联系群众的“八项规定”和省委“六条意见”，在干部作风建设方面取得了阶段性成效，但仍然存在一些不容忽视的突出问题。主要表现在五个方面：公车私用、公车私驾的问题；“三公”经费管理不规范、巧立名目乱发钱物的问题；城镇管理不到位，不规范、不整洁的问题；项目跟踪服务不到位，重引进、轻服务的问题；机关干部纪律松弛、作风漂浮以及参与“两违”建设的问题。这些问题表现形态不一，危害极大，既影响宣恩发展，又影响党和政府形象，必须认真加以解决。

二、着力解决五个突出问题

改进作风，要找准着力点。解决当前存在的五个突出问题，是全面加强作风建设的有效抓手，一定要集中精力、集中时间解决到位，取得良好成效。

（一）规范公务用车管理

全面执行中央、省委、州委有关规定，积极推进公务用车改革。按照“谁使用、谁管理、谁负责”的原则，建立健全公务用车管理制度，规范行车、保养、停放等行为，坚决纠正违规配备公务用车、公务用车私驾私

用等行为，从严追究违纪违规责任。

（二）规范“三公”经费管理

秉承厉行节约的原则，强化预算管理和“三公”经费的用途管理，建立健全“三公”经费管理制度，严格控制“三公”经费超预算支出。禁止摊派转嫁相关费用，从严查处违规使用“三公”经费、巧立名目乱发钱物的问题。

（三）加强城镇管理

县城要解决渣土污染、乱搭乱建、通行不畅等问题，规范废品收购、石材加工、仔猪交易和洗车等专业市场，做到县城管理规范、市容整洁。乡镇要解决垃圾乱堆乱放、摊点乱摆乱设、车辆乱停乱靠等“脏、乱、差”问题，做到“扫干净、摆整齐、保畅通”。不断完善基础设施，合理划分功能分区，健全管理制度，达到规范管理常态化、长效化。

（四）加强项目服务

牢固树立“产业第一，企业家老大”的理念，把“经常性服务”贯穿于项目建设全过程，坚决纠正项目在落地、建设、生产等环节“缺管、失管”现象。按照精简高效、便民利民原则，扎实开展行政审批事项清理，切实规范行政行为，进一步建立健全限时办结、公开承诺、全程代办、电子监察等制度。坚持县级领导、县直部门联系重点企业制度，搞好项目跟踪服务，为企业发展营造良好外部环境。

（五）加强机关干部作风建设

强化干部遵章守纪的意识，规规矩矩做事。不说大话、空话、假话，实实在在做事。提高工作效率，认认真真做事。不偷懒、不耍滑，勤勤恳恳做事。不断强化干部理想信念、宗旨意识和担当精神教育，集中解决机关干部中存在的纪律松弛、作风漂浮以及参与“两违”建设等问题，争创人民满意公仆，打造人民满意机关。

三、强化组织保障

加强作风建设，解决突出问题，必须坚持思想教育与纪律约束并重、集中整治与完善机制结合，多管齐下，确保作风建设各项措施落到实处。

（一）加强组织领导

成立突出问题整治领导小组，组建工作专班，全面负责五个突出问题的整治。县级领导要到所联系的乡镇和单位进行指导。各单位“一把手”要负总责、抓具体。

（二）加强宣传教育

各级各部门要把加强机关干部的思想教育摆在重要位置，贯穿于作风建设的始终。教育引导党员干部深刻认识作风建设的重要性、长期性和艰巨性，树立清正廉洁、履职尽责的良好作风。宣传部门要加强对干部作风建设的舆论宣传，营造强大声势和浓厚氛围。

（三）加强督办问责

对加强作风建设，解决突出问题的情况，实行不定期明察暗访，适时组织机关干部和群众代表参加巡查。对突出问题解决不力的，要严格问责。同时，将突出问题的整治情况纳入年度综合目标考核和党风廉政建设考核。

（四）建立长效机制

总结提炼工作中的好经验、好做法，建立健全各项规章制度，巩固作风建设成果。对制度建设的盲区和空白点，要及时予以填补；对已经不适应的规章制度要予以修改、充实和完善；对适用的禁令规定必须严格执行。

县委办公室　县政府办公室
关于印发《规范全县公务用车管理实施意见》的通知

宣办发〔2014〕2号

各乡镇党委，各乡镇人民政府，县人武部党委，县委各部委，县级国家机关各办局，各人民团体：

《规范全县公务用车管理实施意见》已经县委、县政府同意，现印发给你们，请遵照执行。

中共宣恩县委办公室

宣恩县人民政府办公室

2014年1月27日

规范全县公务用车管理实施意见

为进一步规范全县公务用车管理，严肃党纪政纪，根据《湖北省党政机关公务用车配备使用管理办法》等相关规定，制定本实施意见。

一、指导思想

全面贯彻落实中央“八项规定”、省委“六条意见”，建立健全公务用车管理制度，解决公务用车配备使用中存在的突出问题，进一步转变干部作风，维护党委政府形象。

二、总体目标

坚决纠正违规购置配备公务用车的行为，坚决纠正私驾公务用车的行为，坚决纠正私用公务用车的行为，坚决纠正乱停乱放公务用车的行为。

三、工作措施

（一）明确管理责任

按照“谁使用、谁管理、谁负责”的原则，各单位主要负责人为本单位公务用车管理第一责任人，领导班子成员协助做好本单位公务用车管理工作。各单位要对违反《湖北省党政机关公务用车配备使用管理办法》购置配备的、私驾私用公务用车的行为进行清理清查，对超编制、超标准购置配备公务用车，以个人、企业以及其他单位名义登记公务用车，私驾私用公务用车等问题进行整改。

（二）健全管理制度

各单位要建立健全集中管理统一调度、核算考核等管理制度，确保公务用车规范运行。禁止上下班使用公务用车接送，禁止在婚丧喜庆、探亲访友、休闲娱乐、接送子女亲属等非公务活动中使用公务车辆。严格执行申报备案制度。公务车辆应由专职司机驾驶；执纪执法部门领导及工作人员因工作需要驾驶公务用车的，须按照《关于认真治理党政机关领导干部私驾公车进一步加强公车管理的通知》(鄂纪发〔2009〕15号)相关要求进行申报备案。未经申报备案驾驶本单位公务用车，或申报备案后驾驶其他单位公务用车的，均属私驾公务用车。经申报备案驾驶公务用车人员调离特殊岗位后，其驾驶公务用车的资格自行终止。严格落实定点停放制度。车辆停放不得违反道路交通、城市管理等相关规定，不得停放在景区、娱乐、洗浴等场所。出车任务完成后，车辆应入库或定点停放。因违反规定停放造成的损失由责任人员承担。

(三)强化监督检查

县纪委监察局、县委督查室、县政府政务督查室、县机关事务管理局等职能部门，对各单位执行公务用车管理制度情况进行监督检查。采用明察暗访等方式，开展定期和不定期检查。举报电话：0718－5823658，举报网址：http://jubao.xejw.gov.cn/，举报邮箱：xexzyb@163.com。

(四)严格责任追究

凡违反规定配备、使用公务用车，造成严重后果和不良社会影响的，将追究相关单位和人员的责任。

县委办公室　县政府办公室关于印发《规范“三公”经费管理实施意见》的通知

宣办发〔2014〕3号

各乡镇党委，各乡镇人民政府，县人武部党委，县委各部委，县级国家机关各办局，各人民团体：

《规范“三公”经费管理实施意见》已经县委、县政府同意，现印发给你们，请遵照执行。

中共宣恩县委办公室
宣恩县人民政府办公室
2014年1月27日

规范“三公”经费管理实施意见

为推进厉行节约反对浪费，进一步发扬艰苦奋斗的优良传统和作风。根据《党政机关厉行节约反对浪费条例》、《湖北省〈党政机关厉行节约反对浪费条例〉实施办法》等有关规定，结合我县实际，制定本实施意见。

一、指导思想

始终以科学发展观为指导，深入贯彻落实党的十八大、十八届三中全会精神，切实规范“三公”经费管理，严格控制“三公”经费支出，严格执行国家法律法规和上级的文件规定，减少不必要的公务活动，保证正常公务活动开展，严禁超出规定范围、标准和要求使用公共资金、资产和资源，合力打造节约型机关。

二、总体目标

以2012年部门决算数为基数，2014年“三公”经费支出总额压缩5%，确保今后年度“三公”经费只减不增。严格执行有关费用开支标准，杜绝巧立名目滥发钱物现象，全面规范财务管理，提高资金使用效益。

三、工作措施

（一）严格预算管理

“三公”经费实行预算总额控制。各级各部门要细化编制“三公”经费预算，做到有预算不超支，无预算不开支。各类专项资金严格按照有关规定使用。因公临时出国（境）费、公务接待费、公务用车购置及运行费，以及会议费、国内差旅费、培训费等一般性支出，年度预算执行中一般不追加支出，因特殊需要确需追加的，由财政部门审核后按程序报批。建立健全预算绩效管理体系，增强预算执行的严肃性，严禁套取资金开支“三公”经费。

（二）严格计划支出

各级各部门要将各项收入和支出全部纳入部门

预算，依法取得的罚没收入、行政事业性收费、政府性基金、国有资产收益和处置等非税收入，必须按规定及时全额上缴国库，严禁以任何形式隐瞒、截留、挤占、挪用、坐支或者私分。建立“三公”经费预算执行全过程动态监控机制，建立健全预算绩效管理体系，增强预算执行的严肃性，提高预算执行的准确率，杜绝年底突击花钱等现象发生。禁止向下级单位及其他单位、企业、个人转嫁接待费用。

（三）禁止滥发钱物

发放到个人的政策待遇支出，全部实行财政直接支付，资金直达个人账户，任何单位不得巧立名目乱发钱物。严禁以“三公”经费支出为名，通过有价证券、商业预付卡、实物等形式向单位职工发放钱物；严禁套取资金违规发放福利补贴。财政、审计等职能部门要对直接支付依据进行审核，各级各部门所产生的公务差旅费、公务接待费、公务用车购置与运行费、会议费、培训费等经费实行国库直接支付。

（四）规范财务管理

各级各部门要切实加强单位日常管理，建立健全内部控制制度，严格财务报销手续，落实发票支出双经手、双签字、双审核制度，规范经费签报程序。不得报销不规范的发票、香烟及高档酒水发票、娱乐场所发票和上级明文禁止开支的发票。

（五）扩大政府采购

严格执行政府采购法律法规，规范政府采购行为，扩大政府采购范围。以政府集中采购价格适当低于同类货物和服务的市场平均价格为原则，逐步推行定点接待、定点维修、定点保险、定点加油等政府购买服务项目批量集中采购，压缩一般性支出规模。

（六）规范公务消费

实行培训考察报批制度，副县级以上人员外出培训考察要报县主要领导批准，科级干部要报分管县领导批准，一般工作人员要报主管部门主要负责人批准。实行因公临时出国（境）活动报批制度，凡是公职人员因公临时出国（境）报县主要领导批准。建立健全国内公务接待集中管理制度，严格控制国内公务接待范围，未经批准的国内外公务活动，不得报销经费，对无公函的公务活动不予接待，严禁将非公务活动纳入接待范围。改革公务用车制度，合理有效配置公务用车资源，降低使用和维修保养成本。

（七）实行集中核算

深化政府会计制度改革，实行会计集中代理核算，规范会计核算行为。强化会计监督，严禁设置小金库、账外账。职能部门要结合国家和省州有关新规定、新要求，不断修订完善相关管理办法，以规范“三公”经费管理为切入点，明确费用开支标准和范围，增强开支标准的协调性、规范性、科学性。规范支出报销程序，严格支出报销审核，不得报销任何超范围、超标准以及与相关公务活动无关的费用。

（八）强化监督检查

推进以“三公”经费为重点的预决算信息公开，接受社会监督。纪检、监察、财政、审计等部门要根据职责分工，强化管理和监督。完善党风廉政建设责任考核机制，将“三公”等经费管理，纳入单位效能建设考核、党风廉政建设范畴，凡是发现有令不行、有禁不止的，追究单位主要负责人责任，违反党纪政纪的，要严肃予以查处。

县委办公室县政府办公室关于印发《加强城镇管理工作实施意见》的通知

宣办发〔2014〕4号

各乡镇党委，各乡镇人民政府，县人武部党委，县委各部委，县级国家机关各办局，各人民团体：

《加强城镇管理工作实施意见》已经县委、县政府同意，现印发给你们，请遵照执行。

中共宣恩县委办公室

宣恩县人民政府办公室

2014年1月27日

加强城镇管理工作实施意见

为切实加强我县城镇管理工作，加快新型城镇化，结合我县实际，制定本实施意见。

一、指导思想

坚持以科学发展观为指导，全面落实党的十八届三中全会和州委六届五次全会精神，按照新型城镇化的要求，深化城镇管理体制改革，优化资源配置，建立长效管理机制，全面推行依法管理、精细管理和人本管理，切实解决城镇管理中存在的突出问题，改善城镇人居环境，建设宜居、宜业、宜游的美丽新城镇。

二、目标任务

（一）近期目标

县城主要解决渣土污染、乱搭乱建、通行不畅问题，整顿规范废品收购、石材加工、仔猪交易和洗车等专业市场，实现管理规范、市容整洁的目标；乡镇集镇主要解决垃圾乱堆乱放、摊点乱摆乱占、车辆乱停乱靠等环境“脏乱差”的问题，实现“扫干净、摆整齐、保畅通”的基本目标。

（二）长远目标

通过加快城镇建设步伐，完善城镇功能，创新城镇管理机制，推进城镇管理常态化、标准化、精细化，争创省级以上卫生城镇、园林城镇、环保模范城镇、旅游名城名镇、文明城镇，建设美丽家园。

三、工作措施

（一）加强组织领导

县城建领导小组负责全县城镇管理工作的统筹协调，定期召开专题会议，研究部署全县城镇管理工作，协调解决城镇管理工作中存在的突出问题。县城管理由县政府主要领导负总责，集镇管理由乡镇党委书记负总责。各职能部门之间加强沟通协作，努力形成齐抓共管的工作格局。

(二)落实机构人员

按照"属地管理、权责一致"的原则,健全城镇管理机构,加强城镇管理队伍建设,充实城镇管理工作力量。乡镇从现有公务员队伍中选配人员,按3～5人的标准成立集镇管理办公室,作为常设机构进行定员定岗定责,提高运行效率。对符合办理行政执法资格的人员,按程序办理相应行政执法证。合理确定环卫人员人均保洁面积,足额安排城镇环卫保洁人员,积极探索购买社会化服务的方式,建立保洁长效机制。

(三)加大资金投入

城镇管理工作经费纳入县、乡(镇)财政预算,并随建设加快、规模扩大、任务增加、养护标准提高和管理手段更新而适度稳定增长,确保城镇管理资金落实到位,配备城镇管理设施设备,为城镇管理工作提供必要条件。县财政设立集镇建设管理专项奖励基金,奖励额度与各乡镇的集镇管理水平、基础设施维护管理质量挂钩。各乡镇要将集镇管理工作作为重点专项工作,加大本级的资金投入。各乡镇新增财力优先用于改善集镇农贸市场、停车场、公厕等公用设施。统筹谋划,积极争取城镇垃圾污水处理设施建设项目。

(四)推进专项整治

以问题为导向,围绕城镇管理中存在的突出问题,明确阶段性整治重点,明确牵头单位,组织各职能部门共同参与,集中力量破解城镇管理难题。近期,集镇环境"脏乱差"的问题由各乡镇党委、政府按照"属地管理"的原则,制订辖区集镇环境综合整治方案并组织实施,县公安、工商、交通、住建、城管等部门要加强对乡镇、集镇管理行政执法工作的指导、协助;城区渣土污染、乱搭乱建、交通不畅的整治和规范废品收购、石材加工、仔猪交易和洗车等专业市场,由县城建领导小组责成相关单位分别制订专项治理方案并牵头组织实施。加强城镇规划管理,深入持久推进"两违"整治,并进一步向乡镇延伸。

(五)创新管理机制

探索建立城镇管理多元投入和市场化运作机制,降低管理成本,提高工作效率。整合城镇管理资源,集约高效推进数字化城镇管理系统建设,提高现代化、精细化管理水平。创新城镇居民参与城镇管理的方式方法,加强对居民的宣传、教育和引导,完善"门前五包"责任制等参与机制。

(六)严格督办考评

将城镇管理工作纳入对乡镇和县直各单位的目标管理责任制考核,并适当提高在综合考评中所占比重。加强督办检查,县委督查室、县政府政务督查室和纪检监察机关每季度进行一次专项督查;县城建领导小组每半年进行一次检查评比;建立第三方评价机制,每年组织一次人大代表、政协委员和居民代表进行评议。加强考评结果的运用,考评结果与各单位年目标责任管理责任制和文明单位创建挂钩,并作为评价领导班子绩效、干部任用和评先表模的重要依据。

县人民政府关于进一步加强全县森林资源保护管理工作的意见

（2014 年 3 月 25 日）

为进一步巩固生态建设成果，实现森林面积、森林蓄积量"双增"目标，促进全县生态文明建设，根据《中华人民共和国森林法》、《湖北省人民政府办公厅关于下达"十二五"期间年森林采伐限额的通知》（鄂政办发〔2011〕33 号）等法律法规和文件精神，结合我县实际，现就进一步加强全县森林资源保护管理工作提出如下意见：

一、提高思想认识

森林资源是林业持续发展的根本，是生态环境保护的物质基础。我县属武陵山生物多样性与水土保持生态功能区，生态位置十分重要。多年来，全县深入实施"生态立县"发展战略，上下联动，真抓实干，取得了显著成效。但是，随着近年来木材行情的持续走高，乱砍滥伐，超计划采伐，无证经营、加工、运输木材等破坏森林资源的违法行为时有发生。为此，各级各有关部门必须高度重视，切实增强做好森林资源保护管理工作的紧迫感和责任感；进一步增强法制观念，正确处理当前利益与长远利益、发展经济与保护生态的关系，强化资源保护和生态建设意识；进一步加大工作力度，采取切实有效措施，狠刹各类破坏森林资源的歪风，为全县经济社会持续、健康、协调发展创造良好环境。

二、加强林木采伐管理

（一）逐步减少林木采伐

按照稳步推进，逐年削减的方针，力争到"十二五"期末将全县"十二五"采伐限额削减 30%，削减重点是交通主干道沿线、原林木采伐量较大的乡镇。县林业局要严格林木采伐审批，做好伐前现场踏勘，控制总量，严禁突破年采伐计划。各乡镇要加强林木采伐计划分配管理和采伐监管，严格执行凭证采伐制度。

（二）严格控制重要区位的林木采伐

按照"十二五"期间林木采伐管理要求，严格执行林木采伐规定；限伐区的林木采伐实行从严控制；公益林区严禁商品性采伐。

（三）严格执行采伐计划挂钩制度

对未完成更新造林任务、发生重大森林火灾的乡镇，扣减采伐计划；对发生重大乱砍滥伐森林案件的村，不予安排采伐计划。

（四）加强林木采伐监督管理

建立县林业局、各乡镇人民政府、村级组织与农户相结合的管护制度，加强对林木采伐的监管。按联系片、村落实乡镇干部和村干部的监管责任，各村要建立健全护林组织和护林公约，做到责任到人、措施到位。严禁任何单位和个人无证采伐、少批多伐等盗伐、滥伐林木行为，违者按照《中华人民共和国森林法》等法律、法规严肃查处。

三、加强木材流通管理

（一）认真执行凭证运输木材制度

严控木材出境，除小径原木外，不得办理原木及初加工林产品出境手续。凡运输木材（含木竹成品、半成品）必须凭木材运输许可证运输。规范木材运输监督检查行为，严格签证制度。一旦发现无证运输、有证超运和伪装偷运等违法运输木材行为，坚决查扣，并按有关法律法规严肃处理。

（二）加强对木材经营加工环节的税费征收

县林业局和县国税局、县地税局要密切配合，做到税费同步征收，在“十二五”期末税费同步征收比例达到80%，确保依法足额征收相关税费。

（三）加强木材经营加工企业、场（点）的监督管理

坚持属地管理原则，加强监督检查，严格执行木材经营加工许可制度。建立木材经营加工原料来源登记台账，未建立登记台账的企业、场（点）不得年审；木材经营加工企业须建立原料林，投入资金植树造林，确保森林资源可持续发展；培育发展木材精深加工企业和龙头企业，对资源浪费大、木材附加值低和不依法经营的企业要予以合并或关闭，在“十二五”期末木材经营加工企业要核减20%；加强日常监管，对未经林业主管部门审核批准、未在工商部门登记注册、木材来源非法及存在重大安全隐患、偷税漏税或年违法加工经营木材三次以上的经营加工企业和场（点），依法关闭和取缔。

四、加强林地保护管理

（一）严格执行征用、占用林地报批审核制度

要强化征、占用林地管理，按规定程序和权限上报审批。严禁毁林开垦和毁林开矿、采石、采砂、采土及其他违法征占用林地行为。工程建设项目尽可能不占用或少占用林地，确需占用林地的，必须履行审批手续，经林业主管部门审核同意并领取《使用林地审核同意书》，凭《使用林地审核同意书》使用林地。

（二）制止和打击各种非法破坏林地行为

开展征占用林地专项清查，对非法侵占林地的单位和个人要责令其立即停止施工，限期恢复植被，情节严重的依法给予行政处罚；构成犯罪的，依法追究刑事责任。对违法占用林地造成森林植被破坏的，依法进行处罚，并追究有关责任人的法律责任。

五、加强野生动植物保护

（一）进一步加强野生动物保护管理

要认真实行狩猎证、野生动物驯养繁殖许可证、经营许可证、准运证制度，重点加强野生动物栖息地、自然保护区及湿地资源的管理。县林业局、县工商局等部门要密切配合，加大对经营野生动物的市场和宾馆、酒楼、餐馆的监督检查力度，严厉打击各种破坏野生动物资源的违法犯罪行为。

（二）加强森林生态旅游资源的保护管理

要坚持“严格保护、统一规划、合理开发、永续利用”的原则，确保森林资源可持续发展。对森林风景资源的旅游开发要以保护生态环境为主，确保各项设施建设与自然景观相协调。

（三）加强对全县境内古树名木等珍稀野生植物的保护管理

对全县古树名木实行挂牌保护，禁止非法采挖古树名木、阴沉木及兰草等野生珍稀植物，严格控制绿化大树及珍稀野生植物出境。特殊情况需要采挖、运输的，严格按有关规定审核审批。

六、加强森林防火和森林病虫害防治

（一）强化森林防火

要广泛深入地开展森林防火宣传教育活动，增强全社会的森林防火意识和法制观念；加强组织领导，落实森林防火各级行政领导负责制和部门负责制；加强森林防火的各项基础设施建设；严格野外火源管理，加强巡护督查；强化林区用火管理，完善森林防火考核体系。

（二）依法开展森林病虫害预测预报和防治工作

要贯彻“预防为主，积极消灭”的方针，建立预测

预报网络，完善林业有害生物的调查、报告制度，定期发布测报信息，提高测报工作的科学性、时效性和准确性。要实行专业防治与群防群治相结合，严防松材线虫等疫情传入。

七、严厉打击破坏森林资源违法犯罪行为

（一）进一步加大执法力度，规范执法行为

加强林业执法机构和队伍建设，提高执法队伍的整体素质和执法水平。对重点区域的突出问题，要进行集中整治。不定期组织县林业局、县公安局等相关部门开展打击破坏森林资源违法犯罪活动的专项行动，对大案要案，要集中力量侦破，采取有力措施打击各类破坏森林资源的违法行为，震慑违法犯罪分子。

（二）深挖细查，依法惩处各类涉林违法犯罪

对乱砍滥伐、盗伐，非法收购、运输木材，乱捕滥猎野生动物，毁坏林地等破坏森林资源的违法犯罪行为要加大查处打击力度，形成高压态势，发现一起，处理一起，依法打击，决不姑息。同时，建立森林资源管理群防群治体系，依靠群众，及时、有效地打击各类破坏森林资源的行为。

八、加强组织领导

（一）明确任务，落实责任

把森林防火、采伐限额执行、林地保护管理、更新造林、林权纠纷调处等纳入乡镇年度目标考核体系，各乡镇人民政府对本辖区森林资源保护管理全面负责，乡镇主要领导是第一责任人，分管领导是直接责任人。县林业局和各乡镇人民政府要密切配合，加强协作，开展综合治理，确保森林资源合理利用，稳步增长。各乡镇人民政府要有专门从事林政资源管理的工作人员，各行政村要明确一名主职干部负责本村的森林资源管理工作。要进一步完善护林联防机制，强化村规民约执行力，健全完善县、乡、村、组四级护林网络。强化林权纠纷调处，县、乡要成立林权纠纷调处领导小组，落实工作专班，确保林权纠纷得到及时有效调处。

（二）广泛宣传，营造氛围

加强森林资源保护管理，事关人民群众的切身利益。各乡镇要加强宣传引导，让广大干部、群众充分认识到，加强森林资源保护事关全县生态环境改善和经济社会发展。要转变思想观念，强化可持续发展的意识，齐心协力保护好全县的森林资源。

（三）完善制度，严格奖惩

实施森林资源保护管理责任追究制度，把森林资源数量增长、质量升降和保护管理作为目标责任制考核的重要内容。对发生重大森林火灾或重大滥伐、盗伐林木等涉林案件，森林资源管理混乱、林权纠纷调处不力造成不良后果的乡镇，要追究相关人员的责任；对作出突出成绩的单位和个人给予表彰奖励。

县委办公室　县政府办公室关于印发《切实加强项目服务工作实施意见》的通知

宣办发〔2014〕5号

各乡镇党委，各乡镇人民政府，县人武部党委，县委各部委，县级国家机关各办局，各人民团体：

《切实加强项目服务工作实施意见》已经县委、县政府同意，现印发给你们，请遵照执行。

中共宣恩县委办公室
宣恩县人民政府办公室
2014年1月27日

切实加强项目服务工作实施意见

为进一步强化项目服务工作，确保各类项目、尤其是招商引资项目顺利落地并产生效益，结合我县实际，制定本实施意见。

一、指导思想

坚持以科学发展观为指导，以转变干部作风、优化服务环境为重点，以严格考评奖惩为手段，进一步优化发展环境，完善项目服务机制，提升项目服务水平，推进县域经济更好更快发展。

二、总体目标

围绕打造经济发展环境满意县，努力实现“专项清理减负到位、规范行政公开到位、创新机制服务到位、集中整治提效到位、监督检查追责到位”五个工作目标，促使我县经济发展环境明显改善。

三、工作措施

（一）开展专项清理行动

1.**精简行政审批事项。**各部门要严格按照国务院、省、州文件，依法对行政审批事项进行全面清理，保留项目全部公开、公示。禁止以任何形式、任何方式保留上级明令取消的行政审批项目。确需保留的审批项目，要精简办理程序、制定办理流程图、压缩办理时间。有审批权限的县直部门要签署书面服务承诺书，并在政府门户网站和行政服务中心网站进行公示。

2.**清理各类收费项目。**各部门要对行政事业性收费、经营服务性收费进行全面清理，取消法律法规和上级文件没有规定的收费项目，严禁以各种名义乱收费、乱处罚、乱摊派。对依法保留的收费项目应当在县政府门户网站和行政服务中心网站进行公示，并按下限收取。

3.**放宽投资项目审批限制。**对完全是市场投资确定的项目，除国家另有规定和事关经济安全、影响环境资源、涉及整体布局的重大项目外，均由审批制改为备案制，由投资主体在县投资主管部门依法办理规划、用地、环评、能评、安评、稳评等许可手续。

4.**简化规划环评和专项评价。**建设项目的环境影响评价要简化评价内容或降低评价等级并减免相应费用。取消建设项目环评大纲审查内容（法律、法规有规定的除外），严格按照《建设项目分类管理名录》规定的评价等级进行环境影响评价。国土、环保、水利等职能部门要按照审批权限,开展前瞻性专项评价工作,确定重点控制区域并向社会公布,对重点控制区域以外的建设项目,简化评价审批手续。

5.**开展突出问题专项治理行动。**专项整治推诿拖延等不作为和加重企业负担等乱作为现象。重点整治以落实规范管理为名,执行就高不就低的"纯罚款、纯收费"和成立中介组织转嫁乱收费的问题。大力整治项目建设环境。按照"属地管理、分级负责"的原则,对重大项目建设过程中出现的强买强卖、强揽工程、敲诈勒索、阻工闹事等违法犯罪行为,要依法及时给予打击处理,切实为项目建设营造良好的治安环境。开展机关干部作风整顿。经常对涉企服务单位进行作风检查,采取公开曝光、调离工作岗位等得力措施,从严整治各类不正之风。

(二)规范行政行为

1.**规范涉企(项目)检查、培训行为。**落实涉企(项目)执法检查备案制。除涉及国家及公共安全等检查事项以及国家和省、州统一部署的检查外,任何部门单位不得对项目建设和企业生产经营进行随意检查。对园区内企业进行检查,必须报园区管委会同意;对园区外企业进行检查,必须报县工业领导小组办公室备案。常规性检查原则上每年不超过一次,检查不能影响项目业主正常的建设和生产经营,不得增加企业负担。严格控制涉企(项目)培训活动。各种涉企(项目)培训,必须先向县优化办申报,经批准后方可举办。培训费用由举办单位承担,不得向企业收取。

2.**规范涉企(项目)自由裁量权。**进一步完善行政处罚裁量基准,严格实行行政处罚下限制。对项目建设过程中当事人违法情节轻微,经教育后自觉履行法定义务,且未造成危害后果的,实行首查免罚制度;拟执行超过下线的处罚必须向县优化办备案并说明情况。

3.**推行"三项公开"。**行政审批要公开。申请事项、受理情况、不予受理理由、办理状态、是否超期、超期原因等要作为公开重点。税费收取要公开。重点公开定费(税)原则,依据标准,应收金额,实收金额,是否执行下限,经营、服务性收费还应公开是否接受自愿委托、是否提供服务等内容。执法检查和处罚要公开。涉企(项目)执法检查是否列入年度计划、是否登记备案,处罚自由裁量权的大小及执行情况作为公开重点。行政务服务中心要及时公开大厅各窗口单位的业务办理,各职能部门在审批、收费、处罚等方面的执行情况要在政务网站上公开。

(三)优化服务环境

1.**实行集中代办制。**所有承办单位一个窗口对外,凡涉及有审批事项的单位须集中在行政服务大厅办公,在承诺的规定期限内一次性办结。乡镇引进的企业由乡镇派专人全程代办,园区企业由园区专人代办。对各单位的服务情况,由县优化办每月进行一次检查情况通报。

2.**建立协调处理机制。**推行重大项目属地乡镇和相关责任单位联席会议制度,对重大项目建设环境定期研究,对重大经济环境问题进行专题研究,明确责任单位和专门人员,对重大项目周边矛盾纠纷及时疏导、上门化解。建立涉事单位联合协调处理机制。对相关部门人员涉及项目建设征地、拆迁等问题的处理,由相关部门与工作专班联合协调解决。

3.**实行"三项报告制度"。**建立项目建设"重大问题立即报告、一般问题月报告、无问题半年零报告"三项报告制度。项目业主定期将建设过程中遇到的一般性环境问题上报协调专班;对重大矛盾纠纷问题立即报告县优化办和相关乡镇与园区办,由县优化办和相关乡镇与园区办督办;未出现问题的,每半年要向县优化办进行一次环境问题零报告。

4.**推行"六个一"工作模式。**即实行"一个项目、一名牵头领导、一个责任主体、一个服务班子、一套工作方案、一抓到底"的优化项目建设环境工作模式,明确推进项目建设的责任要求,强化跟踪管理,对重大项目建设所需的土地、用水、用电、人力、基础设施等建设要素予以充分保障。

5.**落实"五项长效制度"。**进一步完善服务项目建设各项制度,全面推行"重大项目'代办'制、'三方'联席会议制、警企联系制、项目预警报告制、挂号销号制"五项长效制度,及时解决问题,提升服务效能。

(四)严格责任追究

1.**整合监督力量。**要整合以县委、县政府督查室、县纪委纠风办、县治庸办、县优化办和县行政服务中心等部门为主的监督监察力量，组建项目建设服务环境优化工作领导小组及办公室，明确职责和任务，全面落实项目建设服务环境优化的监督及追责工作。

2. **强化纪律监督。**要加强对项目建设中涉及审批、征收、处罚、检查以及征地拆迁、补偿发放等行政环节的动态性监督监察，防范和查纠不作为、慢作为、乱作为以及政府机关、职能部门及其工作人员为不正当利益无理干扰阻挠项目建设等行为。对违规违法事件及人员，一律从严从速查处并公开曝光。

3. **强化群众监督。**要利用信息测评点和监督信息员加强信息直报；建立网络电子监察系统，加大群众监督及网络问政力度，拓宽监督渠道。对各单位优化经济发展环境的情况进行年度民主测评，对测评综合排名倒数两位的单位，给予黄牌警告，并责令其限期整改到位；问题严重的要严肃查处。

4. **强化考核追究。**将加强项目服务工作作为单位年度绩效评估和目标管理责任制考核的重要依据。对因所在辖区的乡镇和相关部门发生破坏环境行为，造成重大影响和严重后果的，目标责任管理责任制直接列入末等，且不得评先表模，其负责人一年内不得提拔重用。

县委办公室　县政府办公室关于印发《加强机关作风建设实施意见》的通知

宣办发〔2014〕6号

各乡镇党委，各乡镇人民政府，县人武部党委，县委各部委，县级国家机关各办局，各人民团体：

《加强机关作风建设实施意见》已经县委、县政府同意，现印发给你们，请遵照执行。

中共宣恩县委办公室

宣恩县人民政府办公室

2014年1月27日

加强机关作风建设实施意见

为进一步加强机关作风建设，根据中央、省、州关于改进工作作风的相关规定，结合我县实际，制定本实施意见。

一、指导思想

全面贯彻落实中共中央关于改进工作作风、密切联系群众的“八项规定”、省委“六条意见”等相关规定，以加强制度建设和执行力建设为重点，集中解决机关干部作风中存在的纪律松弛、作风漂浮以及参与“两违”建设等突出问题，大力弘扬勤政务实、廉洁高效的机关作风，努力打造“人民满意”干部队伍，为推动全县经济社会更好更快发展提供组织保证。

二、总体目标

通过强化纪律教育、严格制度执行、开展督办检查、加大责任追究，集中解决机关干部职工中存在的在岗不敬业、出工不出力，大局意识不强、贪图享乐等纪律松弛问题和抓而不紧、落而不实，敷衍了事、效率低下，不愿碰硬、不敢担当等作风漂浮问题，努力形成思想解放、敢于担当，勤奋敬业、求真务实，服务周到、形象良好的机关作风。

三、工作措施

(一)强化教育引导

通过专题会议、集中培训、理论宣讲等方式，加强政策理论和业务知识学习，强化“三纪四德”教育，培养机关干部职工的理想信念、宗旨意识和担当精神。按照“照镜子、正衣冠、洗洗澡、治治病”的总要求，查摆在理想信念、宗旨意识、群众观点、作风建设方面存在的突出问题，努力克服形式主义、官僚主义、享乐主义，力戒奢靡之风，扎实提高办事效率，真正把心思倾注在工作创新落实上，把精力投入在服务民生民利上，把能力展示在推动改革发展上。切实把作风建设当作机关建设的一项主要内容，当作个人成长的一种自觉行为，着力在具体工作中贯彻落实。

(二)加强制度建设

一是建立健全机关管理制度。根据新形势新要求,完善机关管理制度,使机关权责更加明确、流程更加规范、内容更加具体。完善考核评比制度,进一步规范目标管理责任制考核,以事关全县经济社会发展全局的工作为重点,加强工作过程督办检查,取消不必要的软件资料类考核。出台全县“人民满意机关”和“人民满意公仆”评选办法。二是加大机关管理制度执行力度。严肃上班纪律,严格执行机关考勤制度和内部监督制度,严禁迟到早退、班后早餐和擅自离岗,禁止工作时间内上网聊天、玩游戏、看电影和做与工作无关的事。严格落实首问负责制、限时办结制等办事制度,切实解决“门难进、脸难看、事难办”的现象。及时回复人民群众的关切,全力督办群众反映的突出问题和媒体问政的事项。维护机关干部形象,严禁公职人员工作日中午饮酒;严禁公职人员参与赌博,严禁领导干部参与“带彩”娱乐;禁止公职人员到娱乐场所公款消费。三是严格执行治理“两违”(违法占地、违法建设)建筑有关规定。严禁公职人员及家属以任何形式参与“两违”建筑的修建、购买、销售等;严禁相关职能部门和单位为“两违”建筑办理规划、施工、销售许可,严禁为“两违”建筑办理土地使用权、房屋所有权登记,严禁为未接受处理的“两违”建筑办理水、电、气、网络等报装开户。四是建立机关作风监管责任制度。县“四大家”领导班子成员对所分管和联系单位的干部作风负监督管理责任;单位主要负责人对本单位机关作风建设负第一责任,分管领导负具体责任。凡因领导监管不力出现干部作风问题的,追究相关领导的责任。

(三)狠抓检查督办

一是落实自查自纠。坚持单位管理为主,重点围绕机关考勤制度和内部监督制度的落实情况进行自查自纠,并定期上报执行情况和整改结果。二是定期开展督查。每半年组织检查一次机关干部职工作风建设情况,同时对上级党委政府和县委县政府的各项重大工作部署落实情况进行检查督办,严查机关管理制度执行不力和对重大决策部署落实不积极、执行不到位的行为。三是适时专项抽查。对群众反映的突出问题及时开展督办检查,确保措施落实到位、问题解决到位。四是强化社会监督。聘请机关作风建设义务监督员对机关作风建设情况开展明察暗访,对典型案例进行公开曝光。

(四)加大责任追究

一是加大对机关单位的责任追究。凡是机关作风差、纪律涣散、工作执行不力,造成严重影响的,原授有“文明单位”称号的,降低其级别或取消资格,不是“文明单位”的,两年内不得申请评定为“文明单位”。二是严肃查办个人违纪违规行为。凡违反相关规定的,对相关责任人一律作出严肃处理。

中共宣恩县委关于印发《宣恩县落实党风廉政建设党委主体责任纪委监督责任“五十条”》的通知

宣发〔2014〕6号

各乡镇党委，县人武部党委，县委各部委，县级国家机关各办局及各人民团体党委、党组(党支部)：

《宣恩县落实党风廉政建设党委主体责任纪委监督责任“五十条”》已经县委同意，现印发给你们，请认真贯彻执行。

中共宣恩县委

2014年10月22日

宣恩县落实党风廉政建设党委主体责任纪委监督责任“五十条”

为深入贯彻落实党的十八大、十八届三中全会和十八届中央纪委第三次全会精神，进一步落实党风廉政建设党委主体责任和纪委监督责任(以下简称“两个责任”)，强力推进党风廉政建设和反腐败工作，根据《中共湖北省委关于落实党风廉政建设党委主体责任纪委监督责任的意见》，结合我县实际，制定如下措施。

一、党委(党组)主体责任

(一)党委(党组)领导班子的集体责任

1. 认真贯彻落实上级党委、纪委关于党风廉政建设和反腐败工作的决策部署，定期听取党风廉政建设和反腐败工作情况汇报，分析党风廉政建设形势，结合单位实际，制定党风廉政建设工作计划、目标任务和工作举措。

2. 建立主体责任清单，层层分解党风廉政建设和反腐败斗争工作责任，对本单位党风廉政建设责任层层签订责任状，建立纵向和横向责任体系，建立主体责任传导链条，形成一级抓一级、一级对一级负责的工作格局。

3. 按照《党政领导干部选拔任用工作条例》选好用好干部，实行推荐考核干部责任倒查制，防止和查处选人用人上的不正之风及腐败问题。严格执行干部选拔任用工作有关事项报告制度，落实选人用人征求纪检监察机关意见制度，实行干部提拔重用任前考廉制度，对拟提拔重用的干部进行廉政知识测试，对新任干部进行任前廉政教育。

4. 加强和改进作风建设，开展贯彻落实中央八项规定和省、州、县意见的监督检查，查处和通报违纪违规行为。督促各职能部门建立健全作风建设常态化、长效化机制，形成齐抓共管合力。

5. 围绕损害群众利益突出问题、“门难进、脸难看、话难听、事难办”机关作风问题、利用婚丧嫁娶等事宜借机敛财问题、超面积使用办公用房(违规使用办公用具、用品)问题、违规使用公务用车问题、违反财经纪律等问题开展集中整治,纠正各领域损害群众利益的不正之风。

6.全年集中开展一次党风廉政建设宣传教育活动,让每个党员干部都受到廉政教育。

7.建立廉政风险预警防控体系,围绕关键环节、重点部位风险点,建立健全防控机制,着力解决专项资金、工程建设和物资采购等领域易发多发的腐败问题。

8.建立权力清单制度,健全权力规范运行的监督和制约机制,构建决策科学、执行坚决、监督有力的权力运行体系。组织开展党务、政务和全方位的办事公开,推动权力公开透明阳光运行,不断完善不想腐、不能腐、不敢腐的长效机制。

9.加强纪检监察机关干部队伍建设,严格落实纪委书记、纪委副书记提名以上级纪委为主,落实纪委书记(纪检组长)排名和分工的有关要求,保证纪委书记(纪检组长)专职履行执纪、监督、问责的职责。建立乡镇纪委书记异地交流任职制度,选齐配强纪检监察干部。

10.定期研究执纪监督和案件查办工作,支持纪检监察机关转职能、转方式、转作风,支持纪检监察机关内部机构调整和精简议事协调机构,回归主业,严格落实中央关于“查办腐败案件以上级纪委领导为主,线索处置和案件查办在向同级党委报告的同时必须向上级纪委报告”的新要求。

(二)党委(党组)主要负责人的第一责任

11.制定工作目标、工作计划、工作措施,对责任范围内党风廉政建设进行总体安排部署。

12.采取专题会议、调查研究、听取工作汇报等方式,熟悉和掌握责任范围内党风廉政建设和反腐败工作现状。每年至少主持召开两次专题会议,听取工作汇报,并对相关工作进行专题分析研究,有针对性地解决存在的突出问题。

13.针对辖区内容易滋生腐败、发生廉政风险的关键岗位和薄弱环节,建立完善有效管用的制度,堵塞漏洞。

14.每年对班子成员、下级领导班子开展一次廉政谈话,发现问题及时谈话、及时提醒。

15.支持纪委开展执纪监督,重要工作亲自部署、重大问题亲自过问、重点环节亲自协调、重要案件亲自督办,定期听取查办案件工作汇报,及时排除查办案件工作中的干扰和阻力。

16.重视纪检监察干部队伍建设,及时将作风正、素质高的干部调整充实到纪检监察工作岗位上。

17.亲自安排部署本单位党风廉政宣传教育,组织党委(党组)中心学习组每年开展两次以上党风廉政建设理论和党纪法规学习,每年为党员干部讲授廉政党课一次以上。

18.带头参加落实党风廉政建设责任制情况检查考核,围绕落实党委主体责任和纪委监督责任,对被考核的单位提出要求。

19.落实不直接分管财务、人事、工程项目建设、行政审批、物资采购的“五个不直接分管”制度,加强对“三重一大”的监管。

20.做廉洁从政表率,带头遵守作风建设、廉洁自律规定,对执行制度规定情况每年开展一次对照自查。

(三)党委(党组)其他班子成员的具体责任

21.制定工作目标、计划、措施,对责任范围内的党风廉政建设进行亲自部署。

22.对责任范围内的党风廉政建设工作开展经常性的督促指导,对存在的突出问题督促整改,并及时制定防控措施和办法。

23.对责任范围内的重点部位、关键环节,制定风险防控措施并督办落实。

24.按照业务工作方案和廉政风险防控方案同步配套的要求,做到业务工作与党风廉政建设同部署、同研究、同检查、同落实。

25.对责任范围内党员干部身上的倾向性、苗头性问题及时进行提醒、批评、诫勉谈话,做到抓早抓小、治病救人。

26.对责任范围内的廉政教育亲自部署,每年为分管范围内党员干部讲一次廉政党课。

27.对发生在责任范围内的违纪违规案件和线

索，及时揭露、及时报告，支持执纪执法机关及时查处。

28.带队考核责任范围内的党风廉政建设，围绕主体责任的落实，对被检查单位提出要求。

29.围绕落实中央八项规定精神，加强责任范围党员干部的作风建设。

30.执行作风建设、廉洁自律规定，对执行制度规定情况每年开展一次对照自查。

二、纪委（纪检组）监督责任

31.协助党委（党组）加强党风廉政建设和组织协调反腐败工作，督促主体责任的落实。

32.发挥反腐败协调领导小组的牵头作用，与执纪执法部门协作配合，建立健全腐败案件及时揭露、发现、查处机制，整体推进惩治和预防腐败各项工作。

33.组织开展对党的政治纪律、组织纪律、群众工作纪律和财经工作纪律执行情况的监督检查，查处有令不行、有禁不止和“上有政策、下有对策”行为。

34.落实中央八项规定精神，组织开展明察暗访、案件调查、惩戒问责、点名道姓通报曝光。

35.认真履行监督的再监督职责，对职能部门履行监管职责情况开展监督检查，督促相关职能部门抓好作风建设方面法规制度执行情况的监督检查，建立和完善配套措施。

36.坚持“老虎”、“苍蝇”一起打，既严肃查处发生在领导机关和领导干部中的违纪违法案件，又着力解决发生在群众身边的腐败问题，做到有案必查、有腐必惩、有贪必肃。

37.抓早抓小，对党员干部身上存在的苗头性问题依纪依规及时约谈、函询，加强诫勉谈话工作。

38.加大查办案件的剖析通报力度，发挥案件治本功能。

39.开展对党内监督各项制度执行情况的监督检查，配合相关部门对领导干部报告个人有关事项情况开展抽查核实工作。

40.建立完善内部监督机制，对纪检监察干部严格要求、严格教育、严格管理、严格监督，打造反腐倡廉“铁军”，防止纪检监察机关“灯下黑”的问题。

三、保障措施

41.建立落实“两个责任”情况报告制度。党委（党组）领导班子及其成员每年12月底前，以书面形式向上一级党委和纪委报告本年度落实党风廉政建设主体责任的情况。纪委（纪检组）每年年初以书面形式，向同级党委（党组）和上级纪委报告上一年落实监督责任情况。

42.建立责任清单制度。每年年初，党委（党组）根据上级有关要求和本地实际，明确本年度落实党风廉政建设的有关责任，明晰具体内容、目标要求和主要措施，形成主体责任清单，通过下发文件、公开承诺等形式，向广大党员干部和社会公布，并及时上报上级纪委备案。年中，加强动态管理，跟踪督查。年底对照责任清单，认真总结主体责任落实情况，并向群众公开，主动接受监督。

43.建立台账管理制度。各级纪检监察机关要建立党委主体责任和纪委监督责任台账管理制度，对两个责任的落实情况实行动态化管理，各级党委、纪委按要求向上级纪委报送当月落实党委主体责任和纪委监督责任的量化指标，上级纪委要根据报送的情况，对落实不力的地方和单位，及时进行函询、约谈。

44.制定纪委书记、副书记提名和考察实施办法。制定纪委书记、副书记提名和考察以上级纪委会同组织部门为主的实施办法以及纪委书记（纪检组长）和副书记交流、轮岗的具体措施，推动纪律检查工作双重领导体制具体化、程序化、制度化。

45.巩固纪检监察派出机构改革成果。进一步完善派出纪工委工作运行办法和管理制度，开展监督、执纪、问责，重点开展对所负责部门“三重一大”事项决策的监督，充分发挥监督作用。

46.建立“两个责任”落实情况评议制度。每年选择部分党委（党组）负责人和纪委（纪检组）负责人开展集中述责述廉，现场接受纪委委员评议和质询，并对评议结果进行通报。建立健全社会评价体系。运用媒体问政、民意调查、网上廉政评价等方式对“两个责任”落实情况进行评价，组织和动员人民群众参与到党风廉政建设和反腐败工作中来。评价情况纳入干部考核评定结果、作为奖惩使用依据。

47.建立落实“两个责任”检查考核制度。把落实“两个责任”情况纳入党风廉政建设责任制检查考核范畴,每年由党委(党组)成员带队进行检查考核。加强考核结果运用,把“两个责任”考核结果纳入综合目标考核,并作为对领导干部业绩评定、奖励惩处、选拔任用的重要依据。

48.建立党政主要负责人廉政谈话制度。党政主要负责同志与领导班子成员、下级党政主要负责同志,领导班子成员与分管联系部门主要负责同志,每年廉政谈话不少于一次,把廉政谈话作为党风廉政建设责任制检查考核、述职述廉、任职前教育的重要内容和必经程序,提醒督促落实党风廉政建设主体责任。

49.建立“两个责任”落实情况通报制度。对落实“两个责任”考核情况进行排名通报,定期向党外人士通报“两个责任”落实情况,并将“两个责任”落实情况在一定范围内公开。

50.建立责任追究制度。建立责任追究案件情况季度报告和典型案件通报曝光制度。对不认真履行“两个责任”,导致不正之风长期滋生蔓延,或者出现重大腐败问题而不制止、不查处、不报告的,及时进行组织调整,实行责任倒查、“一案双查”制度,并对责任追究的典型案件进行通报曝光。

中共宣恩县委关于集中解决教育实践活动中事关民生的六个突出问题的决定

（2014 年 10 月 18 日中共宣恩县委十四届四次全体会议通过）

宣发〔2014〕7 号

为进一步巩固拓展党的群众路线教育实践活动成果，切实做好教育实践活动整改落实工作，结合宣恩实际，现就解决教育实践活动中群众提出的突出民生问题，作出如下决定：

一、充分认识巩固拓展教育实践活动成果的重要性

深入开展党的群众路线教育实践活动，是实现党的十八大确立的奋斗目标的必然要求，是保持党的先进性和纯洁性、巩固党的执政基础和执政地位的必然要求，是解决群众反映强烈的突出问题的必然要求。自活动开展以来，全县上下把"认真、严格、深刻、实效"的要求贯穿始终，精心组织、扎实推进，整个活动取得了较好成果，达到了预期目标。按照统一安排部署，全县教育实践活动即将收尾，但活动收尾不是作风建设收场，必须坚决杜绝过关松劲的思想，持之以恒地抓好整改落实工作。要以群众满意、群众受益为标准，进一步把整改落实工作引向深入，把整治"四风"与改善民生结合起来，在加强作风建设的同时，着力解决好群众反映强烈的突出问题，以实际行动取信于民。

在教育实践活动中，通过广泛听取群众意见和建议，收集了大量的民生问题。县委在认真研究、统筹考虑的基础上，梳理出六个带普遍性且急需解决的民生问题：缺乏大病医疗救助机制，群众因病致贫、返贫的问题；农村道路养护管理不到位，群众出行不便的问题；"三留守"人员缺乏关爱服务的问题；乡村生产生活垃圾污染严重的问题；乡村基础设施建设薄弱，群众生产生活条件差的问题；农村中小学喝热水、洗热水澡、入净厕难的问题。这些问题是目前群众最关心、最直接、最现实的问题，既与群众切身利益密切相关，又与全县发展大局密切相连，必须认真整改，及时解决到位。

二、切实解决六个突出民生问题

解决好这六个民生问题，既是发展所需、群众所盼，更是政治任务。务必集中精力、集中时间，把问题解决到位，确保取得群众满意的效果。

（一）加快建立大病医疗救助制度

全面贯彻落实党的十八届三中全会关于深化医药卫生体制改革的精神，建立健全大病医疗救助体系，切实减轻参保（参合）人员大额医疗费用负担，解决重特大疾病患者因病致贫、因病返贫的问题。建立由财政投入、部门资金和社会资助相结合的大病医疗救助基金，首次由县人民政府筹集 1000 万元作为大病医疗救助基金，以后每年按 5％增长。

（二）加强农村公路养护管理

针对农村公路养护管理不到位的问题，加快建立"专业养护与群众养护相结合、日常养护与养护工程相结合、政府投入与社会参与相结合"的农村公路养护管理运行机制，形成"政府监督、行业管理、主体负责、群众参与"的农村公路管养体系。按照"乡镇为主、分工负责，因地制宜、注重实效，全面养护、保障畅通"的原则，全面落实农村公路养护管理责任，建立农村公路管养技术规范和标准体系，切实提高全县农村公路管养水平和安全通行能力。

(三)加强"三留守"人员关爱服务工作

本着"动真情、出实招、办实事"的原则,进一步健全"党政主导、综治牵头、部门配合、社会参与"的"三留守"关爱服务网络,引导社会各界积极参与关爱服务行动,努力营造全社会共同关心、关注、关爱"三留守"人员的良好氛围。重点做好生活照料、心理抚慰、健康保健、帮扶救助、法律援助、文化娱乐等六个方面的工作,不断提高"三留守"人员的生活质量和幸福指数。

(四)加强农村环境卫生整治

把农村环境卫生整治与新农村建设、美丽乡村建设、文明创建活动紧密结合起来,进一步加强农村垃圾污染治理,建立环境卫生管理长效机制。按照"农村环卫保洁全覆盖,农村垃圾分类收集率、回收利用率、无害化处理率大幅度提高"的要求,进一步建立健全农村生产生活垃圾收集处理技术支撑体系、统筹治理体系、资金保障体系,着力解决好责任主体不落实、收运处理设施设备不配套、管理机制不健全等突出问题,逐步实现农村生产生活垃圾减量化、资源化、无害化。

(五)完善农村公益事业建设"以奖代补"制度

进一步发挥"一事一议"财政奖补制度优势,建立"政府力量与群众力量、自下而上决策与自上而下补助"相结合的村级公益事业"以奖代补"制度。进一步加大奖补力度,严格奖补范围,强化监督管理,充分调动广大群众、民间组织、各类企业参与农村基础设施建设的积极性,切实加快农村公益事业发展,促进农村人居环境改善。

(六)实施义务教育学校"洁净温暖"工程

深入推进义务教育学校标准化建设,进一步改善义务教育学校生活设备设施,打造现代、文明、和谐、生态校园。通过购置饮水、洗浴、取暖设备,切实解决师生喝热水、洗热水澡、冬季取暖的问题;推进学校改厕治污,改善学校旱厕卫生及污水处理条件,切实治理校园环境脏乱差的问题。

三、强化组织保障

加强作风建设,解决突出问题,必须以"钉钉子"的精神,锲而不舍一抓到底,确保取得实效。

(一)加强组织领导

组建工作专班,全面负责六个突出民生问题的解决。各责任单位实行"一把手"负责制,认真做好任务分解、组织实施、协调沟通等工作。

(二)狠抓责任落实

各责任单位在解决突出民生问题的过程中,要做到方案详实、时间明确、任务到岗、责任到人。要安排专人专班到现场协调指导,解决实施过程中遇到的困难,确保各项任务按时保质保量完成。

(三)加强督办问责

建立专项检查督办机制,各牵头领导要加强对相关责任部门的督促检查;县委督查室、县政府督查室要定期对完成情况进行检查督办,对行动缓慢、落实不力、群众不满意的,严格追究责任。

(四)建立长效机制

以整改这六个突出民生问题为突破口,举一反三,做好制度的废、改、立工作,不断创新服务群众的长效机制,切实解决好"服务群众最后一公里"问题。

关于建立大病医疗救助制度的实施方案

根据《中共宣恩县委常委会党的群众路线教育实践活动整改落实方案》,为进一步完善我县城乡医疗保障体系,加大重大疾病救助力度,切实减轻重病患者和困难群众的医疗费用负担,结合我县实际,制订本实施方案。

一、指导思想

以科学发展观为指导,全面落实党的十八届三中全会关于深化医药卫生体制改革的精神,统筹推进医疗保障、医疗服务、监管体制综合改革,改革医保支付方式,建立健全大病医疗救助体系。

二、目标任务

进一步完善医疗保险保障功能,提高医疗基金和新农合基金的使用效率,扩大医保和农合基金对大额医疗费用患者和困难群众的定向补偿和救助渠道,发挥医保和农合基金的兜底作用,切实减轻参保(参合)人员大额医疗费用负担,妥善解决重特大疾病患者因病致贫、因病返贫的问题。

三、大病医疗救助对象、标准及使用程序

(一)大病医疗救助对象

凡持有本县户口,并参加新型农村合作医疗、城镇居民医疗保险和城镇职工医疗保险的大病患者在正常缴费状态下住院治疗,列入大病医疗救助范围。

对因打架斗殴、吸食毒品、自残、违法犯罪等行为引起的不予救助;对有第三方承担赔偿责任的不予救助;对未经许可在非定点医疗机构就医的不予救助。

(二)救助范围

本县参加新型农村合作医疗、城镇居民医疗保险和城镇职工医疗保险的大病患者发生城镇基本医疗保险“三个目录”范围的医疗费用中,城镇职工基本医疗保险、大额医疗保险、补充医疗保险和城镇居民基本医疗保险、大病保险报销后的自付部分。

(三)大病医疗救助标准

1.参加新农合的大病患者,在报销新型农村合作医疗费用后,自付5000元(不含5000元)以上、10000元以内部分,按50%救助;自付10000元(不含10000元)以上、30000元以内部分,按60%救助;自付超过30000元(不含30000元)部分,按70%救助。

2.城镇居民医疗保险。居民医保在基本医疗保险和大病保险报销后,自付5000元(不含5000元)以上、10000元以内部分,按50%救助;自付10000元(不含10000元)以上、30000元以内部分,按60%救助;自付超过30000元(不含30000元)部分,按70%救助。

3.城镇职工医疗保险。职工医保在基本医疗保险、大额医疗保险、补充医疗保险报销后,自付5000元(不含5000元)以上、10000元以内部分,按60%救助;自付10000元(不含10000元)以上、30000元以内部分,按70%救助;自付超过30000元(不含30000元)部分,按80%救助。

4.特殊个案大病患者,经县大病医疗救助工作领导小组研究,可实施特别救助。

(四)大病医疗救助资金使用程序

符合大病医疗救助条件的患者,由本人或其家属提出申请,经村(居)委会评议,乡镇人民政府初核,县农合办、县社保局审核,县大病医疗救助工作领导小

组审批，公示无异议后，救助资金通过一卡通直接发放至患者或其家属个人账户。

四、组织保障

(一)加强组织领导

成立由县委常委、副县长任组长，相关副县长任副组长，县民政局、卫计局、人社局、财政局等单位主要负责人为成员的大病医疗救助工作领导小组。领导小组负责资金的筹措、管理、审批、发放，统筹协调大病医疗救助工作。

(二)设立救助基金

建立由财政投入、部门资金和社会资助相结合的大病医疗救助基金。首次由县人民政府筹集1000万元作为大病医疗救助基金，以后每年按5%增长。积极倡导社会力量注资帮扶，县境内企业、个体工商户、个人捐赠的资金按规定享受抵税优惠政策。

(三)细化部门职责

卫计、人社部门负责大病医疗救助基金的调剂；财政部门负责大病医疗救助资金的筹集；县农合办、县社保局负责大病医疗救助审核；县民政局负责大病医疗救助资金的监管，搞好与《宣恩县城乡贫困群众医疗救助办法》的衔接，做到应救尽救；卫计部门加大标准化村级卫生室建设力度，加快县急救中心及县人民医院医技楼建设，不断改善医疗服务条件；审计、监察部门负责大病医疗救助基金的监督审计，严厉查处贪污、挪用救助基金和虚报信息套取资金、过度医疗等行为。各有关部门要按照分工落实责任，加强协作，建立责任共担、多方联动的机制。

本实施方案自下发之日起执行。

附件：宣恩县大病医疗救助审批表

对象编号：____________

宣恩县大病医疗救助审批表

姓　　名____________________

乡　　(镇)____________________

村(居)委会____________________

个人书面申请书

宣恩县大病医疗救助呈报审批表

<table>
<tr><td>户主姓名</td><td></td><td>一卡通号码</td><td colspan="2"></td></tr>
<tr><td>救助对象姓名</td><td></td><td>性别</td><td></td><td>家庭人口</td></tr>
<tr><td>身份证号码</td><td colspan="2"></td><td>联系电话</td><td></td></tr>
<tr><td>家庭住址</td><td colspan="4"></td></tr>
<tr><td>大病名称</td><td colspan="2"></td><td>已开支医疗经费</td><td></td></tr>
<tr><td>是否低保户</td><td>□是　□不是</td><td>户口性质</td><td colspan="2">□农业　□非农业</td></tr>
<tr><td>村(居)委会评议意见</td><td colspan="4">负责人签字：　（单位盖章）
年　月　日</td></tr>
<tr><td>乡镇初核意见</td><td colspan="4">负责人签字：　（单位盖章）
年　月　日</td></tr>
<tr><td>县农合办或县社保局审核意见</td><td colspan="4">符合大病医疗救助基金救助条件，同意救助＿＿＿＿＿＿元
（大写＿＿＿＿＿＿＿＿）。
经办人签字：　负责人签字：　（单位盖章）
年　月　日</td></tr>
<tr><td>领导小组审批意见</td><td colspan="4">符合大病医疗救助基金救助条件，同意救助＿＿＿＿＿＿元
（大写＿＿＿＿＿＿＿＿）。
负责人签字：　（（单位盖章）
年　月　日</td></tr>
</table>

需要提供的资料

1.住院发票；

2.医院诊断证明；

3.出院小结；

4.农村合作医疗报销凭证或城镇基本医疗保险报销凭证，商业医疗保险报销凭证。

5.身份证；

6.户口簿；

7.“一卡通”存折；

8.合作医疗卡或医保卡。

以上资料复印件一份。

关于加强全县农村公路养护管理的实施方案

根据《中共宣恩县委常委会党的群众路线教育实践活动整改落实方案》，为进一步加强我县农村公路养护管理，切实提高农村公路管养水平和安全通行能力，充分发挥农村公路对农村经济社会发展的基础性作用，按照《湖北省农村公路条例》的有关规定，结合我县实际，制订本实施方案。

一、指导思想

以科学发展观为指导，以服务民生、改善群众生产生活条件为宗旨，坚持"乡镇为主、分工负责，因地制宜、注重实效，全面养护、保障畅通"的工作原则，全面落实农村公路养护管理责任，建立稳定的农村公路养护资金筹集渠道，推广应用先进的管理方法、技术和设备，加快建立农村公路养护管理长效机制，促进农村公路健康、协调、可持续发展。

二、工作目标

通过2—3年时间，建立符合我县实际的农村公路管养运行机制，健全农村公路管养技术规范和标准体系，逐步提高农村公路管养水平，做到管养责任落实到位、机构人员配备到位、政策制度执行到位、资金筹措管理到位、监督检查考核到位，实现农村公路养管能力、路况水平、服务质量和群众满意度"四提高"的总目标。

三、工作职责

农村公路养护管理工作在县人民政府的统一领导下，由各乡镇人民政府具体负责，各相关职能部门协助配合。县人民政府成立由分管交通运输工作的副县长任组长，县财政局、发改局、交通局、国土局、水利局、农业局、审计局、公安局等部门为成员单位的农村公路养护管理工作领导小组，领导小组下设办公室于县交通局，负责指导协调农村公路养护管理日常工作。

各乡镇人民政府和村级组织要认真履行农村公路养护管理和资金筹措等职责，贯彻落实农村公路养护管理的政策法规，编制本乡镇公路养护管理年度计划，落实养护管理资金，加强养护管理队伍建设，不断提高公路养护管理水平，确保公路完好、畅通，路产、路权不受侵犯。

县交通局要切实加强农村公路养护管理工作的技术指导和质量监督，配合县财政局搞好农村公路养护资金使用情况的监督检查，认真搞好农村公路管养工作的考核验收。县财政局负责搞好农村公路养护资金拨付和使用情况的监督检查，县发改局、公安局、国土局、水利局、农业局、审计局等部门应按照各自的工作职能，密切配合，协助做好农村公路养护管理工作。

四、农村公路养护管理范围及工作内容

（一）养护管理范围：县道、乡道、村道。

（二）工作内容：农村公路养护管理分为农村公路养护工程和农村公路日常养护管理。

养护工程包括：农村公路水泥混凝土（沥青）路面、砂石路面改善及大中修工程、水毁修复、危桥改造、安全防护工程等。

日常养护包括：路面坑槽填补、保洁，路肩、边坡修整，公路绿化管护，附属设施维护和排水沟、涵洞清淤疏通等工作。

公路养护分为重点养护和一般养护，对人口较为密集、经济发展较快的路段和重点循环线、连接线公路列为重点养护范围，其余路段列为一般养护范围。

五、农村公路养护管理资金来源及补助标准

建立由国家投入、财政补助和其他资金筹集共同组成的农村公路养护管理资金筹措机制。各乡镇人民政府和村级组织按照“乡村自筹、县级补助”的原则,积极筹措农村公路养护管理资金,建立完善农村公路养护管理资金保障体系。县级补助资金按重点养护路段4000元/公里/年、一般养护路段2000元/公里/年的标准拨付,其中重点线路按1000元/公里/年、一般线路按500元/公里/年调剂资金用于应急抢险,由县财政统一调控,其余资金由各乡镇滚动使用。

六、农村公路养护管理资金的使用与管理

农村公路养护管理资金使用严格按照乡镇申报、县交通局现场核实、县财政局按预算拨付的程序,执行年度审计制度,做到专款专用、专户存储,任何单位和个人不得侵占、挪用和截留,确保农村公路养护管理资金使用科学合理、高效安全、公开透明。

七、健全农村公路养护管理长效机制

(一)建立健全农村公路管养运行机制

逐步建立“专业养护与群众养护相结合、日常养护与养护工程相结合、政府投入与社会参与相结合”的农村公路养护管理运行机制,积极推行招标养护、委托养护、合同养护、承包养护等市场化运作模式,引导沿线群众积极参与农村公路管养工作,形成“政府监督、行业管理、主体负责、群众参与”的农村公路管养体系。

(二)建立完善农村公路养护工作程序

各乡镇人民政府要严格按照行业标准和技术规范搞好农村公路养护生产,坚持集中性养护与季节性养护、重点性养护与一般性养护相结合的工作思路,严格执行农村公路管养工作程序和项目建设的有关规定,对重点项目通过公开招标的方式,择优选择施工单位,对工程量少、数额较小的项目按照“一事一议”原则组织实施。

(三)建立健全农村公路养护管理考核机制

县农村公路养护管理工作领导小组与各乡镇、各乡镇与村级组织要层层签订农村公路养护管理目标责任状,将农村公路养护管理工作纳入年度目标考核范畴,其考核结果与评先表彰及养护资金拨付相挂钩,确保农村公路的养护质量和服务水平不断提升。

(四)建立完善农村公路路政管理工作机制

进一步加强农村公路养护管理有关法律、法规的宣传教育,增强广大群众爱路、护路意识,不断优化农村公路路政管理执法环境。国土、住建、交通、公安等部门要进一步加强对公路控制区内建(构)筑物审批范围及权限的监管,强化对建筑控制区违章建房、侵占路产路权和损坏公路标志、标牌及安全设施等行为的清理整治,严厉打击因沙石料场开采、超限运输造成农村公路损毁等行为,切实保障农村公路安全畅通。

(五)建立完善农村公路管养应急响应体系

各乡镇人民政府、县直各相关单位要结合本地区和本行业实际,制定切实可行的应急预案,保障农村公路在发生地灾、水毁、交通事故和交通拥堵等重大事件时,做到反应快速、组织得力、抢修及时、救援有效,保障人民群众生命财产安全。

关于加强"三留守"人员关爱服务工作的实施方案

根据《中共宣恩县委常委会党的群众路线教育实践活动整改落实方案》，为进一步做好全县留守儿童、留守妇女、留守老人(以下简称"三留守"人员)的关爱服务工作，结合我县实际，制订本实施方案。

一、指导思想

以科学发展观为指导，紧密结合党的群众路线教育实践活动，本着"动真情、出实招、办实事"的原则，从"三留守"人员的迫切需要出发，进一步拓宽工作渠道、创新工作手段，建立完善关爱服务"三留守"人员的长效机制，形成全社会共同关心、关注、关爱"三留守"人员的良好氛围。

二、总体目标

以优化"三留守"人员的生存发展环境、保障"三留守"人员的健康与安全、提高"三留守"人员的生活质量和幸福指数为目标，依托网格化管理服务平台，进一步健全"三留守"人员关爱服务体系。重点围绕以下六个方面开展工作。

(一)生活照料

乡(镇)干部、村(社区)干部、网格员和群众志愿者定期了解"三留守"人员的身体状况和生活情况，对有特殊困难的"三留守"人员进行重点关注，积极提供生活照料、卫生清理和代购生活用品等志愿服务。依托"农民办事不出村"服务平台，为"三留守"人员提供上网缴纳费用、订购农资、汇款转账、领取补贴、信息咨询、车票代购等生产生活综合服务。制作"便民服务联系卡"，把驻村干部、村干部、乡村医生和教师的身份信息、电话号码予以公开，同时注明医疗救助、应急求助和民警联系电话，发放给"三留守"人员家庭。

(二)心理抚慰

定期为"三留守"人员开展精神抚慰和情感关怀服务，通过电话问候、上门走访、周末陪护等方式，为"三留守"人员送上精神关怀。对有心理疾患的"三留守"人员，有针对性地进行心理辅导，帮助他们保持乐观向上、积极健康的精神状态。

(三)健康保健

为每一位"三留守"人员建立健康状况信息档案，并定期开展健康保健知识讲座，免费提供保健咨询、健康体检。

(四)帮扶救助

根据"三留守"人员的具体情况，特别是应急救助需要，向"三留守"人员提供生活、医疗、生产等方面的应急救助服务，让"三留守"人员难有所帮、急有所助、病有所救。

(五)法律援助

积极开展法律讲座、普法教育和法律咨询，对涉及子女赡养、财产继承、林权纠纷等问题提供法律援助，维护"三留守"人员的合法权益。加强对留守儿童的法制教育、道德教育，引导留守儿童健康成长。

(六)文化娱乐

做好广电、信息网络的建设服务，让"三留守"人员能够关注到方方面面的信息，生活更加充实。充分发挥县、乡(镇)文化部门职能，依托县非物质文化遗产传承展演中心、乡(镇)文化站、党员群众服务中心、学校、农村福利院等平台，引导"三留守"人员开展有益身心健康的文体活动。积极整合民间文化资源，结合送文化下乡、进村(社区)义演等活动，为"三留守"人员提供丰富的文化服务。

三、工作措施

（一）加强领导，建立三级关爱服务机构

成立县关爱服务“三留守”人员工作领导小组，由县委副书记任组长，县委组织部部长、县委政法委书记任副组长，县教育局、县民政局、县卫计局、县财政局、县文体局、县公安局、县检察院、县法院、县司法局、县农业局、县广电局、县扶贫办、县新闻中心、县劳动就业局、县妇联、团县委等单位负责人为成员。领导小组下设办公室于县委政法委，由县委政法委常务副书记任办公室主任。各乡（镇）、村（社区）相应成立关爱“三留守”人员服务工作领导小组，乡（镇）建立关爱“三留守”人员服务工作中心，村（社区）建立关爱“三留守”人员服务工作站。

（二）摸清底数，建立“三留守”人员信息台账

组织乡（镇）、村（社区）干部对辖区的留守儿童、妇女、老人进行全面的排查摸底、登记造册，详细了解每位“三留守”人员的姓名、性别、出生年月、家庭住址、联系方式、生活状况、子女去向、就读学校、所在年级等个人信息，利用网格化信息管理平台为“三留守”人员建立信息档案，并做好需求登记和服务记录。定期组织乡（镇）卫生院、村卫生室医务人员对“三留守”人员进行义诊，开展健康体检和普查工作，建立健全“三留守”人员健康信息台账，全面掌握“三留守”人员的健康状况、精神状况。

（三）细化职责，形成全方位服务合力

按照“县指导、乡（镇）负责、村（社区）落实”的思路，进一步细化职责、明确责任。各乡（镇）、成员单位要结合各自职能，制定切实可行的实施细则，报县关爱“三留守”人员工作领导小组审核后组织实施。县委政法委要牵头抓好各项统筹协调工作；县教育局要发挥学校阵地优势，依托学校对留守儿童进行谈心沟通、法制安全及心理健康教育，强化对留守儿童的教育管理；县民政局要做好“三留守”人员的灾害救助、临时救助、最低生活保障和大病医疗救助工作；县劳动就业局要加强对留守妇女的就业指导；县卫计局要做好“三留守”人员的计生服务和“生育关怀”救助，要简化农村合作医疗报销手续，最大限度地提高“三留守”人员医疗费报销比例，定期对“三留守”人员开展免费身体检查；县财政局要保障关爱“三留守”人员服务专项工作经费；县文体局要定期开展形式多样的文体活动，丰富“三留守”人员文化生活；县扶贫办要以扶贫搬迁为重点，积极改善“三留守”家庭的住房条件和生活环境，按照实际发展需求，实施小额贴息贷款，解决留守贫困家庭发展资金短缺的问题；县公安局、县检察院、县法院要加大对侵害“三留守”人员权益犯罪分子的打击力度，严惩罪犯，切实保障“三留守”人员的生命、财产安全；县司法局要做好“三留守”的法制宣传教育；县农业局要定期开展农村留守妇女实用技术培训；县广电局、县新闻中心要加大对关爱“三留守”人员服务工作的宣传力度，营造良好宣传氛围；团县委要积极动员、发挥青年团组织和青年志愿者的作用，做好留守儿童的关爱、服务工作；县妇联要做好留守妇女儿童的服务和维权工作，指导留守妇女开展农业生产互助、文体娱乐互助、情感交流互助、家庭矛盾调解互助。

（四）齐抓共管，完善工作机制

一是建立联席会议制度。定期召开“三留守”人员服务工作联席会议，通报当前工作情况，分析存在的问题，研究制定下步工作措施。二是建立信息快速反馈制度。按照“小事经常报、大事立即报、无事零报告”的原则，村（社区）每月向乡镇汇报一次、乡镇每季度向“三留守”服务工作领导小组汇报一次，有重要情况时，乡镇、村要随时报告，力求准确掌握每一位“三留守”人员近期的身体状况和生活情况。三是建立志愿关爱服务制度。充分发挥基层党、团组织，各类志愿者组织和社会各界的作用，通过广泛的宣传发动，动员村民小组长、党员义工、大学生村官、治安中心户长、热心群众、离任村干部、退休教师以及青年志愿者等参与到关爱行动中，让他们与“三留守”人员结对帮扶，开展日常照看陪护与帮扶工作。四是建立考核评价制度。将关爱“三留守”人员服务工作与争创“十星级文明户”、“平安家庭”创建挂钩，列入年度平安创建的考核内容。对组织领导不力、工作措施不实的相关单位，予以通报批评并限期整改。

关于整治农村环境卫生的实施方案

根据《中共宣恩县委常委会党的群众路线教育实践活动整改落实方案》，为切实解决群众反映强烈的农村环境卫生脏、乱、差等问题，做好全县农村垃圾治理工作，深入推进农村环境卫生整治工作，结合我县实际，制订本实施方案。

一、指导思想

以科学发展观为指导，以改善农村环境为目标，进一步加强农村垃圾污染治理，完善垃圾收运处理体系，倡导健康文明的生活习惯，建立环境卫生管理长效机制，逐步实现农村生产生活垃圾减量化、资源化、无害化，保护生态环境，建设生态文明，打造美丽家园。

二、总体目标

紧紧围绕"全覆盖、三提高"（即农村环卫保洁全覆盖，农村垃圾分类收集率、回收利用率、无害化处理率大幅度提高）的要求，建立健全"三个体系"（即农村生产生活垃圾收集处理的技术支撑体系、统筹治理体系、资金保障体系），着力解决"六个问题"（思想认识问题、责任主体问题、现实突出问题、分类处理问题、配套设施问题、管理机制问题），逐步实现农村居民的环境卫生意识明显提高，农村环境卫生管理制度不断健全，农村垃圾收运处理体系日益完善，农村环境卫生面貌显著改善的目标。

三、主要任务

（一）着力解决重视程度不够的问题

随着农村经济的发展，农村垃圾数量越来越多，成分越来越复杂，已经超出了农村生态环境的自净能力，环境污染问题已成为制约农村可持续发展的重要因素之一。各级各部门要站在维护农民根本利益，实现农村可持续发展的高度，充分认识做好农村环境卫生工作的极端重要性，把农村环境卫生工作纳入重要议事日程，研究制定有针对性的办法和措施，推进农村环卫保洁向常态化、制度化方向发展。

1. **强化宣传教育引导。**充分利用电视、网络、标语、公益广告等各种媒介大力宣传农村垃圾治理的重要意义，普及环境卫生知识。把学校作为宣传教育的主阵地，将环保知识列入课堂教学内容，教育学生养成良好的卫生习惯。通过"小手拉大手"的形式，广泛开展环保知识"进农村、进家庭"活动，努力营造"人人爱护环境、个个讲究卫生"的浓厚氛围。

2. **纳入文明创建考核评比。**把环境卫生整治工作纳入文明创建活动范畴，大力开展卫生清洁户、卫生清洁村庄、卫生清洁单位创建及评选活动，每年命名表彰一批"美丽乡村示范村"，通过示范引领，充分调动群众参与的积极性和主动性，提高群众的自我服务和自我管理能力。

（二）着力解决责任主体不明确的问题

按照属地管理的原则，各乡（镇）政府全面负责本辖区范围内的农村垃圾治理工作，按要求落实管理机构和人员，履行日常监督管理职责，要建立乡镇干部包村、村干部包片、农户包自家院落的包保责任制，确保农村垃圾治理不留死角和盲区。按照"谁主管、谁负责"的原则，列养公路路面及水沟外侧2米范围内的垃圾治理由县公路局负责，纳入公路养护管理责任范围；大中型水库库岸及水面的垃圾治理由县水利局负责，具体工作由库区管理责任单位承担。各责任单位要建立健全责任网络，分区域、分路段落实管理责任，切实保障垃圾治理工作全覆盖。加强保洁队伍和回收网络建设。根据实际需要，选聘一定数量的专（兼）职保洁人员，确保保洁范围全覆盖。在具备基础条件的村庄，沿边、沿路要安排一定数量的保洁员。保洁员既要负责公共区域的保洁，还要负责分散户的垃圾回收。组建农村垃圾收运队伍，针对农村垃圾量小且分散的实际，采用定点回收与流动回收相结合的办法，实现垃圾应收尽收。鼓励废品回收企业延伸服务链条，到乡村设立收购网点，组织人员上门收购，实现农村可回收垃圾就近回收。

（三）着力解决农村环境卫生存在的突出问题

以党的群众路线教育实践活动为契机，集中组织开展农村环境卫生整治行动，广泛动员，全民参与，清理历史存留垃圾，解决当前农村存在的垃圾到处乱扔、随意乱堆的问题，为长效治理奠定坚实基础。以乡（镇）、村（社区）为主体，动员广大农户开展环境卫生大扫除，把各家各户的庭院打扫干净；以村（社区）组织农村党员、村组干部、村（居）民代表开展义务劳动，对辖区内公路、河道、沟渠、水库等公共区域的零散垃圾进行集中清理，解决好面上的环境卫生问题；拨付专门工作经费，以村为单位组建工作专班，对长期集中堆放的垃圾进行彻底清理，能就地填埋的就地填埋，不能就地填埋的就近清运到垃圾填埋场进行处理，解决环境卫生死角的问题。

（四）着力解决垃圾分类处理的问题

统一将农村垃圾分为四类，分类收集，分别处理，减少进入末端处理的垃圾量。第一类是可填埋（建筑）垃圾，主要是建筑施工中产生的废土、废砖、废石、废陶瓷、水泥块、煤渣和泥沙等，由农户采取填埋、平整场地、铺路等办法进行就地处理；第二类是可利用（有机）垃圾，如瓜皮果壳、残枝败叶、禾秆杂草以及菜叶（根）、剩菜剩饭、人畜粪便、动物尸体等垃圾，由农户采取焚烧、堆肥或投入沼气池、化粪池等办法进行处理；第三类是可回收利用垃圾，主要指可回收利用的塑胶、玻璃、纸质、金属等类别的无机垃圾，由农户自行收集变卖或由保洁员、废品收购人员上门回收；第四类是有害垃圾，如废旧电子产品、废电池、废农药瓶、废油漆、废日光灯管、废旧化学品和过期药品等，以村庄（院落）设立回收点，由农户收集并定点投放，乡镇集中后在环保部门指导下妥善处理。

（五）着力解决收运处理设施设备不足的问题

各乡镇要统筹规划、合理布局农村垃圾收集处理设施，配备垃圾收运设备，确保满足农村垃圾治理的需要。保洁员要配备扫帚、铁铲、清拣钳、垃圾斗、板车、环卫服装等清扫保洁用具；村庄、院落要建可回收利用垃圾和有害垃圾分类收集房；集镇（中心村）等人口密集区域，除建有可回收利用垃圾和有害垃圾分类收集房外，还要配置建筑垃圾填埋场和生活垃圾收集池；乡镇要按照县域环卫专项规划建设垃圾卫生填埋场，配备垃圾收运车辆，组建垃圾收运专班，负责集镇（中心村）垃圾收运处理，定期到村巡回收集可回收利用垃圾和有害垃圾，组织对有害垃圾进行集中妥善处理。

（六）着力解决机制不健全的问题

因地制宜，建立和完善农村环境卫生目标管理、职责分工、人员配备、操作规程、考核奖惩等制度，实现农村环卫保洁规范化管理。落实农户、单位环境卫生包保责任制，充分发挥群众的主观能动性，克服依赖思想。在管理方式上，以行之有效为标准，不强求统一模式，不搞一刀切。积极探索农村环卫保洁市场化运作、社会化服务的运作模式。认真研究垃圾处理政府补贴政策，鼓励废品回收企业参与农村垃圾收运处理。

四、实施步骤

（一）试点启动阶段（2014 年 10 月至 2014 年 12 月）

主要完成宣传发动、集中整治和试点示范三个方面的工作。采取多种形式，宣传农村垃圾治理的目的、意义及垃圾分类的相关知识，做到家喻户晓，使垃圾分类收集处理成为农户的自觉行动，营造良好的舆论氛围。组织开展农村环境卫生集中整治行动，清理历史存留垃圾，扭转环境卫生脏乱差的局面。每个乡镇至少选择 2 个村进行试点，探索适合本地特点的垃圾收集处理体系和运行管理制度，为全面推进农村垃圾治理积累经验。同时对路边、河边、沟边的存量垃圾进行集中清理。

（二）全面推进阶段（2015 年 1 月至 2015 年 12 月）

在总结试点示范经验的基础上，重点完善农村生产生活垃圾分类收集处理设施建设，完善农村生产生活垃圾分类收集处理体系，完善农村生产生活垃圾分类收集处理制度，努力达到全保洁、全收集、全处理。

（三）巩固提升阶段（2016 年 1 月至 2017 年 12 月）

通过加强培训，每个村建立稳定的环卫保洁、垃圾收运处理及管理队伍，达到农村生产生活垃圾分类收集处理“设施齐全、体系健全、制度完善、运行正常”。

五、保障措施

（一）加强组织领导

成立城乡环境卫生整治活动领导小组，县委常委、副县长任组长，县委宣传部部长、县委统战部部长、相关副县长任副组长，成员单位由县委宣传部、县委农办、发改局、财政局、住建局、国土局、环保局、水利局、农业局、林业局、卫计局、教育局、商务局、团委、妇联、公路局、物价局等部门组成。领导小组下设办公室于县文明办。各乡镇、村要成立相应组织领导机构和工作专班。

（二）强化部门协作

落实领导小组成员单位责任分工。县委宣传部负责农村垃圾治理的宣传发动，将“美丽家园、清洁乡村”创建活动纳入文明创建的考核范围；县委农办结合新农村建设和“三万”活动推进农村生产生活垃圾处理，督促乡镇、村组建立完善的保洁体系；县发改局积极争取相关项目；县财政局负责研究财政支持政策，会同相关部门制定考核奖励办法，按规定程序拨付资金并加强监管；县住建局负责指导环卫基础设施布局、场站建设、机制建立，编制农村生活垃圾处理设施的布局规划等；县国土资源局负责协调垃圾处理项目用地；县环保局负责垃圾分类标准的制定并指导实施，做好农村环境质量监测预警工作；县水利局负责库区的垃圾治理，结合中小流域综合整治项目推进农村生产生活垃圾处理；县农业局要结合农业环保项目推进农村生产生活垃圾处理；县林业局要结合造林绿化项目，推进村庄绿化、美化；县卫计局要结合爱国卫生运动，开展清洁行动；县教育局要加强中小学生的环境卫生教育；县商务局要结合再生资源回收体系建设，推进农村可回收垃圾回收利用；县公路局负责列养公路沿线的垃圾治理；县物价局负责制定有害垃圾回收政府补助标准。

（三）加大资金投入

整合项目、统筹安排、合理使用中央垃圾处理设施资金、农村环境连片整治资金、涉农环境保护资金，加大对农村垃圾治理的投入。从 2014 年起，县财政从中央生态转移支付资金中安排资金，对乡镇实行定额补助，补助资金主要用于农村垃圾处理的设备购买、设施建设、人员工资、运行维护经费和有害垃圾回收补贴。各乡镇本级财力要向农村垃圾治理、农村环境改善方面予以倾斜。有村级集体经济收入的村，要安排一定的资金用于村级环卫保洁和垃圾治理。

（四）强化考核督办

建立农村垃圾治理目标管理责任制，由领导小组办公室制定考核办法，实行量化考核，考核结果作为各单位文明单位创建和年度综合目标考核的重要依据，对创建工作不达标的单位要对相关责任人进行约谈和问责。县创建领导小组办公室要经常性深入到各乡镇、村进行督导检查，建立督查通报制度，督促各单位对存在的突出问题及时进行整改。各乡镇要加强对各行政村的考核督办，确保整治工作扎实推进，全面落实。

关于完善农村公益事业建设“以奖代补”制度的实施方案

根据《中共宣恩县委常委会党的群众路线教育实践活动整改落实方案》,为进一步破解农村公益事业建设难题,促进农村公益事业健康发展,结合我县实际,制定本实施意见。

一、指导思想

以科学发展观为指导,进一步发挥“一事一议”财政奖补制度优势,全力统筹农村建设项目资金,调动农民参与农村公益事业建设积极性,切实加快农村公益事业发展,促进农村人居环境改善。

二、总体目标

以改善农村生产生活条件为目标,以村级公益事业建设项目为平台,以民主议事决策为前提,建立“政府力量与群众力量、自下而上决策与自上而下补助”有机结合的村级公益事业以奖代补制度,调动县乡村三级、广大群众、民间组织、各类企业等各个层面参与农村基础设施建设的积极性,破解农村公益事业建设难题。

三、工作措施

(一)完善统筹制度,加大奖补力度

一是预算统筹。从2015年起,村级公益事业“以奖代补”资金纳入县级财政预算,并建立逐年增长机制。预算来源包括“一事一议”财政奖补、农村水利基础设施建设、新农村示范点建设、农村饮水安全工程、村庄整治等转移支付资金,以及县乡两级财政安排用于农村的公益事业建设资金。县乡两级统筹预算安排每年不少于2000万元,统一实行指标到乡镇、奖补到项目、核算到村级的管理模式,保持部门管理主体不变、审批程序不变、使用方向不变。二是项目带动。按照“渠道不乱、权限不变、优势互补、各记其功、分头报账、乡镇备档”的原则,财政、农业、国土、水利、扶贫、环保、发改、民宗等部门落户到村组的基础设施建设专项资金,可结合农村公益事业建设“以奖代补”项目统筹实施,但不得将其他专项资金纳入农村公益事业建设“以奖代补”资金专项核算。

(二)严格奖补范围,规范操作行为

一是明确范围。农村公益事业“以奖代补”主要支持村内道路、小型农田水利、环卫设施、公共造林绿化、公共文化设施及村民认为迫切需要且直接受益的其他公益事业建设。农村公益事业“以奖代补”资金,不得用于村办公场所建设、村办公经费、村干部报酬等超出财政奖补范围的其他支出。二是严格程序。坚持规划先行、先议后筹、先筹后补的原则,县乡财政部门分别建立“以奖代补”项目库。按照“村民议定、村级申报、乡镇初审、县级审批”的流程,自下而上进行,奖补额度控制到每一个具体项目。各级审批重点要放在农民共同受益的项目上,按照轻重缓急、点面兼顾原则,优先解决农民最紧迫、最现实、最急需的公益事业。三是规范实施。申报阶段:村级组织要对项目总体概况、实施地点、实施目标、资金需求、资金来源、筹资方式、施工方式、质量监理、工程验收、管护措施等内容制定建设方案,在取得村民认可的基础上,分项目提出申请,逐级报批。实施阶段:村级要根据具体项目审批结果,签订承包合同,项目实施前、中、后以同一参照物拍摄照片印证,设立“以奖代补”项目标识。验收阶段:村级提出验收申请,乡镇组织逐一验收,资料实物验收合格后,方可申请奖补。调拨阶段。奖补资金直达承包人,乡镇财经所建立档案资料,规范代理核算。

(三)强化监督管理,确保有序推进

一是注重议事监督。村级公益事业由“村民议、

村民定、村民建、村民管”。村级必须召开项目受益范围全体村民会议或村民代表会议，议定项目建设方案，乡镇要做好指导和监督。二是接受社会监督。项目建设规划以适当形式公开，让乡村干部有预期、有期待，农民群众有希望、有盼头。村民议事过程和结果、筹资筹劳标准和规模、“以奖代补”资金和构成、建设内容和承建方式、竣工验收和资金结算等实行全过程公开，接受社会监督。三是强化财务监督。经管部门要加强农民负担监督，严格审核筹资筹劳和以资代劳标准，防止擅自提高标准，防止以自愿捐款、自愿以资代劳等名义变相加重农民负担。财政综改部门要加强财务监管，确保奖补资金专款专用，防止资金跑冒滴漏，防止产生乡村新债。

(四)发挥制度优势，破解建设难题

一是完善决策制度。坚持“议”字当先，完善自下而上的民主决策机制。项目建设占地、换工帮工等问题由村民自行协商解决，改变上级说了算、政府主导项目建设的传统模式，切实提高农民参与的积极性。二是完善先筹后补制度。农村公益事业奖补项目批复后，在乡镇财经所验证农民筹资筹劳情况的基础上，给予以奖代补。三是鼓励社会投入。利用各种资源，组织社会捐资赞助。参与农村公益事业建设的民间组织、各类企业，在财政贴息、企业奖扶、项目申报等方面可优先支持。四是整合财力办事。以农村公益事业“一事一议”财政奖补资金为平台，统筹涉农建设资金，集中财力办实事。

(五)统一思想认识，强化组织领导

县农村综合改革领导小组办公室要制定操作指南，建立信息沟通机制，健全项目库和总体规划，完善绩效考评制度，组织开展监督检查。经管部门要加强农民负担的监管，配合有关部门做好项目审批。资金主管部门，要根据有关资金管理规定，控制项目审批额度，开展资金跟踪问效。相关涉农建设资金主管部门，要围绕全县大局，统筹布局涉农建设项目。财政、审计、监察等部门要加强“以奖代补”资金监管，查处违纪违规行为。各乡镇要主动做好上下衔接，明确专人负责日常管理，确保协调组织到位，统筹安排到位，村民议事到位，监督实施到位，资金管理到位，代理核算到位，保障“以奖代补”制度均衡全面有序推进。

关于开展义务教育学校“洁净温暖”工程的实施方案

根据《中共宣恩县委常委会党的群众路线教育实践活动整改落实方案》，为进一步改善义务教育学校生活设备设施，优化学校校园环境，结合我县实际，制订本实施方案。

一、指导思想

以科学发展观为指导，按照《省教育厅、省发展和改革委、省财政厅关于全面改善贫困地区义务教育薄弱学校基本办学条件的意见》（鄂教财〔2014〕4 号）文件精神，全面开展义务教育学校洁净温暖工程，深入推进义务教育学校标准化建设，全面改善我县基本办学条件，打造现代、文明、和谐、生态校园。

二、总体目标

力争 2 年内，通过购置饮水、洗浴、取暖设备，基本解决师生喝热水、洗热水澡、冬季取暖等问题；通过推进学校改厕治污，改善学校旱厕卫生及污水处理条件，切实治理校园环境脏乱差的问题。

该项目实施拟分 2014、2015 两个年度完成，项目总投资 2076.36 万元，其中：新建及改扩建厕所、浴室建筑面积 9037 平方米，投资 1320.6 万元；购置饮水及洗浴采暖设备 569 套，投资 755.76 万元。具体项目及年度安排见附件 1—附件 4。

三、工作措施

（一）加强组织领导

成立由县委常委、副县长任组长，相关副县长任副组长，县审计局、县财政局、县教育局、县招投标中心为成员单位的义务教育学校洁净温暖工程领导小组，办公室设在县教育局，由教育局局长任办公室主任，负责统筹洁净温暖工程项目的具体实施。

（二）积极筹措资金

项目资金来源主要是中央“全面改薄”专项资金，结合项目实施，适当捆绑公用经费及部分上级专项资金。具体筹措方式为：中央“全面改薄”专项资金 1800 万元；捆绑公用经费 230.36 万元；捆绑上级专项民族地区高寒乡教育专项补助资金 46 万元。

（三）规范资金运作

项目资金实行封闭运行、专户核算、国库直接支付。加强项目资金审批，县教育局要管好用好项目资金，审计部门要定期对资金拨付使用情况进行专项审计，其他相关部门做好协助配合，杜绝违纪违规行为，确保资金发挥最大效益。

（四）严格项目管理

严格项目工程管理，全面落实“项目四制”管理制度，规范建设程序。加强监督管理，确保项目工程的建设质量。严格按照政府采购程序购置设备，准确编制设备采购预算与采购计划，确保采购到物美价廉的设备设施。

附件1：

宣恩县义务教育阶段“洁净温暖工程”项目时间安排

单位:平方米、万元

项目	总计			2014年			2015年		
	建筑面积	套	金额	建筑面积	套	金额	建筑面积	套	金额
总计	9037	569	2076.36	4107	202	920.84	4930	367	1155.52
厕所	6163	0	895.04	2785		409.63	3378		485.41
浴室	2874	0	425.56	1322		202.24	1552		223.32
设备购置	0	569	755.76		202	308.97		367	446.79

附件2：

宣恩县义务教育阶段“洁净温暖工程”项目库(厕所)

单位:平方米、万元

学校名称	厕所项目规划情况			拟实施年份			
	建设性质	规划面积	规划金额	2014		2015	
				面积	金额	面积	金额
宣恩县总计		6163	895.04	2785	409.63	3378	485.41
宣恩县民族实验中学		250	20	250	20		
高罗乡中心学校合计		570	86.1	200	34	370	52.1
高罗乡中心小学	新建	200	34	200	34		
高罗乡麻阳寨小学	新建	100	17			100	17
高罗乡马家寨小学	新建	100	17			100	17
高罗乡团结小学	新建	50	8.5			50	8.5
高罗乡马料坡小学	改扩建	30	2.4			30	2.4
高罗乡光荣桥小学	改扩建	30	2.4			30	2.4
高罗乡熊洞小学	改扩建	30	2.4			30	2.4
高罗乡车道湖小学	改扩建	30	2.4			30	2.4
晓关乡中心学校合计		621	79	100	8	521	71
桐子营中学	维修加固	100	8	100	8		

续表

单位:平方米、万元

学校名称	厕所项目规划情况			拟实施年份			
	建设性质	规划面积	规划金额	2014		2015	
				面积	金额	面积	金额
晓关小学	新建	121	21			121	21
桐子营小学	新建	100	17			100	17
覃家坪小学	维修加固	100	8			100	8
倒洞小学	新建	100	17			100	17
西坪小学	维修加固	100	8			100	8
沙道沟镇中心学校合计		1392	215.26	550	93	842	122.26
沙道民族中学	新建	150	25	150	25		
沙道沟沙坪中小学	新建	200	34	200	34		
沙道沟沙道中心小学	新建	200	34	200	34		
沙道沟栏杆小学	新建	100	17			100	17
沙道沟乐坪小学	新建	100	17			100	17
沙道沟两河小学	新建	200	34			200	34
沙道沟龙潭小学	新建	100	17			100	17
沙道沟老岔小学	新建	100	17			100	17
沙道沟上洞小学	改扩建	42	3.36			42	3.36
沙道沟松坪小学	改扩建	30	2.4			30	2.4
沙道沟黄泥小学	改扩建	30	2.4			30	2.4
沙道沟当阳小学	改扩建	30	2.4			30	2.4
沙道沟二坪小学	改扩建	30	2.4			30	2.4
沙道沟老鸦溪小学	新建	10	1.7			10	1.7
沙道沟官庄小学	改扩建	20	1.6			20	1.6
沙道沟药铺小学	改扩建	20	1.6			20	1.6
沙道沟白水小学	改扩建	30	2.4			30	2.4
椿木营乡中心学校合计		200	25	0	0	200	25
椿木营中小学	新建	100	17			100	17
粟谷小学	新建	100	8			100	8
长潭河侗族乡中心学校合计		620	86.5	290	38.5	330	48
长潭河侗族乡初级中学	新建	150	25.5	150	25.5		

续表　　单位:平方米、万元

学校名称	厕所项目规划情况			拟实施年份			
	建设性质	规划面积	规划金额	2014		2015	
				面积	金额	面积	金额
长潭河侗族乡中心小学	新建	140	13	140	13		
东乡小学	新建	40	3.2			40	3.2
会口小学	新建	100	17			100	17
洗马坪小学	新建	50	4			50	4
诺西小学	新建	100	17			100	17
中间河小学	新建	40	6.8			40	6.8
李家河镇中心学校		850	144.5	245	41.65	605	102.85
李家河镇中学	新建	200	34	200	34		
李家河镇中心小学	新建	45	7.65	45	7.65		
李家河镇二虎寨小学	新建	100	17			100	17
李家河镇金陵寨小学	新建	100	17			100	17
李家河镇青龙嘴小学	新建	100	17			100	17
李家河镇冉大河小学	新建	85	14.45			85	14.45
李家河镇板栗园小学	新建	150	25.5			150	25.5
李家河镇上洞坪小学	新建	70	11.9			70	11.9
万寨乡中心学校合计		590	95.7	350	67.5	240	28.2
万寨中学	新建	200	42	200	42		
万寨乡中心小学	新建	150	25.5	150	25.5		
万寨乡板场小学	新建	100	17			100	17
万寨乡白果小学	改扩建	60	4.8			60	4.8
万寨乡向家小学	改扩建	80	6.4			80	6.4
椒园镇中心学校总计		620	97.98	500	82.98	120	15.00
椒园中学	新建	300	48.98	300	48.98		
椒园镇中心小学	新建	200	34	200	34		
椒园镇龙井小学	维修加固	60	4.8			60	4.8
椒园镇洗草坝小学	新建	60	10.2			60	10.2
珠山镇中心学校总计		450	45	300	24	150	21
珠山镇和平中小学	改扩建	300	24	300	24		
珠山镇宝塔小学	新建	100	17			100	17
珠山镇狮子关小学	改扩建	50	4			50	4

附件 3：

宣恩县义务教育阶段“洁净温暖工程”项目库(浴室)

单位:平方米、万元

学校名称	浴室项目规划情况			拟实施年份			
	建设性质	规划面积	规划金额	2014		2015	
				面积	金额	面积	金额
宣恩县总计		2874	425.56	1322	202.24	1552	223.32
高罗乡中心学校合计		530	90.1	100	17	430	73.1
高罗中学	新建	100	17	100	17		
高罗乡中心小学	新建	200	34			200	34
高罗乡麻阳寨小学	新建	100	17			100	17
高罗乡马家寨小学	新建	80	13.6			80	13.6
高罗乡团结小学	新建	50	8.5			50	8.5
晓关乡中心学校合计		516	63.42	252	33.84	264	29.58
晓关中学	维修加固	100	8	100	8		
桐子营中学	新建	52	8.84	52	8.84		
晓关小学	新建	100	17	100	17		
桐子营小学	新建	71	12.07			71	12.07
覃家坪小学	维修加固	100	8			100	8
倒洞小学	新建	23	3.91			23	3.91
西坪小学	维修加固	20	1.6			20	1.6
大山小学	维修加固	50	4			50	4
沙道沟镇中心学校合计		450	75.6	200	34	250	41.6
沙道沟沙坪中小学	新建	100	17	100	17		
沙道沟沙道中心小学	新建	100	17	100	17		
沙道沟栏杆小学	新建	100	17			100	17
沙道沟乐坪小学	新建	40	6.8			40	6.8
沙道沟两河小学	新建	40	6.8			40	6.8
沙道沟龙潭小学	新建	30	5.1			30	5.1
沙道沟老岔小学	新建	30	5.1			30	5.1
沙道沟松坪小学	改扩建	10	0.8			10	0.8

续表

单位:平方米、万元

学校名称	浴室项目规划情况			拟实施年份			
	建设性质	规划面积	规划金额	2014		2015	
				面积	金额	面积	金额
椿木营乡中心学校合计		120	20.4	0	0	120	20.4
椿木营中小学	新建	100	17			100	17
粟谷小学	新建	20	3.4			20	3.4
长潭河侗族乡中心学校合计		300	43.8	140	23.8	160	20
长潭河侗族乡初级中学	新建	60	10.2	60	10.2		
长潭河侗族乡中心小学	新建	80	13.6	80	13.6		
会口小学	新建	40	6.8			40	6.8
洗马坪小学	新建	40	3.2			40	3.2
诺西小学	新建	40	3.2			40	3.2
中间河小学	新建	40	6.8			40	6.8
李家河镇中心学校		192	32.62	100	17	92	15.62
李家河镇中学	新建	100	17	100	17		
李家河镇青龙嘴小学	新建	46	7.8			46	7.8
李家河镇冉大河小学	新建	46	7.82			46	7.82
万寨乡中心学校合计		340	36.2	250	29	90	7.2
万寨中学	改扩建	150	12	150	12		
万寨乡中心小学	新建	100	17	100	17		
万寨白果小学	改扩建	60	4.8			60	4.8
万寨向家小学	改扩建	30	2.4			30	2.4
椒园镇中心学校总计		326	48.22	200	34.00	126	14.22
椒园镇中心小学	新建	200	34	200	34		
椒园镇龙井小学	维修加固	80	6.4			80	6.4
椒园镇洗草坝小学	新建	46	7.82			46	7.82
珠山镇中心学校合计		100	15.2	80	13.6	20	1.6
珠山镇和平中小学	新建	80	13.6	80	13.6		
珠山镇狮子关小学	改扩建	20	1.6			20	1.6

附件4：

宣恩县义务教育阶段“洁净温暖工程”项目库(饮水洗浴采暖)

单位:万元

学校名称	规划情况						拟实施年份			
	饮水设备		洗浴采暖设备		设备购置总计		2014		2015	
	套	金额	套	金额	套	金额	套	金额	套	金额
宣恩县总计	61	198.64	508	557.12	569	755.76	202	308.97	367	446.79
宣恩县民族实验中学	1	5.4			1	5.4	1	5.4		
高罗乡中心学校合计	7	25.44	59	87.88	66	113.32	16	30.23	50	83.09
高罗中学	1	5.78	15	24.45	16	30.23	16	30.23		
高罗乡中心小学	1	5.78	17	29.9	18	35.68			18	35.68
高罗乡麻阳寨小学	1	4.88	10	13.6	11	18.48			11	18.48
高罗乡马家寨小学	1	2.98	10	13.6	11	16.58			11	16.58
高罗乡板寮小学	1	2.98	7	6.33	8	9.31			8	9.31
高罗乡团结小学	1	1.52			1	1.52			1	1.52
高罗乡马料坡小学	1	1.52			1	1.52			1	1.52
晓关乡中心学校合计	7	19.4	44	42.4	51	61.8	23	36.14	28	25.66
晓关中学			10	13.6	10	13.6	10	13.6		
桐子营中学	1	2.98			1	2.98	1	2.98		
晓关小学	2	5.96	10	13.6	12	19.56	12	19.56		
覃家坪小学	1	2.98	6	3.8	7	6.78			7	6.78
倒洞小学	1	2.98	6	3.8	7	6.78			7	6.78
西坪小学	1	2.98	6	3.8	7	6.78			7	6.78
大山小学	1	1.52	6	3.8	7	5.32			7	5.32
沙道沟镇中心学校合计	10	33.94	62	87.48	72	121.42	4	50.54	68	70.88
沙道民族中学	1	5.78	1	36	2	41.78	2	41.78		
沙道沟沙坪中小学	1	2.98			1	2.98	1	2.98		
沙道沟沙道中心小学	1	5.78			1	5.78	1	5.78		
沙道沟栏杆小学	1	2.98	10	9.56	11	12.54			11	12.54
沙道沟乐坪小学	1	2.98	10	9.56	11	12.54			11	12.54
沙道沟两河小学	1	2.98	11	9.56	12	12.54			12	12.54

续表 单位:万元

学校名称	规划情况						拟实施年份			
	饮水设备		洗浴采暖设备		设备购置总计		2014		2015	
	套	金额	套	金额	套	金额	套	金额	套	金额
沙道沟龙潭小学	1	2.98	6	5.75	7	8.73			7	8.73
沙道沟老岔小学	1	2.98	4	3.05	5	6.03			5	6.03
沙道沟上洞小学	1	2.98	5	3.05	6	6.03			6	6.03
沙道沟松坪小学	1	1.52	4	3.05	5	4.57			5	4.57
沙道沟黄泥小学			5	3.65	5	3.65			5	3.65
沙道沟二坪小学			5	3.65	5	3.65			5	3.65
沙道沟烧粑岩小学			1	0.6	1	0.6			1	0.6
椿木营乡中心学校合计	2	6.72	56	43.8	58	50.52	51	45.2	7	5.32
椿木营中学	1	5.2	50	40	51	45.2	51	45.2		
粟谷小学	1	1.52	6	3.8	7	5.32			7	5.32
长潭河侗族乡中心学校合计	7	17.24	56	50.2	63	67.44	21	32.4	42	35.04
长潭河侗族乡初级中学	0		10	13.6	10	13.6	10	13.6		
长潭河侗族乡中心小学	1	5.2	10	13.6	11	18.8	11	18.8		
东乡小学	1	1.52	6	3.8	7	5.32			7	5.32
会口小学	1	1.52	6	3.8	7	5.32			7	5.32
洗马坪小学	1	2.98	6	3.9	7	6.88			7	6.88
诺西小学	1	2.98	6	3.9	7	6.88			7	6.88
中间河小学	1	1.52	6	3.8	7	5.32			7	5.32
大卧龙小学	1	1.52	6	3.8	7	5.32			7	5.32
李家河镇中心学校	8	34.14	83	104.87	91	139.01	11	19.38	80	119.63
李家河镇中学	1	5.78	10	13.6	11	19.38	11	19.38		
李家河镇中心小学	1	5.78	13	17.75	14	23.53			14	23.53
李家河镇二虎寨小学	1	2.98	10	9.56	11	12.54			11	12.54
李家河镇金陵寨小学	1	2.98	10	9.56	11	12.54			11	12.54
李家河镇青龙嘴小学	1	4.88	10	13.6	11	18.48			11	18.48
李家河镇冉大河小学	1	2.98	10	13.6	11	16.58			11	16.58
李家河镇板栗园小学	1	2.98	10	13.6	11	16.58			11	16.58
李家河镇上洞坪小学	1	5.78	10	13.6	11	19.38			11	19.38

续表

单位:万元

学校名称	规划情况						拟实施年份			
	饮水设备		洗浴采暖设备		设备购置总计		2014		2015	
	套	金额	套	金额	套	金额	套	金额	套	金额
万寨乡中心学校合计	5	19.34	73	64.49	78	83.83	54	60.64	24	23.19
万寨中学	1	5.2	26	25.12	27	30.32	27	30.32		
万寨乡中心小学	1	5.2	26	25.12	27	30.32	27	30.32		
万寨板场小学	1	2.98			1	2.98			1	2.98
万寨白果小学	1	2.98	13	8.45	14	11.43			14	11.43
万寨向家小学	1	2.98	8	5.8	9	8.78			9	8.78
椒园镇中心学校总计	10	26.74	18	14.4	28	41.14	21	29.04	7	12.1
椒园中学	2	9.76			2	9.76	2	9.76		
椒园镇中心小学	1	4.88	18	14.4	19	19.28	19	19.28		
椒园镇三河沟小学	1	2.98	0	0	1	2.98			1	2.98
椒园镇庆阳坝小学	1	2.98	0	0	1	2.98			1	2.98
椒园镇龙井小学	1	2.98	0	0	1	2.98			1	2.98
椒园镇洗草坝小学	1	2.98	0	0	1	2.98			1	2.98
椒园镇白泥坝小学	1	0.06			1	0.06			1	0.06
椒园镇香树林小学	1	0.06			1	0.06			1	0.06
椒园镇荆竹坪小学	1	0.06			1	0.06			1	0.06
珠山镇中心学校合计	4	10.28	57	61.6	61	71.88	0	0	61	71.88
珠山镇和平中小学			2	6.6	2	6.6			2	6.6
珠山镇宝塔小学	1	5.78	55	55	56	60.78			56	60.78
珠山镇狮子关小学	1	1.5			1	1.5			1	1.5
珠山镇茅坝塘小学	2	3			2	3			2	3

县委办公室　县政府办公室
关于印发《宣恩县瞄准特殊困难对象实施精准扶贫实施方案(试行)》的通知

宣办发〔2014〕13号

各乡镇党委,各乡镇人民政府,县人武部党委,县委各部委,县级国家机关各办局,各人民团体:

《宣恩县瞄准特殊困难对象实施精准扶贫实施方案(试行)》已经县委、县政府同意,现印发给你们,请结合实际认真组织实施。

中共宣恩县委办公室

宣恩县人民政府办公室

2014年5月16日

宣恩县瞄准特殊困难对象实施精准扶贫实施方案(试行)

为创新扶贫开发体制机制,探索积累精准扶贫的有效做法和经验,加快全国先进自治州建设和与全国同步全面建成小康步伐,根据州委、州政府的总体部署和《恩施州瞄准特殊困难对象实施精准扶贫实施方案(试行)》(恩施州办发〔2014〕13号)要求,州委、州政府决定在全面做好贫困识别、建档立卡的同时,在全州率先针对农村特殊困难对象(主要指农村贫困家庭重度残疾人员、重大疾病患者、年老体弱全家无劳动力无收入来源生活特别困难人员)开展精准扶贫工作,根据我县实际提出如下实施意见。

一、总体要求

以党的十八大和十八届三中全会以及习近平总书记关于扶贫开发工作的一系列重要指示、李克强总理在恩施视察调研时关于开展综合扶贫试点工作的指示精神为指导,深入贯彻落实《中共中央办公厅、国务院办公厅印发〈关于创新机制扎实推进农村扶贫开发工作的意见〉的通知》(中办发〔2013〕25号)等文件要求,结合我县农村贫困人口的实际情况,优先瞄准农村特殊困难对象,按照"分类指导、精准扶贫,梯次推进、特困先行"和"县为单位、规模控制、分级负责、精准识别、动态管理"的总体要求,统筹"当前生计"与"长远发展",以开展六项重大体制机制创新和十项重要工作为重点,探索实施扶贫开发与社会保障的有效衔接机制,推动精准扶贫工作有效实施。

二、目标任务

按照"瞄准特困对象,实行兜底保障,开展精准扶贫,同步建成小康"的工作思路,整合有关资金和项目,瞄准农村贫困家庭重度残疾人员、重大疾病患人员、年老体弱全家无劳动力无收入来源生活特别困难人员三类重点特殊困难对象，建立与生活困难保障"兜底线"逐步相适应的生活困难保障机制。识别认定为特殊困难对象的，将对其实施特殊困难补助，通过政府救助、干部结对帮扶等措施，着力解决生活困难；针对其存在的"看病难、读书难、住房难、行路难、饮水难、就业难、致富难"等七个方面的难题，配套相应的政策扶持措施，集中实施综合扶贫，进一步提高和保障其生活水平。同时，继续加大力度救助帮扶低保贫困对象，通过一定的救助帮扶，鼓励发展生产，不断改善生产生活条件，增强自救能力；开发式扶持低收入群体，以产业扶贫、城镇化建设、公共服务均等化等措施，全面推动脱贫致富，逐步使全体贫困群众达到全面小康生活水平。

三、基本原则

（一）特殊困难对象精准扶贫政策与全州综合扶贫改革政策协调一致的原则。瞄准特殊困难对象实施精准扶贫，是全州综合扶贫改革先行先试的重要内容，要以解决特殊困难对象生活困难为出发点，以改革创新为主要手段，推进综合扶贫改革出经验、能推广。

（二）特殊困难对象精准扶贫政策与农村最低生活保障政策相衔接的原则。将扶贫与低保制度有效衔接，变扶贫、民政"两本账"为"一本账"，共同识别、信息共享、多措并举、互为补充。

（三）特殊困难对象精准扶贫政策与其他民生政策互相配套的原则。针对特殊困难对象实际，统筹大病救助、低保救助、贫困残疾人救助、住房保障等政策，集中力量、统筹推进、综合施策，立足消除各自为政的机制障碍，整合各类资源为特困对象办好事、办实事。

四、工作内容

（一）农村特殊困难对象的识别认定

1. **识别范围**：全县所有建制村和有农业人口的社区。

2. **识别标准**：农村特殊困难对象以农业人口特殊困难类型及程度进行识别划分，以家庭户为单位进行统计，必须是符合以下条件之一的贫困家庭人员：

(1)重度残疾人员；

(2)因重大疾病丧失劳动能力或需要长期治疗的人员；

(3)家庭无劳动力，无直接收入来源，生活特别困难的65周岁以上年老体弱人员。

具备下列条件之一的，优先纳入特殊困难对象：

(1)早年参加革命工作，生活特别困难的老党员；

(2)因公致残、致病、丧失劳动能力的人员；

(3)特殊计划生育困难家庭人员；

(4)特别困难的单亲家庭人员。

具有下列情形之一的，不予纳入特殊困难对象：

(1)家庭生活水平明显高于当地居民平均水平的；

(2)参加企业养老保险的；

(3)家庭成员有国家公职人员的；

(4)家庭拥有机动车辆或大型农用机械的；

(5)对举报或质疑不能作出合理解释的。

3. **规模控制**：根据我县农业人口数量、经济发展水平、贫困状况等因素，合理分解特殊困难对象指标(具体分解指标另行制定)。

4. **认定程序**：按照《恩施州农村扶贫开发建档立卡工作方案》的要求同步同期开展特殊困难对象的识别认定工作。具体采取"规模分解——村级排查——民主评议——公告公示——乡镇审核——县市审批——州级备案"的工作程序。

(1)规模分解：综合考虑所辖乡镇实际测算并下达乡镇特殊困难对象指导规模；各乡镇综合考虑建制村(社区)实际，将特殊困难对象人数分解到所辖建制村(社区)。按照"实事求是、因地制宜、分类指导、精准扶贫"的原则，针对有特殊困难的乡镇、村，可适当调增比例，社区、城中村、城郊村、国省道边村、富裕村可适当减少比例。

(2)村级排查：按照"应统尽统、统准统全"的原则，各村(社区)对所有符合条件的特殊困难对象进行排查，初步确定对象名单。

(3)民主评议：召开村民代表大会或村民大会对初步确定的对象逐户进行民主评议，并以无记名方式表决，确保识别对象精准无误。

(4)公告公示：民主评议无异议后对公示名单进行公示，公示时间为7天；公示无异议的，由村委会根据其家庭实际情况填报《恩施州农村特殊困难对象家庭登记表》。

(5)乡镇审核：各乡镇对所辖村上报的《恩施州农村特殊困难对象家庭登记表》进行审核，对特殊困难对象进一步核实，重点核查特殊困难对象占总人口比例超过乡镇下达指标数的村(社区)。

(6)县级审批：对乡镇汇总上报的特殊困难对象组织检查验收，验收通过的予以审批，并报州备案。

(7)州级备案：州对照上报的特殊困难对象，采取抽查的形式组织验收，验收合格的予以备案。

5. **时间要求**：2014年5月底前全面完成农村特殊困难对象识别认定各项工作。

(二)建立特殊困难对象数据库和发放帮扶记录卡

在特殊困难对象识别认定工作开展过程中，按照“乡镇录入，县审核，州级汇总”的步骤建立特殊困难对象数据库，州级汇总后的数据库，在州直各相关部门中共享使用，以便于扶持工作的开展。识别认定及数据库建设工作完成后，以县(市)为单位统一组织发放《恩施州农村特殊困难对象家庭帮扶记录卡》(附件2)，用于记录帮扶工作开展情况，并按年度逐级进行统计、上报、录入、汇总。数据库建立后，每年4月底前对特殊困难对象动态更新。(特殊困难对象数据库建设具体办法另行制定)

(三)瞄准农村特殊困难对象开展多项扶持工作

针对特殊困难对象家庭的生存发展难题，配套10项具体措施予以扶持。

1. **提高农村特殊困难对象最低生活保障标准。**农村特殊困难对象识别认定完成后，与现有低保政策进行有效衔接。对属于一类低保对象的，在原低保补助基础上增发特殊困难补助，使其综合补助水平达到200元/月/人(2400元/年/人)；对生活特别困难的，原来未纳入一类低保对象的，纳入一类低保对象。在财力许可的条件下，建立逐年递增的特殊困难补助机制。补助经费由县人民政府从民政专项资金中预算列支。(责任单位：县民政局、县扶贫办、县财政局、各乡镇人民政府)

2. **加大医疗保障力度。**在认真贯彻落实好国家医改政策的基础上，对农村特殊困难对象参加新型农村合作医疗个人所需缴纳的费用由民政救助资金支付，住院补偿实行零起付线。率先开展大病救助新机制试点：在今年新增50元/人的新农合资金中，按30元/人的标准提取建立大病救助专项基金，通过救助资金补助，确保农村重大疾病患者合规医疗费用综合补助比例达到85%以上；筹集24元/人的地方配套资金，对农村重大疾病患者自费部分资金按不低于30%的标准报销。具体实施细则由县医改办会同有关部门另行制定。(责任单位：县医改办、县卫计局、县民政局、县财政局、各乡镇人民政府)

3. **加大教育扶持力度。**对农村特殊困难对象家庭义务教育阶段学生实行“两免一补”；高中阶段学生发放国家助学金；中职学生免学费；“宣恩县资助贫困家庭学生专项资金”(州级24万元，县级预算24万元)优先用于资助农村特殊困难对象家庭学生。在全县中小学建立贫困学生辍学监测跟踪机制，对辍学的贫困学生家庭开展多种形式的帮扶工作，确保全州没有一个学生因贫辍学。(责任单位：县教育局、县残联、县财政局)

4. **加大就业促进力度。**对农村特殊困难对象家庭中有劳动力和基本技能的家庭成员，有转移就业能力和意愿的，优先安排就业，采取专项招聘及个性化服务，确保有劳动力的“零转移”特困家庭至少实现一人转移就业；不具备基本技能的有劳动力家庭成员，通过“阳光工程”、“雨露计划”、农业科技培训、职业技能培训等提高其劳动素质和就业技能，并按相关政策给予培训补贴和培训期间的生活费补助，确保有培训意愿的农村特困家庭至少有一人得到技能培训。(责任单位：县人社局、县农业局、县扶贫办、县科技局、县残联)

5. **加大产业扶持力度。**围绕“三县、四链、五统筹”建设，在整村推进、农业综合开发等产业发展过程中，针对农村特殊困难对象家庭状况分类指导，找准发展出路，加大扶持力度，带动特困农户产业增收。(责任单位：县发改局、县扶贫办、县农业局、县畜牧兽

医局、县烟草公司、县旅游局、各乡镇人民政府)

6.**加大交通服务力度。**加快建制村通畅工程建设,确保在2015年实现村村通畅目标;鼓励乡镇政府组织沿线群众加大自然村公路建设,切实改变贫困偏远地区老百姓出行难的问题。(责任单位:县交通运输局、县发改局、各乡镇人民政府)

7.**加大安全饮水保障力度。**大力实施农村安全饮水工程;在具备条件的建制村、社区,对农村特殊困难对象家庭实行免费安装自来水。(责任单位:县水利局、县发改局、县财政局)

8.**加大住房保障力度。**对农村特殊困难对象家庭优先实施扶贫搬迁和危房改造。(责任单位:县住建局、县扶贫办、县发改局)

9.**加大社会保障力度。**积极推进农村特殊困难对象参加城乡居民养老保险,对个人缴纳部分给予一定的补助,解决农村老有所养的问题。(责任单位:县人社局)

10.**加大结对帮扶力度。**结合党的群众路线教育实践活动、"双联"(联村联户)行动、"三万"活动,健全完善结对帮扶政策,组织各级干部,动员社会力量,优先结对把帮扶农村特殊困难对象家庭,做到特殊困难对象家庭帮扶全覆盖。(责任单位:县委组织部、县扶贫办、县委农办)

五、组织保障

(一)组织领导

做好贫困识别、建档立卡和瞄准农村特殊困难对象实施精准扶贫工作是新形势下贯彻中央精准扶贫方针政策的重要尝试,各级各部门要高度重视、加强领导、精心组织、务求实效。全县瞄准特殊困难对象实施精准扶贫工作在县委、县政府领导下,成立由县委、县政府分管领导牵头负责的特殊困难对象精准扶贫工作专班,与全县农村扶贫开发建档立卡工作同步开展、统筹实施。县扶贫办负责组织协调和政策指导,扶贫、民政、财政、卫计、教育、人社、残联等部门和单位具体承担特殊困难对象识别认定、台账管理和数据库建设工作。各乡镇人民政府要及时组织落实工作专班,扎实有序推进各项工作。

(二)检查督办

各级要加大检查督办力度,严防"优亲厚友"等现象发生,对经检查和群众举报后查证属实的违法违规问题,要严肃查处,依纪依规追究相关责任人责任。

(三)考核考评

按照州委、州政府出台的考核评价办法,对各乡镇及有关部门开展精准扶贫工作实行年中考核督办和年底考核验收,并将考核结果作为扶贫工作的重要内容,纳入2014年度县委、县政府对各乡镇党委政府和县直部门的综合考核指标体系。

(四)宣传发动

瞄准特殊困难对象实施精准扶贫工作政策性强、涉及面广,各级各有关部门要采取多种形式,加强政策宣传,做到深入人心、家喻户晓,切实为开展精准扶贫工作营造浓厚的舆论氛围。

县委办公室　县政府办公室
关于印发《宣恩县加快推进新型城镇化实施意见》的通知

宣办发〔2014〕15号

各乡镇党委，各乡镇人民政府，县人武部党委，县委各部委，县级国家机关各办局，各人民团体：

《宣恩县加快推进新型城镇化实施意见》已经县委、县政府同意，现印发给你们，请结合实际认真组织实施。

中共宣恩县委办公室

宣恩县人民政府办公室

2014年5月26日

宣恩县加快推进新型城镇化实施意见

为深入贯彻落实州委六届五次全会和《中共恩施州委恩施州人民政府关于加快推进新型城镇化的意见》（恩施州发〔2013〕10号）精神，现就加快推进我县新型城镇化建设提出如下实施意见。

一、指导思想

以科学发展观为指导，以转变经济发展方式为主线，以提高城乡居民生活质量为核心，以聚集产业、完善功能为重点，全力推进产城融合和“四化”（新型工业化、信息化、城镇化、农业现代化）同步，着力构建特色鲜明、协调发展的新型城镇体系，力争走出一条符合宣恩实际的新型城镇化道路。

二、工作目标

实现县域城镇化率每年提高2个百分点以上。到2020年，力争县城与椒园集镇、和平集镇融为一体，建成区面积达到20平方公里，规划控制区面积达到35平方公里；县城人口达10万人左右；建成人口3万人左右的乡镇集镇1个（沙道沟镇），建成人口1万人以上的乡集镇3个（李家河镇、高罗乡、晓关侗族乡），5000人左右的乡镇集镇3个（万寨乡、长潭河侗族乡、椿木营乡），乡镇集镇总人口达到8万人左右；努力建成50个特色中心村，逐步实现城乡基础设施一体化、公共服务均等化，不断缩小城乡发展差距。

三、工作措施

（一）找准发展定位，突出规划引领

以州域城镇体系规划为统领，立足建成州域中心县城和“州府后花园”的发展定位，结合宣恩的区位和产业特点，按照“一带双城”（国省道沿线集镇带、县城

和宣南产业新城)的思路,全视角编制县域城镇体系规划,实现与经济社会发展规划、土地利用总体规划的深度融合。在县级层面统筹,对县城、乡镇总体规划和水、电、气、路、绿化、亮化等专项规划进行修编完善,加快编制宣南产业新城的总体规划和控制性详细规划,逐步构建起覆盖城乡、层次清晰、目标明确、结构合理的城乡规划体系。完善规划实施手段,维护规划的权威性和严肃性,加大规划管理机构执法力度,真正做到"规划一张图、审批一支笔、建设一盘棋、管理一条龙","一张蓝图"管到底,确保规划执行到位。

(二)把握建设重点,构筑城镇体系

着力构筑以县城为核心、以乡集镇为重点、以中心村为基础的城乡一体化体系。

一是做精县城。围绕"一主两翼"(以县城为主,椒园、和平为两翼)的城市空间布局,加快建设高速公路县城连接线和209国道绕城线,实现椒园、和平与县城的无缝连接,拓展县城发展空间。完善城市功能,以县文体中心、教育中心、民族医院搬迁等重点项目建设为抓手,合理布局城市文化、教育、卫生等公共服务设施,提高综合承载能力和人口聚集能力。围绕贡水河旅游景区打造,强化城区环境综合整治。加大城市棚户区改造力度,实施老旧小区的基础设施配套和环境综合治理工程,重点推进"三大片区"(老客运站至林业局、钟楼至一桥、原东方龙公司)老城改造步伐,全面改善老城面貌。加快市政、环卫、公交等公共基础设施建设,完善城市功能,提升城市品位。全面实施贡水河沿岸绿化、亮化、美化工程,建成宣恩"城市客厅",使之成为宣恩的"城市名片"。

二是做特乡镇。按照"规模适度、布局合理、功能健全、特色鲜明"的要求,高位推动乡镇建设。紧紧抓住武陵山龙山来凤经济协作示范区建设机遇,加快宣南产业新城建设步伐,助推李家河镇跨越式发展。努力把沙道沟镇建成全州工商业、旅游业发达的新型城镇化建设示范乡镇,把高罗、李家河、晓关、万寨、长潭河等5个乡镇建成全州新型城镇化特色乡镇。以国省道干线改造升级为契机,积极谋划和争取乡镇绕镇线建设项目,逐步改变以路为市的局面。积极争取中央财政专项补助资金,完善集镇供排水管网、污水处理、垃圾处理等公共基础设施,探索乡村垃圾无害化处理运行机制,集镇垃圾要确保日产日清并集中进行无害化处理,积极创新乡镇集镇污水处理模式,实现达标排放。充分利用集镇土地资源,盘活存量土地,开拓乡镇房地产开发市场。乡镇实施房地产开发项目所产生的土地出让净收益和县级可调控使用的税费收入,采取以奖代补的方式,全额奖励给乡镇用于集镇基础设施建设。积极做好高罗乡、晓关侗族乡、长潭河侗族乡的乡改镇工作。近期各乡镇要结合自身实际,管好一条老街,建好一条新街,一个停车场(车站)和一个综合市场,建立一支常态化的管理队伍(小乡镇不少于4人,中等乡镇不少于6人,大乡镇不少于10人),实现"扫干净、摆整齐、保畅通"的目标。

三是做美村庄。巩固提升"三坝两寨"示范带动效果,通过"建设中心村、培植特色村、保护历史文化村",规划建设50个生态宜居、基础设施配套、产业特色鲜明、文明和谐的新型农村社区。结合新农村建设、农村危房改造、农村环境综合整治、生态移民搬迁,加快村庄基础设施和公共服务设施建设,积极创造条件,引导农村人口向中心村聚集,促进农村人口就近集中、就近发展、就近城镇化。

(三)坚持统筹兼顾,优化资源配置

一是管理好土地。始终把集约用地、节约用地、保护耕地放在首位,严格规划管理,实现科学布局,切实提高土地利用效率。二是配置好资金。城镇管理经费纳入财政预算,新增财力优先用于城镇基础设施和公共服务设施建设。设立集镇建设管理奖励基金,对年度集镇建设管理变化大、效果好的乡镇予以奖励。积极争取项目,整合捆绑项目资金,集中财力办大事,发挥资金最大效益。引入市场机制,切实做活经营城镇的文章,吸纳社会资金参与城镇建设。始终坚持敞开大门搞建设的理念,全面开放城市建设投资市场,除上级明令禁止外,积极推行BOT等融资模式,广泛吸引有实力的企业参与城镇开发。三是明确资源配置的优先方案。注重基础设施配套建设,坚持把健全公共服务体系、建设生态文明、弘扬民族文化作为加快城镇化建设的优先方向,扎实推进城镇基础设施向农村延伸,城镇公共服务向农村覆盖,城镇现代文明向农村辐射。

(四)创新体制机制,增强发展活力

一是探索以人为本的管理机制。坚持经营城市理念,从管理人的行为向服务人的需求转变,以大城管体系为载体,逐步引导社会组织参与城市管理。整合城市管理资源,以网格化管理为手段,强力推行精细化管理。以省级园林城市、省级卫生城市、省级文明城市"三城同创"为载体,大幅提升城市管理水平。二是探索土地集中经营机制。建立健全土地流转机制,规范土地流转程序及合同,探索建立农村土地承包经营权流转市场,鼓励农户依法采取转包、出租、互换、转让、入股等多种方式流转土地承包经营权,鼓励有能力、有实力的大户兴办个人农庄,通过规模经营,加快人口从农业中分离的步伐。三是探索城乡互动机制。一方面降低进城门槛,引导农村居民向城镇有序转移,对在城市拥有房屋或有稳定收入的,全部放开落户。另一方面积极鼓励城市居民和企业向农村流动,到农村投资兴业,带动农村经济社会发展。四是探索城乡社会保障机制。对进城落户人员,在医疗保险、低保救助、住房保障、子女上学等方面一律享受城镇居民政策,不愿放弃承包地的,过渡期间可继续享有土地承包经营权和有关惠农政策。探索建立失地农民的医疗、养老和失业保险体系,切实保障失地农民的权益。

(五)强化产业支撑,做大经济总量

一是加速发展新型工业。大力培育农副产品加工、矿产资源开发、水电开发三大主导产业。加快工业园区建设,积极利用自身优势资源,引进承接"污染小、能耗低、技术高"的劳动密集型产业。二是积极发展现代农业。围绕全县"茶、果、药、烟、畜、蔬"六大主导产业,积极推动以初级产品为主的传统农业向以特色农业、高效农业、生态农业、有机农业、循环农业为主的现代农业转变,推动农业规模化、产业化,延长农产品产业链,提高附加值,促进农民增收。三是大力发展第三产业。加快生态文化旅游业发展,近期以"一轴两翼"组团开发为主,重点沿贡水河打造核心景区;远期以七姊妹山组团开发为主。充分挖掘秀美城镇、特色山水、民族文化、生态农业等资源优势,大力发展生态休闲娱乐游、民族文化体验游等。不断提升商贸流通、住宿餐饮、交通运输等传统服务业发展水平,加快发展现代物流、金融、文化创意等现代服务业,补齐三产"短板",充分吸纳转移劳动力,以非农化带动城镇化。

四、组织保障

(一)加强组织领导

成立以县主要领导为组长的推进新型城镇化建设领导小组,统筹协调、督办落实新型城镇化建设的全面工作,定期研究和解决在推进新型城镇化建设过程中存在的突出困难和问题。健全完善县、乡(镇)、村三级城乡规划建设管理机构,配强领导班子,配齐管理人员。建立精简高效、分工合理、职责明确的管理体制。注重引进专业技术人才,强化业务技能培训,建立人才激励机制,增强队伍活力。

(二)增强工作合力

住建、城管、公安、国土、交通、水利、环保等部门要加大对城镇规划建设管理的指导、协调和服务力度,各负其责,齐抓共管。各项目主管部门要围绕城乡发展规划,统筹谋划项目,积极向上争取资金,以大投入实现城乡统筹发展。各乡镇党委、政府作为本地推进新型城镇化建设的责任主体,要自觉地把工作重点转移到新型城镇化建设上来,按照县委、县政府推进新型城镇化的总体要求,加大集镇和中心村的建设管理力度,细化工作目标,狠抓落实。

(三)严格考核机制

把加快推进新型城镇化工作纳入县委、政府和有关部门年度目标责任考核范围,建立科学的考核奖惩机制,并把考核结果作为评价领导班子绩效、干部任用和评先表模的重要依据。加大对城镇基础设施、公共服务设施建设及城镇管理的检查考核力度,对成绩突出的单位和个人由县政府给予奖励,对没有完成既定目标任务的乡镇和单位予以通报批评。

中共宣恩县委办公室关于印发《宣恩县党建促扶贫工作实施方案》的通知

宣办发〔2014〕16号

各乡镇党委，县人武部党委，县委各部委，县级国家机关各办局及各人民团体党委、党组（党支部）：

《宣恩县党建促扶贫工作实施方案》已经县委同意，现印发给你们，请结合实际认真组织实施。

中共宣恩县委办公室

2014年6月26日

宣恩县党建促扶贫工作实施方案

为充分发挥基层党组织在推动科学发展、促进社会和谐中的主导作用，提升扶贫开发精准度，解决区域性发展不平衡、偏远村组发展不够等问题，重点在王椿公路沿线的3个乡镇的8个村（珠山镇五里牌村，长潭河侗族乡大坨村、中坝村、甘露上村、兴隆村、两溪河村，椿木营乡杨柳坨村、长槽村）开展党建促扶贫试点工作，将农村党建工作与扶贫开发工作有机结合，走出一条符合山区实际、依靠群众自身力量脱贫致富的新路子，推进城乡一体化发展，特制定本实施方案。

一、指导思想

以党的十八大精神为指导，深入贯彻落实科学发展观，全面贯彻中央、省委、州委关于党建促扶贫工作等有关精神，以基层党建为抓手，以扶贫攻坚为目标，用坚强的基层党组织带领群众艰苦创业、顽强拼搏，不断改善农村基础条件，探索一条产业发展的新路子，实现贫困地区稳定脱贫。

二、工作原则

（一）坚持领导带头，建立党建促扶贫工作新机制

由县“四大家”领导牵头，县直部门联村，组建党建促扶贫工作专班，长年驻村指导、对口帮扶，一定两年不变，确保党建促扶贫工作见成效。

（二）坚持重点突破，筑牢党建促扶贫工作新基石

以扶贫示范村为重点，按照建强一个好班子、带出一支好队伍、制定一个好规划、选准一个好项目、建设一个好阵地、完善一套好制度的目标，着力建设好农村基层党组织，为实现脱贫致富提供有力的组织保证。2014～2015年率先在王椿公路沿线8个村开展党建促扶贫试点工作。

(三)坚持整村推进,构建党建促扶贫工作新格局

积极动员社会各界力量参与整村推进扶贫,政府采取以奖代补方式,引导和组织群众投工投劳投资,使贫困村群众真正成为整村推进的参与者、监督者、管理者和受益者。

(四)坚持党建统筹,确保党建促扶贫工作新发展

围绕"村级班子建设为主线、产业结构调整为抓手、基础设施改造为重点、村域经济发展为目标"的工作思路,结合当地实际,深入开展帮扶活动,助推党建促扶贫工作取得新成效。

三、目标任务

以党建工作为核心,围绕农村基础设施建设和全县经济社会发展工作重点,采取开发式、搬迁式、救助式、生态式等扶贫措施,开展"联乡驻村"活动,精准推进扶贫开发工作,初步构建组织资源与社会资源良性互动,城乡协调发展,县、乡、村三级联动的党建促扶贫工作格局。

(一)建强村级支部班子,提升服务能力

加强以村级党支部为核心的农村基层组织建设,增强基层组织的战斗力和凝聚力,充分发挥党的基层组织在改善基础设施、培育农村产业、增加农民收入等方面的战斗堡垒作用,充分发挥党员在脱贫致富、新农村建设等方面的模范作用。通过强化支部建设,带动老百姓提振发展信心。

(二)抓好基础设施建设,改善民生民利

通过两年努力,初步完成珠山镇、长潭河侗族乡、椿木营乡王椿公路沿线党建促扶贫示范村的基础设施建设既定目标,解决各村道路交通、安全用水、公共卫生、群众文化等方面存在的问题,切实改善群众生产生活条件。

(三)探索扶贫产业调整,发展富民产业

依靠部门帮扶,在充分调研论证的基础上,因地制宜优化产业结构,培育特色产业,促进村级经济发展。

(四)搭建公共服务平台,开展便民服务

充分利用网格化建设机遇,开通社会管理网络平台;建立以村级卫生室为主,涉农、服务等部门联合的综合服务平台,进一步加强社会服务工作。

(五)建立关爱帮扶机制,关注弱势群体

发挥村级党组织和农村党员干部、农村教师、乡村医生的作用,关注、关心和关爱留守人群冷暖,将他们的生产、生活、教育问题纳入农村发展规划,在政策和管理等方面给予倾斜和关照。

四、工作措施

紧紧围绕"生产发展、生活宽裕、乡风文明、村容整洁、管理民主"的总要求,建立县委书记亲自挂帅、部门领导包点、机关单位结对、产业项目帮扶、工作责任追究的党建促扶贫机制;整合资源,组织和调动各方面力量参与新阶段扶贫开发工作,派驻农村党建扶贫工作队;以创建"五个好"农村党组织为目标,开展"上下联创、城乡共创、示范带创"和"强基础、强素质、强机制"为主要内容的"三创三强"活动,推动党建与农村经济社会共同发展。

(一)开展党建促扶贫工作,夯实基层组织基础

1.**抓好班子建设。**大力实施"领头雁"工程,抓住村"两委"换届机遇,调优配强村"两委"班子。把大学生村官、"三支一扶"人员、农村青年致富带头人、青年创业人才、入党积极分子和后备干部的培养工作同建立健全团支部、妇代会、民兵连、治安调解等配套组织结合起来;围绕"四议两公开"完善各项规章制度,着力推进党务公开和村务公开工作。规范村"两委"职责,理顺村"两委"关系,逐步实现村级管理制度化、规范化、民主化。

2.**激活党员队伍。**大力实施"党员创业带富"工程,制定和完善农村党员、群众培训规划,切实做好农村实用技能和创业培训。广泛创建和推行党员责任

区、党员示范户、农村党员设岗定责、党员承诺制。扎实抓好农村党员和群众的经常性教育、理想信念性教育，提高整体素质。

3.**强化党员群众服务中心功能。**将重点贫困村和党建促扶贫示范村的村级组织活动场所列入“党建示范工程”项目，整合相关项目建设资金，对没有达标的活动场所进行改造升级。硬件上，按照服务型党组织标准建设，确保党务服务、文化生活需要。软件上，根据基层党建工作特点，对党建项目分门别类，融入农村网格化管理，让基层党建工作“软任务”变成“硬指标”，搭建覆盖全县的党建网络平台，提高基层组织建设科学化水平。

（二）开展基础设施建设，改善生产生活条件

1.**改善人居环境。**多渠道筹集建设资金，加大对道路、电网、通信、文化等基础设施建设的投入力度，大力发展农村公共交通，改善农村人居环境。

2.**改善生活条件。**有计划、分批次的做好帮扶示范村的危房改造工作，对于农户居住分散、生存条件恶劣、基础设施建设难度大的地方实施移民扶贫。在建设好通村公路的基础上，抓好组级公路建设。大力抓好农村饮水安全工程建设，切实保护好饮用水源，让群众喝上安全卫生的“放心水”，切实改善生存环境，提高生活质量。

3.**改善生产条件。**建立健全扶贫项目跟踪及后续管理制度，确保基础设施建设项目建得好、受益久。加强生态林的保护，以土地整治、农业综合开发为重点，加强基本农田建设，扶持整修河堤、渠道，确保旱涝保收，稳定农业发展。

（三）调整优化产业，促进贫困农民增收

1.**抓好主导产业。**坚持以市场为导向，进一步优化结构，在农户自愿的基础上做好农村土地山林流转，培植大户和引进企业，因地制宜建设农产品供应基地；利用生态资源优势，依靠科技和实用技术，加大生物资源开发和利用。以农民专业合作和股份合作为基础，培养科技示范户和种养专业大户为经营主体，依靠典型引路，推动帮扶村经济发展。

2.**加快城镇化进程，实现农村富余劳动力和农村人口有效转移。**加大劳务技能转移培训，提高农村劳务技能和脱贫致富能力。

（四）开展人文环境建设，提高群众幸福指数

1.**改善生态环境。**充分发挥扶贫示范村资源优势，做好封山育林、植树造林，加强生态体系建设，促进经济社会发展与人口资源环境相协调，实行可持续发展。

2.**建设以利用沼气等新能源为主体的生态家园。**把新能源建设与发展产业相结合，同农户环境改善及卫生村、生态村的创建相结合，着力建设美丽家园。

3.**打造洁净环境。**积极推动清洁庭院、清洁水源、清洁村寨等工作，建设美丽洁净村庄。中心村按规划修建好垃圾池，配置好运输工具，安排好运转人员，落实好处理措施，在改善农民群众居住环境的同时发展和保护农村生态环境。

（五）开展民生事业建设，推动社会共同进步

在全县村级党组织推行“五必访”活动，即党员生病住院亡故必访，家庭遭受重大意外和重大损失必访，遇到特殊困难必访，思想情绪出现较大波动时必访，“七一”等重大节日必访。建立党内激励关怀帮扶救助机制，并实行跟踪扶持。重点抓好困难救助、住房保障、助学、低保等民生工程。大力提倡机关党员干部与农村贫困户结对帮扶，驻村工作组切实履行跟踪管理职责，乡村做好留守人员建档立卡工作，县乡村三级共同帮助因灾因病返贫的困难家庭增强脱贫致富能力。切实加强村级组织活动场所和文化阵地建设，丰富农民精神文化生活，推动农村社会事业全面进步。

五、工作要求

（一）强化组织领导

为加强对党建促扶贫工作的领导，成立宣恩县党建促扶贫工作领导小组，组长由县委书记曾德权同志担任，第一副组长由县委副书记、县长习覃同志担任，

副组长由县委副书记覃遵国，县委常委、常务副县长朱鹏程，县委常委、组织部长范涌同志担任，领导小组下设办公室，范涌同志兼任办公室主任。

建立由县领导牵头、乡镇党委政府为主体，各联系单位配合的联乡驻村工作机制。联系单位实行主要领导负总责，由一名班子成员分管，并安排具体负责人落实此项工作；各乡镇要成立领导机构和办事机构，由党委书记负总责，党委组织委员具体分管。原则上各乡镇党委组织委员兼任党建促扶贫工作领导小组办公室主任，乡镇党政班子成员联系党建促扶贫工作村，细化工作任务，限期完成党建促扶贫工作。各乡镇党建促扶贫工作领导小组办公室要认真履行工作职责，切实加强对驻村工作组的业务指导，做好协调和综合服务等工作。

（二）明确工作职责

按照实用、实效原则，由县委组织部统一制定党员群众服务中心帮扶建设方案；县卫计局配套抓好村级卫生室建设；县文体局和县民政局重点抓好文体配套设施建设及群众户外活动场所建设；县农业局、县林业局、县扶贫办等部门结合各村实际，对产业发展进行总体规划、搞好政策帮扶，确保百姓有一个稳定的增收来源；县委组织部、县人社局、县农业局、县委党校、县扶贫办整合资源，重点抓好产业扶贫和实用技术培训，为扶贫产业发展提供技术支撑；水利、交通、国土、电力等部门着力改善人民群众生产生活条件。

2014年的驻村工作组在6月30日前进村入户开展工作，并将年度工作方案于7月10日前报县委组织部。县级领导和各驻村单位的主要负责人每年下村指导不得少于4次。相关单位要将党建促扶贫工作作为转变机关作风的重要平台、联系人民群众的重要措施，切实加强领导，确保党建促扶贫工作平衡、有序地推进。

（三）严格工作管理

每个党建促扶贫示范村牵头单位安排一名班子成员担任工作组组长，安排1名熟悉农村工作、有一定农村工作经验的同志担任工作队员，工作组队员原则上与本单位工作脱钩，专抓党建促扶贫工作。工作组定期向县委党建促扶贫工作领导小组办公室报送工作进展情况，年底报送年度工作总结。

（四）建立定期联系机制

各驻村单位要建立工作协调机制，及时向联系点的县领导汇报党建促扶贫工作，定期召开联席会议或现场办公会议，通报工作进度和相关情况，协调解决具体事项。加大人力、财力、物力投入，每个党建促扶贫示范村要安排一个一事一议项目，各有关部门的涉农项目要向党建促扶贫试点村重点倾斜，全力帮扶驻点村农民群众改善生产生活条件，早日脱贫致富。牵头单位要强化领导责任，发挥牵头揽总和组织协调作用，确保党建促扶贫工作有序推进。

（五）严格督促检查考评

党建促扶贫工作纳入各单位的年度绩效考核，由县委基层党建工作领导小组办公室对各单位的工作进行季度督查通报，每年组织年度考核，评选先进单位和先进个人，由县委通报表彰。

县委办公室　县政府办公室
关于印发《宣恩县普遍建立法律顾问制度实施意见》的通知

宣办发〔2014〕17号

各乡镇党委，各乡镇人民政府，县人武部党委，县委各部委，县级国家机关各办局，各人民团体：

《宣恩县普遍建立法律顾问制度实施意见》已经县委、县政府同意，现印发给你们，请结合实际认真组织实施。

中共宣恩县委办公室

宣恩县人民政府办公室

2014年7月8日

宣恩县普遍建立法律顾问制度实施意见

为全面贯彻落实党的十八届三中全会关于普遍建立法律顾问制度的精神，加快法治宣恩建设步伐，结合实际，制定本实施意见。

一、指导思想、基本原则和目标任务

（一）指导思想

以邓小平理论、“三个代表”重要思想、科学发展观为指导，深入贯彻落实党的十八大和十八届三中全会精神，通过普遍建立法律顾问制度，促进依法执政、依法行政、依法办事，确保各项决策和行为的科学性、正确性、合法性，进一步加快法治宣恩建设。

（二）基本原则

1. **服务优先原则。**法律顾问要从讲政治、讲大局的高度，最大限度地为聘任单位提供有效的法律咨询和法律帮助。

2. **正确引导原则。**法律顾问在提供法律服务时，要正确引导聘任单位通过合理合法方式行使权利，维护自身权益，理性表达利益诉求，防止矛盾激化，维护社会和谐稳定。

3. **相互尊重原则。**法律顾问要充分尊重聘任单位意愿，与聘任单位在服务方式和服务内容上努力达成共识，聘任单位要认真对待并积极采纳法律顾问提出的法律意见和建议。

4. **逐步规范原则。**建立法律顾问制度是一项长期系统的工程，要制定详细的服务内容、工作职责、绩效考核和监督检查等制度，扎实稳步推进，逐步形成长效、规范、有序的工作机制。

5. **原则性与灵活性相结合原则。**各单位原则上须单独聘任法律顾问，根据工作实际，村（居）和部分单位可以打包的方式聘请法律顾问；法律顾问费用原则上按年度支付，但在解决疑难复杂的个案时，也可按件支付。

（三）目标任务

通过2至3年的努力，对全县414家目前尚未聘请法律顾问的单位建立法律顾问制度，形成覆盖县、乡（镇）党委政府及其部门和企事业单位、人民团体、村（居）民委员会组织的法律顾问网络。

2014年底，县、乡（镇）党委政府共6个单位，党委政府部门、人民团体和垂直单位共72个，村（居）民委员会组织、非公有制经济组织共101个单位，建立法律顾问制度。

2015年底，党委政府部门、人民团体和国有企事业单位共19个单位，村（居）民委员会组织、非公有制经济组织共169个单位建立法律顾问制度。

2016年底，余下的47个单位聘请法律顾问，全县法律顾问制度实现全覆盖。

二、法律顾问的基本条件、聘任程序和主要职责

（一）基本条件

1.遵守宪法、法律，拥护党的路线、方针、政策，坚持科学发展观，注重理论联系实际；

2.具有良好的品行修养和职业道德操守，热心社会公共事务，工作责任心强；

3.受过系统的法学教育并具有系统的法学理论知识和较强的实际工作能力，具有一定的专业影响力，能履行法律顾问职责，身体健康；

4.担任县、乡镇党委政府及其部门法律顾问的，原则上须具备法律专业大专以上学历和5年以上执业经历；担任企事业单位、人民团体、基层组织法律顾问的，原则上须具备法律专业大专以上学历和3年以上执业经历。

党政机关及所属部门不得聘用受过处罚、处分或有不良行为记录的律师、基层法律服务工作者担任法律顾问。

（二）聘任程序

法律顾问聘任程序由聘任单位启动，采取聘任单位定向邀请、公开选聘和从业机构推荐、个人申报等方式，按照法律顾问聘任基本条件择优聘任，并报司法行政机关备案。

法律顾问的聘期每届原则上不少于3年。

（三）主要职责

1.法律顾问根据聘任单位要求，对重大行政决策议案提供合法性审查意见或进行法律风险评估；

2.对规范性文件草案进行合法性审查或法律论证并提供法律意见和建议；

3.为对外交往和重大项目谈判中涉及的重要法律问题提供咨询、论证意见；

4.起草或者协助起草合同、协议以及其他法律事务文书；

5.代理合同类诉讼、仲裁、执行和其他非诉法律事务，维护聘任单位依法行使职权和合法权益；

6.参与信访案件的处理和行政调解工作并提供法律意见、建议，协助人民调解员化解矛盾纠纷；

7.参与各级党政领导信访接待日工作，为接访或信访人提供法律咨询服务；

8.协助开展法律知识教育培训和法制宣传工作；

9.承办聘任单位交办的其他涉法事务。

三、工作要求

（一）加强领导

全县各级各部门要统一思想认识，将普遍建立法律顾问制度作为推进法治宣恩建设的重要举措，列入议事日程，认真研究部署，切实抓好落实。成立县普遍建立法律顾问制度工作领导小组，县委常委、常务副县长朱鹏程任组长，县委常委、县委政法委书记黄同元任副组长，县委办公室、县委政法委、县司法局、县财政局、县人社局、县经信局、县国资局、县民政局、县政府法制办、各乡镇人民政府等单位主要负责人为成员。领导小组下设办公室于县委政法委，县委政法委常务副书记兼任办公室主任，县司法局局长兼任办公室副主任。

（二）落实责任

领导小组各成员单位要按照职责分工对建立法律顾问制度工作负责。县委办公室为党群部门普遍建立法律顾问制度工作责任单位，政府法制办公室为人民政府及所属部门和事业单位普遍建立法律顾问

制度工作责任单位，县国资局为国有企业普遍建立法律顾问制度工作责任单位，县经信局为非公有制经济组织普遍建立法律顾问制度工作责任单位，各乡镇人民政府、县民政局为村(居)民委员会组织普遍建立法律顾问制度工作责任单位。县司法局负责法律顾问的联络、协调和管理，对法律顾问的聘任及工作开展情况进行指导、检查和监督，每半年向县政府专题报告工作进展情况。

(三)规范管理

领导小组要定期召开会议，对普遍建立法律顾问制度工作的重点、难点问题以及其他需要解决的涉法问题进行分析研判。县司法局和各有关部门要结合各自职能职责，探索建立法律顾问日常管理、信息通报、绩效考评和动态管理等机制。要建立工作档案，实行法律顾问“能上能下”“能进能出”，确保法律服务质量。要加大法律服务人才培训力度，力争通过2至3年的系统培训，着力培养一批高素质法律服务人才。

(四)落实经费

各级各部门要建立法律顾问服务经费保障机制，聘用法律顾问费用在各单位工作经费中列支。

(五)严格考核

由县综治委制定考评办法，将普遍建立法律顾问制度工作纳入乡镇和县直单位综合治理考核体系，确保工作落到实处。

宣恩县建设工程招标投标管理办法

第一条　总　则

为规范建设工程招标投标活动，建立招标投标市场公开、公平、公正、择优和诚实信用的良好环境，根据《中华人民共和国招标投标法》、《中华人民共和国政府采购法》、《湖北省招标投标管理办法》等法律法规规定，结合本县实际，制定本办法。

第二条　适用范围

在本县行政区域内按《中华人民共和国招标投标法》及《中华人民共和国政府采购法》规定必须公开招标且使用国有资金、国家融资、国际组织或者外国政府资金投资，每标段投资概算在100万元以上、1000万元以下的各类建设工程招标投标项目。20万元至100万元的各类建设工程招标投标项目实行简易程序，管理办法另行制定。

第三条　组织管理

县招标投标综合监督管理部门负责对全县工程项目招标投标的综合监管，县综合招标投标（政府采购）中心是全县各类建设工程的综合交易平台。

第四条　代理机构遴选

鼓励招标投标代理机构实行遴选制。由县综合招标投标（政府采购）中心一次性招标采购确定本年度各行业招标投标代理机构的备选单位，建立数据库。根据项目的性质采取随机抽取方式确定招标投标项目的代理机构。代理机构在代理工程项目招标投标工作期间，其项目负责人及工作人员须进入县综合招标投标（政府采购）中心工作，由县综合招标投标（政府采购）中心对代理机构及其项目负责人建立诚信档案，进行诚实信用管理、百分制办法考核，实行“黑名单”制度。

第五条　监理机构遴选

鼓励建设工程监理机构实行遴选制。由县综合招标投标（政府采购）中心一次性招标采购确定本年度各行业建设工程监理机构的备选单位，建立数据库。根据项目的性质采取随机抽取方式确定建设工程的监理机构。由县综合招标投标（政府采购）中心对代理机构及其项目负责人建立诚信档案，进行诚实信用管理，实行“黑名单”制度。

第六条　专家库建设

县招标投标综合监督管理部门负责全县综合专家库的建设、更新、管理，县综合招标投标（政府采购）中心负责对评标专家的使用、培训、考核及诚信管理。

第七条　投标规定

投标代表必须是该企业法定代表人或委托代理人，委托代理人只能是拟任招标投标工程的具备相应资质的项目经理或技术负责人。法定代表人或委托代理人必须进入现场参加开标、评标，并现场核验身份。投标人身份不符或未按规定的时间和地点参加开标的，视为自行放弃投标资格。

第八条　招标程序

（一）工程招标控制价实行政府定价。由业主方按照设计图纸要求委托招标代理机构或造价公司编制工程量清单价、审计部门对工程量清单审核评估控制价，再由招标人组织相关专家确定工程招标控制价，报县政府审定后执行。

（二）招标人或其委托的招标代理机构发布招标公告、发售招标文件，根据需要组织投标人踏勘项目施工现场和现场答疑。自招标文件发出之日起至投标人提交投标文件截止之日止,时间不少于20日。

(三)投标人按招标文件的要求编制投标文件,按规定的时间和地点递交投标文件、交纳投标保证金和建设工程等额保证金。投标保证金和建设工程等额保证金为投标文件的组成部分。

(四)招标人或其委托的招标代理机构按招标文件规定的开标时间到县综合招标投标(政府采购)中心进行开标、评标。

(五)招标人依法组成评标委员会,评标委员会对投标人资格及投标文件进行评审。有下列情况之一的,视为废标:

1.不按政府定价报价的或工程量清单报价不合理的(即超出评标基准价的±10%,评标基准价为随机抽取投标人单项工程量清单报价加权平均值与审计工程量清单控制价的平均值)。

2.未按照招标文件要求提供投标保证金和建设工程质量保证金的。

3.按照《宣恩县工程建设项目施工招标资格后审办法》审核未通过的(投标人资格不符合招标文件要求或未按招标文件要求提供有效的资格、资质证明文件)。

4.投标文件未加盖投标人的公章及法定代表人印章(签字),或企业法定代表人委托的代理人没有合法、有效的委托书原件及委托代理人印章(签字)的。

5.投标文件载明的招标项目完成期限超过招标文件规定期限的。

6.明显不符合招标文件规定的技术要求和标准的。

7.组成联合体投标的,投标文件未附联合体各方共同投标协议或协议不符合有关规定的。

8.投标文件附有招标人不能接受的条件的。

第九条　评标程序

(一)评标委员会由招标人依法组建,负责评标活动。

(二)评标委员会由招标人的代表和有关技术、经济等方面的专家组成,成员人数为5人以上的单数,其中技术、经济等方面的专家不得少于成员总数的三分之二。

(三)评标委员会的专家成员,由招标人从相关专业的专家库中随机抽取产生。

(四)评标委员会对所有投标人的资质、投标报价、施工组织设计(或施工方案)、投标人业绩、工程量清单价格的合理性等进行评审,确定合格投标人。凡是审查不合格的,由评标委员会负责说明情况。

第十条　定标程序

经评标委员会评审合格的投标人,参与现场随机抽号确定中标人。

(一)合格的投标人在公开监督下,按送达投标文件的先后顺序由各投标代表依次抽取投标人的顺序号码,再由参与抽号的投标人代表推选1人抽取中标幸运号码。

(二)中标幸运号码确定后,投标人代表在公开监督下按照抽取的顺序号码依次进行抽号,当投标人代表抽取的号码与中标幸运号码相一致时,该投标人即为中标候选人。

(三)评标委员会根据评审意见和抽号结果编写评标报告。无正当理由,不能无故排除中标候选人中标。

第十一条　施工合同

(一)施工合同按《宣恩县政府合同管理若干规定》办理。

(二)中标候选人应当按照招标文件、施工图纸、投标承诺等与招标人签订工程施工合同。

(三)招标人不得以不正当理由拒绝与中标候选人签订施工合同。

(四)合同的条款必须与招标文件规定的内容一致,不得变更其中的实质内容。

(五)施工合同签订必须在相关部门的监督下进行。合同签订时,中标候选人须按规定向县行政主管部门提交具备相应资质的项目经理或技术负责人和五大员(质检员、预算员、资料员、施工员、安全员)的资质原件(并与投标文件一致),实行押证管理,否则招标人不得与中标候选人签订工程建设施工合同。

工程竣工验收后，中标企业凭竣工验收报告和行政主管部门的审批意见到押证单位办理退证手续。

第十二条　工程量变更

为加强招标投标建设工程项目的后期管理，规范工程量变更程序，有效遏制“低价中标，高价结算”行为，招标人不得随意签订与招标文件、施工合同相违背的补充合同、补充协议。工程量变更由招标人根据监理出具的变更意见和设计部门出具的设计变更报告提出变更申请，由县发改局会同县财政局、县审计局、项目行政主管部门组织评估认定，出具工程量变更评审认定报告，报县政府审批后方可变更。

第十三条　保证金缴纳与管理

投标人在提交投标文件时须按规定缴纳投标保证金和建设工程质量保证金，投标保证金不得高于工程招标控制价的2%，建设工程质量保证金为工程招标控制价的100%，由投标单位从其基本资金账户汇入县综合招标投标（政府采购）中心设立的专用资金管理账户。投标保证金的退还按相应的规定执行；建设工程质量保证金根据工程进度由县政府审批分期拨付，付完为止。

第十四条　工程款拨付

按照工程进度拨付工程款。工程量达50%时，拨付工程款30%；工程完工时，拨付工程款30%；工程竣工验收后拨付工程款30%；剩余10%的工程款为质量保修金。

第十五条　监督管理

招标人须从建设工程项目的地勘、设计、招标投标、工程建设施工、项目验收结束的全过程接受相关部门的监督管理，并按项目实施各环节的要求报监督管理部门备案。在项目招标投标过程中，对其程序达不到规定要求的，监督管理部门有权责令其暂缓招标投标活动；在施工过程中达不到质量要求的，监督管理部门有权责令该项目整改或停工。监督管理部门对施工企业及项目负责人建立诚信档案，进行诚实信用管理，实行“黑名单”制度。

第十六条　其他未明确事项适用《中华人民共和国招标投标法》、《湖北省建设工程招标投标管理办法》、《恩施土家族苗族自治州招标投标管理规定》等相关法律法规。

第十七条　本办法自发布之日起执行。原制定的有关建设工程招投标相关规定与本办法不一致的，以本办法为准。

第十八条　本办法由县政府综合招标投标管理办公室负责解释。

第十九条　本办法自发布之日起施行。

2014年12月31日

中共宣恩县委办公室
关于印发《宣恩县落实党风廉政建设“两个责任”约谈暂行办法》的通知

宣办发〔2014〕25号

各乡镇党委，县人武部党委，县委各部委，县级国家机关各办局及各人民团体党委、党组(党支部)：

《宣恩县落实党风廉政建设“两个责任”约谈暂行办法》已经县委同意，现印发给你们，请遵照执行。

中共宣恩县委办公室

2014年12月26日

宣恩县落实党风廉政建设“两个责任”约谈暂行办法

第一条 为推动党风廉政建设党委主体责任和纪委监督责任(以下简称“两个责任”)的落实，根据《中国共产党党内监督条例(试行)》、《中华人民共和国行政监察法》、中共中央和国务院《关于实行党风廉政建设责任制的规定》、《宣恩县落实党风廉政建设党委主体责任纪委监督责任“五十条”》以及其他有关规定，制定本办法。

第二条 本办法所称“约谈”是指党委(党组)、纪委(纪检组)根据各自的职责任务，为了落实责任、安排工作、纠正问题，采取正式谈话的方式，对责任范围内的组织和个人进行提示警醒而采取的组织措施。

第三条 本办法中的约谈是实行党风廉政建设责任追究、“一案双查”的重要依据。对于需要实行党风廉政建设责任追究的责任人，根据约谈工作落实的情况，可以对相关责任人免责、减轻责任。

第四条 约谈可以根据需要，采取个别约谈或集体约谈的形式进行。按照责任权限，约谈可分为以下几种情形：

(一)党委(党组)根据工作需要约谈下级领导班子及其成员、责任范围内其他需要约谈的党组织及人员。

(二)党委(党组)主要负责人根据工作需要约谈本级领导班子成员、同级其他责任人员、下级领导班子及其成员、责任范围内其他需要约谈的党组织及人员。

(三)党委(党组)领导班子成员根据工作需要约谈所负责或分管范围内的领导班子及其成员、责任范围内其他需要约谈的党组织及人员。

(四)纪委(纪检组)根据工作需要约谈同级领导班子成员、下级领导班子及其成员、下级纪委(纪检组)领导班子及其成员、责任范围内的其他需要约谈的党组织及人员。

第五条 约谈分为一般性约谈(工作性约谈)、警示性约谈、诫勉性约谈三种方式。

(一)一般性约谈(工作性约谈)。在落实“两个责任”过程中，为了统一思想、增强责任意识、贯彻落实上级精神、安排部署党风廉政建设和反腐败工作、了解“两个责任”落实情况、开展工作指导和督办等，应当对相关责任人开展一般性约谈(工作性约谈)。

(二)警示性约谈。在落实“两个责任”过程中，发现相关责任人对党风廉政建设重视不够、措施不够、工作不力，或关键环节、关键岗位、关键领域存在廉政风险，或所辖范围内存在苗头性、倾向性问题，按照抓早抓小原则，需要警示提醒的，应当进行警示性约谈。

(三)诫勉性约谈。在落实“两个责任”过程中，对党风廉政建设存在问题经警示性约谈仍无改观或造成不良影响、责任范围内出现违纪问题尚未达到启动“一案双查”程序追究纪律责任的，应当进行诫勉性约谈。

第六条 约谈一般应当在约谈人所在单位或被约谈人所在单位的办公场所进行。进行约谈时，约谈人一般不少于两人。约谈时，应当制作约谈记录，经约谈人和被约谈人签字后由专门机构保存。对被约谈人进行约谈，一般应当告知其分管领导或单位主要负责人。

第七条 约谈应当按照下列程序：

(一)启动约谈程序。由党委(党组)或纪委(纪检组)相关负责人在责任范围内提出需要进行约谈的事项和约谈对象。

(二)制订谈话提纲。凡须进行约谈的，应当根据约谈事由，制订谈话提纲。

(三)制发约谈通知。约谈人应当提前三个工作日向被约谈人及其所在单位下发《约谈通知书》，告知其约谈的时间、地点，通知被约谈人做好约谈准备。

(四)组织开展约谈。由约谈人按照要求对被约谈人进行谈话。

(五)做好约谈备案。约谈结束后，约谈人应当填写《约谈备案登记表》，《约谈备案登记表》要按照干部管理权限分别抄送纪检监察机关和组织人事部门。

第八条 约谈应当包括下列内容：

(一)约谈人向被约谈人说明谈话原因，督促落实有关工作任务，指出存在的问题或者需要核实了解的问题。

(二)被约谈人对约谈内容作出回应，对有关问题作出解释和说明。

(三)约谈人就约谈内容对被约谈人提出相应要求。

(四)被约谈人表明态度和作出承诺。

第九条 一般性约谈应当每年至少开展一次，警示性约谈和诫勉性约谈应当在发现问题后10个工作日内开展。约谈结束后，被约谈人应当在15个工作日内向约谈人书面报送约谈提出要求的落实情况报告。

第十条 约谈人应当采取适当方式，对被约谈人落实约谈内容情况进行监督：

(一)对于进行一般性约谈的被约谈人，发现其存在落实不及时、不到位以及敷衍应付等情形的，可以采取警示性约谈或诫勉性约谈的方式，责令限期改正。对拒不改正的，按照相关规定追究责任。

(二)对于进行警示性约谈或诫勉性约谈的被约谈人，发现其确实存在违纪违法问题，需要立案查处的，按照有关规定进行立案调查和处理。

第十一条 约谈人应当遵守以下纪律要求：

(一)在约谈前做好谈话准备，并根据反映或者发现的问题列出谈话提纲。

(二)对约谈的内容严格保密，不得借机包庇和袒护被约谈人或者为被约谈人通风报信。

(三)遵守相关程序规定，不得利用约谈谋取个人利益或者对被约谈人进行打击报复。

(四)约谈人与被约谈人有直接利害关系的，应当回避。

第十二条 被约谈人应当遵守以下纪律要求：

(一)按照约定的间、地点接受约谈，不得借故推诿、拖延。

(二)如实作出解释和说明，不得隐瞒、编造、歪曲事实和回避问题。

第十三条 本办法由县党风廉政建设领导小组办公室负责解释。

第十四条 本办法自印发之日起施行。

县委办公室　县政府办公室
关于印发《宣恩县国家司法救助实施细则（试行）》的通知

宣办发〔2014〕29号

各乡镇党委，各乡镇人民政府，县人武部党委，县委各部委，县级国家机关各办局，各人民团体：

《宣恩县国家司法救助实施细则（试行）》已经县委、县政府同意，现印发给你们，请结合实际认真组织实施。

中共宣恩县委办公室

宣恩县人民政府办公室

2014年12月29日

宣恩县国家司法救助实施细则（试行）

第一条　为进一步规范宣恩县国家司法救助工作，切实做好司法过程中对困难群众的救助，有效维护当事人合法权益，保障社会公平正义，促进社会和谐稳定，根据中央、省、州关于国家司法救助的相关规定和文件精神，结合我县实际，制定本细则。

第二条　本细则所称的办案机关，是指办理案件、处理涉法涉诉问题的人民法院、人民检察院、公安机关和司法机关。

第三条　国家司法救助应当遵循以下基本原则：

（一）辅助性救助原则。司法救助是对遭受犯罪侵害或民事侵权，无法通过诉讼获得有效赔偿的当事人采取的辅助性救济措施，重点解决符合条件的特定案件当事人生活面临的急迫困难。对于能够通过诉讼获得赔偿、补偿的，一般不予司法救助。

（二）公正救助原则。严格把握统一的救助标准和条件，兼顾当事人实际情况和同类案件救助数额，做到公平、公开、合理救助，防止因救助不公引发新的矛盾。对同一案件同一当事人只进行一次救助。对社会组织、法人不予救助。

（三）及时救助原则。对符合救助条件的当事人，办案机关应当根据当事人申请或依据职权在规定期限内办理审批手续，发放救助资金，确保当事人得到及时救助。

（四）属地救助原则。对符合救助条件的当事人，不论其户籍在本地或外地，原则上都由案件管辖地负责救助。案件影响重大且救助金额较大，县级救助确有困难的，积极向省、州申请联动救助。

第四条　下列人员提出国家司法救助申请的，应当予以救助。

（一）刑事案件被害人受到犯罪侵害，致使重伤或严重伤残，因案件无法侦破造成生活困难的；或因刑事加害人死亡或无赔偿能力，无法通过诉讼获得赔偿，造成生活困难的。

（二）刑事案件被害人受到犯罪侵害而死亡或严重伤残丧失劳动能力，因案件无法侦破造成近亲属生活困难的；或者因加害人死亡或无赔偿能力，近亲属无法通过诉讼获得赔偿，造成生活困难的。

（三）刑事案件被害人受到犯罪侵害可能导致严

重伤残或危及生命，急需救治，刑事案件加害人和受害人均无力承担医疗救治费用的。

(四)刑事案件被害人受到犯罪侵害，致使财产遭受重大损失，因案件无法侦破造成生活困难的；或因刑事加害人死亡或无赔偿能力，无法通过诉讼获得赔偿，造成生活困难的。

(五)举报人、证人、鉴定人、案件办理人员因举报、作证、鉴定、依法办理案件受到打击报复，致使人身受到伤害或财产受到重大损失，无法通过诉讼获得赔偿，造成生活困难的。

(六)追索赡养费、抚养费、抚育费、劳动报酬等，因被执行人没有履行能力，造成申请执行人生活困难的。

(七)因道路交通事故等民事侵权行为造成当事人人身伤害或死亡，受害人或其近亲属无法通过诉讼获得赔偿，造成生活困难的。

(八)在监所内受到人身伤害，因加害人无支付医疗费用和经济赔偿能力，造成受害人无法获得必要治疗或生活困难的。

(九)办案机关认为需要救助的其他人员。

第五条 涉法涉诉信访人，其诉求具有一定合理性，但难以启动法律程序加以解决，且确实生活困难，愿意接受司法援助后息诉罢访的，可以参照本办法执行。

第六条 申请国家司法救助的人员，有下列情形之一的，一般不予救助：

(一)对案件发生有重在过错的。

(二)无正当理由，拒绝配合查明案件事实的。

(三)故意作虚弄假陈述或者伪造证据，妨害司法公正的。

(四)在诉讼中主动放弃民事赔偿请求或拒绝接受加害责任人及其近亲属赔偿的。

(五)已获得相应民事赔偿、保险机构赔偿、社会保障机构救助或其他救助的。

(六)采取转移家庭财产、隐瞒经济收入或者提供虚假证明材料等手段骗取救助的。

(七)不宜提供救助的其他情形。

第七条 国家司法救助以支付救助金为主要方式，并与思想疏导、宣传教育相结合，与法律援助、诉讼救济相配套，与其他社会救助相衔接。

第八条 国家司法救助金额应当根据救助对象实际遭受的损害后果、有无过错以及过错大小、个人及其家庭经济状况、维持当地基本生活水平所必需的最低支出，以入犯罪嫌疑人、被告人及其他赔偿义务人实际赔偿额等情况确定。(县级国家司法救助金额一般不超过1万元，损失特别重大、生活特别困难，确需突破救助限额的，应严格审核控制，数额不得突破2万元。)

第九条 使用国家司法救助资金应当严格遵循以下程序：

(一)告知。办案机关在办理案件、处理涉法涉诉信访问题过程中，发现案件当事人或其近亲属符合救助条件，应当告知其有权提出救助申请。

(二)申请。救助申请由当事人或符合条件的近亲属向办案机关书面提出。申请人提出司法救助时，应当提供以下证明材料：

1.申请人及与其共同生活的家庭成员的身份证明、户籍证明、亲属关系证明；

2.办案机关对案件出具的相关法律文书；

3.申请救助的理由及实际损害后果相关证明材料；

4.申请人户籍所在地乡镇人民政府、村民委员会或民政等部门出具的申请人和家庭成员经济状况及未获得民事赔偿、保险机构赔偿、社会保障机构救助的证明；

5.其他与申请救助有关的材料。

涉法涉诉信访人提出司法救助申请，还应提供息诉罢访承诺书。

(三)审批。受理国家司法救助申请的办案机关应当严格审核申请人提供的申请材料，提出是否给予救助和救助金额的审核意见，于每季度末月10日前报县国家司法救助领导小组审批。负责审批的国家司法救助领导小组于每季度末月20日前作出是否给予救助和救助具体金额的决定，并在5个工作日内将审定意见反馈至办案机关。决定不予救助的，应当向办案机关说明理由，由办案机关及时告知申请人并做好解释工作。

(四)发放。对经批准给予救助的，财政部门一般应在5个工作日内向同级政府分管领导完成报批程序，将救助资金拨付给国家司法救助领导小组办公室;国家司法救助领导小组办公室应在2个工作日内将救助资金拨付给办案机关;办案机关应在收到救助资金后2个工作日内将救助资金存入申请人提供的银行账户,并办理好相关手续。

第十条 国家司法救助资金的筹集和管理。

(一)国家司法救助资金的筹集。坚持政府主导、社会广泛参与的资金筹措方式。将司法救助资金列入本级财政年度预算,专项安排,专款专用。国家司法救助资金专户若上年度有结余,结转到下一年继续使用。提倡、支持和激励社会团体、企事业单位等社会组织、公民个人通过本级国家司法救助领导小组为有特殊生活困难的当事人捐助司法救助资金。

(二)国家司法救助资金的管理。国家司法救助资金应由财政部门进行专财管理。对于无法发放的救助资金,应在报送司法救助工作情况中注明,由下达救助资金的财政部门收回;当事人或其近亲属获得救助后,办案机关从犯罪嫌疑人、被告人或其他赔偿义务人执行到剩余执行款的,应当将司法救助资金从执行款中扣除,上缴本级财政。各办案机关应于每年12月25日前向县国家司法救助领导小组办公室报送当年发放司法救助资金的明细情况,自觉接受纪检监察和审计部门的监督。对截留、侵占、私分或者挪用国家司法救助资金的单位和个人,违反规定发放国家司法救助资金造成重大损失的单位和个人,骗取国家司法救助资金的相关人员,严格依纪依法追究责任,并追回救助资金。

第十一条 成立由县委政法委书记任组长,县法院院长、检察院检察长、公安局局长为副组长,县财政局局长和县政法各部门分管领导为成员的宣恩县国家司法救助领导小组,领导小组下设办公室于县委政法委,县委政法委常务副书记兼任办公室主任。

第十二条 本实施细则由县国家司法救助领导小组负责解释。

第十三条 本实施细则自发布之日起执行。

七姊妹山国家级自然保护区晒坪泥炭藓湿地紫萼盛开 2014年7月18日摄

湖北七姊妹山

国家级自然保护区管理局

2014年3月12日，局长熊坤赤（前右）在“三万”活动联系点长潭河乡后河村植树